Simon Markus Beck

Kritik des Eigenkapitalersatzrechts

Zugleich ein Beitrag zur Stärkung des insolvenzrechtlichen Gläubigerschutzes

PETER LANG
Europäischer Verlag der Wissenschaften

Bibliografische Information Der Deutschen Bibliothek
Die Deutsche Bibliothek verzeichnet diese Publikation in der Deutschen Nationalbibliografie; detaillierte bibliografische Daten sind im Internet über <http://dnb.ddb.de> abrufbar.

Zugl.: Frankfurt (Main), Univ., Diss., 2006

D 30
ISSN 0723-0427
ISBN 3-631-55383-8

www.peterlang.de

Vorwort

Die vorliegende Arbeit wurde im Wintersemester 2005/06 vom Fachbereich Rechtswissenschaften der Johann Wolfgang Goethe-Universität Frankfurt a.M. als Dissertation angenommen. Das Manuskript wurde im September 2005 abgeschlossen und Mitte Februar 2006 aktualisiert und teilweise überarbeitet. Später veröffentlichte Literatur und Rechtsprechung konnten nur noch vereinzelt berücksichtigt werden. Der kürzlich vorgelegte Referentenentwurf zur Reform des GmbH-Rechts (MoMiG) ist Gegenstand eines Ausblicks am Ende der Arbeit.

An dieser Stelle möchte ich all denjenigen ganz herzlich Dank sagen, die zum Gelingen dieser Arbeit einen entscheidenden Beitrag geleistet haben. Zu nennen ist dabei zuerst Frau Prof. Dr. Christina Escher-Weingart, die diese Arbeit betreut und mir großzügigen zeitlichen und wissenschaftlichen Freiraum zu eigenständigem Arbeiten gewährt hat. Meine Zeit als wissenschaftlicher Mitarbeiter an ihrem Lehrstuhl an der Universität Hohenheim war in vielerlei Hinsicht gewinnbringend und geprägt von einer angenehmen, freundschaftlich-kollegialen Atmosphäre. Danken möchte ich daneben Herrn Prof. Dr. Andreas Cahn, LL.M. für die Erstellung des Zweitgutachtens, Herrn Prof. Dr. Dr. h.c. Manfred Weiss für die Übernahme des Prüfungsvorsitzes und den Herausgebern für die Aufnahme dieser Arbeit in die Schriftenreihe „Frankfurter wirtschaftsrechtliche Studien“.

Wertvolle fachliche Unterstützung habe ich zudem durch Herrn Prof. Dr. Lothar Vollmer und Herrn Prof. Dr. Torsten Maurer erfahren, die mir oft für anregende und fruchtbare Diskussionen zur Verfügung standen. Herrn Prof. Dr. Maurer danke ich darüber hinaus für die kritische Durchsicht des Manuskripts.

Viel Dank gebührt auch allen, die mir beim Erstellen des Textes mit Rat und Tat zur Seite standen: Die zeitintensive Aufgabe des Korrekturlesens haben meine Ehefrau Valeska Beck, M.A. und Herr Dr. Wolfgang Hoffmann übernommen. Wertvolle Hilfe bei Formatierungsfragen erhielt ich von Frau Sabine Weber. Eine große Zeitersparnis ermöglichten mir Frau Victoriya Semenyuchenko und Herr Sebastian Weber, die mir beim Beschaffen der Unmengen an Literatur und Rechtsprechung behilflich waren.

Insgesamt nur halb so viel Spaß gemacht hätte schließlich die gelegentlich von Durststrecken begleitete Arbeit an der Promotion ohne die gute Zusammenarbeit mit meinen Kollegen an der Universität Hohenheim und das freundschaftliche Verhältnis zu ihnen, insbesondere zu Herrn Dr. Jürgen Banzhaf, Herrn Dr. Alexander Lägeler, Herrn Dr. Gerald G. Sander, M.A., Mag. rer. publ. und Herrn Tobias Scheel.

Nicht zuletzt danke ich meiner Ehefrau Valeska Beck, M.A. für Ihre Unterstützung und dafür, dass sie manch schlechte Laune während der Promotionszeit mit Geduld und Verständnis ertragen hat. Gewidmet ist die Arbeit meiner Mutter Gerda Schenk, der ich an dieser Stelle für einfach alles Dank sagen möchte.

Stuttgart, im Juni 2006

Inhaltsverzeichnis

Abkürzungsverzeichnis

a.A.	andere(r) Ansicht
ABGB	Allgemeines Bürgerliches Gesetzbuch (Österreich)
abl.	ablehnend
AcP	Archiv für die civilistische Praxis (Zeitschrift)
ADHGB	Allgemeines Deutsches Handelsgesetzbuch
a.F.	alte Fassung
AG	Aktiengesellschaft / Die Aktiengesellschaft (Zeitschrift) / Amtsgericht
ähnl.	ähnlich
AkDR	Akademie für Deutsches Recht
allg.	allgemein(e)
allg.A.	allgemeine Ansicht
AnfG	Gesetz über die Anfechtung von Rechtshandlungen eines Schuldners außerhalb des Insolvenzverfahrens
Anh.	Anhang
Anm.	Anmerkung
Aufl.	Auflage
Art.	Artikel / Article (Frankreich)
BAG	Bundesarbeitsgericht
BB	Betriebsberater (Zeitschrift)
Begr.	Begründung / Begründer
BGB	Bürgerliches Gesetzbuch
BGBl.	Bundesgesetzblatt
BGH	Bundesgerichtshof
BGHZ	Entscheidungen des Bundesgerichtshofes in Zivilsachen, Amtliche Sammlung
B/H	Baumbach/Hueck (Kommentar zum GmbHG)
BSG	Bundessozialgericht
bspw.	beispielsweise
BT	Bundestag
bzgl.	bezüglich
bzw.	beziehungsweise
ca.	circa
C.Com	Code de Commerce (Frankreich)
DB	Der Betrieb (Zeitschrift)
ders.	derselbe
d.h.	das heißt
DJ	Deutsche Justiz: Rechtspflege und Rechtspolitik (Zeitschrift)
DJZ	Deutsche Juristenzeitung (Zeitschrift)

DK	Der Konzern (Zeitschrift)
DNotV	Deutscher Notarverein
Drs.	Drucksache
DStR	Deutsches Steuerrecht (Zeitschrift)
DZWiR	Deutsche Zeitschrift für Wirtschafts- und Insolvenzrecht
EGV	Vertrag zur Gründung der Europäischen Gemeinschaft (Konsolidierte Fassung mit den Änderungen durch den Vertrag von Nizza vom 26.02.2001)
EHUG	Gesetz über elektronische Handelsregister und Genossenschaftsregister sowie das Unternehmensregister
einschl.	einschließlich
EInsO	Entwurf einer Insolvenzordnung (Diskussionsentwurf Bundesministerium der Justiz)
EKEG	Eigenkapitalersatz-Gesetz (Österreich)
endg.	endgültig
entspr.	entsprechend
EStG	Einkommenssteuergesetz
etc.	et cetera
EuGH	Europäischer Gerichtshof
EuGVO	Verordnung (EG) Nr. 44/2001 des Rates vom 22.12.2000 über die gerichtliche Zuständigkeit und die Anerkennung und Vollstreckung von Entscheidungen in Zivil- und Handelssachen
EuInsVO	Verordnung (EG) Nr. 1346/2000 des Rates vom 29. Mai 2000 über Insolvenzverfahren
EuZW	Europäische Zeitschrift für Wirtschaftsrecht
EWiR	Entscheidungen zum Wirtschaftsrecht (Zeitschrift)
f.	folgend(e)
ff.	fortfolgend(e)
Fn.	Fußnote
FS	Festschrift (Freundesgabe/Festgabe/Liber amicorum)
GA	Generalanwalt beim EuGH
GbR	Gesellschaft bürgerlichen Rechts
gem.	gemäß
GesRZ	Der Gesellschafter: Zeitschrift für Gesellschafts- und Unternehmensrecht (Österreich)
ggf.	gegebenenfalls
GmbH	Gesellschaft mit beschränkter Haftung
GmbHG	Gesetz betreffend die Gesellschaften mit beschränkter Haftung
GmbHGE 1939	(Erster) Entwurf des Reichsjustizministeriums zu einem Gesetz über die Gesellschaften mit beschränkter Haftung von 1939
GmbHR	GmbH-Rundschau (Zeitschrift) / bis 1962 „ Rundschau für GmbH“
grds.	grundsätzlich

h.A.	herrschende Ansicht
HansRGZ	Hanseatische Rechts und Gerichtszeitschrift
HdB	Handbuch
HGB	Handelsgesetzbuch
Hinw.	Hinweis
h.M.	herrschende Meinung
h.L.	herrschende Lehre
Hrsg.	Herausgeber(in)
hrsg.	herausgegeben
HS	Halbsatz
i.d.S.	in diesem Sinne
IAHK	Industrie- und Außenhandelskammer
i.E.	im Einzelnen / im Ergebnis
i.e.S.	im eigentlichen Sinne / im engeren Sinne
IFRS	International Financial Reporting Standards
insbes.	insbesondere
InsO	Insolvenzordnung
IntInsR	Internationales Insolvenzrecht
inzw.	inzwischen
IPRax	Praxis des Internationalen Privat- und Verfahrensrechts (Zeitschrift)
i.S.d.	im Sinne des/der
i.Ü.	im Übrigen
i.V.m.	in Verbindung mit
jdf.	jedenfalls
jew.	jeweils
Jhd.	Jahrhundert
JR	Juristische Rundschau (Zeitschrift)
JuS	Juristische Schulung (Zeitschrift)
JW	Juristische Wochenschrift (Zeitschrift)
JZ	Juristenzeitung
KAGG	Gesetz über Kapitalanlagegesellschaften
Kap.	Kapitel
KapAEG	Kapitalaufnahmeerleichterungsgesetz
KG	Kammergericht / Kommanditgesellschaft
KO	Konkursordnung
KonTraG	Gesetz zur Kontrolle und Transparenz im Unternehmensbereich
krit.	Kritisch
KSI	Krisen-, Sanierungs- und Insolvenzberatung (Zeitschrift)
KS-InsO	Kölner Schrift zur Insolvenzordnung
KStG	Körperschaftssteuergesetz
KTS	Konkurs, Treuhand, Sanierung: Zeitschrift für Insolvenzrecht
KVStG	Kapitalverkehrssteuergesetz

KWG	Gesetz über das Kreditwesen
LG	Landgericht
L/H	Lutter/Hommelhoff (Kommentar zum GmbHG)
lit.	litera (Buchstabe)
Lit.	Literatur
Ltd.	Limited
m.	mit
MDR	Monatsschrift für Deutsches Recht (Zeitschrift)
MindestkapG	Mindestkapitalgesetz (als Referentenentwurf vorliegend)
MoMiG	Gesetz zur Modernisierung des GmbH-Rechts und zur Bekämpfung von Missbräuchen (als Referentenentwurf vorliegend)
m.w.N.	mit weiteren Nachweisen
MünchKomm	Münchener Kommentar
nä.	nächste(r)
NJW	Neue Juristische Wochenschrift (Zeitschrift)
NJW-RR	Neue Juristische Wochenschrift – Rechtsprechungsreport (Zeitschrift)
Nr.	Nummer
NTS	Nordisk Tidskrift for selskabsret (Zeitschrift, Skandinavien)
NZG	Neue Zeitschrift für Gesellschaftsrecht
NZI	Neue Zeitschrift für das Recht der Insolvenz und Sanierung
o.	oben
öAktG	Aktiengesetz (Österreich)
öAnfO	Anfechtungsordnung (Österreich)
ÖBA	Bank-Archiv: Zeitschrift für das gesamte Bank- und Börsenwesen (Österreich) / bis 1987 „Österreichisches Bank-Archiv“
o.g.	oben genannt
öGmbHG	Gesetz betreffend die Gesellschaften mit beschränkter Haftung (Österreich)
OHG	Offene Handelsgesellschaft
OLG	Oberlandesgericht
öOGH	Oberster Gerichtshof (Österreich)
österr.	österreichisch
R/A	Roth/Altmeppen (Kommentar zum GmbHG)
RefE	Referentenentwurf
RegE	Regierungsentwurf
RegE 1977	Regierungsentwurf zur Änderung des Gesetzes betreffend die Gesellschaften mit beschränkter Haftung und anderer handelsrechtlicher Vorschriften vom 15.12.1977, BT-Drs. 8/1347
RFH	Reichsfinanzhof

RG	Reichsgericht
RGZ	Entscheidungen des Reichsgerichts in Zivilsachen, Amtliche Sammlung
RIW	Recht der internationalen Wirtschaft (Zeitschrift)
RJM	Reichsjustizministerium
RM	Reichsmark
Rn.	Randnummer(n)
Rs.	Rechtssache
R/S-L	Rowedder/Schmidt-Leithoff (Kommentar zum GmbHG)
Rspr.	Rechtsprechung
Rz.	Randziffer
s.	siehe
S.	Satz
S.A.R.L.	Société à responsabilité limitée (Frankreich)
SE	Societas Europaea
sec.	section
Slg.	Sammlung der Rechtsprechung des Europäischen Gerichtshofes und des Gerichts Erster Instanz
sog.	so genannte(r)
Sp.	Spalte
S.R.L.	sociedad de responsabilidad limitada (Spanien)
st.	ständige
StatBAmt	Statistisches Bundesamt
str.	streitig
stv.	stellvertretend
u.	unten
u.a.	unter anderem
umstr.	umstritten(e)
URG	Unternehmensreorganisationsgesetz (Österreich)
u.U.	unter Umständen
v.	vom
v.a.	vor allem
Verf.	Verfasser
vgl.	vergleiche
WFBV	Wet op de formeel buitenlandse vennootschappen (Gesetz über formal ausländische Gesellschaften, Niederlande)
WiB	Wirtschaftsrechtliche Beratung: Zeitschrift für Wirtschaftsanwälte und Unternehmensjuristen
WM	Wertpapiermitteilungen, Zeitschrift für Wirtschafts- und Bankrecht
ZAkDR	Zeitschrift der Akademie für Deutsches Recht

z.B.	zum Beispiel
ZBB	Zeitschrift für Bankrecht und Bankwirtschaft
ZfB	Zeitschrift für Betriebswirtschaft
ZGR	Zeitschrift für Unternehmens- und Gesellschaftsrecht
ZHR	Zeitschrift für das gesamte Handelsrecht
Ziff.	Ziffer
ZInsO	Zeitschrift für das gesamte Insolvenzrecht
ZIP	Zeitschrift für Wirtschaftsrecht
zit.	zitiert
ZPO	Zivilprozessordnung
ZRP	Zeitschrift für Rechtspolitik
z.T.	zum Teil
zust.	Zustimmend

Erstes Kapitel
Einführung

A. Gegenstand der Arbeit

Das Recht der GmbH verpflichtet die Gesellschafter lediglich zur Aufbringung eines Stammkapitals in Höhe von 25.000 €.[1] Darüber hinaus besteht kein Zwang, die Gesellschaft mit zusätzlichem Eigenkapital auszustatten, auch wenn ein kapitalintensiverer Geschäftsbetrieb geplant ist. Daher ist seit der Entstehung des GmbHG in der Praxis die Finanzierung mit Fremdkapital, also insbesondere Darlehen, gebräuchlich. Es ist eine logische Folge der eigenen Rechtspersönlichkeit der GmbH (§ 13 II GmbHG), dass auch die Gesellschafter selbst durch die Darlehensausreichung in eine Gläubigerposition zu „ihrer" GmbH treten können. Die Zulässigkeit der Gesellschafterfremdfinanzierung begegnet daher grundsätzlich keinen Bedenken. Als bedenklich eingeordnet wird aber, dass ein Gesellschafter in der Insolvenz der Gesellschaft als Gläubiger auftreten kann, mit den übrigen Gläubigern in Konkurrenz tritt und dadurch deren oft geringe Insolvenzquote weiter verringert. Dieser Eindruck wird noch verstärkt, wenn es sich um eine Einmann-GmbH handelt, bei der der einzige Gesellschafter die Gesellschaft zu einem großen Teil mit Darlehen finanziert.[2] Indirekt wird dem Gesellschafter der Vorwurf gemacht, er habe in der Krise der Gesellschaft diese mit Fremd- und nicht mit Eigenkapital ausgestattet. Der Gesellschafter dürfe aber in dieser Situation das Finanzierungsrisiko nicht externalisieren, denn ansonsten spekuliere er unzulässiger Weise auf Kosten der „echten" Gesellschaftsgläubiger und verlängere bloß den Todeskampf der GmbH.[3] Das Gesetz hat in der Anfangszeit anscheinend das Problem der Gesellschafterdarlehen nicht gesehen. Die damit behauptete Lücke im Gläubigerschutzsystem des GmbHG wurde und wird dadurch gefüllt, dass unter Hinweis auf eine in der Krise gebotene Einschränkung der Finanzierungsfreiheit die schuldrechtliche Vereinbarung zwischen Gesellschafter und Gesellschaft beiseite geschoben, die Finanzierungsleistung als funktionelles Eigenkapital[4] behandelt wird und auf sie die Kapitalerhaltungsregeln (§§ 30, 31 GmbHG) analog angewendet werden. Die Rückzahlung des Darlehens wird dadurch gesperrt.

Das so durch die Rechtsprechung entwickelte und später vom Gesetzgeber im Grundsatz bestätigte *Eigenkapitalersatzrecht* ist zu einer fest etablierten Spezialmaterie des deutschen Gesellschaftsrechts geworden. Dabei hat es sich längst von dem ein-

---

[1] Die zunächst gescheiterte Herabsetzung des Mindeststammkapitals auf 10.000 € durch das MindestkapG ist nun wieder im Referentenentwurf des MoMiG enthalten.

[2] So handelte es sich denn auch bei den ersten Rechtsprechungsfällen zu diesem Themenbereich um Einmann-GmbH, s. RG JW 1938, 862; RG JW 1939, 355; RGZ 166, 51; BGHZ 31, 258 „Flugtaxi".

[3] Scholz/*K. Schmidt*, GmbHG, §§ 32a, b Rn. 4; *F. Kübler*, Gesellschaftsrecht, 247; *Schouler*, 57 ff.; BGHZ 75, 334 (336 ff.).

[4] *Goette*, GmbH, § 4 Rn. 2; *Henze*, HdB GmbH, Rn. 499.

fach strukturierten Ausgangsfall[5], in dem ein Gesellschafter „seiner“ Gesellschaft ein Darlehen gewährt, um die drohende Insolvenz abzuwenden, weit entfernt. Was die höchstrichterliche Rechtsprechung in der „Flugtaxi“-Entscheidung unter Berufung auf die Judikate des Reichsgerichts einleitete, entwickelte sich seither zu einem viel beachteten, ausdifferenzierten Rechtsinstitut. Der Gedanke, die Fremdfinanzierung der Gesellschaft in der Krise zu brandmarken und die Gesellschafterleistung als Eigenkapital zu behandeln, erscheint derart überzeugend, dass Rechtsprechung und Wissenschaft fast einhellig bemüht waren, die Tatbestände für diese Umqualifizierung immer weiter auszubauen. Der Selbstläufer Eigenkapitalersatz erzeugte eine Flut an Rechtsprechung und Literatur, die inzwischen kaum mehr zu überblicken ist.[6] Zwar ist dadurch der Ausbau dieses Rechtsgebietes nunmehr so weit vorangeschritten, dass zu jeder kleinsten Verästelung genügend Stellungnahmen vorliegen. Die zahlreichen Ausweitungen, Einzelfallentscheidungen und Ausnahmen[7] tragen jedoch andererseits wesentlich dazu bei, dass dem Gesellschafter heute ihm weitgehend unbekannte Haftungsfallen drohen, wenn er der Gesellschaft Fremdkapital zur Verfügung stellt.

Bei der Durchsicht der Beiträge zum Eigenkapitalersatzrecht fällt auf, dass die meisten Darstellungen über Herkunft, dogmatische Begründung und *ratio* dieses Rechtsinstituts nur wenige Zeilen verlieren – wohl wissend, dass im Kern an der Existenzberechtigung dieses Rechtsinstituts kaum jemand rüttelt.[8] Im Übrigen lässt man es fast immer mit dem Hinweis auf eines der verschiedenen im Laufe der Zeit entwickelten – aber nie einhellig akzeptierten – Begründungsmodelle bewenden. Neben Treu und Glauben oder allgemeinen Gläubigerschutzargumenten wird vor allem die so genannte Finanzierungsfolgenverantwortung bemüht; freilich ohne dass dieser Begriff genauer erläutert oder auf die Frage der Begründbarkeit von Finanzierungsregeln überhaupt eingegangen würde. So bleibt denn aber trotz der überbordenden Literatur und Judikatur die nähere Rechtfertigung des Eigenkapitalersatzrechts weiterhin ungeklärt. Über die Frage, warum das vom Gesellschafter ausgereichte Fremdkapital als Eigenkapital behandelt werden soll, besteht wenig Klarheit. Gerade weil die wissenschaftliche Diskussion die Thematisierung der Grundlagen des Eigenkapitalersatzrechtes zu einem großen Teil ausgeblendet hat, verwundert es umso mehr, dass es sich zu einem derart festen Bestandteil des Gesellschaftsrechts entwickeln konnte. Gegenstand

---

[5] BGHZ 31, 258 „Flugtaxi“.

[6] *Vervessos*, 19. Nicht ohne Grund nennt *Feitsch* seine Abhandlung „Wegweiser im Labyrinth des Eigenkapitalersatzrechts“ und sprechen manche Autoren heute von der Berufsgruppe der „Eigenkapitalersatzrechtler“, *Claussen*, FS Forster, 139 (142); *Harrer*, GesRZ 1998, 183 (183). Einen Eindruck über die Fülle der Literatur verleiht die Übersicht bei Michalski/*Pentz*, GmbHG, vor der Kommentierung zu § 32a.

[7] Vgl. von gesetzgeberischer Seite etwa die Einführung des Sanierungs- und Kleingesellschafterprivilegs in § 32a III 2, 3 GmbHG.

[8] Die kritischen Stimmen beschränken sich oft nur darauf, ein bestimmtes Begründungsmodell zu verwerfen, ein anderes hingegen zu unterstützen. Fundamentalere Kritik hingegen ist selten und wird von Wissenschaft und Rechtsprechung kaum beachtet. Zu den wenigen Arbeiten, die sich umfassend mit der Kritik am Eigenkapitalersatz auseinandersetzen, gehören bspw. die Dissertationen von *U.-J. Friedrich* und *Heinert* sowie für das ÖSTERREICHISCHE Recht die Habilitationsschrift von *Schummer*, Eigenkapitalersatzrecht.

dieser Arbeit ist daher nicht, der Erläuterung von Detailproblemen eine weitere Stellungnahme hinzuzufügen, sondern die Grundlagen des Eigenkapitalersatzrechtes zu beleuchten und die Frage nach dessen Rechtfertigung aufzuwerfen. Diese Frage ist auch nicht etwa deshalb obsolet geworden, weil der Gesetzgeber sich zu einer Kodifizierung des Eigenkapitalersatzrechtes entschlossen hat. Denn zum einen führt die Rechtsprechung trotz der Normierung ihre so genannten Rechtsprechungsregeln weiter fort, und zum anderen muss auch ein Normenkomplex Anlass zu Kritik geben, wenn dessen Normzweck zweifelhaft ist.

Die Kritik am Eigenkapitalersatzrecht hat durch das neuerliche gesetzgeberische Tätigwerden, insbesondere die Einführung des sog. Sanierungs- und Kleinbeteiligtenprivilegs (§ 32a III GmbHG), neue Nahrung erhalten. Durch die Einführung der beiden Ausnahmen, die für den Fall einer weniger als 10 %igen Beteiligung eines Gesellschafters und für den Fall des Sanierungsgesellschafters die Anwendung des Eigenkapitalersatzrechtes ausschließen, ist die Berechtigung der Umqualifizierung von Gesellschafterdarlehen schärfer ins Blickfeld gerückt.[9] Daneben werden eigenkapitalersetzende Gesellschafterdarlehen inzwischen ausdrücklich als – wenn auch nachrangige – Insolvenzforderungen berücksichtigt (§ 39 I Nr. 5 InsO).

Vergegenwärtigt man sich, dass das Eigenkapitalersatzrecht seiner Idee nach gerade dann auf den Plan gerufen wird, wenn es um die Krisensituation der GmbH und damit das Vorfeld einer möglichen Insolvenz geht, stellt sich zwangsläufig auch die Frage nach der Abstimmung mit dem Insolvenzrecht.[10] Zum einen hat der Gesetzgeber selbst mit der Normierung des Eigenkapitalersatzrechtes im Jahr 1980 einen neuen Weg beschritten, indem er das Eigenkapitalersatzrecht in das Insolvenzrecht exportierte und sich dem Problem der Gesellschafterdarlehen anfechtungsrechtlich näherte (siehe nunmehr § 135 InsO). Auf der anderen Seite wird meist übersehen, dass der Überschneidungsbereich zwischen der für die Anwendbarkeit des Eigenkapitalersatzrechtes entscheidenden „Krise" und den Insolvenzauslösetatbeständen möglicherweise größer ist, als bislang angenommen.[11] Nach der gesetzlichen Systematik des GmbHG wird der Gläubigerschutz in diesem Stadium jedoch zuvörderst durch die Insolvenzantragspflichten und die Haftung bei unterlassenem oder verspätetem Insolvenzantrag sichergestellt. Eine strenger und konsequenter gehandhabte Insolvenzauslösung und Insolvenzverschleppungshaftung könnten daher das Eigenkapitalersatzrecht obsolet machen.[12] Die Anknüpfung des Gläubigerschutzes an die Insolvenz rückt auch deshalb immer mehr ins Blickfeld, weil sich auf europarechtlicher Ebene zusehends zeigt, dass das System des Gläubigerschutzes durch ein Konzept der Erhaltung eines bestimmten

---

[9] Vgl. *Haas*, NZI 2001, 1 (1); *Heinert*, 1 ff.

[10] So auch *Vollmer*, FS Eisele, 19 (25).

[11] *Haas*, NZI 2001, 1 (6); *ders.*, Geschäftsführerhaftung, 58.

[12] Dazu insbesondere *Reiner*, FS Boujong, 415-455; tendenziell in diese Richtung auch *Vollmer/Smerdka*, DB 2000, 757 (758); *Smerdka*, 181. Den umgekehrten Weg beschreitet *A.C. Förster*, 360 ff., der am Eigenkapitalersatzrecht festhalten, jedoch das Insolvenzrecht *de lege ferenda* auf neue Füße stellen will. Anhand einer Analyse des geltenden Insolvenzrechts entwickelt er ein eigenes Modell der Insolvenzauslösung (339 ff.), das v.a. darauf abzielt, das Problem der Masselosigkeit vieler Insolvenzen in den Griff zu bekommen.

(Mindest)Stammkapitals nicht nur Befürworter hat[13] und der durch „Inspire Art" endgültig eröffnete Wettbewerb der Gesellschaftsformen in Europa den Deregulierungsdruck weiter erhöht.[14]

B. Gang der Untersuchung

Das Recht der eigenkapitalersetzenden Gesellschafterdarlehen hängt zum einen mit der Frage des Gläubigerschutzes und zum anderen mit der Finanzierung der GmbH zusammen. Deshalb sollen im zweiten Kapitel der vorliegenden Arbeit zunächst als Grundlagen das Gläubigerschutzsystem der GmbH dargestellt und die verschiedenen Möglichkeiten und Motivationen bei der Finanzierung einer GmbH mit Eigen- und Fremdkapital erläutert werden. Die historische Entwicklung macht deutlich, woran sich die Forderung nach einer Sonderbehandlung der Gesellschafterdarlehen entzündete. Hier werden gerade auch deliktsrechtliche Wurzeln des Eigenkapitalersatzrechtes und der Zusammenhang mit der materiellen Unterkapitalisierung erkennbar. Erst der BGH hat das Rechtsproblem der Gesellschafterdarlehen auf der Stufe des Kapitalerhaltungsrechts angesiedelt und die Rechtsfortbildung immer weiter vorangetrieben. Der geschichtliche Abriss wird natürlich nicht auslassen, die Rolle des Gesetzgebers zu beleuchten, der mit den sog. Novellenregeln (§§ 32a, b GmbHG) das Eigenkapitalersatzrecht in eine andere – insolvenzrechtliche – Richtung drängte und auch durch die Festschreibung des Sanierungs- und Kleinbeteiligtenprivilegs[15] diese Rechtsmaterie weiter beeinflusste. Nach diesem Abschnitt folgt ein kurzer Überblick über das System des Eigenkapitalersatzrechts wie es sich heute mit Rechtsprechungs- und Novellenregeln darstellt.

Im dritten Kapitel werden die verschiedenen Versuche einer dogmatischen Rechtfertigung der Umqualifizierung von Gesellschafterleistungen dargestellt und analysiert. Dabei wird der zunehmend geäußerten Kritik an der Begründbarkeit des Eigenkapitalersatzrechts ein Forum gegeben. Die Ausführungen werden zeigen, dass das Eigenkapitalersatzrecht in seiner heutigen Form keine akzeptable Rechtfertigung vorweisen kann.

Im vierten Kapitel wird untersucht, ob und inwieweit die durch das Eigenkapitalersatzrecht beabsichtigten, aber kaum erreichten, gläubigerschützenden Wirkungen durch andere Sanktionsnormen besser und zielgenauer erreicht werden können. Nach Erörterung der tatsächlich mit der Darlehensausreichung durch Gesellschafter verbundenen Gläubigergefahren soll ein haftungsrechtliches Konzept vorgestellt werden, das

---

[13] Bezeichnend die Äußerungen von GA *Alber*, Schlussanträge, DB 2003, 377 (382, Rz. 142) „Inspire Art" zum mangelhaften Gläubigerschutz durch ein Kapitalschutzsystem.

[14] Vgl. insbes. die Entscheidungen EuGH NJW 2002, 3614 „Überseering"; EuGH DB 2003, 2219 „Inspire Art"; näher dazu unten Kap.3 C.IV.

[15] § 32a III 3 GmbHG, eingeführt durch Gesetz zur Kontrolle und Transparenz im Unternehmensbereich (KonTraG) v. 27.04.1998, BGBl. 1998 I, 786 sowie § 32a III 2 GmbHG, eingeführt durch Kapitalaufnahmeerleichterungsgesetz (KapAEG) v. 20.04.1998, BGBl. 1998 I, 707.

anstelle des Eigenkapitalersatzrechts im Wesentlichen auf die Vorschriften zur Insolvenzanfechtung sowie einen konsequenten Ausbau und eine Verschärfung der Insolvenzverschleppungshaftung setzt. Hierzu wird die Insolvenzverschleppungshaftung entgegen der bisher h.M. als eine Innenhaftung auf Grundlage des § 64 II GmbHG konzipiert und damit von dem Problem der Berechnung des Quotenschadens befreit. Die Insolvenzanfechtungstatbestände dienen daneben als Ergänzung dieses Haftungssystems und schützen die Gläubigergesamtheit davor, dass der Gesellschafter aufgrund seiner Insiderstellung das Darlehen vorzeitig abzieht. Grundvoraussetzung eines funktionierenden insolvenzrechtlichen Gläubigerschutzes ist aber nicht zuletzt eine einfachere Handhabung des Überschuldungsbegriffs, die durch die grundsätzliche Maßgeblichkeit der Handelsbilanzwerte für die Überschuldungsprüfung erreicht werden soll.

Die Arbeit schließt mit einem Résumé und einem Ausblick auf den kürzlich vorgelegten Referentenentwurf zur Reform des GmbH-Rechts (MoMiG) in Kapitel fünf.

Zweites Kapitel
Darstellung des Eigenkapitalersatzrechts

A. Grundlagen

I. Gläubigerschutzsystem bei der GmbH

Mit der Anerkennung der Rechtsfähigkeit eines Verbandes eng verknüpft ist die Beschränkung der Haftung der Verbandsmitglieder.[1] Ob die Haftungsbeschränkung dabei ein Wesensmerkmal der juristischen Person ist,[2] spielt für die vorliegende Untersuchung keine entscheidende Rolle. Denn das GmbHG selbst schreibt ausdrücklich fest, dass für Verbindlichkeiten der Gesellschaft nur das Gesellschaftsvermögen haftet (§ 13 II GmbHG). Die damit gewollte, teilweise Zuschreibung des Insolvenzrisikos nicht nur auf die „Herren der Verbandsverfassung"[3] sondern auch auf die Gesellschaftsgläubiger flankiert das Gesetz durch spezielle gläubigerschützende Sicherungen. Die mit Einführung der Rechtsform GmbH verbundenen gesamtwirtschaftlichen Effekte würden ohne ein funktionierendes Gläubigerschutzsystem, das besonders die ungesicherten Gläubiger im Auge hat, verpuffen.[4] So soll es zumindest theoretisch zu einer gerechten Risikoverteilung zwischen Gesellschaftern und Gesellschaftsgläubigern kommen.[5] Neben den besonderen Publizitätspflichten für die GmbH[6] basiert das Gläubigerschutzsystem auf den Vorschriften über die Aufbringung und Sicherung des Stammkapitals und vor allem auf der Insolvenzantragspflicht bei Überschuldung.

1. Notwendigkeit eines besonderen Gläubigerschutzes

Das Gesellschaftsrecht kennt zwei Grundmodelle von Gesellschaften. Zum einen Personengesellschaften, bei denen die Gesellschafter für die Verbindlichkeiten der Gesellschaft grundsätzlich akzessorisch voll haften; zum anderen rechtlich verselbständigte Personenzusammenschlüsse mit korporativem Charakter, bei denen sich die Risikotragung typischerweise auf die Übernahme einer Einlageverpflichtung beschränkt, den Gläubigern gegenüber aber nur das Gesellschaftsvermögen haftet.

---

[1] Michalski/*Michalski*, GmbHG, Syst. Darst. 1 Rn. 38.
[2] Dazu *Raiser*, FS Lutter, 637-650; *Blaurock*, FS Raiser, 3 (6); *Lehmann*, ZGR 1986, 345 (350) m.w.N.
[3] Michalski/*Michalski*, GmbHG, Syst. Darst. 1 Rn. 38.
[4] *Hölzle*, ZIP 2003, 1376 (1377).
[5] *Bauer*, 89; ähnl. *Lutter*, FS Riesenfeld, 165 (167).
[6] Zu nennen sind hier bspw. die Offenlegungspflicht bzgl. der Rechtsform, §§ 35a, 4 II GmbHG, die Publizität des Stammkapitals, §§ 3 I, 8 I Nr. 1 GmbHG und v.a. die Rechnungslegungspublizität, §§ 325 ff. HGB.

Für die Gläubiger einer Personengesellschaft bedeutet dies, dass sie sich – auch und vor allem im Insolvenzfall – aus dem Vermögen der Gesellschaft *und* dem gesamten Vermögen der einzelnen Gesellschafter befriedigen können. Der hier verwirklichte Gleichlauf von Herrschaft und Haftung wird verallgemeinert in der ordoliberalen These, dass derjenige, der den Nutzen hat, auch den Schaden tragen müsse.[7] Die unbeschränkte persönliche Haftung soll prophylaktisch wirken und erreichen, dass die Disposition des Kapitals vorsichtig erfolgt.[8] Die Haftungssanktion wird so von manchen zum Grundprinzip der freien Marktordnung stilisiert.[9]

Dieser Auffassung widerspricht die Konzeption einer Gesellschaft mit beschränkter Haftung; indes geht das Idealbild eines Gleichklangs von Herrschaft und Haftung auch von einem heute nicht mehr zeitgemäßen Bild des Unternehmers als „ehrbarer Kaufmann" und einem in der komplexen Wirtschaftsgesellschaft nur noch selten anzutreffenden völlig unabhängigen Unternehmer mit maßgeblichem Einfluss auf die Geschicke der Unternehmung aus.[10] Daher ist die Berechtigung der Haftungsbeschränkung heute auch nicht mehr ernsthaft in Frage zu stellen.[11] Die Entwicklung der Haftungstrennung ist eine Antwort auf praktische Bedürfnisse.[12] Die zunehmende Fremdbestimmtheit unternehmerischer Entscheidungen durch rechtliche Reglementierung einerseits und externe wirtschaftliche und wirtschaftslenkende Einflüsse andererseits führt dazu, dass der Unternehmer immer weniger das wirtschaftliche Risiko einschätzen kann. Je weniger aber das Risiko beherrschbar ist, desto mehr verliert die Sanktion einer unbeschränkten Haftung als Idealbild an Überzeugungskraft.[13] Aus volkswirtschaftlicher Sicht ist auch und gerade die Tätigung riskanter Investitionen notwendig. Erst die Möglichkeit, ein Unternehmen zu betreiben, bei dem den Gläubigern nur das Vermögen der Gesellschaft haftet, gestattet es, solche besonders risikoreichen Zwecke in einem Personenverbund zu verfolgen.[14] Dies gilt erst recht für Investoren, die sich

---

[7] Dazu *Rogusch*, 15 ff.; *Limbach*, 107; *A. Bruns*, 49. Vor diesem Hintergrund stand letztlich auch die kritische Haltung gegenüber der beschränkten Haftung und die Betonung einer persönlichen Verantwortung der Gesellschafter in der NS-Zeit, vgl. dazu etwa als Verfechter des Prinzips der unbeschränkten Haftung *Großmann-Doerth*, in: Schubert, AkDR, 10 ff.; eingehend dazu *Stupp*, 98 ff.

[8] *Eucken*, 280.

[9] Grundlegend *Eucken*, 279 ff.; *Böhm*, 37, 126. Als „unentbehrlich" betrachtet auch *Wieland*, 338 die persönliche Haftung mit Hinweis auf den Oechselhäuserschen Entwurf zum GmbHG, der eine – beschränkte – Außenhaftung der Gesellschafter noch vorsah.

[10] *Bauer*, 99; *Limbach*, 117 ff.; *Tittel*, 17 ff.

[11] *Eckhold*, 87 m.w.N. Ausführlich zur ökonomischen Analyse der Haftungsbeschränkung *Roth*, ZGR 1986, 371-382; *Lehmann*, ZGR 1986, 345-370; *A. Bruns*, 45 ff.; *Bauer*, 95 ff.; umfassend die Monographie von *Adams*. Die interessante Parallele zwischen vertraglicher und institutioneller Haftungsbeschränkung zieht neuerdings *Bruns* in seiner Habilitationsschrift. Danach müsse derjenige, der die Haftungsbeschränkung bei der GmbH oder Aktiengesellschaft ernsthaft in Frage stellt, konsequenterweise auch erklären, warum es möglich sein soll, durch Darlehensvergabe eine Investition zu tätigen, die ebenfalls Gewinnaussichten mit einem nur begrenzten Risiko ermöglicht, *A. Bruns*, 52; dazu auch *Halbhuber*, 178 ff.

[12] *F. Kübler*, FS Heinsius, 397 (397); *Bauer*, 96.

[13] *Vervessos*, 119; *Roth*, ZGR 1986, 371 (373); *Limbach*, 101; *Westermann*, Gläubigerschutz, 7.

[14] Neben der Investitionsfunktion hat die Haftungsbeschränkung auch eine Kapitalsammelfunktion. Die Gesellschaft könnte ihre Funktion als Kapitalsammelbecken kaum erfüllen, wenn die Investoren

an mehreren Projekten beteiligen wollen.[15] Das Prinzip der beschränkten Haftung senkt damit die aufgrund der Risikoaversität der Gesellschafter bestehende Hemmschwelle für den Beginn einer unternehmerischen Tätigkeit.[16]

Auch wenn es richtig ist, dass das Damoklesschwert der unbeschränkten Haftung einen Anreiz zu vorsichtigem Wirtschaften setzt,[17] so ist der Gefahr eines *moral hazard* nicht dadurch zu begegnen, die Haftungstrennung und in letzter Konsequenz auch die Konstruktion der juristischen Person zu relativieren. In Wirklichkeit geht es darum, einen *angemessenen* Gläubigerschutz zu gewährleisten. Dabei darf man nicht der Versuchung erliegen, diesen Schutz mit Anklang an ein angebliches Dogma des Gleichlaufs von Herrschaft und Haftung zu überdehnen. Das Risiko, mit einer Forderung auszufallen, besteht für die Gläubiger in zunächst gleichem Maße auch bei natürlichen Personen.[18] Von einer „Verlagerung" des Unternehmensrisikos durch das Prinzip der beschränkten Haftung sollte nicht gesprochen werden. Denn das wäre nur dann richtig, wenn es einen Grundsatz der unbeschränkten persönlichen Haftung bei unternehmerischem Handeln in Gemeinschaft mit anderen gäbe. Ein solcher Grundsatz ist aber zu verneinen.[19] Das Ideal des Gleichklangs von Herrschaft und Haftung ist nur wirtschaftspolitisches Modell und eignet sich nicht dazu, hieraus konkrete Forderungen abzuleiten.[20] Das unternehmerische Risiko wird bei der GmbH von vornherein auf eine ganz bestimmte Art und Weise definiert, nicht jedoch vom Unternehmer auf die Gläubiger „verlagert".[21] Anstatt einer durch das Postulat des Gleichklangs von Herrschaft

das Risiko der persönlichen Haftung zu besorgen hätten, *Adams*, 47. Jedoch spielt die Kapitalsammelfunktion bei der GmbH im Gegensatz zur Aktiengesellschaft eine wesentlich geringere Rolle.

[15] Bereits in der Begründung zum GmbH-Gesetzentwurf wird deutlich, dass es durch die beschränkte Haftung dem Einzelnen ermöglicht werden soll, sich an mehreren Unternehmungen zu beteiligen und dazu „auch eine Theilung und damit eine Beschränkung der aus den einzelnen Unternehmen entstehenden Risiken" unabdingbar ist, s. Verhandlungen des Reichstages, VIII/1 (1890/92), 3725 (Aktenstück Nr. 660).

[16] Michalski/*Fleischer*, GmbHG, Syst. Darst. 6 Rn. 85.

[17] Zu diesen Anreizen *Adams*, 53 ff.; *Eidenmüller/Engert*, GmbHR 2005, 433 (435); *K. Schmidt*, Gesellschaftsrecht, § 18 IV.2. Berücksichtigt werden muss aber auch hier, dass der Investor keineswegs völlig risikolos handeln kann, da er immer Gefahr läuft, seine Investition zu verlieren. Daneben identifiziert sich oft ein Unternehmer auch dann mit „seiner" Gesellschaft, wenn er nicht persönlich haftbar gemacht werden kann, *Halbhuber*, 163. Dies erklärt z.T. auch die häufig verspätete Insolvenzantragsstellung. Denn Unternehmer betrachten nicht selten das wirtschaftliche Versagen der Gesellschaft auch als eigenes Versagen, *Schummer*, GesRZ 2000, 246 (250).

[18] Dasselbe gilt für die Frage, ob der Gläubiger das Insolvenzrisikos des Schuldners einzuschätzen und einzukalkulieren vermag; auch dieses Problem tritt sowohl bei Kapital- als auch bei Personengesellschaften auf, *Roth*, ZGR 1986, 371 (378).

[19] *Ulmer*, ZIP 1999, 554 (555 ff.); a.A. *Röhricht*, ZIP 2005, 505 (513); dafür neuerdings die Rspr. des BGH zur Akzessorietät der Gesellschafterhaftung bei der (Außen)GbR, die sich auf ein allgemeines Prinzip unbeschränkter Haftung zur Heranziehung des § 128 HGB beruft, BGH NJW 1999, 3438 (3485); BGH NJW 2001, 1056 (1061); dagegen ebenso vehement wie überzeugend *Canaris*, ZGR 2004, 69 (91 ff.).

[20] *Rümker*, ZGR 1988, 494 (502); ausführlich *Eckhold*, 64 ff.

[21] Das Prinzip von der Einheit von Herrschaft und Haftung hatte auch der GmbH-Gesetzgeber gesehen, für den aber „die unbeschränkte Haftpflicht jedenfalls nicht als eine nothwendige Konsequenz der

und Haftung indizierten Erfolgshaftung tritt bei Beschränkthaftern die verschuldensabhängige Haftung der Geschäftsleitung für unterlaufene Fehler in den Vordergrund.[22]

Da ein Forderungsausfall in gleicher Weise dann vorkommen kann, wenn eine natürliche Person Schuldnerin ist, muss der Frage nachgegangen werden, warum besondere Gläubigersicherungen bei haftungsbeschränkten Gesellschaften überhaupt erforderlich sind. Zunächst ist es nämlich Sache des Gläubigers, sich vor Eingehung einer schuldrechtlichen Verbindung davon zu überzeugen, ob der potentielle Vertragspartner kreditwürdig ist oder nicht (*caveat creditor*) und sich gegebenenfalls um Sicherungsmöglichkeiten zu kümmern. Der Gläubiger ist auch bei einer natürlichen Person als Haftungssubjekt nicht davor gefeit, dass diese Person unvermögend ist. Und wer von der beschränkten Haftung der Gesellschaft weiß, muss grundsätzlich diese Tatsache in die Bewertung mit einbeziehen.[23] Hieraus erklärt sich dann die Bedeutung der Publizität von Unternehmensdaten für den Gläubigerschutz, da durch solche Informationen dem Gläubiger eine Bewertung ermöglicht wird.[24] Richtig ist andererseits aber auch, dass diese Idealvorstellung einer privatautonomen Risikoabsicherung in der Realität auf Informationsasymmetrien und beschränkte Verhandlungsmacht trifft.[25] Die Gläubigerstellung lässt sich deshalb in der Praxis nicht immer mit kalkulierter, freiwilliger Risikoübernahme gleichsetzen.[26] Für deliktische Ansprüche ist das sofort einsichtig. Aber auch bei vertraglichen Ansprüchen können diverse Abhängigkeiten, Informationsdefizite und der Wille zur Vermeidung von Transaktionskosten dazu führen, dass der Gläubiger eine eingehende Überprüfung des Schuldners unterlässt.[27] Nun ist bei Bestehen einer persönlichen unbeschränkten Haftung zwar ebenso das Ausfallrisiko der Gläubiger gegeben; dieses Risiko kann aber deshalb als „ausgeglichen" gelten, weil die spezialpräventive Wirkung der Haftungsdrohung – zumindest theoretisch und generalisierend – den Schuldner zur Verantwortlichkeit anhält.[28] Zudem steht dem Gläubiger das Haftungssubjekt grundsätzlich über einen langen Zeitraum zur Verfügung. Damit wird dem Interesse der Gläubiger entgegengekommen, möglichst einen oder mehrere unbeschränkt haftende (Gesamt)Schuldner zur Verfügung und damit eine möglichst hohe potentielle Haftungsmasse zu haben. Während auch nach längerer Zeitspanne der persönlich haftende Gesellschafter, der wieder zu Geld gekommen ist,

Selbstverantwortlichkeit" erschien, s. Begründung zum GmbH-Gesetzentwurf, abgedruckt in Verhandlungen des Reichstages, VIII/1 (1890/92), 3725 (Aktenstück Nr. 660); dazu *Stupp*, 99 ff.

[22] *Schummer*, Eigenkapitalersatzrecht, 279.

[23] *Rogusch*, 20; dazu auch *Bauer*, 102 ff.

[24] Der gute Glaube an die Bonität des Schuldners verdient dabei jedoch keinen Schutz, BGHZ 29, 100 (106); R/A/*Altmeppen*, GmbHG, § 64 Rn. 105. Vgl. zur Betonung des Informationsmodells im europäischen Gesellschaftsrecht noch unten Kap.3 C.IV.2.b.

[25] *Rogusch*, 21; *Blaurock*, FS Raiser, 3 (10).

[26] *Bauer*, 104.

[27] *Blaurock*, FS Raiser, 3 (10). Für Kleingläubiger ist das Modell der privatautonomen Risikoverteilung nur bedingt zutreffend. Der Maler, der die Geschäftsräume einer GmbH renovieren soll, wird *in praxi* vor Auftragsübernahme sich eher selten über deren Kreditwürdigkeit informieren. Dazu noch unten Kap.3 A.IV.2.b.

[28] Krit. aber *K. Schmidt*, Gesellschaftsrecht, § 18 IV.2.c. mit dem Hinweis, dass bei Personengesellschaften jegliches garantiertes Mindestkapital fehlt und die Haftung dieses nicht generell ersetzen könne.

dem Zugriff des Gläubigers unterliegt,[29] wird die vermögenslose GmbH gelöscht (§ 60 I Nr. 7 GmbHG, § 141a FGG) und mangels werbender Tätigkeit auch kein Vermögen mehr erwirtschaften. Daneben gefährden sich die Zielvorstellungen von Gläubiger und Gesellschafter gegenseitig: die Forderung des Gläubigers schmälert den Gewinn des Gesellschafters; die Gewinnabführung an den Gesellschafter schmälert die Haftungsmasse für den Gläubiger.[30] Die fehlenden Anreize auszugleichen ist daher die wesentliche Motivation eines besonderen Gläubigerschutzes bei der GmbH. Es geht um eine Abwägung zwischen den volkswirtschaftlichen Vorteilen der beschränkten Haftung und den damit verbundenen Risiken für die Gläubiger, nicht jedoch darum, die Gläubiger vor allen Risiken zu schützen.[31]

2. Elemente des Gläubigerschutzsystems bei der GmbH

a. Kapitalschutzsystem

Das deutsche GmbH-Recht versucht, Gläubigerschutz auch durch ein Nennkapitalsystem zu verwirklichen. Dies bedeutet zum einen, dass die Gesellschafter verpflichtet werden, die Gesellschaft mit Eigenkapital auszustatten, und dass an dessen Höhe Mindestanforderungen gestellt werden. Konkret muss bei Gründung der GmbH mindestens ein Stammkapital von 25.000 € aufgebracht werden (§ 5 I GmbHG). Hierbei sorgen spezielle Vorschriften über die Kapitalaufbringung dafür, dass die Gesellschafter dieser Pflicht auch nachkommen.[32] Zum anderen wird dieses Stammkapital als gezeichnetes Kapital unter einen besonderen Schutz gestellt, indem es bilanziell passiviert wird (§ 42 I GmbHG i.V.m. § 266 III A. I. HGB) und gegen Auszahlungen an die Gesellschafter einen Puffer bildet (§§ 30, 31 GmbHG). Bisweilen wird dieses System als „Kernstück des GmbH-Rechts"[33] bezeichnet; jedenfalls wird ihm eine immense Bedeutung für den Gläubigerschutz zugeschrieben.

aa. (Mindest)Stammkapital

Das Stammkapital fixiert und dokumentiert die Summe der von den Gesellschaftern bei der Gründung der Gesellschaft aufzubringenden Einlagen. Der Gesetzgeber hat sich das Stammkapital als Korrelat zur Haftungsbeschränkung vorgestellt. Es soll einen institutionellen Ausgleich für die fehlende persönliche Haftung der Gesellschafter bieten.[34] Die rechtsfähige GmbH muss demnach auch mit Vermögen ausgestattet wer-

[29] Dies gilt wegen der Möglichkeit der Restschuldbefreiung nun nicht mehr uneingeschränkt. Dadurch wird auch der natürlichen Person ein Ausstieg aus der Haftung ermöglicht.
[30] *Eckhold*, 89.
[31] Treffend *Bauer*, 108.
[32] Als Zentralnormen fungieren insoweit §§ 9-9b, 19 GmbHG.
[33] BGHZ 28, 77 (78); *Goette*, GmbH, § 2 Rn. 1; krit. *K. Schmidt*, Gesellschaftsrecht, § 37 I.2.
[34] *Wilhelmi*, GmbHR 2006, 13 (14); GK-GmbHG/*Ulmer*, § 5 Rn. 9; *Hirte*, Kapitalgesellschaftsrecht, Rn. 5.17; MünchHdBGesR III/*Gummert*, § 50 Rn. 6; R/S-L/*Schmidt-Leithoff*, GmbHG, § 5 Rn. 2; *Lutter*, FS Riesenfeld, 165 (168 ff.).

den, um Verpflichtbarkeit und Haftung realistisch zu machen.[35] Die Funktionen, die das Nennkapitalsystem erfüllen soll, sollen insgesamt vor allem unter der Prämisse der Gläubigersicherung stehen.

(1) Seriositätsschwelle

Das Mindeststammkapital dient dazu, unseriöse Gründungen zu erschweren.[36] Indem die Gesellschafter verpflichtet werden, tatsächlich einmal einen bestimmten Kapitalstock *à fond perdu* zur Verfügung zu stellen, soll verhindert werden, dass eine Gesellschaft ohne Kreditunterlage in die Welt gesetzt wird. Erst durch die Zurverfügungstellung dieses Vermögens erhält die Gesellschaft ein Mindestmaß an Liquidität und damit überhaupt erst ihre Handlungsfähigkeit.[37] Eine unternehmerische Tätigkeit ohne ein persönliches Risiko der handelnden Personen gilt als für die wirtschaftliche Umwelt potentiell gefährliches Gebilde.[38] Insoweit soll der Rechtsverkehr davor geschützt werden, dass selbständige und nur aus sich heraus haftende Gesellschaften ohne jegliche Eigenmittel wirtschaftlich tätig werden. Im gleichen Atemzug will das Gesetz damit auch eine gewisse Grundlage für die Kreditwürdigkeit der Gesellschaft schaffen, mit der sich die GmbH bei Aufnahme der Geschäftstätigkeit eher als zuverlässiger Schuldner darstellen kann.

Richtig ist daran, dass der Zwang zur Bereitstellung eines Mindestreinvermögens ein Mittel sein kann, der GmbH eine gewisse Solidität zu verschaffen. Denn je höher der Risikobeitrag der Gesellschafter ist, desto geringer ist i.d.R. die Gefahr, dass die Gesellschafter verantwortungslos mit dem Gesellschaftsvermögen umgehen.[39] Das Mindeststammkapital fungiert damit als „Eintrittskarte"[40] in die Kapitalgesellschaft. Andererseits bestehen erhebliche Bedenken, ob das Mindestkapital von 25.000 € heutzutage wirklich noch ein Indiz für die Seriosität der Gründung sein kann. Es dürfte nämlich keine überaus großen Anstrengungen mehr verlangen, diesen Betrag aufzubringen und in eine Gesellschaft zu investieren. Um tatsächlich eine akzeptable Grundlage für die Kreditwürdigkeit zu erhalten, reicht das Mindeststammkapital heute nicht mehr aus. Anders ist die verbreitete Praxis der Banken kaum zu erklären, zur Sicherung der Kreditvergabe von den Gesellschaftern einer nur mit dem Mindestkapital ausgestatteten GmbH regelmäßig persönliche Sicherheiten zu verlangen.[41] Die Seriositätsschwelle[42], die mit dem System des Mindeststammkapitals aufgebaut wird, kann deswegen keinen vollständigen Schutz gegen unseriöse oder übereilte Gründungen

[35] *Sernetz/Haas*, Rn. 3; *Westermann*, Gläubigerschutz, 19.
[36] Zuletzt *Eidenmüller/Engert*, GmbHR 2005, 433 (435); *Wilhelmi*, GmbHR 2006, 13 (14). So schon die Gesetzesbegründung, s. Begründung zum GmbH-Gesetzentwurf, abgedruckt in Verhandlungen des Reichstages, VIII/1 (1890/92), 3729 (Aktenstück Nr. 660).
[37] Michalski/*Zeidler*, GmbHG, § 5 Rn. 19.
[38] *Lutter*, FS Riesenfeld, 165 (168); *Vervessos*, 26.
[39] *Adams*, 36; *Mülbert*, DStR 2001, 1937 (1942).
[40] *Hirte*, Kapitalgesellschaftsrecht, Rn. 5.23.
[41] Zur Frage einer Relativierung der Haftungsbeschränkung durch die Kreditsicherungspraxis eingehend und mit umfangreichem Zahlenmaterial *Meyer/Hermes*, GmbHR 2005, 807-817.
[42] *Lutter*, FS Riesenfeld, 165 (168); *Hirte*, Kapitalgesellschaftsrecht, Rn. 5.23.

bieten.[43] Die Zweifel an einer effektiven Seriositätsschwelle würden übrigens mit einer Herabsetzung des Mindeststammkapitals auf 10.000 €, wie sie nach dem Scheitern des MindestkapG nun auch der Entwurf des MoMiG vorschlägt, noch wachsen. Denn dies würde zwar ein erkennbares Festhalten am tradierten Mindestkapitalprinzip trotz der Zweifel an der Wettbewerbsfähigkeit der Rechtsform GmbH nach der „Inspire Art"-Entscheidung[44] bedeuten. Im gleichen Atemzug konterkarierte es aber diese Entscheidung, indem das Prinzip mit der Absenkung der zwingenden Risikobeteiligung der Gesellschafter weiter aufgeweicht würde.[45] Daneben ist es schließlich auch eine offene Frage, wie überhaupt die Solidität der Gründung definiert werden soll. Das Mindeststammkapital orientiert sich nicht an der jeweiligen Ausrichtung des geplanten Unternehmens und seinem tatsächlichen Kapitalbedarf. Es verlangt und gewährleistet nicht eine dem jeweiligen Geschäftsumfang angepasste Kapitalausstattung, weshalb die Gläubiger auf eine solche auch nicht vertrauen können.[46] Die gesetzliche „Seriositätsprüfung" begnügt sich damit, dem Gesellschafter ein irgendwie als hinreichend empfundenes Mindestmaß an Risikobereitschaft abzuverlangen und verhindert (allenfalls) offensichtlich missbräuchliche Gründungen.[47] Allein ein freiwillig höher angesetztes Stammkapital kann deswegen als Bonitätssignal im Rechtsverkehr erhöhtes Vertrauen erzeugen.

(2) Verlustpuffer

Im Zusammenhang mit der Insolvenzantragspflicht bei Überschuldung zu sehen ist schließlich die Funktion der formellen Nennkapitalziffer als „Verlustpuffer"[48]. Bei Eintritt einer Überschuldung verpflichtet § 64 I 2 GmbHG den Geschäftsführer der GmbH, Insolvenz anzumelden und verbietet ihm gleichzeitig, das Unternehmen fortzuführen. Der Verstoß gegen diese Insolvenzantragspflicht ist nicht nur haftungsrecht-

---

[43] Krit. auch *Haas*, ZIP 2006, 993 (994 f.); *Halbhuber*, 156; *Blaurock*, FS Raiser, 3 (13 ff.); anders *Wilhelmi*, GmbHR 2006, 13 (14, 23).

[44] EuGH DB 2003, 2219 „Inspire Art". Dazu noch näher unten Kap.3 C.IV.

[45] Krit. daher auch *Wilhelmi*, GmbHR 2006, 13 (23); *K. Schmidt*, DB 2005, 1095 (1095 ff.); *Priester*, ZIP 2005, 921 (921 ff.); *Kleindiek*, DStR 2005, 1366 (1369).

[46] BGHZ 76, 326 (333 ff.).

[47] Ähnl. *Bauer*, 136 ff.; *Eidenmüller/Engert*, GmbHR 2005, 433 (435, 437); GK-GmbHG/*Ulmer*, § 5 Rn. 10; krit auch *Blaurock*, FS Raiser, 3 (9 ff.). Zur Frage, ob daher nicht eine angemessene Kapitalausstattung gefordert werden sollte (Problem der materiellen Unterkapitalisierung) s. näher u. A.I.2.a.cc.(1). Interessant ist vor diesem Hintergrund die Entwicklung des FRANZÖSISCHEN Rechts. Für die der GmbH entspr. Rechtsform S.A.R.L. wurde das Mindeststammkapital (bisher 7.500 €, Art. L. 223-2 C.Com) durch Art. 1 *Loi pour l'initiative économique* abgeschafft. Die Begründung des Gesetzes, das v.a. eine Beschleunigung und Vereinfachung der Gesellschaftsgründung zum Ziel hat, weist darauf hin, dass ein relativ geringes Stammkapital für die Gläubiger keinen erheblichen Schutz bedeutet, da zumeist das Kapital in den ersten Wochen verbraucht wird. Es wird deshalb die Bestimmung des Stammkapitals vollständig in die Privatautonomie der Gesellschafter gestellt, die am besten wissen müssen, wie sie die Gesellschaft finanzieren, s. Gesetzentwurf (*Projet de Loi pour l'initiative économique*), *Exposé des Motifs*, Gliederungspunkt I. (abrufbar unter http://assemblee-nationale.fr/12/projets/pl0507.asp, Zugriff 12.02.2006). Zur Reform *Becker*, GmbHR 2003, 706-708; *Wachter*, GmbHR 2003, R 377-R 378.

[48] *Wellensiek*, in: K. Schmidt/Uhlenbruck, GmbH in Krise, Rn. 40; *Wilhelmi*, GmbHR 2006, 13 (13).

lich[49], sondern auch strafrechtlich sanktioniert (§ 84 I Nr. 2 GmbHG). Als Ausgangspunkt einer Definition gilt, dass Überschuldung dann vorliegt, wenn das Aktivvermögen die Verbindlichkeiten nicht mehr deckt.[50] Das Stammkapital wirkt daher als rechnerischer Verlustpuffer, der den frühzeitigen Eintritt der Insolvenz hinausschiebt: Ohne jegliches Stammkapital wäre die GmbH schon zu Beginn ihrer wirtschaftlichen Tätigkeit in erheblichem Maße insolvenzgefährdet, da ohne solches Stammkapital der kleinste Verlust unmittelbar zur (rechnerischen) Überschuldung führen würde und – an dieser Stelle einmal abgesehen von der Bedeutung der Fortbestehensprognose[51] – die Gesellschaft Insolvenz anmelden müsste. Das Konzept eines festen Nominalkapitals ist im Zusammenspiel mit dem Insolvenzgrund Überschuldung auch und vor allem Insolvenzvorbeugungsinstrument und ermöglicht der Gesellschaft überhaupt erst den Start. Da jede Gründung Anlaufverluste erzeugt, wäre eine ausschließlich fremdfinanzierte GmbH alsbald überschuldet und insolvenzreif. So gesehen sichern die Mindestanforderungen an die Stammkapitalziffer, dass die GmbH überhaupt erst ihre Lebensfähigkeit erlangt.[52] Gleichzeitig schützen sie damit die Gläubiger indirekt und vorsorglich vor dem Nichterfüllungsrisiko in der Insolvenz.[53]

Auch das Frühwarnsystem des § 49 III GmbHG knüpft an die Stammkapitalziffer an. Danach hat der Geschäftsführer unverzüglich eine Gesellschafterversammlung einzuberufen, wenn die Hälfte des (satzungsmäßigen) Stammkapitals verloren ist.[54] Die Norm bezweckt, Krisensituationen frühzeitig zu verdeutlichen und dadurch auf Maßnahmen zur Gegensteuerung, z.B. eine Kapitalerhöhung, hinzuwirken. Wenn auch die mit der Pflicht zur Befassung der Gesellschafter mit der Lage der GmbH tatsächlich erreichbare Krisenpräventionswirkung nicht hinreichend sein mag,[55] so lässt sich doch

---

[49] Zur Haftung wegen Insolvenzverschleppung eingehend unten Kap.4 B.II.

[50] BGH NJW 1983, 676 (677); Uhlenbruck/*Uhlenbruck*, InsO, § 19 Rn. 1; *Häsemeyer*, Rn. 7.23. Genauer zum Begriff der Überschuldung unten Kap.4 B.I.

[51] Da der historische Gesetzgeber zunächst von der bilanziell ermittelten, rechnerischen Überschuldung ausging, ohne die Frage der Fortführungswürdigkeit mit einzubeziehen (dazu *Lütkemeyer*, 52 ff.), ist es zum Verständnis des Systems der Insolvenzauslösung hier einmal gerechtfertigt, diese Frage auszublenden. Es ist zudem auch nur schwer vorstellbar, dass ein schon kurz nach Beginn der wirtschaftlichen Tätigkeit rechnerisch überschuldetes Unternehmen fortführungswürdig ist.

[52] *Blaurock*, FS Raiser, 3 (14 ff.); ähnl. *Wilhelmi*, GmbHR 2006, 13 (13).

[53] *Wilhelmi*, GmbHR 2006, 13 (14).

[54] Entgegen dem Wortlaut des § 49 III GmbHG ist kein gegenständlicher Verlust gemeint, sondern eine Situation, in der das Gesellschaftsvermögen wertmäßig den hälftigen Betrag der Stammkapitalziffer unterschreitet, Michalski/*Römermann*, GmbHG, § 49 Rn. 103; *Wellensiek*, in: K. Schmidt/Uhlenbruck, GmbH in Krise, Rn. 52. Zum Problem der Ermittlung des „Verlustes" bspw. Hachenburg/*Hüffer*, GmbHG, § 49 Rn. 21 ff.; *Nowotny*, FS Semler, 231 (242 ff.).

[55] Zwar ist die Nichtbefolgung der Einberufungspflicht strafbewehrt, § 84 I Nr. 1 GmbHG, doch zwingt das Gesetz die Gesellschafterversammlung zu keinen Maßnahmen oder Entscheidungen, s. L/H/*Lutter*/*Hommelhoff*, GmbHG, § 49 Rn. 15 und *Nowotny*, FS Semler, 231 (247 ff.) m. Hinw. auf die ÖSTERREICHISCHE Rechtsprechung, die eine Entscheidungspflicht anerkennt; a.A. dazu *Schummer*, Eigenkapitalersatzrecht, 268 ff. Insoweit bleibt § 49 III GmbHG auf halbem Wege stehen, wenn er zwar zur Information der Gesellschafter zwingt, nicht jedoch als Konsequenz auch verlangt, dass die Gesellschafter die Krise zu bewältigen suchen. Insgesamt kritisch zu § 49 III GmbHG *Haas*, ZIP 2006, 993 (997).

auch hieran erkennen, dass die eigentliche Bedeutung der Stammkapitalziffer darin liegt, anderen Verpflichtungen und Haftungskonzepten als *Anknüpfungspunkt* zu dienen. Demzufolge ist auch für die Frage des Gläubigerschutzes weniger die Bezugnahme auf ein bestimmtes, bei der Gesellschaft vorhandenes Kapital entscheidend[56], sondern vielmehr die Heranziehung der Stammkapitalziffer als eine bloße (aber wichtige) Rechengröße ernst zu nehmen. Die Vorgabe einer Mindestkapitalziffer erscheint dabei aber nicht zwingend.[57]

bb. Kapitalsicherung

(1) Kapitalaufbringung

Das System eines festen Nennkapitals kann nur dann überzeugen, wenn die Gesellschafter auch verpflichtet werden, das Stammkapital tatsächlich einmal aufzubringen. Diesem Zweck dienen die Vorschriften der Kapitalaufbringung. Die Gesellschafter müssen schon vor Anmeldung der Gesellschaft ein Viertel der Einlageverpflichtung erfüllen; insgesamt ist die Hälfte des Mindeststammkapitals aufzubringen (§ 7 II GmbHG). Dabei soll sichergestellt werden, dass wertmäßig bei der Gesellschaft tatsächlich ein entsprechender Vermögenszuwachs entsteht. Soweit der Einlageverpflichtung in Form von Sachwerten nachgekommen werden soll, ist deswegen ein besonderes formelles Verfahren einzuhalten (Offenlegung der Sachgründung in der Satzung und nachvollziehbare Bewertung in einem Sachgründungsbericht, § 5 IV GmbHG). Ohne Beachtung dieser Vorschriften wird der leistende Gesellschafter nicht von seiner Einlageverpflichtung befreit. Schließlich ist darauf zu achten, dass der Wert der Sache auch dem Nennbetrag der Einlageverpflichtung entspricht.[58] Ist dies nicht der Fall, greift eine Differenzhaftung Platz (§ 9c GmbHG). Gegen eine Umgehung dieser besonderen Vorschriften über Sacheinlagen sollen die Grundsätze über sog. verdeckte Sacheinlagen schützen. Danach ist es den Gesellschaftern untersagt, eine Sachgründung äußerlich in das Gewand einer Bargründung zu kleiden, indem eine Bareinlage vereinbart, diese aber mit einem Verkehrsgeschäft so verbunden wird, dass im Ergebnis wirtschaftlich gesehen eben nur eine Sache eingebracht wird. Die Folgen können fatal sein: der Gesellschafter bleibt mangels wirksamer Einlageleistung zur Einlageleistung verpflichtet, trägt für die Rückgewähr des geleisteten Betrages durch die GmbH aber das Insolvenzrisiko.

Die Einlage ist schließlich erst dann geleistet, wenn der Betrag der Gesellschaft effektiv zur freien Verfügung zufließt, was bei der Anmeldung nachzuweisen ist (§ 8 II 1 GmbHG). Die Geschäftsleitung muss die zugeflossenen Mittel im Sinne der Gesellschaft frei verwenden können. Deshalb ist beispielsweise auch die Aufrechnung

---

[56] Vgl. zum verbreiteten Fehlverständnis vom Stammkapital als einer gegenständlichen Haftungsmasse noch unten A.I.2.a.bb.(2).

[57] *Blaurock*, FS Raiser, 3 (15 ff.); a.A. *Wilhelmi*, GmbHR 2006, 13 (20); abl. aus ökonomischer Sicht *Kirchner*, FS Raiser, 181 (196 ff.).

[58] Ansonsten droht dem Gesellschafter die Differenzhaftung des § 9 I GmbHG, d.h. er muss in bar den Fehlbetrag leisten. Den Gesellschaftern soll es dadurch unmöglich gemacht werden, durch Falschbewertungen die Einlagepflicht zu umgehen.

gegen die Einlageschuld nicht gestattet (§ 19 II 2 GmbHG). Die Kapitalaufbringung wird weiter durch Vorschriften zur Durchsetzung der Einlageforderung sichergestellt. So hat der Gesellschafter für den Fall der nicht rechtzeitigen Einlageleistung Verzugszinsen zu leisten (§ 20 GmbHG). Daneben erlauben die §§ 21 ff. GmbHG zum einen den Entzug und die Versteigerung des Geschäftsanteils, als ultima ratio schließlich auch den Zugriff auf die anderen Gesellschafter im Wege der Ausfallhaftung (§ 24 GmbHG).

Insgesamt lässt sich konstatieren, dass für die einmalige Aufbringung des Stammkapitals ein erheblicher Aufwand betrieben wird.[59] Dabei rückt neuerdings die Kapitalaufbringung noch stärker in den Mittelpunkt, da der BGH bei Vorrats- und Mantelgesellschaften mit Hinweis auf eine „wirtschaftliche Neugründung" die Gründungsvorschriften analog anwendet.[60] Im Hinblick auf den gläubigerschützenden Aspekt der Kapitalaufbringung ist jedoch zu sehen, dass damit zwar idealerweise ein Puffer gegen einen frühen Eintritt der Insolvenzreife gebildet, hingegen nicht die Höhe der Gläubigerausfälle in einer möglichen Insolvenz minimiert wird.[61]

(2) Kapitalerhaltung

Zum anderen wäre das Nennkapitalsystem unvollständig, würde das Gesetz nur einmal zur Aufbringung eines Mindestreinvermögens zwingen, ohne Vorkehrungen dagegen zu treffen, dass dieses Vermögen nicht umgehend wieder abfließt. Daher verbietet es § 30 I GmbHG, das so aufgebrachte Vermögen wertmäßig wieder an die Gesellschafter zurückfließen zu lassen. Geschieht dies doch, sind die Gesellschafter zur Rückerstattung verpflichtet (§ 31 I GmbHG).[62] Die Kapitalerhaltung wird zusätzlich dadurch abgesichert, dass die anderen Gesellschafter für die Rückzahlung haften, falls von dem rückgewährpflichtigen Gesellschafter die Rückzahlung nicht erlangt werden kann (§ 31 III GmbHG).[63]

Auch das Kapitalschutzsystem soll dem Gläubigerschutz dienen. Vielfach wird dies damit umschrieben, dass den Gläubigern ein „Garantiekapital"[64] oder „Haftungsfonds"[65] zur Verfügung steht. Solche Formulierungen treffen jedoch den Kern der Sache nicht und tragen ihren Teil zur Fehlvorstellung vom Stammkapital als einem fortwährend vorhandenen Polster zur Deckung der Gesellschaftsverbindlichkeiten bei. Zwar sind auch die Gesetzesverfasser dieser falschen, gegenständlichen Vorstellung

[59] Krit. *Wilhelm*, ZGR 2003, 520-545.
[60] BGH DB 2003, 330; BGH DB 2003, 2055.
[61] *Mülbert*, DK 2004, 151 (155, 158).
[62] Der Rückgewähranspruch entfällt nicht dadurch, dass später das Vermögen der GmbH wieder den Betrag des Stammkapitals erreicht, grundlegend BGHZ 144, 336 (341 ff.); BGH WM 2003, 2238 (2240).
[63] Zur Begrenzung dieser Ausfallhaftung auf den Betrag der Stammkapitalziffer BGH GmbHR 2002, 549 (550 ff.) „L. Kosmetik"; BGH WM 2003, 2238 (2241 ff.); *Blöse*, GmbHR 2002, 1107-1111; *Cahn*, ZGR 2003, 298-315; *Paul*, ZInsO 2003, 454-457; krit. *K. Schmidt*, FS Raiser, 311-339.
[64] *Wiedemann*, Gesellschaftsrecht I, 556. Ähnl. Scholz/*Westermann*, GmbHG, § 30 Rn. 1: „Garantiefunktion".
[65] BGH NJW 1982, 383 (385); BGH NZG 2003, 79 (80); GK-GmbHG/*Ulmer*, Einl. Rn. A 38.

vom Stammkapital erlegen;[66] das macht diese Sichtweise jedoch nicht richtiger. Die gesetzlichen Regelungen sind rein negativ auf die Verhinderung bestimmter Maßnahmen gegenüber den Gesellschaftern gerichtet.[67] Zwar betrifft die *Auszahlung*, die § 30 I GmbHG verbietet, notwendig einzelne Gegenstände des Aktivvermögens.[68] Der Schutz, den §§ 30, 31 GmbHG bieten, bezieht sich aber gerade nicht auf einen Vermögensgegenstand, sondern auf dessen betragsmäßiges Korrelat.[69] Es wird allein ein rein rechnerischer Schutz des der Kapitalziffer entsprechenden Reinvermögens der GmbH vor Verschiebungen zugunsten der Gesellschafter bezweckt.[70] Erreicht wird dieser Schutz durch eine rein rechnerische Bindung des Teils des Gesellschaftsvermögens, dessen Wert dem Betrag des Stammkapitals entspricht, indem das Stammkapital auf der Passivseite ausgewiesen wird. Insoweit ist das Stammkapital also nichts als eine bloße Rechnungsziffer.[71] Sobald das Nettovermögen der Gesellschaft den Betrag des Stammkapitals nicht mehr erreicht, also eine Unterbilanz besteht, sind Zahlungen an die Gesellschafter – offen oder verdeckt – nicht mehr zulässig.[72] Gebunden ist mithin nur der zur Deckung der Stammkapitalziffer erforderliche Teil des Gesellschaftsvermögens gegen Ausschüttungen an die Gesellschafter.[73] Es wäre sinniger, von Ausschüttungsbeschränkung zu sprechen und den Begriff der Kapitalerhaltung abzulegen.[74]

Die Tatsache, dass das Prinzip der Kapitalaufbringung und Kapitalerhaltung weitläufig als Herzstück des Gläubigerschutzes angesehen wird, hat dazu geführt, dass Rechtsprechung und Literatur diese Grundsätze streng gehandhabt und beständig weiterentwickelt und ausgeweitet haben.[75] Im Ergebnis soll jeglichen Umgehungsversuchen durch die Gesellschafter vorgebeugt werden. Aufgabe der vorliegenden Arbeit

---

[66] BGH GmbHR 2002, 549 (550) „L. Kosmetik". Aufschlussreich zu diesem Fehlverständnis die Begründung zum GmbH-Gesetzentwurf, abgedruckt in Verhandlungen des Reichstages, VIII/1 (1890/92), 3729 (Aktenstück Nr. 660), wo es heißt: „Hier wird vielmehr die nothwendige Unterlage der Gesellschaft nicht anders als durch die Aufbringung eines bestimmten, jedermann kenntlichen Gesellschaftskapitals zu beschaffen sein, welches den *dauernden Grundstock* des Unternehmens und zugleich ein *bestimmtes Befriedigungsobjekt* für die Gesellschaftsgläubiger bildet." (Hervorhebungen durch den *Verf.*)

[67] *Joost*, GmbHR 1983, 285 (285).

[68] *Joost*, ZHR 1984, 27 (27).

[69] *Vogel*, GmbHG, § 30 Anm. 2; Scholz/*Westermann*, GmbHG, § 30 Rn. 1; *Fleck*, FS 100 Jahre GmbHG, 391 (393); *N. Fischer*/*Gasteyer*, NZG 2003, 517 (519); *Sernetz*/*Haas*, Rn. 9; *K. Schmidt*, Gesellschaftsrecht, § 37 III.1.b.

[70] BGH GmbHR 2002, 549 (550) „L. Kosmetik"; *Hirte*, Kapitalgesellschaftsrecht, Rn. 5.20.

[71] B/H/*Hueck*/*Fastrich*, GmbHG, § 30 Rn. 9; R/S-L/*Schmidt-Leithoff*, GmbHG, § 5 Rn. 2.

[72] *Raiser*/*Veil*, Kapitalgesellschaften, § 37 Rn. 10; *K. Schmidt*, Gesellschaftsrecht, § 37 III.1.d.; R/S-L/*Pentz*, GmbHG, § 30 Rn. 7.

[73] *Henze*, NZG 2003, 649 (652).

[74] So auch *Halbhuber*, 175. Ob daher eine Pflicht zur Angabe des eingezahlten Kapitals auf Geschäftsbriefen – wie im RefE zum (nicht Gesetz gewordenen) MindestkapG vorgesehen – tatsächlich ein Bonitätssignal setzen könnte oder nicht vielmehr den Rechtsverkehr noch mehr in die Irre führt und ihm vortäuscht, dass das eingezahlte Kapital auch noch vorhanden ist, darf bezweifelt werden; krit. auch *K. Schmidt*, DB 2005, 1095 (1096); befürwortend hingegen *Wilhelmi*, GmbHR 2006, 13 (16).

[75] Dazu eingehend *Fleck*, FS 100 Jahre GmbHG, 391-419; krit. etwa *Ulmer*, JZ 1999, 662 (664).

kann es freilich nicht sein, diese Entwicklung im Einzelnen nachzuzeichnen. Beispielhaft zeigen sich aber die Bemühungen zur Sicherstellung der Kapitalerhaltung etwa schon daran, dass der Begriff „(Aus)Zahlung" in §§ 30, 31 GmbHG seit jeher nicht in seinem engen Wortsinne verstanden wird. Unter das Abflussverbot fallen danach nicht nur Geldleistungen, sondern Leistungen aller Art, die wirtschaftlich das Gesellschaftsvermögen verringern.[76] Dazu zählen die unentgeltliche Sachübereignung ebenso wie die Befreiung eines Gesellschafters von einer Verbindlichkeit[77], die Stundung einer fälligen Forderung gegen den Gesellschafter[78] sowie die Gewährung eines zinslosen Darlehens an den Gesellschafter[79]. Auch bei bilanzneutralen Geschäften zwischen GmbH und Gesellschafter, z.B. einem gegenseitigen Vertrag, kann eine Auszahlung i.d.S. vorliegen. Entscheidend ist die Frage, ob *wirtschaftlich* das Vermögen der GmbH negativ beeinflusst wird, wenn Geschäfte nicht zu marktüblichen Konditionen abgewickelt werden.[80] Wie weit diese wirtschaftliche Betrachtungsweise geht, ist im Einzelnen umstritten.[81] Im Wesentlichen geht es dabei um die Frage, ob der Gesellschafter tatsächlich eine objektiv gleichwertige Gegenleistung erbringt.[82] In bestimmten Fällen kann schließlich auch ein Verstoß gegen das Auszahlungsverbot vorliegen, wenn die Leistung nicht an einen Gesellschafter, sondern an einen Dritten fließt. Typischerweise geht es um Fälle, in denen zwischen dem Gesellschafter und dem Dritten eine enge rechtliche oder persönliche Beziehung besteht, wie etwa bei Treuhandsituationen, atypisch stillen Gesellschaftern, verbundenen Unternehmen und nahen Angehörigen.[83]

Auch das später noch näher zu erläuternde Eigenkapitalersatzrecht gehört in den Kreis der Bemühungen um eine Sicherung und Ausdehnung der Kapitalsicherungsbestimmungen bei der GmbH.[84] Der in diesem Bereich getriebene Aufwand steht jedoch

---

[76] RGZ 136, 260 (264); BGHZ 31, 258 (276) „Flugtaxi"; aus der Lit. statt aller L/H/*Lutter*/*Hommelhoff*, GmbHG, § 30 Rn. 8; *K. Schmidt*, Gesellschaftsrecht, § 37 III.1.c.

[77] *Fleck*, FS 100 Jahre GmbHG, 391 (405); L/H/*Lutter*/*Hommelhoff*, GmbHG, § 30 Rn. 8.

[78] BGHZ 81, 311 (320 ff.) „Helaba/Sonnenring".

[79] „Auszahlung" jdf. hinsichtlich der Zinsen; im Einzelnen str., s. dazu R/S-L/*Pentz*, GmbHG, § 30 Rn. 33 ff.; *K. Schmidt*, Gesellschaftsrecht, § 37 III.1.c. Weitere Einzelfälle bei Michalski/*Heidinger*, GmbHG, § 30 Rn. 47 ff.

[80] Oft als „verdeckte Gewinnausschüttung" bezeichnet, s. BGH NJW 1996, 589 (589 ff.); *Hirte*, Kapitalgesellschaftsrecht, Rn. 5.81; krit. zu diesem aus dem Steuerrecht entlehnten Begriff *Goette*, GmbH, § 3 Rn. 32; *Stimpel*, FS 100 Jahre GmbHG, 335 (341).

[81] Ausführlich dazu *Stimpel*, FS 100 Jahre GmbHG, 335 (338 ff.); Scholz/*Westermann*, GmbHG, § 30 Rn. 20 ff.; *Goette*, GmbH, § 3 Rn. 30 ff.

[82] Nur wenig zur Lösung trägt indes die Abgrenzung danach bei, ob die Leistung *causa societatis* erfolgte, oder der Gesellschafter der Gesellschaft „wie ein Dritter" gegenüberstand. Denn im Rahmen dieser Abgrenzung soll wiederum der Frage indizielle Bedeutung zukommen, ob eine wirtschaftlich gleichwertige Leistung vorliegt oder nicht, weshalb die Argumentation zirkelschlüssig ist; so aber BGH NJW 1996, 589 (589 ff.); *Henze*, HdB GmbH, Rn. 440.

[83] *Henze*, HdB GmbH, Rn. 449; *Sernetz/Haas*, Rn. 397 ff.; *Goette*, GmbH, § 3 Rn. 39. Beispiele aus der umfangreichen Rspr.: BGH NJW 1999, 2123 (2125); BGHZ 81, 311 (315) „Helaba/Sonnenring"; BGH NJW 1996, 1341 (1342); BGH NJW-RR 1991, 744 (745); OLG Brandenburg GmbHR 1999, 297 (298).

[84] Vgl. *Goette*, GmbH, § 3 Rn. 39.

in einem merkwürdigen Gegensatz zu den gläubigerschützenden Wirkungen, die durch Auszahlungssperre und Rückzahlungsverpflichtung tatsächlich erreicht werden können.[85] Der Schutz, den die Kapitalerhaltungsvorschriften bieten, bezieht sich nämlich nur auf den bilanzmäßigen Überschuss der Aktiva über die echten Passiva bis zur Höhe des Stammkapitalbetrages und nur auf Verschiebungen des Vermögens zugunsten der Gesellschafter. Der „bilanztechnische Sparstrumpf"[86] verhindert aber nicht, dass der GmbH auf andere Weise Vermögen entzogen wird, insbesondere durch einen schlechten Geschäftsverlauf.[87] Bildlich umschrieben bedeutet das, dass sich die Gesellschafter nicht eigennützig zu Lasten des Stammkapitals am Vermögenskuchen der GmbH bedienen dürfen, indes nicht verhindert wird, dass der Kuchen im normalen Geschäftsverlauf aufgezehrt wird.[88] Dass die einmal aufgebrachten Kapitalmittel zugleich „Haftungsfonds" sein sollen und auch als Betriebskapital zu dienen bestimmt sind, verdeutlicht den kaum auflösbaren Zielkonflikt zwischen Gläubigerschutz und Anschubfinanzierung.[89] Das System des festen Stammkapitals als „Kulturleistung ersten Ranges"[90] zu bezeichnen, die die Kreditwürdigkeit der Gesellschaft sicherstellt, ist vor diesem Hintergrund fragwürdig, auch wenn es für die kontinentaleuropäischen Rechte stilprägend wurde.[91] Den Gläubigern der Gesellschaft ist wenig damit gedient, dass eine darniederliegende Gesellschaft möglicherweise noch Rückzahlungsansprüche gegen die einzelnen Gesellschafter hat; diese Ansprüche können nur zu einem geringen Teil die Befriedigungschancen aufbessern.[92] Selbst wenn das Nennkapital in der Insolvenz noch unversehrt vorhanden wäre, könnte es (zumal wenn es nur in dem Mindeststammkapitalbetrag besteht) typischerweise kaum einen relevanten Beitrag zur Gläubigerbefriedigung leisten.[93] Deshalb kann aber auch nicht allein in §§ 30, 31 GmbHG die entscheidende Schnittstelle für einen angemessenen Gläubigerschutz liegen.[94] Die Auszahlungssperre mit ihrem in der Geschichte des GmbHG begründeten – falschen – Verständnis vom Stammkapital als einer gegenständlichen Vermögensreserve sanktioniert lediglich das Verhalten des Gesellschafters, der in einer Krisensituation der Gesellschaft, nämlich bei Vorliegen einer Unterbilanz, Vorteile für sich reali-

[85] Deutlich *Halbhuber*, 146 ff.

[86] *Wiedemann*, Gesellschaftsrecht I, 557.

[87] *Kallmeyer*, GmbHR 2004, 377 (379); *Hirte*, Kapitalgesellschaftsrecht, Rn. 5.22.

[88] *Heermann*, in: Theobald, Durchgriffs- und Konzernhaftung, 11 (30).

[89] Halbhuber, 152.

[90] *Wiedemann*, Gesellschaftsrecht I, 558.

[91] Zur Kritik etwa *Hirte*, Kapitalgesellschaftsrecht, Rn. 5.17 ff.; *Ulmer*, JZ 1999, 662 (664). Einen Überblick über die Verbreitung der Rechtsform GmbH bietet *Behrens*, GmbH.

[92] Hinzu kommt, dass nach neuerer Rspr. die Ausfallhaftung der übrigen Gesellschafter (§ 31 III GmbHG) der Höhe nach auf den Betrag des Stammkapitals beschränkt ist, um die Haftung insoweit für die „ersatzweise" herangezogenen Gesellschafter kalkulierbar zu machen, BGH GmbHR 2002, 549 (550 ff.) „L. Kosmetik". Dies reduziert die Bedeutung der Vorschriften als Gläubigerschutz zusätzlich. Zu dieser Entwicklung *Cahn*, ZGR 2003, 298-315; *Blöse*, GmbHR 2002, 1107-1111; *Henze*, BB 2002, 1011-1012; krit. *K. Schmidt*, FS Raiser, 311-339.

[93] Halbhuber, 153.

[94] *Halbhuber*, 173 attestiert dem Nennkapitalsystem gemessen an seinem eigenen Anspruch „Totalversagen".

sieren will.[95] Erreicht wird damit zwar ein nicht zu vernachlässigender Beitrag zur Steuerung unternehmerischen Verhaltens. Ein Gläubigerschutz ist dadurch jedoch nur mittelbar und nur in einem recht geringeren Maße verbunden.[96] Die Erstattungspflicht der Gesellschafter ist daneben nicht an dem Schaden der Gesellschaft orientiert, der sich möglicherweise durch den Entzug der Liquidität einstellt. Die Rückerstattung der an den Gesellschafter geflossenen Leistung bietet daher oft keinen adäquaten Ausgleich für die tatsächlich bei der GmbH eingetretenen Verluste und erfasst nicht solche Beeinträchtigungen des Gesellschaftsvermögens, die der Gesellschaft Nutzungsbefugnisse, Informationen, Geschäftschancen und personelle Ressourcen entziehen.[97] Das System der Kapitalerhaltung ist nur darauf ausgerichtet, einzelne isolierbare Zugriffe der Gesellschafter auf das Vermögen der GmbH zu verhindern.[98] Diese einzelnen Zugriffe können aber weitere negative Folgen auf die Lage der GmbH haben. Hinzu kommt, dass dabei der Wirkungsgrad des Kapitalerhaltungssystems auch entscheidend von der Höhe der Stammkapitalziffer abhängt; deren Bestimmung ist aber abgesehen von dem Mindeststammkapital (§ 5 I GmbHG) in das Belieben der Gesellschafter gestellt.[99] Der zentralen Rolle, die der Kapitalsicherung im Hinblick auf das Ziel eines angemessenen Ausgleichs zwischen Haftungsbeschränkung und Gläubigerschutz zugeschrieben wird, kann sie in der im GmbHG konzipierten Form nicht wirklich gerecht werden. Sie hat sicherlich ihre Berechtigung als Ausschüttungsbegrenzung.[100] Vor Nachteilen aufgrund des allgemeinen Markt- und Unternehmensrisikos vermag sie die Gläubiger jedoch nicht zu schützen.

cc. (Systemwidrige) Ergänzungen des Kapitalschutzsystems

Angesichts der geringen gläubigerschützenden Effekte des Nennkapitalsystems wird vielfach versucht, die Lücken im Wege der Rechtsfortbildung zu schließen. Hierher gehören die Forderung nach einer angemessenen Eigenkapitalausstattung ebenso wie – etwas weiter von der Dogmatik des Kapitalschutzsystems entfernt – die Existenzvernichtungshaftung.

[95] In den Augen der Verfasser des GmbHG wurde also der „Rückzahlung" der – gegenständlich verstandenen – Einlage ein Riegel vorgeschoben, um das „dauerhaft zu konservierende Stammkapital" zu erhalten.

[96] GA *Alber*, Schlussanträge, DB 2003, 377 (382, Rz. 142) „Inspire Art" und i.Ü. bspw. *Sernetz/Haas*, Rn. 383 ff.; *Westermann*, Gläubigerschutz, 19 ff.; *Hirte*, NJW 1995, 1202 (1202) und *ders.*, Kapitalgesellschaftsrecht, Rn. 615 ff., jew. m.w.N.; a.A. jedoch *Knodel*, 62 ff. Die Frage des Gläubigerschutzes durch eine formelle Nennkapitalziffer behandelt ausführlich die Dissertation von *Bauer*.

[97] Umfassend *Röhricht*, FS 50 Jahre Bundesgerichtshof, 83 (92 ff.); *Vetter*, ZIP 2003, 601 (601); *Wiedemann*, ZGR 2003, 283 (292 ff.).

[98] *Hölzle*, ZIP 2003, 1376 (1378).

[99] *Sernetz/Haas*, Rn. 373.

[100] Als solche ist sie aber unabhängig von der Aufbringung eines bestimmten (Mindest)Stammkapitals, *Blaurock*, FS Raiser, 3 (16).

(1) Formelle versus materielle Stammkapitalziffer

Die meisten GmbH sind nur mit dem Mindeststammkapital (§ 5 I GmbHG) ausgestattet, ist doch das gemeinhin anvisierte Ziel der Haftungsbeschränkung allein mit diesem geringen Aufwand schon erreichbar.[101] Andererseits wird aber die Insolvenzanfälligkeit der GmbH[102] oftmals auf eine zu geringe Ausstattung mit Eigenkapital zurückgeführt.[103] Von daher ist der Gedanke auf den ersten Blick verständlich, mit einem „angemessenen" Stammkapital die Solidität der GmbH erhöhen und somit der Entwicklung entgegenwirken zu wollen, dass die (ungesicherten) Gläubiger in der Insolvenz der GmbH regelmäßig einen hohen Ausfall erleiden.[104]

(a) Angemessene Stammkapitalausstattung

Das gesetzlich vorgesehene Mindeststammkapital reicht oft nicht aus, um die Gesellschaft auf eine sichere finanzielle Grundlage zu stellen.[105] Dem Gesetz indes ist ein Anhaltspunkt für eine Pflicht zur angemessenen Kapitalausstattung nicht zu entnehmen. Jede Diskussion um ein dem jeweiligen Geschäftsbetrieb angepasstes Stammkapital konfligiert mit der gesetzgeberischen Grundentscheidung aus § 5 GmbHG.[106] Darüber hinaus bereitet die Bestimmung des angemessenen Eigenkapitalbedarfs erhebliche Schwierigkeiten. Eine überzeugende Formel oder Finanzierungsregel, die hierüber Auskunft gäbe, gibt es nicht.[107] Es ist nicht leistbar, eine nachprüfbare Regel aufzustellen, die eine Rechtsunsicherheit nicht aufkommen lässt.[108] Gibt es aber schon

[101] *Heermann*, in: Theobald, Durchgriffs- und Konzernhaftung, 11 (11). Die Quote der nur mit dem gesetzlichen Mindeststammkapital ausgestatteten GmbH liegt bei ca. 70 %, s. Michalski/*Michalski*, GmbHG, Syst. Darst. 1 Rn. 134.

[102] Die als weitaus seriöser betrachtete Rechtsform AG ist indes inzwischen noch insolvenzanfälliger; aktuelle Zahlen dazu bei StatBAmt, Fachserie 2, Reihe 4.1. – Unternehmen und Arbeitsstätten (Insolvenzverfahren), Dezember und Jahr 2004, S. 11 und *Meyer*, GmbHR 2004, 1417 (1420); vgl. dazu auch *Rubner*, DStR 2005, 1694 (1697).

[103] Statt vieler *Sernetz/Haas*, Rn. 48; *K. Schmidt*, Gesellschaftsrecht, § 18 II.4.b.; *ders.*, JZ 1984, 771 (772). Dabei kann aber die Eigenkapitalschwäche kaum als alleinige Insolvenzursache betrachtet werden, weil bei fast jeder Insolvenz sind auch schwere Managementfehler auszumachen sind; krit. daher *Bauer*, 112 ff.; *Rogusch*, 243 ff.; *Meyer*, GmbHR 2004, 1417 (1427). Eingehend zu den Insolvenzursachen *Weyand*, Rn. 3 ff.

[104] Grundlegend zur Forderung nach einem angemessenen Stammkapital *Wiedemann*, Gesellschaftsrecht I, 565 ff. Neuere Insolvenzstatistiken bei StatBAmt, Fachserie 2, Reihe 4.1. – Unternehmen und Arbeitsstätten (Insolvenzverfahren), Dezember und Jahr 2004; *Meyer*, GmbHR 2004, 1417 (1419 ff.); Michalski/*Michalski*, GmbHG, Syst. Darst. 1 Rn. 155.

[105] *K. Schmidt*, Gesellschaftsrecht, § 18 II.4.a.

[106] Deutlich wird diese Grundentscheidung auch daran, dass der Gesetzgeber in anderen Bereichen ein ausreichendes Haftkapital vorgeschrieben hat, so etwa für Kapitalanlagegesellschaften in § 2 II KAGG und für Kreditinstitute in § 10 I KWG. Der Gesetzgeber hat i.Ü. bei der Reform des GmbHG ausdrücklich von einer über § 5 I GmbHG hinausgehenden Verpflichtung abgesehen, s. Begr. RegE 1977, BT-Drs. 8/1347, 38 ff.

[107] *K. Müller*, ZRP 1975, 101 (102); *Erlinghagen*, GmbHR 1962, 169 (173); *Schneider*, DB 1986, 2293 (2297 ff.); *Eckhold*, 22 ff.; *Philipp/T. Weber*, DB 2006, 142 (145).

[108] *Bauer*, 128; *Tittel*, 35 ff.; *Heermann*, in: Theobald, Durchgriffs- und Konzernhaftung, 11 (45); *Hemmerde*, 277 ff. mit ausführlicher ökonomischer Analyse.

keine objektiven und allgemeingültigen Regeln für die Aufstellung einer „richtigen" Maßgröße, so wird ihre Anwendung im Einzelfall zudem noch dadurch verkompliziert, dass die Maßgröße sich immer an der konkreten Art der Geschäftstätigkeit und dem konkreten Geschäftsumfang ausrichten müsste.[109] Bei Beginn der Geschäftstätigkeit kann man aber nur schwer verlässliche Prognosen über den künftigen Kapitalbedarf der GmbH abgeben. Schließlich kann es nicht Sache der Judikatur sein, den gesetzlich vorgegebenen Spielraum eines gesunden Geschäftsverstandes nachzuprüfen.[110]

Unausweichlich ist schließlich die Forderung nach der Angemessenheit der Eigenkapitalausstattung damit verbunden, dass diese auch und erst recht während der Existenz der Gesellschaft gewährleistet bleibt.[111] Das gesetzgeberische Konzept mit einer festen Stammkapitalziffer ist indes ein anderes. Es stellt abgesehen von einem Mindestbetrag den Gesellschaftern die Entscheidung anheim, wie sie im Übrigen die GmbH finanzieren wollen.[112] Eine variable Größe zu fordern, hieße diese Systematik über Bord zu werfen. Diese Meinung gerät zudem in den Verdacht, das Stammkapital (unzutreffend) als eine feste gegenständliche Haftungsmasse zu begreifen und überschätzt wohl auch die gläubigerschützenden Wirkungen des Kapitalschutzsystems.[113] Im Ergebnis würde eine unbeschränkte Nachschusspflicht eingeführt, die das Gesetz aber bewusst in das Belieben der Gesellschafter stellt.[114]

(b) Materielle Unterkapitalisierung

So wird denn auch die Forderung nach Ausstattung der GmbH mit einem angemessenen Eigenkapital heute kaum mehr ausdrücklich erhoben. Die Diskussion kreist vielmehr um die Frage der Haftung wegen sog. materieller Unterkapitalisierung.[115] Das Schlagwort Unterkapitalisierung soll zunächst nichts anderes ausdrücken, als dass das Stammkapital der Gesellschaft im Missverhältnis zu dem geplanten oder ausgeübten Geschäftsumfang zu gering bemessen ist. *Nominell* ist die Unterkapitalisierung, wenn über das unzureichende Stammkapital hinaus zwar Kapitalmittel gewährt werden, dies jedoch nicht in Form von Einlagen, sondern als Fremdkapital.[116] Von *materieller* Unterkapitalisierung spricht man hingegen, wenn der Gesellschaft über das unzureichende Stammkapital hinaus von den Gesellschaftern überhaupt keine Mittel zur Verfügung gestellt werden, also nicht einmal Fremdkapital.[117] In diesem Fall sollen nach einer Meinung in der Literatur die Gesellschafter der GmbH persönlich und unmittel-

[109] *Sonnenberger*, NJW 1969, 2033 (2034); *Eckhold*, 22.
[110] *Erlinghagen*, GmbHR 1962, 169 (173).
[111] *Mummenhoff*, FS Kim, 155 (161).
[112] Scholz/*H. Winter*, GmbHG, § 5 Rn. 18; *Philipp/T. Weber*, DB 2006, 142 (144 f.).
[113] Auch eine Pflicht zur angemessenen Stammkapitalausstattung könnte i.Ü. im Zusammenspiel mit den Kapitalschutzvorschriften nicht auf Dauer ein bestimmtes Vermögen sichern; auch dann wäre das (angemessene) Eigenkapital nämlich wertmäßig wiederum nur gegen Auszahlungen an die Gesellschafter geschützt.
[114] *Sonnenberger*, NJW 1969, 2033 (2034).
[115] Eine erschöpfende Darstellung dieses Themengebiets leisten neuerdings *Eckhold*, insbes. 121 ff. und *Wahl*, insbes. 43 ff.
[116] Eckhold, 8.
[117] *K. Schmidt*, Gesellschaftsrecht, § 9 IV.4.a.; *Eckhold*, 9.

bar den Gläubigern für deren Ausfall haften.[118] Der Problemkreis steht letztlich in einem unmittelbaren Zusammenhang mit dem weiten Feld des Durchgriffs durch die juristische Person, dessen Diskussion auch nach langer Zeit zu keinem wirklich verwertbaren und anerkannten Ergebnis gekommen ist.[119] Pauschal gesagt geht es dabei darum, zu ergründen, ob in bestimmten Fällen den Gesellschaftern die Berufung auf die Haftungsseparation des § 13 II GmbHG versagt bleibt und sie – ohne dass ein selbständiger Verpflichtungsgrund vorläge – im Wege der Außenhaftung neben der GmbH selbst für deren Verbindlichkeiten einstehen müssen.[120] Die Haftungsbeschränkung wird quasi beiseite geschoben oder „durchstoßen".[121] Dies geschieht gerade dann, wenn sie sich bewähren sollte, nämlich dann, wenn die Gesellschaft selbst zur Leistung nicht mehr in der Lage ist und die Gläubiger auszufallen drohen. Zu Recht wird daher darauf hingewiesen, dass das Phänomen der Durchgriffshaftung eher Ausdruck dafür ist, die juristische Person aus rechtspolitisch motivierten Gründen nicht bis in alle Konsequenzen hinein hinnehmen zu wollen.[122] Von den Anfängen einer Haftung wegen Missbrauchs der juristischen Person[123] hat sich die Dogmatik der Durchgriffshaftung inzwischen (vordergründig) entfernt. So wird auf den Normzweck der Regeln über die Kapitalaufbringung und -erhaltung abgestellt, die den rechtsgeschäftlichen Verkehr schützen und die Funktionsfähigkeit des Instituts der Kapitalgesellschaft sichern sollen.[124] Dieser Zweck werde durch eine unzureichende Ausstattung der Gesellschaft mit „notwendigen" Mitteln in Frage gestellt, weshalb dann im Umkehrschluss auch die Haftungsbeschränkung nicht mehr gerechtfertigt sei.[125] Im Grunde sehen die Befürworter einer Durchgriffshaftung die Haftungsbeschränkung als ein Privileg an, das sich die Gesellschafter verdienen müssen und das auch wieder in Frage gestellt

---

[118] Statt vieler Hachenburg/*Ulmer*, GmbHG, § 30 Rn. 50 ff.; *Michalski/de Vries*, NZG 1999, 181 (182 ff.)

[119] Von einem irgendwie gefestigten Rechtsinstitut kann jedenfalls nicht die Rede sein, *Ehricke*, AcP 1999, 257 (262); B/H/*Hueck/Fastrich*, GmbHG, § 5 Rn. 6. Ausführlich zum Phänomen des Durchgriffs und den diskutierten Fallgruppen GK-GmbHG/*Raiser*, § 13 Rn. 51 ff.; *K. Schmidt*, Gesellschaftsrecht, § 9; R/A/*Altmeppen*, GmbHG, § 13 Rn. 107 ff.; R/S-L/*Schmidt-Leithoff*, GmbHG, § 13 Rn. 122 ff.; übersichtlich *Hirte*, Kapitalgesellschaftsrecht, Rn. 5.161 ff.

[120] Zu unterscheiden ist die Frage der Durchgriffs*haftung* vom bloßen *Zurechnungs*durchgriff. Mit letzterem Begriff sind die Fälle gemeint, in denen Eigenschaften, Kenntnisse, etc. eines Gesellschafters der GmbH zugerechnet werden; dazu GK-GmbHG/*Raiser*, § 13 Rn. 83 ff.; *K. Schmidt*, Gesellschaftsrecht, § 9 I.2.b.; *Raiser/Veil*, Kapitalgesellschaften, § 29 Rn. 1, 5 ff. Beim Haftungsdurchgriff hingegen geht es um die Frage der Durchbrechung des § 13 II GmbHG, GK-GmbHG/*Raiser*, § 13 Rn. 121.

[121] *Rehbinder*, FS Kübler, 493 (494). Plastisch der im ANGLO-AMERIKANISCHEN Rechtskreis verwendete Begriff des „piercing the corporate veil". Mit der Restriktion des § 13 II GmbHG ist freilich – was oft nicht gesehen wird – noch kein Anspruch gegen die Gesellschafter zu begründen, *Benne*, 34. Etwas anderes gilt nur, wenn man der Auffassung zuneigt, es gebe ein allgemeines Prinzip unbeschränkter Haftung; dazu (abl.) bereits oben A.I.1.

[122] *Ehricke*, AcP 1999, 257 (261).

[123] Begründet wurde die sog. Missbrauchstheorie von *Serick*.

[124] Sog. Normanwendungstheorie, die auf *Müller-Freienfels*, AcP 1957, 522-543 zurückgeht. Zu den Theorien der Durchgriffshaftung i.E. *Ehricke*, AcP 1999, 257 (267 ff.); *K. Schmidt*, Gesellschaftsrecht, § 9 II.; zur Historie der Durchgriffshaftung *Benne*, 4 ff.

[125] *F. Kübler*, Gesellschaftsrecht, § 17 IV 5 b.

werden kann. Die Fälle der so begründeten Einstandspflicht der Gesellschafter eignen sich aber kaum als konkreter, genereller Ansatzpunkt eines Gläubigerschutzsystems.

Hinzu kommt, dass sich auch die Frage der Durchgriffshaftung wegen Unterkapitalisierung auf einen unsicheren Tatbestand stützt, nämlich denjenigen eines unangemessenen Eigenkapitals. Nun wird zwar ausdrücklich die gesetzgeberische Entscheidung akzeptiert, nur ein Mindestkapital zu fordern und darüber hinaus keine weiteren Einlagen zu verlangen.[126] Jedoch wird andererseits im Sinnzusammenhang zwischen Stammkapital und Haftungsbeschränkung eine institutionelle Schranke für die Privatautonomie der Gesellschafter bei der Bestimmung des Stammkapitals gesehen.[127] Bei Überschreiten dieser Schranke verliert danach die Haftungsbeschränkung ihre Berechtigung. Die Vertreter der Durchgriffshaftung setzen sich also derselben Kritik aus, die auch gegen die Forderung nach einer angemessenen Kapitalausstattung anzuführen ist. Denn letztlich werden an die fehlende Mittelzuführung haftungsrechtliche Konsequenzen geknüpft.[128] Die Zweifel dadurch ausräumen zu wollen, dass nur bei „eindeutiger und für Insider klar erkennbarer" oder „qualifizierter" Unterkapitalisierung ein Haftungsdurchgriff zulässig sein soll,[129] reichert die unsichere Definition und Tatbestandsgrundlage nur um einen weiteren schwammigen Begriff an und räumt die aus Gründen der Praktikabilität und Rechtssicherheit erhobenen Bedenken nicht aus.[130] Daneben ist zu sehen, dass bei Offensichtlichkeit der Unterkapitalisierung diese dann auch für die Gläubiger erkennbar ist. Insoweit stellt sich damit aber auch verschärft die Frage nach deren Schutzwürdigkeit.[131] Es ist mehr als zweifelhaft, die Gläubiger mit einer Ausfallhaftung der Gesellschafter belohnen zu wollen, die sich aus – wenn auch für sich allein verständlichen – Gründen der Transaktionskostenersparnis um eine Minimierung des Risikos bewusst nicht kümmern.[132] Im Übrigen hat sich der Gesetzgeber selbst ausdrücklich gegen die Aufnahme einer Haftung der Gesellschafter bei materiel-

---

[126] S. etwa *Lutter/Hommelhoff*, ZGR 1979, 31 (58).

[127] *Wiesner*, in: Theobald, Durchgriffs- und Konzernhaftung, 59 (62).

[128] Deswegen akzeptieren die Vertreter einer Haftung wegen materieller Unterkapitalisierung die gesetzgeberische Entscheidung, nur ein Mindeststammkapital zu fordern, in Wirklichkeit nicht. Wenn nämlich ein Zuführungs*gebot* einhellig abgelehnt wird, kann nicht auf der anderen Seite das Unterlassen der angemessenen Eigenkapitalausstattung *verboten* und mit Haftungsfolgen belastet sein.

[129] So die einhellige Ansicht der Befürworter einer Durchgriffshaftung, statt vieler GK-GmbHG/*Raiser*, § 13 Rn. 160; Hachenburg/*Ulmer*, GmbHG, § 30 Anh. Rn. 55; *Wiedemann*, Gesellschaftsrecht I, 570; *Banerjea*, ZIP 1999, 1153 (1158); *Lutter/Hommelhoff*, ZGR 1979, 31 (58); *Hirte*, Kapitalgesellschaftsrecht, Rn. 5.168; *Priester*, ZGR 1993, 512 (526).

[130] Scholz/*H. Winter*, GmbHG, § 5 Rn. 19. Umfassend gegen die Durchgriffshaftung zuletzt *Ehricke*, AcP 1999, 257-304; *Möller*, 169, 273 *et passim*. Einen neuen Anlauf zur Etablierung der Haftung bei materieller Unterkapitalisierung unternimmt neuerdings *Hölzle*, ZIP 2004, 1729-1736; diese Haftung soll ein Unterfall der von der Rspr. neu geschaffenen sog. Existenzvernichtungshaftung (dazu sogleich unten A.I.2.a.cc.(2)) sein. Wegen der Schwierigkeiten bei der Bestimmung eines „angemessenen" Stammkapitals zieht er als Eingriffszeitpunkt die „Krise" i.S.d. Eigenkapitalersatzrechts heran (1732 ff.). Dieser Begriff ist aber kaum weniger vage (zur Kritik am Krisenbegriff unten Kap.3 B.II.1.).

[131] *U.-J. Friedrich*, 47. Ausführlich dazu *Escher-Weingart*, 125 ff.

[132] *Escher-Weingart*, 126. Hierzu (einschl. der Problemgruppe Deliktsgläubiger) noch unten Kap.3 A.IX.2.a.bb.

ler Unterkapitalisierung ausgesprochen, weshalb die Voraussetzungen einer Rechtsfortbildung schon mangels planwidriger Lücke nicht vorliegen.[133] Die „krassen" Fälle werden zudem in der Nähe der sittenwidrigen Schädigung anzusiedeln sein und sich deshalb ohne zweifelhaftes juristisches Gedankengebäude auf der sicheren Grundlage des § 826 BGB bewältigen lassen.[134] Zu Recht ist daher in der Rechtsprechung die Haftung der Gesellschafter einer GmbH wegen materieller Unterkapitalisierung auf wenig Resonanz gestoßen.[135] Der BGH nimmt das Trennungsprinzip ernst und betont, dass über die Rechtsfigur der juristischen Person nicht leichtfertig und schrankenlos hinweggegangen werden darf.[136]

Der zum Themenkomplex materielle Unterkapitalisierung getriebene Aufwand und die überbordende Literatur eilen dessen praktischer Relevanz weit voraus.[137] Schließlich ist es nur schwer vorstellbar, dass eine Gesellschaft ohne irgendwie hinreichendes Kapital zu haben, längere Zeit überlebt, ohne in die Nähe der Insolvenz zu geraten. Dann aber ist es die Aufgabe der Insolvenzauslösetatbestände, für ein Verschwinden dieser Unternehmung vom Markt zu sorgen und dies ggf. durch Haftungsandrohung zu erzwingen. Mit einer von Unwägbarkeiten durchzogenen Durchgriffshaftung *praeter legem* die Zielrichtung der Kapitalausstattungsvorschriften in Richtung auf einen umfassenden Gläubigerschutz zu ändern, ist demgegenüber wenig überzeugend.[138] Denn die gläubigerschützende Funktion des Systems mit einer formellen Nennkapitalziffer beruht gerade nicht darauf, dass immer ein angemessenes Eigenkapital vorhanden ist.

---

[133] *Wiesner*, in: Theobald, Durchgriffs- und Konzernhaftung, 59 (64); *Ehricke*, AcP 1999, 257 (285); *Escher-Weingart*, 126; vgl. Begründung zur GmbH-Reform, RegE 1977, BT-Drs. 8/1347, 38.

[134] *Philipp/T. Weber*, DB 2006, 142 (145); *Möller*, 273; *Goette*, GmbH, § 9 Rn. 45; B/H/*Hueck/Fastrich*, GmbHG, § 5 Rn. 6; vgl. *Grunewald*, Gesellschaftsrecht, 2.F. Rn. 149; BGH NJW 1979, 2104 (2104 ff.); a.A. *Eckhold*, 122 ff.; zur Kritik an der Heranziehung des § 826 BGB *Heermann*, in: Theobald, Durchgriffs- und Konzernhaftung, 11 (41 ff.).

[135] Stellvertretend BGHZ 68, 312 (316 ff.); BGH NJW 1999, 2809 (2810); KG NZG 2003, 333 (333 ff.); OLG München, NJW-RR 1996, 746 (747); eine Ausnahme bilden insoweit die sozial- und arbeitsgerichtliche Rspr., s. BSG NJW 1984, 2117 (2118 ff.); BSG ZIP 1996, 1134 (1135 ff.); BAG NJW 1999, 2299 (2299 ff.). S. dazu die Rechtsprechungsanalyse bei Hachenburg/*Ulmer*, GmbHG, § 30 Anh. Rn. 45 ff.

[136] BGHZ 20, 4 (11); BGHZ 54, 222 (224); BGHZ 61, 380 (383); BGHZ 78, 318 (333); zust. *Keßler*, GmbHR 2005, 257 (258). Jedoch finden Durchgriffserwägungen mit der Existenzvernichtungshaftung (dazu sogleich) neuerdings Anklang in der Rechtsprechung, s. DStR 2002, 1822 (1823 ff.) „KBV". Die fehlende Rücksichtnahme auf die Eigenbelange der Gesellschaft führe dazu, dass das Haftungsprivileg des § 13 II GmbHG nicht mehr gerechtfertigt sei. Insoweit liege ein Missbrauch der Rechtsform GmbH vor. Wenn auch der Anknüpfungspunkt der Rechtsprechung hier nicht die materielle Unterkapitalisierung ist, so bleibt doch festzustellen, dass die Rechtsprechung zusehends das Trennungsprinzip aufweicht, um die Konsequenzen der rechtlichen Verselbständigung der Gesellschaft dort nicht mittragen zu müssen, wo sie nach ihrem Rechtsgefühl nicht passen.

[137] *Hüffer*, Gesellschaftsrecht, 337 Fn. 66.

[138] Vgl. *Heermann*, in: Theobald, Durchgriffs- und Konzernhaftung, 11 (31); *Philipp/T. Weber*, DB 2006, 142 (145).

Die Befürworter einer Unterkapitalisierungshaftung[139] scheinen demgegenüber immer noch an der Vorstellung von einem „Risikopolster" fest zu hängen.[140]

(2) Existenzvernichtungshaftung

Weniger Fortbildung denn Ergänzung des Kapitalschutzsystems stellt die Haftung wegen existenzvernichtenden Eingriffs dar.[141] Danach haften die Gesellschafter, wenn sie unter Außerachtlassung der gebotenen Rücksichtnahme auf die Zweckbindung des Gesellschaftsvermögens der Gesellschaft durch einen gezielten, betriebsfremden Eingriff Mittel entziehen und dadurch in einem ins Gewicht fallenden Ausmaß die Fähigkeit der Gesellschaft zur Erfüllung ihrer Verbindlichkeiten beeinträchtigen.[142] Die Haftung ist als Durchgriffshaftung konzipiert, d.h. der Anspruch steht nicht der Gesellschaft, sondern den Gläubigern zu.[143]

Die genauen Voraussetzungen der Haftung, insbesondere ob sie ein Verschulden voraussetzt, sind (noch) nicht hinreichend geklärt.[144] Obwohl der BGH den Anspruch als subsidiär gegenüber dem Ausgleich nach § 31 GmbHG betrachtet,[145] hat er schon seiner Art und Ausgestaltung nach mit diesen Vorschriften kaum mehr etwas zu tun, weshalb das Postulat der Subsidiarität nicht passt.[146] Aus §§ 30 f. GmbHG lässt sich

[139] Exemplarisch *Vonnemann*, GmbHR 1992, 77 (77).

[140] Auf eine neue Grundlage will neuerdings *Eckhold*, 307 ff. die Haftung bei unzureichender Kapitalausstattung stellen. Er präsentiert ein Haftungskonzept, das sich auf eine Verletzung der mitgliedschaftlichen Treuepflicht stützt und so einen Haftungstatbestand aus § 280 BGB für u.a. durch materielle Unterkapitalisierung entstandene *Existenzgefährdung* der GmbH konstruiert (insbes. 437 ff.). Dieses Konzept steht dem von der Rechsprechung entwickelten Konzept der Haftung wegen Existenzvernichtung (dazu sogleich) sehr nahe, versucht aber die Bezugnahme auf die schillernde Durchgriffskategorie zu vermeiden.

[141] Leitentscheidung BGH DStR 2002, 1822 „KBV" = JZ 2002, 1047 m. Anm. *Ulmer*. Vorbereitet wurde die Entscheidung durch BGHZ 149, 10 (16) „Bremer Vulkan" und BGH GmbHR 2002, 549 (550 ff.) „L. Kosmetik". Aus strafrechtlicher Sicht (Untreue) BGH ZIP 2004, 1200 (1205 ff.) „Bremer Vulkan". Eingehend zur Existenzvernichtungshaftung bspw. (krit.) *Wahl*, 109 ff. und (zust.) die Dissertation von *Wahl*.

[142] BGH DStR 2002, 1822 (1824) „KBV"; BGH GmbHR 2002, 549 (551) „L. Kosmetik"; BAG NJW 2003, 1340 (1341); OLG Rostock, NZG 2004, 385 (385 ff.); BGH ZIP 2005, 117 (117); BGH NZG 2005, 214 (215).

[143] *P. Bruns*, WM 2003, 815 (818); krit. zur Existenzvernichtungshaftung als Fallgruppe des Durchgriffs *Möller*, 142 f., 169. In der Insolvenz soll aber § 93 InsO gelten, *Jawansky*, DB 2003, 2757 (2760 ff.); *Benecke*, BB 2003, 1190 (1194).

[144] Beispielhaft dazu aus der Flut an Aufsätzen *Döser*, AG 2003, 406 (414); *P. Bruns*, WM 2003, 815 (817 ff.); *Benecke*, BB 2003, 1190 (1194 ff.); *Lutter/Banerjea*, ZGR 2003, 402 (413 ff.); *Keßler*, GmbHR 2005, 257-265. Unklar OLG Rostock, NZG 2004, 385 (385, 387), es käme auf ein Verschulden „im Sinne eines objektiven Rechtsmissbrauchs der Rechtsform der GmbH" an.

[145] Zuletzt BGH NZG 2005, 214 (215); zust. *Keßler*, GmbHR 2005, 257 (263); *Altmeppen*, FS Röhricht, 3 (6 f.); *Wahl*, 126 ff. Die Subsidiarität lässt der BGH selbst in der Leitentscheidung BGH DStR 2002, 1822 „KBV" jedoch ungeprüft. Er geht auf die (nahe liegende!) Verletzung der Kapitalerhaltungsvorschriften nicht ein. Krit. zur Subsidiarität auch *Möller*, 130 ff.

[146] Ähnlich *Haas*, WM 2003, 1929 (1936). Konsequent insoweit *Diem*, ZIP 2003, 1283 (1285), der die Subsidiarität ablehnt. Ausführlich zum Verhältnis von Existenzvernichtungshaftung und Kapitalerhaltungsrecht *Lutter/Banerjea*, ZGR 2003, 402 (420 ff.), die den Vorrang der §§ 30, 31 GmbHG nur so-

nämlich nicht ableiten, dass die Gesellschafter im Interesse der Gläubiger deren Befriedigungsaussichten zu wahren hätten.[147] Hinzu kommt, dass der BGH die nebulöse[148] Haftung wegen Existenzvernichtung aus der Luft der Rechtsfortbildung greift, ohne einen dogmatisch fundierten Anknüpfungspunkt zu nennen.[149] Die Entwicklung könnte an dieser Stelle einen ähnlichen Verlauf nehmen wie diejenige zum Eigenkapitalersatzrecht, für das erst nach Jahrzehnten mit der sog. Finanzierungsfolgenverantwortung eine scheinbar passende Begründung gefunden wurde und das wegen des konturenlosen Ansatzes von ständigen Erweiterungen geprägt war und ist.[150]

Entscheidend an dieser Stelle ist die Tatsache, dass die Existenzvernichtungshaftung mit einer Fortbildung eines als lückenhaft empfundenen Kapitalschutzsystems trotz des Subsidiaritätserfordernisses wenig gemein hat, sondern ein neuartiges Gläubigerschutzkonzept darstellt, das sich in das Gesamtgefüge des GmbHG jedoch kaum reibungslos einfügen lässt. Denn der Hinweis des BGH, es gehe darum, die Beendigung der Gesellschaft in einem geordneten Verfahren (Liquidationsverfahren respektive Insolvenzverfahren) zu sichern, macht den Bezug des Haftungsmodells zur Insolvenz der GmbH deutlich.[151] Wenn entscheidend ist, dass die Fähigkeit der GmbH, ihre Verbindlichkeiten zu erfüllen, in einem ins Gewicht fallenden Ausmaß beeinträchtigt wird, bedeutet das anders gewendet, dass der Eingriff zur Zahlungsunfähigkeit oder Überschuldung der GmbH geführt haben muss.[152] Es geht dann schlicht um die Befriedigungschancen der Gläubiger.[153] Existenzvernichtung bedeutet also nichts anderes als

---

weit gelten lassen wollen, wie es um Entnahmen geht, die keine weiteren Schäden bei der GmbH hervorrufen.

[147] *Haas*, WM 2003, 1929 (1932); ähnl. *Rubner*, DStR 2005, 1694 (1696).

[148] Die Haftungsvoraussetzungen bleiben angesichts der schwammigen Formulierungen des BGH im Unklaren, z.B. „gebotene" Rücksichtnahme, „in ins Gewicht fallendem Ausmaß", etc.

[149] Die dogmatischen Grundlagen der Haftung und der Rechtsfolgen bleiben im Dunkeln und werden vom BGH nicht näher erläutert. Zu den verschiedenen Ansätzen zusammenfassend *Haas*, WM 2003, 1929 (1938 ff.). Die Berufung auf eine Reduktion des § 13 II GmbHG, so bspw. *Kiethe*, NZG 2005, 333 (336), oder einen Missbrauch der Rechtsform GmbH allein bieten noch keine Anspruchsgrundlage; zutreffend insoweit *N. Fischer/Gasteyer*, NZG 2003, 517 (519). Den Anspruch auf § 826 BGB zu stützen scheidet schon deshalb aus, weil der BGH diese Anspruchsgrundlage *neben* der Existenzvernichtungshaftung geprüft (und bejaht) hat. Diskutiert wird deshalb insbesondere eine Analogie zu §§ 128 ff. HGB, *Vetter*, ZIP 2003, 601 (603); *P. Bruns*, WM 2003, 815 (816 ff.); *Hölzle*, ZIP 2003, 1376 (1381); *Jawansky*, DB 2003, 2757 (2758); *Ulmer*, Anm. zu BGH JZ 2002, 1047 (1050) „KBV"; *Wahl*, 84 f. Krit. dazu *Benecke*, BB 2003, 1190 (1192 ff.). Eine deliktische Verortung der Existenzvernichtungshaftung auf Grundlage des § 823 II BGB i.V.m. §§ 283, 283b StGB vertritt jedoch *Haas*, WM 2003, 1929 (1940); dabei stellt sich dann aber die Frage, warum es des Konstrukts einer besonderen „Existenzvernichtungshaftung" überhaupt bedarf, wenn es doch um die schlichte Anwendung und Auslegung des Deliktsrechts geht.

[150] Auf diese Gefahr weist auch *Haas*, WM 2003, 1929 (1939) hin. Anders *Roth*, NZG 2003, 1081 (1084). Dazu passt, dass der BGH nun die Existenzvernichtungshaftung – in ausdrücklicher Anlehnung an die Rspr. zu den §§ 30, 31 GmbHG – auf Nichtgesellschafter ausdehnt, sobald diese wertend Gesellschaftern gleichzustellen seien, BGH ZIP 2005, 117 (118); BGH NZG 2005, 214 (214).

[151] Krit. zu diesem Ansatz jedoch *Lutter/Banerjea*, ZGR 2003, 402 (410 ff.).

[152] Zur Kausalitätsfrage *Lutter/Banerjea*, ZGR 2003, 402 (418 ff.).

[153] *Nassall*, ZIP 2003, 969 (972); *Döser*, AG 2003, 406 (413); *Koppensteiner*, FS Honsell, 607 (609). Diese Gläubigerorientierung des neuen Haftungsmodells zeigt im Übrigen, dass die Anknüpfung der

tatsächliche Insolvenz. Daher wird der Anspruch auch nur in der Insolvenz relevant werden, wo er durch den Insolvenzverwalter geltend gemacht wird.[154] Es hätte schon deswegen näher gelegen, sich das insolvenzbezogene Haftungskonzept bei der GmbH anzuschauen und fortzubilden.[155] Danach ist es nämlich der Geschäftsführer, der im Interesse der Gläubiger bei Insolvenzreife für eine Insolvenzverfahrenseinleitung zu sorgen hat. Eigenmächtiges Verhalten der Gesellschafter hingegen kann – soweit sie nicht faktische Geschäftsführer sind – regelmäßig über § 826 BGB und das Insolvenzanfechtungsrecht erfasst werden.[156] Die nunmehr propagierte Existenzvernichtungshaftung der Gesellschafter führt zu mehr Unstimmigkeiten als dass sie ein schlüssiges Konzept böte.[157] Die Beachtung der Existenzvernichtungshaftung zum „Ersten Gebot für Kapitalgesellschaften"[158] zu stilisieren, passt jedenfalls nicht zur gleichzeitig postulierten Subsidiarität dieser neuen Haftungsgrundlage.

b. Terminierungspflicht bei Insolvenz

Ein zentraler Platz in der Systematik des Gläubigerschutzsystems der GmbH gebührt der Insolvenzantragspflicht bei Zahlungsunfähigkeit und Überschuldung der Gesellschaft. Die Insolvenzauslösetatbestände wirken als Spiegelbild zu den Vorschriften der Kapitalsicherung.[159] Während es bei der Frage der Kapitalausstattung darum geht, die Gesellschaft auf eine solide Grundlage zu stellen oder ihr jedenfalls einen gewissen Seriositätsbonus zuzuschreiben, interessiert bei der Frage der Insolvenz, bei einem

Pflichtverletzung am Treueverhältnis zwischen Gesellschaft und Gesellschafter fragwürdig ist; richtig *Benecke*, BB 2003, 1190 (1193); vgl. auch *Ulmer*, Anm. zu BGH JZ 2002, 1047 (1052).

[154] *Lutter/Banerjea*, ZGR 2003, 402 (430); *Jawansky*, DB 2003, 2757 (2760). Dazu wird § 93 InsO herangezogen, BAG GmbHR 2005, 987 (989).

[155] Eingehend *Nassall*, ZIP 2003, 969 (972 ff.). Die Nähe zur Insolvenzverschleppungshaftung betonen auch *Schanze/Jüttner*, AG 2003, 661 (669). Ausführlich zum insolvenzrechtlichen Gläubigerschutz unten Kap.4.

[156] So auch *Schanze/Jüttner*, AG 2003, 661 (669); *Möller*, 273 f. Immerhin hat der BGH in der Grundsatzentscheidung zur Existenzvernichtungshaftung (BGH DStR 2002, 1822 (1823) „KBV") den Anspruch ausdrücklich auch auf § 826 BGB gestützt. Dabei hätte er es auch bewenden lassen können. Auch in der Folgeentscheidung BGH NZG 2004, 1107 (1108 ff.) stützt sich das Gericht als Anspruchsgrundlage bei planmäßigem Entzug des Gesellschaftsvermögens durch einen Gesellschafter auf § 826 BGB – und verweist dabei auch noch ausdrücklich auf die „KBV"-Entscheidung; ähnl. BGH NZG 2005, 214 (215). Allgemein zur (steigenden) Bedeutung des § 826 BGB im Gesellschaftsrecht *Kiethe*, NZG 2005, 333-338.

[157] Krit. auch *Möller*, 143. Zum Verhältnis von Geschäftsführer- und Existenzvernichtungshaftung *Lutter/Banerjea*, ZIP 2003, 2177-2180. Grds. sollen Geschäftsführer und Gesellschafter danach nebeneinander haften, im Innenverhältnis aber der Geschäftsführer Regress verlangen können (2179). Zu Komplikationen führt jedoch, dass die Haftung des Geschäftsführers auf den Schaden der Gesellschaft beschränkt ist, der Gesellschafter aber nach (wohl) h.M. wegen analoger Anwendung des § 128 HGB unbeschränkt haftet (2180).

[158] So *Altmeppen*, NJW 2004, 97 (101). Die Existenzvernichtungshaftung zu Recht komplett ablehnend *Rubner*, DStR 2005, 1694 (1696 ff.) mit dem Nachweis, dass eine planwidrige, ausfüllungsbedürftige Regelungslücke beim Schutz der Gesellschaftsgläubiger nicht besteht, weil bei der GmbH ein begrenzter Gläubigerschutz gerade gewollt und damit planmäßig ist.

[159] *Hirte*, Kapitalgesellschaftsrecht, Rn. 5.28.

drohenden Niedergang der GmbH die Gläubiger vor weiteren Verlusten zu schützen. Ob das ursprünglich zugeführte Kapital ausreichend war, spielt dabei keine Rolle mehr. Was zählt, ist nur noch das Ergebnis der Geschäftstätigkeit der GmbH.[160] Fällt dieses Ergebnis so aus, dass die Gefahr für die Gläubiger, mit ihren Forderungen gegen die Not leidende Gesellschaft auszufallen, zu groß ist, hat die Gesellschaft in den Augen des Gesetzes ihren Kredit verspielt und muss Insolvenz anmelden; deshalb sind die Insolvenzantragspflichten als Terminierungsregel für die GmbH zu begreifen.[161] Das Insolvenzrecht bezweckt einen unmittelbaren Gläubigerschutz, indem nicht mehr konkurrenzfähige Unternehmungen aus dem Markt verschwinden oder – wenn möglich – saniert werden. Es verhindert Verteilungskonflikte zwischen den Gläubigern ebenso wie eine zunehmende Gläubigergefährdung durch weitere Entwertung der Forderungen nach Eintritt der Insolvenzreife.[162] Gleichzeitig wird den Teilnehmern am Wirtschaftsverkehr ermöglicht, ihr unternehmerisches Risiko kalkulierbar zu machen, indem sie sich auf die Normen des Insolvenzrechts einstellen und so die Ausfallgefahr bewerten können.[163] Gerade deshalb hat der Zeitpunkt, ab dem ein Insolvenzverfahren regulierend eingreifen muss, hinreichend genau bestimmbar zu sein.

aa. Überschuldung als Insolvenzauslöser

Voraussetzung für die Einleitung eines Insolvenzverfahrens ist das Vorliegen eines Insolvenzgrundes (§ 16 InsO). Das Insolvenzverfahren als amtliche Haftungsgesamtabwicklung[164] schränkt die gesetzlich geschützte Privatautonomie sowohl des Schuldners als auch der Gläubiger stark ein. Nur die materielle Insolvenz kann es daher rechtfertigen, einerseits die Gläubiger in eine Zwangsgemeinschaft zur Haftungsverwirklichung durch Verwertung des gesamten Schuldnervermögens einzubinden und vom Grundsatz des Prioritätsprinzips der Einzelzwangsvollstreckung abzuweichen,[165] und andererseits dem Schuldner seine Entscheidungs- und Verfügungsrechte zu nehmen sowie im Extremfall seine Existenz zu vernichten.[166] Die Festlegung der Insolvenzgründe beruht daher auf einem Abwägungsvorgang, der Gläubigerinteressen und die Unternehmerinteressen in Einklang bringen soll.[167] Den Tatbeständen kommt die schwierige Aufgabe zu, den Zeitpunkt zu definieren, wann der Moment erreicht ist, dem Schuldner das weitere Wirtschaften zu untersagen und die Gläubiger vor einem Wettlauf um das Schuldnervermögen zu schützen, gleichzeitig aber auch nicht jede

---

[160] *Hirte*, Kapitalgesellschaftsrecht, Rn. 5.28.

[161] *Haas*, NZI 1999, 209 (211); *Drukarczyk/Schüler*, in: KS-InsO, 95 (96); *Vollmer*, FS Bareis, 397 (407).

[162] *J. Götz*, 76; *Braun/Uhlenbruck*, Unternehmensinsolvenz, 47; *Haas*, WM 2003, 1929 (1933). Zu den übergeordneten ordnungs- und sozialpolitischen Zwecken des Insolvenzrechts eingehend *K. Förster*, ZInsO 2003, 917-923; *Hopt*, in: Birk/Kreuzer, Unternehmen in der Krise, 11 (16 ff.).

[163] *Braun/Uhlenbruck*, Unternehmensinsolvenz, 47.

[164] *Häsemeyer*, vor Rn. 2.01.

[165] Die Gläubigerautonomie wird jedoch durch die Gläubigerversammlung und den Gläubigerausschuss als Organe der Gläubiger gewahrt, §§ 67 ff. InsO. Krit. zur Ausgestaltung der Gläubigerversammlung in der InsO aber *Marotzke*, ZInsO 2003, 726-732.

[166] Uhlenbruck/*Uhlenbruck*, InsO, § 17 Rn. 1.

[167] Uhlenbruck/*Uhlenbruck*, InsO, § 16 Rn. 1.

aussichtsreiche – und auch für die Gläubiger gewinnbringende – Sanierungschance durch eine Abwicklung des Unternehmens zunichte zu machen.

Allgemeiner Eröffnungsgrund für das Insolvenzverfahren ist sowohl bei natürlichen Personen wie auch bei Personen- und Kapitalgesellschaften die *Zahlungsunfähigkeit* des Schuldners, d.h. ein Zustand, in dem dieser nicht mehr in der Lage ist, alle fälligen Zahlungspflichten zu erfüllen (§ 17 II 1 InsO). Bei Vorliegen der Zahlungsunfähigkeit geht das Gesetz davon aus, dass der Schuldner alleine eine Bewältigung der Krise nicht erreichen kann und deshalb die Gläubiger vor einer Vertiefung der Krise und weiteren Entwertung ihrer Forderungen zu schützen sind. Wenn hier nicht das Insolvenzverfahren regulierend eingreifen würde, könnte sich eine gleichmäßige Befriedigung der Gläubiger (*par condicio creditorum*)[168] nicht einstellen, da sich die Gläubiger jeweils nur um ihre eigene Forderung kümmern würden. Folglich ist eine konzentrierte Haftungsabwicklung durch das Insolvenzverfahren erforderlich.

Die Zahlungsfähigkeit sagt lediglich etwas darüber aus, ob der Schuldner noch fähig ist, sich Mittel zu beschaffen, um damit seine Gläubiger zu befriedigen. Welche Mittel dies sind, spielt dabei keine Rolle. Solange also der Schuldner sich Liquidität, insbesondere durch Kreditaufnahme, verschaffen kann, tritt Zahlungsunfähigkeit nicht ein. Eine Aussage darüber, ob das Vermögen des Schuldners noch ausreicht, alle seine Verbindlichkeiten zu bedienen, ist damit nicht gemacht. Gerade das Verhältnis zwischen eigenen Mitteln und Verbindlichkeiten interessiert aber die Gläubiger, da sich daraus ihre Chance errechnet, im Falle des endgültigen Aus der Gesellschaft befriedigt zu werden.[169] Die Abwägung der gegenläufigen Interessen führt jedoch regelmäßig dazu, dem Schuldner seine Privatautonomie solange zuzugestehen, wie er es mit persönlichem Fleiß und eigenen Kräften schafft, für ausreichend Liquidität zu sorgen, da dies den Schluss zulässt, dass er noch genügend Vertrauen in Gläubigerkreisen besitzt.[170] Erst die Enttäuschung dieser Erwartung, die sich in der Zahlungsunfähigkeit manifestiert, führt deshalb zur Insolvenz.

Aus Gläubigersicht stellt sich die Lage jedoch anders dar, wenn hinter dem Schuldner keine natürliche Person steht, die persönlich mit ihrem gesamten Vermögen haftbar gemacht werden kann. Denn dann fehlt zum einen die präventive Wirkung einer Haftungsdrohung, die ein gewisser Garant für gesteigerten unternehmerischen Einsatz ist. Die hinter der Gesellschaft stehenden natürlichen Personen haften „nur" mit ihren Einlagen und werden deshalb regelmäßig nicht in gleichem Maße zu verantwortungsbewusstem Handeln angehalten wie wenn sie befürchten müssten, ihre gesamte private Existenz zu verlieren. Zum anderen wird die Haftung in der Insolvenz der juristischen Person voll erschöpft; es gibt nach Beendigung der Gesellschaft nicht wie bei natürlichen Personen einen Neuerwerb, der den Gläubigern auf längere Zeit verhaftet wäre.[171] Ist der Schuldner daher keine natürliche Person, muss die Insolvenzauslösung zum

---

[168] Die *par condicio creditorum* ist konstitutives Element des Insolvenzverfahrens, *A.C. Förster*, 37.
[169] *Tittel*, 86.
[170] *Häsemeyer*, Rn. 7.16; *Foerste*, Rn. 114.
[171] *Harneit*, 5; *Tittel*, 86; *Obermüller*, Insolvenzrecht, Rn. 1.14. Dieses Argument hat freilich durch die Einführung der Restschuldbefreiung etwas an Überzeugungskraft verloren.

Ausgleich der verstärkten potentiellen Gläubigergefährdung stärker vermögens- und haftungsbezogen sein, da das personale Element – der Anreiz durch persönliche Haftung und das Vertrauen in die Person und Tüchtigkeit des Unternehmers – hier fehlt.[172] Diesen Ausgleich verwirklicht das Insolvenzrecht mit dem Tatbestand der Überschuldung. Danach ist die GmbH schon dann materiell insolvent, wenn eine vollständige Befriedigung der Gläubiger nicht mehr gesichert erscheint, also die Verbindlichkeiten nicht mehr durch ausreichend Vermögen der Gesellschaft gedeckt sind (§ 19 II 1 InsO). Bezweckt wird damit eine Vorverlagerung der Insolvenzauslösung.[173] Denn gemeinhin tritt eine Überschuldung zeitlich vor der Zahlungsunfähigkeit ein.[174] Die durch die Vermögensseparation erreichte fehlende persönliche Haftung einer natürlichen Person erzwingt so ein System, das die Gläubiger angemessen davor schützt, dass dieses Vermögen vollständig aufgezehrt wird, ohne dass das Unternehmen bis zur Zahlungsunfähigkeit fortgeführt wird. Deshalb ist es richtig, in der Verschärfung des Insolvenzrechts für juristische Personen auch das Korrelat der Haftungsbeschränkung zu sehen.[175]

Die gesetzgeberische Idee stellt sich bestechend einfach dar: wenn das Insolvenzverfahren sogleich nach dem Eintritt der Überschuldung beantragt wird, so müssten nicht nur alle Insolvenzverfahren auch tatsächlich eröffnet werden, die Insolvenzquoten müssten auch nahe an 100 % liegen.[176] Der Ausfall der Gläubiger würde sich auf die Summe der Kosten reduzieren, die durch das Insolvenzverfahren selbst entstehen und eine eventuelle Vergrößerung der Überschuldung während der maximal dreiwöchigen Insolvenzantragsfrist nach § 64 GmbHG. Dass die Realität anders aussieht, hat vielfältige Gründe.[177] Im Rahmen des Überschuldungstatbestandes fällt auf, dass in den Situationen, in denen tatsächlich einmal für die GmbH Insolvenzantrag wegen Überschuldung gestellt wird, die Gesellschaft in aller Regel schon lange überschuldet ist.[178] Zumeist wird deswegen ein Insolvenzverfahren auch erst aufgrund von Zahlungsunfähigkeit eröffnet.[179] Wird der Antrag aber zu spät gestellt, besteht zum einen das Risiko

[172] *Häsemeyer*, Rn. 7.16.
[173] Statt aller *Smerdka*, 166; *Vollmer/Maurer*, DB 1993, 2315 (2317); *Vollmer*, FS Bareis, 397 (407); *Beintmann*, 105.
[174] *K. Schmidt*, in: K. Schmidt/Uhlenbruck, GmbH in Krise, Rn. 849. Davon ging auch schon der Gesetzgeber der Konkursordnung von 1877 aus, MünchKommInsO/*Drukarczyk/Schüler*, § 19 Rn. 4.
[175] *Tittel*, 86; Uhlenbruck/*Uhlenbruck*, InsO, § 16 Rn. 4; *Stobbe*, Rn. 118. Als rechtspolitisch bedeutsamsten Insolvenzgrund bezeichnet *K. Schmidt*, ZGR 1998 633 (652) den Überschuldungstatbestand.
[176] *Stobbe*, Rn. 115; *Altmeppen*, ZIP 1997, 1173 (1178). Vgl. auch noch unten Kap.4 B.I.2.b.aa.
[177] Im Rahmen der Schilderung der Grundlagen des Gläubigerschutzes kann auf die einzelnen Gründe nicht detailliert eingegangen werden. Ganz allgemein hervorzuheben ist aber insbesondere die Problematik der ungesicherten Insolvenzgläubiger, die es hinnehmen müssen, dass die zur Verfügung stehende verteilungsfähige Masse zu Gunsten der gesicherten Gläubiger immens schrumpft. Auch die Insolvenzrechtsreform hat dieses Problem nicht lösen können, s. dazu statt vieler *K. Förster*, ZInsO 2003, 917 (921 ff.).
[178] *K. Schmidt*, in: K. Schmidt/Uhlenbruck, GmbH in Krise, Rn. 850.
[179] *Penzlin*, NZG 2000, 464 (464). In gerade einmal ca. 1,1 % der Fälle ist die Überschuldung alleiniger Eröffnungsgrund; in ca. 29,2 % ist „Überschuldung und Zahlungsunfähigkeit“ Eröffnungsgrund. Demgegenüber werden gut zwei Drittel aller Verfahren allein wegen Zahlungsunfähigkeit eröffnet, s.

der Vertiefung der Krise der Gesellschaft und wird zum anderen eine Sanierung der GmbH vereitelt, die zum Zeitpunkt des Eintritts der Überschuldung möglicherweise noch Erfolg versprechend gewesen wäre. Ziel muss es deshalb sein, einer Antragsverzögerung entgegen zu wirken. Da bei Überschuldung Außenstehende wenig Einblick haben und deswegen dem Antrag durch den Schuldner selbst gesteigerte Bedeutung zukommt, muss versucht werden, einen Anreiz zur frühzeitigen Insolvenzanmeldung zu setzen. Ein Mittel dazu ist die Haftungsandrohung für den Fall der Insolvenzverschleppung, die dann freilich konsequent gehandhabt werden muss.[180]

Zum anderen bestehen nach wie vor Bewertungsprobleme bei der Bestimmung des Überschuldungsbegriffes.[181] Denn wann die Passiven die Aktiven übersteigen, hängt entscheidend davon ab, welche Bewertungsgrundlage man für die Ermittlung der Vermögensbestandteile der GmbH heranzieht. Dabei zeigt sich das Bedürfnis, unabhängig von der statischen Handelsbilanz in einer dynamischen Betrachtung den „wahren" Wert der Unternehmung in einer sog. Überschuldungsbilanz zu ermitteln.[182] Die GmbH soll nicht vorschnell in die Insolvenz getrieben werden, obwohl sie – etwa weil genügend stille Reserven bestehen – über hinreichend Schuldendeckungspotential verfügt. Eine vorzeitige Zerschlagung hilft oft weder dem Schuldner noch dem Gläubiger, da dadurch die Sanierungschancen und die Aussicht auf volle Befriedigung verloren gehen.[183] Kern der Problematik ist die Berücksichtigung eines prognostischen Elements, denn die begründete Aussicht auf eine spätere Gesundung des Unternehmens und die Erzielung von Gewinnen erhöht – diskontiert man die künftigen Überschüsse – bereits jetzt den aktuellen Wert des Unternehmens.[184] Die Berücksichtigung der Fortführungsprognose bei der Insolvenzauslösung ist im Grunde ein Gebot der angemessenen Risikoverteilung zwischen Schuldner und Gläubiger, erfordert aber umgekehrt auch eine realistische Einschätzung und nicht nur Behauptung hinreichender Fortfüh-

---

StatBAmt, Fachserie 2, Reihe 4.1. – Unternehmen und Arbeitsstätten (Insolvenzverfahren), Dezember und Jahr 2004, S. 9 (Zahlen für 2004).

[180] *K. Schmidt*, in: K. Schmidt/Uhlenbruck, GmbH in Krise, Rn. 850 sieht die Hauptbedeutung des Überschuldungstatbestandes gerade in den Insolvenzverschleppungssanktionen und in der Prüfungspflicht der Geschäftsführer, ob eine Überschuldung vorliegt. Zum Ganzen unten A.I.2.b.bb.und ausführlich Kap.4 B.II.

[181] Eingehend MünchKommInsO/*Drukarczyk*/*Schüler*, § 19 Rn. 14 ff.; R/S-L/*Schmidt-Leithoff*, GmbHG, § 63 Rn. 33 ff.; *Kallmeyer*, GmbHR 1999, 16-18; *Penzlin*, NZG 2000, 464 (464-468).

[182] S. etwa BGH NJW 2001, 1136; BGH DStR 2001, 860 (861); BGH GmbHR 2006, 374 (375); *Knobbe-Keuk*, ZIP 1983, 127 (128).

[183] R/A/*Altmeppen*, GmbHG, § 64 Rn. 14; Uhlenbruck/*Uhlenbruck*, InsO, § 19 Rn. 6. Im Übrigen mutet es angesichts der steten Klagen über Insolvenzantragsverzögerungen und dem erklärten Ziel früherer Insolvenzverfahrenseinleitung (s. dazu insbesondere die Erwägungen in Gesetz zur Reform des Insolvenzrechts: Diskussionsentwurf (EInsO), A 36 ff.) bisweilen seltsam an, immer wieder zu betonen, es dürften fortführungswürdige Unternehmen nicht zu früh in die Insolvenz gedrängt werden. Die Insolvenzstatistiken und geringen Quoten (neuere Zahlen bei *Meyer*, GmbHR 2004, 1417 (1419 ff.) und StatBAmt, Fachserie 2, Reihe 4.1. – Unternehmen und Arbeitsstätten (Insolvenzverfahren), Dezember und Jahr 2004) sprechen eher dafür, dass die Befürchtung einer Vernichtung sanierungsfähiger Gesellschaften wenig begründet ist, zumal die Insolvenz nicht zwingend die Zerschlagung bedeutet sondern im Gegenteil wenn möglich das Unternehmen erhalten will, § 1 S. 1 InsO.

[184] *Foerste*, Insolvenzrecht, Rn. 117.

rungschancen der GmbH im konkreten Fall. Der Reformgesetzgeber hat sich dabei konsequent dafür entschieden, nicht die Prognose allein darüber entscheiden zu lassen,[185] ob die GmbH Insolvenz anmelden muss oder nicht, sondern das prognostische Element mit der Bewertung zu kombinieren (§ 19 II 2 InsO). Die Fortführungsprognose ist damit nur dafür entscheidend, welche Bewertungsgrundlage heranzuziehen ist und erlaubt nicht mehr, den Eintritt der Überschuldung von vornherein zu verneinen.[186] Die Einführung der InsO hat auch an dieser Stelle eine Verschärfung und Vorverlagerung der Insolvenzantragspflicht bewirkt.[187]

bb. Insolvenzantragspflicht und Insolvenzverschleppungshaftung

Die Manipulationsimmunität und Justitiabilität der Insolvenzauslösetatbestände ist eine grundlegende Voraussetzung für die Haftung bei Nichterfüllung der Antragspflicht, die wiederum essentiell ist für ein Funktionieren des Insolvenzsystems überhaupt. Ohne eine Pflicht zur Anmeldung der Insolvenz wäre das System wirkungslos. Denn die Gläubiger des Schuldners als potentielle Antragsteller werden oft erst dann aufmerksam werden, wenn sich die Krise der Gesellschaft nach außen manifestiert. Und ohne eine scharfe Sanktion bei Nichtbeachtung dieser Antragspflichten als Anreizmechanismus bliebe auch die Pflicht selbst ein stumpfes Schwert.

Die Wahrnehmung der Insolvenzantragspflicht obliegt dem Geschäftsführungsorgan der GmbH. Da sie gleichzeitig die rechtzeitige Einleitung eines Insolvenzverfahrens bezweckt, steht sie damit zwischen Gesellschafts- und Insolvenzrecht.[188] Dass das Gesetz nicht die Gesellschafter in die Pflicht nimmt, ist konsequent. Zwar bietet das vom Gesetzgeber bewusst flexibel ausgestaltete GmbHG vielfältige Gestaltungsmöglichkeiten, wie die Führungsorganisation der Gesellschaft aussehen soll,[189] es schreibt aber zwingend zwei Organe vor und weist einem von ihnen – nämlich der Geschäftsführung – die Aufgabe der Unternehmensleitung zu. Nun ist anders bei der AG die Unternehmensleitung nicht unabhängig ausgestaltet, sondern schon von Gesetzes wegen (§ 37 GmbHG) den Weisungen der Gesellschafterversammlung unterworfen. Ob-

---

[185] Der Ansatz von Fortführungswerten in der Überschuldungsbilanz soll eine objektivere Grundlage darstellen als die Berücksichtigung der reinen Fortbestehensprognose, *Kallmeyer*, GmbHR 1999, 16 (16); *Hüffer*, FS Wiedemann, 1047 (1052 ff.). Nach der früher vertretenen sog. zweistufigen Überschuldungsprüfung, die auf *K. Schmidt*, AG 1978, 334 (336 ff.) zurückgeht und der sich die Rechsprechung in BGHZ 119, 201 (213 ff.) „Dornier" angeschlossen hatte, war die Fortbestehensprognose neben der sog. *rechnerischen* Überschuldung (d.h. Überschuldung nach Liquidationswerten) eigenständiges Merkmal der *rechtlichen* Überschuldung. Demnach setzte eine Pflicht zur Insolvenzanmeldung immer voraus, dass die Fortbestehensprognose negativ war und verkam die Prüfung dieses Insolvenzauslösetatbestandes zu einer bloßen Prognoseentscheidung, die allzu leicht in eine vorschnelle, positive Fortführungsentscheidung mündete und damit den Tatbestand der Überschuldung verwässerte; krit. insoweit *Vollmer/Maurer*, DB 1993, 2315 (2317). Näher zu diesen Fragen unten Kap.4 B.I.

[186] Dabei ist str., wie die Prüfungsreihenfolge auszusehen hat, insbesondere in wie vielen Schritten sie zu erfolgen hat; dazu etwa R/S-L/*Schmidt-Leithoff*, GmbHG, § 63 Rn. 72. Grds. dürfte das Zählen der Schritte aber zur Sachlösung wenig beitragen. Näher hierzu noch unten Kap.4 B.I.

[187] Jaeger/*H.-F. Müller*, InsO, § 19 Rn. 27; *Vollmer*, FS Eisele, 19 (27); *Smerdka*, 170.

[188] *Hüffer*, FS Wiedemann, 1047 (1049).

[189] *Raiser/Veil*, Kapitalgesellschaften, § 31 Rn. 1.

gleich die Gesellschafterversammlung dadurch zum Entscheidungszentrum der GmbH mutieren kann, wird damit nicht gleichzeitig die Verantwortlichkeit der Geschäftsführung nach außen und ihre Funktion als unternehmensleitendes Organ verdrängt. Die Frage ist in diesen Fällen vielmehr, ob nicht neben den bestellten Geschäftsführern auch eine Haftung derjenigen Gesellschafter (oder auch sonstiger Dritter), die sich faktisch als Geschäftsführer gerieren, Platz greift.[190] Soweit der Gesellschafter aber mit dem Geschäftsführer – wie häufig in der personalistisch ausgestalteten GmbH – personenidentisch ist, ist er ohnehin auch als Geschäftsführer verantwortlich.

Zu den genuinen Aufgaben einer Geschäftsleitung gehört es, zu gewährleisten, dass die Gesellschaft sich bei all ihren Aktivitäten rechtmäßig verhält und die zahlreichen ihr obliegenden gesetzlichen Pflichten erfüllt.[191] Auch wenn die Geschäftsführung schon dem gesetzlichen Leitbild nach nicht vollständig unabhängig ist und die ihr intern auferlegten Beschränkungen zu beachten hat, weist das Gesetz ihr doch einen gewissen eigenständig und eigenverantwortlich wahrzunehmenden Bereich zu. An der Stelle, an der das Weisungsrecht der Gesellschafter und damit ihre Dispositionsbefugnis gegenüber der GmbH seine Grenze findet, wird die Unternehmensleitung selbst im Allgemeininteresse in die Pflicht genommen, ohne dass sie durch Anweisungen der Gesellschafter entlastet würde.[192] Die Bindung der Geschäftsführung an Weisungen der Gesellschafterversammlung endet insbesondere dann, wenn die Befolgung eines Beschlusses gegen zwingende Gesetzesvorschriften verstößt. Insoweit enthält § 43 III GmbHG, der die Geschäftsführer bei Verstoß gegen die Kapitalerhaltungsvorschriften zum Ersatz anhält und eine Entlastung durch Gesellschafterbeschluss ausdrücklich nicht zulässt, einen verallgemeinerungsfähigen Gedanken. Das Gesetz entzieht gläubigerschützende Vorschriften der Disposition der Gesellschafter und nimmt bewusst die Geschäftsführung in die Pflicht; insbesondere gilt dies auch für die hier interessierende Frage der Insolvenzantragspflicht.[193]

Der Kernbereich weisungsfreier Geschäftsführung wird dadurch gleichzeitig zum Kernbereich des Gläubigerschutzes. Auf den ersten Blick unterscheidet sich damit im Vergleich zu den Kapitalsicherungsvorschriften die „Zuständigkeit für den Gläubigerschutz". Denn bei Verstößen gegen die Kapitalerhaltungsvorschriften (§ 30 GmbHG) sind wie gesehen die Gesellschafter selbst ersatzpflichtig, wenn sie trotz Unterbilanz Auszahlungen erlangt haben. Diese Sicht der Dinge verengt jedoch den Blick auf die Haftung derjenigen, die den Vorteil der unzulässigen Handlungen genießen und verstellt ihn der Erkenntnis, dass auch die Kapitalsicherung im Verantwortungsbereich der Geschäftsführung liegt. Die zentrale, jedoch oft vernachlässigte, Haftungsnorm des

---

[190] Zur Haftung bei faktischer Geschäftsführung etwa BGHZ 65, 15 (19 ff.); BGH GmbHR 1988, 299 (300); für das ÖSTERREICHISCHE Recht öOGH ZIP 1993, 1871 (1873); *Geißler*, GmbHR 2003, 1106-1114; Michalski/*Nerlich*, GmbHG, § 64 Rn. 101; R/A/*Altmeppen*, GmbHG, § 64 Rn. 110; L/H/*Lutter*/*Hommelhoff*, GmbHG, vor § 35 Rn. 11 ff.; jew. m.w.N.; grundlegend *Hartmann*, 29 ff. und *Stein*; krit. *Haas*, DStR 1998, 1359 (1362); *ders*. DStR 2003, 423 (423 ff.).

[191] *Goette*, GmbH, § 8 Rn. 54.

[192] BGH GmbHR 2003, 712 (713); *Goette*, GmbH, § 8 Rn. 2; GK-GmbHG/*Ulmer*, Einl. Rn. A 31. Ausführlich noch unten Kap.3 A.V.3.

[193] Umfassend dazu *Tomat*, 96 ff.; vgl. auch BGH GmbHR 2003, 712 (713).

§ 43 III 1 GmbHG nimmt für den Fall der Vornahme einer Auszahlung entgegen § 30 I GmbHG die Geschäftsführer in die Haftung und gestaltet den Anspruch mit dem klarstellenden Verweis auf § 9b GmbHG gleichzeitig als unverzichtbar aus. Die (verschuldensabhängige[194]) Haftung der Geschäftsführer ist dabei keineswegs subsidiär zur Verantwortung der Gesellschafter selbst aus § 31 GmbHG, sondern besteht (ohne Gesamtschuldverhältnis[195]) unabhängig davon. Obschon der Geschäftsführer in diesem Fall regelmäßig einen Regressanspruch gegen den begünstigten Gesellschafter haben wird (§ 255 BGB[196]), macht doch das Gesetz damit klar, dass die Sorge für rechtmäßiges Verhalten der Gesellschaft den Geschäftsführern obliegt.[197] Zugleich wird deutlich, dass der Gläubigerschutz nicht in erster Linie den Gesellschaftern sondern zu einem großen Teil den Geschäftsführern überantwortet ist, die bei Verstoß gegen gesetzlich normierte Pflichten der Gesellschaft gegenüber zum Schadenersatz verpflichtet sind. Das GmbHG kennt deshalb ein stark geschäftsführerbezogenes Gläubigerschutzsystem mit einer (verschuldensabhängigen) Handelndenhaftung des Geschäftsführungsorgans. Für das Verschulden des Geschäftsführers zu beachten ist, dass schon die Obwaltung der Insolvenzantragspflicht impliziert, dass der Geschäftsführer stets über die Lage der GmbH informiert ist. Ihn trifft deswegen eine Selbstprüfungspflicht, an deren Vernachlässigung selbst zwar keine Konsequenzen geknüpft sind, deren Nichtbeachtung aber für den Fall der verspäteten Insolvenzanmeldung eben auch nicht entschuldigt.[198]

Eine strenge Haftung des insolvenzanmeldepflichtigen Organs der GmbH bei Nichtbefolgung der Insolvenzantragspflicht (Insolvenzverschleppungshaftung) ist für die Sicherstellung der gläubigerschützenden Wirkung des Überschuldungstatbestandes von wesentlicher Bedeutung. Wie das vom Ansatz her einfache Haftungsmodell der Insolvenzverschleppung allerdings tatsächlich konstruiert werden soll, bereitet Schwierigkeiten.[199] Diese Schwierigkeiten betreffen zunächst die Frage der Dogmatik des Anspruchs und zum anderen die Frage der Rechtsfolge, konkret der Schadensberechnung.[200] Was die Frage der Dogmatik betrifft, so betrachtet die ganz h.M. § 64 I GmbHG als ein Schutzgesetz i.S.d. § 823 II BGB.[201] Das bedeutet, dass die Gläubiger

---

194 Scholz/*Schneider*, GmbHG, § 43 Rn. 197

195 Michalski/*Haas*, GmbHG, § 43 Rn. 221.

196 Michalski/*Haas*, GmbHG, § 43 Rn. 221. Der Geschäftsführer bleibt aber im Ergebnis ohne Rückgriffsmöglichkeit wenn Mitgesellschafter im Wege der Ausfallhaftung nach § 31 III GmbHG herangezogen wurden; denn dann können diese Gesellschafter den Geschäftsführer regresspflichtig machen (§ 31 VI GmbHG).

197 R/S-L/*Koppensteiner*, GmbHG, § 43 Rn. 10.

198 Die Kontrolle der Liquidität und Finanzsituation der Gesellschaft rechnet *K. Schmidt*, in: K. Schmidt/Uhlenbruck, GmbH in Krise, Rn. 682 zu den „10 Geboten an den Geschäftsführer". S. auch noch u. Kap.4 B.I.3. und Kap.4 B.II.3.b.cc.

199 Zu einer Neukonzeption der Insolvenzverschleppungshaftung eingehend unten Kap.4 B.II.

200 Umfassend zu den Modellen und Problemen der Insolvenzverschleppung *Altmeppen*, ZIP 2001, 2201-2211; *ders.*, ZIP 2002, 1553-1563; *Haas*, NZG 1999, 373-381; *ders.*, DStR 2003, 423 (426 ff.).

201 St. Rspr. seit BGHZ 29, 100 (103) mit – verfehlter – Berufung auf RGZ 73, 30 (35); BGH NJW 1998, 2667 (2667 ff.); BGH ZIP 2003, 1713 (1714); ebenso für das ÖSTERREICHISCHE Recht (§ 1311 ABGB) öOGH ZIP 1993, 1871 (1873); Michalski/*Nerlich*, GmbHG, § 64 Rn. 9; B/H/*Schulze-Osterloh*, GmbHG, § 64 Rn. 90; *Hölzle*, ZIP 2003, 1376 (1377); a.A. *Wilhelm*/*Altmeppen*, NJW 1999,

der GmbH den Geschäftsführer unmittelbar im Rahmen der deliktischen Haftung in Anspruch nehmen können.[202] Durch die Abwendung von der sonst im GmbHG vorgesehenen (s. nur § 43 II GmbHG) Konzeption der Innenhaftung entstehen gleichzeitig Probleme bei der Frage, wer welchen Schaden ersetzt verlangen können soll. Gemeinhin wird an dieser Stelle zwischen Alt- und Neugläubigern differenziert. Während für die Altgläubiger die Schädigung darin gesehen wird, dass durch die verspätete Insolvenzanmeldung ihre auf den Zeitpunkt der Entstehung der Insolvenzantragspflicht bezogene fiktive Insolvenzquote verringert wird, soll für die Neugläubiger, deren Forderung erst nach dem Entstehen der Insolvenzantragspflicht begründet wurde, das gesamte negative Interesse ersetzt werden, da sie bei rechtzeitiger Antragsstellung gar nicht in Kontakt mit der GmbH getreten wären.[203] Nun ist aber nicht nur die Beweisbarkeit eines Quotenschadens der Altgläubiger *in praxi* kaum zu leisten, weshalb es bislang trotz des hier getriebenen dogmatischen Aufwands keine einzige veröffentlichte Entscheidung gibt, in der den Altgläubigern ein Anspruch auf Ersatz des Quotenschadens zugesprochen wurde.[204] Ebenso schwierig ist es für die Neugläubiger, darzulegen, dass sie tatsächlich zu diesem „erlauchten" Gläubigerkreis gehören; denn es ist angesichts der Unwägbarkeiten der Insolvenzauslösetatbestände schwierig, die genaue Grenze zwischen Alt- und Neugläubigern zu ziehen.[205] Das Konzept der h.M. steht daher auf eher tönernen Füßen und erklärt, weshalb es bislang nicht gelungen ist, die Insolvenzantragspflichten und die Insolvenzverschleppungshaftung zu dem werden zu lassen, was sie der gesetzlichen Konzeption nach sein sollen: das Korrelat zur Haftungsbeschränkung, ein Kernelement des Gläubigerschutzes[206] und – ebenso wichtig – ein Anreiz zu selbstverantwortlicher Sanierungsprüfung und Abwendung von Unternehmenskrisen.[207] Der auf diese Weise mit einer stringenten Antragspflicht und der Haftungsdrohung für den Geschäftsführer zu erreichende insolvenzrechtliche Vorfeldschutz, der durch die Insolvenzanfechtungstatbestände flankiert wird, darf nicht vernachlässigt werden. Das Insolvenzrecht wirkt nämlich entgegen einer weitläufigen Meinung nicht erst dann, wenn das Kind schon in den Brunnen gefallen ist. Deshalb ist es angebracht, über eine Neukonzeption der Insolvenzverschleppungshaftung nachzudenken, die auf das dem GmbHG vertraute Innenhaftungskonzept setzt und damit die geschilderten Probleme der Schadensberechnung umgeht. Dabei liefert entgegen der § 64 II GmbHG zu eng interpretierenden h.M. ein Rekurs auf diese Norm den richtigen Ausgangspunkt für die Insolvenzverschleppungshaftung.[208]

673 (679); R/A/*Altmeppen*, GmbHG, § 64 Rn. 94; *Rowedder*, FS Semler, 311 (317 ff.) und für das ÖSTERREICHISCHE Recht *Schummer*, FS Koppensteiner, 211 (214 ff.).

[202] *Meyke*, Rn. 503.

[203] Grundlegend BGH NJW 1998, 2667 (2668). In der Lit. ist die Richtigkeit des Rechtsprechungskonzeptes z.T. weiterhin str.; s. zum Streitstand die Nachweise bei B/H/*Schulze-Osterloh*, GmbHG, § 64 Rn. 92.

[204] *Meyke*, Rn. 504.

[205] *K. Schmidt*, Anm. zu BGH ZIP 2003, 1713 (1716).

[206] *Spindler/Berner*, RIW 2004, 7 (11).

[207] Zu letzterem *K. Schmidt*, in: K. Schmidt/Uhlenbruck, GmbH in Krise, Rn. 683.

[208] Eingehend unten Kap.4 B.II.3.

3. Zusammenfassung

Den mit der Haftungstrennung verbundenen Gefahren für die Gläubiger begegnet das Gesetz (neben verschiedenen Publizitätspflichten der GmbH) mit einem zweispurigen Konzept, nämlich einerseits den Grundsätzen über die Kapitalaufbringung und -erhaltung und andererseits der Terminierungspflicht bei Insolvenz und daran geknüpfter Insolvenzverschleppungshaftung. Hinzu kommt ein weiterer Schutz durch die Insolvenzanfechtung.

Das Mindeststammkapital schützt zwar in gewisser Weise bei Beginn einer GmbH gegen unseriöse Gründungen und offensichtliche Missbräuche der beschränkten Haftung. Das Nominalkapital taugt (unabhängig von der gesetzlich vorgeschriebenen Mindesthöhe) aber nicht dazu, die Gläubiger bei Fälligkeit ihrer Forderungen vor einem Ausfall zu bewahren.[209] Auch die an ein Nominalkapital geknüpfte Kapitalerhaltung vermag im Laufe des Bestehens der Gesellschaft nur mittelbar und lückenhaft Gläubiger zu schützen, da es um das Vermögen der GmbH nur eine Staumauer gegen den Abfluss an die Gesellschafter bietet, nicht jedoch allgemeine Geschäftsverluste auszugleichen vermag. Auch wenn eine Ausschüttungssperre an sich als Anreizinstrument und Ausdruck eines intuitiven Gerechtigkeitsgedankens[210] notwendig ist, sind die stete Ausweitung und das Klammern an das an ein Nominalkapital gebundene System der Kapitalerhaltung mit dem Hinweis auf den Gläubigerschutz zweifelhaft. Schließlich ist die Frage des Gläubigerschutzes auch eine relative. Es geht nicht, wie oft verkannt wird, um eine möglichst wasserdichte sondern um eine ausgewogene Sicherung der Gläubiger, bei der die Risiken angemessen verteilt werden. Eine solche Abwägung liegt von vornherein den Insolvenzauslösetatbeständen zu Grunde. Im Gegensatz zu den Vorschriften über die Stammkapitalsicherung schützt das System der Insolvenzantragspflicht bei Überschuldung tatsächlich ein bestimmtes Haftungsvermögen und setzt dann ein, wenn sich die Gläubigergefährdung auszuwirken droht.[211] Das GmbHG kennt einerseits zwar kein allgemeines Schädigungsverbot[212] und gestattet den Gesellschaftern abgesehen von §§ 30, 31 GmbHG auch die Durchsetzung für die GmbH nachteiliger Geschäfte; andererseits verpflichtet jedoch § 64 I GmbHG im Gläubigerinteresse zur rechtzeitigen Insolvenzantragspflicht und schiebt mit dieser Terminierungsregel existenziellen Aushöhlungen des GmbH-Vermögens einen Riegel vor. Die (schuldhafte) Verzögerung der Antragsstellung, die dieses Konzept beeinträchtigt, führt konsequenterweise zur Innenhaftung[213] der Geschäftsführer. Um die Insolvenzantragspflicht erfüllen zu können, ist die Geschäftsführung gehalten, die wirtschaftliche Lage der GmbH ständig zu überwachen. Diese Selbstprüfungspflicht trägt gleichzeitig dazu bei, dass Krisen frühzeitig erkannt, als Warnsignal verstanden und zu (rechtzeiti-

---

[209] *Mülbert*, DK 2004, 151 (154).

[210] Vgl. *Mülbert*, DK 2004, 151 (159).

[211] *Drukarczyk/Schüler*, in: KS-InsO, 95 (98) mit Hinweis auf die Gesetzesbegründung.

[212] *Keßler*, GmbHR 2002, 945 (949).

[213] A.A. die h.M., die hier eine deliktische Außenhaftung über § 823 II BGB propagiert. Näher unten Kap.4 B.II.

gen) Sanierungsmaßnahmen genutzt werden können. Recht verstanden bewirken also die Terminierungspflichten mittelbar auch einen insolvenzrechtlichen Vorfeldschutz.

Die verschiedentlichen Versuche einer rechtsfortbildenden Ergänzung der als unzureichend erkannten Kapitalschutzvorschriften, etwa durch eine Existenzvernichtungs- oder eine Unterkapitalisierungshaftung, sind zwar für sich wenig überzeugend. Sie machen jedoch die (richtige) Tendenz deutlich, *verhaltensbezogene* Haftungsnormen stärker zu betonen. Der Blick sollte sich dann freilich zuerst auf die gesetzlichen Vorschriften – und damit insbesondere die Insolvenzverschleppungshaftung – richten.

II. Finanzierung der GmbH

Die Finanzverfassung der GmbH ist nicht nur in der Betriebswirtschaft, sondern auch in der Rechtswissenschaft von Bedeutung, wobei sich neben steuer- und bilanzrechtlichen Fragen auch gesellschaftsrechtliche Problemfelder auftun. Dabei wiederum interessiert den Juristen vor allen anderen Dingen die haftungsrechtliche Seite, wie etwa das Problem der Haftung bei Unterkapitalisierung der Gesellschaft, die Haftung bei unvollständiger Aufbringung des Stammkapitals oder auch die Frage der Nachrangigkeit bestimmter Forderungen im Insolvenzfall.[214] Ein wichtiger Aspekt von Finanzierungsfragen ist deswegen der Gläubigerschutz.[215] Grundlegend für die Art der Finanzierung ist die Unterscheidung zwischen Fremd- und Eigenkapital, die im Eigenkapitalersatzrecht eine herausragende Bedeutung erlangt, weil nach überkommener Lesart Gesellschafterdarlehen in der Krise der GmbH „umqualifiziert" und wie haftendes Eigenkapital[216] behandelt werden. Im Grundsatz ist jedoch von der Finanzierungsfreiheit auszugehen.

1. Finanzierungsfreiheit

Die unternehmerische Finanzierungsfreiheit ist Grundelement der Finanzverfassung der GmbH. Dem Unternehmer steht es frei, Art und Umfang der Finanzierung der Gesellschaft zu gestalten.[217] Das Gesetz selbst kennt – sieht man an dieser Stelle noch vom Eigenkapitalersatzrecht ab – nur zwei Vorschriften, die dieser Freiheit Grenzen setzen.

---

[214] Michalski/*Fleischer*, GmbHG, Syst. Darst. 6 Rn. 6 spricht insoweit von einer „haftungsrechtlichen Schlagseite".

[215] Luttermann, 163.

[216] BGHZ 31, 258 (273) „Flugtaxi"; BGH ZIP 1994, 1934 (1937) „Früchte-GmbH".

[217] *Szebrowski*, MDR 2004, 365 (366); *Luttermann*, 173; B/H/*Hueck*/*Fastrich*, § 5 Rn. 5; *Dauner-Lieb*, DStR 1998, 609 (613); Scholz/*K. Schmidt*, GmbHG, §§ 32a, 32b Rn. 4.

a. Grundsatz

Zum einen verpflichtet § 5 GmbHG die Gesellschafter zur Aufbringung eines bestimmten Mindestkapitals. Sind die Gesellschafter dieser Pflicht nachgekommen, trifft sie jedoch keine Verantwortung dafür, der GmbH weitere Mittel zur Verfügung zu stellen. Dies gilt selbst dann, wenn – wie häufig – das Mindeststammkapital allein nicht zur Deckung einer wie auch immer zu bemessenden Eigenkapitaldecke ausreicht.[218] Wie der Geschäftsbetrieb finanziert werden soll, bleibt danach der freien Entschließung der Geschäftsführer und Gesellschafter überlassen.[219] Etwas anderes lässt sich auch nicht den Kapitalerhaltungsvorschriften entnehmen, die zwar eine Ausschüttungssperre darstellen, nicht aber Aussagen über die Art und Weise der gebotenen Finanzierung treffen.[220] Und dasselbe gilt schließlich für die Bestimmung, dass bei Verlust der Hälfte des Stammkapitals[221] die Gesellschafterversammlung einberufen werden muss (§ 49 III GmbHG). Denn die Einberufungspflicht trifft die Geschäftsleitung, von der der Gesetzgeber als verantwortliches Leitungsorgan voraussetzt, dass sie über die Lage der Gesellschaft informiert ist. Somit könnte nicht aus der Einberufungspflicht, sondern allenfalls aus der Tatsache, dass die Gesellschafter sich auf der einberufenen Gesellschafterversammlung mit der Finanzsituation der GmbH befassen müssen,[222] sich ein Anhaltspunkt dafür ergeben, dass das Gesetz an dieser Stelle bestimmte Finanzierungsentscheidungen der Gesellschafter verlangt. Jedoch geht es der Vorschrift im Grunde nur darum, die Gesellschafter mit der Lage der GmbH zu konfrontieren und ihnen die *Möglichkeit* zu geben, hierauf angemessen, d.h. durch Maßnahmen der Finanzierung, aber auch durch sonstige Änderungen der Unternehmenspolitik, zu reagieren. Nicht jedoch ist damit eine Pflicht der Gesellschafter verbunden, Sanierungs- oder Umstrukturierungsmaßnahmen zu ergreifen.[223] Obwohl also das Gesetz zu erkennen gibt, dass es erwartet, dass sich die Gesellschafter über die weitere Fortführung des Geschäftsbetriebes Gedanken machen, überlässt es schon das „ob" solcher Beschlüsse dem freien Ermessen der Gesellschafter.[224] Das zeigt, dass die Einberufung der Gesellschafterversammlung Gläubigerschutz nur indirekt bewirken kann; schon gar nicht besitzt § 49 III GmbHG daher drittschützende Wirkung i.S.d. § 823 II BGB.

---

[218] Allg.A., BGHZ 68, 312 (319); BAG NJW 1999, 2299 (2300); *Häuselmann/Rümker/Westermann*, Finanzierung, 12; *Goette*, GmbH, § 4 Rn. 2; MünchHdBGesR III/*Mayer/Rümker*, § 52 Rn. 2; *v. Gerkan*, ZGR 1997, 173 (176). Dies ziehen selbst die Vertreter einer Haftung wegen materieller Unterkapitalisierung nicht in Zweifel, s. etwa *Lutter/Hommelhoff*, ZGR 1979, 31 (58).

[219] *Geßler*, ZIP 1981, 228 (231); *Wolter*, 5. Zur Frage, wem die Kompetenz über die Entscheidung der Eigen- bzw. Fremdkapitalaufnahme obliegt, eingehend unten Kap.3 A.V.3.a.

[220] *Geßler*, ZIP 1981, 228 (231).

[221] Gemeint ist, dass das Nettoaktivvermögen der GmbH wertmäßig nicht mehr die Hälfte des statutarischen Stammkapitals deckt, Hachenburg/*Hüffer*, GmbHG, § 49 Rn. 21.

[222] Es sei denn, sie verzichten einstimmig in Kenntnis des Einberufungserfordernisses auf die Abhaltung der Gesellschafterversammlung oder haben sich bereits mit der Angelegenheit befasst, R/S-L/*Koppensteiner*, GmbHG, § 49 Rn. 12; B/H/*Zöllner*, GmbHG, § 49 Rn. 21.

[223] L/H/*Lutter/Hommelhoff*, GmbHG, § 49 Rn. 15 und *Nowotny*, FS Semler, 231 (247 ff.) m. Hinw. auf die ÖSTERREICHISCHE Rechtsprechung, die eine Entscheidungspflicht anerkennt.

[224] *Geßler*, ZIP 1981, 228 (231).

Von der anderen Seite her wirkt das Insolvenzrecht.[225] Die Finanzierungsfreiheit der Gesellschafter und damit ihr Ermessen werden eingeschränkt, wenn die Gesellschaft überschuldet oder zahlungsunfähig ist. Für diesen Fall verbietet § 64 I GmbHG als Terminierungsregel die weitere Fortführung der Gesellschaft. Den Gesellschaftern verbleibt dann schon allein aufgrund der zeitlichen Enge nur noch ein geringer Spielraum. Aber auch hier gilt es zu bemerken, dass die Pflicht zur Antragsstellung die Geschäftsführer und nicht die Gesellschafter trifft.[226] Der Eingriff in die Finanzierungsfreiheit der Gesellschafter vollzieht sich deswegen mittelbar dadurch, dass die Verfügungs- und Verwaltungsrechte der Geschäftsführung beschränkt werden.[227] Die Abwendung der materiellen Insolvenz richtet sich dann nach dem jeweils vorliegenden Insolvenztatbestand.

b. Finanzierungsregeln

Die Begrenzungen der Finanzierungsfreiheit lassen sich auch als Finanzierungsregeln begreifen, die ein bestimmtes Maß an „ordnungsgemäßem" Finanzierungsverhalten einfordern. Insoweit ist es zumindest denkbar, darin einen Anhaltspunkt für eine allgemein verstandene Finanzierungsverantwortung der Gesellschafter auszumachen, die das Spannungsfeld zwischen Finanzierungsfreiheit und Gläubigerschutz lösen soll.[228] Dieser Gedanke wird auch bei der Frage der Begründung des Eigenkapitalersatzrechts unter dem Stichwort Finanzierungsfolgenverantwortung herangezogen.[229] Wenig gewonnen ist allerdings, wenn man Finanzierungsregeln damit beschreibt, dass sie verhindern sollen, dass die unternehmerisch beteiligten Gesellschafter Risiken externalisieren, „die sie an sich selbst tragen müssten".[230] Denn dass Herrschaft mit Risikotragung und damit Haftung einhergeht, ist ein rechtspolitisch zwar vertretbarer, als generalisierender Anknüpfungspunkt einer Regelung aber wenig brauchbarer Ansatz.[231] Das GmbHG hat gerade für den entscheidenden Fall des Strauchelns einer Gesellschaft die Insolvenzauslösetatbestände vorgesehen, also bereits eine Finanzierungsregel etabliert.

Hinzu kommt der Einwand, dass es im Bereich der Finanzierung der GmbH, insbesondere bei der Frage der Kapitalstruktur (also dem Verhältnis von Eigen- und Fremdkapital) keine allgemein gültigen und betriebswirtschaftlich abgesicherten Regeln gibt, die Maßstab für die „ordnungsgemäße" Finanzierung sein könnten. Die Betriebswirtschaft unterscheidet vertikale und horizontale Finanzierungsgrundsätze.[232] Während die erstgenannten sich mit der Frage des Verhältnisses von Fremd und Eigenkapital

[225] *Hirte*, Kapitalgesellschaftsrecht, Rn. 5.28; *Luttermann*, 173.
[226] Die Gesellschafter können aber als „faktische" Geschäftsführer antragspflichtig sein, s. R/A/*Altmeppen*, GmbHG, § 64 Rn. 110; B/H/*Schulze-Osterloh*, GmbHG, § 64 Rn. 47; krit. *Haas*, DStR 2003, 423 (423 ff.). Dann beruht die Pflicht aber gerade nicht auf der Gesellschafterstellung.
[227] Zutreffend *Geßler*, ZIP 1981, 228 (231).
[228] Dazu *Vollmer*, FS Eisele, 19 (21).
[229] Zur Finanzierungsfolgenverantwortung im Einzelnen unten Kap.3 A.V.
[230] So aber *Vollmer*, FS Eisele, 19 (25).
[231] Zur Theorie von Herrschaft und Haftung bereits oben A.I.1.
[232] Eingehende Darstellung bei *Albach*, in: Breuer, HdB Finanzierung, 533 (534-541).

befasst,[233] also Maßstab für den Verschuldungsgrad der GmbH sind, treffen horizontale Finanzierungsregeln eine Aussage über die Beziehung von Vermögen und Kapital.[234] Die „goldene" (horizontale) Finanzierungsregel besagt dazu, dass langlebige Wirtschaftsgüter langfristig (also idealerweise mit Eigenkapital) finanziert werden sollen, kurzlebige Wirtschaftsgüter jedoch auch kurzfristig finanziert werden dürfen (sog. Fristenkongruenz).[235] Diese traditionellen Finanzierungsgrundsätze haben zwar eine nicht zu unterschätzende Bedeutung als Qualitätsindikator oder „Spielregeln" in der Praxis erlangt,[236] entbehren aber einer fundierten theoretischen Basis und vor allem anderen einer hinreichenden Schärfe. Während die Kapitalstrukturregeln die jeweiligen Besonderheiten im Hinblick auf Rechtsform, Branche und Konjunktur außer Acht lassen, berücksichtigt die Regel über die Fristenkongruenz nicht die Möglichkeit von Kreditverlängerungen und der Austauschbarkeit von Krediten.[237] Bloße Finanzierungsgrundsätze, mögen sie auch in der Praxis für die Beurteilung der Solidität eines Unternehmens herangezogen werden, sind zu unscharf, als dass sie als Anknüpfungspunkt juristischer (Haftungs-)Tatbestände dienen könnten. Die „Richtigkeit" einer Kapitalstruktur kann konkret nur im Einzelfall beurteilt werden[238] und zeigt sich nach außen erst am Erfolg des Unternehmens.

Schließlich ist die Frage, welche Sanktion die Nichteinhaltung einer Finanzierungsregel nach sich ziehen soll, ungeklärt. Für eigenkapitalersetzende Darlehen kommt es zu einer „Umqualifizierung" des Finanzierungsbeitrages. Das lässt sich jedoch nicht als allgemeiner Ansatz für alle Finanzierungsregeln verwerten. Schließlich sieht das Gesetz selbst für die Verletzung der Insolvenzantragspflicht als einer Finanzierungsregel eine *Haftung* des Pflichtverletzenden vor. Andererseits ginge es aber auch zu weit, nach diesem Muster jede Finanzierungsregel mit einer Haftung zu verknüpfen und dementsprechend zum Zwecke einer Haftungsrealisierung jede der im Wege der Rechtsfortbildung geschaffene Finanzierungsregel für drittschützend i.S.d. § 823 II BGB zu erklären.[239] Finanzierungsregeln eignen sich deswegen also kaum als generelle Grundlage eines Gläubigerschutzkonzepts.

---

[233] Dazu wird inzw. ein Verhältnis von 2:1 (Fremd-/Eigenkapital) gefordert, *Perridon/Steiner*, 556; Michalski/*Fleischer*, GmbHG, Syst. Darst. 6 Rn. 35.

[234] Michalski/*Fleischer*, GmbHG, Syst. Darst. 6 Rn. 34.

[235] Leopold/Frommann/Kühr, 14; Wöhe/Bilstein, 406 ff.

[236] Michalski/*Fleischer*, GmbHG, Syst. Darst. 6 Rn. 40; *Leopold/Frommann/Kühr*, 14; *Albach*, in: Breuer, HdB Finanzierung, 533 (554).

[237] Ausführlich *Drukarczyk*, Finanzierung, 60 ff.; Michalski/*Fleischer*, GmbHG, Syst. Darst. 6 Rn. 39.

[238] *Leopold/Frommann/Kühr*, 14; vgl. auch *Wöhe/Bilstein*, 416. Erschwert wird i.Ü. die Beurteilung der richtigen Kapitalstruktur dadurch, dass die Einordnung in Eigen- und Fremdkapital durch die zahlreichen Mischformen (z.B. stille Einlagen und Genussrechte) nur einen groben Eindruck der Risikobereitschaft der Kapitalgeber vermittelt, worauf *Vollmer*, FS Eisele, 19 (26), zu Recht hinweist. Die vertikalen Finanzierungsregeln hängen danach entscheidend von der (unsicheren) Einordnung der Finanzierungstitel in dieses System ab, was sie zusätzlich an Präzision einbüßen lässt.

[239] I.Ü. taucht spätestens hier das Problem auf, wer (Gesellschafter oder Geschäftsführer) für die Einhaltung der Finanzierungsregeln verantwortlich gemacht werden soll. Eine Haftung der Gesellschafter würde voraussetzen, dass diese für die Kapitalstruktur der GmbH verantwortlich sind. Vgl. hierzu (abl.) unten Kap.3 A.V.3.

2. Die Unterscheidung von Fremd- und Eigenkapital

Die klassische Einteilung in ein dualistisches System von Fremd- und Eigenkapital entspringt juristischer Denkweise. Dem Gesetz kann man zwar entnehmen, dass es zwei unterschiedliche Arten der Finanzierung kennt, die ein unterschiedliches Maß an Risikobereitschaft kennzeichnet.[240] Dabei regelt das GmbHG selbst jedoch im Wesentlichen nur die eine Art der Finanzierung, nämlich diejenige durch die Gesellschafter mittels Beiträgen. Dieser gesetzliche Normalfall soll hier auch als Ausgangspunkt und Grundlage für die Abgrenzung von Fremd- und Eigenkapital herangezogen werden.

a. Formeller Eigenkapitalbegriff

In der früheren gesellschaftsrechtlichen Diskussion spielten Überlegungen zur Unterscheidung von Eigen- und Fremdkapital und ihren unterschiedlichen Funktionen eine eher untergeordnete Rolle.[241] Man konnte sich weitgehend mit der *formalen* Abgrenzung der Finanzierungsarten begnügen, wonach Eigenkapital ganz einfach der Überschuss des Aktivvermögens über die Verbindlichkeiten ist.[242] Das Eigenkapital zeigt damit an, welcher Anteil des Gesellschaftsvermögens nicht fremdfinanziert ist und bis zu welcher Höhe Verluste durch die Gesellschaft getragen werden können.[243] Mit dem Stammkapital hat das Eigenkapital dabei gemein, dass auch es (nur) eine Bilanzgröße ist.[244] Jedoch muss das Eigenkapital nicht dem Stammkapital, das durch einen festgelegten Betrag definiert ist, entsprechen; es ist vielmehr im Gegensatz zu diesem eine variable Größe. Nach der rein formalen Unterscheidung kommt es für die Zuordnung einer Finanzierungsleistung zum Eigen- oder Fremdkapital darauf an, ob im Zusammenhang mit der Kapitalzuführung schuldrechtliche Ansprüche des Financiers gegen die Gesellschaft entstehen oder nicht.[245] Wenn keine Ansprüche entstehen, handelt es sich um Mittel, die das Eigenkapital der Gesellschaft erhöhen; andernfalls liegt Fremdkapital vor. Das heißt, dass die Vermögensmasse, die der Eigenkapitalsumme entspricht, eine Haftungsmasse für die Gläubiger darstellt.[246]

aa. Merkmale des Eigenkapitals

Geht man von diesem formellen Eigenkapitalbegriff aus, so sind Eigenkapitaltitel zunächst solche, die auf kapitalgesellschaftsrechtlicher Grundlage erfolgen; mithin also Leistungen der Gesellschafter, die der GmbH langfristig und *à fond perdu* zur Verfü-

---

[240] Die Erwähnungen des Begriffs „Eigenkapital" in bilanzrechtlichen Normen, etwa §§ 266 III, 268 III, 272 HGB geben als bloße Gliederungsvorschriften für eine Begriffsbildung aus gesellschaftsrechtlicher Sicht wenig her, vgl. *Beintmann*, 62 ff.; *Hirte*, Kapitalgesellschaftsrecht, Rn. 5.2.

[241] *Wiedemann*, FS Beusch, 893 (893).

[242] *Sernetz/Haas*, Rn. 12; *Wiedemann*, FS Beusch, 893 (894).

[243] *Teller/Steffan*, Rn. 178.

[244] *K. Schmidt*, Gesellschaftsrecht, § 18 II.2.a.

[245] *Michalski/de Vries*, NZG 1999, 181 (183).

[246] *Sernetz/Haas*, Rn. 12.

gung stehen, insbesondere Einlagen (Kapitalanteile) und Nachschüsse.[247] Anhand des so verstandenen formellen Eigenkapitals – z.T. wird auch von Kerneigenkapital[248] gesprochen – als Normalfall lässt sich analysieren, welche Merkmale dem Eigenkapital anhaften. Neben der Tatsache, dass der Eigenkapitalfinanzierung keine Rückzahlungsverpflichtung gegenübersteht, ist dabei vor allem anderen auf die Kapitalbindung hinzuweisen. Diese *Bindung* bedeutet, dass ein willkürlicher ersatzloser Entzug des Vermögens zugunsten der Gesellschafter durch freie Kreditkündigung ausgeschlossen ist.[249] Zahlungen an die Eigenkapitalgeber der GmbH – ganz gleich ob in der Form einer Einlagenrückgewähr oder als (verdeckte) Gewinnausschüttung – dürfen nur aus dem freien Vermögen der Gesellschaft erfolgen, sind also ausgeschlossen, soweit eine Unterbilanz besteht oder entsteht (§ 30 I GmbHG).[250] Hervorgehoben werden muss an dieser Stelle jedoch auch, dass sich die gesetzlichen Bestimmungen über Kapitalaufbringung und Kapitalerhaltung unmittelbar nur auf das satzungsmäßig festgelegte Stammkapital beziehen, das rechtstatsächlich meist nur die Höhe des Mindeststammkapitals (§ 5 I GmbHG) erreicht.[251] Finanzieren die Gesellschafter daher unabhängig von ihrer Einlageverpflichtung die Gesellschaft mit Eigenkapitaltiteln, die nicht stammkapitalerhöhende Einlagen sind (also nicht im Wege einer Kapitalerhöhung sondern durch Nachschüsse gem. § 26 GmbHG[252]), setzt die Bindung erst dann ein, wenn das Reinvermögen der Gesellschaft nicht mehr die Stammkapitalziffer erreicht. Die Mittel der Eigenkapitalgeber unterliegen daher weder einer gegenständlichen Bindung, noch richtet sich diese Bindung am Eigenkapital selbst aus. Für die Bindung ist vielmehr das Stammkapital der Gesellschaft die entscheidende Bezugsgröße. Aus dieser Bindung ergibt sich zum anderen die *Nachrangigkeit* im Verhältnis zu den Gesellschaftsgläubigern. Die Gesellschafter sind im Liquidations- oder Insolvenzfall nicht berechtigt, ihren Kapitaleinsatz als Gläubiger zurückzuverlangen. Eine Auskehrung des Vermögens der endenden Gesellschaft, das ja die Haftungsgrundlage für die Gläubiger bildet, ist nur dann möglich, wenn nach Befriedigung aller Gesellschaftsgläubiger der GmbH noch Vermögen übrig bleibt (§§ 72 i.V.m. 70, 73 GmbHG bzw. i.V.m. § 199 InsO). Wenn aber keine verteilungsfähige Masse mehr vorhanden ist, gehen die Eigenkapitalgeber leer aus.

Wichtiges Charakteristikum neben der Bindung und Nachrangigkeit der Eigenkapitalfinanzierungsmittel ist die *Dauerhaftigkeit* der Überlassung.[253] Die Vorstellung, dass Eigenkapital *à fond perdu* geleistet wird, verstellt den Blick darauf, dass eine (untechnisch, weil nicht gegenständlich gemeint) Rückerstattung nicht ausgeschlossen ist. Dies zeigt schon die Möglichkeit der Herabsetzung des Stammkapitals. Maßgebend jedoch ist, dass diese Rückerstattung nur in einem streng formalisierten Verfahren

[247] Ähnl. *Wiedemann*, Gesellschaftsrecht I, 554; *Michel*, 4; vgl. auch § 272 HGB.
[248] *Schouler*, 39; *Wiedemann*, FS Beusch, 893 (898).
[249] *Renger*, 38; *Habersack*, ZHR 1997, 457 (480); *K. Schmidt*, FS Goerdeler, 487 (491).
[250] *Smerdka*, 78 ff.
[251] Deutlich *Sernetz/Haas*, Rn. 12.
[252] Dass die Finanzierung mittels Nachschüssen entgegen den Absichten des GmbH-Gesetzgebers in der Praxis wenig Verbreitung gefunden hat, steht auf einem anderen Blatt.
[253] *Renger*, 37 ff.; *Beintmann*, 65 spricht von „Nachhaltigkeit".

stattfinden darf.[254] Dies gilt in besonderem Maße für die Kapitalherabsetzung gem. §§ 58 ff. GmbHG[255] aber auch für die Rückzahlung von Nachschüssen, die erst drei Monate nach der Beschlussfassung über die Rückzahlung erfolgen kann (§ 30 II 2 GmbHG). Hervorzuheben ist, dass es immer erst der Beschluss ist, der überhaupt einen Anspruch des Eigenkapitalgebers begründet.[256] Auch der Gewinnausschüttungsanspruch entsteht erst, nachdem die Gesellschafter über die Gewinnverwendung einen Beschluss gefasst haben (§ 29 GmbHG). Diese formellen Anforderungen an die Rück- oder Auszahlungen machen deutlich, dass das Eigenkapital vom Gesetzgeber als Vermögenszufluss an die Gesellschaft gedacht ist, der dieser eine dauerhafte Kapitalzuführung sicherstellt, typischerweise – aber nicht zwingend – also langfristiges Kapital darstellt.[257]

bb. Merkmale des Fremdkapitals

Nach der formellen Betrachtung ist das Darlehen die klassische Form des Fremdkapitals. Fremdkapitaltitel zeichnen sich typischerweise dadurch aus, dass der Fremdkapitalgeber *Gläubiger* der Gesellschaft ist, da der Kreditgewährung von vornherein eine Verbindlichkeit der Gesellschaft gegenübersteht.[258] Zum Fälligkeitszeitpunkt kann der Fremdkapitalgeber auf volle Rückzahlung bestehen, selbst wenn die GmbH hierzu das Eigenkapital ganz oder teilweise aufbrauchen muss.[259] Die Geltendmachung der Forderung ist unabhängig davon, ob ein verteilungsfähiger Gewinn der GmbH vorhanden ist;[260] gerade daraus ergibt sich schließlich die oben beschriebene Nachrangigkeit des Eigenkapitals. Die Bindung des Fremdkapitals hängt allein von der zugrunde liegenden vertraglichen Vereinbarung ab, also insbesondere davon, wie die Parteien Kündigungsfrist, Kündigungsgründe, Fälligkeit und Rückzahlungsmodalitäten festlegen. Das Gesetz selbst geht dabei für den Fall des Darlehens von einer sehr losen Bindung aus, gestattet es doch dem Darlehensgeber ein außerordentliches Kündigungsrecht für die Situation zu, in der er noch nicht geleistet hat und der Kreditnehmer in Vermögensverfall gerät (§ 490 BGB). Im Regelfall ist Fremdkapital schließlich nicht auf eine dauerhafte Überlassung angelegt.[261] Deswegen ist das wirtschaftliche Risiko des Fremdkapitalgebers schon vom Ansatz her geringer als das der Eigenkapitalgeber, die jedoch andererseits am Ergebnis der Unternehmung profitieren, während dem Darleiher nur ein (im Normalfall gewinnunabhängiger) Zinsanspruch bleibt.

---

[254] *Wiedemann*, FS Beusch, 893 (897); *Wengel*, DStR 2001, 1316 (1318).
[255] Dabei darf freilich der Mindeststammkapitalbetrag nicht unterschritten werden, § 5 I GmbHG.
[256] Unzutreffend daher *Wengel*, DStR 2001, 1316 (1318), der davon spricht, dass das Eigenkapital eine Auszahlungsverpflichtung „enthalten" kann.
[257] *Wiedemann*, FS Beusch, 893 (897); *Michel*, 6.
[258] Deswegen sieht *Wassermeyer*, ZGR 1992, 639 (650) das eigentliche materielle Merkmal des Fremdkapitals auch weniger in der Kündigungsmöglichkeit sondern in dem Bestand einer Darlehensrückzahlungsverbindlichkeit.
[259] Herrmann, 24.
[260] *Smerdka*, 79.
[261] *Michel*, 5.

b. Materieller Eigenkapitalbegriff

aa. Funktionen des Eigenkapitals

Die Analyse der typischen Merkmale des formellen (klassichen) Eigenkapitals erlaubt es zugleich, die im Wesentlichen zwei besonderen Funktionen herauszuarbeiten, die dem Eigenkapital im Rahmen der Finanzierung der GmbH zuzuschreiben sind, nämlich einerseits eine Voraushaftungsfunktion und andererseits eine Ingangsetzungs- und Inganghaltungsfunktion.[262]

Das Eigenkapital erfüllt zum einen eine *Voraushaftungsfunktion.*[263] Da der Eigenkapitalgeber weder Gläubiger der GmbH ist, noch sein Finanzierungsbeitrag der freien Kündbarkeit unterliegt, ist das Eigenkapital ein wichtiger Beitrag zur Unternehmenserhaltung und erlangt Bedeutung für die Gesellschaftsgläubiger, die hinsichtlich ihrer Befriedigungsaussichten mit den Eigenkapitalgebern nicht konkurrieren müssen. Als Hauptrisikoträger im Unternehmen ist Eigenkapital also im Insolvenzfall (faktisch) verloren,[264] Fremdkapital wird hingegen lediglich entwertet, indem der (ungesicherte) Gläubiger auf die Insolvenzquote verwiesen wird.[265] Getragen und sichergestellt wird die Nachrangigkeit dadurch, dass das Gesetz wie gesehen das Eigenkapital einer besonderen Bindung gem. § 30 I GmbHG unterwirft, die aber an der Stammkapitalziffer und nicht am variablen Eigenkapital selbst angeknüpft wird, sowie dadurch, dass Ausschüttungen an die Eigenkapitalgeber nur nach einem formalisierten Verfahren möglich sind.

Die *Ingangsetzungs- und Inganghaltungsfunktion* des Eigenkapitals steht in einem engen Zusammenhang mit dem Insolvenzgrund der Überschuldung.[266] Das Eigenkapital bildet einen Insolvenzpuffer, der dem Eintritt der materiellen Insolvenz vorbeugt, indem es laufende Verluste auffängt und ausgleicht.[267] Die Gesellschaft muss Insolvenz anmelden, wenn sie nicht mehr genügend voraushaftendes Eigenkapital hat, also für die Gläubiger nur noch eine unzureichende haftende Vermögensmasse zur Verfügung steht. Das Verbot der Unternehmensfortführung bedeutet umgekehrt, dass das Eigenkapital notwendig ist, um überhaupt eine lebensfähige GmbH aufzustellen und auch während der Geschäftstätigkeit der Gesellschaft als Rechtfertigung für das fort-

---

[262] *Beintmann*, 64; *Vervessos*, 98 m.w.N. Diese Funktionenbeschreibung beruht (auch) auf betriebswirtschaftlicher Analyse.

[263] *Habersack*, ZHR 1997, 457 (480); *Teller/Steffan*, Rn. 180; *Wengel*, DStR 2001, 1316 (1318); *Todtenhöfer*, 22; Michalski/*Fleischer*, GmbHG, Syst. Darst. 6 Rn. 94.

[264] Wenn nicht (wie in der Praxis selten der Fall) verteilungsfähiges Vermögen nach Befriedigung der Gläubiger übrig bleibt.

[265] *Renger*, 40; *Beintmann*, 66 ff.; *K. Schmidt*, Gesellschaftsrecht, § 18 II.2.b.; *Michel*, 9. Daneben stehen (nur) den Fremdgläubigern als Insolvenzgläubiger Selbstverwaltungsbefugnisse über die Gläubigerversammlung zu, während die Eigenkapitalgeber (typischerweise eben Gesellschafter) ihre Herrschaftsbefugnisse verlieren.

[266] *Smerdka*, 82.

[267] *Wengel*, DStR 2001, 1316 (1318); *Vervessos*, 99; *Schouler*, 41.

dauernde Existieren der GmbH dient.[268] Zur Abwendung einer insolvenzrechtlichen Überschuldung ist es deswegen erforderlich, dass die Kapitalgeber Eigenkapital nachschießen, dass also nicht mit dem Vermögenszufluss zur gleichen Zeit Ansprüche gegen die GmbH erwachsen. Mit reinem Fremdkapital ist eine Verbesserung des Haftungspotentials und damit eine Abwendung der Überschuldung hingegen grundsätzlich nicht zu erreichen.[269] Eigenkapital schafft auf diese Weise ein schützendes Risikopolster, das die Widerstandsfähigkeit der GmbH gegenüber Geschäftsrisiken erhöht und so die Stabilität der GmbH kennzeichnet.[270] Auf diese Funktion gründet sich deshalb gleichzeitig das Ausmaß des Vertrauens der Geschäftspartner in die Sicherheit der Geschäftsbeziehung und Beurteilung der Kreditwürdigkeit.[271]

bb. Materielles Verständnis des Eigenkapitals

Ausgehend von den eben beschriebenen Funktionen des Eigenkapitals hat sich die Gesellschaftsrechtswissenschaft teilweise von der formellen Betrachtung der Finanzierungsarten gelöst und nimmt eine materielle Abgrenzung zwischen Eigen- und Fremdkapital vor.[272] Schließlich kann insbesondere die Voraushaftungsfunktion des Eigenkapitals auch auf anderer Grundlage erreicht werden. Denn bei der Ausgestaltung der Fremdkapitaltitel haben die Vertragsparteien die Möglichkeit, auf *schuldrechtlicher* Grundlage die Finanzierung im Risikograd der klassischen Eigenkapitalfinanzierung durch die Gesellschafter anzunähern. Die Finanzierungspraxis hat zahlreiche Zwischenformen etabliert, in denen sich Elemente beider Finanzierungsarten, verbinden. Zu diesen Mischformen können je nach Einzelfall beispielsweise Genussrechtskapital[273], langfristige Darlehen oder auch stille Einlagen gehören. Freilich ist die Abgrenzung fließend, da die vertragliche Ausgestaltung der Finanzierungsverträge der Autonomie der Vertragsparteien unterliegt und deshalb die Einordnung, ob die Bindung durch die schuldrechtliche Abrede den klassischen Eigenkapitalfunktionen so nahe kommt, dass man hier tatsächlich von funktionalem Eigenkapital sprechen kann, nicht eindeutig ist.

Entscheidend für die Erfüllung einer vergleichbaren Voraushaftungsfunktion etwa eines Darlehens ist, dass es einem freien und willkürlichen Entzug durch den Kapitalgeber weitestgehend entzogen wird, also einer besonderen Bindung unterliegt und gleichzeitig das Ausfallrisiko hinsichtlich der Rückzahlung des Darlehens signifikant

[268] *Blaurock*, FS Raiser, 3 (14 ff.). Gerade deshalb ist es auch gerechtfertigt und konsequent, die Aufzehrung des Eigenkapitals als ein Krisenwarnsignal zu begreifen und an den „Verlust der Hälfte des Stammkapitals" die Pflicht zur Einberufung der Gesellschafterversammlung zu knüpfen, wie es das Gesetz in § 49 III GmbHG vorsieht. Zu diesem Frühwarnsystem bspw. *Wellensiek*, in: K. Schmidt/Uhlenbruck, GmbH in Krise, Rn. 52 ff.

[269] Vgl. *Wengel*, DStR 2001, 1316 (1318); näher unten Kap.3 A.IX.2.b.bb.

[270] *Lutter/Hommelhoff*, ZGR 1979, 31 (55); *Schouler*, 41.

[271] Todtenhöfer, 22; Schouler, 42 ff.

[272] *Berger*, 28; *Todtenhöfer*, 21; *Beintmann*, 68 ff.; Michalski/*Fleischer*, GmbHG, Syst. Darst. 6 Rn. 122; *K. Schmidt*, Gesellschaftsrecht, § 18 II.2.d.

[273] Die Finanzierung mit Genussrechtskapital ist in letzter Zeit wieder stärker ins Blickfeld gerückt, s. nur die Monographien von *Luttermann, Todtenhöfer und Smerdka.*

erhöht wird.[274] Die *Bindung* erreicht man auf vertraglicher Ebene jedenfalls durch einen Ausschluss einer ordentlichen und außerordentlichen Kündigung.[275] Der *Voraushaftungscharakter* lässt sich etwa dadurch erzielen, dass die Vertragsparteien vereinbaren, dass die Forderung des Kapitalgebers im Rang den Ansprüchen der gewöhnlichen Gläubiger nachgeht.[276] Solche Rangrücktrittsklauseln oder Forderungsverzichte mit Besserungsabrede sind darauf angelegt, in der Krise der Gesellschaft den vorzeitigen Eintritt der materiellen Insolvenz wegen Überschuldung zu vermeiden, indem der Darlehensgeber erklärt, dass er seine Forderung nur aus künftigen Jahresüberschüssen, aus einem Liquidationserlös oder aus weiterem, die Schulden der GmbH übersteigenden Vermögen befriedigt bekommen will.[277] Der Darlehensgeber lässt sich im Ergebnis freiwillig so behandeln, als sei sein Finanzierungsbeitrag Eigenkapital, weshalb solche Forderungen unter Umständen in der Überschuldungsbilanz eben auch nicht als Verbindlichkeiten zu berücksichtigen sind.[278] Für den materiellen Eigenkapitalbegriff ist es i.Ü. ohne Belang, von wem die Mittel stammen; auch ein Nichtgesellschafter kann daher Eigenkapitalgeber in diesem Sinne sein.[279]

cc. Kritik

Der materielle Eigenkapitalbegriff hat den Vorteil, die besondere Risikobereitschaft der Kapitalgeber zum Ausdruck zu bringen. Gerade deshalb spielt die funktionale Abgrenzung auch aus betriebswirtschaftlicher Sicht eine entscheidende Rolle.[280] Indes, die so verstandene Begriffsbestimmung gibt für die jeweilige rechtliche Behandlung des Eigenkapitals wenig her. Denn wenn auch die Funktionen, die formelles und materielles Eigenkapital erfüllen, übereinstimmen, so ist doch die jeweilige Grundlage, die erst die Funktionserfüllung ermöglicht, eine ganz unterschiedliche. Beruht die Subordination der Finanzierungsleistung beim klassischen Eigenkapital auf zwingendem Recht, so beruhen demgegenüber bei materiellem Eigenkapital die Beurteilung der Finanzierung und das Schicksal der Forderung allein auf der vertraglichen Abrede der Parteien.[281] Deshalb überzeugt auch eine völlige Gleichstellung des klassischen Eigenkapi-

---

[274] Vervessos, 105.

[275] *Michalski/de Vries*, NZG 1999, 181 (183). Dies meint v.a. auch einen Ausschluss der Kündbarkeit nach § 490 BGB vor Ausreichung.

[276] *K. Schmidt*, FS Goerdeler, 487 (499); *Habersack*, ZHR 1997, 457 (480). Dazu auch noch unten Kap.4 B.I.2.c.

[277] *Knobbe-Keuk*, ZIP 1983, 127 (128); *K. Schmidt*, Gesellschaftsrecht, § 18 III.2. Zu den Formulierungen und Anforderungen an die Rücktrittsklausel *Teller/Steffan*, Rn. 13 ff., 250 ff.; *Wittig*, NZI 2001, 169-176; *Vollmer/Maurer*, DB 1993, 2315 (2316).

[278] S. BGH NJW 2001, 1280 (1281); *Wittig*, NZI 2001, 169 (170); dazu auch noch unten Kap.4 B.I.2.c.

[279] *Vollmer/Maurer*, DB 1993, 2315 (2318); Michalski/*Fleischer*, GmbHG, Syst. Darst. 6 Rn. 127; *Smerdka*, 79.

[280] Für den Risikograd der Finanzierung als alleiniges Kriterium bei der Einteilung in Eigen- oder Fremdkapital aus betriebswirtschaftlicher Sicht *Swoboda*, FS Wittmann, 356 ff.; dort zugleich zu den anderen in der Betriebswirtschaft diskutierten Definitionsversuchen, 344 ff. Zum Risikogedanken auch *Drukarczyk*, Finanzierung, 261 ff.; *Vervessos*, 99 ff.; krit. *Smerdka*, 88 ff.; *Beine*, Gesellschafterleitungen, 53 ff.

[281] Zutreffend Michalski/*Fleischer*, GmbHG, Syst. Darst. 6 Rn. 127.

tals mit funktional gleichwertigen Finanzierungen kaum.[282] Es ist zumindest missverständlich, einen gemeinsamen Oberbegriff zu wählen, der indiziert, dass das materielle Eigenkapital stets auch (rechtstechnisch) derselben Bindung unterliegt wie das gesetzliche Eigenkapital. Treffender wäre es, von „Risikokapital" oder „Haftkapital" zu sprechen, da diese Begriffe (nur) das anzeigen, was die jeweiligen Finanzierungstitel verbindet, nämlich ein besonderes Ausfallrisiko.[283]

Für die formale Abgrenzung von Fremd- und Eigenkapital spricht im Übrigen auch die gesellschaftsinterne Zuständigkeitsordnung. Denn nach dem Normalstatut der GmbH entscheiden die Gesellschafter über die (formale) Eigenkapitalbasis der Gesellschaft, während die Frage der Kreditaufnahme in die Zuständigkeit der Geschäftsführer fällt.[284] Letzteres gilt auch dann noch, wenn die vertragliche Ausgestaltung des Finanzierungsvertrages dem Fremdkapital eigenkapitalähnliche Funktionen zukommen lässt, es also als „materielles" Eigenkapital bezeichnet werden könnte.[285]

Wichtiger als die Begriffsbildung sind jedoch die Sachfragen, die im Zusammenhang mit der Finanzierung der GmbH entstehen. Im Vordergrund steht dabei, dass sich die Beurteilung der zwischen Eigen- und Fremdkapital angesiedelten Mischformen nach der finanzvertraglichen Gestaltung im Einzelfall richtet.[286] Auch die Fragen der Bindung und des Nachrangs hängen von der Parteivereinbarung ab, die zwar wie jeder Vertrag im Einzelfall der – notfalls ergänzenden – Vertragsauslegung bedürfen, die aber nicht ihre Beantwortung in den gesetzlichen Vorschriften über Bindung und Nachrang des formellen Eigenkapitals finden.[287] Wenn also die Parteien *ex voluntate* die Gesellschaft mit (materiellem) Eigenkapital ausstatten wollen, so steht es ihnen frei, welche schuldrechtlichen Vereinbarungen sie im Einzelfall treffen. Vereinbaren sie etwa im Krisenfall einen nur beschränkten Nachrang (dass die Darlehensforderung beispielsweise nur bestimmten, nicht aber allen Gläubigern im Rang nachstehen soll) und eine ordentliche Kündbarkeit, dann haben sie eben das Sanierungsziel, eine Über-

---

[282] *K. Schmidt*, FS Goerdeler, 487 (491); *Schouler*, 38; anders *Lutter/Hommelhoff*, ZGR 1979, 31 (42).

[283] Umschreibend *Luttermann*, 177: „Fremdkapital mit Eigenkapitalfunktion".

[284] *Lutter/Hommelhoff*, ZGR 1979, 31 (43); *Schummer*, Eigenkapitalersatzrecht, 261 ff. Für die Stammkapitalerhöhung ergibt sich die Zuständigkeit der Gesellschafter aus § 55 GmbHG, für die Einforderung von Nachschüssen aus § 26 I GmbHG.

[285] *Schummer*, Eigenkapitalersatzrecht, 264. Näher zur Zuständigkeitsverteilung bei der Finanzierung unten A.V.3.a. Das Eigenkapitalersatzrecht verwässert demnach die Kategoriebildung Eigen-/Fremdkapital, indem es neben dem klassischen Eigenkapital ein „unvollständiges" Eigenkapital schafft. Denn dem in Eigenkapital „umqualifizierten" Fremdkapital korrespondieren keine für klassische Eigenkapitalgeber typischerweise bestehenden und an die Höhe der Beteiligung gebundenen (§ 47 II GmbHG) Stimmrechte. Darauf weist auch *Claussen*, FS Forster, 139 (152) hin. Eine nur scheinbare Ausnahme bilden Nachschüsse. Sie ziehen zwar auch keine Stimmrechtsänderung nach sich; doch hat die Zahlung von Nachschüssen von vornherein nach dem Verhältnis der Geschäftsanteile zu erfolgen, § 26 II GmbHG.

[286] *Luttermann*, 179. Das maßgebliche Abgrenzungskriterium zwischen Eigen- und Fremdkapital ist dabei das Merkmal „Kapitalbindung", *Vollmer*, FS Bareis, 397 (402).

[287] Deutlich *Michalski/de Vries*, NZG 1999, 181 (183) für Finanzplankredite. Anders wohl *Habersack*, ZHR 1997, 457 (461), der im Hinblick auf die Finanzplankredite von einer Behandlung des gewillkürten Eigenkapitals als Quasi-Eigenkapital *de lege* spricht.

schuldung der GmbH abzuwenden oder zu verhindern, nicht erreicht, wenn die so ausgestalte Finanzierung nicht dieselben Funktionen erfüllt wie klassisches Eigenkapital. Es geht aber in einem solchen Fall nicht an, den Parteien eine andere Ausgestaltung des Vertrages aufzuzwängen und so den Risikograd der Finanzierung entgegen der vertraglichen Absprache abzuändern, wenn nicht der Vertrag Anhaltspunkte für eine Auslegung in diese Richtung bietet. Nur so kann den teilweise erheblichen Unterschieden in Bezug auf den Grad der Voraushaftungs- und Inganghaltungsfunktion zwischen den verschiedenen Finanzmitteln[288] Rechnung getragen werden.

Deutlich wird diese Behandlung vertraglichen Risikokapitals am Beispiel der sog. Finanzplanfinanzierung. Dabei handelt es sich um Leistungen der Gesellschafter an die GmbH, die sie zur Befriedigung eines zusätzlichen, langfristigen Kapitalbedarfs der Gesellschaft versprechen oder tatsächlich zuführen, weil die Gesellschafter schon bei der Gründung oder aber später erkennen, dass das geleistete (Eigen)Kapital nicht ausreicht.[289] Dabei kann es sich um Darlehen, aber auch um Nutzungsüberlassungen, Sicherheiten oder sonstige Leistungen handeln. Bedeutsam für die Einordnung als Finanzplanleistung ist, dass die Leistungen im Rahmen einer Absprache über die besondere Bindung und Nachrangigkeit der Rückforderung erfolgt, etwa durch eine besonders lange Kündigungsfrist, Ausschluss oder starke Eingrenzung der Kündigungsmöglichkeiten. Der BGH hat in einer Leitentscheidung klargestellt, dass nach dem Vertrag zu beurteilen ist, ob der Finanzplankredit ein gewöhnliches Darlehen oder aber eine funktional eigenkapitalgleiche Leistung ist.[290] Die schuldrechtliche Abrede begründet also erst die eigenkapitaltypischen Funktionen.[291] Deshalb hat sich aber auch die Ausgestaltung der Bindung nicht nach den gesetzlichen Kapitalerhaltungsvorschriften zu richten. Allein die Tatsache, dass auf verschiedenen Wegen dieselbe Funktion – nämlich die Voraushaftung der Finanzierungsleistung – erreicht wird, heißt nicht, dass auch die rechtliche Behandlung dieselbe sein muss. Demzufolge wäre es zirkelschlüssig, hier auch die gesetzlichen Bindungsvorschriften, die beim klassischen Eigenkapital die Voraushaftungsfunktion begründen, heranzuziehen.[292] Es geht vielmehr allein

---

288 Dazu *Vollmer*, FS Eisele, 19 (26).

289 B/H/*Hueck*/*Fastrich*, GmbHG, § 32a Rn. 52; *Grunewald*, Gesellschaftsrecht, 2.F. Rn. 143.

290 S. BGH NJW 1999, 2809 (2811).

291 Str.; nach a.A. bedeutet gerade bei Finanzplanfinanzierung die Gleichstellung der Finanzierungsleistung mit den klassischen Einlageleistungen der Gesellschafter, also die freiwillige Behandlung „wie Eigenkapital", dass auch die Regeln über die Kapitalbindung und insbesondere das Eigenkapitalersatzrecht anzuwenden sind, s. etwa *K. Schmidt*, ZIP 1981, 689 (691); L/H/*Lutter*/*Hommelhoff*, GmbHG, §§ 32a/b, Rn. 181. Auch der BGH NJW 1999, 2809 (2811 ff.) behandelt die Finanzplanleistungen nicht allein nach der vertraglichen Absprache, sondern wendet erstens dann, wenn die Leistungen bereits geflossen sind, für den Fall der Krise „normales" Eigenkapitalersatzrecht an und stellt zweitens für den Fall, dass es um die noch ausstehende, aber versprochene Leistung geht, zwar grds. für die Bindung an das Versprechen auf die Parteiabrede ab, verhindert jedoch die Aufhebung der vertraglichen Leistungspflicht durch eine analoge Heranziehung der Kapitalaufbringungsvorschriften, konkret des § 19 II GmbHG. Im Einzelnen ist die Behandlung der Finanzplanfinanzierung immer noch stark umstr., s. zum Streitstand die übersichtliche Darstellung bei R/S-L/*Pentz*, GmbHG, § 32a Rn. 46 ff. m.w.N.

292 Dies könnte erst die *Folge* der Einordnung als (materielles) Eigenkapital sein. Ähnlich *Todtenhöfer*, 33 ff. Anders wohl *Vollmer*, ZGR 1983, 445 (452 ff.).

um Vertragsauslegung.[293] Auf der anderen Seite muss dann aber auch die Aufhebbarkeit des Finanzierungsvertrages oder des Rangrücktrittes der Parteiautonomie überlassen bleiben.[294]

Zu einer anderen Einordnung der Problematik gelangt man nur, wenn man neben der Eigenkapitalergänzung auf schuldrechtlicher Ebene eine weitere Kategorie der *zwingenden* Gleichstellung von Fremdmitteln mit haftendem Eigenkapital befürwortet, die (allein) darauf beruht, die von den Parteien gewählte Ausgestaltung der Finanzierungsabrede bewusst zu negieren, die Fremdfinanzierung mit formellem Eigenkapital gleichzustellen und im Zuge dessen dann die Kapitalerhaltungsvorschriften anzuwenden.[295] Ein solches Hinwegsetzen über die Formwahl des Kreditgebers wird aber ausschließlich für Gesellschafter oder diesen gleichzustellende Dritte diskutiert. Mit anderen Worten beginnt hier die Frage der Begründbarkeit der zwangsweisen Umqualifizierung von Gesellschafterleistungen und damit des Eigenkapitalersatzrechtes.[296] Ob tatsächlich eine solche Zurückstufung der Finanzierungsleistungen *ex lege* begründbar ist, wird im folgenden Kapitel zu erörtern sein.

3. Vorteile und Motivation einer Fremdkapitalfinanzierung durch Gesellschafterdarlehen

Die Ausführungen haben gezeigt, dass es keine zwingend vorgegebene Kapitalstruktur der GmbH gibt. Wird die Gesellschaft nun aber von ihren Gesellschaftern finanziert, stellt sich die Frage, welche Motivation hinter der Entscheidung steht, als Gläubiger der Gesellschaft aufzutreten und nicht formelles Eigenkapital, etwa im Wege der Kapitalerhöhung oder als Nachschuss, zur Verfügung zu stellen. Die Motivation der Gesellschafter interessiert im Zusammenhang mit den Eigenkapitalersatzregeln besonders deshalb, weil nur Fremdkapitalleistungen der Gesellschafter, nicht aber außenstehen-

---

[293] Richtig R/A/*Altmeppen*, GmbHG, § 32a Rn. 78; *Koppensteiner*, AG 1998, 308 (312); anders jedoch die h.M.

[294] Insoweit zutr. *Teller/Steffan*, Rn. 217; R/A/*Altmeppen*, GmbHG, § 32a Rn. 78; s. auch *Lutter/Hommelhoff*, ZGR 1979, 31 (35). Die Gläubiger bleiben dabei nicht ungeschützt; denn soweit die Einordnung als materielles Eigenkapital beseitigt wird, ist damit die Leistung des Kapitalgebers nicht mehr zur Abwendung einer etwaigen Überschuldung geeignet, weshalb die GmbH ggf. eben Insolvenz anzumelden hat. Daneben ist zu prüfen, ob die Aufhebungsvereinbarung nach InsO oder AnfG anfechtbar ist (dazu noch unten Kap.4 C.III.2.a.bb; vgl. insoweit zutr. zur Aufhebung von Rangrücktrittsvereinbarungen *Bork*, FS Röhricht, 137 (150); *Teller/Steffan*, Rn. 396 ff.). Anders aber wiederum die h.M. (keine Aufhebungsmöglichkeit in der Krise der GmbH), s. BGH NJW 1999, 2809 (2811 ff.); R/S-L/*Pentz*, GmbHG, § 32a Rn. 55 ff.

[295] *K. Schmidt*, Gesellschaftsrecht, § 18 III.4.; *ders.*, FS Goerdeler, 487 (499 ff.); *Lutter/Hommelhoff*, ZGR 1979, 31 (52 ff.); Michalski/*Fleischer*, GmbHG, Syst. Darst. 6 Rn. 125.

[296] Der Begriff Eigenkapital*ersatz*recht führt so besehen in die Irre, da es nicht etwa um freiwillig zur Verfügung gestellte Eigenkapitalfunktionen erfüllende Darlehen geht, also vom Gesellschafter *gewollten* „Ersatz" eigentlichen Fremdkapitals, sondern allein darum, dass die ausgereichten Darlehen (*ex lege*) Eigenkapital darstellen *sollen*.

der Dritter in der Krise der GmbH umqualifiziert werden. Die – legitimen[297] – Gründe lassen sich grob in zivilrechtliche und steuerrechtliche unterteilen.[298]

a. Zivilrechtliche Motivation

aa. Flexibilität

Der bedeutendste Vorteil der Gesellschafterfremdfinanzierung gegenüber einer Finanzierung mit Eigenkapital liegt darin, dass mit ihnen ein Finanzierungsbedarf der GmbH kurzfristig und unkompliziert gedeckt werden kann.[299] Häufig werden daher Gesellschafterdarlehen zur Krisenabwehr bei (kurzfristigen) Liquiditätsengpässen eingesetzt. Der Gesetzgeber hat diese Entwicklung nicht in der Weise vorhergesehen. Zwar lässt sich aus den Motiven zum GmbHG auch ersehen, dass die Möglichkeit einer Gläubigerstellung der Gesellschafter als normale Konsequenz der Rechtsfähigkeit der GmbH erkannt wurde; doch wollte man die Finanzierung der GmbH neben dem statutarischen Kapital insbesondere durch Nachschusskapital (§ 26 I GmbHG) ermöglichen. Die Nachschussfinanzierung sollte dabei ausdrücklich eine flexible Alternative zur Stammkapitalerhöhung sein.[300] Die Väter des GmbHG haben folglich nur an die Finanzierung durch die Gesellschafter mit Eigenkapital i.e.S. gedacht und *hierfür* eine flexiblere Finanzierungsform bereitgestellt.[301] Die Realität hat die gesetzgeberischen Erwägungen zwar eingeholt, da die Darlehensausreichung sich noch weitaus einfacher und vorteilhafter darstellt als die Einforderung von Nachschüssen. Jedoch sind die Erwägungen nur in gewisser Weise obsolet, da der historische Gesetzgeber schlicht die Bedeutung der Fremdfinanzierung unterschätzt hat. Deshalb ist es ungenau, davon zu sprechen, dass die Darlehensausreichung das Nachschusskapital verdrängt hat.[302] Richtiger ist es, dass ganz allgemein die Kreditfinanzierung die Oberhand gewonnen hat und der Bedeutung der Eigenkapitalfinanzierung den Rang abgelaufen hat.[303]

Ausschlaggebend hierfür war und ist, dass die Veränderung des klassischen Eigenkapitals durch Schwerfälligkeit gekennzeichnet ist. Eine Stammkapitaländerung erfordert ein langwieriges Kapitalerhöhungs- oder -herabsetzungsverfahren mit zugehörigem publizistischem Aufwand.[304] Auch die vom Gesetzgeber als flexibel eingestufte Finanzierung mit Nachschusskapital erfordert zum einen eine Regelung im Gesellschaftsvertrag und zum anderen einen Einforderungsbeschluss (§ 26 I GmbHG). Dies kann eine einfache Anpassung an die je nach den Marktbedingungen wechselnden und

---

[297] *Eichele*, 15; *Geißler*, GmbHR 1994, 152 (153).

[298] *Wolter*, 5 ff.

[299] *Berger*, 30; *Maser*, ZIP 1995, 1319 (1319); *Wolter*, 5; *Renger*, 47.

[300] GmbH-Gesetzentwurf, abgedruckt in Verhandlungen des Reichstages, VIII/1 (1890/92), 3730 (Aktenstück Nr. 660).

[301] S. dazu die (in ihrem Wortlaut freilich missverständliche) Erwägung, dass es sich auch bei den Nachschüssen um „dauerndes“ Vermögen der GmbH handelt, GmbH-Gesetzentwurf, abgedruckt in Verhandlungen des Reichstages, VIII/1 (1890/92), 3730 (Aktenstück Nr. 660).

[302] So aber die gängige Lesart, s. etwa *Geißler*, GmbHR 1994, 152 (153); *Vervessos*, 34.

[303] *Lutter*, FS Riesenfeld, 165 (180).

[304] *Lutter/Hommelhoff*, ZGR 1979, 31 (52); *Gehde*, 70.

insbesondere bei Gründung der Gesellschaft oft schwer vorhersehbaren Finanzierungsbedürfnisse der GmbH verhindern.[305] Demgegenüber zeigt sich die Beweglichkeit der Fremdkapitalfinanzierung auch in der einfacheren Rückzahlbarkeit, die schlicht an die Fälligkeit anknüpft und keines Kapitalherabsetzungsverfahrens oder Gesellschafterbeschlusses bedarf. Der wesentliche Unterschied ist aber, dass Fremd- und Eigenkapital prinzipiell verschiedene Funktionen erfüllen; insbesondere die Haftungsfunktion des Eigenkapitals ist dem typischen Darlehen fremd, weshalb die Finanzierungsarten auch nicht beliebig gegeneinander austauschbar sind. So kann Fremdkapital etwa im Falle einer Überschuldung wie vorerwähnt nur dann die „richtige", eine legale Fortführung des Unternehmens ermöglichende, Finanzierungsart sein, wenn die Finanzierung der Eigenkapitalfinanzierung angenähert wird, etwa durch einen Forderungsverzicht mit Besserungsabrede. Erfordert demnach die Lage der GmbH die Zuführung von Mitteln mit einer bestimmten (Haftungs)Funktion, so können die Gesellschafter eben nicht mehr frei entscheiden, sondern müssen für den Fall der Fremdkapitalfinanzierung den Finanzierungsvertrag entsprechend als materielles Eigenkapital ausgestalten.

bb. Unveränderte Machtverhältnisse

Ein Vorteil der Gesellschafterfremdfinanzierung ist auch, dass sich die Machtverhältnisse in der GmbH durch die zusätzliche Finanzierungsmaßnahme eines Gesellschafters nicht ändern.[306] Bei einer Kapitalerhöhung kann dies nur dann erreicht werden, wenn alle Gesellschafter proportional ihre Beteiligung aufstocken.[307] Auf diese Weise lässt sich ein Finanzierungsbedarf ohne Einfluss auf die Beteiligungsstruktur der GmbH lösen, auch wenn nicht alle Gesellschafter in der Lage oder willens sind, ihre Beteiligung zu erhöhen. Daneben kann die Darlehensfinanzierung gerade durch Gesellschafter ein Hineinregieren gesellschaftsfremder Dritter in die Belange der GmbH verhindern, da Dritte sich im Rahmen einer Finanzierung zumeist einen Einfluss auf die Gesellschaft ausbedingen werden. Die Geschäftsführung bleibt daher bei einer Finanzierung durch die Gesellschafter prinzipiell in größerem Maße unabhängig.[308]

cc. Rentabilitätsvorteile

Daneben kann bei einer Gesellschafterfremdfinanzierung auch das persönliche Interesse des Financiers eine Rolle spielen. Im Gegensatz zu einer Beteiligung an der Gesellschaft erzielt der Gesellschafter wie jeder andere Kreditgeber auch einen (festen) Zinssatz, der typischerweise unabhängig vom Gewinn der GmbH ausgestaltet ist.[309] Die

[305] *Lutter/Hommelhoff*, ZGR 1979, 31 (52); *Vervessos*, 34; *Gehde*, 70.
[306] *Berger*, 30; *Schouler*, 54. Das ist bei einer Nachschussfinanzierung allerdings auch der Fall, § 26 II GmbHG.
[307] Dass ggf. faktisch die Stabilität der Machtverhältnisse sich verändert, wenn ein Gesellschafter allein in erheblichem Maße zur Fremdfinanzierung der GmbH beiträgt, steht auf einem anderen Blatt; dazu *Vervessos*, 35.
[308] Schouler, 55.
[309] Schouler, 53; Renger, 48.

Rendite ist dadurch zwar begrenzt, ermöglicht dem Gesellschafter aber einen garantierten und im Voraus berechenbaren Ertrag.

Darüber hinaus kann eine Fremdkapitalfinanzierung den Vorteil einer Optimierung der Eigenkapitalrendite bieten. Dies lässt sich betriebswirtschaftlich mit dem sog. Leverage-Effekt (Hebelwirkungseffekt) erklären, der einen Zusammenhang zwischen der Eigenkapitalrentabilität und dem Verschuldungsgrad beschreibt.[310] Danach wird die Eigenkapitalrendite umso größer, je kleiner der Anteil des Eigenkapitals am Gesamtkapital ist.[311] Damit kommt dem Fremdkapital eine Hebelwirkung zu, die der Gesellschafter zur Maximierung seines Gewinns nutzen kann.[312] Da es aber wie gezeigt keine standardisierbaren Richtwerte für das Verhältnis von Eigenkapital und Fremdkapital gibt, ist die Ausnutzung der Hebelwirkung an sich nichts Verwerfliches. Renditemaximierung ist Ausdruck eines normalen wirtschaftlichen Gewinnstrebens. Zudem ist der Versuch, über eine Steigerung des Fremdfinanzierungsgrades die Eigenkapitalverzinsung zu optimieren, ein zweischneidiges Schwert. Denn bei schlechter Geschäftslage kann sich der positive Leverage-Effekt auch abschwächen und umkehren. Sind nämlich die Fremdkapitalzinsen höher als die Gesamtkapitalrendite, dann geht die Eigenkapitalrentabilität umso stärker zurück, je höher der prozentuale Anteil des Fremdkapitals am Gesamtkapital ist.[313] Die positiven Wirkungen einer gesteigerten Fremdkapitalfinanzierung sind deshalb nur solange erreichbar, wie die Gesamtkapitalrendite über dem Zinssatz für Fremdkapital liegt.[314] Also ist die Steigerung der Fremdkapitalaufnahme durch die GmbH nicht wie oft vermutet und zum Vorwurf gemacht eine Einbahnstraße für die Gesellschafter zur Steigerung ihrer Eigenkapitalrendite.

Die Zufuhr von Fremdkapital durch die Gesellschafter kann schließlich für die GmbH den Vorteil bieten, dass sie oft kostengünstiger ist als bei institutionellen Anbietern. Denn einerseits besteht für die Gesellschafter, die als solche bereits über Informations- und Mitspracherechte verfügen, kein Bedarf, wegen eines Informationsdefizits erhöhte Sicherheiten zu verlangen; zum anderen sind die Transaktionskosten geringer, weil Verhandlungskosten und die Kosten einer Kreditwürdigkeitsprüfung regelmäßig entfallen.[315]

dd. Risikobeschränkung

Ein weiteres Motiv für die Fremdkapitalfinanzierung ist, dass der Gesellschafter Gläubiger eines Rückzahlungsanspruches wird – eine Stellung, die er als Eigenkapitalgeber

---

310 Grundlegend dazu *Perridon/Steiner*, 498 ff.; *Drukarczyk*, Finanzierung, 144 ff.; *Neus*, 321 ff.

311 Sofern die Gesamtkapitalrendite größer ist als der Zinssatz für Fremdkapital; dazu sogleich im Text.

312 Veranschaulichendes Rechenbeispiel bei *Leopold/Frommann/Kühr*, 16.

313 Schouler, 50; Vervessos, 34; Neus, 322.

314 Michalski/*Fleischer*, GmbHG, Syst. Darst. 6 Rn. 27. Wenn der Verschuldungsgrad der Gesellschaft zu hoch wird, werden Fremdkapitalgeber regelmäßig einen Aufschlag wegen der Steigerung des Kapitalstrukturrisikos verlangen. Ab einem bestimmten Verschuldungsgrad wird dann das Kapitalstrukturrisiko so hoch, dass sich Fremdkapitalgeber nicht mehr finden lassen, *Schouler*, 47 ff.

315 *Drukarczyk*, Finanzierung, 410; *Vervessos*, 33; *Schouler*, 54.

nicht hat. Dadurch hat er gleichzeitig die Chance, in der Insolvenz der Gesellschaft zumindest die auf die Darlehensforderung entfallende Quote zu erhalten.[316]

b. Steuerrechtliche Motivation

Schließlich gab (und gibt) es auch steuerrechtliche Motive bei der Entscheidung für eine Fremdfinanzierung durch Gesellschafter anstatt der Eigenfinanzierung. Dies galt zu Zeiten des Anrechnungsverfahrens – neben gewerbesteuerlichen Vorteilen (hälftiger Abzug als Dauerschuldzinsen) – insbesondere für ausländische Anteilseigner, die die inländischen Körperschaftssteuern nicht anrechnen konnten und so im Ausschüttungsfall entgegen der Zielsetzung des Anrechnungsverfahrens, ausgeschüttete Gewinne der Kapitalgesellschaft nur einmal nach den Verhältnissen des Anteilseigners zu erfassen, doppelt besteuert waren. Bei ihnen wirkte die Körperschaftssteuer als Definitionssteuer. Mit Einführung des Halbeinkünfteverfahrens und deutlicher Absenkung der Körperschaftssteuer jedoch verminderten sich die körperschaftssteuerlichen Nachteile, ohne sie freilich endgültig zu beseitigen, insbesondere unter Berücksichtigung der Gewerbesteuerentlastung.

Nunmehr gilt aber seit der grundlegenden Änderung des § 8a KStG mit der Erstreckung des Anwendungsbereichs auch auf Inländer, dass die Fremdkapitalfinanzierung durch maßgeblich beteiligte Anteilseigner unter bestimmten Voraussetzungen sogar tendenziell Nachteile mit sich bringt. Dies folgt aus der Behandlung der Zinszahlung als verdeckte Gewinnausschüttung auf Gesellschafts- und Gesellschafterebene. Aus diesem Grund dürften künftig steuerliche Überlegungen bei der Fremdfinanzierung durch Gesellschafter nur eine eher untergeordnete Rolle spielen.

4. Zusammenfassung

Wesentlich für die Finanzierung der GmbH ist die Finanzierungsfreiheit. Über die Pflicht zur Aufbringung des Mindeststammkapitals sowie die Einschränkungen im Falle der Insolvenz hinaus lassen sich weitere allgemeine Finanzierungsregeln kaum begründen, zumindest aber taugen sie nicht als genereller Ansatzpunkt eines Gläubigerschutzkonzeptes.

Für das Eigenkapitalersatzrecht bedeutend ist die Unterscheidung zwischen Eigenkapital und Fremdkapital. Hier hat die Untersuchung gezeigt, dass die beiden Kapitalarten unterschiedliche Funktionen erfüllen. So ist Kennzeichen der Eigenkapitalfinanzierung vor allem eine stärkere Voraushaftungsfunktion durch besondere Bindung des Kapitals. Eine gleichwertige Bindung kann im Ergebnis zwar auch auf schuldrechtlichem Wege erreicht werden. Dann jedoch richtet sich (trotz der Funktionsäquivalenz) die Ausgestaltung allein nach der Vertragsabsprache, die gegebenenfalls auszulegen ist, in die aber nicht die für formelles Eigenkapital geltenden Vorschriften einfach hineinzulesen sind. Der Begriff „materielles Eigenkapital“ ist deswegen auch nicht ziel-

[316] *Gehde*, Gesellschafterleitungen, 72; *Drukarczyk*, Finanzierung, 410 ff.

führend. Schließlich hat die Beschreibung der Beweggründe für eine Fremdkapitalfinanzierung gezeigt, dass die Darlehensausreichung einfacher, flexibler und risikoärmer im Vergleich zur Eigenkapitalfinanzierung ist.

B. Überblick zur historischen Entwicklung des Eigenkapitalersatzrechts

Das Eigenkapitalersatzrecht beruhte bis zur Reform des GmbHG im Jahr 1980 ausschließlich auf einer Rechtsfortbildung. Anhand des langen Werdegangs des Rechtsinstituts lässt sich zeigen, welche ursprüngliche Motivation hinter der besonderen Behandlung der Gesellschafterdarlehen steckt. Deswegen ist es gerechtfertigt, hier den nur selten näher beleuchteten[317] Hintergrund des Eigenkapitalersatzrechts, den entgegen viel verbreiteter Ansicht nicht nur die Flugtaxi-Entscheidung des BGH[318] bildet, darzustellen.

I. Zweifel an der Gläubigerstellung des Gesellschafters in der Insolvenz[319]

Der Gesetzgeber hat zunächst keine besonderen Regeln für den Fall vorgesehen, dass die GmbH mit Darlehen durch ihre Gesellschafter finanziert wird. Vielmehr schwebte ihm die ausdrücklich flexibel ausgestaltete Finanzierung mit Nachschusskapital vor.[320] In der Praxis wurde indes schon bald die noch flexiblere Finanzierung mit Darlehen üblich.[321] Auf die Idee, das darlehensweise der GmbH zur Verfügung gestellte Fremdkapital in Eigenkapital umzuqualifizieren und den Kapitalerhaltungsgrundsätzen zu unterwerfen, ist erst der BGH verfallen,[322] doch hatte sich auch die reichsgerichtliche Rechtsprechung schon mit der Behandlung von Gesellschafterdarlehen befasst.

1. Kritische Stimmen in der Weimarer Zeit

Die Gesellschaftsrechtswissenschaft hat eine Sonderbehandlung der Gesellschafterdarlehen zunächst kaum diskutiert und als einen aufgrund schuldrechtlicher Vereinbarung geleisteten Beitrag zur Unternehmensfinanzierung akzeptiert.[323] Missstände wurden

[317] Eine Ausnahme bilden *Schummer*, Eigenkapitalersatzrecht, 7 ff.; *Vervessos*, 38 ff. und *Renger*, 9 ff.
[318] BGHZ 31, 258 „Flugtaxi".
[319] Aus Gründen der besseren Lesbarkeit wird nachfolgend einheitlich der Begriff „Insolvenz" verwendet, auch wenn für die Zeit vor Inkrafttreten der InsO richtigerweise von „Konkurs" gesprochen werden müsste.
[320] S. dazu auch schon oben A.II.3.a.aa. Zur Gesetzgebungsgeschichte *Wieland*, 269 ff.
[321] *Fränkel*, 102 schreibt im Jahr 1915, dass es nach über zwanzig Jahren GmbHG nicht eine einzige (!) Gesellschaft mit einer unbeschränkten Nachschusspflicht gab.
[322] *Koppensteiner*, AG 1998, 308 (309). Allenfalls angedeutet wurde die „Umqualifizierung" in RGZ 166, 51 (61) und durch *Hallstein*, in: Schubert, AkDR, 65.
[323] Vgl. *Fränkel*, 102 ff.; *Feine*, 244 ff., 317, 349, 672 und die Feststellung bei *Brodmann*, GmbHG, § 26 Anm. 2, dass „Zahlungen der Gesellschafter zur Gesellschaftskasse [...] auch als [...] Darlehen gemeint sein [können]" und dass der Gesellschafter dann Insolvenzgläubiger ist. Nur unter steuerli-

nur im Zusammenhang damit gesehen, dass „das Anlagekapital in schroffem Gegensatz zum Stammkapital steht“[324] und die Gesellschaft – nach heutiger Lesart – materiell unterkapitalisiert war. Von der aus steuerrechtlichen Warte[325] aus praktizierten teilweisen Gleichbehandlung der Gesellschafterdarlehen mit Gesellschaftereinlagen hat sich die Gesellschaftsrechtswissenschaft nicht leiten lassen.[326] Nur wenige Autoren kritisierten für das Gesellschaftsrecht gerade die Darlehensfinanzierung *durch die Gesellschafter*. So haben etwa die Ökonomen *Dalberg* (1911) und *Dreher* (1931) in der übermäßigen Darlehensfinanzierung einen Hauptgrund für die hohe Insolvenzanfälligkeit der GmbH gesehen. Ein Gläubigerschutzproblem ergebe sich (erst), wenn die Gesellschafter kurz vor der Insolvenz sich von der GmbH die Darlehen zurückzahlen lassen, was zur Folge habe, dass für die restlichen Gläubiger dann kaum mehr verwertbare Masse übrig bleibe.[327] Die Gesellschafter würden so ihren Informationsvorsprung zum Nachteil der anderen Gesellschaftsgläubiger ausnutzen.[328] *Dalberg* sah zwar das Grundproblem in einer unzureichenden Eigenkapitalausstattung,[329] hielt gleichzeitig aber die Forderung nach einem angemessenen Stammkapitals für inadäquat und stellte die Überlegung an, dass die Haftung des Gesellschafters sich um die Summe der „für längere Zeit“ in die GmbH investierten Darlehen erhöhen solle.[330] Ähnlich äußerte sich auch *Dreher*, der sich für eine Gleichbehandlung der Darlehen mit dem Beteiligungskapital im Insolvenzfalle aussprach.[331] Bemerkenswert ist, dass beide Autoren die Gläubigergefährdung in der Insolvenz betonen und das Grundproblem in der niedrigen Stammkapitalausstattung der Gesellschaft sehen, die durch das „Festhalten“ der Darlehen verbessert werden sollte. Die Frage der geringen Stammkapitalausstattung aber hat die GmbH seit ihrer Schaffung durch den Gesetzgeber beharrlich begleitet und ist in-

---

chen Gesichtspunkten findet sich die Bemerkung, dass ein Gesellschafterdarlehen u.U. sich als Beteiligung darstellen könne (Anm. 7).

[324] *Fränkel*, 105.

[325] Zum unterschiedlichen Normzweck von Steuer- und Gesellschaftsrecht *Wassermeyer*, ZGR 1992, 639 (640 ff.).

[326] *Koppensteiner*, AG 1998, 308 (309). Instruktiv die Kommentierung von *Brodmann*, GmbHG, § 26 Anm. 2, 7. Ausdrücklich *Feine*, 244 ff., der trotz Hinweises auf die Rspr. des RFH die Darlehensfinanzierung für „handelsrechtlich unangreifbar“ hält. Anders *Dreher*, 82 ff. – jedoch *de lege ferenda*.

[327] So insbesondere *Dalberg*, 52

[328] *Dalberg*, 52 ff.

[329] *Dalberg*, 50.

[330] *Dalberg*, 52. Das „vom Unternehmen abliegende Privatkapital der Gesellschafter“ sollte jedoch unberührt bleiben, 53.

[331] *Dreher*, 82, der i.Ü. das SCHWEIZERISCHE Modell der persönlichen Haftung bis zur Höhe des Stammkapitals favorisiert und ausdrücklich eine Annäherung der GmbH an die OHG befürwortet. Andererseits betrachtete aber auch *Dreher* die Darlehensfinanzierung als „zweifellos vorteilhaft“, v.a. im Vergleich mit Nachschusskapital (50).

soweit nichts Neues.[332] Die Reformvorschläge blieben zudem stets solche *de lege ferenda.*[333]

2. Behandlung des Gesellschafters in der Zeit des Nationalsozialismus

a. Zeitgeist[334]

Das der GmbH entgegengebrachte Misstrauen[335] verstärkte sich in den 1930er Jahren durch die Erfahrungen der Wirtschaftskrise mit gehäuften Unternehmenszusammenbrüchen (die freilich nicht auf haftungsbeschränkte Gesellschaften begrenzt blieben) und durch die nationalsozialistische Machtübernahme. Haftungsbeschränkung wurde in dieser Zeit von vielen nicht mehr als ökonomisch notwendige Risikobeschränkung verstanden, die auch einen Wohlfahrtsgewinn bedeuten kann, sondern mehr und mehr im Lichte der Insolvenzsituation gesehen, in der den Gläubigern in der Regel kein verwertbares Vermögen mehr zur Verfügung stand und kein Rückgriff auf die Gesellschafter möglich war.[336] Grund für die „missbräuchlichen" Fallgestaltungen und die fehlende Substanz der GmbH jener Zeit war zu einem großen Teil ein unzureichendes und lückenhaftes GmbHG, das keine besonderen Sicherungsbestimmungen für Sacheinlagen und keine Publizitätspflichten kannte.[337] Auf besonderes Unverständnis stieß schließlich die Einmann-GmbH, die durch Strohmanngründung erreichbar war. Den Kritikern kam das nationalsozialistische Gedankengut als Argument für eine Einschränkung der Haftungsbeschränkung im Gesellschaftsrecht zustatten. Insbesondere der Freiburger Professor *Großmann-Doerth* schwang sich auf diesem Nährboden zum Verfechter der Abschaffung der GmbH auf,[338] während andere sich mit einer Reform der GmbH begnügen wollten, die jedoch gleichfalls diese Gesellschaftsform einschränken sollte.[339] Zu den grundlegenden nationalsozialistischen Anschauungen gehörte das Führerprinzip, wonach „der Führer" auch die Folgen seines Tuns (persönlich) verantwortet.[340] Hierzu passte – übertragen auf das Gesellschaftsrecht – eben

[332] Mangels besonderer Publizitätspflichten konnte damals der Anschein eines gesunden Unternehmens einfacher erweckt werden. Bis auf das im Handelsregister veröffentlichte Stammkapital, das freilich schon längst aufgezehrt sein konnte, bestand kein Einblick in die Finanzsituation der GmbH, *Schummer*, Eigenkapitalersatzrecht, 10 ff.

[333] *Dreher*, 50; *Dalberg*, 52 ff.; ebenso *C. Fischer*, 117 ff. mit Regelungsvorschlag (137), der im Wesentlichen dem Entwurf des RJM (dazu sogleich) entspricht.

[334] Instruktiv *Stupp* und *Schubert*, in: Schubert, AkDR, VII ff.; *ders.*, Entwurf, 22 ff.

[335] Missbräuchliche Fallkonstellationen waren v.a. sog. Terraingesellschaften, bei denen eine GmbH nur für den Erwerbs eines Grundstücks gegründet wurde, *Dalberg*, 51; dazu *Stupp*, 24 ff., 30 ff.

[336] *Stupp*, 33.

[337] Darauf wurde schon kurz nach Schaffung der GmbH hingewiesen, s. *Schubert*, FS 100 Jahre GmbHG, 1 (31) m.w.N. Zur gängigen Praxis, nur ein Viertel der Stammkapitaleinlagen einzuzahlen, bereits *Dreher*, 47; *Reinhart*, DJZ 1934, Sp. 1310 (1312).

[338] So etwa *Großmann-Doerth*, HansRGZ 1934, Sp. 40 (zitiert nach *Stupp*, 49). Ein (allerdings weniger beachteter) Kritiker der GmbH war *Großmann-Doerth* schon vor 1933 gewesen, *C. Fischer*, 50 Fn. 9.

[339] Vgl. etwa *Reinhart*, DJZ 1934, Sp. 1310 (1312); weitere Nachweise bei *Stupp*, 50 ff.

[340] Umfassend dazu *Stupp*, 125 ff.; *Schubert*, Entwurf, 35 ff.

nicht die Haftungsbeschränkung, die als Deckmantel betrachtet wurde, hinter dem sich der unehrenhafte und „feige“ Unternehmer verstecken kann. Der „Kampf gegen das anonyme Kapital“[341] richtete sich gegen die juristische Person als solche, die vor allem bei Einmann-Gesellschaften als widernatürlich empfunden wurde.[342] Die ideale Gesellschaftsform war daher aus nationalsozialistischer Sicht die Personengesellschaft.[343] Die Trennung zwischen Gesellschaft und Gesellschaftern hingegen empfanden viele als spitzfindig.[344] Auf Gesetzgebungsebene manifestierte sich diese Haltung unter anderem im Umwandlungsgesetz von 1934, das die Umwandlung von Kapital- in Personengesellschaften erleichterte und steuerlich begünstigte. Dies verstärkte die teilweise schon vorhandene Stimmung, dass eine Abschaffung der GmbH bevorstehen könnte und führte tatsächlich zu einem spürbaren Rückgang der Zahl der Kapitalgesellschaften.[345]

b. Beratungen der Akademie für Deutsches Recht

Überraschend war daher, dass bei Eröffnung der ersten Sitzung des GmbH-Ausschusses der Akademie für Deutsches Recht[346] im Jahr 1937 Reichsminister *Frank* als Ziel der Beratungen die „neue, volkstümliche, wirtschaftsfördernde G.m.b.H.“[347] verkündete. Obschon noch das erste Referat *Großmann-Doerths*[348] ein Plädoyer gegen die Haftungsbeschränkung und gegen die GmbH als solche darstellte, war damit bereits zu Beginn der Beratungen klar, dass an eine Abschaffung der GmbH – aus pragmatischen Gründen – nicht mehr gedacht war.[349] Von der fundamental-kritischen Haltung kam man damit teilweise wieder ab;[350] dennoch waren die Beratungen des GmbH-Ausschusses nicht von all den in den Jahren zuvor geäußerten ideologischen Motiven befreit.[351] Die juristische Person verblasste vielmehr im Zuge einer gewollten Annäherung an die OHG.[352]

Der GmbH-Ausschuss ging unter der Rubrik „Erhaltung des Stammkapitals“ auf das Problem Gesellschafterdarlehen ein. Nachdem in der 3. Sitzung bereits mit Hin-

---

[341] *Kamm*, 64.
[342] S. *Culemann*, Anm. zu RG JW 1936, 3471 (3471) mit der Forderung, dass die wirtschaftliche Identität entscheiden solle; krit. auch *W. Friedrich*, Anm. zu RG DJ 1938, 601 (603); *W. Friedrich* war i.Ü. Mitglied der AkDR.
[343] C. Fischer, 51; Stupp, 162.
[344] Sp bspw. *Schumacher*, JW 1937, 2249 (2249) und *Culemann*, Anm. zu BGH JW 1936, 3471 (3471), die eine weitgehende Gleichstellung der GmbH mit ihren Gesellschaftern fordern.
[345] *Stupp*, 76 ff., 89 ff. (mit umfassendem Zahlenmaterial); *C. Fischer*, 53.
[346] Zur Entstehung und Bedeutung der Akademie für Deutsches Recht *Hattenhauer*, JuS 1986, 680-684.
[347] *Frank*, in: Schubert, AkDR, 7.
[348] *Großmann-Doerth*, in: Schubert, AkDR, 8 ff. (gesondert veröffentlicht in HansRGZ 1937, Sp. 281 ff.).
[349] *Schubert*, in: Schubert, AkDR, XII; *Stupp*, 220.
[350] Zu dieser Entwicklung *Stupp*, 220 ff.; *Schubert*, Entwurf, 45 ff.
[351] *Stupp*, 240.
[352] *Stupp*, 277 ff.

weis auf die SCHWEIZERISCHE Regelung[353] vorgeschlagen worden war, bei der Aufbringung des Stammkapitals eine gesamtschuldnerische Haftung einzuführen, sollte an dieses Prinzip auch das Stammkapitalerhaltungsrecht angepasst werden. Zur Diskussion stellte der Ausschussvorsitzende *Klausing* die Fragen, ob für Gesellschafterdarlehen eine Zinsbeschränkung einzuführen sei, ob die Anfechtungsmöglichkeit bzgl. der Darlehensrückzahlung in der Insolvenz erleichtert werden soll und ob die Gesellschafterdarlehen in der Insolvenz mit einem Nachrang ausgestaltet werden sollen.[354] Darüber, dass Gesellschafterdarlehen einer besonderen Regelung unterzogen werden sollten, herrschte großteils Einigkeit.[355] Der Grund hierfür blieb jedoch weitgehend im Dunkeln. *Ebbecke* hob hervor, dass die Gleichstellung von Darlehen mit der Beteiligung in der Insolvenz gerade auch von dem Bestreben getragen sei, die GmbH der OHG anzunähern.[356] *Friedrich* äußerte, dass jeder „sich gefühlsmäßig darüber klar [sei], dass es gewisse Darlehen von Gesellschaftern gibt, die im Konkurs mit den Forderungen anderer Gläubiger nicht gleich rangieren können."[357] Dieses Gefühl hatte seinen Ursprung vor allem in solchen Fällen, in denen die Gesellschafter mit einer großen Forderung als Insolvenzgläubiger auftreten und damit die Befriedigungsaussichten der anderen (Klein)Gläubiger verringern, was ein „im Volke" nicht verständlicher Missstand sei, weil der Gesellschafter der GmbH ja näher stehe und aufgrund seines Informationsvorsprunges die Mittel rechtzeitig wieder abziehen könne.[358] Gleichzeitig war aber auch konsensfähig, dass Gesellschafterdarlehen nicht unterschiedslos (in der Insolvenz) zu benachteiligen seien, da es auch „anständige" Gesellschafter gebe, die der GmbH (oft günstige) Darlehen ausreichten.[359] Es war damit bereits die schwierige Abgrenzung aufgezeigt, was nun in die Kategorie der besonders zu behandelnden „Gesellschafterdarlehen" fallen soll.[360] Die meisten Stellungnahmen befürwor-

---

[353] Die SCHWEIZERISCHE GmbH ist (angelehnt an den *Oechselhäuserschen* Entwurfs zur deutschen GmbH) personalistisch geprägt, Behrens/*Behrens*, GmbH, Rn. CH 4.

[354] *Klausing*, in: Schubert, AkDR, 244.

[355] A.A. *Tewaag*, in: Schubert, AkDR, 245; krit. auch *Ebbecke*, in: Schubert, AkDR, 267, der auf die Notwendigkeit von Gesellschafterdarlehen zur „gesunden" Finanzierung hinweist, davor aber noch die Anpassung der GmbH an die Personengesellschaften betont hatte, s. nä. Fn. Interessant die Hinweise von *Schummer*, Eigenkapitalersatzrecht, 14 ff., dass die Ausführungen *Klausings* im Arbeitsbericht dann weitaus unkritischer gegenüber den Gesellschafterdarlehen ausfielen. Dies passt zu der angedeuteten Entwicklung, dass man von der kategorischen „Verteufelung" der Kapitalgesellschaften teilweise wieder abkam. Dazu und zur Kritik *Großmann-Doerths* am Arbeitsbericht *Klausings*: *Schubert*, Entwurf, 55.

[356] *Ebbecke*, in: Schubert, AkDR, 246 betont, dass er die GmbH „stark als Personengesellschaft" betrachtet und daher den „formalen Unterschied", ob jemand Geld als Geschäftskapital oder Darlehen gibt, für unbeachtlich hält – allerdings nur für den Fall der Insolvenz. Dazu auch *Stupp*, 265.

[357] *W. Friedrich*, in: Schubert, AkDR, 250. Bezeichnend *Klausing*, ZAkDR 1939, 79 (80), dass „eine Art von tatsächlicher Vermutung anzunehmen sei, daß der Gesellschafter sich auf diesem Wege zum Nachteil von Fremdgläubigern gewisse Vorteile habe verschaffen wollen, die man ihm im Zweifel vernünftigerweise nicht wohl zubilligen könne."

[358] *W. Friedrich*, Anm. zu RG DJ 1938, 601 (604); *ders.*, in: Schubert, AkDR, 245. Zur Gleichsetzung von GmbH und Gesellschaftern *Schumacher*, JW 1937, 2249-2254.

[359] *Klausing*, in: Schubert, AkDR, 245; s. auch *Dietrich*, JW 1938, 784 (785).

[360] Dazu *Klausing*, ZAkDR 1939, 79 (80); zu Umgehungsproblemen *Großmann-Doerth*, in: Schubert, AkDR, 246.

teten insoweit eine zeitliche Abgrenzung oder eine solche nach der Fristigkeit des Darlehens.[361] Die Hinweise, dass Gesellschafterdarlehen unter bestimmten Voraussetzungen „ihrer Funktion nach Einlagen"[362] seien, müssen an dieser Stelle aber immer auch im Zusammenhang mit der beabsichtigten Annäherung an die OHG gesehen werden, bei der der Gesellschafter zwar auch ein Darlehen ausreichen kann, jedoch im Ergebnis aufgrund der unbeschränkten akzessorischen Haftung der Unterschied zu einer Einlageleistung tatsächlich „nur formal" wäre; insoweit können die Überlegungen als eine weitere Einschränkung der Haftungsbeschränkung bei der GmbH gesehen werden.[363] Dafür spricht auch, dass die Diskussion stets unter dem Blickwinkel einer zu geringen Eigenkapitalausstattung geführt wurde und die Meinung vorherrschte, dass Gläubiger sich angeblich darauf verlassen können müssen, dass die Gründer das Stammkapital in angemessenem Verhältnis zum Geschäftsumfang bemessen.[364]

Die Ansichten zur angemessenen Sachregelung waren unterschiedlich. Neben dem Vorschlag, die Gesellschafterleistungen Nachschüssen gleichzustellen[365] sahen die meisten Ausschussmitglieder die vereinfachte Anfechtungsmöglichkeit bei Darlehensrückzahlung als passende (und ausreichende) Regelung an.[366] Ein genereller Nachrang wurde weitgehend abgelehnt;[367] entscheidender Anknüpfungspunkt für eine Sonderbehandlung der Gesellschafterdarlehen sollte aber in jedem Fall die Insolvenz sein.

c. Gesetzentwurf des Reichsjustizministeriums

Nach dem Ende der Beratungen des GmbH-Ausschusses brachte das Reichsjustizministerium im Jahr 1939 einen – so nie Gesetz gewordenen – Entwurf zu einem neuen GmbHG heraus, der den Gläubigerschutz stärken sollte[368] und dessen §§ 36 und 37 GmbHGE später zum Vorbild für die Novellenregeln (§§ 32a, b GmbHG) wurden. Der Gesetzentwurf differenzierte danach, ob das Darlehen vor oder nach Eröffnung eines

[361] Interessant mit Anlehnung an das Steuerrecht die Abgrenzung von *Zitzlaff*, in: Schubert, AkDR, 249, wonach entscheidend sei, ob die GmbH „so steht, daß ein anderer Gläubiger kein Darlehen mehr als Geldgeschäft gibt". Damit ist nach heutiger Lesart die „Kreditunwürdigkeit" als Krisenzeitpunkt angesprochen.

[362] *W. Friedrich*, in: Schubert, AkDR, 250. Die Wortwahl erinnert stark an die später vom BGH aufgegriffenen Formulierungen, dass in der Krise ein Gesellschafter – wenn er sich denn zur Fortführung der Gesellschaft entschließt – Eigenkapital zuführen sollte; so etwa die Einordnung der Darlehen bei *W. Friedrich* als Zahlungen, „um eine Lücke im Stammkapital aufzufüllen, wenn also Nachschüsse das Gegebene wären". Schon damals freilich wurde verkannt, dass die Frage, ob tatsächlich die Gesellschafterleistung „Eigenkapitalfunktion" erfüllt oder erfüllen kann, eine Frage der Ausgestaltung der Fremdkapitalfinanzierung ist; s. dazu die Ausführungen oben A.II.2.b.cc.

[363] *Stupp*, 267.

[364] S. etwa *W. Friedrich*, Anm. zu RG DJ 1938, 601 (604).

[365] *Hallstein*, in: Schubert, AkDR, 249; dagegen aber *Klausing*, in: Schubert, AkDR, 247 mit der Bemerkung, dass das Darlehen mit Rücksicht darauf gegeben wird, dass es „nur Darlehen und nicht Beteiligung sein soll".

[366] *Stupp*, 266; so auch der Ausschussvorsitzende *Klausing*, ZAkDR 1939, 79 (80).

[367] Anders etwa *Reinhart*, DJZ 1934, Sp. 1310 (1313).

[368] Abgedruckt bei *Schubert*, Entwurf, 94 ff. Erreicht werden sollte verbesserter Gläubigerschutz auch durch eine *de facto*-Erhöhung des Stammkapitals, also die Volleinzahlung der Anteile.

Insolvenzverfahrens zurückgezahlt wurde. Ein Gesellschafter, der in einer Situation, in der „nach der Sachlage die Erhöhung des Stammkapitals geboten war", ein Darlehen gewährte, sollte in der Insolvenz der GmbH seinen Rückzahlungsanspruch nicht geltend machen können (§ 36 I GmbHGE 1939). Dennoch sollte die Forderung nicht aberkannt werden, sondern nach Befriedigung aller anderen Gesellschaftsgläubiger beglichen werden können.[369] Für den Fall der Rückzahlung vor Insolvenzeröffnung wurde eine erleichterte Anfechtung vorgesehen (§ 37 GmbHGE 1939). In der Begründung ist darauf hingewiesen, dass ein nicht nur vorübergehender Kapitalbedarf in der Regel im Wege der Kapitalerhöhung gedeckt werden soll und deshalb (sic!) die Darlehen „ihrer Natur nach" Einlagen seien.[370] Zur Feststellung, wann denn eine Kapitalerhöhung geboten sei, wies die Begründung auf Schwierigkeiten der Abgrenzung hin, nannte als Kriterium jedoch nur die Fristigkeit der Darlehen.[371] Ohne es zu sagen wandte sich der Entwurf damit deutlich von der Absicht der Verfasser des GmbHG ab, eine möglichst flexible Gesellschaftsform zu schaffen, die von den Gesellschaftern eben nicht nur durch Stammkapital finanziert werden kann, sondern auch durch Nachschusskapital, das mit der Reform aber gleichzeitig abgeschafft werden sollte. Auch hierin erkennt man daher eine schleichende Annäherung der GmbH an die OHG.

3. Rechtsprechung des RG

a. Urteile

In einer ersten Entscheidung des RG[372] zum Problemkreis der Gesellschafterdarlehen, in der ein Alleingesellschafter Forderungen aus Darlehen an die GmbH als Insolvenzforderung feststellen lassen wollte, befasste sich das Gericht nur mit der Frage der Anwendbarkeit des § 181 BGB auf das Darlehensgeschäft. Es ging weder auf die Frage einer Unterkapitalisierung, noch einer Nachrangigkeit der Forderungen ein, obwohl der Gesellschafter die GmbH – wie angesichts der Darlehenshöhe zu vermuten – zu einem Großteil mit Darlehen finanziert hatte.[373] In einem anderen Fall, verlangte der Insolvenzverwalter rückständige Gesellschaftereinlagen. Der Gesellschafter hatte nur ein Viertel der Stammeinlage geleistet und weitere Zahlungen auf ein Darlehenskonto getätigt. Das RG betonte zwar, dass die weiteren Zahlungen nicht ohne weiteres als Darlehen anzusehen seien, nur weil sie als solche bezeichnet wurden; indes stellt es

---

[369] *Schubert*, Entwurf, 163.

[370] *Schubert*, Entwurf, 163 – die Begründung nahm hier auf die steuerrechtliche Rspr. Bezug.

[371] Daneben sah auch der Entwurf des RJM bereits eine besondere Regelung zu den sog. Drittdarlehen vor, für die ein Gesellschafter eine Bürgschaft oder sonstige Sicherheit bestellte, § 36 IV GmbHGE 1939.

[372] RGZ 68, 172.

[373] Dies, obwohl das RG andererseits die „gegen Treu und Glauben verstoßende Ausnutzung der Doppelstellung" des Gesellschafters (im Rahmen des § 181 BGB) angesprochen hatte, s. RGZ 68, 72 (174).

nachdrücklich darauf, was tatsächlich *vertraglich* (ggf. konkludent) vereinbart wurde.[374]

Angesichts des sich wandelnden Zeitgeistes erscheint es nicht zufällig, dass das RG Argumente der Klarheit und Volksverbundenheit gerade nach 1933 bei der rechtlichen Bewertung von Gesellschafterdarlehen heranzog.[375] Mit Gesellschafterleistungen als Gläubigerschutzproblem hat sich das RG soweit ersichtlich erstmals 1937 befasst.[376] Hier sah es das RG für entscheidend an, dass der Alleingesellschafter, der die GmbH mit dem Mindeststammkapital ausgestattet und darüber hinaus mit Darlehen finanziert hatte, planmäßig bei einem für möglich gehaltenen Scheitern der Unternehmung die „wirklichen" Gläubiger schädigen und seinen Verlust möglichst niedrig halten wollte.[377] Deshalb habe er den Betrag des Stammkapitals viel zu gering festgesetzt und die durch § 13 II GmbHG gegebene „formalrechtliche" Möglichkeit, in Rechtsbeziehungen mit der GmbH treten zu können, ausgenutzt. Sich zum „Großgläubiger" der Gesellschaft zu machen, verstoße gegen „gesundes Volksempfinden". Die Feststellung der Forderungen nach Darlehensrückzahlung zur Tabelle wurde ihm deswegen mit der Arglisteneinrede (§ 826 BGB) verweigert.[378] Das Gericht kam damit zu der Erkenntnis, eine Gesellschaft sei in Wirklichkeit gar nicht gewollt gewesen; es sei dem Kläger nur um die Erlangung der Haftungsbeschränkung gegangen.[379] Den (verständlichen) Einwand der Revision, dies sei Zweck jeder GmbH-Gründung, ließ das RG nicht gelten.

Ein Jahr später setzte sich das Gericht in zwei Entscheidungen mit der Behandlung von Gesellschafterdarlehen in der Aktiengesellschaft auseinander.[380] Wiederum handelte es sich in einem Judikat um eine Einmanngesellschaft und wiederum war für die Urteilsfindung entscheidend, dass das „verantwortliche Kapital" für den von vornherein geplanten Umfang des Unternehmens zu klein bemessen war.[381] Zusehends kritisch wird die Einmanngesellschaft gesehen, da gerade sie „bisweilen dazu mißbraucht wird, um einer Einzelperson eine dem Gesetz und der heutigen Rechtsauffassung über die volle Verantwortlichkeit des wirklichen Unternehmers widersprechende Beschränkung der Haftung auf einen abgegrenzten Teil des Vermögens zu verschaffen".[382] Wer schon bei Gründung der Gesellschaft plane, im Falle eines Misslingens der Unternehmung die nach seinem Belieben ausgereichten Darlehen abzuziehen und so die anderen Gläubiger zu schädigen, missbrauche die GmbH und müsse gewärtigen, dass seine

---

[374] RGZ 105, 299 (301 ff.).
[375] *Kamm*, 64 ff.
[376] RG JW 1938, 862 = DJ 1938, 601 m. Anm. *W. Friedrich.*
[377] RG JW 1938, 862 (865). Das Berufungsgericht stellte demgegenüber noch die Zulässigkeit der Strohmanngründung einer Einmann-GmbH in Frage.
[378] RG JW 1938, 862 (865).
[379] RG JW 1938, 862 (864).
[380] RG JW 1939, 229 = RGZ 158, 302; RG JW 1939, 355.
[381] RG JW 1939, 355 (355); RG JW 1939, 229 (231).
[382] RG JW 1939, 355 (355).

Darlehen „als das behandelt werden, was sie in Wirklichkeit sind, nämlich Gesellschaftereinlagen“.[383]

In seinem letzten Urteil in dieser Reihe stellte das RG in einem *obiter dictum* fest, die Gesellschafterdarlehen seien unter Umständen nach §§ 30, 31 GmbHG zu behandeln, „da sie offenbar dazu dienen sollten, das alte, verloren gegangene Stammkapital zu ersetzen“.[384] Dieses Judikat wird oft als Beginn des Eigenkapitalersatzrechts heutiger Lesart begriffen.[385] Dabei befasste sich das RG mit der Frage der Darlehensfinanzierung jedoch nur am Rande und wiederholte, dass bei der Ausstattung einer GmbH bloß mit dem Mindeststammkapital die weitere Finanzierung mit Gesellschafterdarlehen rechtsmissbräuchlich sei, da das Mindeststammkapital von vornherein unzureichend sei.[386] Der Hinweis auf die §§ 30, 31 GmbHG fiel beiläufig am Ende des Urteils und ist als solcher ebenso unter dem Missbrauchsvorwurf zu sehen, nämlich der missbräuchlichen Umgehung der §§ 30, 31 GmbHG durch die Fremdkapitalfinanzierung.

b. Bewertung

Die hier interessierenden Urteile des RG ergingen weitgehend zu einer Zeit, in der der Zeitgeist überaus kritisch gegenüber haftungsbeschränkten Gesellschaften eingestellt war.[387] Den Änderungen der rechtspolitischen Auffassungen versagte auch das RG nicht die Gefolgschaft.[388] Wenn auch mit dem Beginn der Beratungen der Akademie für Deutsches Recht die Tendenz zur völligen Abschaffung der Rechtsform GmbH abgeschwächt wurde, ist die rechtspolitische Stimmung in der Rechtsprechung doch deutlich zu erkennen. Die Reformvorschläge der AkDR hatten wie gezeigt immer den Missbrauch der Gesellschaftsform oder allgemein der Haftungsbeschränkung zum Gegenstand, der gemeinhin mit der zu geringen Stammkapitalausstattung verknüpft wurde. Es verwundert daher nicht, wenn das RG stets gerade hier den Missbrauchsvorwurf verankert.[389] Auffällig ist zudem, dass in drei der vier Judikate es um Gesellschafterdarlehen an eine Einmann-GmbH ging; diese Konstruktion war – wie das RG selbst herausstellt[390] – schon per se besonders missbrauchsverdächtig.[391]

[383] RG JW 1939, 355 (356). Auf dieses Zitat sollte sich später das gesamte Eigenkapitalersatzrecht stützen.

[384] RGZ 166, 51 (61) „Knopffabrik“.

[385] So etwa Scholz/*K. Schmidt*, GmbHG, §§ 32a, 32b Rn. 11; *ders.*, GmbHR 2005, 797 (799); *Kreis*, 20.

[386] RGZ 166, 51 (57) „Knopffabrik“.

[387] *Schumacher*, JW 1936, 2249 (2249 ff.) forderte bspw. 1937 die weitgehende Gleichstellung der GmbH mit ihren Gesellschaftern, da die Differenzierung wirtschaftlich nicht gerechtfertigt und daher nur formaler Natur sei.

[388] *Schummer*, Eigenkapitalersatzrecht, 34.

[389] *Schummer*, Eigenkapitalersatzrecht, 37.

[390] Besonders deutlich RG JW 1939, 355 (355).

[391] Auffällig die Kritik des Mitglieds der AkDR *W. Friedrich*, Anm. zu RG DJ 1938, 601 (604), der der Auffassung des Berufungsgerichts beipflichtet, die Strohmanngründung sei eine Gesetzesumgehung und deshalb ein nicht zu billigender Missbrauch; das RG hingegen hatte die Zulässigkeit der Einmanngesellschaft offen gelassen.

Genau besehen bildeten Gesellschafterdarlehen daher nur den Anlass dafür, dem allgemeinen Zeitgeist folgend vermeintliche Missbräuche, die dem damaligen „gesunden Volksempfinden“ widersprachen, einzugrenzen. Deshalb stellte das RG entscheidend auf die Tatsache der (materiellen) Unterkapitalisierung und das Vorliegen einer Einmanngesellschaft ab.[392] Im Hinblick auf das Eigenkapitalersatzrecht heutiger Lesart geben die Urteile daher nur wenig her. Dabei ist es weniger die „unselige zeitliche Verstrickung“ an sich, die eine Zitierung verböte.[393] Es muss schlicht erkannt werden, dass die sehr kritische Einstellung zur Rechtsform GmbH wesentliche Motivation für die Benachteiligung der Gesellschafterdarlehen war. Das RG hat aber keine dogmatisch fundierte Linie für eine Sonderbehandlung der Gesellschafterleistungen unter dem Gesichtspunkt der Finanzierung der GmbH herausgearbeitet, sondern – wie zu damaliger Zeit häufig – schlicht auf allgemeine, in die Generalklauseln des BGB (§§ 242, 826 BGB) hineingelesene, Wertanschauungen zurückgegriffen.[394] Die Rechtsprechung kam über eine Einzelfallbetrachtung kaum hinaus und machte sich im Übrigen eine *subjektive* Sichtweise[395] zu eigen, die dem Gesellschafter ein konkretes Fehlverhalten vorwarf, nämlich eine Einmanngesellschaft gegründet und planmäßig mit zu wenig Eigenkapital ausgestattet zu haben.[396] Festzuhalten ist, dass das RG die Darlehen nicht als das behandelt hat, was sie sind, sondern als das, was sie *sein sollen*, wobei dafür außer dem unter nationalsozialistischem Einfluss postulierten Verantwortungsprinzip keine hinreichende Begründung gegeben wurde.

---

[392] Vgl. *Renger*, 10. Das RG konstruierte aber keine *Haftung*, wie es heute (oben A.I.2.a.cc.(1)(b)) mit der Haftung wegen materieller Unterkapitalisierung versucht wird. Dem Gesellschafter wurde nur der Arglisteinwand entgegengehalten.

[393] So aber *Claussen*, AG 1985, 173 (174 Fn. 10); krit. Scholz/*K. Schmidt*, GmbHG, §§ 32a, b Rn. 11.

[394] Ähnl. *Koppensteiner*, AG 1998, 308 (309), der betont, dass das Reichsgericht es nur mit Fällen krasser materieller Unterkapitalisierung zu tun hatte.

[395] So auch die Bewertung von *W. Friedrich*, Anm. zu RG DJ 1938, 601 (604). An der subjektiven Sichtweise änderte sich auch durch RGZ 166, 51 (61) „Knopffabrik“ nichts. Obwohl das RG auf §§ 30, 31 GmbHG hinwies, muss auch in diesem Zusammenhang gesehen werden, dass der Sachverhalt als (subjektiver) Missbrauch der Rechtsform eingeordnet wurde; a.A. wohl *Gehde*, 54; *Kreis*, 20.

[396] Dazu passt die Begründung zum RJM-Entwurf eines GmbHG, wonach ggf. eine Stammkapitalerhöhung durchgeführt werden müsse, s. *Schubert*, Entwurf, 163. Auf diese Weise sollte sichergestellt werden, dass die Gesellschafter „verantwortlich“, also mit voller Risikobeteiligung handeln. Da heute die Fremdkapitalfinanzierung – auch durch Gesellschafter – als berechtigt und sinnvoll anerkannt ist, überzeugt dieser Gedanke so nicht mehr. Und dass die materielle Unterkapitalisierung als genereller Anknüpfungspunkt eines Gläubigerschutzkonzeptes nicht überzeugt, wurde bereits erläutert (oben A.I.2.a.cc.).

II. Die Rechtsprechung des BGH

1. Leitentscheidung: Lufttaxi

a. Urteil

In der Rechtsprechung des BGH taucht der Problemkreis Gesellschafterdarlehen erstmals mit der Flugtaxi-Entscheidung auf. Ein mittelbar über Treuhänder an einer mit dem Mindeststammkapital ausgestatteten GmbH beteiligter Beklagter hatte der Gesellschaft mehrere Darlehen zur Verfügung gestellt. Der Insolvenzverwalter sah die teilweise wieder zurückgezahlten Darlehen als Einlage an und forderte sie nach § 31 I GmbHG zurück, stützte sein Klagebegehren indes auch auf eine Haftung wegen Insolvenzverschleppung. Der Gerichtshof hob die Tatsache, dass das Stammkapital „völlig unzureichend“[397] bemessen war, deutlich hervor, ohne jedoch hieran den Fall zu entscheiden. Denn aus dem Gesetz sei keine Pflicht zu einer angemessenen Ausstattung der GmbH mit Eigenkapital zu entnehmen. Maßgebend war für den BGH letztlich, dass die GmbH zur Zeit der Darlehensgewährung wohl bereits insolvenzreif gewesen war.[398] Deshalb unterstellte der Senat dem Gesellschafter, dass er mit dem Darlehen bezweckt habe, die Insolvenz abzuwenden. Dies indes habe er nur dadurch erreichen können, dass die Darlehen wie haftendes Kapital behandelt werden; folglich setze er sich zu diesem Zweck in Widerspruch (§ 242 BGB), wenn er die Mittel vor einer nachhaltigen Gesundung, der GmbH wieder zurückfordert.[399] Er müsse es sich daher gefallen lassen, dass das Darlehen wie haftendes Kapital behandelt wird. Für haftendes Kapital gelten aber die Kapitalerhaltungsvorschriften, insbesondere § 31 I GmbHG.

b. Bewertung

Der BGH hat sich nur vorgeblich von dem Vorwurf einer zu geringen Eigenkapitalausstattung gelöst. Die Gründe lassen den Schluss zu, es sollte *wenigstens* der freiwillig von dem Gesellschafter an die GmbH ausgereichte Kredit gebunden werden, also auf die Weise die vom Senat hervorgehobene (materielle) Unterkapitalisierung abgemildert werden. Eine direkte Anknüpfung an die reichsgerichtlichen Urteile, denen gegenüber der BGH nicht abgeneigt war,[400] scheiterte jedoch daran, dass es hier nun um ein Rückzahlungsverlangen des Insolvenzverwalters ging, nachdem der Gesellschafter das Darlehen schon wieder zurückbezahlt bekommen hatte. Das Urteil blieb (ähnlich wie das RG) dabei, dem Gesellschafter einen Verstoß gegen Treu und Glauben vorzuwerfen. Damit blieb es auch bei einer subjektiven Sichtweise, weil auf den Insolvenzabwendungs*zweck* und ein individuelles Fehlverhalten des Gesellschafters abgestellt wurde, um die Einordnung der Darlehen als Eigenkapital zu rechtfertigen.

---

[397] BGHZ 31, 258 (268) „Flugtaxi“.

[398] „Zahlungsunfähig, möglicherweise auch überschuldet“, BGHZ 31, 258 (272) „Flugtaxi“.

[399] BGHZ 31, 258 (272) „Flugtaxi“.

[400] S. BGHZ 31, 258 (269) „Flugtaxi“; a.A. *Hommelhoff*, ZGR 1988, 460 (468).

Die Anwendung des § 31 I GmbHG auf dergestalt umqualifizierte Gesellschafterleistungen auf der *Rechtsfolgenseite* ist dann nur noch ein kleiner – und für sich betrachtet logischer – Schritt.[401] Da § 31 I GmbHG für sich gesehen eine Rückzahlungsverpflichtung vorsieht, ohne dass es auf eine Vorwerfbarkeit ankäme, wurde damit gleichzeitig der Weg dafür geebnet, nach und nach das Eigenkapitalersatz institutionell und objektiv zu verstehen und auf die – der Umqualifizierung vorgeschalteten – subjektiven Momente auf *Tatbestandsseite* zu verzichten.[402] Hervorzuheben ist schließlich, dass der BGH der Frage einer Haftung wegen Verletzung der Insolvenzantragspflicht nicht weiter nachging, da eine Überschuldung (gerade wegen der erzwungenen Behandlung der Darlehen als haftendes Kapital) wenn überhaupt erst zu einem viel späteren Zeitpunkt bestanden habe.[403] Diese Argumentation ist freilich nicht haltbar, wenn man – wie heute weitgehend anerkannt – eigenkapitalersetzende Darlehen in der Überschuldungsbilanz passiviert.[404] Der BGH hätte also auf die Frage der Insolvenzverschleppungshaftung näher eingehen müssen.

2. Weitere Entwicklung

a. Institutionalisierungs- und Ausweitungstendenz

In der weiteren Entwicklung löste sich die Rechtsprechung zusehends vom Vorwurf eines Fehlverhaltens des Gesellschafters und gewann immer mehr institutionelle Züge. Zunächst blieb Leitgedanke zwar das treuwidrige Verhalten des Gesellschafters, der der insolvenzreifen GmbH mit Insolvenzabwendungszweck Darlehen ausgereicht hat.[405] Gleichzeitig soll der Gesellschafter bei zu geringer Eigenkapitalausstattung das Finanzierungsrisiko nicht auf die Gläubiger abwälzen dürfen. „Wirtschaftlich als Kapitalgrundlage zu betrachtende" Geldmittel sollen nicht abgezogen werden können, bevor nicht die Gesellschaft mit ihrem satzungsmäßigen Stammkapital wieder auf eige-

---

[401] Dass der BGH Ursache und Folge verwechselt, wird selten gesehen. Wenn an einen Insolvenzabwendungszweck, also an die *vertragliche Absprache* angeknüpft wird, dann kann es nicht „Folge" dieser Zweckbestimmung sein, dass das Fremdkapital wie Eigenkapital zu behandeln ist. Nur umgekehrt wird die Sache logisch: Gesellschafter und GmbH müssen zur Zweckerreichung den Finanzierungsvertrag entsprechend ausgestalten. Reicht zur Abwendung der Zahlungsunfähigkeit noch Fremdkapital aus, bedarf es demgegenüber zur Abwendung der Überschuldung bspw. einer (qualifizierten) Rangrücktrittsklausel. Dann aber beruht der Nachrang auf einer Vereinbarung und nicht auf einer fiktiven Umqualifizierung (vgl. dazu oben A.II.2.b.cc.). Darüber hinaus unterstellt der BGH einfach den Insolvenzabwendungszweck und geht nur „möglicherweise" von einer Überschuldung – also auch nur „möglicherweise" von einer Notwendigkeit des Nachrangs aus. Ausführlich zur Kritik unten Kap.3 A.II.

[402] S. etwa *Gehde*, 54; *Hommelhoff*, ZGR 1988, 460 (469).

[403] BGHZ 31, 258 (279) „Flugtaxi".

[404] So jedenfalls die nun h.M., BGH NJW 2001, 1280 (1281 ff.); OLG Düsseldorf NZG 2001, 133 (134); R/A/*Altmeppen*, GmbHG, § 64 Rn. 28; Scholz/*K. Schmidt*, GmbHG, Vor § 64 Rn. 32; *K. Schmidt*, Gesellschaftsrecht, § 37 IV.6.b.; *Altmeppen*, ZHR 2000, 349 (351 ff.); zur a.A. Michalski/*Heidinger*, GmbHG, §§ 32a, 32b Rn. 384 ff.; B/H/*Schulze-Osterloh*, GmbHG, § 64 Rn. 24.

[405] BGH WM 1972, 74 „Deckenputz".

nen Füßen stehen kann.[406] Als Anhaltspunkt, wann die Abwälzung des Finanzierungsrisikos unzulässig sein soll, nannte das Gericht schon das Kriterium, ob ein außenstehender Dritter noch bereit gewesen wäre, der Gesellschaft zu marktüblichen Bedingungen Fremdkapital zur Verfügung zu stellen. Wenn die GmbH nur noch von den Gesellschaftern Mittel erhalten kann, dann sei sie nicht mehr existenzfähig und deshalb in Kürze zu liquidieren.[407]

Dennoch blieben die weiteren Fälle zunächst auf insolvenzreife GmbH beschränkt.[408] Erst in einer bedeutenden Entscheidung aus dem Jahr 1980 erklärte der BGH das Kriterium der *Kreditunwürdigkeit* zum entscheidenden Zeitpunkt einer Umqualifizierung der Gesellschaftermittel.[409] Gleichzeitig rückte der BGH das Finanzierungsrisiko der Gesellschafter in den Vordergrund, das sie nicht „über das gewöhnliche Maß hinausgehend"[410] abwälzen dürfen. Dieser Gedanke setze aber nicht die Insolvenzreife voraus, sondern greife bereits dann, wenn die GmbH ohne die zusätzlichen Gesellschaftermittel nicht mehr existenzfähig sei, sondern alsbald liquidiert werden müsse, da von Dritten keine Kredite mehr zu erlangen sind.[411] Wenn ein Dritter nicht zur weiteren Finanzierung zu marktüblichen Bedingungen bereit ist, widerspreche auch eine Darlehensgewährung durch die Gesellschafter der wirtschaftlichen Vernunft und diene nur dazu, das eigene Risiko auf Kosten der Gläubiger gering und die GmbH künstlich am Leben zu halten.[412] Verhalten sich die Gesellschafter nicht marktkonform, werden ihre Leistungen so behandelt, als hätten sie sich „richtig" verhalten – die Kreditleistungen werden also dem Eigenkapital gleichgestellt, bei Vorliegen einer Unterkapitalisierung gesperrt (§ 30 I GmbHG) und sind bei Verstoß gegen das Auszahlungsverbot zurückzuzahlen (§ 31 I GmbHG).

Durch die Anlehnung an das Kapitalerhaltungsrecht ließen sich alle Erweiterungen dieses Rechtsgebietes problemlos auf das Eigenkapitalersatzrecht übertragen. Da das Kapitalerhaltungsrecht traditionell als maßgebliches Gläubigerschutzsystem bei der GmbH gilt, waren Rechtsprechung und Literatur beständig bemüht, Umgehungen der §§ 30, 31 GmbHG zu vermeiden und haben bewusst die wirtschaftliche Gleichwertigkeit immer wieder als Argument herangezogen.[413] So stellte der BGH schon im Flugtaxi-Fall klar, dass es auf die formale Gesellschafterstellung nicht ankomme, sondern im Sinne einer wirtschaftlichen Betrachtungsweise auch Darlehen von Seiten Dritter dem Eigenkapitalersatzrecht unterliegen können, wenn diese mittelbar an der GmbH beteiligt sind.[414] In der Folgezeit übertrug der zweite Senat die Rechtsprechung zur Sonder-

---

406 BGH WM 1972, 74 (75) „Deckenputz"; *Hommelhoff*, ZGR 1988, 460 (470).
407 BGH WM 1972, 74 (75) „Deckenputz".
408 BGHZ 67, 171 (175); BGHZ 69, 274 (278); BGHZ 75, 334 (336).
409 BGHZ 76, 327 (329 ff.); bereits angedeutet in BGHZ 75, 334 (336); BGH WM 1972, 74 (75) „Deckenputz".
410 BGH WM 1972, 74 (75) „Deckenputz".
411 BGHZ 76, 327 (329 ff.).
412 So bereits BGH WM 1972, 74 (75) „Deckenputz"; BGHZ 75, 334 (337).
413 Hierzu i.E. *Riegger*, FS Sigle, 229 (231 ff.); *Claussen*, FS Forster, 139 (142 ff.).
414 BGHZ 31, 258 (264) „Flugtaxi".

behandlung der Gesellschafterdarlehen auch auf die GmbH&Co. KG[415] und erweiterte den Tatbestand auch auf sonstige Gesellschafterleistungen, wie v.a. das Gewähren von Sicherheiten für von der Gesellschaft in der Krise aufgenommene Kredite[416] und auf Stundungen[417]. Auch in zeitlicher Hinsicht erfuhr das Eigenkapitalersatzrecht eine Ausdehnung, indem das „Stehenlassen" von weit vor der Krise gewährten Darlehen erfasst wurde.[418] Diese Ausbildung und Fortschreibung des Eigenkapitalersatzrechts wurde von der Literatur weitgehend positiv begleitet.[419]

b. Bewertung

Der Tatbestand eigenkapitalersetzender Gesellschafterleistungen wurde von der Rechtsprechung zunehmend mit objektiven Elementen angereichert und von einer Marktentscheidung abhängig gemacht.[420] Die Rechtsprechung wandelte das Eigenkapitalersatzrecht endgültig zu einem Rechtsinstitut, das (vordergründig) nicht mehr an die Vorwerfbarkeit der Fremdkapitalfinanzierung durch die Gesellschafter oder eine Unterkapitalisierung anknüpft, sondern eine objektive Finanzierungsregel bedeutet.[421] Gleichzeitig versuchte der BGH, die Anknüpfung des Eigenkapitalersatzcharakters an die Insolvenzauslösetatbestände zu lösen und siedelte das Rechtsinstitut konzeptionell im Vorfeld der Insolvenz an. Eine tiefer gehende Auseinandersetzung mit der Begründung für die Gleichstellung mit haftendem Eigenkapital fand indes nicht mehr statt; der Rechtsprechung genügte es, auf die bisherigen Urteile zu verweisen.

III. Regelung durch den Gesetzgeber

1. Novellenregeln

Der Gesetzgeber verfolgte mit Einführung der §§ 32a, b GmbHG sowie § 3b AnfG a.F. und §§ 32a KO a.F. (sog. Novellenregeln) die Absicht, die Rechtsprechung zu den eigenkapitalersetzenden Darlehen auf eine gesetzliche Grundlage zu stellen.[422] Die Regelungen knüpften deutlich an die Überlegungen an, die bereits zur in den 1960er-Jahren geplanten, jedoch gescheiterten großen Reform des GmbHG[423], gemacht wor-

---

[415] BGHZ 67, 171 (175 ff.).
[416] So für die Bürgschaft BGHZ 67, 171 (182).
[417] BGHZ 81, 252 (262 ff.); BGHZ 81, 311 (320 ff.) „Helaba/Sonnenring".
[418] BGHZ 75, 334 (338).
[419] *Schouler*, 13 m.w.N.
[420] *Gehde*, 54.
[421] Ähnl. *Gehde*, 57; *Schouler*, 14; krit. *Kamm*, 89.
[422] Begründung RegE 1977, BT-Drs. 8/1347, 39. Insgesamt hatte die GmbH-Reform in erster Linie zum Ziel, eine Verbesserung des Gläubigerschutzes zu bewirken, s. RegE 1977, BT-Drs. 8/1347, 27.
[423] S. „Referentenentwurf eines Gesetzes über Gesellschaften mit beschränkter Haftung" – RefE 1969, 185 ff. und im Hinblick auf die Neuordnung des Gläubigerschutzes *Westermann*, Gläubigerschutz, insbes. 14 ff.

den waren.[424] Diese ersten Reformbestrebungen waren im Hinblick auf die Behandlung der Gesellschafterdarlehen ihrerseits wiederum eng an den Entwurf des Reichsjustizministeriums von 1939 angelehnt.[425] Die Reform passte damit aber schon von vornherein nicht zu der angeblichen Absicht, die Rechtsprechung kodifizieren zu wollen, da der BGH sich von einer insolvenzrechtlichen Lösung inzwischen weit entfernt hatte.

a. Regelungsinhalt

aa. Tatbestandsseite

Die Abgrenzung von folgenloser Gesellschafterfremdfinanzierung und eigenkapitalersetzenden Gesellschafterdarlehen richtet sich danach, wann der Gesellschafter „als ordentlicher Kaufmann" der Gesellschaft Eigenkapital zugeführt hätte, § 32a I 1 GmbHG (später als „Krise" definiert). Die Konkretisierung dieses Zeitpunktes überließ die Gesetzesbegründung ausdrücklich der Praxis.[426] Daraus erklärt sich, dass sowohl für die Novellen- als auch für die Rechtsprechungsregeln die Kreditunwürdigkeit zum zentralen Kriterium heranwuchs.[427]

bb. Rechtsfolgenseite

Im Gegensatz zu den tatbestandlichen Voraussetzungen zur Feststellung der Eigenkapitalfunktion hat sich der Gesetzgeber bei den Rechtsfolgen eigenkapitalersetzender Gesellschafterleistungen nicht von der Rechtsprechung leiten lassen, sondern ein insolvenzrechtliches Konzept verfolgt.[428] In enger Anlehnung an die bereits genannten Entwürfe sind Kernpunkte der Novellenregeln die zeitliche Beschränkung der Umwidmung der Darlehen auf die Insolvenz sowie ein Gläubigerschutz durch Insolvenzanfechtung und Anfechtung nach dem AnfG.

(1) Insolvenz als Anknüpfungspunkt

Die Gesetzesbegründung schränkt die Notwendigkeit der Gleichstellung von Gesellschafterdarlehen mit Eigenkapital *expressis verbis* auf den Insolvenzfall ein. Es sei nicht angezeigt, die Darlehen über das Verhältnis zu den konkurrierenden Ansprüchen

---

424 *Eichele*, 83; vgl. insoweit die Bemerkungen des RegE 1977, BT-Drs. 8/1347, 27.

425 *Eichele*, 80; *T. Bezzenberger*, FS Bezzenberger, 23 (30).

426 RegE 1977, BT-Drs. 8/1347, 39. Jedoch sah der Entwurf noch in § 32a I 2 GmbHGE ein Regelbeispiel vor. Danach sollte die Eigenkapitalersatzqualität insbesondere dann bestehen, wenn das Darlehen „dazu gedient hat, die Zahlungsunfähigkeit der Gesellschaft abzuwenden oder hinauszuschieben." In der Endfassung wurde dieser Satz 2 als „zu kasuistisch" gestrichen, s. Beschlussempfehlung des Rechtsausschusses, BT-Drs. 8/3908, 74. Der BGH war schon zuvor vom Insolvenzabwendungszweck als entscheidendem Kriterium abgekommen, s. oben B.II.2.

427 Zum – unglücklichen – Begriff des „ordentlichen Kaufmanns" in diesem Zusammenhang *K. Schmidt*, Gesellschaftsrecht, § 37 IV.2.a.; *Gehde*, 59 m.w.N.

428 *Raiser/Veil*, Kapitalgesellschaften, § 38 Rn. 9. Ebenso *Huber/Habersack*, BB 2006, 1 (4), die deshalb *de lege ferenda* für eine komplette Verlagerung des Kapitalersatzrechts in das Insolvenzrecht unter Abschaffung der Rechtsprechungsregeln plädieren.

anderer Gläubiger hinaus zu binden.[429] Wie schon die Auffassung in den Anfängen der Diskussion um die eigenkapitalersetzenden Gesellschafterleistungen[430] vertritt der Gesetzgeber die Ansicht, dass es entscheidend darauf ankommt, (erst) bei einer Insolvenz der GmbH korrigierend einzugreifen.[431]

(2) Sanktionssystem

Das Sanktionssystem wurde ganz dem Vorbild der bisherigen Vorschläge zur Reform des GmbHG ausgeformt. Kernpunkt der Neuregelung war § 32a I 1 GmbHG a.F. Danach konnte einerseits der Gesellschafter „den Anspruch auf Rückgewähr des Darlehens im Konkurs über das Vermögen der Gesellschaft [...] nicht geltend machen". Für den Gesellschafter war durch diesen Ausschluss von der Teilnahme am Insolvenzverfahren faktisch der Rückforderungsanspruch verloren, da nach der Insolvenz nur selten verwertbares Vermögen zur Verteilung übrig blieb. Wurde andererseits das eigenkapitalersetzende Darlehen innerhalb eines Jahres[432] vor Eröffnung des Insolvenzverfahrens an den Gesellschafter zurückgezahlt, so konnte der Insolvenzverwalter die Rückzahlung anfechten (§ 32a KO a.F.). Außerhalb der Insolvenz – d.h. auch für die Fälle der Ablehnung mangels Masse – fand die Anfechtung nach § 3b AnfG a.F. statt. Mit den Anfechtungstatbeständen sollte verhindert werden, dass die Gesellschafter die Nachteile des § 32a GmbHG a.F. durch eine vorzeitige Rückzahlung zu umgehen suchen.[433] Abgerundet wurden die Novellenregeln durch einen Generaltatbestand (§ 32a III GmbHG), der die Eigenkapitalersatzvorschriften sinngemäß auf andere Zuwendungen eines Gesellschafters an die Gesellschaft erstreckte, die einem Darlehen wirtschaftlich entsprechen.[434] Damit sollten Umgehungen verhindert werden. Der Sicherungsbestellung durch einen Gesellschafter für eine Leistung eines Dritten wurde schließlich ein eigener Absatz (§ 32a II GmbHG) gewidmet.

b. Begründung

Die Materialien zur Reform des GmbHG lassen bei der Begründung zur Einführung eigener Regeln über eigenkapitalersetzende Darlehen eine substantielle, eigenständige Argumentationsleistung fast komplett vermissen. Im Wesentlichen sind die Ausführungen im Referentenentwurf von 1969 schlichtweg abgeschrieben. Das verwundert v.a. deshalb, weil die Rechtsprechung zu den eigenkapitalersetzenden Gesellschafter-

---

[429] RegE 1977, BT-Drs. 8/1347, 39; so auch schon RefE 1969, 185 zum Entwurf eines § 47 GmbHG.
[430] Dazu oben B.I.
[431] Im Gegensatz zur Anknüpfung der Eigenkapitalersatzregeln an die Vorschriften über die Stammkapitalerhaltung ist das gesetzgeberische Konzept also reaktiv, da es erst dann greift, wenn es zur Insolvenz kommt; doch ist es anders als die §§ 30, 31 GmbHG unmittelbar auf den Schutz der Gläubigergesamtheit angelegt, *Heinert*, 17. Zur eher geringen gläubigerschützenden Wirkung der §§ 30, 31 GmbHG bereits oben A.I.2.a.bb.
[432] Anders der RJM-Entwurf (oben B.I.2.c.), der in § 37 II GmbHGE 1939 eine zweijährige Anfechtungsfrist vorsah.
[433] RegE 1977, BT-Drs. 8/1347, 40.
[434] Im Gegensatz zur Beschlussempfehlung des Rechtsausschusses, BT-Drs. 8/3908, 74, zählte der RegE 1977 in § 32a GmbHGE noch einzelne Umgehungstatbestände auf.

leistungen in der Zwischenzeit immer weiter ausgebaut, insbesondere aber zunehmend verobjektiviert worden war. Noch seltsamer mutet das Vorgehen des Gesetzgebers an, wenn man bedenkt, dass der Referentenentwurf seinerseits sich sehr eng an den Entwurf des Reichsjustizministeriums von 1939 angelehnt hatte und weitgehend die Textpassagen wortgleich übernommen oder nur geringfügig umformuliert hatte.[435]

aa. Unergiebigkeit

Die Gesetzesbegründung rückt das Problem der Gesellschafterdarlehen – wie auch schon die vorangegangenen Entwürfe – in den Zusammenhang der (materiellen) Unterkapitalisierung ein. Es sei unbefriedigend, dass die Mehrzahl der GmbH nur mit dem Mindeststammkapital ausgestattet ist, obwohl nach dem jeweiligen Geschäftsumfang ein höheres Eigenkapital erforderlich oder angemessen sei.[436] Die – jedoch nicht näher spezifizierte – Lücke im Gläubigerschutz könne aber aus praktischen Gründen nicht durch eine Pflicht zur Ausstattung mit angemessenem Eigenkapital geschlossen werden, da sich der jeweilige Bedarf nicht hinreichend genau bestimmen lasse.[437] Sobald aber der Gesellschafter einmal freiwillig dazu bereit sei, Kapital in Form von Darlehen zuzuführen, müsse dieses Kapital „wenigstens dann" besonderen Regeln unterliegen. Denn ein ordentlicher Kaufmann steuere in bestimmten Situationen Eigen- und nicht Fremdkapital bei.[438] Diese Behauptung unterfüttert der Gesetzgeber sonach mit knappen Erwähnungen zum Postulat eines Verbotes der Risikoabwälzung, der Täuschung der Gläubiger und ganz allgemein der Gläubigergefährdung.[439]

bb. Bewertung

Bereits die Grundüberlegung, dass eine GmbH ihren nicht nur vorübergehenden Kapitalbedarf durch eine Kapitalerhöhung gegen Einlagen deckt,[440] ist zweifelhaft. Schon das GmbHG selbst sieht in § 26 GmbHG die flexible Finanzierung mit Nachschusskapital vor, das – obgleich Eigenkapital – von den Stammeinlagen sorgfältig zu unterscheiden ist.[441] Das GmbHG geht also gerade nicht davon aus, dass zusätzlich benötigtes Kapital immer durch eine Kapitalerhöhung beschafft werden soll. Dann ist aber auch die Schlussfolgerung zweifelhaft, Darlehen seien bei zu schwacher Kapitaldecke der Sache und Natur nach Einlagen. Die Reform wendet sich ohne es zu sagen von

---

[435] Vgl. RefE 1969, 184 ff. einerseits und *Schubert*, Entwurf, 163 ff. anderseits. Dazu auch *Schummer*, Eigenkapitalersatzrecht, 21. Die einzige Besonderheit des RefE 1969 lag in der Aufzählung von Regelbeispielen für den Eigenkapitalersatzcharakter.

[436] RegE 1977, BT-Drs. 8/1347, 38.

[437] RegE 1977, BT-Drs. 8/1347, 38 ff. Dazu auch schon oben A.I.2.a.cc.(1)

[438] So gesehen sind die Sonderregeln über eigenkapitalersetzende Darlehen die „kleine Münze" zur Lösung des Problems der materiellen Unterkapitalisierung.

[439] Krit. zur Begründbarkeit der Novellenregeln insoweit schon *Westermann*, Gläubigerschutz, 33 ff.

[440] So RegE 1977, BT-Drs. 8/1347, 39.

[441] Die zentralen Vorschriften der §§ 19, 24 und 30 GmbHG gelten für Nachschüsse nicht. Die Bindung nach § 30 I GmbHG gilt nur in Höhe des Stammkapitals, dessen Betrag durch Nachschüsse nicht erhöht wird. Nachschussbeträge *als solche* unterliegen also nicht einem Auszahlungsverbot, R/A/*Altmeppen*, GmbHG, § 30 Rn. 114.

dem Leitgedanken der Verfasser des GmbHG ab, eine flexibel finanzierbare Gesellschaftsform zu schaffen. Konsequent wäre der Gedanke allenfalls dann, wenn man – wie der Entwurf des RJM – gleichzeitig die Vorschriften über das Nachschusskapital abschaffte.[442] Insgesamt gesehen enthielt sich der Gesetzgeber also auch hier einer eindeutigen Begründung zur Rechtfertigung der Umqualifizierung von Fremd- in Eigenkapital und ruhte sich im Wesentlichen schlicht darauf aus, dass die Notwendigkeit besonderer Regelungen weitgehend befürwortet wurde.

c. Reaktion der Rechtsprechung: Zweispuriges System

Für das Konkurrenzverhältnisses von bisheriger Rechtsfortbildung und Novellenregeln hat der BGH sich bekanntlich für die Weitergeltung der auf §§ 30, 31 GmbHG gestützten Rechtsprechungsregeln entschieden.[443] Im Wesentlichen waren es die Kritikpunkte der kurzen Anfechtungsfrist und des fehlenden Rückzahlungsverbotes vor Insolvenz, die den BGH dazu bewogen, seine bisherige Linie parallel zu den Novellenregeln fortzuführen. Ohne eine weitere Anwendung der Rechtsprechungsregeln habe der Geschäftsführer keine Möglichkeit, zugunsten der Gesellschaft die Rückzahlung eigenkapitalersetzender Darlehen zu verweigern, sondern müsse ggf. eine Auszahlung vornehmen, obwohl diese später anfechtbar ist.[444] Die „Revolte gegen den Unverstand der Gesetzesverfasser“[445] wurde in der Literatur nahezu einhellig begrüßt.[446] Dennoch ist die Begründung der Rechtsprechung zweifelhaft. Dass die Gesetzesmaterialien mit den §§ 32a, b GmbHG eine „besondere Regelung“[447] für Gesellschafterleistungen schaffen wollten, wischt der BGH schlicht mit dem Argument beiseite, hieran lasse sich die Absicht zu einer abschließenden Regelung nicht zwingend erkennen.[448] Im

---

[442] Zur Begründung *Schubert*, Entwurf, 160.

[443] Leitentscheidung BGHZ 90, 370 „Nutzfahrzeug“; bestätigt u.a. durch BGHZ 95, 188 (192); BGHZ 106, 7 (11); BGH NJW 1985, 2719 (2719 ff.); BGH WM 2006, 242 (243); OLG München GmbHR 1991, 530 (530). In der „Nutzfahrzeug“-Entscheidung scheiterte eine Anwendung der §§ 32a GmbHG, 32a KO a.F. mangels Eröffnung eines Insolvenzverfahrens. Der Heranziehung des § 3b AnfG a.F. stand der Ablauf der Jahresfrist entgegen.

[444] BGHZ 90, 370 (379) „Nutzfahrzeug“. Angesichts des unklaren Kriteriums der Kreditunwürdigkeit (dazu unten C.I.3. und Kap.3 B. II.1.) bleibt aber auch die Möglichkeit des Geschäftsführers, bereits die Rückzahlung eines eigenkapitalersatzrechtlichen Darlehens gestützt auf § 30 GmbHG zu verweigern, ein stumpfes Schwert, *Huber/Habersack*, BB 2006, 1 (3).

[445] *K. Schmidt*, JZ 1984, 880 (881).

[446] *Hommelhoff*, in: v. Gerkan/Hommelhoff, HdB Kapitalersatzrecht, Rn. 1.2. Nur wenige haben die Neuregelung als abschließend betrachtet, so etwa *Kamprad*, GmbHR 1984, 339 (342); Scholz/*H. Winter*, GmbHG (6. Aufl. 1983), §§ 32a, b Rn. 14; s. dazu *Michel*, 113 m.w.N.

[447] RegE 1977, BT-Drs. 8/1347, 39.

[448] BGHZ 90, 370 (377) „Nutzfahrzeug“. Das Argument, der Gesetzgeber selbst habe ja der Stellungnahme *Raisers* nicht widersprochen, der gefordert hatte, die bisherige Rechtsprechung fortzuführen, sondern sich ausdrücklich und zustimmend auf die Empfehlungen *Raisers* bezogen, verkehrt die Dinge. Die Bezugnahme des Rechtsausschusses auf die Stellungnahme *Raisers* betrifft allein die Begründung zur Einführung einer Generalklausel (§ 32a III GmbHG) anstelle der Aufzählung von Einzeltatbeständen. Die Einführung einer Generalklausel sollte damit den Weg für eine Weiterbildung *der Novellenregeln*, also der §§ 32a, b GmbHG, offenlassen. Dies erkennt auch der BGH an späterer Stelle

Übrigen habe der Gesetzgeber das Ziel verfolgt, den Gläubigerschutz zu verstärken. Mit einer bloß insolvenz- und anfechtungsrechtlichen Behandlung des Problems der Gesellschafterdarlehen indes träte man hinter den bereits durch die Rechtsprechung erreichten Standard zurück.[449] Um das gesetzgeberische Ziel erreichen zu können, bedürfe es deswegen weiterhin auch der Rechtsprechungsregeln.[450] Dass der BGH sich damit klammheimlich zum Normgeber aufgespielt hatte,[451] stieß nur vereinzelt auf Kritik, da die ergebnisorientierte Sicht von der angeblichen Unzulänglichkeit der §§ 32a, b GmbHG in der Literatur herrschend war.[452]

Das so entstandene zweispurige Eigenkapitalersatzrecht, das in der parallelen Anwendung unzureichend aufeinander abgestimmter Lösungskonzepte besteht, trug wesentlich zur heutigen Komplexität des Eigenkapitalersatzrechts bei.[453] Im Ergebnis werden jeweils die Regeln herangezogen, die zum gewünschten „Erfolg", nämlich der Sperrung, Rückforderung oder Anfechtung der Gesellschafterleistung führen. Zumeist sind das freilich die §§ 30, 31 GmbHG,[454] die nur dann als „nachteiliger" in den Hintergrund treten, wenn die gesamte Gesellschafterleistung zurückgefordert werden soll, da die Novellenregeln gerade keine betragsmäßige Begrenzung kennen, die an den Nennbetrag des Stammkapitals anknüpfte. Der Anwendungsbereich der insolvenz- und anfechtungsrechtlichen Haftung beschränkt sich deswegen rein praktisch auf den Be-

---

selbst, BGHZ 91, 370 (378), will hier jedoch die „allgemeine Tendenz" herauslesen, Rechtsprechung und Rechtswissenschaft so wenig wie möglich einzuengen.

[449] BGHZ 90, 370 (380) „Nutzfahrzeug".

[450] BGHZ 90, 370 (380) „Nutzfahrzeug". Schließlich habe der Gesetzgeber die wichtige Entscheidung BGHZ 76, 326 (Einführung des Kreditwürdigkeitskriteriums) nicht mehr berücksichtigt (378); so auch *Hommelhoff*, in: v. Gerkan/Hommelhoff, HdB Kapitalersatzrecht, Rn. 1.2.

[451] Zur Frage der verfassungsrechtlichen Zulässigkeit der Rechtsfortbildung, *Seidl*, ZGR 1988, 296 (311 ff.); *Hommelhoff*, ZGR 1988, 460 (478 ff.); *Wank*, ZGR 1988, 314 (378 ff.), die dem BGH einen Persilschein ausstellen. Von „zulässiger Rechtsfortbildung contra legem" sprechen *Neuner*, 158 ff.; *Boujong*, GmbHR 1992, 207 (211); dagegen *Michel*, 119; *Heinert*, 158 ff.

[452] Zustimmend bspw. MünchHdBGesR III/*Rümker*, § 53 Rn. 152; *Raiser*/*Veil*, Kapitalgesellschaften, § 38 Rn. 15; R/A/*Altmeppen*, GmbHG, § 32a Rn. 107; Scholz/*K. Schmidt*, GmbHG, §§ 32a, 32b Rn. 11, 76; *Hommelhoff*/*Kleindiek*, FS 100 Jahre GmbHG, 421 (432 ff.), jew. m.w.N. Krit. *Timm*, JuS 1991, 652 (654); *Fastrich*, FS Zöllner, 143 (155 ff.); *Heinert*, 149 ff.; *Lieb*, FS Gaul, 381 (383).

[453] Von einem „ausgefeilten" System kann man kaum sprechen; a.A. *Gehde*, 62; *Vervessos*, 51; wie hier *Heinert*, 18. *Hommelhoff*, in: v. Gerkan/Hommelhoff, HdB Kapitalersatzrecht, Rn. 1.2 verkehrt die Dinge, wenn er behauptet, der Gesetzgeber habe die Unstimmigkeiten geschaffen und die Rechtsprechung sie beseitigt. Denn das „Nutzfahrzeug"-Urteil hat erst das störende Nebeneinander der unterschiedlichen Lösungskonzepte begründet (vgl. zur Kritik noch unten Kap.3 B. III.). Nicht ohne Grund kopiert denn auch das neue ÖSTERREICHISCHE Eigenkapitalersatz-Gesetz v. 28.10.2003 (EKEG, ÖSTERR. BGBl. I Nr. 92/2003, als pdf-Dokument mit allen Materialien verfügbar auf den Seiten des ÖSTERR. Parlaments, http://www.parlinkom.gv.at) nicht das angeblich „ausgefeilte" deutsche System, sondern begnügt sich bei den Rechtsfolgen eigenkapitalersetzender Leistungen im wesentlichen damit, Rückzahlungssperre und Rückführungsgebot vorzusehen und mit einem insolvenzrechtlichen Nachrang zu kombinieren, nicht jedoch auch noch mit einer Insolvenzanfechtung zu überfrachten. Hierzu im Überblick *Arnold*, GmbHR 2004, 43 (47); *Blöse*, GmbHR 2004, 412-415; *Althuber*/*Brandstätter*/*Haberer*, NZI 2004, 610-615.

[454] R/A/*Altmeppen*, GmbHG, § 32a Rn. 111.

reich oberhalb der Stammkapitalziffer.[455] Die Zweistufigkeit[456] im Recht des Eigenkapitalersatzes ist also dadurch gekennzeichnet, dass der Sockel bis zur Stammkapitalziffer von den §§ 30, 31 GmbHG bestimmt wird, den Aufbau oberhalb der Stammkapitalziffer indes die insolvenz- und anfechtungsrechtlichen Novellenregeln bilden.

2. Reform des gesetzlichen Eigenkapitalersatzrechts: InsO, KapAEG, KonTraG

Trotz Einführung der Novellenregeln blieb weiterhin die Rechtsprechung Motor der Entwicklung des Eigenkapitalersatzrechts. Erst knapp zwanzig Jahre später griff der Gesetzgeber erneut regulierend ein und normierte insbesondere das Sanierungs- und Kleinbeteiligtenprivileg.

a. Ausgangslage

Das Eigenkapitalersatzrecht begann seinen Höhenflug kurz nach Einführung der Novellenregeln.[457] Die Generalklausel des § 32a III GmbHG diente als Freibrief für die stete Expansion sowohl der Novellen- als auch der Rechtsprechungsregeln.[458] Seltsam ist dabei, dass der BGH sich gerade durch den Gesetzgeber zu einer Verfeinerung seiner Rechtsprechung ermutigt sah, obwohl dieser einem anderen – insolvenz- und anfechtungsrechtlichen – Konzept folgte. Die Frage der Rechtfertigung besonderer Regelungen über Gesellschafterdarlehen geriet fortan in den Hintergrund.

Ein letztes Mal eingehender auseinandergesetzt hat die Rechtsprechung sich mit den Grundlagen des Eigenkapitalersatzrechts in der sog. Beton- und Monierbau-Entscheidung (BuM), mit der er gleichzeitig die Rechtsprechungsgrundsätze zum Eigenkapitalersatzrecht auch auf die Aktiengesellschaft übertrug.[459] Die Übertragbarkeit auf die AG soll jedoch nur dann gelten, wenn der betreffende Gesellschafter an der Gesellschaft „unternehmerisch beteiligt" ist, was für die Aktiengesellschaft regelmäßig erst ab einem Aktienbesitz von über 25 % der Fall sein soll. Denn tragender Grund des Eigenkapitalersatzrechts sei die Verantwortung des Gesellschafters für eine ordnungsgemäße Unternehmensfinanzierung, weswegen bei nur geringer und „zufälliger" Beteiligung von Mitverantwortung und Einfluss nicht ausgegangen werden könne.[460] Das Judikat gilt als richtungweisend für die Grundlagen des Eigenkapitalersatzrechts, da

---

[455] *Gehde*, 61; Scholz/*K. Schmidt*, GmbHG, §§ 32a, 32b Rn. 76.

[456] *Hommelhoff*, in: v. Gerkan/Hommelhoff, HdB Kapitalersatzrecht, Rn. 1.5; *Linde*, 7. Krit. R/S-L/*Pentz*, GmbHG, § 32 a Rn. 214, der ein Stufenverhältnis i.e.S. verneint und von einem bloßen Nebeneinander ausgeht.

[457] *Dauner-Lieb*, DStR 1998, 609 (610); *Claussen*, FS Forster, 139 (142).

[458] Ausweitungen sind insbesondere die eigenkapitalersetzende Nutzungsüberlassung, das sog. „Stehenlassen" und die Gleichstellung von Nichtgesellschaftern (z.B. Pfandgläubigern und stillen Gesellschaftern) mit Gesellschaftern; im Einzelnen *Claussen*, FS Forster, 139 (142 ff.); *Heinert*, 21 ff.

[459] BGHZ 90, 381 „BuM".

[460] BGHZ 90, 381 (389) „BuM"; BGH NZG 2005, 712 (713).

der BGH hier seine bisherigen Erwägungen im Gedanken einer *Finanzierungsverantwortung* zusammenfasst. Die Finanzierungsverantwortung gebiete dem Gesellschafter, in der Krise fehlendes Kapital nicht in gläubigergefährdender Weise nachzuschießen, sondern als Eigenkapital.[461] Wer dieser Verantwortung nicht folge, müsse die Umqualifizierung der Gesellschafterhilfen in Eigenkapital gewärtigen. Es verwundert freilich, dass auf diese Weise erst lange nach „Entdeckung" des Eigenkapitalersatzrechtes die angeblich entscheidende Begründung für die Rechtsfortbildung gefunden wurde; dennoch bestätigt der überwiegende Teil der Literatur dem BGH, hiermit den Kern des Eigenkapitalersatzrechts getroffen zu haben.[462]

b. Erneute Novellierung

aa. Deregulierungsabsicht

Erklärtes Ziel des erneuten legislatorischen Tätigwerdens war eine Deregulierung des Eigenkapitalersatzrechtes.[463] Ausweitungen und nahezu unüberschaubare Kasuistik, hatten zu einem ganz eigenen juristischen Kosmos[464] geführt, der zunehmend auf Zweifel stieß. Vor allem wurde kritisiert, dass die Umqualifizierung der Gesellschafterhilfen im Krisenfall eine an sich wünschenswerte Sanierung der Gesellschaft verhindern kann und sich so der Schutzzweck des Eigenkapitalersatzrechts in sein Gegenteil verkehre, da den Gläubigern die Chance auf eine volle Befriedigung ihrer Forderungen durch eine mögliche Gesundung der GmbH genommen werde. Forderungen nach vollständiger Neuausrichtung des Eigenkapitalersatzrechts blieben indes vereinzelt; zumeist sollte es bei einem Sanierungsprivileg (insbesondere für die Banken) sein Bewenden haben.[465] Dass im Ergebnis die Einführung bestimmter Ausnahmeregelungen das Eigenkapitalersatzrecht aber noch unübersichtlicher machen würde, war abzusehen. Das Ziel einer Vereinfachung hat der Gesetzgeber jedenfalls verfehlt.[466]

---

[461] BGHZ 90, 381 (388) „BuM".

[462] S. nur *Hommelhoff*, in: v. Gerkan/Hommelhoff, HdB Kapitalersatzrecht, Rn. 2.21; R/S-L/*Pentz*, GmbHG, § 32a Rn. 17; *Raiser/Veil*, Kapitalgesellschaften, § 38 Rn. 16 ff. Später wurde aus der Finanzierungsverantwortung die Finanzierungs*folgen*verantwortung, da nicht der Eindruck erweckt werden soll, der Gesellschafter sei zur Finanzierung der Gesellschaft verpflichtet; dazu (krit.) näher u. Kap.3 A.V.

[463] So ausdrücklich die Begründung des RegE zur Einführung des Kleinbeteiligtenprivilegs, BT-Drs. 13/7141, 9 mit Hinweis auf die – unerwünschte – zunehmende Verkomplizierung dieses Rechtsbereichs.

[464] *Claussen*, FS Forster, 139 (141).

[465] Für ein Sanierungsprivileg etwa *Claussen*, ZHR 1983, 195 (212 ff.); *ders.*, GmbHR 1996, 316 (323 ff.); *A. Götz/Hegerl*, DB 1997, 2365 (2369 ff.); *Uhlenbruck*, GmbHR 1982, 141 (149 ff.); *Obermüller*, ZInsO 1998, 51 (52 ff.); umfassend dazu *Dauner-Lieb*, in: v. Gerkan/Hommelhoff, HdB Kapitalersatzrecht, Rn. 4.1. ff.; krit. *Vollmer/Smerdka*, DB 2000, 757 (758 ff.), jew. m.w.N. Die gänzliche Streichung des Eigenkapitalersatzrechtes fordert indes *Grunewald*, GmbHR 1997, 7-10.

[466] S. nur *Hirte*, Kapitalgesellschaftsrecht, Rn. 5.147.

bb. Regelungsinhalt

(1) Nachrangigkeit

Den Anfang der Deregulierung machte 1999 die Insolvenzordnung, die nunmehr den in der Krise fremdfinanzierenden Gesellschafter als Insolvenzgläubiger anerkennt. Zwar wird er mit seiner Forderung nur nachrangig berücksichtigt (§ 32a I 1 GmbHG i.V.m. § 39 I Nr. 5 InsO), weswegen sich im Ergebnis wenig daran ändert, dass der Gesellschafter mit seiner Forderung meistens ausfallen wird. Dennoch hat der Gesetzgeber entgegen der bisherigen Lesart einer „Umqualifizierung" des Fremdkapitals, wonach der Gesellschafter mit seinen schuldrechtlichen Forderungen der Stammkapitalbindung unterworfen und dementsprechend in der Insolvenz vom Verteilungsverfahren ausgeschlossen war, den Fremdkapitalcharakter der Gesellschafterleistung festgeschrieben.[467] Beseitigt wurde damit der Widerspruch zwischen Gesetzeswortlaut und Begründung der Novellenregeln; denn während § 32a I 1 a.F. GmbHG schlicht feststellte, dass der Gesellschafter seine Forderung „nicht geltend machen" kann, da die Gesellschafterleistung in Wirklichkeit Einlage sei, nahm die Gesetzesbegründung ausdrücklich Bezug auf den Entwurf des RJM, in dem anklingt, dass es ausreiche, wenn der Gesellschafter nur im Rang hinter den übrigen Gläubigern zurücktritt.[468] Die Idee einer Gleichstellung mit Eigenkapital verliert somit zusätzlich an Überzeugungskraft, weil die Gesellschafterhilfe gerade nicht (mehr) wie eine Gesellschaftereinlage behandelt und vom Insolvenzverfahren ausgeschlossen wird, sondern der Gesellschafter am Verteilungsverfahren – wenn auch nachrangig – teilnimmt.

Schließlich hat der Gesetzgeber den Gläubigerschutz dadurch verbessert, dass der einjährige Anfechtungszeitraum nicht mehr vom Zeitpunkt der Insolvenzeröffnung sondern vom Zeitpunkt des Antrags auf Insolvenzeröffnung zurückgerechnet wird (§ 135 Nr. 2 InsO, § 32b S. 1 GmbHG). Die zwischen Antrag und Eröffnung verstreichende Zeit läuft deswegen nicht mehr zugunsten der Gesellschafter, die sonst auf eine späte Verfahrenseröffnung spekulieren oder die Eröffnung bewusst verzögern könnten.

(2) Einschränkungen

Wegen der praktischen Auswirkungen weit mehr Beachtung fand die Einführung zweier Ausnahmen, die teilweise das Eigenkapitalersatzrecht für unanwendbar erklären und damit zu einer Wende[469] im Eigenkapitalersatzrecht führten. Diese Beschrän-

---

[467] *T. Bezzenberger*, FS Bezzenberger, 23 (33). Auch die Vorarbeiten zur Insolvenzordnung heben hervor, dass die nachrangigen Insolvenzgläubiger im Ausgangspunkt die Rechtsstellung „normaler" Gläubiger einnehmen, s. Diskussionsentwurf (EInsO), B 37 (zu § 44).

[468] Regierungsbegründung zum GmbHGE 1939, *Schubert*, Entwurf, 163; zu diesem Widerspruch auch *T. Bezzenberger*, FS Bezzenberger, 23 (27).

[469] *Obermüller*, ZInsO 1998, 51 (51).

kungen gelten dabei sowohl für die gesetzlichen als auch für die Rechtsprechungsregeln.[470]

(a) Kleinbeteiligtenprivileg

Angeblich klarstellenden Charakter sollte die Beschränkung des Eigenkapitalersatzrechts für Kleinanteile (§ 32 III 2 GmbHG) haben.[471] Der Gesetzgeber hat zwar die von der Rechtsprechung aus jahrelangen Begründungsschwankungen herausgelesene Finanzierungsfolgenverantwortung als tragende Rechtfertigung einer Umqualifizierung der Gesellschafterleistungen rezipiert. Jedoch hat er (wie der BGH für die Aktiengesellschaft) diese Verantwortung an eine bestimmte Beteiligungsquote geknüpft. Da geringfügig beteiligte Gesellschafter typischerweise keine unternehmerische Verantwortung trügen und nicht über Insiderkenntnisse und Einflussmöglichkeiten verfügen, sollen sie auch keine Benachteiligung bei der Finanzierung befürchten müssen.[472] Für sie gilt das Eigenkapitalersatzrecht nicht. Anders als bei der Aktiengesellschaft, wo die relevante unternehmerische Beteiligung grundsätzlich erst bei 25 % liegen soll,[473] setzte der Gesetzgeber jedoch „wegen der anderen Kompetenzverteilung“ bei der GmbH die Grenze bei 10 % fest, was die Unübersichtlichkeit des Eigenkapitalersatzrechts zusätzlich beförderte.[474]

Das Kleinbeteiligtenprivileg rüttelt an den Grundüberzeugungen des Eigenkapitalersatzrechts.[475] Denn wenn es richtig sein soll, dass die Gesellschafterfremdkapitalfinanzierung in der Krise ein Abwälzen des Finanzierungsrisikos auf die Gläubiger bedeutet, und dass dieses Abwälzen verhindert werden soll, passt dazu nur schwer eine Grenze, die die Risikoverteilung von der Beteiligungsquote abhängig macht. Denn eine angebliche Lücke im Gläubigerschutzsystem der GmbH bleibt sich gleich, ob nun ein Gesellschafter mit fünf oder fünfzehn Prozent an der GmbH beteiligt ist.[476]

(b) Sanierungsprivileg

Um die Bereitschaft von Kreditgebern zu fördern, einer kriselnden GmbH auch durch Umwandlung einer bisherigen Kreditleistung in Einlagen oder Zurverfügungstellung frischen Eigenkapitals zu helfen, hat der Gesetzgeber mit Einführung des § 32a III 3

---

[470] Statt aller Michalski/*Heidinger*, GmbHG, § 32a, 32b Rn. 210 m.w.N.; BGH GmbHR 2006, 311 (312) und die Begründung des RegE zum KapAEG, BT-Drs. 13/7141, 12. Eine Zwischenbilanz zu den Privilegien zieht *Pentz*, GmbHR 2004, 529-538.

[471] Eingeführt durch Kapitalaufnahmeerleichterungsgesetz (KapAEG) v. 20.04.1998, BGBl. 1998 I, 707. Dazu eingehend *Linde*, 21 ff., 105 ff.; *Bieder*, 12 ff.

[472] Begründung RegE zum KapAEG, BT-Drs. 13/7141, 11 ff.

[473] BGHZ 90, 381 (390) „BuM“; BGH NZG 2005, 712 (713).

[474] Dem Vorschlag des Bundesrates, die Schwelle einheitlich für Aktiengesellschaft und GmbH bei 25 % anzusiedeln, folgte der RegE nicht, s. Gegenäußerung der Bundesregierung, BT-Drs. 13/7141, 14.

[475] A.A. *Bieder*, 139.

[476] *Riegger*, FS Sigle, 229 (232).

GmbHG[477] „eigentlich" eigenkapitalersetzende Leistungen von Sanierungsgesellschaftern vom Eigenkapitalersatzrecht freigestellt. Der Gesetzgeber hat sich dabei von dem Gedanken leiten lassen, dass das Eigenkapitalersatzrecht – insbesondere in Form der Rechtsprechungsregeln – sanierungsfeindlich ist und die Banken in zahlreichen Fällen davon abhält, durch Beteiligung als Gesellschafter einen effizienten Beitrag zur Sanierung eines Not leidenden Unternehmens zu leisten und auf diese Weise eine Insolvenz zu vermeiden.[478] Die Übernahme unternehmerischer Kontrolle soll durch das Sanierungsprivileg möglich sein, ohne dabei Gefahr laufen zu müssen, in die Fänge des Eigenkapitalersatzrechtes zu gelangen.[479] Privilegiert wird dabei indes nicht jeder Gesellschafter, sondern nur derjenige, der sich in der Krise erstmalig beteiligt und derjenige, der seinen Anteil, der bisher unter zehn Prozent lag,[480] aufstockt.

Obwohl ein Sanierungsprivileg vielfach gefordert wurde, stieß die gesetzliche Regelung auf teils harsche Kritik.[481] Bemerkenswerter als die durch die Neuregelung entstandenen Einzelprobleme[482] ist in dem hier interessierenden Zusammenhang jedoch, dass der Gesetzgeber sich im Grunde von dem klassischen Ausgangsfall des Eigenkapitalersatzrechts verabschiedete, bei dem einem Gesellschafter schließlich gerade der Vorwurf gemacht wird, er bezwecke mit dem sanierungsbedingten Kredit, die Insolvenz der GmbH abzuwenden, wolle dabei aber das Risiko unzulässig gering halten.[483] Daneben wird auch deutlich, dass der Normgeber nicht mehr die Ausgangsthese zum Eigenkapitalersatzrecht teilt, dass ein ordentlicher Unternehmer in der Krise – wenn er sich denn zur Fortführung entschließt – mit Eigenkapital finanziert. Denn er akzeptiert nun, dass zur Überwindung der Krise immer ein Finanzierungsmix, also sowohl die Zuführung frischen haftenden Kapitals als auch Fremdkapitals, angebracht ist.[484]

---

477 Eingeführt durch Gesetz zur Kontrolle und Transparenz im Unternehmensbereich (KonTraG) v. 27.04.1998, BGBl. 1998 I, 786. Dazu *Bieder*, 66 ff.; *Dauner-Lieb*, in: v. Gerkan/Hommelhoff, HdB Kapitalersatzrecht, Rn. 4.1. ff.

478 *Dauner-Lieb*, in: v. Gerkan/Hommelhoff, HdB Kapitalersatzrecht, Rn. 4.1. Die Sanierungsfeindlichkeit bestreitet aber *K. Schmidt*, in: K. Schmidt/Uhlenbruck, GmbH in Krise, Rn. 399 m.w.N.

479 Begründung der Beschlussempfehlung des Rechtsausschusses, BT-Drs. 13/10038, 28.

480 Liegt der Anteil bei 10 % oder weniger, ist der Gesellschafter bereits durch das Kleinbeteiligtenprivileg von der Anwendung des Eigenkapitalersatzes ausgeschlossen, § 32 III 2 GmbHG; dazu sogleich.

481 Stv. *Dauner-Lieb*, DStR 1998, 609 (610 ff.) m.w.N. Ausdrücklich gerechtfertigt wird die Gesetzesänderung indes von *Riegger*, FS Sigle, 229 (235 ff.). Die Rechtsprechung lehnte zuvor ein Sanierungsprivileg kategorisch ab, s. BGHZ 81, 311 (315) „Helaba/Sonnenring"; BGHZ 105, 168 (176) „HSW".

482 Dazu exemplarisch *Obermüller*, ZInsO 1998, 51 (52 ff.); *Dauner-Lieb*, in: v. Gerkan/Hommelhoff, HdB Kapitalersatzrecht, Rn. 4.21 ff. und die gängige Kommentarliteratur.

483 S. BGHZ 31, 258 (272 ff.) „Lufttaxi". Gerade deshalb hat noch der BGH ein Sanierungsprivileg abgelehnt, BGHZ 81, 311 (315) „Helaba/Sonnenring"; vgl. R/S-L/*Pentz*, GmbHG, § 32a Rn. 109, der darin aber wie die h.M. keine Auswirkungen auf die dogmatischen Grundlagen des Eigenkapitalersatzrechtes sehen will.

484 *Wittig*, FS Uhlenbruck, 685 (687 ff.). Mit "Haftkapital" gemeint ist hier Kapital, das eine Voraushaftungs- und Ingangsetzungsfunktion erfüllt, also Eigenkapital im materiellen Sinne (dazu oben A.I.2.b.). Zur Bedeutung mezzaninen Haftkapitals (z.B. Genussrechte) bei der Sanierung bspw. *M. Stadler*, NZI 2003, 579-588.

IV. Zusammenfassung

Die geschichtlichen Ausführungen verdeutlichen, dass das Eigenkapitalersatzrecht von Beginn an im Umfeld von Rechtsformmissbrauch sowie Treu und Glauben angesiedelt war, wobei stets ein Zusammenhang mit der als Missstand angesehenen unangemessenen Eigenkapitalausstattung bestand. Wohl deswegen fanden Gesellschafterdarlehen erstmals gesteigerte Beachtung zu Zeiten, als die Haftungsbeschränkung an sich unter einem geänderten Zeitgeist in Zweifel gezogen wurde. Aber auch die Rechtsprechung des BGH löste sich nur langsam von einem Fehlverhaltensvorwurf an den fremdfinanzierenden Gesellschafter und dem Gedanken der „an sich gebotenen" angemessenen Eigenkapitalausstattung. Die Kapitalerhaltungsvorschriften bildeten nur die Rechtsfolge der Umqualifizierung. Gleichzeitig waren sie jedoch Grundlage für den Wandel des Eigenkapitalersatzrechts hin zu einem objektivierten System der Sanktionierung von Gesellschafterdarlehen in der Krise und seiner steten Ausdehnung.

Der Gesetzgeber hat sich erst spät des Problemkreises angenommen und im Wesentlichen auf die Vorarbeiten der AkDR zurückgegriffen. Das Konzept ist ein anderes als dasjenige der Rechtsprechung. Denn Anknüpfungspunkt ist (wie übrigens zunächst auch im Konzept der Rechtsprechung mit dem Rekurs auf einen Insolvenzabwendungszweck) die Insolvenz der GmbH. Als Sanktionen sind nur Nachrangigkeit und (Insolvenz)Anfechtung vorgesehen. Damit – und auch mit Einführung der Privilegien in § 32a III GmbHG – hat der Gesetzgeber einen anderen Ansatz gewählt, der zum Gedanken der Umqualifizierung nicht mehr passt. Das fortdauernde Nebeneinander befördert deswegen die Unübersichtlichkeit des Eigenkapitalersatzrechts. Auf die Frage, *warum* die Benachteiligung von Gesellschafterdarlehen erforderlich sein soll, haben weder Rechtsprechung noch Gesetzgeber eine konzeptionell klare Antwort gegeben.

C. Überblick: Heutiges System des Eigenkapitalersatzrechts

Das Eigenkapitalersatzrecht ist heute von der Zweispurigkeit der geltenden Regeln und einer anhaltenden Verkomplizierung geprägt. Der Tatbestand der eigenkapitalersetzenden Gesellschafterleistungen bleibt sich dabei aber für Novellen- und Rechtsprechungsregeln gleich; die entscheidenden Unterschiede liegen in den Rechtsfolgen.[485]

I. Tatbestandliche Voraussetzungen

Die Generalklausel des § 32a III GmbHG ist Einfallstor für zahlreiche Ausdehnungen des Eigenkapitalersatzrechts in sachlicher, personeller und zeitlicher Hinsicht. Der Gesetzgeber hat damit die Rechtsprechung in ihrer „Lust an der Rechtsfortbildung" bestärkt und ihr zugebilligt, immer neue Schutzbedürftigkeiten zu entdecken und umgehend zu befriedigen.[486] Hier ist nicht der Platz, auf die zahlreichen Einzelfälle wirtschaftlich vergleichbarer Rechtshandlungen einzugehen. Dennoch sollen bei Beschreibung der einzelnen Tatbestandmerkmale typische Ausweitungen nicht unerwähnt bleiben.

1. Gesellschafterstellung

a. Gesellschafter

Die Grundidee des Eigenkapitalersatzrechts ist es, Leistungen *der Gesellschafter* einer GmbH besonders zu behandeln, weil sie der Gesellschaft näher stehen und sie in ihrer Eigenschaft als Gesellschafter auch mit formellem Eigenkapital finanzieren könnten; gerade dies macht § 32a I GmbHG mit der Formulierung „statt Eigenkapital" deutlich. Gesellschafter fallen nur dann nicht unter die Eigenkapitalersatzregeln, wenn auf sie das Sanierungs- oder Kleinbeteiligtenprivileg zutrifft.

b. Einbeziehung Dritter

Normalerweise fallen Leistungen *von* Dritten nicht in den Anwendungsbereich des Eigenkapitalersatzrechts. Die Generalklausel des § 32a III 1 GmbHG lässt hiervon jedoch Ausnahmen zu, wenn wirtschaftlich die Darlehensgewährung durch einen Dritten derjenigen eines Gesellschafters gleich kommt oder anders gewendet die Stellung des Dritten wirtschaftlich derjenigen eines Gesellschafters entspricht. Das Merkmal der wirtschaftlichen Betrachtungsweise ermöglicht so eine Erstreckung auf Nichtgesellschafter in allen Fällen, in denen es angezeigt scheint, die fehlende Gesellschafter-

---

[485] *Damnitz/Degenhardt*, WM 2005, 583 (585); B/H/*Hueck/Fastrich*, GmbHG, § 32a Rn. 93.
[486] Zu dieser Entwicklung krit. *Lieb*, FS Gaul, 381 (383).

stellung als bloß formales Argument beiseite zu schieben.[487] Der Personenkreis kann sich so auf atypisch stille Gesellschafter, dingliche Nutzungsberechtigte (Nießbraucher, Pfandgläubiger), nahe Angehörige, Unterbeteiligte oder verbundene Unternehmen erstrecken.[488] Im Wesentlichen gelten hier die Abgrenzungskriterien, die auch im direkten Anwendungsbereich der Kapitalerhaltungsregeln herangezogen werden.[489] Voraussetzung ist danach, dass der Nichtgesellschafter an dem Wohlergehen der GmbH ein ebensolches wirtschaftliches Interesse hat, wie es normalerweise nur ein Gesellschafter zeigt oder dass der Dritte lediglich als „Zahlungsmittler" fungiert, also ein Umgehungsgeschäft vorliegt.[490]

Daneben können umgekehrt auch Hilfeleistungen, die von einem Gesellschafter *an* einen Dritten – also nicht die GmbH selbst – erfolgen, dem Eigenkapitalersatzrecht unterfallen, wenn diese mittelbar der Finanzierung der GmbH dienen, insbesondere also im Bereich der Unternehmensverbindungen.

2. Gesellschafterleistung

a. Darlehen

Die Gesellschafterhilfe in Form von Darlehen an die GmbH stand am Anfang der Entwicklung des Eigenkapitalersatzrechts und bildet, wie § 32a I 1 GmbHG zeigt, den Grundfall. Ob das Darlehen verzinslich oder unverzinslich, als Geld- oder Sachdarlehen ausgestaltet ist, spielt dabei keine Rolle.[491]

b. Sicherheiten und andere Rechtshandlungen

Bereits der Entwurf aus dem Reichsjustizministerium betonte, dass ein Tatbestand, der nur auf Gesellschafterdarlehen abstellt, allzu leicht umgangen werden könne; und zwar einerseits dadurch, dass ein Dritter der Gesellschaft ein Darlehen ausreicht und der Gesellschafter hierfür eine Sicherheit leistet und andererseits durch sonstige Hilfeleistungen des Gesellschafters, die nicht in Darlehensform bestehen, etwa die Stundung

---

[487] Angedacht wurde i.Ü. die Einbeziehung von Familienangehörigen und Konzernierungssachverhalten bereits im Entwurf des RJM, § 35 V GmbHGE 1939, abgedruckt bei *Schubert*, Entwurf, 104.

[488] Eingehend R/A/*Altmeppen*, GmbHG, § 32a Rn. 143 ff.; R/S-L/*Pentz*, GmbHG, § 32a Rn. 71 ff.; Scholz/*K. Schmidt*, GmbHG, §§ 32a, 32b Rn. 134 ff.; *Johlke/Schröder*, in: v. Gerkan/Hommelhoff, HdB Kapitalersatzrecht, Rn. 5.7 ff.; *Damnitz/Degenhardt*, WM 2005, 583 (586 ff.); vgl. zu verbundenen Unternehmen OLG Brandenburg ZIP 2006, 184 (185) und zur mittelbaren Beteiligung OLG Hamburg ZIP 2006, 129 (129 f.).

[489] *Henze*, HdB GmbH, Rn. 595.

[490] Michalski/*Heidinger*, GmbHG, §§ 32a, 32b Rn. 192; *Johlke/Schröder*, in: v. Gerkan/Hommelhoff, HdB Kapitalersatzrecht, Rn. 5.7; *Preuß*, JuS 1999, 342 (348); Hachenburg/*Ulmer*, GmbHG, §§ 32a, b Rn. 119; OLG Hamburg, DB 2006, 495 (495).

[491] Scholz/*K. Schmidt*, GmbHG, §§ 32a, 32b Rn. 29.

seiner Forderung gegen die Gesellschaft.[492] Das Eigenkapitalersatzrecht war damit von Beginn an wenig konturierbar und darauf angelegt, stetig weiter ausdifferenziert zu werden, um befürchteten Umgehungen zu begegnen.

aa. Sicherheiten

Der Fall der gesellschafterbesicherten Darlehen Dritter hat in § 32a II GmbHG eine eigene Regelung gefunden.[493] Erfasst werden auf der einen Seite alle Darlehen, die als Gesellschafterdarlehen eigenkapitalersetzend wären. Auf der anderen Seite erfasst der Begriff der Sicherung über die Bürgschaft hinaus alle Personal- und Realsicherheiten.[494] Dazu gehören beispielsweise Kautionen[495], Schuldbeitritt[496], Sicherungsübereignung[497], Hypotheken und Grundschulden[498] sowie Garantiezusagen[499]. Zielperson der Regelung ist der Gesellschafter und nicht der Dritte, da diesen als Außenstehenden keine Finanzierungsfolgenverantwortung trifft.[500] Der Rückzahlungsanspruch des Dritten aus § 488 BGB wird daher nicht in Frage gestellt, selbst wenn das Darlehen zur Abdeckung von Stammkapital erforderlich ist[501] Der Dritte muss aber als Einschränkung hinnehmen, dass er (im Insolvenzverfahren) zuerst die Sicherheit zu verwerten hat, bevor er die Gesellschaft in Anspruch nimmt (§ 32a II GmbHG). Realisiert wird auf diese Weise ein bestimmtes Verteilungsverfahren.[502]

bb. Andere Rechtshandlungen

Mit anderen Rechtshandlungen sind alle irgendwie gearteten Hilfeleistungen gemeint. So kann unter Umständen allein schon ein Nichteinfordern einer Forderung gegen die GmbH in der Krise der Darlehensgewährung gleichgestellt werden;[503] das Eigenkapitalersatzrecht trifft den Gesellschafter dann unabhängig davon, ob er mit der GmbH eine Stundungsabrede vereinbart hat.[504] Einer Einigung zwischen GmbH und Gesell-

---

[492] § 36 II, IV GmbHGE 1939, abgedruckt bei *Schubert*, Entwurf, 103 ff. und dazu die Begründung: *Schubert*, Entwurf, 163 ff.

[493] Erfasst wurde der Fall der Gesellschaftersicherheit auch schon vor der Novelle durch die Rechtsprechungsregeln, allerdings mit anderen Rechtsfolgen, Michalski/*Heidinger*, GmbHG, §§ 32a, 32b Rn. 331.

[494] BGH WM 2006, 242 (244); R/S-L/*Pentz*, GmbHG, § 32a Rn. 177; Scholz/*K. Schmidt*, GmbHG, § 32a, 32b Rn. 148; Michalski/*Heidinger*, GmbHG, §§ 32a, 32b Rn. 140; *Goette*, GmbH, § 4 Rn. 82.

[495] BGH NJW 1989, 1733 (1734); BGH DB 1990, 319 (320); *Henze*, HdB GmbH, Rn. 567; B/H/*Hueck*/*Fastrich*, GmbHG, § 32a Rn. 82.

[496] Scholz/*K. Schmidt*, GmbHG, § 32a, 32b Rn. 148.

[497] Scholz/*K. Schmidt*, GmbHG, § 32a, 32b Rn. 148.

[498] OLG Hamburg ZIP 1984, 584 (585).

[499] *Fleischer*, in: v. Gerkan/Hommelhoff, HdB Kapitalersatzrecht, Rn. 6.16.

[500] Michalski/*Heidinger*, GmbHG, §§ 32a, 32b Rn. 134.

[501] *Heinert*, 30; Michalski/*Heidinger*, GmbHG, §§ 32a, 32b Rn. 134.

[502] R/A/*Altmeppen*, GmbHG, § 32a Rn. 125.

[503] S. nur *Johlke*/*Schröder*, in: v. Gerkan/Hommelhoff, HdB Kapitalersatzrecht, Rn. 5.50a und aus der Rspr. BGHZ 105, 168 (186) „HSW"; BGH NJW 1992, 1169 (1170); BGH NJW 1995, 457 (458).

[504] BGH NJW 1992, 1169 (1170); BGH NJW 1995, 457 (458); *Goette*, GmbH, § 4 Rn. 90; *Johlke*/*Schröder*, in: v. Gerkan/Hommelhoff, HdB Kapitalersatzrecht, Rn. 5.50a. Gefordert wird lediglich,

schafter bedarf es also nicht, obwohl in der Ausgangskonstellation des Eigenkapitalersatzrechtes sehr wohl eine vertragliche Vereinbarung vorliegen muss, nämlich ein Darlehensvertrag.[505] Als allein entscheidend wird angesehen, dass die Hilfeleistung ihrem Wesen und ihrer Finalität nach eine Eigenkapitalzuführung ersetzt und die GmbH zumindest mittelbar eine Kreditlinie erhält.[506]

Als typischer Umgehungsfall gilt die Beteiligung als *stiller Gesellschafter.*[507] Sofern der Stille im entscheidenden Zeitpunkt (dazu unten C.I.4.) auch Gesellschafter der GmbH ist, wird seine stille Einlage wie ein eigenkapitalersetzendes Darlehen behandelt.[508] Denn wie ein Darlehensgeber auch überlässt der Stille der GmbH Vermögen, und wie ein Darlehen begründet die typisch stille Beteiligung eine Fremdkapitalforderung – im Insolvenzverfahren über das Vermögen der GmbH kann der Stille also als Insolvenzgläubiger auftreten, soweit seine Einlage den Betrag des auf ihn entfallenden Verlustanteils übersteigt (§ 236 I HGB). Ist die Eigenkapitalersatzfunktion einer stillen Einlage zu bejahen, wird § 236 HGB dann vom Eigenkapitalersatzrecht überlagert.[509]

Ein eigenständig kategorisierter Bereich des Eigenkapitalersatzrechts ist die *eigenkapitalersetzende Nutzungsüberlassung.*[510] Dabei geht es um die Fallkonstellation, in der die GmbH von einem Gesellschafter bewegliche oder unbewegliche Gegenstände zum Gebrauch überlassen bekommt, ohne dass dabei die dingliche Rechtszuständigkeit geändert wird.[511] Die schuldrechtliche *causa* der Überlassung ist dabei ohne nähere Bedeutung; in Betracht kommen Pacht, Miete, Leasing und dingliche Nutzungsrechte, wie beispielsweise der Nießbrauch.[512] Zu den typischen Fällen der Praxis gehört etwa die Verpachtung des für den Betrieb des Unternehmens erforderlichen Anlagevermögens durch den Gesellschafter an die GmbH im Rahmen einer Betriebsaufspal-

---

dass der Gesellschafter – wie beim Stehenlassens eines Darlehens (dazu unten C.I.4.b.) – die Krise erkennen konnte. Als „unschädlich" gilt indes eine geringfügige Überschreitung der Zahlungsfrist, R/A/*Altmeppen*, GmbHG, § 32a Rn. 191.

505 Krit. daher Hachenburg/*Ulmer*, GmbHG, § 32a, b Rn. 91 ff. Denselben Regelungen unterliegen *pactum de non petendo* sowie ungewöhnlich lange Fälligkeitsfristen bei Austauschgeschäften zwischen GmbH und Gesellschafter.

506 R/A/*Altmeppen*, GmbHG, § 32a Rn. 141; *Heinert*, 25.

507 Der RegE 1977, BT-Drs. 8/1347 hatte diesen Fall noch ausdrücklich erwähnt (§ 32a VII GmbHGE), dann aber als „zu kasuistisch" gestrichen, s. dazu Beschlussempfehlung des Rechtsausschusses, BT-Drs. 8/3908, 74.

508 BGH NJW 1985, 1079 (1080); OLG Hamm, NZG 2001, 125 (126); B/H/*Hueck*/*Fastrich*, GmbHG, § 32a Rn. 30; Scholz/*K. Schmidt*, GmbHG, §§ 32a, 32b Rn. 119.

509 *Koller*, in: Koller/Roth/Morck, HGB, § 236 Rn. 4.

510 So aus der Rspr. bspw. (Leitentscheidung) BGHZ 109, 55 „Lagergrundstück I"; BGHZ 121, 33 „Lagergrundstück II", BGHZ 127, 1 „Lagergrundstück III"; BGHZ 127, 17 „Lagergrundstück IV"; BGHZ 140, 147; BGH NJW-RR 2000, 925; BGH NJW 2000, 3565; BGH NJW 2001, 1136; BGH NZG 2005, 346; BGH NZG 2005, 395. *Haas*/*Dittrich*, in: v. Gerkan/Hommelhoff, HdB Kapitalersatzrecht, Rn. 8.1 ff. widmen diesem Bereich knapp 70 Seiten, wobei allein die Literaturnachweise drei Seiten ausmachen.

511 R/S-L/*Pentz*, GmbHG, § 32a Rn. 162; Michalski/*Heidinger*, GmbHG, §§ 32a, 32b Rn. 173; R/A/*Altmeppen*, GmbHG, § 32a Rn. 141

512 R/A/*Altmeppen*, GmbHG, § 32a Rn. 193; nach h.M. genügt sogar die bloß tatsächliche Überlassung, s. Michalski/*Heidinger*, GmbHG, §§ 32a, 32b Rn. 177 m.w.N.

tung.[513] Auch hier wird mit der wirtschaftlichen Vergleichbarkeit argumentiert. Nicht nur die Gewährung eines Darlehens in der Krise ermögliche den Fortbestand der „lebensunfähigen" GmbH, sondern auch eine Gebrauchsüberlassung zu einer Zeit, in der kein Dritter mehr die Nutzung eines Wirtschaftsgutes zur Verfügung stellen würde.[514] Wegen der Besonderheiten der Gebrauchsüberlassung wird aber nicht an die allgemeine Kreditunwürdigkeit angeknüpft, sondern an eine spezielle „Überlassungsunwürdigkeit".[515] Hierbei wird dann zwischen Standardwirtschaftsgütern und speziellen Wirtschaftsgütern (z.B. individuell angefertigte Maschinen) unterschieden; so wird bei Standardwirtschaftsgütern im Regelfall der Überlasser wegen des überschaubaren Risikos – der Gegenstand kann problemlos weitervermietet werden – sich eher zu einer Nutzungsüberlassung bereit finden.[516]

Dogmatisch bleibt dabei freilich außer Betracht, dass im Gegensatz zum Grundfall der Darlehensgewährung die zur Nutzung überlassene Sache gerade nicht in das Eigentum der GmbH übergeht. Wird aber keine Änderung der dinglichen Rechtslage herbeigeführt und der Gegenstand auch nicht auf der Passivseite der Bilanz aufgeführt, kann im eigentlichen Sinne auch nicht von einer Kredit- oder Finanzierungsleistung gesprochen werden.[517] Probleme bereitet auch die Frage, ob der Gegenstand selbst, das Nutzungsrecht oder die bloße Nutzungsmöglichkeit den Gegenstand der eigenkapitalersetzenden Leistung bildet.[518] Obschon sich die Rechtsprechung auf eine Verstrickung nur des Nutzungsrechts festgelegt hat,[519] bleibt das Problem, welche zeitlichen Beschränkungen für die Dauer der Verstrickung maßgebend sind.[520] Entscheidend soll nach überwiegender Auffassung die Ausgestaltung des Überlassungsvertrages sein; indes müsse sie „ernstlich gewollt" und angemessen sein, dürfe also ihrerseits nicht gegen das Eigenkapitalersatzrecht verstoßen.[521]

---

[513] *Raiser/Veil*, Kapitalgesellschaften, § 38 Rn. 42; Hachenburg/*Ulmer*, GmbHG, §§ 32a, b Rn. 105.

[514] BGHZ 119, 55 (58) „Lagergrundstück I"; BGHZ 121, 33 (34) „Lagergrundstück II"; OLG Düsseldorf, DB 2003, 2275 (2276); OLG Hamburg, DB 2006, 495 (496).

[515] *Hirte*, Kapitalgesellschaftsrecht, Rn. 5.140; *Goette*, GmbH, § 4 Rn. 85; *Haas/Dittrich*, in: v. Gerkan/Hommelhoff, HdB Kapitalersatzrecht, Rn. 8.24 ff.; BGHZ 119, 55 (62 ff.) „Lagergrundstück I"; BGH ZIP 2006, 996 (997); OLG Hamburg ZIP 2006, 129 (130).

[516] Eingehend *Haas/Dittrich*, in: v. Gerkan/Hommelhoff, HdB Kapitalersatzrecht, Rn. 8.25 ff.; Michalski/*Heidinger*, GmbHG, §§ 32a, 32b Rn. 188; Hachenburg/*Ulmer*, GmbHG, §§ 32a, b Rn. 109 ff.

[517] Krit. daher Scholz/*K. Schmidt*, GmbHG, §§ 32a, 32b Rn. 127 ff.; *Altmeppen*, Anm. zu BGH NJW 1994, 2349 (2354); R/A/*Altmeppen*, GmbHG, § 32a Rn. 202 ff.; *Spiegelberger*, DStR 1991, 468 (469 ff.). A.A. BGHZ 121, 33 (34) „Lagergrundstück II".

[518] Weiterführend Scholz/*K. Schmidt*, GmbHG, §§ 32a, 32b Rn. 126; B/H/*Hueck/Fastrich*, GmbHG, § 32a Rn. 71; *Haas/Dittrich*, in: v. Gerkan/Hommelhoff, HdB Kapitalersatzrecht, Rn. 8.54 ff. Unstr. ist hingegen, dass gestundete Miet- bzw. Pachtzinsraten verstrickt werden, R/S-L/*Pentz*, GmbHG, § 32a Rn. 163.

[519] Grundlegend BGHZ 127, 1 (10) „Lagergrundstück III"; BGHZ 127, 17 (24 ff.) „Lagergrundstück IV"; BGH NZG 2005, 346 (347); BGH NZG 2005, 395 (396); BGH GmbHR 2006, 487 (489).

[520] Dazu etwa *Hommelhoff/Kleindiek*, FS 100 Jahre GmbHG, 421 (436 ff.).

[521] BGHZ 127, 1 (10) „Lagergrundstück III"; BGH NZG 2005, 346 (346); B/H/*Hueck/Fastrich*, GmbHG, § 32a Rn. 74; ähnl. *Haas/Dittrich*, in: v. Gerkan/Hommelhoff, HdB Kapitalersatzrecht, Rn. 8.74. Diese Argumentation dreht sich jedoch offensichtlich im Kreis.

3. Krisensituation

Über den Eigenkapitalersatzcharakter einer Gesellschafterhilfe entscheidet das zentrale Kriterium der „Krise" der GmbH. In der Krise ist der Gesellschafter zwar weiterhin frei in der Entscheidung, ob er der GmbH zusätzliche Finanzierungsmittel ausreicht. Wenn er sich aber zu einer Finanzierungsmaßnahme entschließt, muss er dies mit Eigenkapital tun; andernfalls wird der Gesellschafterleistung zwangsweise ein Eigenkapitalcharakter angeheftet. Die Definition der Krise in § 32a I 1 GmbHG mit dem Bezug auf die Kaufmannssitten ist als Konkretisierung indes wenig hilfreich – nicht zuletzt, weil Gesellschafter als solche nicht Kaufleute sind.[522] Nach allgemeiner Auffassung wollte der Gesetzgeber auch nicht von der Grundidee der Rechtsprechung abweichen, an eine Situation anzuknüpfen, in der einer GmbH von Dritten keine Mittel mehr gewährt werden.[523]

a. Insolvenzreife

Die GmbH ist jedenfalls immer dann in der Krise, wenn sie insolvenzreif ist, also Zahlungsunfähigkeit oder Überschuldung i.S.d. §§ 17, 19 InsO vorliegen.[524] Die direkte Anbindung an die Insolvenzauslösetatbestände, die zu Beginn der Rechtsprechung des BGH noch deutlich im Vordergrund stand, hat aber schon vor Einführung der Novellenregeln in der Rechtsprechung durch Anknüpfung an das Kriterium der Kreditunwürdigkeit an Bedeutung verloren.[525]

b. Kreditunwürdigkeit

Die Kreditunwürdigkeit ist heute das allgemeine Hilfskriterium bei der Bestimmung der Krise.[526] Der Eigenkapitalersatzcharakter einer Gesellschafterhilfe ist zwar stets zu bejahen, wenn die GmbH bereits insolvenzreif ist[527] Aber auch ohne Vorliegen materieller Insolvenz kann sich die GmbH schon zeitlich vorher in einer Krise befinden, wenn von dritter Seite der zur Fortführung des Unternehmens notwendige Kredit nicht

---

[522] *Hueck/Windbichler*, § 36 Rn. 32. Die Bezugnahme auf den ordentlichen Kaufmann solle angeblich nur den normativen Maßstab verdeutlichen, so Michalski/*Heidinger*, GmbHG, §§ 32a, 32b Rn. 43.

[523] *v. Gerkan*, in: v. Gerkan/Hommelhoff, HdB Kapitalersatzrecht, Rn. 3.4.

[524] MünchHdBGesR III/*Rümker*, § 52 Rn. 36; *K. Schmidt*, Gesellschaftsrecht, § 37 IV.2.a.aa., jew. m.w.N. Für den Fall der Überschuldung etwa OLG Düsseldorf, DB 2003, 2275 (2276); BGH DB 2005, 882 (883).

[525] S. dazu die Ausführungen oben B.II.2.

[526] Michalski/*Heidinger*, GmbHG, §§ 32a, 32b Rn. 43.

[527] Diese Fälle (d.h. der Sanierungskredit) bilden schließlich in der Entwicklung des Eigenkapitalersatzrechtes die Ausgangskonstellation. Denn die Rspr. hat zunächst verlangt, dass die Gesellschafterhilfe die Insolvenz abwenden sollte, BGHZ 31, 259 (268 ff.) „Flugtaxi". Inwieweit kurzfristige Überbrückungsdarlehen ausgenommen sind, ist str. Soweit der BGH hier früher Ausnahmen gemacht hat, dürfte dies inzwischen überholt sein. Zum Streitstand *Eidenmüller*, Unternehmenssanierung, 398 ff.; R/S-L/*Pentz*, GmbHG, § 32a Rn. 36; *Henze*, HdB GmbH, Rn. 520 ff.; Michalski/*Heidinger*, GmbHG, §§ 32a, 32b Rn. 76.

zu erlangen wäre und deshalb die Gesellschaft ohne die Gesellschafterhilfe liquidiert werden müsste.[528] Der Eigenkapitalersatzcharakter hängt somit von einer Marktentscheidung ab, nämlich ob ein außenstehender, wirtschaftlich vernünftig handelnder Kapitalgeber in derselben Situation zu marktüblichen Bedingungen noch einen Kredit an die GmbH ausgereicht hätte.[529] Vom Gesellschafter wird verlangt, dass er sich wie ein solcher objektiver[530] Dritter verhält.

Die Frage nach dem Verhalten des objektiven Dritter ist notwendiger Weise eine rein hypothetische, da es einen allgemeinen Kreditmarkt nicht gibt.[531] Der Vergleichsmaßstab lässt sich nur im Rückschluss und nur im konkreten Einzelfall aus Indizien gewinnen.[532] Solche Indizien[533] können etwa die Weigerung zur Kreditierung durch professionelle Kreditgeber, insbesondere durch die Hausbank, sein,[534] die Kündigung des Kredits durch den bisherigen (außenstehenden) Kreditgeber,[535] eine überzogene Kreditlinie,[536] auffällig günstige Kreditbedingungen[537] oder das Ausmaß des bisher eingetretenen Stammkapitalverlustes[538]. Andererseits spricht gegen eine Kreditunwürdigkeit, wenn die GmbH noch Sicherheiten für einen Kredit stellen kann und die Bank nur aus anderen Gründen den Kredit verweigert hat.[539]

---

[528] Grundlegend BGHZ 76, 327 (329 ff.); bereits angedeutet in BGHZ 75, 334 (336); BGH WM 1972, 74 (75) „Deckenputz"; *K. Schmidt*, in: K. Schmidt/Uhlenbruck, GmbH in Krise, Rn. 387; BGH NJW 1997, 3171 (3172); BGH NZG 2001, 517 (518); BGH NJW 1999, 3120 (3121); BGH WM 2006, 242 (244); KG GmbHR 2004, 1334 (1335); LG Hildesheim GmbHR 2003, 1485 (1485); OLG Hamburg DB 2006, 496 (596).

[529] St. Rspr., BGHZ 76, 326 (330); BGHZ 81, 311 (314 ff.) „Helaba/Sonnenring"; BGHZ 105, 168 (175) „HSW"; BGHZ 119, 201 (206) „Dornier"; BGH NJW 1995, 457 (459); BGH NJW 1998, 1143 (1143); OLG Hamm NZG 2000, 517 (518); LG Hildesheim, GmbHR 2003, 1484 (1485); OLG Brandenburg ZIP 2006, 184 (186); OLG Hamburg ZIP 2006, 129 (130); *Henze*, HdB GmbH, Rn. 512.

[530] BGHZ 119, 201 (207)„Dornier"; BGH NJW-RR 1997, 606 (606); OLG Hamm NZG 2000, 517 (518).

[531] Vgl. R/S-L/*Pentz*, GmbHG, § 32a Rn. 34.

[532] Scholz/*K. Schmidt*, GmbHG, §§ 32a, 32b Rn. 41; Michalski/*Heidinger*, GmbHG, §§ 32a, 32b Rn. 46. Entscheidend ist die objektive Sichtweise *ex ante*, R/A/*Altmeppen*, GmbHG, § 32a Rn. 19.

[533] Dazu Michalski/*Heidinger*, GmbHG, §§ 32a, 32b Rn. 48 ff.; *Paulus*, in: B. Kübler/Prütting, InsO, § 135 Rn. 19 ff.; Hachenburg/*Ulmer*, GmbHG, §§ 32a, b Rn. 54; R/S-L/*Pentz*, GmbHG, § 32a Rn. 41.

[534] OLG Hamm NZG 2001, 517 (518); Michalski/*Heidinger*, GmbHG, §§ 32a, 32b Rn. 50 m.w.N. aus der Rspr.

[535] OLG Brandenburg ZIP 2006, 184 (187).

[536] Dazu BGHZ 119, 201 (205 ff.) „Dornier"; OLG Hamburg, DB 2006, 495 (496).

[537] R/A/*Altmeppen*, GmbHG, § 32a Rn. 20; OLG Brandenburg ZIP 2006, 184 (187).

[538] BGH NJW 1996, 720 (720); BGH DStR 2001, 860 (861); KG GmbHR 2004, 1334 (1336).

[539] *Henze*, HdB GmbH, Rn. 515 ff.

4. Entscheidender Zeitpunkt

a. Zuführung

Grundfall der eigenkapitalersetzenden Gesellschafterleistung ist, dass der Gesellschafter das Darlehen oder die sonstige Hilfe im Zeitpunkt der Krise ausreicht.[540] So stellt denn auch § 32a I 1 GmbHG ausdrücklich auf den Zeitpunkt ab, in dem ein Gesellschafter statt des an sich gebotenen Eigenkapitals ein Darlehen „zuführt".

b. Stehenlassen

Obgleich der Wortlaut des § 32a I 1 GmbHG wenig Spielraum lässt, sind auch hier Ausweitungen nicht ausgeblieben. So hat der BGH schon vor Einführung der Novellenregeln auch in wirtschaftlich erfolgreichen Zeiten der GmbH gewährte Darlehen dem Eigenkapitalersatzrecht unterworfen, wenn der Gesellschafter sie *stehenlässt*, nachdem die Krise eingetreten ist.[541] Denn es ändere sich die Zweckbestimmung, wenn die hingegebenen Mittel nach Eintritt der Kreditunwürdigkeit im Unternehmen bleiben; dann dienten sie (objektiv) als Ersatz für verloren gegangenes Eigenkapital.[542] Das Nichtabziehen einer Gesellschafterhilfe wird zur Finanzierungshilfe durch Unterlassen.[543] Zwar ist hierfür Voraussetzung, dass eine objektive Entscheidungsalternative besteht, die Gesellschafterhilfe also rechtzeitig – etwa durch Kündigung des Darlehensvertrages – wieder zurückgezogen werden kann; denn ansonsten wäre jede irgendwann gewährte Gesellschafterleistung an die GmbH immer in der Krise als eigenkapitalersetzend zu behandeln.[544] Die Möglichkeit des Abzugs besteht jedoch auch häufig, da jedenfalls dem Darlehensgeber ein Recht zur außerordentlichen Kündigung aus wichtigem Grund zugestanden wird (§ 490 I BGB), wenn die GmbH in die Krise fällt, weil dann der Rückzahlungsanspruch objektiv gefährdet ist.[545]

Gerade hier wird deutlich, dass die zeitliche Ausdehnung mit dem anfänglichen Grundgedanken einer Insolvenzabwendung durch das Gesellschafterdarlehen nur noch wenig gemein hat, da der Gesellschafter eine Umqualifizierung des Finanzierungsbeitrages unabhängig vom Finanzierungszeitpunkt stets befürchten muss. So ist denn auch umstritten, ob nicht ein zusätzliches subjektives Tatbestandsmerkmal erforderlich

---

[540] *Henze*, HdB GmbH, Rn. 523.

[541] St. Rspr. seit BGHZ 75, 334 (337); BGHZ 76, 326 (330 ff.); BGHZ 81, 311 (317) „Helaba/Sonnenring"; BGHZ 127, 336 (341) „Früchte-GmbH"; BGH NJW 1995, 457 (458); OLG Hamburg, NJW-RR 1988, 46 (48 ff.).

[542] BGHZ 75, 334 (337).

[543] Michalski/*Heidinger*, GmbHG, §§ 32a, 32b Rn. 103; *Feitsch*, 78.

[544] *Raiser*/*Veil*, Kapitalgesellschaften, § 38 Rn. 37; *Feitsch*, 80. Selbst beim Fehlen einer Kündigungsmöglichkeit kommt allerdings dann die Umqualifizierung in Eigenkapital in Betracht, wenn der Gesellschafter in der Lage wäre, die GmbH zu liquidieren, L/H/*Lutter*/*Hommelhoff*, GmbHG, §§ 32a/b Rn. 50 m.w.N.

[545] R/A/*Altmeppen*, GmbHG, § 32a Rn. 35; *Henze*, HdB GmbH, Rn. 530. Krit. zum Stehenlassen daher *Gebhard*, DB 1984, 1385 (1386 ff.).

ist, da der Gedanke der Finanzierungsfolgenverantwortung die Umqualifizierung stehengelassener Gesellschaftermittel nur dann rechtfertigen könne, wenn auch tatsächlich eine Finanzierungsentscheidung vorliege.[546] Nach der Rechtsprechung bedarf es jedoch keiner Finanzierungsabrede; es genügt vielmehr eine einseitige Finanzierungsentscheidung, die noch nicht einmal bewusst getroffen werden muss. Ausreichend ist allein schon die Möglichkeit, die den Eintritt der Krise begründeten Umstände zu erkennen.[547] Dabei werden an das Vorliegen der Kenntnismöglichkeit keine besonders hohen Anforderungen gestellt, da der Gesellschafter unter Ausschöpfung aller ihm zur Verfügung stehenden Informationsmöglichkeiten eine zuverlässige Unterrichtung über die wirtschaftliche Lage der Gesellschaft sicherstellen müsse.[548] Deswegen ist der Gesellschafter auch dafür darlegungs- und beweispflichtig, dass ausnahmsweise die Kreditunwürdigkeit der GmbH nicht zu erkennen war.[549] Die Möglichkeit der Kenntnisnahme wird also vermutet. Zugebilligt wird dem Gesellschafter allerdings (in Anlehnung an § 64 I GmbHG) eine Überlegungsfrist, ob er die Gesellschafterleistung abziehen oder stehen lassen will.[550]

5. Subjektive Voraussetzungen

Anders als zu Beginn des Eigenkapitalersatzrechts spielen die Ziele und Beweggründe des Gesellschafters grundsätzlich keine Rolle mehr; der Tatbestand setzt keine Täuschungsabsicht oder sonstige subjektive Komponenten voraus.[551] Auch das Kriterium des Insolvenzabwendungszwecks, der die subjektive Vorwerfbarkeit der gewählten Finanzierungsart hervorhob und noch den Hinweis auf die deliktsrechtlichen Wurzeln des Eigenkapitalersatzrechts in sich trug, wurde aufgegeben.[552] Denn es gehe um institutionelle Regeln für die Gesellschaftsfinanzierung. Selbst und gerade die Motivation einer mit Gesellschafterdarlehen erkauften Sanierung befreit (außer bei § 32a III 3 GmbHG) nicht vom Eigenkapitalersatzrecht.[553] Das Eigenkapitalersatzrecht ist damit

---

[546] Dazu bspw. B/H/*Hueck*/*Fastrich*, GmbHG, § 32a Rn. 40 f.; R/S-L/*Pentz*, GmbHG, § 32a Rn. 144 ff.; *Johlke*/*Schröder*, in: v. Gerkan/Hommelhoff, HdB Kapitalersatzrecht, Rn. 5.83 ff.

[547] BGHZ 127, 336 (343 ff.) „Früchte-GmbH"; BGH NJW 1995, 457 (458); BGH GmbHR 2004, 898 (901); OLG Brandenburg ZIP 2006, 184 (186); OLG Hamburg ZIP 2006, 129 (131). Zust. die h.L., statt vieler *Goette*, GmbH, § 4 Rn. 62; Michalski/*Heidinger*, GmbHG, §§ 32a, 32b Rn. 108, 111; *Feitsch*, 78. Für das Erfordernis einer Finanzierungsabrede hingegen Hachenburg/*Ulmer*, GmbHG, §§ 32a, b Rn. 92; *Geßler*, BB 1980, 1385 (1391); *L. Fischer*/*Lepper*, ZIP 1986, 1 (5 ff.); weitere Nachw. bei Scholz/*K. Schmidt*, GmbHG, §§ 32a, 32b Rn. 48.

[548] BGHZ 127, 336 (346 ff.) „Früchte-GmbH"; BGH GmbHR 2004, 898 (901); BGH GmbHR 1992, 367 (367); B/H/*Hueck*/*Fastrich*, GmbHG, § 32a Rn. 41.

[549] BGHZ 127, 336 (346 ff.) „Früchte-GmbH"; OLG Düsseldorf, GmbHR 1999, 1039 (1040); BGH NZG 1998, 771 (772); OLG Hamburg ZIP 2006, 129 (131); Michalski/*Heidinger*, GmbHG, §§ 32a, 32b Rn. 109; B/H/*Hueck*/*Fastrich*, GmbHG, § 32a Rn. 41.

[550] *Raiser*/*Veil*, Kapitalgesellschaften, § 38 Rn. 38; L/H/*Lutter*/*Hommelhoff*, GmbHG, §§ 32a/b Rn. 49; BGH NJW-RR 1997, 606 (607); BGH NZG 1998, 771 (772) mit der Anlehnung an § 64 I GmbHG.

[551] Michalski/*Heidinger*, GmbHG, §§ 32a, 32b Rn. 101; BGH NJW 1997, 3026 (3027); BGHZ 105, 168 (176) „HSW".

[552] Dazu oben B.II.2.

[553] Scholz/*K. Schmidt*, GmbHG, §§ 32a, 32b Rn. 8, 40.

zu einem rein objektiven Rechtsinstitut geworden.[554] Lediglich in der Fallgruppe des „Stehenlassens", wird wie eben erläutert ein – wenn auch nur sehr schwaches – subjektives Element anerkannt. Die divergierenden subjektiven Anforderungen je nach Zeitpunkt der Ausreichung der Gesellschafterhilfe verkomplizieren das Eigenkapitalersatzrecht aber zusätzlich, da der konkrete Zeitpunkt des Krisenbeginns meist nicht punktgenau bestimmt werden kann. Darüber hinaus bleibt die Begründung der Differenzierung offen. Zum Teil wird deswegen in der Literatur gefordert, die Kenntnismöglichkeit auch dann zum Tatbestandserfordernis zu machen, wenn die Gesellschafterleistung in der Krise gewährt wird.[555]

II. Rechtsfolgen

Das Sanktionssystem des Eigenkapitalersatzrechts folgt, obgleich der Tatbestand identisch ist, unterschiedlichen Konzepten: dem insolvenzrechtlichen Ansatz der Novellenregeln und den an das Kapitalerhaltungsrecht angegliederten Rechtsprechungsregeln.[556]

1. Novellenregeln

Von den Novellenregeln wird die gesamte Gesellschafterleistung als eigenkapitalersetzend erfasst – unabhängig davon, ob die Gesellschafterhilfe zu einer Wiederauffüllung des Gesellschaftsvermögens bis zu einem der Stammkapitalziffer entsprechenden Stand notwendig ist.[557] In dieser Tatsache liegt denn auch der ganz wesentliche Unterschied zu der Anbindung des Eigenkapitalersatzrechtes an die Grundsätze der Kapital-

[554] Interessant aber die Regelung im neuen ÖSTERREICHISCHEN Eigenkapitalersatz-Gesetz v. 28.10.2003 (ÖSTERR. BGBl. I Nr. 92/2003, als pdf-Dokument mit allen Materialien verfügbar auf den Seiten des ÖSTERR. Parlaments, http://www.parlinkom.gv.at), wonach die „Krise" außerhalb der Insolvenztatbestände voraussetzt, dass der Kreditgeber „weiß oder es für ihn offensichtlich ist", dass ein Reorganisationsbedarf (das ist nach § 2 I Nr. 3 EKEG neben Zahlungsunfähigkeit und Überschuldung die dritte Fallgruppe der „Krise") besteht, § 2 II Nr. 3 EKEG. Das ÖSTERREICHISCHE Recht rückt damit bewusst von der bisherigen Vorstellung eines rein objektiven Rechtsinstituts ab. Zur Neuregelung im Überblick *Althuber/Brandstätter/Haberer*, NZI 2004, 610-615; *Arnold*, GmbHR 2004, 43 (47); *Blöse*, GmbHR 2004, 412-415.

[555] So etwa L/H/*Lutter/Hommelhoff*, GmbHG, §§ 32a/b Rn. 5; Michalski/*Heidinger*, GmbHG, §§ 32a, 32b Rn. 101; *Hommelhoff*, in: v. Gerkan/Hommelhoff, HdB Kapitalersatzrecht, Rn. 2.23; R/S-L/*Pentz*, GmbHG, § 32a Rn. 67 mit dem Hinweis auf die Finanzierungsfolgenverantwortung, die eine bewusste Entscheidung über das „Wie" der Finanzierung impliziere und dem Argument, dass der Wortlaut des § 32a GmbHG mit dem Wort „stattdessen" auf eine subjektive Komponente hindeute.

[556] Die Einzelheiten der Rechtsfolgen bei eigenkapitalersetzender Sicherheiten (dazu schon oben C.I.2.b.) müssen bei dieser gedrängten Darstellung der Rechtsfolgen außer Betracht bleiben. Besonderheiten ergeben sich insbesondere aus der Dreieckskonstellation. Hingewiesen sei an dieser Stelle nur auf die ausdrückliche Regelung in § 32a II GmbHG, wonach der Dritte gezwungen wird, zunächst bei dem Gesellschafter Befriedigung zu suchen und auf die Möglichkeit des Rückgriffs nach § 32b S. 1 GmbHG gegen den Gesellschafter für den Fall, dass die GmbH das Darlehen ein Jahr vor Insolvenzantragsstellung getilgt hat.

[557] MünchHdBGesR III/*Rümker*, § 52 Rn. 56, 154.

erhaltung, wie sie die Rechtsprechungsregeln vornehmen. Denn dort kommt eine Umqualifizierung in Eigenkapital nur dann und in der Höhe in Betracht, in der die GmbH eine Unterbilanz oder darüber hinausgehende Überschuldung aufweist.[558]

a. Nachrang

Das Gesetz fokussiert die Rechtsfolgen auf die Insolvenz und begnügt sich damit, dass der Gesellschafter seine Forderung auf Rückgewähr eines eigenkapitalersetzenden Darlehens oder einer sonstigen eigenkapitalersetzenden Gesellschafterleistung in der Insolvenz der GmbH nur nachrangig geltend machen kann (§§ 32a GmbHG, 39 I Nr. 5 InsO). Die Gesellschafterforderung wird also erst befriedigt wird, wenn nach Befriedigung der im Rang vor ihr stehenden Forderungen noch verteilungsfähige Masse übrig bleibt; zum anderen kann der Gesellschafter den Anspruch erst nach Aufforderung durch das Insolvenzgericht anmelden (§ 174 III InsO). Trotz des Nachrangs bleibt der Gesellschafter mit seiner Darlehensforderung (anders als bezüglich seiner Einlage) Insolvenzgläubiger i.S.d. § 38 InsO. Die Begriffswahl „Umqualifizierung" in Eigenkapital ist also heute nicht mehr zutreffend.[559] Die Stellung des Eigenkapitalersatzgebers hat sich insoweit entscheidend geändert.[560]

Die Verstrickung eigenkapitalersetzender Leistungen gilt nach dem unzweideutigen Wortlaut nur für den Fall der Eröffnung des Verfahrens. Der Geschäftsführer ist deswegen nicht gehindert, das Darlehen vor Insolvenz zu tilgen, und er muss für diesen Fall auch keine Haftung nach § 43 III GmbHG befürchten.[561] Die Verstrickung endet konsequent dann, wenn die Rechtfertigung einer besonderen Behandlung der Gesellschafterleistungen entfällt, also mit dem Ende der Krise.[562]

---

[558] Statt aller BGHZ 76, 326 (335); BGHZ 81, 311 (318) „Helaba/Sonnenring"; BGHZ 90, 370 (376) „Nutzfahrzeug"; L/H/*Lutter/Hommelhoff*, GmbHG, §§ 32a/b Rn. 102; B/H/*Hueck/Fastrich*, GmbHG, § 32a Rn. 95; MünchHdBGesR III/*Rümker*, § 52 Rn. 154.

[559] Ebenso *T. Bezzenberger*, FS Bezzenberger, 23 (33). Vor der Reform der Novellenregeln wurde dem Gesellschafter noch die Möglichkeit untersagt, im Insolvenzverfahren als Gläubiger aufzutreten, weil eben die Gesellschafterleistung Eigenkapital ersetze, s. MünchHdBGesR III/*Rümker*, § 52 Rn. 56.

[560] A.A. Scholz/*K. Schmidt*, GmbHG, §§ 32a, 32b Rn. 57 mit dem Argument, dass nach § 199 S. 2 InsO auch die Einlagen der Gesellschafter im (praktisch seltenen) Fall, dass nach der Schlussverteilung noch Vermögensmasse übrig bleibt, zurückgezahlt werden. Daran ist richtig, dass i.E. auch die nachrangigen Insolvenzgläubiger zumeist mit ihren Forderungen ausfallen und deshalb der praktische Unterschied oft gering ist; trotzdem ist die rechtliche Stellung eine ganz andere. Denn den Insolvenzgläubigern stehen im Verfahren Beteiligungsrechte zu, die die Gesellschafter in ihrer Gesellschafterrolle eben nicht haben. Insbesondere sind grds. auch nachrangige Insolvenzgläubiger zur Stellung eines Insolvenzantrags berechtigt, s. *Pape*, in: B. Kübler/Prütting, InsO, § 114 Rn. 13.

[561] L/H/*Lutter/Hommelhoff*, GmbHG, §§ 32a/b Rn. 94; *Raiser/Veil*, Kapitalgesellschaften, § 38 Rn. 47.

[562] L/H/*Lutter/Hommelhoff*, GmbHG, §§ 32a/b Rn. 101 m.w.N; MünchHdBGesR III/*Rümker*, § 52 Rn. 50. Str. ist allerdings, ob innerhalb der Jahresfrist der §§ 32b GmbHG, 135 Nr. 2 InsO, 6 AnfG ein Freiwerden möglich ist. Der BGH liest in die Vorschriften eine unwiderlegliche (!) Vermutung hinein, dass eine eigenkapitalersetzende Gesellschafterfinanzierung diese Eigenschaft auch noch bei der Rückzahlung hat, wenn es innerhalb eines Jahres danach zur Insolvenzverfahrenseröffnung oder Anfechtung (AnfG) kommt, BGHZ 90, 370 (380 ff.) „Nutzfahrzeug"; zust. auch nach Inkrafttreten der InsO L/H/*Lutter/Hommelhoff*, GmbHG, § 32a/b Rn. 101; OLG Hamm DZWiR 2004, 388 und nun-

b. Anfechtung

Mangels Verstrickung des Darlehens vor der Insolvenz, besteht zunächst auch kein Rückzahlungsanspruch der Gesellschaft für den Fall, dass die GmbH das Darlehen tilgt. Erst nach Insolvenzeröffnung sieht das Gesetz eine Anfechtbarkeit aller Handlungen vor, die dem Gesellschafter eine Befriedigung für eine eigenkapitalersetzende Forderung gewähren (§ 135 InsO). Daneben sind die Gläubiger aber – was oft vernachlässigt wird – auch außerhalb der Insolvenz nicht ungeschützt. Hier steht ihnen ein Anfechtungsrecht nach § 6 AnfG zu, wenn die Vollstreckung in das Gesellschaftsvermögen erfolglos geblieben ist. Die jeweils vorgesehene Jahresfrist für die Anfechtung läuft ab Insolvenzantragsstellung bzw. ab gerichtlicher Geltendmachung oder Mitteilung an den Anfechtungsgegner (§§ 135 Nr. 2 InsO; 7 I, II AnfG). Durch die Neuerung der InsO, den Fristbeginn an den Insolvenzantrag zu knüpfen, wurde faktisch die Anfechtungsfrist entscheidend gegenüber der früheren Rechtslage erweitert, nach der der Fristbeginn noch von der – ungewissen und verzögerbaren – Verfahrenseröffnung abhing.[563]

2. Rechtsprechungsregeln

Die Rechtsprechungsregeln basieren demgegenüber auf dem Gedanken der zwangsweisen und bildlichen *Umqualifizierung* des Fremd- in (klassisches) Eigenkapital. Die Gesellschafterleistung wird konsequent behandelt wie Gesellschaftereinlagen. Ist dieser Schritt erst getan, erklären sich die Rechtsfolgen von selbst: Sie werden §§ 30, 31 GmbHG entnommen. Wer dem Gedanken der Umqualifizierung folgt, muss den nächsten Schritt der Gleichbehandlung in den Rechtsfolgen geradezu als logisch zwingend betrachten.[564] Verstrickt sind allerdings – oder gerade deswegen – das Darlehen bzw. die sonstige Gesellschafterleistung nur in Höhe einer Unterdeckung. Gegebenenfalls kann es deswegen (anders als bei den Novellenregeln) vorkommen, dass nur ein Teil der Gesellschafterleistung eigenkapitalersetzend ist, der andere hingegen nicht.[565]

a. Rückzahlungssperre

Die Verortung im Kapitalerhaltungsrecht bedeutet zum einen (entsprechend § 30 I GmbHG), dass der Gesellschafter die Finanzierungsleistung (und die Zinsen) nicht

---

mehr auch BGH DStR 2006, 478 (478 f.); dagegen Michalski/*Heidinger*, GmbHG, §§ 32a, 32b Rn. 51 ff.; *Schoß/Hoffstadt*, ZInsO 2005, 571-575.

[563] *T. Bezzenberger*, FS Bezzenberger, 23 (33); *Huber/Habersack*, BB 2006, 1 (3); krit. immer noch Scholz/*K. Schmidt*, GmbHG, §§ 32a, 32b Rn. 71.

[564] Gerade deshalb passt die Nachranglösung eben nicht mehr in das Bild einer Umqualifizierung – denn Gesellschafter können ihre Einlagen gar nicht als Insolvenzgläubiger zurückfordern. Die Kritik muss also einen Schritt vorher einsetzen, nämlich schon bei der Idee der Umqualifizierung; näher u. Kap.3 B.III.1.

[565] R/A/*Altmeppen*, GmbHG, § 32a Rn. 110 m. Rechenbeispiel; Michalski/*Heidinger*, GmbHG, §§ 32a, 32b Rn. 80.

wieder abziehen kann, solange diese Leistung eigenkapitalersetzenden Charakter hat, also eine Krise der GmbH vorliegt. Zusätzlich ist aber erforderlich, dass durch die Zahlung an den Gesellschafter eine Unterbilanz bei der GmbH entsteht oder vertieft wird.[566] Vom Vorliegen materieller Insolvenz oder eines Insolvenzantrages ist das Rückzahlungsverbot nicht abhängig; es erlangt deswegen – jedenfalls theoretisch – Bedeutung schon im Vorfeld der Insolvenz. In der Praxis werden aber auch diese eigenkapitalersetzenden Ansprüche regelmäßig erst vom Insolvenzverwalter eingefordert.

Das Ende der Rückzahlungssperre hängt grundsätzlich von der Dauer der Krise der GmbH ab. Für die Rechtsprechungsregeln wird teilweise gefordert, ausschließlich oder zusätzlich darauf abzustellen, ob die Finanzierungsleistung ohne Verletzung der Kapitalerhaltungsvorschriften zurückbezahlt werden kann. Danach müsste also (auch) die Unterbilanz beseitig sein.[567]

b. Erstattungsanspruch

Entgegen § 30 I GmbHG (analog) zurückbezahlte Finanzierungsbeiträge können von der Gesellschaft zurückgefordert werden (§ 31 I GmbHG analog), wobei die Mitgesellschafter für die Forderung der GmbH solidarisch nach § 31 III GmbHG einzustehen haben.[568] Die Verjährung dieser Erstattungsansprüche beträgt nunmehr zehn bzw. fünf Jahre (§ 31 V GmbHG).

Der Geschäftsführer, der schuldhaft eine nach § 30 I GmbHG verbotene Auszahlung vornimmt, ist entsprechend § 43 III GmbHG der Gesellschaft zum Ersatz verpflichtet.[569] Obschon im Regelfall der Geschäftsführer beim nach § 31 I GmbHG verpflichteten Zahlungsempfänger Regress nehmen kann (§ 255 BGB),[570] weist das Gesetz damit die Überwachung der Kapitalerhaltung dem Geschäftsführer als originäre Pflicht zu und zeigt darüber hinaus, dass auch der mit dem System des festen Nennka-

---

[566] Michalski/*Heidinger*, GmbHG, §§ 32a, 32b Rn. 262. Gemessen wird die Frage der Unterdeckung jedoch am satzungsmäßigen Stammkapital, das trotz der Umqualifizierung (auch gedanklich) nicht entsprechend erhöht wird.

[567] Dazu *Henze*, HdB GmbH, Rn. 606; L/H/*Lutter*/*Hommelhoff*, GmbHG, §§ 32a/b Rn. 110; Michalski/*Heidinger*, GmbHG, §§ 32a, 32b Rn. 276; BGH NJW-RR 1997, 606 (607); uneindeutig aber BGHZ 81, 365 (367); BGHZ 140, 147 (150). Näher unten Kap.3 B.II.3.

[568] *Raiser*/*Veil*, Kapitalgesellschaften, § 38 Rn. 58. Der Höhe nach ist die Ausfallhaftung beschränkt auf den Betrag der Stammkapitalziffer, BGH GmbHR 2002, 549 (550 ff.) „L. Kosmetik"; BGH WM 2003, 2238 (2241 ff.) und aus der Lit. MünchHdBGesR III/*Rümker*, § 52 Rn. 169; Scholz/*K. Schmidt*, GmbHG, §§ 32a, 32b Rn. 83; *Blöse*, GmbHR 2002, 1107-1111; *Cahn*, ZGR 2003, 298-315; *Paul*, ZInsO 2003, 454-457 und greift nicht Platz, soweit für den Mitgesellschafter die Privilegien nach § 32a III gelten, Michalski/*Heidinger*, GmbHG, §§ 32a, 32b Rn. 272.

[569] MünchHdBGesR III/*Rümker*, § 52 Rn. 179. Wegen § 9b I GmbHG analog ist die Regelung zwingend.

[570] Michalski/*Haas*, GmbHG, § 43 Rn. 221; Hachenburg/*Mertens*, GmbHG, § 43 Rn. 90. Ein Gesamtschuldverhältnis besteht mangels Gleichstufigkeit nicht; befriedigt der Geschäftsführer die GmbH, kann er Zug um Zug Abtretung des Ersatzanspruchs der GmbH gegen den Zahlungsempfänger verlangen.

pitals bezweckte Gläubigerschutz nicht etwa in der alleinigen Verantwortung der Gesellschafter liegt, sondern zu einem wesentlichen Teil beim Geschäftsführer.[571] Der Gesetzgeber hat also (wie bei der Insolvenzantragspflicht) bewusst den Geschäftsführer in die Pflicht genommen, wenn es darum geht, Gläubiger über das von ihnen zu tragende normale Risiko hinaus zu schützen. Einen vergleichbaren Sorgfaltsmaßstab hat der Gesetzgeber den Gesellschaftern gerade nicht aufgebürdet.[572]

III. Zusammenfassung

Der Tatbestand eigenkapitalersetzender Gesellschafterleistungen ist für Novellen- und Rechtsprechungsregeln weitgehend gleich. Auffallend ist, dass der Tatbestand sich vom Grundfall der Darlehensgewährung mit Insolvenzabwendungszweck in zeitlicher und personeller Hinsicht sowie im Hinblick auf das Erfordernis subjektiver Merkmale immer weiter entfernt hat. Gegenüber den zahlreichen mit den Ausweitungen verbundenen Einzelproblemen wurde der Frage der näheren Begründung des Rechtsinstituts kaum mehr Beachtung geschenkt.

Nicht nur die Verästelungen des Eigenkapitalersatzrechts, sondern auch seine Komplexität in den Rechtsfolgen sind auffallend. Rechtsprechungs- und Novellenregeln haben dabei einen unterschiedlichen Ansatzpunkt. Während eigenkapitalersetzende Leistungen vom Gesetz mit einem insolvenzrechtlichen Instrumentarium sanktioniert werden (Nachrang und Anfechtung), hängen die Rechtsprechungsregeln weiterhin am Gedanken der Umqualifizierung und unterwerfen Eigenkapitalersatzleistungen dem Kapitalerhaltungsrecht. Der Gedanke der Umqualifizierung passt aber für die Novellenregeln gerade nicht mehr. Insgesamt ist nicht nur befremdlich, dass die gesetzliche Regelung nicht abschließend sein soll, wenn doch der Tatbestand derselbe ist. Das Nebeneinander verschiedener Lösungsansätze bedingt gleichzeitig kaum überwindbare Unstimmigkeiten, auf die an späterer Stelle (unten Kap.3 B.III.) zurückzukommen ist.

---

[571] Vgl. schon einleitend A.I.2.b.

[572] Ähnlich *Haas*, WM 2003, 1929 (1930).

Drittes Kapitel
Kritische Analyse des Eigenkapitalersatzrechts

Die Diskussion um die Begründung eigenkapitalersatzrechtlicher Regelungen ist zusehends abgeflacht. Rechtsprechung und Wissenschaft gehen bestärkt durch den Gesetzgeber fast unisono von der Richtigkeit und Notwendigkeit des Konzeptes aus und vertiefen sich in Einzelprobleme, wie etwa die Rechtsfolgen eigenkapitalersetzender Nutzungsüberlassungen. Kritische Stimmen werden kaum wahrgenommen. Dabei drängt eine Auseinandersetzung mit der Rechtfertigung des Rechtsinstituts umso mehr, seit der Gesetzgeber erneut auf diesem Gebiet die Initiative ergriffen hat. Denn das gesetzgeberische insolvenzrechtliche Konzept ist ein deutlich anderes als dasjenige der Rechtsprechung. Schließlich steht die stete Ausdehnung des Nennkapitalsystems in einem zunehmenden Widerspruch zur Entwicklung des Kapitalgesellschaftsrechts in anderen europäischen Staaten, der sich durch die Rechtsprechung des EuGH zur Anerkennung im EU-Ausland gegründeter Gesellschaften weiter verschärft hat.[1] In diesem Teil sollen deshalb die unterschiedlichen Begründungsversuche zum Eigenkapitalersatzrecht kritisch analysiert werden (A.). Daneben ist auf ausgewählte Widersprüche innerhalb dieses Rechtsinstituts hinzuweisen (B.), die im Ergebnis ebenso zu seiner Fragwürdigkeit beitragen wie seine mangelnde Systemkonformität (C.).

Die besondere Rechtfertigungsbedürftigkeit des maßgeblich auf Rechtsfortbildung beruhenden Eigenkapitalersatzrechts ergibt sich nicht zuletzt aus der mit ihm verbundenen Beeinträchtigung der Vertragsfreiheit. Die Möglichkeit, dass GmbH-Gesellschafter auch eine schuldrechtliche Rechtsbeziehung mit der Gesellschaft eingehen, ist zunächst schlichte Folge der Anerkennung der GmbH als juristische Person. Besondere Bestimmungen sind dafür (im Gegensatz etwa zu Kreditgeschäften zwischen Geschäftsführer und GmbH[2]) nicht vorgesehen. Entscheidend ist, dass es in die Kategorie der Vertragsfreiheit fällt, ob und mit wem die Gesellschaft Verträge eingeht

---

[1] EuGH NJW 2002, 3614 „Überseering"; EuGH DB 2003, 2219 „Inspire Art". Hingewiesen sei an dieser Stelle etwa auf das FRANZÖSISCHE Recht, wo für die S.A.R.L. das Mindeststammkapital (bisher 7.500 €, Art. L. 223-2 C.Com) durch Art. 1 *Loi pour l'initiative économique* abgeschafft wurde. Zu dieser Reform *Becker*, GmbHR 2003, 706-708; *Wachter*, GmbHR 2003, R 377-R 378. In Deutschland hingegen führte die Diskussion nach „Inspire Art" nur zum halbherzigen Vorschlag, das Mindestkapital auf 10.000 € zu reduzieren (zunächst im RefE MindetkapG und nun im RefE MoMiG), krit. etwa *K. Schmidt*, DB 2005, 1095-1097; *Priester*, ZIP 2005, 921-922. Zum Reformdruck auf das deutsche Recht noch näher unten C.IV.

[2] S. dazu § 43a GmbHG, der die Kreditgewährung an Geschäftsführer verbietet, soweit dadurch das zur Erhaltung des Stammkapitals erforderliche Vermögen der Gesellschaft berührt wird. Die Vorschrift gilt nicht für Kreditgewährungen an Gesellschafter. Diese werden nur durch § 30 I GmbHG erfasst, wobei aber die Rspr. neuerdings auch hier die Kreditgewährung durch die GmbH im Falle der Unterbilanz entsprechend sanktioniert, indem sie für den Tatbestand des § 30 I GmbHG nicht auf die Frage der Vollwertigkeit des Rückzahlungsanspruches abstellt, BGH BB 2004, 293 (293 ff.) und dazu *Cahn*, DK 2004, 235-245. Nach OLG München GmbHR 2006, 144 (145) ist die Kreditgewährung an einen Gesellschafter vergleichbar mit der Einzahlung in ein Cash-Pool-Mangement-System und also auch insoweit nicht zu prüfen, ob der erworbene Rückzahlungsanspruch vollwertig ist.

und wie die Modalitäten des Rechtsgeschäfts bestimmt werden.[3] Die Parteien sind grundsätzlich selbst in der Lage, ihre Interessen zu wahren und zu einer (für sie) angemessenen Regelung zu finden. Schranken sind nur dort angebracht, wo es um ein Mindestmaß an Vertragsgerechtigkeit geht.[4] Stets bedürfen sie aber einer besonderen Anordnung und Rechtfertigung.[5] Die Vertragsfreiheit findet demnach ihre Grenzen insbesondere in den Verbotsnormen der §§ 134, 138 BGB, aber auch im Grundsatz von Treu und Glauben (§ 242 BGB).[6] Noch enger sind die Schranken indes dort, wo es nicht nur um Vertragsgerechtigkeit geht, sondern Interessen Dritter, insbesondere der Gläubiger, in den Blickpunkt geraten, ohne dass sich eine gesetzliche Grundlage für einen regulierenden Eingriff findet. Es kann jedenfalls nicht vorrangige Aufgabe richterlicher Rechtsfortbildung sein, eine Gestaltungskompetenz auszuüben, um rechtspolitisch wünschenswerte Ergebnisse zu erzielen.[7] Denn vorrangig geht es bei der Festlegung von Schranken der Gestaltungsfreiheit um eine Wirksamkeitskontrolle.

Das Eigenkapitalersatzrecht greift mit der Umdeutung von Fremd- in Eigenkapital stark in die vertragliche Gestaltungsfreiheit ein, da es dem darleihenden Gesellschafter verweigert, seinen Rückgewähranspruch geltend zu machen, bzw. in der Insolvenz faktisch die Geltendmachung des Anspruchs entwertet.[8] Der Inhalt der schuldrechtlichen Abrede wird negiert. Denn nach ihr hat sich die GmbH zur Rückzahlung der Darlehensvaluta nach Fälligkeit verpflichtet.[9] Das pauschale Argument Gläubigerschutz als solches taugt ohne Konkretisierung der Gefährdungssituation kaum für die Begründung eines derartigen Eingriffs, da es zudem die durch das GmbHG festgelegte Risikoverteilung[10] zwischen Gesellschaftern und Gesellschaftsgläubigern verschiebt. Im Übrigen sagt der Hinweis auf den Gläubigerschutz noch nichts darüber aus, warum ausschließlich Kredithilfen der Gesellschafter, nicht jedoch sonstiger außenstehender Vertragspartner vom Eigenkapitalersatzrecht erfasst werden. Gerade darauf aber muss die Begründung des Eigenkapitalersatzrechts eine Antwort geben können.

---

[3] Dazu *Bork*, Allgemeiner Teil, Rn. 661; *Busche*, 70 ff.; *Larenz/Wolf*, Allgemeiner Teil, § 34 Rn. 24 ff.
[4] *Bork*, Allgemeiner Teil, Rn. 663. *Busche*, 76 ff. spricht von „materieller Vertragsfreiheit". Als gesetzliche Beispiele gehören hierher das Verbraucherschutzrecht, aber auch Informationspflichten und das Recht der Willensmängel, *Bork*, Allgemeiner Teil, Rn. 663; *Canaris*, FS Lerche, 873 (886 ff.).
[5] *Busche*, 67; *Canaris*, FS Lerche, 873 (886).
[6] *K. Schmidt*, Gesellschaftsrecht, § 5 III.1.a.; *Busche*, 66.
[7] *Fastrich*, Inhaltskontrolle, 76; *Busche*, 85.
[8] *Claussen*, ZHR 1983, 195 (202); aA. *v. Gerkan*, FS Lutter, 1317 (1322). Das Argument der Vertragsfreiheit verblasst zwar im Fall einer Einmann-GmbH, bei der der Gesellschafter zugleich Alleingeschäftsführer ist; doch kann diese Sonderkonstellation nicht Grundlage für die Auseinandersetzung mit den Eigenkapitalersatzregeln sein.
[9] Etwas anderes könnte nur dann gelten, wenn eine *Auslegung* des Vertrages ergäbe, dass tatsächlich die Hingabe von Eigenkapital gewollt war. Auf dieser Linie bewegt sich die Begründung mit einem angeblichen widersprüchlichen Verhalten der Gesellschafter; dazu näher unten A.II.
[10] Dazu näher unten A.IV.

A. Elemente eigenkapitalersatzrechtlicher Dogmatik

Die Versuche, den Gedanken einer zwangsweisen Umqualifizierung von Gesellschafterleistungen in Eigenkapital dogmatisch zu begründen, sind uneinheitlich. Rechtsprechung und Literatur verwenden einen ganzen Strauß von Argumenten, der erst Jahrzehnte nach der Etablierung des Eigenkapitalersatzrechts auf das übergreifende Prinzip einer so genannten Finanzierungsfolgenverantwortung zurückgeführt wurde.[11] Obschon die Ausformung der Novellenregeln gerade auf der Rechtsfolgenseite von den Rechtsprechungsregeln abweicht, werden sämtliche Begründungsansätze weitgehend einheitlich für beide Regelungskomplexe verwendet,[12] so dass auch im Rahmen dieser Arbeit eine einheitliche Darstellung erfolgt. Auch wenn die einzelnen Ansätze sich zum Teil überschneiden oder auf einen gemeinsamen Gedanken (etwa Treu und Glauben) zurückführen lassen, sollen die Argumentationsmuster hier der besseren Übersichtlichkeit wegen getrennt analysiert werden.

I. Rechtsmissbrauch

Der Gedanke eines rechtsmissbräuchlichen Verhaltens der Gesellschafter, die sich in eine Gläubigerposition zu ihrer GmbH bringen, stand am Anfang der Diskussion um das Eigenkapitalersatzrecht.[13] Offen zog insbesondere das Reichsgericht § 826 BGB heran, um dem Gesellschafter in der Insolvenz die Berufung auf die Gläubigerposition zu versagen.[14]

1. Leitgedanke

Der Missbrauch bei einer Kreditfinanzierung durch einen Gesellschafter der GmbH soll darin liegen, dass der Gesellschafter im Falle der Insolvenz als Gläubiger auftritt und Ansprüche auf das Gesellschaftsvermögen erhebt, obwohl er doch eigentlich als Unternehmer die volle Verantwortlichkeit für das Unternehmen tragen müsse.[15] Als Sittenverstoß wird es bewertet, dass sich der Gesellschafter durch Ausnutzung der formalrechtlichen Möglichkeit der Begründung von Rechtsbeziehungen zwischen ihm und der Gesellschaft zu deren Gläubiger macht und durch eine ziffernmäßige Über-

---

[11] Michalski/*Heidinger*, GmbHG, §§ 32a, 32b Rn. 11. Grundlegend für die Rspr. BGHZ 90, 381 (389) „BuM".

[12] S. etwa die Darstellung bei *Hommelhoff*, in: v. Gerkan/Hommelhoff, HdB Kapitalersatzrecht, Rn. 2.20 ff.; *Goette*, GmbH, § 4 Rn. 1 ff.; die Argumentation der Rspr. machte sich schließlich auch der Gesetzgeber zu Eigen, RegE zur Einführung des Kleinbeteiligtenprivilegs durch das KapAEG, BT-Drs. 13/7141, 11. A.A. soweit ersichtlich nur *Schouler*, 69 ff. einerseits und 199 ff. andererseits.

[13] *Fastrich*, FS Zöllner, 143 (144); *Koppensteiner*, AG 1998, 308 (309).

[14] Erstmals RG JW 1938, 862 (864 ff.) = DJ 1938, 601 (603) und danach RG JW 1939, 355 (355 ff.); RG JW 1939, 229 (231) = RGZ 158, 302 (309 ff.); RGZ 166, 51 (57) „Knopffabrik".

[15] RG JW 1939, 355 (355).

macht seiner Forderungen die „wirklichen" Gläubiger ausschalten kann.[16] Wer auf diese Weise bewusst den Gläubigern einen Teil des Gesellschaftsvermögens entziehen und seinen eigenen Verlust so gering wie möglich halten wolle, finanziere die GmbH auf gläubigerschädigende Weise.[17] Das Gesetz aber wolle (allein) den (wirklichen) Gläubigern und nicht den Gesellschaftern die Befriedigung aus dem Gesellschaftsvermögen sichern.[18] Dies dürfe der Gesellschafter nicht dadurch vereiteln, dass er sich in eine – künstliche[19] – Gläubigerstellung zur Gesellschaft begibt. Deswegen seien die Darlehen als das zu behandeln, was sie in Wirklichkeit sind, nämlich Gesellschaftereinlagen.[20]

Das RG hatte in den relevanten Fällen[21] aber nur darüber zu befinden, ob *in der Insolvenz* die Gesellschafter mit den Rückzahlungsansprüchen durchdringen können, nicht aber ob dies auch außerhalb der Insolvenz möglich ist und auch nicht darüber, ob der Gesellschafter, der die Darlehensvaluta zurückbezahlt bekommen hat, sie wieder (entsprechend § 31 I GmbHG) an die GmbH auskehren muss. Es ging nicht um einen Schadenersatzanspruch sondern lediglich um die Verweigerung der Forderungsanmeldung zur Insolvenztabelle, also den Missbrauchs*einwand.* Deswegen musste das RG auch nicht dazu Stellung nehmen, welcher Schaden bei einer missbräuchlichen Finanzierung von den Gesellschaftern zu ersetzen sei, für den Fall, dass das Darlehen bereits vor Insolvenzeröffnung wieder an den Gesellschafter zurückgeflossen ist. Nahe liegt es, dass letztlich nur die Konkurrenzsituation mit den Nichtgesellschafter-Gläubigern in der Insolvenz verhindert werden sollte.[22] Nur insoweit ist auch die Rede von einer Behandlung der Darlehen als das, was sie in Wirklichkeit sind (oder vielmehr sein sollen) – nämlich nachrangige Forderungen. Wahrscheinlich hat also das RG an Haftungsfragen gar nicht gedacht.

2. Kernpunkt: Unterkapitalisierung

Bereits bei der Darstellung der historischen Entwicklung des Eigenkapitalersatzrechtes (oben Kap.2 B.) wurde deutlich, dass es dem Reichsgericht im Grunde nicht speziell um die Problematisierung von Gesellschafterdarlehen ging.[23] Die Gesellschafterdarlehen bildeten nur eine von mehreren Ausprägungen eines institutionellen Rechtsformmissbrauchs. Das Reichsgericht hielt nicht nur Gesellschafterdarlehen, sondern mit

[16] *W. Friedrich*, Anm. zu RG DJ 1938, 601 (604).
[17] RG JW 1938, 862 (865); *W. Friedrich*, Anm. zu RG DJ 1938, 601 (604).
[18] RG JW 1938, 862 (865).
[19] Vgl. *Schumacher*, JW 1937, 282 (282).
[20] RG JW 1939, 355 (356).
[21] RG JW 1938, 862 = DJ 1938, 601; RG JW 1939, 355; RG JW 1939, 229; RGZ 166, 51 „Knopffabrik"
[22] S. dazu den letzten Passus der Entscheidung RG JW 1938, 862 (865); ähnl. *Schouler*, 71.
[23] S. den Leitsatz RG JW 1938, 862 (862): „Es ist sittenwidrig, wenn ein Einzelkaufmann eine Gesellschaft (GmbH.) nur zu dem Zwecke gründet, um seine Haftung zu beschränken, Geschäfte mit der Gesellschaft abschließen zu können und bei einem Mißerfolg möglichst viel für sich auf Kosten der wirklichen Gläubiger zu retten."

nicht näher auf die Art der einzelnen Forderungen eingehender, einheitlicher Begründung auch den Forderungen, die aus der Begleichung von Wechseln und Kaufvertragsverpflichtungen für die Gesellschaft resultierten, sowie der Gehaltsforderung des Geschäftsführers den Missbrauchseinwand entgegen.[24]

Die Judikate sind zum einen vor dem Hintergrund des nationalsozialistischen Zeitgeistes zu sehen, wonach in der Haftungsbeschränkung an sich ein dem Verantwortungs- und Führerprinzip widersprechendes Prinzip erkannt wurde. Deswegen verwundert es nicht, wenn das Reichsgericht dem Gesellschafter vorwirft, er habe eigentlich gar keine Gesellschaft gründen wollen, sondern es sei ihm nur auf die Erlangung der Haftungsbeschränkung angekommen.[25] Entscheidend für das Reichsgericht war andererseits der *Plan* des Gesellschafters, von vornherein eine Gesellschaft zu gründen, bei der nur ein ganz unzureichender, im Hinblick auf den Umfang der Unternehmung zu geringer Betrag als Stammkapital festgesetzt wurde.[26] Die Fremdkapitalfinanzierung durch Gesellschafter ist so gesehen lediglich die Folgeerscheinung dieser unzureichenden Eigenkapitalausstattung.[27] In Wirklichkeit ging es also nicht um ein Sonderrecht eigenkapitalersetzender Darlehen sondern um die Frage der angemessenen Eigenkapitalausstattung.[28]

Das oft als Beginn des modernen Verständnisses des Eigenkapitalersatzrechts herangezogene *obiter dictum* des RG, es könne auch eine Umgehung der §§ 30, 31 GmbHG als Begründung in Betracht kommen,[29] fiel nur beiläufig und ist ebenfalls unter dem Vorwurf des Rechtsformmissbrauchs zu sehen. Denn der Umgehungsvorwurf basiert seinerseits auf dem Gedanken, dass allein schon die planmäßige Ausnutzung der Möglichkeit, sich in eine Gläubigerstellung zur unterkapitalisierten GmbH zu begeben, sittenwidrig sei. Der Hinweis auf die Kapitalerhaltungsvorschriften hat deswegen jedenfalls aus der Warte des RG keinen eigenständigen Begründungswert.

3. Kritik

a. Sittenwidrige Schädigung

Gegen den Ausgangspunkt des Reichsgerichts an sich ist nichts einzuwenden. Die Gläubigerbenachteiligung bildet tatsächlich eine der Fallgruppen der sittenwidrigen Schädigung. Zunächst ist aber die Verfolgung eigener Interessen ein rechtlich nicht missbilligenswertes Verhalten, und zwar auch dann nicht, wenn dadurch Dritte zu

[24] RG JW 1938, 862 (863).

[25] RG JW 1938, 862 (864). Krit. zu Recht die Revisionsbegründung mit dem Argument, es sei generell Ziel einer GmbH-Gründung, eine beschränkte Haftung zu erreichen und dies also nicht vorwerfbar (865).

[26] RG JW 1938, 862 (865); RG 1939, 355 (355); RG JW 1939, 229 (231); RGZ 166, 51 (57) „Knopffabrik".

[27] Vgl. *W. Friedrich*, Anm. zu RG DJ 1938, 601 (604).

[28] Ebenso *Koppensteiner*, AG 1998, 308 (309).

[29] RGZ 166, 51 (61) „Knopffabrik".

Schaden kommen.[30] Erst wenn das Maß der eigennützigen Missachtung fremder Interessen überschritten ist, insbesondere der angestrebte Vorteil zu dem Nachteil des Dritten außer Verhältnis steht, kommt das Verdikt der Sittenwidrigkeit in Betracht.[31] Es muss daher gefragt werden, inwieweit Interessen Dritter durch Gesellschafterdarlehen überhaupt tangiert werden.[32]

aa. Darlehensgewährung

Die Vereinbarung eines Darlehensvertrages zwischen der GmbH und einem ihrer Gesellschafter ist zunächst nichts anderes als ein Gebrauchmachen von der Vertragsfreiheit und *prima facie* gesetzlich zulässig. Für die Gläubiger verbessert sich sogar die potentielle Insolvenzquote durch die Zuführung der Mittel, obwohl der Gesellschafter in eine Gläubigerposition rückt.[33] Denn in der Insolvenz hätte der Gesellschafter insoweit auch nur einen Quotenanspruch; gleichzeitig wird die insgesamt verfügbare Insolvenzmasse größer (näher unten A.IX.2.). Eine Gläubigergefährdung durch die Finanzierung kommt deshalb allenfalls im Hinblick auf eine bewusste Verzögerung des Insolvenzverfahrens in Betracht. Entscheidend sind dabei aber nicht die Darlehensausreichung an sich, sondern die Umstände und Absichten, die hinter der Finanzierung stehen.[34] So ist es beispielsweise sittenwidrig, wenn der Financier nur einen zur Sanierung des Not leidenden Unternehmens nicht ausreichenden Betrag zur Verfügung stellt, um die Gesellschaft gerade noch so lange über Wasser zu halten, damit er sich rechtzeitig Befriedigung verschaffen kann oder zuvor erhaltene Zahlungen an ihn durch den Zeitablauf insolvenzanfechtungsfest machen will.[35] Dadurch könnten andere Gläubiger veranlasst werden, der Gesellschaft weiterhin Kredit zu geben – gerade dann, wenn es sich bei dem vermeintlichen Sanierer um eine Bank handelt (sog. Kredittäuschung).[36] Eine solche sittenwidrige Vorteilsverschaffung oder Täuschung indes kann auch durch Nichtgesellschafter verwirklicht werden. So ist denn auch diese Rechtsprechung am Beispiel kreditierender Banken entwickelt worden.[37] Dann ist aber auch nicht begründbar, wie hierauf ein eigens für Gesellschafter geltendes Eigenkapitalersatzrecht gebaut werden soll, bei dem es zudem auf die subjektiven Vorstellungen[38] der Gesellschafter grundsätzlich nicht ankommt.

---

[30] So schon RGZ 138, 373 (376).
[31] BGH NJW 1988, 700 (703); BGH NJW 2001, 2632 (2633).
[32] Dazu eingehend auch noch unten A.IX.2.
[33] *Schummer*, Eigenkapitalersatzrecht, 86.
[34] *Spindler*, in: Bamberger/Roth, BGB, § 826 Rn. 42; *Schummer*, Eigenkapitalersatzrecht, 87. Die Aufrechterhaltung der Kreditlinie trotz Insolvenzreife begründet für sich allein deshalb noch nicht den Sittenverstoß, *Rümker*, WM 1982, 286 (287).
[35] So schon RGZ 136, 247 (253); OLG Köln WM 1981, 1238 (1241); *Hartmann*, 132; Palandt/*Sprau*, BGB, § 826 Rn. 44 m.w.N. u. Bsp.
[36] Dazu etwa *Wüst*, JZ 1985, 817 (823); BGH NJW 2001, 2632 (2633).
[37] Grundlegend RGZ 136, 247.
[38] Dazu oben Kap.2 C.I.5.

bb. Rückforderung

Schon eher leuchtet deswegen ein, die für § 826 BGB relevante Schädigung in der Rückforderung des Darlehensbetrages zu sehen. Allein, es ist Wesensmerkmal des Darlehensvertrages, dass der Kreditgeber am Ende der Vertragslaufzeit den ausgereichten Betrag zurückverlangen kann. Ein unredliches, rechtsmissbräuchliches Verhalten des Gesellschafters kann sich auch hier nur aus den konkreten Umständen ergeben, etwa daraus, dass der Gesellschafter gerade in der Krisensituation der GmbH sein Recht durchsetzt und damit der Gesellschaft bewusst „den Todesstoß"[39] versetzt. Dabei ist es aber nicht Sache eines Gläubigers, die Existenz der GmbH zu sichern oder anders gewendet in existenzbedrohenden Situationen auf die Durchsetzung seines Anspruches zu Gunsten anderer Gläubiger zu verzichten; ihn trifft grundsätzlich keine Pflicht zur Belassung eines Kredites, und zwar auch dann nicht, wenn dadurch die Existenz des Darlehensnehmers bedroht wird.[40] Im Gegenteil kann unter Umständen die Fortsetzung (oder Begründung) eines Kreditverhältnisses ihm nach dem eben Gesagten zum Vorwurf gemacht werden, wenn er dadurch die Gesellschaft nur zum eigenen Vorteil kurzfristig am Leben hält. Ebenso verlangt das Eigenkapitalersatzrecht in der Fallgruppe des Stehenlassens vom Gesellschafter das rechtzeitige Abziehen des Darlehens in der Krisensituation.[41] Wenn nicht sachwidrige Interessen verfolgt werden, kann demnach die Rückzahlung des Darlehens in der Krise der GmbH für sich nicht den Vorwurf der Sittenwidrigkeit begründen. Die Motivation, aufgrund eines eventuellen Informationsvorsprungs vor den anderen Gläubigern zum Zuge zu kommen, wird zudem bereits von den Insolvenzanfechtungsvorschriften erfasst, weswegen es keines Rückgriffs auf das Deliktsrecht bedarf.[42] Schließlich ist aber auch hier nicht zu erkennen, warum gerade der Gesellschafter als Kreditgeber bei der Rückforderung des Darlehens einer besonderen Regelung unterworfen sein soll, wenn das Motiv in gleicher Weise auch auf Nichtgesellschafter zutreffen kann.[43] Die Frage der Unzulässigkeit der Rechtsausübung ist insoweit kein spezifisch gesellschaftsrechtliches oder jedenfalls kein gesellschafterrechtliches Problem.

cc. Rechtsfolgen

Auch die Rechtsfolge einer sittenwidrigen Schädigung (Schadenersatzpflicht) passt nicht zum heutigen Eigenkapitalersatzrecht. Denn das Eigenkapitalersatzrecht setzt an keinem Punkt voraus, dass tatsächlich der GmbH oder den Gläubigern ein Schaden

---

[39] Formulierung aus RGZ 136, 247 (253). Interessant ist dabei, dass diese Formulierung erstmals bei der Frage einer sittenwidrigen Schädigung wegen Insolvenzverzögerung durch *Nicht*gesellschafter auftaucht, nunmehr aber als Kennzeichen und Erklärung des Eigenkapitalersatzrechts benutzt wird, so etwa von Michalski/*Heidinger*, GmbHG, §§ 32a, 32b Rn. 8; ähnl. *Goette*, GmbH, § 4 Rn. 89: „Verlängerung des Todeskampfes".

[40] *Schummer*, Eigenkapitalersatzrecht, 88 m.w.N.; s. auch *U.-J. Friedrich*, 73.

[41] Dazu oben Kap.2 C.I.4.b.

[42] Näher dazu noch unten A.IX und Kap.4. C.

[43] *Schummer*, Eigenkapitalersatzrecht, 88.

entstanden ist. Eigenkapitalersatzrecht ist kein Schadenersatzrecht.[44] Deswegen ist anders als bei § 826 BGB auch ein Verschuldenserfordernis nicht Tatbestandsvoraussetzung.

b. Unangemessene Eigenkapitalausstattung

Als wenig tragfähig für eine Rechtfertigung des Eigenkapitalersatzrechtes erweist sich auch der Hinweis auf eine unangemessene Eigenkapitalausstattung. Insoweit ist nämlich die Gesellschafterfremdfinanzierung nur Folgeerscheinung einer als zu gering erachteten Kapitalausstattung, wobei davon ausgegangen wird, dass die Gesellschafter in der Regel den Kapitalbedarf durch Einlagen decken (sollen).[45] Dazu ist zum einen unter Hinweis auf die obigen Ausführungen (Kap.2 A.I.2.a.cc.) zu bemerken, dass es eine generelle Pflicht zur angemessenen Versorgung der GmbH mit haftendem Eigenkapital nicht gibt. Zwar kann es gerechtfertigt sein, missbräuchliche Gesellschaftsgründungen, die tatsächlich von vornherein auf Gläubigerschädigung angelegt sind, mit § 826 BGB zu erfassen;[46] die hier interessierende Frage der Behandlung von Gesellschafterdarlehen ist davon aber zu trennen. Denn im Zusammenhang mit der materiellen Unterkapitalisierung sind die Gesellschafterdarlehen nur eine Reaktion auf eine Kapitalinsuffizienz.[47] Wird eine GmbH nur mit dem Mindeststammkapital finanziert, obwohl sie einen höheren Kapitalbedarf hat, muss dieser Kapitalbedarf notwendig durch Fremdkapital gedeckt werden – ansonsten wäre die Gesellschaft alsbald insolvent. Sanktioniert wird bei der Haftung wegen materieller Unterkapitalisierung jedoch nicht die Darlehensgewährung, sondern die potentiell gläubigerschädigende mangelhafte Eigenkapitalausstattung. Die Ausreichung von Gesellschafterdarlehen ist deswegen auch keine Voraussetzung einer Haftung wegen materieller Unterkapitalisierung.[48] Wenn die Rechtsprechung dennoch nicht die Ursache sondern die Auswirkungen der fehlenden Eigenkapitalausstattung, also die Gesellschafterdarlehen, sanktioniert hat, dann wohl deshalb, weil ein überzeugender Maßstab für ein angemessenes Verhältnis von Eigen- zu Fremdkapital fehlt und den Gesellschaftern der Verlust der tatsächlich schon aufgebrachten Mittel eher zumutbar erscheint als eine Verpflichtung zur Erbringung eines bestimmten Vermögensopfers.[49] Das Eigenkapitalersatzrecht wäre damit aber nichts anderes als ein Surrogat für eine Haftung wegen zu niedriger Eigenkapitalausstattung.[50]

---

[44] Zu den Zweifeln der Heranziehung des § 826 BGB auch *Schouler*, 72 ff.

[45] S. auch die Begründung des Gesetzentwurfs des RJM, *Schubert*, Entwurf, 163. Dazu (krit.) Kap.2 B.I.2.c.

[46] A.A. eine starke Auffassung in der Literatur, die das Problem als solches des „Haftungsdurchgriffs" versteht. Dazu schon krit. Kap.2 A.I.2.a.cc.(1). Ob dabei i.Ü. tatsächlich die Kategorie der „Unterkapitalisierung" und die Anknüpfung an ein schwer zu bestimmendes „angemessenes" Eigenkapital hilfreich sind, ist zumindest zweifelhaft.

[47] *K. Schmidt*, Gesellschaftsrecht, § 9 IV.4.a.; *Schummer*, Eigenkapitalersatzrecht, 93.

[48] *Schummer*, Eigenkapitalersatzrecht, 93.

[49] *Wiedemann*, FS Beusch, 893 (902).

[50] *H.-J. Weber/Lepper*, DStR 1991, 981 (985); *Uhlenbruck*, GmbHR 1982, 141 (145); *v. Caemmerer*, FS Sanders, 17 (20, 24). Richtig *Wiedemann*, Gesellschaftsrecht I, 566, der Zwiespalt liege darin, eine

4. Zwischenergebnis

Der Gedanke einer sittenwidrigen Schädigung stand am Beginn der Entwicklung des Eigenkapitalersatzrechts, lässt sich heute aber nicht mehr zu seiner Begründung anführen.[51] Weder lassen sich Darlehensausreichung und Rückforderung des Darlehens durch einen Gesellschafter in der Krise als sittenwidrig einstufen, noch passen Tatbestandsvoraussetzung und Rechtsfolgen des § 826 BGB zum Eigenkapitalersatzrecht. Der Ansatz ist eher verkappte Sanktionierung unzureichender Eigenkapitalausstattung als Sonderrecht für Gesellschafterdarlehen.

II. Venire contra factum proprium

In der Nachkriegszeit ist das Eigenkapitalersatzrecht zunächst von Treu und Glauben (§ 242 BGB) als Begründungsansatz geprägt. Der BGH löste sich schon in der ersten Entscheidung zum Problemkreis Gesellschafterdarlehen von der Einordnung als sittenwidrige Schädigung.[52] Eine Fortführung der reichsgerichtlichen Judikate scheiterte vor allem deshalb, weil ein Schädigungsvorsatz i.S.d. § 826 BGB dem Gesellschafter nicht nachzuweisen war.[53] Dennoch bewegt sich die Argumentation mit dem Rekurs auf einen Verstoß gegen Treu und Glauben und damit verbundener unzulässiger Rechtsausübung immer noch auf den Gleisen des Rechtsmissbrauchs. Daneben bleibt auch die materielle Unterkapitalisierung im Hintergrund ein entscheidendes Motiv.[54] Ausprägungen der „dogmatischen Ausgangswurzel"[55] treuwidrigen Verhaltens sind sowohl der Gedanke widersprüchlichen Verhaltens als auch die Haftung wegen enttäuschten Vertrauens (nachfolgend A.III.).

1. Leitgedanke: Insolvenzabwendungszweck

Das Verbot widersprüchlichen Verhaltens (*venire contra factum proprium nemini licet*) ist eine allgemein anerkannte Ausprägung des Prinzips von Treu und Glauben. Der Tatbestand setzt sachlogisch zunächst voraus, dass ein Vertragspartner zeitlich nacheinander zwei gegensätzliche Verhaltensweisen vollzieht. Rechtsmissbräuchlich ist widersprüchliches Verhalten indes erst dann, wenn für den anderen Teil ein Vertrauenstatbestand gesetzt wurde oder andere Umstände die Rechtsausübung als treu-

---

bei nomineller Unterkapitalisierung eine Pflicht zu angemessener Kapitalbildung zu bejahen, bei materieller Unterkapitalisierung hingegen zu verneinen.

[51] So i.E. auch Scholz/*K. Schmidt*, GmbHG, §§ 32a, 32b Rn. 8; *Reiner*, FS Boujong, 415 (426).

[52] BGHZ 31, 258 (269 ff.) „Flugtaxi".

[53] S. BGHZ 31, 258 (271) „Flugtaxi".

[54] Der Frage der materieller Unterkapitalisierung räumt der BGH beachtlichen Platz ein, BGHZ 31, 258 (268 ff.) „Flugtaxi". Auch die ältere Literatur diskutiert Gesellschafterdarlehen noch vor diesem Hintergrund, so etwa *v. Caemmerer*, FS Sanders, 17 (20, 24) und *Kamm*, 59 *et passim*.

[55] *Hommelhoff*, in: v. Gerkan/Hommelhoff, HdB Kapitalersatzrecht, Rn. 2.20.

widrig erscheinen lassen.[56] Auf ein Verschulden oder die Rechtswidrigkeit des Handelns kommt es dabei nicht an.[57]

Übertragen auf den Grundfall des eigenkapitalersetzenden Darlehens bedeutet dies, dass die Darlehensrückforderung in der Krise im Widerspruch zur Darlehensgewährung stehen müsste. Nun entsteht aber bei jedem Darlehensvertrag nach Ablauf der vereinbarten Vertragsdauer oder Kündigung des Vertrages ein Abwicklungsverhältnis, bei dem der Darlehensnehmer verpflichtet ist, den erlangten Geldbetrag zum Nennwert zurückzuzahlen (§ 488 I 2 BGB). Obschon die Rückerstattungspflicht nicht im Gegenseitigkeitsverhältnis steht, ist sie Hauptpflicht aus dem Schuldverhältnis.[58] Deswegen ist es aber auch nicht widersprüchlich, wenn der Gesellschafter nach Ende der darlehensweisen Überlassung seinen Rückforderungsanspruch geltend macht.[59] Im Gegenteil: Es wäre widersprüchlich, wenn er dies nicht täte.

Der behauptete Widerspruch im Verhalten des Gesellschafters muss deshalb woanders liegen. Der BGH hat hierzu zu Beginn der Eigenkapitalrechtsprechung auf einen mit der Kredithilfe verbundenen Insolvenzabwendungszweck abgestellt. Wer als Gesellschafter mit der Finanzierung beabsichtigt, eine Insolvenz abzuwenden, müsse sich hieran auch festhalten lassen, solange die GmbH weiter in der Krise steckt. Ein Abzug des Darlehens vor Abwendung der Insolvenzgefahr, bedeute dann ein widersprüchliches Verhalten, das gegen § 242 BGB verstoße.[60] Die Vertragspartner werden also auf die von ihnen selbst autonom getroffene Abrede verwiesen.[61] Und wenn die Insolvenzabwendung nur durch die Zurverfügungstellung haftenden Kapitals erreichbar ist, dann müsse es sich der Gesellschafter auch gefallen lassen, dass seine Finanzierungsmittel diesem Willen entsprechend wie haftendes Kapital – also einlagengleich – mitsamt Anwendung der Kapitalerhaltungsvorschriften (§§ 30, 31 GmbHG) behandelt werden.[62]

2. Kritik

Der Gedanke des widersprüchlichen Verhaltens hat den Vorzug, die Subordination der Gesellschafterleistung auf die privatautonome Vereinbarung der Vertragsparteien zu stützen und damit weiterem Rechtfertigungsdruck zu entgehen. Ob allerdings tatsächlich die freiwillige Hintanstellung der Forderungen aus dem Darlehensvertrag gewollt

[56] Jauernig/*Mansel*, BGB, § 242 Rn. 48; *Grüneberg*, in: Bamberger/Roth, BGB, § 242 Rn. 106; Palandt/*Heinrichs*, BGB, § 242 Rn. 55; BGHZ 94, 344 (354).
[57] *Grüneberg*, in: Bamberger/Roth, BGB, § 242 Rn. 109.
[58] Soergel/*Häuser*, BGB, § 607 Rn. 151.
[59] Richtig daher *Berger*, 58; *Hildebrand*, 83; *Grunewald*, GmbHR 1997, 7 (8); *K. Schmidt*, Gesellschaftsrecht, § 18 III.4.b.; Scholz/*K. Schmidt*, GmbHG, §§ 32a, 32b Rn. 9; *Heinert*, 39; *U.-J. Friedrich*, 73 ff.; *Lutter/Hommelhoff*, ZGR 1979, 31 (35).
[60] BGHZ 31, 258 (272 ff.) „Flugtaxi"; BGHZ 67, 171 (175); BGH WM 1972, 74 (75) „Deckenputz".
[61] U.-J. Friedrich, 72.
[62] BGHZ 31, 258 (273) „Flugtaxi".

ist, ist eine Frage der Vertragsauslegung[63] – eben diese wird jedoch nicht ernst genommen.

a. Fehlerhafte Prämisse

Der Lösungsansatz setzt als Prämisse voraus, dass der Darlehensabrede tatsächlich eine entsprechende Zweckbestimmung beigelegt wurde. Neben einer ausdrücklichen Zweckvereinbarung kann sich ein solcher Zweck auch konkludent ergeben. Die Sinnermittlung muss sich jedoch stets an dem von den Parteien Gewollten orientieren, da der Vertragsauslegung keine Korrekturfunktion zukommt.[64] In den Sachverhaltsschilderungen der höchstrichterlich entschiedenen Fälle jedoch findet sich jeweils kein Hinweis darauf, dass die Insolvenzabwendung wesentlicher Zweck der Finanzierung gewesen sei *und* der Gesellschafter die Mittel bis dato habe zur Verfügung stellen wollen. Im Gegenteil ist es gerade so, dass der Gesellschafter regelmäßig durch die Darlehensgewährung sein Finanzierungsrisiko bewusst gering halten will.[65] Gerade diese Tatsache wird ihm schließlich mit Hinweis auf den ordentlichen Kaufmann zum Vorwurf gemacht, der in der Krise mit Eigenkapital finanziert hätte (§ 32a I 1 GmbHG). Es ist daher eher widersprüchlich, auf der einen Seite für die Anwendbarkeit des Eigenkapitalersatzrechts von einem „unordentlichen Kaufmann" auszugehen, der gerade kein eigenkapitalgleiches Finanzierungsrisiko übernehmen will, auf der anderen Seite aber ein *venire contra factum proprium* als Begründungsansatz zu präsentieren, das sich darauf stützt, dass der Gesellschafter die Mittel freiwillig bis zur Insolvenzabwendung habe belassen wollen.

In Wirklichkeit findet an dieser Stelle auch keine Auslegung statt.[66] Dem Einwand, dass die Insolvenzabwendung gar nicht gewollt war, wird nämlich keine Beachtung geschenkt.[67] Die Argumentation kann auch nicht mit dem Gedanken gestützt werden, der Gesellschafter habe sich nur in dem gewählten Mittel (Darlehen) vergriffen, tatsächlich aber aufgrund des objektiv feststellbaren (Eigen)Kapitalbedarfs sicherlich eine Sanierung der GmbH gewollt oder als redlicher Gesellschafter nicht anders wol-

---

[63] Zur Abgrenzung von Vertragsauslegung und Einschränkung der Vertragsfreiheit *Fastrich*, Inhaltskontrolle, 21 ff.

[64] *Larenz/Canaris*, Methodenlehre, 120; *Fastrich*, Inhaltskontrolle, 22.

[65] *Michel*, 129; *Reiner*, FS Boujong, 415 (424 ff.).

[66] So bereits *Sonnenberger*, NJW 1969, 2033 (2035); richtig deswegen auch die leider nicht im Wortlaut abgedruckte, von *Sidlo* besprochene, Entscheidung LG Stuttgart, GmbHR 1951, 187, wo es im Leitsatz heißt: „Mögen auch Darlehen von Gesellschaftern einer GmbH. im einzelnen in atypischer Weise ausgestaltet sein und sich sogar in wirtschaftlicher Hinsicht dem Bild einer Stammeinlage weitgehend nähern, so bleibt es Beweisfrage, ob die Vertragspartner wirklich „Darlehen" und nicht etwa „verdeckte Stammeinlagen" leisten wollen." Das LG betont, dass es Gesellschaftern nicht untersagt sei, in der Insolvenz als Gläubiger aufzutreten und die Quote zum Nachteil der übrigen Gläubiger zu schmälern. Auf diese Weise nimmt es die Vertragsfreiheit ernst und überlässt es allein der vertraglichen Ausgestaltung der Finanzierung, welche Bindung die Mittel erfahren sollen.

[67] *Dellinger*, ÖBA 1998, 601 (605 Fn. 26) m.w.N.

len können.[68] Auch damit wird dem Gesellschafter nämlich eine Absicht untergeschoben, die er nicht haben muss. Er ist auch in der Krise nicht zur Finanzierung der Gesellschaft verpflichtet. An dieser Stelle scheint deshalb nur wieder der nicht weiterführende Gedanke der materiellen Unterkapitalisierung durch. Die Annahme eines Insolvenzabwendungszwecks ist letztlich die bloße fiktive Unterstellung, der Gesellschafter habe Haftkapital auf vertraglicher Basis leisten wollen, und zwar deshalb, weil er solches Haftkapital hätte leisten sollen.[69] Die Fiktion einer rechtsgeschäftlichen Erklärung ist nichts anderes als „wunschgesteuerte Tatbestandsfeststellung".[70] So verstanden fußt denn auch tatsächlich der Lösungsansatz mit einem widersprüchlichen Verhalten nicht auf dem Verstoß gegen eigenes vorangegangenes Handeln sondern auf dem Verstoß gegen ein Handeln, das unter Zuhilfenahme einer Sollensnorm fingiert wird.[71] Allein, eine Begründung für diese Sollensnorm ist damit noch nicht verbunden.

Schließlich müsste das Argument widersprüchlichen Verhaltens auch für Nichtgesellschafter gelten, die mit dem Zweck zur Insolvenzabwendung ein Darlehen ausreichen.[72] Auch hier bleibt also offen, warum nur Gesellschafter erfasst werden sollen. Denn der Insolvenzabwendungszweck kann den schuldrechtlichen Charakter der Kreditleistung nicht zu einem gesellschaftsrechtlichen verändern.[73]

b. Kein Vertrauenstatbestand

Ohne widersprüchliches Verhalten des fremdfinanzierenden Gesellschafters gibt es auch keinen Anknüpfungspunkt für einen Vertrauenstatbestand.[74] Aber selbst dann, wenn eine Zweckvereinbarung vorläge, bestünde stets die Möglichkeit, diese abzuändern oder aufzuheben.[75] Etwas anderes würde nur dann gelten, wollte man die Dispositionsbefugnis der Parteien über die Änderung der Zweckbestimmung einschränken.[76] Damit ist aber nichts gewonnen; denn zwangsläufig ist man dann wieder am Anfang der Begründungsnot, nämlich wie diese Einschränkung der Vertragsfreiheit gerechtfertigt werden kann.

---

[68] *Reiner*, FS Boujong, 415 (425); ähnl. *Kamm*, 112, 114. Deutlich objektiv formuliert etwa BGHZ 67, 171 (175): „[...] die als Kapitalgrundlage benötigten Mittel [...]". Wie hier auch *Michel*, 130 mit dem Argument, zu einer konkludenten Zweckbestimmung gelange man auch nicht mit dem Hinweis auf die Insolvenzantragspflicht, die die Gesellschafter umgehen wollen. Denn eine Insolvenzantragspflicht trifft die Gesellschafter in ihrer Gesellschaftereigenschaft gerade nicht, sondern nur dann, wenn sie zusätzlich als (faktische) Geschäftsführer fungieren.

[69] Ähnlich *Reiner*, FS Boujong, 415 (425); *Vervessos*, 110.

[70] Treffend *Kamm*, 114.

[71] So etwa *K. Schmidt*, Gesellschaftsrecht, § 18 III.4.b.; *ders.*, ZIP 1981, 689 (691); Scholz/*K. Schmidt*, GmbHG, §§ 32a, 32b Rn. 9.

[72] U.-J. Friedrich, 74; Kamm, 126 ff.

[73] *Schönle*, GmbHR 1960, 63 (64); *U.-J. Friedrich*, 74.

[74] Zu bemerken gilt es an dieser Stelle, dass das geschaffene Vertrauen beim Vorwurf eines widersprüchlichen Verhaltens regelmäßig von dem einen Vertragspartner bei dem anderen erzeugt wird. Schon diese Fokussierung auf das Vertragsverhältnis behindert eine Heranziehung für ein Rechtsinstitut, das seiner Konzeption nach dem Schutz der Gläubiger und nicht dem der GmbH dienen soll.

[75] Richtig *Ketzer*, 32; *Fleischer*, Finanzplankredite, 82; *Michel*, 130; *Vervessos*, 109; *Kreis*, 43.

[76] Dazu *Lutter/Hommelhoff*, ZGR 1979, 31 (35 ff.).

c. Darlehensfinanzierung und Insolvenzabwendung

Mit dem Gedanken treuwidrigen Verhaltens einher geht die Vorstellung, dass die Gesellschafter das zur Insolvenzabwendung „richtige“ Mittel wählen wollten. Da es zur Abwendung der Überschuldung (die der BGH in der „Flugtaxi“-Entscheidung nur als „möglich“ bezeichnet, ohne sie festzustellen) nicht ausreicht, ein Darlehen zur Verfügung zu stellen, weil dieses gleichzeitig die Schulden der GmbH erhöht,[77] wird das Darlehen als haftendes Kapital behandelt und insbesondere § 31 I GmbHG unterworfen.[78] Damit wird aber die dem fingierten Zweck entsprechende passende Rechtsfolge in die Darlehensabrede hineingezwungen, obgleich dies offensichtlich nicht zum Parteiwillen passt, da der Gesellschafter ja gerade kein Risikokapital beisteuern möchte.[79] Auch wenn der Gesellschafter bei der Finanzierung tatsächlich die Insolvenzabwendung beabsichtigt haben sollte, muss er nicht die zur Zweckerreichung geeignete Vertragsgestaltung wählen. Es steht ihm frei, den falschen Weg einzuschlagen. Führt dieser Weg nicht zur Insolvenzabwendung, sind die Konsequenzen daran zu orientieren, dass die Einleitung eines Insolvenzverfahrens nicht bewerkstelligt wurde.[80] Mit anderen Worten wäre eine Insolvenzverschleppungshaftung zu prüfen. Durch eine zweite Fiktion hingegen – diesmal hinsichtlich der „gewollten“ Rechtsfolgen – wird der Parteiwille doppelt vergewaltigt.[81]

3. Zwischenergebnis

Die Verankerung des Eigenkapitalersatzrechts beim Verbot widersprüchlichen Verhaltens überzeugt nicht. Denn rechtstechnisch wird auf den Parteiwillen abgestellt. Da die spezifische Bindung der Geldmittel dann schon aus der schuldrechtlichen Abrede resultierte, wäre mit dieser Maßgabe ein eigenes Rechtsinstitut eigenkapitalersetzender Gesellschafterleistungen (und die Kategorie eines erzwungenen Eigenkapitals) überflüssig. Unterwerfen sich die Gesellschafter durch die vertragsautonome Ausgestaltung der Fremdfinanzierung einer eigenkapitalähnlichen Bindung (etwa mittels qualifizierten Rangrücktritts) bedürfte es gar keines Rückgriffs auf die Kapitalerhaltungsvorschriften.[82]

Noch weniger überzeugt der Ansatz dann, wenn der Parteiwille schon gar nicht ermittelt wird, sondern entscheidend ist, was der Gesellschafter zu wollen hat.[83] Die Vertragsparteien haben es in der Hand, eine Insolvenz abzuwenden oder nicht. Tun (oder wollen) sie es nicht, kann eine dahingehende Zweckbestimmung aber nicht fingiert

---

[77] Genauer zur Eignung eines Darlehens zur Insolvenzabwendung unten A.IX.2.b.

[78] BGHZ 31, 258 (272 ff.) „Flugtaxi“. Die Argumentation des BGH kann freilich überhaupt nur dann logische Geschlossenheit für sich beanspruchen, wenn eine Überschuldung auch tatsächlich bestand.

[79] Krit. auch *Uhlenbruck*, GmbHR 1982, 141 (147).

[80] So bereits *Sonnenberger*, NJW 1969, 2033 (2036).

[81] Treffend *Schummer*, Eigenkapitalersatzrecht, 153.

[82] Dazu schon oben Kap.2 A.II.2.b.cc. S. vor diesem Hintergrund die Deutung des Insolvenzabwendungszwecks als konkludente Rangrücktrittsklausel durch *Ulmer*, FS Duden, 661 (671, 674).

[83] *Vervessos*, 109; ähnl. *Michalski/de Vries*, NZG 1999, 181 (183) zu Finanzplankrediten.

werden, ohne dass der Vertrag dafür Anhaltspunkte böte.[84] Wer anders verfährt, nimmt den Gesellschaftsorganen im selben Atemzug eine mögliche Haftung wegen Insolvenzverschleppung ab und beschneidet den Gläubigerschutz. Im Ergebnis zu Recht sind Rechtsprechung und Lehre deshalb wieder von diesem Ansatz abgerückt.[85] Allerdings wirkt der unzutreffende Gedanke des *venire contra factum proprium* immer noch insoweit fort, als die heute von der h.M. als dogmatisch tragfähig angesehene Finanzierungsfolgenverantwortung als übergreifendes Prinzip alle bisherigen Ansätze zusammenfassen soll.[86]

III. Haftung wegen enttäuschten Vertrauens

Als Ausprägung der ebenfalls in § 242 BGB verankerten Vertrauenshaftung taucht der Gedanke einer Täuschung der Gläubiger durch das Finanzierungsverhalten der Gesellschafter schon im Zuge der reichsgerichtlichen Rechtsprechung auf. Dazu heißt es etwa, der Gläubiger „müsse sich darauf verlassen können, dass die Gründer das Stammkapital nicht so niedrig bemessen, dass es in auffälligem Missverhältnis zu dem Umfange des Unternehmens steht und damit das Geschäftsrisiko auf andere abgewälzt" wird.[87] Schon daran wird deutlich, dass auch bei Verlagerung der Blickrichtung auf den Schutz des Rechtsverkehrs die Frage der ausreichenden Eigenkapitalausstattung eine tragende Rolle spielt.

1. Argumentationsansatz

Ausgangsüberlegung ist, dass ein Gesellschafter eine über das gewöhnliche Maß hinausgehende Gefährdung der Gläubiger bewirkt, wenn er eine aus eigener Kraft nicht mehr lebensfähige Gesellschaft dadurch „künstlich" am Leben hält, dass er ihr Fremdfinanzierungsleistungen zukommen lässt, anstatt für eine wirtschaftlich notwendige Eigenkapitalzufuhr zu sorgen.[88] Das grundsätzlich freie Ermessen, inwieweit der Geldbedarf der GmbH durch Eigen- und inwieweit durch Fremdkapital gedeckt werden kann, finde dort seine Grenze, wo die Existenz eines Not leidenden Unternehmens redlicherweise nur noch dann zu verantworten ist, wenn Eigenkapital für eine so lange

---

[84] Deutlich der Vorwurf von *Kamm*, 114, die Rspr. verzichte aufgrund des Wunsches eines (vermeintlich) gerechten Ergebnisses bewusst auf unbedingt erforderliche dogmatische Distinktionen.

[85] Statt vieler *Castor*, 34; *Grunewald*, GmbHR 1997, 7 (8); *Koppensteiner*, AG 1998, 308 (314 ff.); *Kamm*, 127; *Reiner*, FS Boujong, 415 (424 ff.); *K. Schmidt*, Gesellschaftsrecht, § 18 III.4.b.; weitere Nachw. bei *Vervessos*, 109; für das ÖSTERREICHISCHE Recht *Berger*, 57 ff. Immer noch auf ein widersprüchliches Verhalten des Gesellschafters abstellend jedoch R/A/*Altmeppen*, GmbHG, § 32a Rn. 16; *Henze*, HdB GmbH, Rn. 499; *Obermüller*, ZInsO 1998, 51 (51); *H.-J. Weber/Lepper*, DStR 1991, 980 (981); *Ulmer*, FS Duden, 661 (674).

[86] Leitentscheidung BGHZ 90, 381 (389) „BuM"; näher dazu unten A.V.

[87] *W. Friedrich*, Anm. zu RG DJ 1938, 601 (604). Zum Ansatz der Risikoabwälzung sogleich unten A.IV.

[88] BGH WM 1972, 74 (75) „Deckenputz". Zur Frage des Zusammenhangs zwischen Fremdkapitalfinanzierung und Gläubigergefährdung näher unten A.IV. und A.IX.2.

Dauer eingesetzt wird, bis der Zweck seiner Hergabe erreicht ist und die Gesellschaft wieder auf eigenen Füßen stehen kann.[89] Ein Gesellschafter, der diese Ermessensgrenzen missachtet, täusche die Gläubiger, die darauf vertrauen (dürfen), dass sich der Gesellschafter „ordnungsgemäß" verhält. Denn mit der Darlehensfinanzierung entstehe für die Gläubiger der (falsche) Eindruck, die GmbH verfüge noch über so viel Eigenkapital, dass sie ihre Geschäfte als werbendes Unternehmen weiterbetreiben kann, obwohl sie in Wirklichkeit in Kürze liquidiert werden müsste.[90] Im Ergebnis wird also das Eigenkapitalersatzrecht auf den Schutz des Vertrauens der Gläubiger in die Lebensfähigkeit einer werbend tätigen Gesellschaft, also einen Rechtsscheinhaftungstatbestand, zurückgeführt.

Der Gedanke des Eigenkapitalersatzrechts als Rechtsscheinhaftung ist insbesondere von *Lutter/Hommelhoff* aufgegriffen worden.[91] Tragender Grund der Umqualifizierung der Gesellschafterleistungen sei ein allgemeines, typisiertes Vertrauen in die Leistungsfähigkeit der Gesellschaft, das durch die Teilnahme am Wirtschaftsverkehr immer wieder erneuert, konsolidiert und vertieft werde.[92] Gesellschaftsgläubiger müssen sich also darauf verlassen können, dass die Gesellschaft ihre gegenwärtigen und künftigen Verpflichtungen erfüllen kann.[93] Wurzel dieses normativen Vertrauens soll der objektive Verkehrsschutz sein; folglich sei nicht entscheidend, ob der einzelne Gläubiger tatsächlich auf die Leistungsfähigkeit der GmbH vertraut hat.[94] Ein maßgebliches Begründungselement ist daneben der Insolvenzgrund der Überschuldung, der den Gläubigerschutz in den Zeitraum vor der Zahlungsunfähigkeit vorverlagert, indem er bereits frühzeitig den weiteren Geschäftsbetrieb unterbindet.[95] Dieser Normzweck bedinge gleichzeitig, dass das Vertrauen der Gläubiger in das Funktionieren der Insolvenzauslösung und ihre Wachsamkeit im Hinblick auf den möglichen Eintritt einer Überschuldung nicht dadurch enttäuscht oder überspielt werden darf, dass die Gesellschafter die fortdauernde Leistungsfähigkeit der GmbH mittels Gesellschafterdarlehen nur vorspiegeln.[96] Weil also insolvente Gesellschaften aus dem Rechtsverkehr zu entfernen sind, müsse sich umgekehrt ein Gläubiger auch darauf verlassen können, dass eine am Geschäftsverkehr noch werbend teilnehmende GmbH in der Lage ist, ihre laufenden Verbindlichkeiten zu erfüllen.[97]

---

[89] BGH WM 1972, 74 (75) „Deckenputz". Gemeint ist der Insolvenzabwendungszweck; dazu o. A.II.1.

[90] BGHZ 75, 334 (337 ff.). Dieser Gedanke taucht weiterhin auf in BGHZ 90, 381 (387) „BuM"; BGHZ 109, 55 (57) „Lagergrundstück I"; BGH NJW 1996, 3203 (3204).

[91] Grundlegend *Lutter/Hommelhoff*, ZGR 1979, 31 (36 ff.). Dieser Ansicht folgend *Beine*, 22; *Kreis*, 45; Hachenburg/*Ulmer*, GmbHG, §§ 32a, b Rn. 33; *Geißler*, GmbHR 1994, 152 (153); weitere Nachweise bei *Vervessos*, 111 Fn. 551.

[92] *Berger*, 95; *Lutter/Hommelhoff*, ZGR 1979, 31 (36, 41); *Kreis*, 45; *Ketzer*, 37 ff.; *Hildebrand*, 101.

[93] *Ketzer*, 37 ff.

[94] *Lutter/Hommelhoff*, ZGR 1979, 31 (36 ff.); *Ketzer*, 38; *Berger*, 98 ff.

[95] *Lutter/Hommelhoff*, ZGR 1979, 31 (37); *Berger*, 96.

[96] *Berger*, 92; *Ketzer*, 39.

[97] *Berger*, 98.

2. Grundsätzliches zur Vertrauenshaftung

Das Prinzip des Vertrauensschutzes taucht in gesetzlichen Anspruchsgrundlagen vereinzelt auf. Dabei ist charakteristisch, dass zwischen Anspruchsinhaber und Anspruchsberechtigtem kein Vertragsverhältnis besteht, wie etwa in den Fällen der §§ 122, 179 II, 663 BGB. Ob aus diesen gesetzlichen Anhaltspunkten ein allgemeines gesetzliches Schuldverhältnis der „Vertrauenshaftung“ abgeleitet werden kann, ist zwar streitig;[98] jedoch findet der Teilbereich der sog. Rechtsscheinhaftung, um die es hier geht, weitgehend Zustimmung.[99] Danach muss derjenige, der das Vertrauen anderer in eine bestimmte Rechtslage erweckt, sich daran auch festhalten lassen. Tatbestandlich setzt dies einen in zurechenbarer Weise erzeugten, in Wirklichkeit nicht bestehenden Schein einer Rechtslage voraus, der auf der anderen Seite spiegelbildlich zu einem enttäuschten Vertrauen geführt hat.[100] Rechtsfolge ist die Vertrauensentsprechung. Wer den Rechtsschein erzeugt hat, muss den Vertrauenden so stellen, wie wenn die scheinbare Rechtslage tatsächlich bestünde.[101] Schließlich muss denklogisch derjenige, der sich auf den Rechtsschein beruft, gutgläubig im Sinne von § 122 II BGB sein.[102]

3. Kritik

a. Tatbestandliche Einwände

Die Überzeugungskraft dieses Begründungsversuches hängt zunächst davon ab, ob überhaupt der Anschein einer bestimmten Rechtslage erzeugt wurde. Hierfür werden zum einen der durch die fortdauernde Existenz der Gesellschaft erweckte[103] Anschein

---

[98] Grundlegend zum (str.) System einer Vertrauenshaftung *Canaris*, Vertrauenshaftung, insbes. 491 ff.; *ders.*, Festgabe 50 Jahre BGH, 129-197; Überblick bei MünchKommBGB/*Kramer*, Einl. Rn. 91 m.w.N.

[99] S. nur MünchKommBGB/*Roth*, § 242 Rn. 443; *Canaris*, Festgabe 50 Jahre BGH, 129 (133). Standardbeispiele sind Anscheinsvollmacht und Scheinkaufmann. Um eine Einstandspflicht für einen ohne Erklärungsbewusstsein geschaffenen Scheintatbestand – dazu *Canaris*, Vertrauenshaftung, 188 ff. – geht es hier i.Ü. gerade nicht, da dem Gesellschafter der Vorwurf gemacht wird, durch seine (ihm zuzurechnende) Finanzierungsleistung den Anschein ausreichender Kapitalausstattung bzw. Leistungsfähigkeit der GmbH erweckt zu haben.

[100] *Canaris*, Festgabe 50 Jahre BGH, 129 (133).

[101] *Canaris*, Vertrauenshaftung, 518; *ders.*, Festgabe 50 Jahre BGH, 129 (133).

[102] MünchKommBGB/*Roth*, § 242 Rn. 444; *Canaris*, Vertrauenshaftung, 505. A.A. für Gesellschafterleistungen jedoch *Hildebrand*, 105 ff. mit einem eigenen Konzept der „gesellschaftsrechtlichen Rechtsscheinhaftung“, das sich freilich inhaltlich von dem Ansatz bei *Lutter*/*Hommelhoff* und *Berger* nicht unterscheidet.

[103] Bereits hier kritisch ansetzend *Schummer*, Eigenkapitalersatzrecht, 292 ff.; *Vervessos*, 111 mit dem Argument, die bloße Teilnahme der GmbH am Geschäftsverkehr sei keine „bestimmte Rechtslage“, auf die sich ein Vertrauen bauen könnte, sondern nur eine schlichte „natürliche Tatsache“, die schon keinen Rechtsschein zu begründen vermag. Denn dass die GmbH existiert, entspreche ja der Wirklichkeit.

ausreichender Eigenkapitalausstattung und zum anderen die Vortäuschung einer in Wirklichkeit nicht (mehr) bestehenden Leistungsfähigkeit der GmbH genannt.

aa. Anschein ausreichender (Eigen)Kapitalausstattung

Schon im Ansatz verfehlt ist es, anzunehmen, eine wirtschaftlich werbend tätige GmbH rufe den Eindruck hervor, über ein angemessenes Eigenkapitalpolster zu verfügen.[104] Bereits aufgrund der allseits beklagten Kapitalarmut der GmbH wird tatsächlich kaum jemand annehmen, ein solches Unternehmen sei mit ausreichend Eigenkapital ausgestattet, nur weil es existiert.[105]

Daran ändert sich auch dann nichts, wenn ein Gesellschafter der GmbH Kredit gewährt. Es ist widersinnig, aus dem bei der Finanzierung kundgegebenen Willen, nur als Fremdkapitalgeber auftreten zu wollen, zu schließen, die GmbH verfüge über hinreichend Risiko- oder Eigenkapital. Die Annahme, Gläubiger dürften aufgrund der Existenz einer Gesellschaft auf eine solide Finanzierung vertrauen, hieße letztlich, eine unbeschränkte Nachschusspflicht für (finanzierungswillige) Gesellschafter einzuführen, deren Einführung das GmbHG aber in das Belieben der Gesellschafter stellt.[106] Eine unbeschränkte Eigenkapitalfinanzierung der Gesellschafter würde dem Gedanken der Haftungsbeschränkung zu wider laufen und wird deshalb auch nicht ernsthaft vertreten. Auch das Argument einer Finanzierungsregel, wonach die Gesellschafter die GmbH ordnungsgemäß zu finanzieren haben, führt hier nicht weiter. Denn die Finanzierungsmöglichkeiten bei der GmbH gehorchen dem Grundsatz der Finanzierungsfreiheit – und Einschränkungen bedürfen einer Begründung, die es hier gerade zu finden gilt.[107] Will man sich nicht in eine zirkelschlüssige Argumentation begeben, kann demnach bei den Gesellschaftsgläubigern auch kein Vertrauen in eine Finanzierung entstehen, die ausreichend Eigenkapitalmittel beinhaltet – weder individuell noch typisiert.[108] Die postulierte Verhaltenserwartung, in der Krise finanziere ein ordentlicher Gesellschafter mit Eigenkapital, entspringt daher nicht aus dem Sinngehalt der Fremdkapitalüberlassung, sondern aus einer Sollensnorm, die eine bestimmte Risikoübernahme in der Krise fordert, jedoch ihrerseits einer Begründung bedarf.[109]

bb. Anschein der Leistungsfähigkeit

Das Argument, die Existenz einer GmbH lasse auf ihre Leistungsfähigkeit schließen, hängt eng mit den Insolvenzauslösetatbeständen zusammen. Es ist unter der – richtigen – Prämisse, dass eine insolvenzreife Gesellschaft nach dem Normzweck der Insol-

---

[104] *Kamm*, 110; *Fastrich*, FS Zöllner, 143 (147); *Michel*, 135. So aber insbesondere die Rechtsprechung, BGHZ 75, 334 (337 ff.); BGHZ 90, 381 (387) „BuM"; ebenso *Kuhr*, 53; *Ketzer*, 37.

[105] *Koppensteiner*, AG 1998, 308 (315); *Tittel*, 33; *Grunewald*, GmbHR 1997, 7 (8); *Heinert*, 47; *Schummer*, Eigenkapitalersatzrecht, 302. Allg. zur angemessenen Eigenkapitalausstattung bereits oben Kap.2 A.I.2.a.cc.(1).

[106] So auch *Heinert*, 48.

[107] Ebenso *Schouler*, 94. Zu Finanzierungsregeln bereits oben Kap.2. A.II.1.b. und unten A.V.2.

[108] *Kamm*, 110. Zur Rolle des Vertrauens auch noch sogleich unter Punkt bb.

[109] *Fastrich*, FS Zöllner, 143 (145).

venzauslösetatbestände vom Markt genommen (oder im Insolvenzverfahren saniert) werden soll, einleuchtend, dass eine aktiv am Wirtschaftsleben teilnehmende GmbH *prima facie* als leistungs- oder lebensfähig erscheint. Denn die Insolvenzordnung sichert die rechtzeitige Insolvenzverfahrenseinleitung durch die Antragspflicht nach § 64 I GmbHG.

Bei dem so erzeugten Rechtsschein handelt es sich aber lediglich um die Erwartung, dass die GmbH sich an gesetzliche Pflichten – eben die Insolvenzantragspflicht – hält. Die allgemeine Erwartung der Gesetzestreue kann indes kein Geltungsgrund einer Vertrauenshaftung sein, weil ansonsten aus jeder Norm eine Vertrauenshaftung resultierte.[110] Das gilt erst recht, wenn das Gesetz selbst die Folgen des Pflichtverstoßes und damit die Konsequenz des enttäuschten Vertrauens einer besonderen Regelung unterzogen hat (§ 64 II GmbHG). Schließlich kann sich die Erwartung einer rechtzeitigen Insolvenzverfahrenseinleitung überhaupt nur an den (faktischen) Geschäftsführer richten, da nur ihn auch eine entsprechende Pflicht trifft.

Im Übrigen enttäuschen Gesellschafter das Vertrauen in ein rechtzeitiges Ausscheiden „nicht mehr lebensfähiger" Gesellschaften nur dann, wenn mit der Finanzierung tatsächlich über die Insolvenzreife hinweggetäuscht wird. Soweit nun aber durch die Kreditfinanzierung die Insolvenz tatsächlich beseitigt wird, insbesondere also dann, wenn es „nur" um den Insolvenzgrund der Zahlungsunfähigkeit geht,[111] besteht kein Grund, den Gesellschaftern einen Vorwurf zu machen. Eine Finanzierungsmaßnahme führt dann nicht dazu, dass die GmbH nur noch „künstlich" am Leben gehalten wird. Denn über die (rechtliche) Lebensfähigkeit entscheiden allein die Terminierungsregeln der InsO. Gelingt durch die Finanzierungsmaßnahme die Insolvenzabwendung, so ist dies auch hinzunehmen.[112] Deshalb ist es aber falsch, anzunehmen, Gesellschafter enttäuschten unterschiedslos ein Vertrauen der Gläubiger, wenn sie in einer Krisensituation nur einen Kreditbeitrag zu stellen bereit sind. Erst wenn die Insolvenzreife nicht abgewendet werden kann, wird in die Finanzierungsfreiheit eingegriffen und erst dann besteht Anlass dazu, auf eine Marktbereinigung durch ein Insolvenzverfahren zu hoffen.[113] Konsequenzen sind dann aber nicht an die Darlehensgewährung, sondern an einen etwaigen unterbliebenen Insolvenzantrag zu knüpfen, wobei hierfür freilich an erster Stelle die Geschäftsführer verantwortlich sind.[114] Anderes gilt nur dann, wenn die Insolvenzabwendung keinen echten und ernsthaften Sanierungszweck verfolgt, sondern nur erfolgt, um etwa bereits erfolgte Zahlungen aus dem GmbH-Vermögen über die Anfechtungsfristen hinweg zu retten und anfechtungsfest zu machen. Dann ist der Punkt der bereits erwähnten[115] „Kredittäuschung" und damit ein allgemeines – und nicht auf die Person des Gesellschafters beschränktes – Problem

[110] *Schummer*, Eigenkapitalersatzrecht, 300; vgl. *Canaris*, Vertrauenshaftung, 415.
[111] Zur Frage, inwieweit Darlehen zur Beseitigung der Insolvenzreife geeignet sind, unten A.IX.2.b.
[112] *Cahn*, AG 2005, 217 (221); dazu auch noch unten C.III.
[113] *Geßler*, ZIP 1981 228 (231); *Cahn*, AG 2005, 217 (221).
[114] *Sonnenberger*, NJW 1969, 2033 (2036).
[115] Oben A.I.3.a.aa.

der sittenwidrigen Schädigung nach § 826 BGB erreicht.[116] Verwerflich ist dabei schließlich nicht die Kreditvergabe an sich; neben die Tatsache der Finanzierung muss ein besonderes, die Sittenwidrigkeit rechtfertigendes Merkmal treten.[117]

Deswegen wird an anderer Stelle auch betont, dass ein Vertrauen in die Leistungsfähigkeit des Schuldners nicht schutzwürdig ist, die Rechtsordnung also nicht die Bonität des Schuldners garantiert – und zwar auch nicht bei Beschränkthaftern.[118] Wer sich hier täuscht, ist in der Regel durch Insolvenzantragspflicht und Insolvenzverschleppungshaftung geschützt.[119] Verschätzt sich ein Gläubiger bei der Beurteilung der Kreditwürdigkeit, ist dies grundsätzlich sein eigenes Risiko. Vertraut er auf die künftige Kreditwürdigkeit, vertraut er sowieso auf eine bloße Wahrscheinlichkeit und nicht auf einen Rechtsschein.[120] Der (Vertrags)Gläubiger kann daneben sein Risiko dadurch reduzieren, dass er sich vor der Kreditvergabe hinreichend über die wirtschaftliche Lage der Gesellschaft informiert oder Sicherheiten verlangt.[121]

Schlussendlich erklärt auch der Ansatz der Rechtsscheinhaftung nicht, warum Kredithilfen von Nichtgesellschaftern oder geringfügig beteiligten Gesellschaftern[122] nicht vom Eigenkapitalersatzrecht erfasst werden, obschon der Anschein der Leistungsfähigkeit der GmbH unabhängig davon entstehen müsste, wer den Kredit gegeben hat.[123] Dabei darf man sich im Übrigen auch nicht von der eigenkapitalersatzrechtlichen Definition der „Krise" verwirren lassen, wonach zu diesem Zeitpunkt die GmbH von Dritten gar keinen Kredit bekommen hätte und deshalb die Alternative einer Finanzierung durch Dritte faktisch gar nicht bestünde. Denn für die Kreditunwürdigkeit kommt es allein darauf an, ob die GmbH noch zu *marktüblichen* Bedingungen Kredit hätte erlangen können. „Krise" bedeutet deswegen nicht, dass die Gesellschaft tatsächlich – insbesondere gegen Risikoaufschlag – am Markt keinen Kredit mehr hätte aufnehmen können. Und der Versuch, die Sonderstellung der Gesellschafter mit ihrer Finanzierungsverantwortung oder mit der Eigenkapitalfunktion der Finanzierungsmittel zu erklären,[124] mündet letztlich in einem Zirkelschluss.[125]

---

[116] Ebenso *Schummer*, Eigenkapitalersatzrecht, 296. Zur Kredittäuschung insoweit bereits RGZ 136, 247 (253); BGHZ 12, 228 (231 ff.) und aus der Literatur exemplarisch *Spindler*, in: Bamberger/Roth, BGB, § 826 Rn. 41.

[117] *Schummer*, Eigenkapitalersatzrecht, 297.

[118] Allg.A., *Haas*, NZI 2001, 1 (4); *Tittel*, 34; *Koch*, 92; *U.-J. Friedrich*, 47; *Kamm*, 111; *Michel*, 136.

[119] So ausdrücklich BGHZ 29, 100 (106).

[120] *Schummer*, Eigenkapitalersatzrecht, 295.

[121] *Haas*, NZI 2001, 1 (4); *Kamm*, 111; *Heinert*, 47; *Vervessos*, 113. S. zum informationsbezogenen Gläubigerschutz auch unten A.IV.2.b. und C.IV.2.b.

[122] Darauf weist *Cahn*, AG 2005, 217 (221) hin.

[123] *Haas*, NZI 2001, 1 (4); *Vervessos*, 112; *Michel*, 137 ff.

[124] *Berger*, 102 ff.; *Kuhr*; Eigenkapitalersatz, 54; *Ketzer*, 39 ff. Dazu unten A.V. und A.VI.

[125] Richtig *Schouler*, 95; *Schummer*, Eigenkapitalersatzrecht, 308.

cc. *Vertrauen*

Obschon eine Rechtsscheinhaftung ohne das Vorliegen eines Vertrauens in den Rechtsschein sich selbst widerspricht,[126] spielt es nach der eigenkapitalersatzrechtlichen Dogmatik gar keine Rolle, ob der Gläubiger Kenntnis von einer materiellen oder nominalen Unterkapitalisierung hatte.[127] Wenn Rückzahlungsansprüche aus eigenkapitalersetzenden Leistungen – wie meist – im Insolvenzfall geltend gemacht werden, kommt dies als Auffüllung der Insolvenzmasse zudem allen Gesellschaftsgläubigern, also auch den wohlinformierten, zugute.[128] Ein aktuelles Vertrauen werden viele Gläubiger mangels Kenntnis von konkreten Finanzierungsmaßnahmen übrigens nur selten aufbauen.[129] In Wirklichkeit geht es hier um den Versuch, ein normativ-typisiertes Vertrauen und eine objektivierte Rechtsscheinhaftung zu begründen.[130] Dieses typisierte Vertrauen resultiere aus dem allgemeinen Vertrauen des Geschäftsverkehrs in die Leistungsfähigkeit der Gesellschaft und einem objektiven Verkehrsschutzerfordernis.[131] Vertrauen wäre dann immer dort, wo es aus behaupteten Verkehrsschutzerfordernissen sein soll. In Wirklichkeit wäre eine Standardisierung des Vertrauens jedoch nur dann angezeigt, wenn tatsächlich ein bestimmtes Verhalten (hier die Gesellschafterfremdfinanzierung) typischerweise zu einem Vertrauen in eine bestimmte Rechtslage (hier Kreditwürdigkeit oder Leistungsfähigkeit der GmbH) führte, falls die Finanzierungsmaßnahmen bekannt wären.[132] Schon das ist wie gezeigt nicht der Fall. Daneben bleibt offen, warum auch Altgläubiger (also Gläubiger, die vor der Darlehensausreichung schuldrechtliche Beziehungen mit der GmbH begründet haben) von einem durch die Fremdfinanzierung erst aktuell werdenden typisierten Vertrauen erfasst sein sollen.[133]

b. Unpassende Rechtsfolge

Schließlich stimmen auch die Rechtsfolgen der Rechtsscheinhaftung nicht mit den Rechtsfolgen des Eigenkapitalersatzrechts überein. Die Rechtsscheinhaftung ist *ex definitione* darauf gerichtet, den Rechtsscheinerzeuger an dem Anschein der bestimmten Rechtslage festzuhalten.[134] Nimmt man die Behauptung ernst, es werde der Rechtsschein der Leistungsfähigkeit oder gar der angemessenen Eigenkapitalausstattung der GmbH erzeugt, so müsste konsequenterweise der (finanzierungswillige) Gesellschafter

---

[126] Wer Kenntnis von der wahren Sachlage hat (also bösgläubig ist), hat keinen Grund, nach Treu und Glauben den Erzeuger eines Rechtsscheins an diesem Schein festzuhalten, *Canaris*, Vertrauenshaftung, 504. Die Aufklärung des Sachverhaltes führt zum Verlust der Schutzwürdigkeit des Gläubigers. A.A. indes *Hildebrand*, 108.

[127] Scholz/*K. Schmidt*, GmbHG, §§ 32a, 32b Rn. 9.

[128] *Haas*, NZI 2001, 1 (4).

[129] *Fastrich*, FS Zöllner, 143 (145).

[130] *Berger*, 98; *Eichele*, 20.

[131] *Lutter/Hommelhoff*, ZGR 1979, 31 (36 ff.).

[132] Grds. gegen einen objektivierten, absoluten Vertrauensschutz aber *Kamm*, 111.

[133] *Vervessos*, 112; *Claussen*, ZHR 1983, 195 (203 ff.).

[134] Sog. „Vertrauensentsprechung“, *Canaris*, Vertrauenshaftung, 518.

verpflichtet sein, für die Leistungsfähigkeit oder Eigenkapitalausstattung zu sorgen und im Ergebnis für ihn eine unbeschränkte Nachschusspflicht gelten.[135] Diese Konsequenz zieht das Eigenkapitalersatzrecht freilich nicht. Denn es ist einfacher, die freiwillig hingegebene Finanzierungsleistung zu subordinieren, als offen eine dem Normbestand des GmbHG widersprechende Nachschusspflicht zu fordern.[136] Zweifelhaft ist schlussendlich die Anspruchsberechtigung der GmbH. Da es vorgeblich um das Vertrauen der Gläubiger geht, müsste das Eigenkapitalersatzrecht mit dieser Argumentation zu Ansprüchen der Gläubiger führen.[137] Das Argument, es ginge hier um normativtypisiertes Vertrauen, weswegen die Ansprüche bei der GmbH zu kanalisieren seien,[138] mag für sich haben, dass die Zuweisung der Ansprüche an die GmbH ein Wettrennen der Gläubiger verhindert und die gleichrangige Befriedigung der Gläubiger sichert. Mit der Konzeption einer Rechtsscheinhaftung hat dies dann aber nichts mehr zu tun. Die für wünschenswert erachtete Haftungskanalisierung lässt sich übrigens schon *ex lege* mit einer auf § 64 II GmbHG gegründeten Insolvenzverschleppungshaftung erreichen.[139]

4. Zwischenergebnis

Die dogmatische Verortung des Eigenkapitalersatzrechts im Bereich der Rechtsscheinhaftung überzeugt nicht. Weder lässt sich ein durch die Fremdkapitalfinanzierung erzeugter Rechtsschein ausreichender Eigenkapitalausstattung, noch der Anschein der Leistungsfähigkeit der GmbH begründen. Schließlich kommt es darauf, ob tatsächlich ein Gläubiger auf einen solchen Rechtsschein vertraut hat, nach eigenkapitalersatzrechtlicher Dogmatik gar nicht an, obwohl es ein Grundelement der Vertrauenshaftung ist, dass Bösgläubige nicht schutzwürdig sind. Darüber hinaus passen die Rechtsfolgen des Eigenkapitalersatzrechts nicht zum Gedanken der Vertrauensentsprechung.

IV. Verstoß gegen angemessene Risikoverteilung

Schon früh[140] ist versucht worden, die Beziehung zwischen Gläubigern der GmbH und deren Gesellschaftern durch eine bestimmte Risikoverteilung zu kennzeichnen und in der Fremdkapitalfinanzierung durch die Gesellschafter in der Krise eine unzulässige Verschiebung eines gesetzlich vorgegebenen Risikogleichgewichts zu sehen. Deswegen ist in diesem Abschnitt darauf einzugehen, wie die Risikoverteilung zwischen Gesellschaftern und Gläubigern geregelt ist.

---

[135] *Fastrich*, FS Zöllner, 143 (146); *Schummer*, Eigenkapitalersatzrecht, 311. A.A. *Berger*, 99 ff.; (undifferenziert) *Hildebrand*, 108.

[136] In diese Richtung auch *Wiedemann*, FS Beusch, 893 (902).

[137] *Koppensteiner*, AG 1998, 308 (316); *Schummer*, Eigenkapitalersatzrecht, 312.

[138] So *Berger*, 98.

[139] Dazu näher unten Kap.4 B.II.

[140] Meist plakativ mit dem Stichwort „Risikoabwälzung"; so bereits *W. Friedrich*, Anm. zu RG DJ 1938, 601 (604).

1. Verbot der Risikoabwälzung

In der Rechtsprechung taucht das Verbot der Risikoabwälzung meist nur schlagwortartig auf.[141] Der Gesellschafter dürfe in einer Situation, in der die Gesellschaft auf Eigenkapital angewiesen ist, die Rettung nicht durch Zufuhr anderer Mittel versuchen, da dies zu einer unzulässigen Verlagerung des Finanzierungsrisikos auf die Gesellschaftsgläubiger führe.[142] Das mit dem Betrieb einer unzureichend mit Eigenkapital ausgestatteten GmbH verbundene Risiko habe grundsätzlich der Gesellschafter zu tragen.[143] Ähnlich argumentiert der Gesetzgeber, wenn er dem in der Krise fremdfinanzierenden Gesellschafter den Vorwurf macht, er missbrauche die Finanzierungsfreiheit zur unzulässigen Abwälzung des Geschäftsrisikos auf die Gläubiger.[144]

Die Literatur hat diesen Ansatz auf der Basis eines rechtsethisch geprägten Prinzips angemessener Risikoverteilung im Rechtsverkehr zu legitimieren versucht.[145] Ausgangspunkt ist die These einer feststehenden Risikoallokation zwischen Gesellschaftern und Gläubigern, die von den Gesellschaftern nicht beliebig verändert werden darf.[146] Betont werden dazu die Unterschiede in der rechtlichen Stellung von Gesellschaftern und Gesellschaftsgläubigern. Dabei zeigt sich, dass die Gesellschafter unmittelbar von dem Geschäftserfolg (über Gewinnausschüttungen) aber auch den Misserfolgen der Unternehmung betroffen sind, wohingegen die Fremdkapitalgeber ein konzeptionell geringeres Risiko zu tragen haben; denn sie können ihre Ansprüche gegen die Gesellschaft auch als Insolvenzgläubiger weiter verfolgen.[147] Dem geringeren Risiko der Fremdkapitalgeber entspricht jedoch auch eine nur begrenzte Teilhabe am Unternehmenserfolg – typischerweise in Form einer festen[148] Verzinsung. Grund dafür, dass die Interessen der Gesellschafter als solche grundsätzlich im Rang den Gläubigerinteressen nachgehen, ist die Möglichkeit der Gesellschafter, die Geschicke der GmbH

---

[141] BGH 75, 334 (336 ff.); BGHZ 76, 327 (329); BGH WM 1972, 74 (75) „Deckenputz“; BGHZ 81, 311 (317) „Helaba/Sonnenring“; BGHZ 90, 381 (388) „BuM“; BGHZ 127, 17 (23) „Lagergrundstück IV.

[142] BGHZ 76, 327 (329); BGH NJW 1997, 3026 (3027); BGHZ 105, 168 (175) „HSW“; BGHZ 127, 17 (23) „Lagergrundstück IV.

[143] Deutlich BGH WM 1972, 74 (75) „Deckenputz“.

[144] RegE 1977, BT-Drs. 8/1347, 27, 39.

[145] So insbesondere *Fleischer*, Finanzplankredite, 86 ff.; *Ulmer*, FS Duden, 661 (663); *Berger*, 101 ff.; *Schouler*, 143 ff.; *Kreis*, 32 ff., 48 ff.; *Koch*, 91 ff.; *Vervessos*, 127 ff.; *v. Gerkan*, ZGR 1997, 173 (176); *ders.*, FS Lutter, 1317 (1319); *Henze*, HdB GmbH, Rn. 499; aus ökonomischer Sicht unter Heranziehung der *principal-agent theory Engert*, ZGR 2004, 813 (819 ff.). Zum Teil wird dieser Grundsatz als Element der – später (unten A.V.) zu behandelnden – Finanzierungsverantwortung betrachtet oder diese damit zu rechtfertigen versucht.

[146] *Fleischer*, Finanzplankredite, 87; *Schouler*, 145 ff. befürwortet den Ausgleich von Chancen und Risiken als allgemeines Rechtsprinzip, dessen Ausprägungen die Gefährdungshaftungstatbestände, die Haftung für Dritte (§ 278 BGB; §§ 428, 607 HGB) und die Rechtsprechung zur Betriebsrisikolehre im Arbeitsrecht seien.

[147] *Fleischer*, Finanzplankredite, 88; *Vervessos*, 128; *Wiedemann*, Gesellschaftsrecht I, 515.

[148] Dass dies nicht pauschal gilt, zeigt sich schon beim partiarischen Darlehen, da hier statt oder neben einem festen Zinssatz eine Beteiligung am Unternehmensergebnis selbst vereinbart wird, obgleich dadurch der Financier Fremdkapitalgeber bleibt.

zu steuern und durch Auskunfts- und Kontrollrechte ihr Risiko (typischerweise besser als die Gläubiger) zu kontrollieren.[149]. Wegen dieses unterschiedlichen Grades an Risikobeherrschung und der vorhandenen Informationsasymmetrien muss also für Fremdkapital der endgültige Verlust unwahrscheinlicher sein als für Eigenkapital.[150] Umgekehrt soll die Verpflichtung zur Aufbringung des Mindeststammkapitals ein Mindestmaß an Risikobeteiligung der Gesellschafter gewährleisten.[151]

Der Kapitalerhaltungsgrundsatz ist nach dieser Lesart zentrales Element bei der Legitimation eines Grundsatzes gerechter Risikoverteilung.[152] Denn durch die Konzeption der §§ 30, 31 GmbHG sichert das Gesetz selbst den von Seiten der Gesellschafter geleisteten Risikobeitrag gegen eine Rückzahlung ab. Auf diese Weise verhindert das Gesetz einen Rückfluss des Wagniskapitals und garantiert, dass mit der Eigenkapitalfinanzierung auch tatsächlich die Übernahme des höheren Verlustrisikos verbunden bleibt. Diese Risikoallokation gerate nun aber in ein Ungleichgewicht, wenn in der Unternehmenskrise die GmbH von ihren Gesellschaftern nicht mit Eigenkapital sondern mit Fremdkapital finanziert wird. Denn auf der einen Seite sänken die Befriedigungsaussichten der Drittgläubiger durch die Konkurrenz mit den nun ebenfalls als Gläubiger auftretenden Gesellschaftern. Auf der anderen Seite verminderten die Gesellschafter ihr Verlustrisiko, indem sie (trotz §§ 30, 31 GmbHG) sich eine Aussicht auf Rückerstattung der eingesetzten Finanzierungsmittel verschaffen. Gleichzeitig erhielten die Gesellschafter die Chance auf eine Sanierung der Gesellschaft und damit auf künftige Gewinne, obwohl die GmbH bereits in der Krise (also in der Lesart des Eigenkapitalersatzrechts „nicht mehr lebensfähig") war.[153] Die von den Gesellschaftern bislang eingesetzten Eigenkapitalleistungen seien in der Krise indes als *„sunk costs"* anzusehen, die allein durch eine Risikoerhöhung zu retten wären.[154] Durch eine Flucht in die Kreditgeberrolle veränderten die Gesellschafter hier die vorgegebene Chancen-Risiken-Struktur, da ihre Chancen aufgrund ihrer unmittelbaren Beteiligung am Unternehmenserfolg dann umfangreicher seien als die Chancen außenstehender Gesellschaftsgläubiger.[155] Das Eigenkapitalersatzrecht müsse also die gerechte Risikoverteilung zwangsweise wiederherstellen – andernfalls könnten die Gesellschafter ihre Verluste sozialisieren.[156]

---

149 *Vervessos*, 127; *Wiedemann*, Gesellschaftsrecht I, 515.
150 *Wiedemann*, Gesellschaftsrecht I, 515; *Koch*, 91.
151 *Wilhelmi*, GmbHR 2006, 13 (14); *Schouler*, 162; *Fleischer*, Finanzplankredite, 89.
152 *Koch*, 93.
153 *Koch*, 92 ff.; *Schouler*, 167.
154 *Fleischer*, Finanzplankredite, 88; *Vervessos*, 128, jew. m.w.N.
155 *Schouler*, 167 ff.; *Koch*, 93; *Fleischer*, Finanzplankredite, 89.
156 MünchKommInsO/*Stodolkowitz*, § 135 Rn. 3; *Fleischer*, Finanzplankredite, 89; *Vervessos*, 129. In diese Richtung auch *Huber/Habersack*, BB 2006, 1 (1) mit der These, die Gesellschafter müssen sich mindestens mit dem der GmbH tatsächlich zur Verfügung gestellten Betrag auch am Unternehmensrisiko beteiligen, wenn sie schon das Privileg der Haftungsbeschränkung genießen. Deswegen sei *de lege ferenda* ein genereller Nachrang *aller* Gesellschafterforderungen in der Insolvenz angezeigt – als Preis für die Haftungsbeschränkung.

2. Kritik

Neben der Frage, inwieweit überhaupt die Annahme zutrifft, dass durch die Gewährung einer Kredithilfe durch die Gesellschafter an die GmbH eine relevante Gläubigergefährdung eintritt (näher unten A.IX.2.), bedarf die Hypothese einer gesetzlich vorgegebenen, zwingenden Risikoallokation zwischen Gesellschaftern und Gesellschaftsgläubigern der genaueren Untersuchung. Dabei interessiert insbesondere, inwieweit der Gedanke überzeugt, dass Gesellschafter grundsätzlich das Finanzierungsrisiko tragen müssen.

a. Risikoverteilung und Stammkapitalprinzip

Ein allgemeines Dogma angemessener Risikoverteilung begegnet Zweifeln. Der Gedanke einer Symmetrie von Chancen und Risiken nimmt inzident Bezug auf das wenig überzeugende Gerechtigkeitspostulat des Gleichklangs von Herrschaft und Haftung.[157] Denn wesentliches Element des Begründungsansatzes ist die (gesetzlich gewollte) Einflussmöglichkeit der Gesellschafter auf die GmbH. Der Normbestand und die Entstehung der Rechtsform GmbH zeigen indes, dass eine flexible Ausgestaltung der Organisationsverfassung beabsichtigt ist.[158] Die Haftungsbeschränkung und damit ein begrenztes finanzielles Risiko bietet die GmbH gerade trotz des umfassenden Weisungsrechts der Gesellschafterversammlung (§ 37 GmbHG) an.[159] Daneben lässt die These einer Risikoallokation unberücksichtigt, dass ein Gesellschafter, der sich zur GmbH in eine Gläubigerstellung begibt, in dieser Funktion nicht risikofreudiger Gesellschafter sondern schlicht Fremdkapitalgeber ist und *als solcher* auch nur eine begrenzte Chance zur Renditeerzielung erhält. Er übernimmt insoweit dasselbe Risiko wie jeder andere Gläubiger auch.[160] Gleichzeitig teilt er als Gesellschafter-Gläubiger den Risikovermeidungsanreiz eines normalen Gläubigers. Er selbst verringert daher durch die Fremdfinanzierung für sich den Anreiz, den ein Nur-Gesellschafter zur Risikoerhöhung in der Krise hat.[161] Bei einem genau gleichen Anteil am Eigen- und Fremdkapital der Gesellschaft wäre der Gesellschafter sogar frei von jedem Risikoanreiz.[162]

Anstoß erregen kann deshalb nur die Tatsache, dass er – insoweit anders als ein sonstiger Drittgläubiger – weiterhin vermittelt durch seine Gesellschafterstellung Einblick- und Einflussrechte hat (dazu auch noch unten A.VII.). Hierbei ist aber auch zu sehen, dass Gesellschaftsgläubiger von vornherein keine homogene Gruppe bilden. So sichern sich auch kreditierende Banken oft tatsächliche und vertragliche Mitspracherechte. Von ihnen wird aber grundsätzlich keine gesteigerte Risikoübernahme ver-

[157] Ablehnend dazu bereits oben Kap.2 A.I.1.
[158] Zum Vergleich der Entwicklung von Aktiengesellschaft und GmbH *Escher-Weingart*, 100 ff.
[159] Vgl. *Wüst*, JZ 1985, 817 (819); *Fastrich*, FS Zöllner, 143 (147).
[160] *Fastrich*, FS Zöllner, 143 (147); *Tittel*, 34 mit dem Hinweis, dass in einer Krisensituation der Gesellschafter das Kreditrisiko im Bewusstsein der gesteigerten Verlustmöglichkeit übernimmt.
[161] *Engert*, ZGR 2004, 813 (825). Dabei hängt es von der konkreten Fallgestaltung ab, wie stark mäßigend auf den Risikoanreiz sich die Gläubigerstellung des Gesellschafters auswirkt.
[162] *Engert*, ZGR 2004, 813 (826, 836).

langt. Der Begründungsansatz verwässert deshalb die Haftungsbeschränkung und die Selbständigkeit der juristischen Person. Die Annahme einer Pflicht zur Risikotragung in der Krise[163] schließlich ist getragen von dem Wunsch, dass die Gesellschafter einer GmbH sich nur oder doch überwiegend nur als Eigenkapitalgeber betätigen, da nur diese Art der Finanzierung die vorgegebene Risikobeteiligung erfüllt. Damit ist aber auch diese Argumentation nicht wirklich weit entfernt von der nicht zielführenden Idee der Verpflichtung zur Ausstattung der GmbH mit einer angemessenen Eigenkapitalbasis.[164]

Die These einer vorgegebenen Aufteilung von Chancen und Risiken bei der Unternehmensfinanzierung neigt darüber hinaus dazu, die gläubigerschützende Funktion des Stammkapitalprinzips (dazu oben Kap.2 A.I.) überzubewerten. Wer die Kapitalschutzvorschriften als „Kernstück des GmbH-Rechts" begreift,[165] lässt den diesem System schon immanenten Zielkonflikt[166] außer Acht, der darin liegt, dass die der Gesellschaft bei der Gründung zugedachten Mittel von vornherein auch und gerade dazu bestimmt sind, als Betriebskapital zu dienen und damit notwendig dem Verbrauch preisgegeben sind.[167] Die Vorstellung eines fortwährenden Vorhandenseins bestimmten Vermögens, das den Gläubigern als Sicherheit dient, ist deshalb unzutreffend. Nur die Gewähr eines bestimmten Gesellschaftsvermögens wäre jedoch tatsächlich zu einer wirksamen Gläubigersicherung in der Lage.[168] Die Gesellschafter sind indes auch nicht im Wege einer Nachschusspflicht angehalten, für eine Erhaltung des Gesellschaftsvermögens in Höhe des (Mindest)Stammkapitals zu sorgen. Eine solche Pflicht wäre zwar denkbar, widerspricht aber der auch in den §§ 26, 27 GmbHG zum Ausdruck kommenden Vorstellung des Gesetzgebers, die Gesellschafter neben der einmaligen Aufbringung des Stammkapitals nur dann in die Pflicht zu nehmen, wenn dies die Satzung der GmbH vorsieht. Gleichzeitig macht dies deutlich, dass das Gesetz nur einmal eine Risikoübernahme durch die Gesellschafter einfordert, und zwar mit der Aufbringung des satzungsmäßig festgelegten Stammkapitals. Besteht aber darüber hinaus keine Pflicht zur angemessenen Eigenkapitalausstattung der GmbH seitens der Gesellschafter und auch nicht ein hinreichender Gläubigerschutz durch die Kapitalschutzvorschriften, ist sehr zweifelhaft, ob hieraus eine allgemeine Pflicht der Gesellschafter zur Übernahme eines bestimmten Risikobeitrages bei der Finanzierung ableitbar ist. Damit schwindet in

[163] Krit. *Vollmer/Smerdka*, DB 2000, 757 (758); krit. auch *Fleischer*, Finanzplankredite, 87 mit der Erwägung, dass der Grundsatz der Symmetrie von Chancen und Risiken konsequent zu Ende gedacht nicht nur in der Krise Geltung beanspruchen dürfte. Dieser Einwand verdeutlicht aber, dass jedenfalls zur Begründung des Eigenkapitalersatzrechtes – das nach einhelliger Meinung nur in der Krise der Gesellschaft Platz greifen soll – der Rückgriff auf dieses Prinzip untauglich ist, jedenfalls aber zu starken Widersprüchen führen muss.

[164] Dazu bereits oben Kap.2 A.I.2.a.cc.(1)

[165] BGHZ 28, 77 (78); BGHZ 51, 157 (162); *Goette*, GmbH, § 2 Rn. 1.

[166] Halbhuber, 152.

[167] Aus historischer Sicht stand bei Entwicklung des Kapitalschutzsystem i.Ü. der Anlegerschutz im Vordergrund und nicht der Gläubigerschutz. Dazu eingehend *Escher-Weingart*, 69 ff.

[168] Der im Bereich der Kapitalschutzregelungen betriebene Aufwand lohnt daher kaum, *Escher-Weingart*, 127; *Bauer*, 277 ff.; (am Beispiel der Kapitalaufbringung) *Wilhelm*, ZHR 2003, 520-545. Grds. zur Frage des Gläubigerschutzes durch eine formale Nennkapitalziffer *Bauer*, 110 ff.

gleichem Maße die Überzeugungskraft der Theorie einer vorgegebenen Risikoallokation. Die eigentliche Risikoerleichterung für die Gesellschaftsgläubiger nimmt bei Kapitalgesellschaften und diesen gleichgestellten Rechtsträgern deshalb der Insolvenzgrund Überschuldung wahr, der im Vergleich zur Zahlungsunfähigkeit die Insolvenzauslösung vorverlagert. Das Kapitalerhaltungsrecht bietet zwar eine als Anreiz gegen allzu risikofreudiges Verhalten gerade in einer Krise wichtige Begrenzung des Ausschüttungszugriffs der Gesellschafter, stellt aber keinen wesentlichen Beitrag und keine Kompensation des Forderungsausfallrisikos der Gläubiger dar.[169]

Eine Symmetrie der Risiken zwischen Gesellschafter und Gesellschaftsgläubiger darf zudem die Privatgläubiger des Gesellschafters nicht außer Acht lassen. Diese Privatgläubiger vertrauen auf das Trennungsprinzip, das nicht nur den Gesellschafter vor einer persönlichen Inanspruchnahme bewahrt, sondern zugleich für die Personen, die mit einem GmbH-Gesellschafter eine Vertragsbeziehung eingehen, ein Kriterium bei der Beurteilung der Geschäftsrisiken bildet.[170] Der Privatgläubiger muss im Ausgangspunkt nicht damit rechnen, dass sein Vertragspartner mit dem Risiko des Scheiterns der GmbH belastet wird. Dieses Gleichgewicht wird mit einer zunehmenden Durchlöcherung des Trennungsprinzips durch einen Zugriff auf das Gesellschaftervermögen – also auch durch das Eigenkapitalersatzrecht – gestört. Warum die Gesellschaftsgläubiger aber schutzwürdiger sein sollen als die Privatgläubiger des Gesellschafters, beantwortet das Eigenkapitalersatzrecht nicht. Das Eigenkapitalersatzrecht wälzt damit das durch die Fremdkapitalfinanzierung angeblich auf die Gesellschaftsgläubiger abgewälzte Finanzierungsrisiko seinerseits teilweise auf die Privatgläubiger des Gesellschafters ab.

Widersprüche ergeben sich auch daraus, dass ein Grundsatz, der die Risikoverteilung zwischen darlehensgewährendem Gesellschafter und gesellschaftsfremden Gläubigern in den Blick nimmt, vernünftigerweise nicht darüber hinweggehen kann, dass es keine trennscharfe Abgrenzung von Eigen- und Fremdkapital gibt, jedenfalls der Risikobeitrag gerade bei der Fremdkapitalfinanzierung höchst unterschiedlich qualifiziert sein kann.[171] Die konkrete Ausgestaltung der Kreditvereinbarung ist je nach Laufzeit, Fälligkeit, Kündbarkeit, Besicherung und Bemessung des Zinssatzes Indikator für das jeweils von dem Financier eingegangenen Risiko.[172] Richtigerweise müssten diese Faktoren bei der Frage, ob eine unzulässige Verschiebung der Risikoverteilung vorliegt, berücksichtigt werden. Das Eigenkapitalersatzrecht indes interessiert sich dafür gerade nicht, sondern behandelt grundsätzlich alle Fremdkapitalleistungen der Gesellschafter gleich. Schließlich lässt es unberücksichtigt, dass der Gesellschafter, der der Gesellschaft weitere Mittel zuführt, immerhin den – angesichts oft niedriger Insolvenzquoten reellen – Verlust dieser zusätzlich investierten Mittel riskiert.[173]

---

[169] Zu den verschiedenen Gläubigerrisiken *Mülbert*, DK 2004, 151 (153 ff.).
[170] Diesen Gedanken greift neuerdings auch *Behrens*, IPRax 2003, 193 (195 ff.) auf.
[171] Zur Abgrenzung von Eigen- und Fremdkapital bereits oben Kap.2 A.II.2.
[172] Richtig insoweit *Vollmer/Smerdka*, DB 2000, 757 (758).
[173] *Cahn*, AG 2005, 217 (222).

b. Eigenschutz der Gläubiger

Die fortwährende Fokussierung auf das Stammkapitalsystems spiegelt den Gläubigern eine Sicherheit vor, die es in Wirklichkeit nicht gibt.[174] Mit der Frage nach alternativen Schutzvorkehrungen rückt auch der Eigenschutz der Gläubiger in den Vordergrund. Die Frage der gerechten Risikoverteilung müsste also mit einbeziehen, dass es den Gläubigern frei steht, selbst für die Sicherung ihrer Kreditleistungen zu sorgen.[175] Das Vertrauen auf einen gesetzlich vorgegebenen Schutz kann nur ein Mindestschutz sein, weswegen anders gewendet die Passivität der Gläubiger nicht auch noch durch das Kapitalersatzrecht belohnt werden sollte. Damit erscheint die angeblich fest vorgegebene Risikoallokation in einem anderen Licht, nämlich dem der privatautonomen Risikoverteilung.[176]

aa. Sicherungsmaßnahmen

Als Grundthese lässt sich formulieren, dass die in Geschäftsbeziehung stehenden Parteien[177] die Risikoverteilung selbst in der Hand haben und in dem Kompromiss zwischen wechselseitiger Risikobereitschaft und den dafür einkalkulierten Risikoprämien ausdrücken.[178] Deshalb sollen hier kurz verschiedene Möglichkeiten der Gläubiger zum Eigenschutz genannt werden.[179]

Ein höchst wirksames Mittel gerade für Warenlieferanten ist die Vereinbarung der Zug-um-Zug-Leistung oder der Vorkasse.[180] Ersteres ist schließlich gesetzlicher Grundfall. Die Durchsetzung der Vorkasse erscheint zwar *realiter* nicht einfach und stellt aus Sicht des Schuldners ein Negativkriterium bei der Wahl des Vertragspartners dar. Andererseits erhöhen aber die reformierten Verzugsvorschriften des BGB und der höhere Verzugszinssatz mittelbar den Druck zu schneller Zahlung und damit auch die Attraktivität für den Schuldner, Verbindlichkeiten rasch zu begleichen.[181] Zwischen Vorkasse und Vorleistung liegt schließlich die Möglichkeit, durch Abschläge das Aus-

---

[174] *Klose-Mokroß*, 64; *Escher-Weingart*, 137; *Blaurock*, FS Raiser, 3 (16). Dazu bereits o. Kap.2 A.I.2.a.bb.

[175] Ebenso *Claussen*, GmbHR 1996, 316 (320); *Rubner*, DStR 2005, 1694 (1698 ff.); *U.-J. Friedrich*, 47; aus ökonomischer Sicht *Renger*, 88 ff. Für eine stärkere Betonung des Eigenschutzes der Gläubiger in der aktuellen Refomdebatte auch *Fastrich*, DStR 2006, 656 (662 f.).

[176] Krit. aber *Ulmer*, FS Duden, 661 (662 ff.) und im Hinblick auf *financial convenants Wilhelmi*, GmbHR 2006, 13 (15 ff.).

[177] Zur Gruppe der unfreiwilligen Gläubiger sogleich unten Punkt cc.

[178] *Roth*, ZGR 1986, 371 (374); s. aber auch zu den Schwierigkeiten der Berechnung des Ausfallrisikos *ders.*, ZGR 2005, 348 (359)

[179] Erschöpfend die Darstellung bei *Klose-Mokroß*, 84 ff.

[180] Schon der Natur nach hat dieses Mittel für Kreditgeber i.e.S. freilich keine Bedeutung.

[181] Immerhin 80 % der Unternehmer nannten in der Umfrage von *Drukarczyk/Duttle/Rieger*, Mobiliarsicherheiten, 151 die Möglichkeit, „riskante" Kunden zur Barzahlung zu zwingen, eine durchsetzbare Strategie.

fallrisiko zu minimieren.[182] Herausragende Bedeutung kommt daneben dem Eigentumsvorbehalt zu.[183]

Außer diesen vorrangig für Warenkreditgeber interessanten Schutzinstrumenten bieten sich ganz allgemein die zahlreichen Sicherungsmöglichkeiten des BGB an. Hierzu gehören Bürgschaft, Patronatserklärung, Garantieversprechen, Pfandrecht, Sicherungsübereignung, Sicherungsabtretung sowie die Immobiliarsicherheiten Grundschuld und Hypothek. Die Aufzählung zeigt nicht nur die Vielzahl der Vorsorgemöglichkeiten, sondern ist gleichzeitig Ausdruck dafür, dass der Rechtsverkehr sich selbst vom Gesetzgeber so nicht zur Verfügung gestellte Sicherungsarten geschaffen hat, wo dies einer wirtschaftlichen Notwendigkeit entsprach. Bestes Beispiel hierfür sind Sicherungsübereignung und -abtretung. Im konkreten Fall bieten sich dem Gläubiger damit zahlreiche Möglichkeiten, sein Geschäftsrisiko zu reduzieren.[184] Anders als beim starren Nennkapitalsystem kann so die individuell passende Absicherung für den einzelnen Gläubiger gefunden werden.

Rechtstatsächlich werden freilich Sicherungsinstrumente (abgesehen von den Banken) in relativ geringem Maße genutzt.[185] Nur ungefähr 13 % der Unternehmen, die in Kundeninsolvenzen verwickelt werden,[186] sind durch Sicherheiten vor jeglichem Ausfall geschützt. Dennoch beträgt die durchschnittliche Befriedigungsquote dieser Gläubiger (also einschließlich der unbesicherten) rund 38 %. Im Gegensatz zu den niedrigen Insolvenzquoten ist dies beachtlich.[187] Wenig überraschend ist, dass Kreditinstitute weitaus häufiger Sicherungsmanagement betreiben, obschon auch hier rund ein Drittel des kurz- und mittelfristigen Kreditvolumens ungesichert ist.[188] Unter den von einem Insolvenzverfahren betroffenen Kreditinstituten beträgt die Quote der Institute, die

[182] Escher-Weingart, 112.

[183] Der Eigentumsvorbehalt stellt für Lieferantenkredite rechtstatsächlich die am häufigsten verwendete Sicherungsform dar, *Drukarczyk/Duttle/Rieger*, Mobiliarsicherheiten, 148; *Meyer/Hermes*, GmbHR 2005, 807 (814); *Rubner*, DStR 2005, 1694 (1698).

[184] Neben den genannten klassischen Sicherungsinstrumenten bietet sich auch die Möglichkeit der Risikoprämie, der Risikostreuung durch Diversifikation und der Kreditversicherungen (insbesondere Warenkreditversicherungen) an; hierzu wiederum *Klose-Mokroß*, 93 ff. m.w.N.

[185] Neuere Zahlen zur Besicherungspraxis bei *Meyer/Hermes*, GmbHR 2005, 807 (811 ff.). Danach ist aber nicht nur bei Banken, sondern auch bei Warenlieferanten i.d.R ein hoher Grad an Besicherung zu erkennen.

[186] So die Studie von *Drukarczyk/Duttle/Rieger*, Mobiliarsicherheiten, 150 aus dem Jahr 1985. Dabei wurden die Ergebnisse getrennt nach „Unternehmen", die typischerweise sowohl Sicherungsgeber als auch Sicherungsnehmer sind und „Kreditinstitute", die typischerweise als Sicherungsnehmer fungieren. Neuere ebenso umfassende Daten wurden seither soweit ersichtlich nicht erhoben.

[187] Nach Selbsteinschätzung der Gläubiger ist eine Insolvenzquote von 32 % wirtschaftlich tragbar; s. die Studie von *Gessner/Rhode/Strate/Ziegert*, 453.

[188] *Drukarczyk/Duttle/Rieger*, Mobiliarsicherheiten, 152. Hinsichtlich des Verhältnisses bei der Stückzahl der abgeschlossenen Verträge ergibt sich, dass vier von fünf Verträgen (20 %) unbesichert bleiben.

keinerlei Ausfall erleiden, immerhin 20,7 %. Insgesamt beträgt die Befriedigungsquote beachtliche 84 %.[189]

Die Zahlen belegen einerseits die hohe Wirksamkeit der Eigensicherung, zeigen indes gleichzeitig, dass insgesamt das Sicherungsmanagement unzureichend ist. Im Hinblick auf die GmbH als Kreditschuldner mag dies zu einem Teil an der durch das Stammkapital vorgespiegelten Scheinsicherheit beruhen, zu einem anderen Teil aber auch auf dem Faktum, dass der idealtypischer Gläubiger, der seine Risiken bei jedem geschäftlichen Kontakt abschätzt und abschätzen kann, selten anzutreffen ist, oder aber sich der Verhandlungsübermacht des Gegenübers geschlagen geben muss.[190] Hieraus auf einen funktionsunfähigen Markt zu schließen, scheint jedoch zu pauschal. Denn fehlende Verhandlungsmacht ist grundsätzlich Ausfluss des Wettbewerbs[191] – und gegen das Argument der fehlenden Verhandlungsmacht spricht schließlich die Einschätzung der Unternehmerseite selbst, wonach es 80 % als durchsetzbar ansehen, zweifelhafte Schuldner zur Barzahlung zu zwingen und damit das wirksamste aller Sicherungsmittel zu verwenden, nämlich gar keine Kreditierung vorzunehmen.[192] Im Übrigen ist das Risiko des Gläubigers immer auf die kreditierte Summe beschränkt, deren Höhe er selbst in der Hand hat.[193] Was die oft als Beispiel fehlender Verhandlungsmacht und Opfer von Unternehmenspleiten angeführte Gruppe der Handwerker betrifft, besteht deren grundsätzliches Problem eher darin, dass sie schon der gesetzlichen Regel nach zur Vorleistung verpflichtet sind. Das damit verbundene höhere Risiko ist also primär ein strukturelles, werkvertragliches Phänomen. Das Gesetz selbst sieht mit den Instituten des Werkunternehmerpfandrechts, der Bauhandwerkersicherungshypothek und der Bauhandwerkersicherung andererseits besondere Sicherungen vor, die dieses Risiko teilweise wieder minimieren. Daneben gewährt der neue § 632a BGB dem Werkunternehmer einen gesetzlichen Anspruch auf Abschlagszahlung und mildert auch dadurch das Ausfallrisiko ab. Die Realisierung dieser Instrumente ist freilich auch hier in die Eigenverantwortung des Gläubigers gelegt. Das Beispiel zeigt deshalb anschaulich, dass zwar die Fähigkeit der Marktteilnehmer zu rationalem Handeln nicht überschätzt werden darf, andererseits jedoch die Aufgabe des Normgebers nicht darin besteht, einen sehr umfangreichen Gläubigerschutz zu gewährleisten, sondern nur darin, ausgleichend einzugreifen. Im Übrigen kann der Gläubiger selbst ein Mindestmaß an Eigensicherung auch in schwacher Verhandlungsposition erreichen.[194]

---

[189] Wiederum *Drukarczyk/Duttle/Rieger*, Mobiliarsicherheiten, 154; *Uhlenbruck*, GmbHR 1982, 141 (148).

[190] *Roth*, ZGR 1986, 371 (377); *Ulmer*, FS Duden, 661 (662 ff.).

[191] Klose-Mokroß, 182.

[192] *Drukarczyk/Duttle/Rieger*, Mobiliarsicherheiten, 151.

[193] *Bauer*, 109.

[194] Das Beispiel des Handwerkers, der von einer GmbH zur Reparatur eines Wasserrohrbruchs beauftragt wird und gar nicht die Zeit hat, sich über Haftungsrisiken und Finanzsituation des Auftraggebers zu informieren (*F. Kübler*, FS Heinsius, 397 (408)), verdeutlicht zwar die Schwächen des ökonomischen Ansatzes von der Funktionsfähigkeit des Marktes und den Informationsmöglichkeiten des Gläubigers. Jedoch sind solche „Eilfälle" auch nicht der Regelfall. Zum anderen resultiert die Existenzbedrohung eines kleinen Handwerksbetriebes weniger aus der Ausfallgefahr bei solchen kleineren Auf-

Bleibt der Gläubiger hingegen untätig, sollte dies nicht durch einen steten Ausbau einer – insgesamt nur mäßig wirksamen – institutionalisierten Gläubigersicherung begleitet werden. Das gesetzliche System ist der Eigensicherung nicht überlegen, da es nicht den individuellen Sicherungsbedarf des jeweiligen Gläubigers berücksichtigt und seine Allokationseffizienz mithin geringer ist. Es kann und soll deswegen nur einen flankierenden Schutz gewähren.[195] Schließlich werden auch die „verhandlungsschwachen" Kleingläubiger durch das Prinzip der Kapitalbindung und die Ansprüche aus eigenkapitalersetzenden Leistungen in der Insolvenz nicht vorrangig geschützt, da sie um dieses Haftungspotential mit den Großgläubigern konkurrieren müssen.[196] Gläubiger einer GmbH müssen wissen, dass ihr Vertragspartner zwar unbeschränkt aber ohne Mitverpflichtung einer natürlichen Person haftet; darüber hinaus stehen Gläubiger auch bei persönlich haftenden Schuldnern vor dem Problem, das Kreditrisiko abzuschätzen, mit demselben Unsicherheitsfaktor eines schwankenden Haftungsvolumens.[197] Wenn auch der Gläubigerschutz nicht allein dem Markt zu überlassen ist,[198] zeigen die Überlegungen doch bei aller Vorsicht, dass bei der Frage der Risikoverteilung die Sicherungsmöglichkeiten der Gläubiger nicht außer Betracht bleiben dürfen. Die Betonung des mündigen und informierten Gläubigers ist nicht zuletzt auch wesentliches Element der Rechtsprechung des EuGH.[199] Auch die Zunahme der Briefkastengesellschaften infolge der Anerkennungspflicht EU-ausländischer Gesellschaften wird verstärkt inländische Lieferanten und Dienstleister zur regelmäßigen Überprüfung der Kreditwürdigkeit ihres Geschäftspartners zwingen.[200]

---

trägen, sondern eher aus dem Ausfallrisiko bei Großprojekten, etwa bei Insolvenz eines Bauträgers. Dort besteht aber wieder (eher) eine Möglichkeit zur Eigenvorsorge.

195 *Roth*, ZGR 1986, 371 (379) spricht hier von einem Wechselspiel zwischen rechtlicher Regelung und privatautonomer Entscheidung. Ähnlich auch *Ulmer*, FS Duden, 661 (663), der von „Mindestschutz" spricht, dennoch aber am Eigenkapitalersatzrecht festhalten will (672 ff.).

196 *Halbhuber*, 153 ff. Eine indifferente Haltung der Kleingläubiger gegenüber der Eigensicherung kann zudem den vorsichtigen Schluss erlauben, dass das Ausfallrisiko nicht als existenzbedrohend eingestuft wird, ähnl. *Rubner*, DStR 2005, 1694 (1698). Hierzu passt, dass die Höhe der (angemeldeten) Insolvenzforderungen in 70 % der Fälle 10.000 DM (Studie aus dem Jahr 1978) nicht übersteigt, *Gessner/Rhode/Strate/Ziegert*, 434 – und nach einer Studie von *Meyer/Hermes*, GmbHR 2005, 807 (814) beträgt die durchschnittliche Forderungshöhe von Handwerkern als Insolvenzgläubiger (nur) 19.000 €.

197 *Roth*, ZGR 1986, 371 (378).

198 *Roth*, ZGR 2005, 348 (359).

199 S. etwa EuGH DB 2003, 2219 (2222, Rz. 135) „Inspire Art"; GA *Alber*, Schlussanträge, DB 2003, 377 (382, Rz. 148, 150) „Inspire Art". Zustimmend *Schanze/Jüttner*, AG 2003, 661 (663); *Ziemons*, ZIP 2003, 1913 (1916); *Spindler/Berner*, RIW 2004, 7 (13 ff.). Krit. *Bayer*, BB 2003, 2357 (2364). Eingehend zum Gläubigerschutzkonzept des EuGH *Halbhuber*, 146 ff. S. auch noch näher unten C.IV.2.b.

200 Vgl. dazu Empfehlung der Rechtsabteilung der Dt.-Brit. IAHK vom Februar 2003, http://ahk-london.co.uk/articles/legal/1049704020Britische%20Kapitalgesellschaften022003.doc (Zugriff 20.06.2005).

bb. Bedeutung der Publizität

Die Betonung der eigenverantwortlichen Risikoabsicherung setzt voraus, dass dem Gläubiger die zur Risikoeinschätzung erforderlichen Informationen zugänglich sind. Die Publizität ist daher ein wesentliches Instrument des Gläubigerschutzes, dem im anglo-amerikanischen Rechtskreis traditionell eine herausragende Bedeutung zukommt,[201] das aber auch im europäischen Gesellschaftsrecht zunehmend Beachtung findet (unten C.IV.4.). Im deutschen Recht bieten die Registerpublizität und vor allem die Pflicht zur Veröffentlichung der Jahresabschlüsse[202] immerhin ansatzweise die Möglichkeit, die wirtschaftliche Lage einer Gesellschaft einzuschätzen.[203] Eigenkapitalersetzende Gesellschafterleistungen schließlich sind in der Bilanz als Verbindlichkeit gegenüber einem Gesellschafter auszuweisen und damit für die Gläubiger der Gesellschaft erkennbar.[204] Die potentiellen Gläubiger sehen also, dass die GmbH mit Darlehen finanziert ist und über wie viel Risikokapital sie verfügt.[205] Daneben können Auskunfteien, Schuldnerverzeichnisse und vor allem eigene Erfahrungen mit dem betreffenden Schuldner (Einhaltung der Zahlungsziele, etc.) nutzbar gemacht machen.

Hauptproblem der Zumutbarkeit von Eigenschutzmaßnahmen überhaupt ist freilich die Tatsache, dass dadurch bei den Gläubigern erhöhte Informations- und Überwachungskosten entstehen und auch der Schuldner durch die Offenlegung mit höheren Kosten belastet wird.[206] Diesen Transaktionskosten steht zwar auf Gläubigerseite ein erheblicher Nutzen bei der Kreditsicherung gegenüber; bei kleinen Beträgen wird sich indes die Informationsbeschaffung oft nicht rechnen. Bei solch kleinen Forderungen wiederum ist allerdings auch die Bedeutung des Ausfalls begrenzt. Obschon sich die Transaktionskosten durch die zunehmende Technisierung reduzieren lassen, darf die Effektivität der Publizität (soweit nicht Großgläubiger betroffen sind) insgesamt zwar nicht verabsolutiert werden. Die Risikoallokation kann nicht gänzlich dem Markt überlassen werden, sondern verlangt zusätzlich einen flankierenden gesetzlich normierten Mindest-Gläubigerschutz.[207] Ein wirkungsvoller Mindestschutz lässt sich jedoch mit

---

[201] *F. Kübler*, ZHR 1995, 550 (555 ff.); Behrens/*Behrens*, GmbH, Rn. GB/NI/EI 10. Zur aktuellen Diskussion um die Reform des englischen Gesellschaftsrechts, bei der ein Schwerpunkt auch auf die Verbesserung der Transparenz unternehmerischen Handelns gelegt wird, *Lembeck*, NZG 2003, 956 (962 ff.).

[202] Diese Pflicht ist je nach Unternehmensgröße unterschiedlich ausgestaltet, §§ 325 ff. i.V.m. § 267 HGB.

[203] *U.-J. Friedrich*, 47; *Fastrich*, DStR 2006, 656 (662 f.) mit weiteren Vorschlägen für die Verbesserung des Informationsmöglichkeiten der Gläubiger.

[204] Vervessos, 113.

[205] *Grunewald*, GmbHR 1997, 7 (8).

[206] Dazu und zur ökonomischen Analyse *Escher-Weingart*, 129, 131 ff.; im Hinblick auf *financial convenants Wilhelmi*, GmbHR 2006, 13 (16).

[207] Fundamentalkritisch indes *Wiethölter*, in: Probleme GmbH-Reform, 11 (17 ff., 37), der im Kern des Gläubigerschutzdenkens den „nachmerkantilistisch-paternalistischen Fürsorge- und Verwaltungsstaat" und das Idyll „agrarisch-handwerklicher Gesellschaftsidealisierung" sieht, die die unternehmerisch-privat-kapitalistische Selbstbestimmung und Entscheidungsfreiheit aller Bürger kurz halten, weswegen effektiver Gläubigerschutz (nur) durch Publizität und Eigeninitiative der Gläubiger zu erreichen sei.

dem Kapitalschutzsystem nur unzureichend erzielen.[208] Demgegenüber ermöglicht es der Insolvenzgrund der Überschuldung, das Unternehmen bei Vermögensinsuffizienz vom Markt zu nehmen, also zu einem Zeitpunkt, zu dem eine wirtschaftlich relevante Zugriffsmasse noch vorhanden ist.

cc. Problemgruppe der unfreiwilligen Gläubiger

Das Argument einer Stärkung der privatautonomen Risikoverteilung greift für unfreiwillige Gläubiger (insbesondere Deliktsgläubiger) offensichtlich nicht. Nun ist an dieser Stelle nicht der Raum, hinreichend auf diese Gläubigergruppe einzugehen;[209] zu betonen ist jedoch, dass es bei einer deliktischen Verbindlichkeit einer GmbH stets um eine im Wege der Zurechnung auf die Gesellschaft erstreckte unerlaubte Handlung einer natürlichen Person geht, die in jedem Fall als Schuldner zur Verfügung steht. Die Gesellschaft als Haftungssubjekt ist damit *zusätzlicher* Schuldner.[210] Das Argument, dass die Leistungsunfähigkeit der schädigenden Person – also des Gesellschafters oder Geschäftsführers – in den Risikobereich des Geschädigten fällt, der durch die zusätzliche Haftung der Gesellschaft einen *windfall profit* bekommt, trägt freilich nur teilweise. Denn die Haftung der natürlichen Person ist oft gerade dann unzureichend, wenn die GmbH ein für Außenstehende gefährliches Geschäft betreibt. Beispiel sind etwa durch den Betrieb einer Gesellschaft entstehende Umweltschäden. In solchen Fällen ist für den Rechtsverkehr in der Tat der einzelne Schädiger als Haftungssubjekt zweitrangig, weil ihm schließlich die unerlaubte Handlung erst durch das hohe Unternehmensrisiko ermöglicht wurde.[211] Vorrangig ist dann in der Tat Haftung der Gesellschaft selbst von Interesse. Vor diesem Hintergrund steht schließlich auch die Entscheidung des Gesetzgebers in § 31 BGB.[212]

---

[208] A.A. schon im Hinblick auf das Mindeststammkapitalerfordernis *Wilhelmi*, GmbHR 2006, 13 (20). Dazu schon o. Kap.2 A.I. Auch der EuGH sieht im Nennkapitalsystem – obwohl in der Kapitalrichtlinie (Zweite Richtlinie 77/91/EWG vom 13.12.1976) für die AG und nunmehr auch für die SE vorgesehen – kein überzeugendes Gläubigerschutzinstrument, zuletzt EuGH Slg. 1999, I-1459 (1495, Rz. 35-37) „Centros"; EuGH DB 2003, 2219 (2222, Rz. 135) „Inspire Art"; vgl. dazu GA *La Pergola*, Schlussanträge, Slg. 1999, I-1459 (1480 ff., Rz. 21) „Centros"; GA *Alber*, Schlussanträge, DB 2003, 377 (382, Rz. 142) „Inspire Art". Bemerkenswert ist auch, dass bei der Kommission ein Umdenkprozess eingesetzt hat. Der Aktionsplan zur „Modernisierung und Verbesserung der Corporate Governance in der Europäischen Union" vom 21.5.2003, KOM(2003), 284 endg., abgedruckt als Sonderbeilage zu NZG Heft 13/2003, sieht neben kurzfristigen Vereinfachungen im Kapitalerhaltungsrecht vor, mittelfristig Alternativen zum Kapitalerhaltungsgebot zu prüfen und ggf. ein alternatives System in die Kapitalrichtlinie aufzunehmen. Zum Ganzen noch unten C.IV.2.b.

[209] Hierzu eingehend *Escher-Weingart*, 138 ff. und *Rubner*, DStR 2005, 1694 (1699 f.)

[210] *Canaris*, ZGR 2004, 69 (111). *Rubner*, DStR 2005, 1694 (1700) betont, dass dem Interesse des Gläubigers an einem zusätzlichen Schuldner immer auch das – nicht grundsätzlich geringer zu achtende – Interesse des Gesellschafters an der Haftungsbeschränkung nach § 13 II GmbHG gegenüber gestellt werden muss und kritisiert vor diesem Hintergrund die rechtsfortbildend geschaffene Existenzvernichtungshaftung.

[211] Richtig *F. Kübler*, FS Heinsius, 397 (408); *Klose-Mokroß*, 86 ff.

[212] Krit. zur Verallgemeinerungsfähigkeit des § 31 BGB *Canaris*, ZGR 2004, 69 (109 ff.).

Die Problemgruppe der unfreiwilligen Gläubiger macht jedoch nicht nur die Unzureichendheit einer Lösung, die allein auf die vertragsautonome Verteilung der Risiken abstellt, deutlich. Vielmehr erhellt gerade daraus die Notwendigkeit eines *wirksamen* flankierenden gesetzlichen Mindestschutzes, den das Kapitalschutzsystem aber nicht bietet. Der Hinweis auf unfreiwillige Gläubiger vermag die Richtigkeit einer Betonung der Eigenvorsorge der Gläubiger nicht grundsätzlich in Zweifel ziehen. Neben Versicherungslösungen für besonders riskante Unternehmungen[213] und gesetzlichem Sicherungsanspruch[214] bleibt es auch hier zuvörderst Aufgabe des insolvenzbezogenen Gläubigerschutzinstrumentariums, eine angemessene Risikoverteilung herzustellen.

3. Zwischenergebnis

Die Ausführungen haben gezeigt, dass die Frage der gerechten Risikoverteilung auch eine Frage der Eigeninitiative und Ausschöpfung der privatautonomen Sicherungsmöglichkeiten ist. Dem wird die Theorie einer zwingend vorgegebenen statischen Risikoallokation kaum gerecht. Daneben kann die Überbetonung der Schutzwirkungen des Kapitalerhaltungsrechts die Gläubiger in einer trügerischen Sicherheit wiegen und sie zu (falscher) Passivität verführen.

Nicht anders als bei Kapitalgesellschaften besteht auch bei Personengesellschaften und Einzelunternehmen das Risiko für die Gläubiger, dass der Umfang der Geschäfte in keinem Verhältnis zu den eigenen Mitteln mehr steht. Hier wie da trägt dieses Risiko prinzipiell der Gläubiger, dem bei Kapitalgesellschaften zwar keine natürliche Person als Haftsubjekt zur Verfügung steht, aber mit dem Insolvenzgrund der Überschuldung ein Pendant zur beschränkten Haftung geboten ist, das nach der gesetzlichen Systematik eine ausgleichende Sicherheit darstellt.[215] Auch auf die mit der Gesellschafterfremdfinanzierung tatsächlich verbundenen Gefahren für ein Ungleichgewicht in der Risikoallokation – also mögliche Insolvenzverschleppung und vorzeitiger Abzug aufgrund Informationsvorsprungs (dazu näher unten A.IX.2.) – ist das Insolvenzrecht besser abgestimmt. Wer hingegen das Eigenkapitalersatzrecht mit angemessener Risikoverteilung begründen will, befürwortet unausgesprochen eine Pflicht zur angemessenen Risikoübernahme durch angemessene Stammkapitalausstattung. Eine solche Pflicht ist aber nicht begründbar und kann darüber hinaus mit der Subordination freiwillig geleisteter Fremdkapitalbeiträge auch nicht verwirklicht werden.

V. Finanzierungsfolgenverantwortung

Rechtsprechung und Literatur ziehen zur Rechtfertigung des Eigenkapitalersatzrechtes inzwischen weit überwiegend das Argument der Finanzierungsfolgenverantwortung

---

213 *Schön*, DK 2004, 162 (165); *Mülbert*, DK 2004, 151 (157); *Escher-Weingart*, 115 ff.; aus ökonomischer Sicht *Kirchner*, FS Raiser, 181 (197 ff.).

214 Beispiele hierfür sind etwa der gesetzliche Anspruch des Werkunternehmers auf Bestellung einer Sicherungshypothek (§ 648 BGB) und die Bauhandwerkersicherung (§ 648a BGB).

215 *U.-J. Friedrich*, 48. Dazu schon oben Kap.2 A.I.2.b.aa.

heran.[216] Grundgedanke ist, dass ein Gesellschafter sich seiner durch die Entscheidung für die Unternehmensfortführung aktualisierten Verantwortung entzieht, wenn er in der Krise die GmbH statt der vorgeblich gebotenen Eigenkapitalzufuhr lediglich mit Fremdkapital finanziert, also eine weniger riskant erscheinende Finanzierungsart wählt.[217]

1. Leitgedanke und Begriffsbestimmung

Nach der Ausgangsentscheidung des BGH stellt die Finanzierungsverantwortung, die schon allein aus der Gesellschafterstellung folgen soll,[218] das übergreifende Prinzip und den Kern des Eigenkapitalersatzrechts dar, auf den sich alle verschiedenen Begründungslinien (widersprüchliches Verhalten, enttäuschtes Vertrauen, Risikoabwälzung, etc.) zurückführen lassen.[219] Nach jahrelanger Rechtsfortbildung und Rechtspraxis scheint damit – wenngleich erst bei der Frage der Übertragbarkeit auf die Aktiengesellschaft – eine widerspruchsfreie und greifbarere Rechtfertigung des Eigenkapitalersatzrechts gefunden zu sein, die auf objektive „gesunde Prinzipien für unternehmerisches Handeln in einer freien Wirtschaftsordnung"[220] abstellt.

Grundthese der Finanzierungsverantwortung ist, dass der Gesellschafter in der Krise der Gesellschaft die Entscheidungsverantwortung trägt, ob die Gesellschaft liquidiert oder fortgeführt werden soll.[221] Entscheidet er sich für die Fortführung der Geschäfte unter Zugabe von Finanzierungsmitteln, so darf er gemäß der nun eingeschränkten Finanzierungsfreiheit dies nur mit Eigenkapital tun.[222] Vermindert er indes sein Risiko dadurch, dass er die fehlende Kapitallücke nur mit Fremdkapital füllt, so wälzt er das Risiko auf die Gläubiger ab und missbraucht damit seine Finanzierungsfreiheit.[223] Auch beim Fehlschlagen einer Sanierung soll damit der Gesellschafter an seiner Fortführungsentscheidung festgehalten und sollen die Mittel als Eigenkapital

---

[216] Angedeutet bereits in BGHZ 81, 311 (317) „Helaba/Sonnenring". St. Rspr. seit BGHZ 90, 381 (389) „BuM"; BGHZ 105, 168 (175 ff.) „HSW"; BGHZ 127, 17 (29) „Lagergrundstück IV"; BGHZ 127, 336 (344) „Früchte-GmbH"; BGH DStR 2001, 860 (861); OLG Düsseldorf, DB 2003, 2275 (2277); OLG Celle, NZG 2002, 528 (529); MünchHdBGesR III/*Rümker*, § 52 Rn. 3; *Feitsch*, 5 ff.; *Szebrowski*, MDR 2004, 365 (366 ff.); Hachenburg/*Ulmer*, GmbHG, §§ 32a, b Rn. 8; Michalski/*Heidinger*, GmbHG, §§ 32a, 32b Rn. 10; *Killinger*, 71; *Gehde*, 65 ff.; *Wiedemann*, ZIP 1986, 1293 (1297); *Schenk*, 87 ff.; *Raiser/Veil*, Kapitalgesellschaften, § 38 Rn. 17; R/S-L/*Pentz*, GmbHG, § 32a Rn. 17; *Goette*, GmbH, § 4 Rn. 7; *K. Schmidt*, GmbHR 2005, 797 (798); s. auch Begründung des RegE zum KapAEG, BT-Drs. 13/7141, 11.

[217] BGHZ 90, 381 (389) „BuM"; *Wiedemann*, ZIP 1986, 1293 (1297); Hachenburg/*Ulmer*, GmbHG, §§ 32a, b Rn. 8; Michalski/*Heidinger*, GmbHG, §§ 32a, 32b Rn. 12; *Goette*, GmbH, § 4 Rn. 5.

[218] BGH GmbHR 2004, 898 (901).

[219] BGHZ 90, 381 (389) „BuM"; L/H/*Lutter/Hommelhoff*, GmbHG, §§ 32a/b Rn. 3; R/S-L/*Pentz*, GmbHG, § 32a Rn. 17, jew. m.w.N.

[220] *Wiedemann*, ZIP 1986, 1293 (1297).

[221] *v. Gerkan*, ZGR 1997, 173 (177); *ders.*, FS Lutter, 1317 (1319); *Raiser/Veil*, Kapitalgesellschaften, § 38 Rn. 17; Michalski/*Heidinger*, GmbHG, §§ 32a, 32b Rn. 12; *Castor*, 35.

[222] Hachenburg/*Ulmer*, GmbHG, §§ 32a, b Rn. 8; MünchHdBGesR III/*Rümker*, § 52 Rn. 2.

[223] *Schenk*, 92; *Castor*, 35; *Vervessos*, 125; *Kreis*, 45; BGHZ 127, 336 (346) „Früchte-GmbH".

behandelt werden, weil der Gesellschafter sich nicht außerhalb des Kapitalsicherungsrechts stellen dürfe.[224] An die Fortführungsentscheidung wird dazu gleichzeitig die Verantwortung geknüpft, sich um die weitere Entwicklung der GmbH und einen möglichen Funktionswandel der Finanzierungsmittel zu kümmern.[225] Das Eigenkapitalersatzrecht will auf diese Weise die einer ordnungsgemäßen Unternehmensfinanzierung widersprechende Finanzierungswahl korrigieren.[226]

Die terminologische Distinktion zwischen Finanzierungsverantwortung und Finanzierungs*folgen*verantwortung bedeutet keinen Unterschied in der Sache.[227] Die neue Begriffsschöpfung soll lediglich deutlich machen, dass den Gesellschafter keine Verpflichtung zur unternehmensadäquaten Kapitalausstattung trifft. Auch in der Krise ist der Gesellschafter frei in der Entscheidung, ob er die Gesellschaft weiterführen und ihr dazu weiteres Kapital zuführen will.[228] Die Verantwortung für die ordnungsgemäße Unternehmensführung in der Krise umschreibt deswegen nur eine Verantwortung für die *Art* der Fortführung des Unternehmens.[229] Vereinfacht gesagt wird aufgrund der Finanzierungsfolgenverantwortung die Finanzierungsfreiheit in der Krise dergestalt eingeschränkt, dass der Gesellschafter das *Wie* der Finanzierung (Eigen- oder Fremdkapital) nicht mehr frei wählen darf, hingegen hinsichtlich des *Ob* einer zusätzlichen Finanzierung weiterhin keinen Einschränkungen unterliegt.[230]

Soweit die Finanzierungsfolgenverantwortung nur als übergreifendes Prinzip verstanden wird, das die einzelnen – für sich wenig überzeugenden – Begründungsansätze zum Eigenkapitalersatzrecht zusammenfasst,[231] hat es wenig Aussagekraft.[232] In der Literatur werden daher oft einzelne „Elemente" des Prinzips herausgestrichen, um ihrerseits die Finanzierungsfolgenverantwortung zu rechtfertigen.[233] In jedem Fall entscheidend ist aber, woraus sich diese besondere Verhaltenspflicht des Gesellschafters ergeben soll. Mit anderen Worten: Das Schlagwort der Finanzierungsverantwortung

---

[224] Scholz/*K. Schmidt*, GmbHG, §§ 32a, 32b Rn. 15; *Schenk*, 91.

[225] BGHZ 127, 336 (347) „Früchte-GmbH"; L/H/*Lutter/Hommelhoff*, GmbHG, §§ 32a/b Rn. 4; *Castor*, 36. Diese Argumentation bildet die Grundlage für die Umqualifizierung stehengelassener Finanzierungskredite.

[226] Vervessos, 125.

[227] Grundlegend BGHZ 127, 336 (344) „Früchte-GmbH"; *Linde*, 70; R/S-L/*Pentz*, GmbHG, § 32a Rn. 17; *Vervessos*, 125; *v. Gerkan*, ZGR 1997, 173 (177).

[228] *Koch*, 86. Zur Finanzierungsfreiheit bereits oben Kap.2 A.II.1.

[229] MünchHdBGesR III/*Rümker*, § 52 Rn. 3.

[230] BGHZ 105, 168 (175 ff.) „HSW"; Scholz/*K. Schmidt*, GmbHG, §§ 32a, 32b Rn. 4; B/H/*Hueck/Fastrich*, GmbHG, § 32a Rn. 3; *Castor*, 29; *Ulmer*, FS Duden, 661 (674).

[231] *Goette*, GmbH, § 4 Rn. 7; BGHZ 90, 381 (389) „BuM". Krit. *Schummer*, Eigenkapitalersatzrecht, 232.

[232] Vgl. *Berger*, 66, der jedoch in der Finanzierungsverantwortung eine „autoritative Konzentration induktiv geschlossener Werte" sieht, die den dahinter stehenden Gedanken einer zwingenden Behandlung des wirtschaftlichen Eigenkapitals als eben solches erkennen lasse.

[233] So etwa *Berger*, 87 ff., der die Aspekte des enttäuschten Vertrauens betont und andererseits *Schouler*, 143 ff., der die Finanzierungsfolgenverantwortung aus einem allgemeinen Prinzip der gerechten Risikoverteilung herleitet. Ähnl. die Betonung des Gedankens der Risikoabwälzung bei *Kreis*, 49 ff.; *Koch*, 91 ff.; *Vervessos*, 127 ff.

täuscht darüber hinweg, dass die wie auch immer gearteten Grundsätze ordnungsgemäßer Unternehmensführung oder Finanzierungsregeln ihrerseits näherer Begründung bedürfen, möchten sie nicht in den Verdacht geraten, das gewünschte Ergebnis schlicht zum Rechtssatz zu erheben.[234] Ob es eine stichhaltige Begründung tatsächlich gibt, bleibt nachfolgend zu untersuchen.

2. Kritik: Gesellschafterverantwortung für ordnungsgemäße Krisenfinanzierung

Die Finanzierungsfolgenverantwortung nimmt ein Finanzierungsfehlverhalten des Gesellschafters zum Anknüpfungspunkt der eigenkapitalersatzrechtlichen Sanktionen. Mangels spezialgesetzlicher Ausprägung konkreter, rechtlich verbindlicher Finanzierungsregeln[235] muss untersucht werden, ob sich ein System ordnungsgemäßer Unternehmensfinanzierung aus dem Gesamtzusammenhang des Normbestandes ableiten lässt.

a. Widerspruch von Nichtpflichten und Verantwortung

Der Begriff Finanzierungsverantwortung lässt eine Verantwortung des Gesellschafters für eine ordnungsgemäße Unternehmensfinanzierung und Kapitalstruktur vermuten.[236] Indes wollte die Rechtsprechung von Anfang an die Finanzierungsverantwortung nicht derart umfassend verstanden wissen, was sich nun in der Begriffswahl Finanzierungsfolgenverantwortung zeigen soll. Ausgangspunkt auch der These von der Finanzierungsfolgenverantwortung ist deshalb eine Nichtpflicht. Denn der Gesellschafter einer GmbH soll auch nicht in der Krise der Gesellschaft dazu verpflichtet sein, sie über seine Stammeinlagepflicht hinaus weiter zu finanzieren.[237] Andererseits jedoch wird die Frage einer Finanzierungspflicht überhaupt nur dann virulent, wenn die wirtschaftliche Situation der GmbH sich verschlechtert. Eben in dieser Situation greift auch das Eigenkapitalersatzrecht mit der Schaffung weiteren – erzwungenen – Eigenkapitals durch eine Umwidmung bereits überlassenen Fremdkapitals ein. Geht es mittelbar also doch um eine objektiv „gebotene"[238] Eigenkapitalbasis, leuchtet nicht recht ein, dass

[234] *Kreis*, 39; *Vervessos*, 126. Zum Vorwurf einer Leerformel *Reiner*, FS Boujong, 415 (422); *Linde*, 69.

[235] Dazu oben Kap.2 A.II.1. Auch die Novellenregeln zum Kapitalersatz sind nicht als gesetzliche Ausprägung eines Systems ordnungsgemäßer Unternehmensfinanzierung anzusehen. Da sie ihrerseits sich zur Begründung auf die „Finanzierungsverantwortung" berufen, setzen sie zwar ein ungeschriebenes System ordnungsgemäßer Unternehmensfinanzierung voraus, begründen es damit aber noch nicht. Alles andere wäre ein Zirkelschluss.

[236] *Renger*, 15.

[237] Statt aller *Eidenmüller*, Unternehmenssanierung, 389; *v. Gerkan*, ZGR 1997, 173 (177); *ders.*, FS Lutter, 1317 (1319); *Wiedemann*, ZIP 1986, 1293 (1297). A.A. indes *G. Winter*, 119 ff. Zur Frage der angemessenen Eigenkapitalausstattung schon oben A.I.2.a.cc.(1).

[238] So ausdrücklich bereits der Entwurf des RJM (§ 36 I 1 GmbHGE 1939, abgedruckt bei *Schubert*, Entwurf, 103), der RefE aus dem BMJ (§ 47 I 1 GmbHGE 1969) und die Begründung zum

die gegen eine Pflicht zur Ausstattung der GmbH mit angemessenem Eigenkapital vorgebrachten Argumente gerade dann nicht durchschlagen sollen, wenn diese Frage praktische Bedeutung erlangt.[239] Mit der Finanzierungsfolgenverantwortung wird also gerade nicht nur die von einem Gesellschafter getroffene Finanzierungsentscheidung festgeschrieben.[240] Denn die Entscheidung des Gesellschafters beinhaltet nur eine Fremdfinanzierungsabsicht. Wer meint, das Eigenkapitalersatzrecht setze um, was in Wirklichkeit gewollt war, setzt sich derselben Kritik aus, die auch gegen die Begründung mit einem widersprüchlichen Verhalten besteht.[241]

Das Gesetz räumt im Hinblick auf die Unternehmensfinanzierung dem Nennkapitalsystem eine zentrale Rolle ein. So ist nicht nur in Gestalt der Differenzhaftung (§ 9 I GmbHG) eine Vorkehrung gegen eine objektiv nicht hinreichende Erfüllung der Einlagepflicht im Falle der Sacheinlage getroffen, sondern jeden Gesellschafter trifft das Risiko, bei Uneinbringlichkeit der Beiträge von einem Gesellschafter für den Ausfall haften zu müssen (§ 24 GmbHG).[242] Damit beinhaltet das Gesetz für die Gesellschaftergesamtheit die Pflicht, über die anfängliche Eigenkapitalausstattung der Gesellschaft zu befinden und schreibt zugleich jedem Gesellschafter einzeln die Verantwortung dafür zu, dass die nach außen publik gemachte Eigenkapitalgrundlage auch *realiter* wenigstens einmal zur Verfügung gestellt wird.

Die Normdichte zur Kapitalsicherung ist ausgesprochen hoch. Weil außerhalb des Systems der Kapitalaufbringung und -erhaltung liegende Finanzierungsgrundsätze demgegenüber unerwähnt bleiben, zeigt das Gesetz gleichzeitig, dass die Gesellschafter darüber hinaus allein aufgrund ihrer Gesellschafterstellung gerade nicht in die Pflicht genommen werden sollen. Bestärkt wird diese Sicht der Dinge durch einen Blick auf die Regelung zur Finanzierung durch Nachschusskapital. Die Nachschussfinanzierung ist von Gesetzes wegen als Möglichkeit zur Deckung weiteren Kapitalbedarfs auf flexible Weise gedacht gewesen.[243] Die Einführung einer beschränkten oder unbeschränkten Nachschusspflicht steht im freien Ermessen der Gesellschafter (§ 26 III GmbHG). Im Falle einer Nachschussregelung übernehmen die Gesellschafter eine über die Stammeinlagenleistung hinausgehende Verpflichtung zur Finanzierung. Dennoch führt dies nur dann zu einem konkreten Anspruch der GmbH gegen die einzelnen Gesellschafter, wenn die Gesellschafter auch einen Einforderungsbeschluss

---

RegE 1977, BT-Drs. 8/1347, 39). Ebenso *Hommelhoff*, in: v. Gerkan/Hommelhoff, HdB Kapitalersatzrecht, Rn. 1.1 und die Rspr., BGHZ 127, 336 (344) „Früchte-GmbH".

[239] *Berg*, 32; *Eidenmüller*, Unternehmenssanierung, 390. Zu Recht stellt daher Scholz/*Westermann*, GmbHG, § 30 Rn. 2 die Frage, ob die ablehnende Haltung zur Haftung wegen materieller Unterkapitalisierung angesichts der steten Expansion des Kapitalerhaltungssystems gerade auch im Bereich des Eigenkapitalersatzrechts nicht langsam zum Lippenbekenntnis mutiert. In der Tat verliert hier die dichotome Einteilung in materielle und nominelle Unterkapitalisierung an Überzeugungskraft; ähnl. *Kuthe*, 53 (im Hinblick auf die Rechtsprechungsregeln); *G. Winter*, 114 ff.

[240] So aber die h.M., statt aller *Castor*, 30.

[241] Dazu oben A.II.

[242] Die Ausfallhaftung ist allerdings subsidiär; denn zuvor muss ein Kaduzierungsverfahren durchgeführt und der Versuch der Anteilsversteigerung unternommen werden, B/H/*Hueck/Fastrich*, GmbHG, § 24 Rn. 3.

[243] *Scherf*, 27.

(§ 26 I GmbHG) fassen.[244] Ob Nachschüsse tatsächlich geleistet werden, überlässt das Gesetz damit dem Belieben der Gesellschafter.[245] Auch in einer Krisensituation ändert sich hieran nichts. Noch nicht einmal der Insolvenzverwalter ist folglich, ohne dass ein Einforderungsbeschluss vorläge, berechtigt, von den Gesellschaftern Zahlung zu verlangen.[246] Der Schluss liegt deshalb nahe, dass das Gesetz nicht nur über die Einlageverpflichtung hinaus keine besonderen weiteren Einstandspflichten bezüglich der Finanzierung der Gesellschaft kennt, sondern auch eine besondere Pflicht der Gesellschafter zur Befassung mit der Finanzlage der GmbH nicht vorsieht.[247] Dann aber kann schwerlich von einer Finanzierungsverantwortung gesprochen werden. Eine Pflicht, irgendeine Maßnahme zu ergreifen, besteht noch nicht einmal dann, wenn der Geschäftsführer bei einem Absinken des Vermögens der GmbH unter den Betrag der Hälfte des Stammkapitals die Gesellschafterversammlung einberuft.[248] Dabei macht gerade § 49 III GmbHG zugleich deutlich, dass der gesetzlichen Konzeption nach der Geschäftsführer und nicht die Gesellschafter die Finanzsituation der GmbH zu verfolgen hat und entsprechend tätig werden muss.[249] Noch nicht einmal sind die Gesellschafter gehalten, im Krisenstadium eventuell noch ausstehende Einlageverpflichtungen zu erfüllen. Zur Fassung eines Einforderungsbeschlusses (§ 46 Nr. 2 GmbHG) sind sie nicht verpflichtet. Wenn der Gläubigerschutz im Vorfeld der Insolvenz Leitmotiv des Eigenkapitalersatzrechts ist, läge eine Erfüllungspflicht bezüglich der Einlagen in der Krise näher. Auch insoweit nimmt das Gesetz die Gesellschafter jedoch nicht in die Verantwortung sondern stellt es in ihr Belieben, ob und wann die Beiträge eingefordert werden.[250] Der Gedanke einer Pflicht zu ordnungsgemäßem Finanzierungsgebaren findet folglich im Gesetz keinen hinreichenden Widerhall, das in Gestalt der Kapitalaufbringungsvorschriften nur ein Mindestprogramm[251] hinsichtlich der Unternehmensfinanzierung festlegt.

Zusätzliche Schwachstelle der Idee einer Finanzierungsfolgenverantwortung ist die Außerachtlassung einer subjektiven Komponente. Dabei impliziert der Begriff selbst eine individuelle Verantwortlichkeit oder zumindest Zurechenbarkeit.[252] Danach müsste der Gesellschafter also tatsächlich die Möglichkeit haben, auf die Geschicke der Gesellschaft und die Finanzierungsstruktur entscheidend Einfluss zu nehmen. Das Ei-

[244] Der Anspruch der Gesellschaft ist demnach auch erst dann zu aktivieren, wenn die Einziehung des Nachschusses beschlossen wurde, § 42 II 1 GmbHG.

[245] *Scherf*, 41 ff.

[246] GK-GmbHG/*W. Müller*, § 26 Rn. 46; B/H/*Hueck*/*Fastrich*, GmbHG, § 26 Rn. 8.

[247] Anders *Harrer*, GesRZ 1998, 183 (184 ff.), der das Eigenkapitalersatzrecht für das ÖSTERREICHISCHE Recht aus einer Umgehung der Nachschussregelungen (§§ 72 ff. öGmbHG) herleiten will; dagegen *Schummer*, Eigenkapitalersatzrecht, 320 ff.

[248] L/H/*Lutter*/*Hommelhoff*, GmbHG, § 49 Rn. 15.

[249] Anders die Rspr., die aus der Finanzierungsfolgenverantwortung die Pflicht zur laufenden Überwachung der wirtschaftlichen Lage der GmbH ableitet, BGH GmbHR 2004, 898 (901). Zur Kompetenzverteilung näher A.V.3.

[250] Allenfalls aus der Treuepflicht gegenüber der Gesellschaft kann sich im Einzelfall u.U. eine Einforderungspflicht ergeben.

[251] *Schummer*, Eigenkapitalersatzrecht, 238; ähnl. *Michel*, 149.

[252] *Blömer*, 85.

genkapitalersatzrecht lässt dies unberücksichtigt.[253] Das Kleinbeteiligtenprivileg und die 25 %-Schwelle im Aktienrecht[254] verdeutlichen, dass es nicht auf eine individuelle, sondern nur auf eine generelle, verobjektivierte Einflussmöglichkeit ankommen soll, wobei die Schwellenwerte beliebig erscheinen.[255] Der Einwand, dass im konkreten Fall eine Einflussmöglichkeit nicht bestand, bleibt abgeschnitten.[256] Bei der Frage der Gleichstellung von Nichtgesellschaftern mit Gesellschaftern gem. § 32a III 1 GmbHG hingegen wird sehr wohl auf die konkrete Fallgestaltung Rücksicht genommen.[257] Noch zweifelhafter wird das Abstellen auf die Einflussmöglichkeit als Grund (und Kehrseite) der Verantwortung (dazu auch unten A.VII.) dadurch, dass es nach der gesetzlichen Regelung für die Frage der Privilegierung eines Kleingesellschafters nur auf die formale Anteilshöhe ankommt, nicht hingegen auf das Stimmgewicht, das für die Möglichkeit der Einflussnahme aber doch entscheidend ist.[258] Für eine Beeinträchtigung von Gläubigerinteressen durch eine unzulässige Risikoverlagerung[259] kann jedoch letztlich nur derjenige verantwortlich gemacht werden, der konkret dieses Risiko auch beeinflussen kann.[260]

b. Krisensituation und ordnungsgemäße Finanzierungsmaßnahmen

Da die Subordination von Gesellschafterleistungen nur dann erfolgt, wenn die Gesellschaft in eine Krise geraten ist, schränkt das Eigenkapitalersatzrecht selbst den Gedanken der Finanzierungsfolgenverantwortung zeitlich ein. Der Gesellschafter einer flo-

---

[253] Lediglich in der Fallgruppe des Stehenlassens taucht (insoweit dann aber inkonsequent) mit dem Kriterium der Kenntnisnahmemöglichkeit (von der Krise) ein subjektives Tatbestandsmerkmal auf, das auf die konkreten Sachverhalte Rücksicht nimmt.

[254] BGHZ 81, 381 (391) „BuM"; BGH NZG 2005, 712 (713); dazu bspw. *Damnitz/Degenhardt*, WM 2005, 583 (585 ff.).

[255] So hat vor Einführung der Novellenregeln die Rspr. noch jede noch so kleine Beteiligung als ausreichenden unternehmerischen Einfluss betrachtet. Und die Gegenäußerung der Bundesregierung zum Vorschlag des Bundesrates, einheitlich eine 25 %-Schwelle festzulegen, macht deutlich, dass es weniger um eine rechtlich begründete sondern nur um eine „sinnvolle und vertretbare" Grenze ging, die das Eigenkapitalersatzrecht nicht zu sehr einschränkt, vgl. Begründung des RegE zum KapAEG, BT-Drs. 13/7141, 14. Die Austauschbarkeit der Schwellenwerte zeigt sich auch daran, dass der BGH im Bereich der Durchgriffshaftung bei einem vom Geschäftsführer gehaltenen 20 %igen Anteil – anhand der Betrachtung des Einzelfalls (lediglich „Hausfrauenrolle" ohne Einfluss in der Gesellschaft) – gerade keine hinreichenden Einflussmöglichkeiten auf die Geschicke der GmbH feststellen konnte, der eine irgendwie geartete Verantwortung des Gesellschafter-Geschäftsführers gegenüber den Gesellschaftsgläubigern gerechtfertigt hätte, BGH GmbHR 1994, 390 (391).

[256] Scholz/*K. Schmidt*, GmbHG, §§ 32a, 32b Rn. 45; MünchHdBGesR III/*Rümker*, § 52 Rn. 30. Anders aber für die Frage des Durchgriffs BGH GmbHR 1994, 390 (391).

[257] Krit. auch *Blömer*, 85, der aufgrund dieser Überlegungen ein zusätzliches Zurechnungskriterium einführen will (87 ff.).

[258] Deshalb wird teilweise bei statutarisch eingeräumtem höherem Stimmwert eine Ausnahme von der Privilegierung vertreten, dazu L/H/*Lutter*/*Hommelhoff*, GmbHG, §§ 32a/b Rn. 67; B/H/*Hueck*/*Fastrich*, GmbHG, § 32a Rn. 18 m.w.N. Zur Kritik an festen Beteiligungsgrenzen zur Bestimmung der Finanzierungsfolgenverantwortung *Schenk*, 103 ff.

[259] Zu diesem Argument als solchem bereits oben A.IV.

[260] Ebenso *Blömer*, 93.

rierenden GmbH trägt demnach keine Finanzierungsverantwortung, gleichviel ob und wie er der Gesellschaft Kredite zur Verfügung stellt. Die Verantwortung soll sich erst dann aktualisieren oder überhaupt erst entstehen, wenn die Gesellschaft von Dritter Seite keinen Kredit mehr erlangt. Eine bloß begrenzte Zeitpunktverantwortung aber ist unvollständig, wenn dem Gesellschafter außerhalb der Krise völlige Finanzierungsfreiheit zugestanden wird und ihm auch Informierungspflichten nicht auferlegt werden; denn dann kann er auch nicht den Beginn des Verantwortungszeitraums erkennen. Das Gesetz selbst zeigt mit § 49 III GmbHG, dass es eine besondere Krisenverantwortung nicht kennt, da hier an den von Seiten des Gesetzes offenkundig als ein Warnsignal verstandenen Eintritt einer Verschlechterung der Vermögenslage für die Gesellschafter keine Konsequenzen geknüpft sind.

Die besondere Verantwortung der GmbH-Gesellschafter basiert entscheidend auf der Annahme, dass ein „ordentlicher Kaufmann" in der Krise Eigenkapital zugeführt hätte (§ 32a GmbHG). Mangels Annahme eines Zuführungsgebots wird hieraus die Hypothese, dass es Situationen im Leben einer GmbH gibt, in der eine ordentliche Gesellschafterfinanzierung – wenn überhaupt[261] – nur mit Eigenkapital zu erfolgen hat. An dieser Stelle wird der bereits angesprochene (Kap.2 A.II.) Zusammenhang mit der Finanzierungstheorie deutlich. Es stellt sich die Frage, ob es eine optimale, „richtige" Kapitalstruktur gibt und ob für das Krisenmanagement eine besondere Finanzierungsregel begründbar ist, deren Einhalten zur Pflicht der Gesellschafter gemacht werden kann.[262]

aa. Optimale Kapitalstruktur

Juristische Fragestellungen, die an das Finanzierungsverhalten eines Gesellschafters anknüpfen, müssen sich zumindest in Ansätzen auch betriebswirtschaftlicher Erkenntnisse bedienen. Dies gilt im Besonderen dann, wenn an dieses Verhalten nachteilige Sanktionen geknüpft werden.[263] Die Sanktionierung eines finanzwirtschaftlich nicht als „unrichtig" verifizierbaren Verhaltens ist deswegen zumindest zweifelhaft.

Ob eine Unternehmung über eine „richtige" Kapitalstruktur verfügt, ist aber eine vorrangig betriebswirtschaftliche Frage.[264] Die Finanzwissenschaft versucht, einen optimalen Maßstab für die Art und Zusammensetzung des Kapitals zu entwickeln und hiernach bestimmte Kapitalstruktur- oder Finanzierungsregeln aufzustellen.[265] Es ist freilich juristisches Wunschdenken, einfache und allgemeingültige Entscheidungskriterien für eine optimale Kapitalausstattung und eine simple Formel für eine unternehmensadäquate Eigenkapitalquote von der Betriebswirtschaft geliefert zu bekommen. Zwar bedient sich die Praxis der Unternehmensfinanzierung verschiedener Kennzah-

---

[261] Es bleibt dem Gesellschafter also freigestellt, gar nicht zu finanzieren (Freiheit des „Ob" der Finanzierung).

[262] Ähnlich *Beine*, 104. Dazu *Engert*, ZGR 2004, 813 (816 ff.).

[263] Vgl. *K. Schmidt*, Gesellschaftsrecht, § 18 I.1. Zu den Schwierigkeiten der Einbindung betriebswirtschaftlicher Erkenntnisse in die rechtswissenschaftliche Betrachtung *Beine*, 102 ff.

[264] *K. Schmidt*, Gesellschaftsrecht, § 18 I.1.

[265] Perridon/Steiner, 556.

len, die auf als üblich angesehene Finanzierungsgrundsätze rekurrieren. Doch sind diese Kennzahlen – wie insbesondere vertikale und horizontale Finanzierungsregeln[266] – eher Spielregeln,[267] deren Einhaltung der Geschäftsverkehr als praktische Qualitätszeichen teilweise anerkennt. Die finanzwissenschaftliche Untermauerung indes fehlt diesen Regeln, weil sie als starre und pauschale Maßstäbe Betriebstyp, Branche, Rechtsform und Konjunktursituation unberücksichtigt lassen.[268] Nicht ohne Grund sieht sich also die Rechtswissenschaft bei der Bestimmung eines „angemessenen" Eigenkapitals vor unlösbare Schwierigkeiten gestellt.[269] An die Nichteinhaltung dieser eher als Empfehlung zu verstehenden Finanzierungsregeln können daher keine verbindlichen juristischen (Haftungs)Folgen geknüpft werden.[270]

bb. Krisenbewältigung

Das Eigenkapitalersatzrecht betrachtet den Gesellschafter als Zentralfigur einer Sanierung der Gesellschaft. Es schreibt ihm die Pflicht zu, dass er dann, wenn er sich durch die Weiterführung des Unternehmens unter Zuführung von Kapital gewissermaßen zum Sanierer aufschwingt, diesen Sanierungsversuch auch „richtig" durchführen muss. Als einzig richtige gesellschafterliche Finanzierungsmaßnahme in der Krisensituation akzeptiert das Eigenkapitalersatzrecht aber nur eine Eigenkapitalzufuhr – und zwar gleich welcher Höhe.[271] Wer sich zur weiteren Finanzierung entschließt, wird dadurch in eine Eingleisigkeit gedrängt, die den richtigen Weg aus der Krise vorzugeben scheint. Das Eigenkapitalersatzrecht ist seit jeher von dem Gedanken geleitet, dass nur die Eigenkapitalzufuhr den Weg aus der Krise beschreibt. Dass das nicht der Fall ist, ergibt sich freilich schon daraus, dass das rechtmäßige Alternativverhalten die Eigenkapitalzufuhr in irgendeiner Höhe (und sei es ein Euro) ist; damit wird jedoch eine ordnungsgemäße Krisenbewältigung offensichtlich nicht möglich.[272]

Es liegt auf der Hand, dass eine ernsthafte Krisenbewältigung außerhalb der Insolvenz[273] nicht durch eine einzige Maßnahme realisierbar ist. Es geht vielmehr um ein ganzes Paket aufeinander abgestimmter Maßnahmen, bei dem die Neujustierung der Finanzierungsstruktur nur einen Teil des Konzeptes darstellt, das nach eingehender Schwachstellenanalyse Maßnahmen im Bereich der Personalstruktur, der Produktion,

---

266 Dazu bereits oben Kap.2 A.II.1.b.

267 *Drukarczyk*, Finanzierung, 64.

268 Michalski/*Fleischer*, GmbHG, Syst. Darst. 6 Rn. 38; *Drukarczyk*, Finanzierung, 64; *Schummer*, Eigenkapitalersatzrecht, 243; *Koch*, 87 m.w.N.

269 Vgl. *Beine*, 106; *Vollmer*, AG 1991, 94 (98).

270 *Schummer*, Eigenkapitalersatzrecht, 243 und bereits oben Kap.2 A.II.1.b.

271 Exemplarisch hierfür *v. Gerkan*, FS Lutter, 1317 (1323), das angeschlagene Unternehmen könne „mit zusätzlichem Eigenkapital wieder konkurrenzfähig gemacht werden"; zu Recht krit. *Cahn*, AG 2005, 217 (218).

272 Kehrt man das Glaubensbekenntnis des Eigenkapitalersatzrechts um, so müsste nämlich jede Zufuhr von Eigenkapital anstelle von Fremdkapital den Grundsätzen ordnungsgemäßer Unternehmensfinanzierung entsprechen, *Schummer*, Eigenkapitalersatzrecht, 259. Das Beispiel einer Zuführung eines marginalen Eigenkapitalbeitrags (z.B. nur ein Euro) zeigt damit die Haltlosigkeit der Ausgangsthese.

273 Zu Vorteilen der Sanierung *durch* Insolvenz *Rattunde*, ZIP 2003, 2103-2110; *Paulus*, ZGR 2005, 309-326.

des Vertriebs und vor allem auch des Managements umsetzen muss.[274] Kaum eine Krisenbewältigung wird allein mit Finanzierungsmaßnahmen zu schaffen sein. Die Erkenntnis, dass eine Krise regelmäßig mit einem Liquiditätsengpass einhergeht,[275] führt daneben zur Notwendigkeit auch der schlichten Kreditbeimischung. Kein ordentlicher Kaufmann würde daher ein kriselndes Unternehmen ausschließlich mit Eigenkapital zu retten versuchen. Zudem muss zusätzliches Haft- oder Risikokapital nicht Eigenkapital im klassischen Sinne (Gesellschaftereinlagen) sein, wie das Eigenkapitalersatzrecht glauben macht, indem es die Gesellschafterdarlehen wie Stammkapital bindet (§§ 30, 31 GmbHG).[276] Es stehen den Gesellschaftern und Dritten verschiedene Möglichkeiten der Risikokapitalfinanzierung zur Verfügung, die durch unterschiedliche Voraushaftungs- und Verlustbeteiligungselemente geprägt werden, wie etwa Darlehen mit langer Laufzeit, Darlehen mit (qualifizierten) Rangrücktrittsklauseln, Genussscheine und stille Beteiligungen.[277] Neben der Gewährung zusätzlichen Kapitals bieten sich als weitere Sanierungsbeiträge auch Stundung, Verzicht, Vollstreckungsaufschub oder Fälligkeitsverlängerung an.[278] Die starre Eingleisigkeit des Eigenkapitalersatzrechts geht demgegenüber an der Realität vorbei.[279] Noch zweifelhafter wird die vereinfachte Vorstellung von der Eigenkapitalerhöhung in der Krise als der optimalen Maßnahme dadurch, dass eine Eigenkapitalzufuhr nur dann einen Liquiditätszufluss bedeutet, wenn sie nicht durch Sacheinlagen erfolgt.[280] Ohne Liquiditätszufluss jedoch wird eine Krise so gut wie nie ernsthaft zu beseitigen sein. Sind nach alledem keine allgemein verbindlichen einfachen Grundsätze richtiger Unternehmensfinanzierung – und zwar auch nicht in der Krise – vorhanden, steht gleichzeitig die Behauptung einer Finanzierungsfolgenverantwortung auf tönernen Füßen.[281]

---

[274] *Harz/Hub/Schlarb*, 37; *K. Schmidt*, in: K. Schmidt/Uhlenbruck, GmbH in Krise, Rn. 360; ausführlicher zu möglichen Sanierungsmaßnahmen bspw. *Kalnbach*, 201 ff.

[275] *A. Götz/Hegerl*, DB 1997, 2365 (2366); *Wittig*, FS Uhlenbruck, 686 (687).

[276] Ähnlich *Blömer*, 93.

[277] Vgl. zum materiellen Eigenkapitalbegriff bereits oben Kap.2 A.II.2.b.

[278] Eingehend zu den Sanierungsinstrumenten *Wittig*, in: K. Schmidt/Uhlenbruck, GmbH in Krise, Rn. 480 ff.; s. auch die Auflistung bei *Harz/Hub/Schlarb*, 39.

[279] Vgl. *Eidenmüller*, Unternehmenssanierung, 399: „petitio principii". Ebenso *Claussen*, GmbHR 1996, 316 (321) mit dem Argument, dass sich die Fragen des „Wie" und „Ob" der Finanzierung nicht trennen lassen, sondern sich gegenseitig beeinflussen. Die Fehlerhaftigkeit der eingleisigen Finanzierungshypothese des Eigenkapitalersatzrechts zeigt auch ein Blick auf die von § 10 KWG geforderte „angemessene" Eigenmittelausstattung. Die Eigenmittel setzen sich danach sowohl aus Eigenkapital als auch Drittrangmitteln zusammen, § 10 II 1 KWG. Dem *haftenden Eigenkapital* werden einerseits – je nach Ausgestaltung, wobei Verlustbeteiligung und Laufzeit (mindestens fünf Jahre) mit entscheidend sind – stille Einlagen und Genussrechtsverbindlichkeiten (Abs. 4 und 5), und andererseits Kapital, das aufgrund der Eingehung nachrangiger Verbindlichkeiten langfristig (mindestens fünf Jahre) zur Verfügung gestellt wurde – insbesondere also Nachrangdarlehen (Abs. 5a) –, zugerechnet. Wenn auch die Zurechnung solchen „Ergänzungskapitals" nur zu bestimmten Quoten erfolgt (Abs. 2b Satz 2), so macht die Norm dennoch deutlich, dass sie eine Abstufung der Finanzierungstitel nach dem jeweiligen Risikograd vornimmt und nicht wie das Eigenkapitalersatzrecht möglichst viele Finanzierungsmaßnahmen über § 32a III 1 GmbHG als reine Fremdkapitalzufuhr bewertet und in eine schlichte Zweiteilung der Finanzierungsinstrumente verfällt.

[280] Darauf weist zu Recht auch *Claussen*, ZHR 1983, 195 (205) hin.

[281] *Schummer*, Eigenkapitalersatzrecht, 244.

3. Kritik: Finanzierungsverantwortung und innergesellschaftliche Kompetenzzuweisung

Die Befürworter einer Finanzierungsfolgenverantwortung der Gesellschafter setzen sich mit der Frage der Zuständigkeitsverteilung bei der Finanzierung der GmbH nicht näher auseinander.[282] Dabei liegt auf der Hand, dass eine behauptete Finanzierungsverantwortung – und sei es auch nur für die Folgen einer Finanzierungsmaßnahme – eine Kompetenzzuweisung voraussetzt. Ohne eine Aufgabenzuweisung an die Gesellschafter im Bereich der Finanzierung der GmbH oder zumindest eine kompetenzielle Finanzierungswahrnehmungsmöglichkeit kann sich keine dieser Zuständigkeit nachfolgende Verhaltenspflicht ergeben. Denn die Begründung einer Pflicht oder Verantwortung eines Gesellschaftsorgans ist nur denkbar, wenn das Gesellschaftsorgan mit dem Gegenstand der Pflicht sachlich befasst ist.[283] Es muss daher zum einen geprüft werden, welche Kompetenzen den Organen bei der Gesellschaftsfinanzierung zukommen und zum anderen, ob und welche (sanktionierten) Pflichten aus der Wahrnehmung der Finanzierungskompetenzen ableitbar sind.

a. Verteilung der Finanzierungskompetenzen

Dem Gesetz lässt sich eine ausdrückliche Bestimmung der Zuständigkeitsverteilung für die Finanzierung der GmbH nicht entnehmen. Auch den einzelnen Vorschriften über die Finanzverfassung der Gesellschaft, die sich vorrangig mit der Frage der Kapitalaufbringung und Kapitalerhaltung befassen, liegt ein in sich geschlossenes System der Finanzierungskompetenzen nicht zugrunde.[284] Dennoch wird anhand von punktuellen Regelungen des GmbHG eine Grundkonzeption der Aufteilung der Finanzierungszuständigkeiten zwischen Geschäftsführer und Gesellschaftern erkennbar.

aa. Grundkonzeption

(1) Unterscheidung zwischen Eigen- und Fremdkapitalaufnahme

Über die Frage der Ausstattung der Gesellschaft mit Eigenkapital entscheiden die Gesellschafter. So wie die anfängliche Festlegung des Stammkapitals (§ 3 I Nr. 3 GmbHG) Sache der Gesellschafter ist, bedarf auch jede nachträgliche Veränderung der Eigenkapitalbasis durch eine Kapitalerhöhung oder -herabsetzung (§ 55 I, § 58 I GmbHG) eines satzungsändernden (§§ 53 f. GmbHG) Beschlusses der Gesellschafterversammlung.[285] Konsequent fallen deshalb auch die Regelung einer Nachschusspflicht und die Frage der Einforderung von Nachschüssen in den Kompetenzbereich der Gesellschafterversammlung (§ 26 I GmbHG). Auch das Recht, über die Selbstfinanzie-

---

[282] Eine Ausnahme bilden insoweit *Lutter/Hommelhoff*, ZGR 1979, 31 (43 ff.).

[283] Ähnl. *Eidenmüller*, Unternehmenssanierung, 394.

[284] *Vollmer*, AG 1991, 94 (95).

[285] *Lutter/Hommelhoff*, ZGR 1979, 31 (43); *Smerdka*, 142; *Schummer*, Eigenkapitalersatzrecht, 263; für die Aktiengesellschaft *Vollmer*, AG 1991, 94 (95).

rung im Wege der (offenen) Rücklagenbildung zu entscheiden, weist das Gesetz der Gesellschafterversammlung zu (§ 29 II GmbHG), wobei im Gegensatz zur Regelung im AktG[286] die Kompetenzen zur Feststellung des Jahresabschlusses und zur Verteilung des festgestellten Gewinns nicht auseinander fallen sondern einheitlich bei der Gesellschafterversammlung liegen (§§ 42a, 46 Nr. 1 GmbHG), sofern nicht die Satzung etwas anderes bestimmt.[287]

Mit der Zuständigkeit zur Aufnahme von Fremdkapital hingegen befasst sich das Gesetz nicht ausdrücklich. Da sie jedoch als eine Maßnahme der laufenden Geschäftsführung anzusehen ist, fällt sie offensichtlich in den Kompetenzbereich des Geschäftsführers.[288]

Hauptgrund dieser Aufteilung ist die Vorstellung, dass die Eigenkapitalaufnahme eine Grundlagenentscheidung für die Gesellschaft darstellt, durch die die Interessen der Gesellschafter in erheblicher Weise beeinflusst werden.[289] Nicht ohne Grund sieht deshalb § 221 I AktG ein Zustimmungserfordernis der Hauptversammlung bei der Ausgabe von Wandel- und Gewinnschuldverschreibungen (nur) dann vor, wenn den Gläubigern ein Umtausch- oder Bezugsrecht auf Aktien eingeräumt wird. Denn eine Veränderung der Beteiligungsstruktur soll nicht ohne Mitwirkung der davon betroffenen Gesellschafter geschehen.[290] Die Zuständigkeit für die Eigenkapitalfinanzierung sichert damit dem Ansatz nach eine Einflussmöglichkeit auf die wesentlichsten unternehmerischen Entscheidungen und den Geschäftsumfang der GmbH.[291]

(2) Entscheidungskompetenz für die Kapitalstruktur der GmbH

Bedeutender als die Frage der Zuständigkeit für einzelne Finanzierungsmaßnahmen ist die Frage, welches Gesellschaftsorgan dazu autorisiert ist, die Finanzplanung insgesamt zu organisieren, wer also die Zusammensetzung der Kapitalstruktur (Verhältnis von Eigen- und Fremdkapital) bestimmt. Eine Erhöhung des Fremdkapitalanteils kann einen nicht unwesentlichen Einfluss auf das Rendite-/Risikoverhältnis einer Investition haben. Mit Maßnahmen der Fremdkapitalfinanzierung kann wegen des Leverage-

---

[286] Dort stellt der Vorstand den Jahresabschluss auf. Festgestellt ist der Abschluss erst mit der Billigung durch den Aufsichtsrat, soweit nicht Vorstand und Aufsichtsrat die Feststellung der Hauptversammlung überlassen, § 172 AktG. Die Hauptversammlung entscheidet über die Verwendung des Bilanzgewinns (§ 174 I 1 AktG), ist aber an die Feststellung des Jahresabschlusses gebunden und darüber hinaus durch die Vorstand und Aufsichtsrat zukommende Kompetenz zur Gewinnrücklageneinstellung (bis zur Hälfte des Jahresüberschusses) eingeschränkt.

[287] Ähnl. die Kompetenzverteilung bei der ÖSTERREICHISCHEN GmbH, wobei dort str. ist, wer über die Höhe der Rücklagenbildung entscheidet; dazu *Schummer*, Eigenkapitalersatzrecht, 264 ff.

[288] *Lutter/Hommelhoff*, ZGR 1979, 31 (43); *Smerdka*, 142; *Schummer*, Eigenkapitalersatzrecht, 262; (für die Aktiengesellschaft) *Vollmer*, AG 1991, 94 (95).

[289] *Smerdka*, 142.

[290] *Vollmer*, AG 1991, 94 (95 ff.); *Smerdka*, 143; (entspr. zu § 174 I öAktG) *Schummer*, Eigenkapitalersatzrecht, 263.

[291] *Lutter/Hommelhoff*, ZGR 1979, 31 (43); krit. *Vollmer*, AG 1991, 94 (98 ff.).

Effektes[292] die Kapitalstruktur und mittelbar die Risikoposition der Gesellschafter beeinflusst werden.

Zunächst muss man sich bewusst machen, dass die Finanzplanung kein einmaliger oder in regelmäßigen Abständen wiederkehrender Vorgang ist, sondern im Prinzip jede einzelne Maßnahme in einem Unternehmen einen Zahlungsstrom auslöst und damit finanzierungsrelevant wird.[293] Der Finanzplan muss deshalb mit allen anderen Entscheidungen des Unternehmens abgestimmt werden, insbesondere mit der Beschaffungs-, Produktions- und Personalplanung. Die wirtschaftliche Situation der Gesellschaft im Auge zu behalten, Zahlungsströme zu koordinieren, den Absatzmarkt und die allgemeine Konjunkturlage zu beobachten, ist aber Aufgabe der Unternehmensleitung. Als zuständiges, koordinierendes Organ für die Finanzplanung fungiert deswegen die Geschäftsleitung.[294] Die Annahme einer Zuständigkeit der Gesellschafterversammlung für den Bereich der Kapitalstruktur würde einen einheitlichen Komplex auseinander reißen.

Dieser Befund steht in Einklang mit dem Aufgabenspektrum des Geschäftsführers. Schon aus dem allgemeinen Sorgfaltsmaßstab des § 43 I GmbHG lässt sich die Pflicht zur beständigen wirtschaftlichen Selbstprüfung ableiten.[295] Dem Management obliegt es, laufend die finanzielle Situation der GmbH zu beobachten, wodurch erst die Auflastung besonderer weiterer Pflichten in der Krisensituation der Gesellschaft erklärbar wird. Zu diesen weiteren Aufgaben zählt zum einen die Befassung der Gesellschafter mit einer Verschlechterung der wirtschaftlichen Lage der Gesellschaft, die das Gesetz am Verlust der Hälfte des Stammkapitals festmacht (§ 49 III GmbHG).[296] Die Vorschrift dient primär zum Schutz der GmbH und der Gesellschafter, beinhaltet jedoch auch einen reflexartigen Gläubigerschutz, da hieran zumindest die Hoffnung gebunden ist, dass nach Wahrnehmung des Krisensignals Maßnahmen zur Krisenbewältigung getroffen werden.[297] Jedoch ist die Gesellschafterversammlung nicht verpflichtet, in Richtung Krisenbewältigung tätig zu werden.[298] Ohne eine Pflicht zum Tätigwerden ist deshalb aber auch eine Verantwortung für das Krisenmanagement schwer ableitbar. Anders ist dies für die Geschäftsführung. Diese ist gehalten, der Krise entgegenzusteuern und dabei gerade auch die Finanzplanung der GmbH zu überdenken.

Ebenso deutlich wird die Auffassung des Gesetzgebers, dem Management die Kontrolle der finanziellen Situation der Gesellschaft zu überantworten, daran, dass es nicht der Gesellschafterversammlung sondern den Geschäftsführern die Prüfung der Insol-

---

[292] Dazu oben Kap.2 A.II.3.c.aa.

[293] *Schummer*, Eigenkapitalersatzrecht, 266.

[294] *Schummer*, Eigenkapitalersatzrecht, 267. Auch die Betriebswirtschaft rechnet deshalb die Finanzplanung zur Aufgabe des Managements, *Perridon/Steiner*, 623.

[295] Michalski/*Haas*, GmbHG, § 43 Rn. 56 m.w.N. auch aus der Rspr.

[296] Gemeint ist, dass das Vermögen der GmbH unter den Betrag der Hälfte der Stammkapitalziffer gesunken ist, R/S-L/*Koppensteiner*, GmbHG, § 49 Rn. 10.

[297] Zum Streitstand über die gläubigerschützende Funktion der Vorschrift Michalski/*Römermann*, GmbHG, § 49 Rn. 8 ff. m.w.N. Zum entsprechenden § 36 II öGmbHG *Schummer*, Eigenkapitalersatzrecht, 268 ff.

[298] L/H/*Lutter*/*Hommelhoff*, GmbHG, § 49 Rn. 15; Scholz/*K. Schmidt*, GmbHG, § 49 Rn. 27.

venzreife und folglich auch die Pflicht zur Insolvenzantragsstellung (§ 64 I GmbHG) aufbürdet. Gerade das Krisenmanagement ist der Grundkonzeption nach also in der Hand der Geschäftsführung.[299] Zweifelhaft ist deswegen die These des Eigenkapitalersatzrechts, die Gesellschafter seien im Falle der Krise gezwungen, sich zwischen Fortführung der Gesellschaft unter Eigenkapitalzufuhr und Liquidation zu entscheiden. Im Übrigen kann der finanzierende Gesellschafter allein eine Liquidation auch nur dann durchsetzen, wenn er über mehr als 75 % der Stimmrechte verfügt (§ 60 I Nr. 2 GmbHG).[300]

Es spricht konzeptionell daher wenig dafür, der Gesellschafterversammlung originäre Kompetenzen in punkto Finanzplanung zuzuschreiben. Allenfalls kann es um die Frage gehen, ob die grundsätzlich dem Management zugedachte Zuständigkeit wegen der beschriebenen Auswirkung der Fremdkapitalfinanzierung auf die Eigenkapitalrendite (Leverage-Effekt) einer Einschränkung bedarf. Für die Aktiengesellschaft wird deshalb diskutiert, ob der Hauptversammlung unter bestimmten Voraussetzungen ein Mitspracherecht auch bei der Fremdkapitalaufnahme zugestanden werden sollte, obwohl mit der konkreten Fremdkapitalaufnahme keine direkte Beeinflussung der Beteiligungsrechte zu besorgen ist.[301] Dabei wird argumentiert, dass eine Änderung des Kapitalstrukturrisikos durch eine zunehmende Fremdkapitalaufnahme geeignet sei, den Aktienkurs der Gesellschaft zu beeinflussen.[302] Thematisch liegt die Forderung nach einem Mitspracherecht der Hauptversammlung damit letztlich auf der Linie der so genannten „Holzmüller-Fälle".[303] Die bei der Aktiengesellschaft auftauchenden Kompetenzverteilungsprobleme sind für die hier interessierende GmbH jedoch weitgehend ohne Belang. Die – für die Aktiengesellschaft durchaus beachtlichen – Bedenken resultieren aus dem Bedürfnis nach einem stärkeren Einfluss der Aktionäre. Dieses Bedürfnis hat jedoch nichts damit zu tun, einen Verantwortungsbeitrag der Aktionäre (mit der Folge einer Verantwortlichkeit auch der Aktionäre) zu erlangen, sondern besteht aus Gründen des Anlegerschutzes. Eines solchen Anlegerschutzes bedarf es bei der gesetzestypischen GmbH[304] grundsätzlich nicht, da hier das Geschäftsführungsorgan weisungsunterworfen ist.[305] Die für die Aktiengesellschaft berechtigte Diskussion

---

[299] Vgl. *de Angelis/Bodenbenner*, MDR 2003, 1145 (1146, 1148 ff.); *Uhlenbruck*, GmbHR 1999, 313 (317). Dies verdeutlicht für die Aktiengesellschaft ein Blick auf den neu eingeführten § 91 II AktG, der den Vorstand – und nicht die Aktionäre – zur Einrichtung eines Früherkennungssystems verpflichtet, um Gefährdungen für den Bestand der Gesellschaft rechtzeitig zu erkennen.

[300] Krit. auch *Habersack*, ZHR 1997, 457 (471).

[301] So v.a. *Vollmer*, AG 1991, 94 (98 ff.); *Baums/Vogel*, in: Lutter/Scheffler/Schneider, HdB Konzernfinanzierung, Rn. 9.27; zustimmend *Smerdka*, 144 ff.

[302] *Vollmer*, AG 1991, 94 (97).

[303] So auch *Baums/Vogel*, in: Lutter/Scheffler/Schneider, HdB Konzernfinanzierung, Rn. 9.27; *Vollmer*, AG 1991, 94 (101). Die Annahme ungeschriebener Hauptversammlungszuständigkeiten unter Hinweis auf die „Holzmüller"-Entscheidung (BGHZ 83, 122) dürfte allerdings künftig aufgrund der Betonung des Ausnahmecharakters einer solchen Einschaltung der Hauptversammlung in der neueren Rspr. (BGH DB 2004, 1200 „Gelatine") begrenzt sein.

[304] Etwas anderes gilt allenfalls für Publikumsgesellschaften.

[305] Anders wohl *Lutter/Hommelhoff*, ZGR 1979, 31 (43 ff.), die unter dem Hinweis auf den Minderheitenschutz für die Fremdkapitalaufnahme – eingegrenzt auf eigenkapitalersetzende Darlehen – an ein Zustimmungserfordernis der Gesellschaftermehrheit denken. Einen solchen Zustimmungsvorbehalt

um eine zusätzliche Einflussmöglichkeit der Gesellschafter auf die Fremdkapitalfinanzierung hat folglich für die Rechtsform GmbH kaum Relevanz und tangiert schon nicht die hier interessierende Überlegung einer Kompetenzzuschreibung zwecks Anknüpfung einer Verantwortlichkeit in Bezug auf den Schutz außenstehender Gläubiger.[306]

bb. „Kompetenzverlagerungen" zu Gunsten der Gesellschafter

Eine Finanzierungszuständigkeit als Anknüpfungspunkt für eine Finanzierungsverantwortung der Gesellschafter lässt sich nach dem bisher Gesagten kaum ausmachen. Das gilt jedenfalls für die gesetzestypische GmbH mit mehreren Gesellschaftern und einem aus Nichtgesellschaftern bestehenden Geschäftsführungsorgan. Freilich besteht keine Verpflichtung, sich an gesetzliche Leitbilder zu halten, zumal das GmbHG nachgerade als flexible Gesellschaftsform angelegt ist. Die Rechtswirklichkeit weist demnach auch Gestaltungen auf, bei denen die Stellung der Gesellschafterversammlung als Zentralorgan der GmbH zu einem Verdrängen der kompetenziellen Befugnisse des Managements führt. Gerade bei einer stark personal geprägten GmbH mit einer fest gefügten Gesellschaftermehrheit kann sich die dem Management zugedachte originäre Finanzierungskompetenz realiter nicht entfalten. Den Angelpunkt bildet dabei die fehlende Unabhängigkeit der Geschäftsführer. Die Gesellschaftermehrheit kann mittels Weisungsrechts (§ 37 GmbHG) – aber auch schon durch entsprechende Satzungsgestaltung – Kompetenzen für sich in Anspruch nehmen, die der grundsätzlichen Verteilung der Finanzierungszuständigkeiten nicht entsprechen. Deswegen könnte also doch eine Kompetenz bestehen, die zu einer Finanzierungsverantwortung der Gesellschafter führt. Im Folgenden sollen dazu zunächst die verschiedenen Möglichkeiten von „Kompetenzverlagerungen" auf GmbH-Gesellschafter kurz dargestellt werden.

(1) Gesellschafter als Geschäftsführer

Eindeutig fällt die Antwort aus, wenn ein Gesellschafter zugleich Geschäftsführer der GmbH ist. In diesem Fall hat er auch über die Finanzplanung der Unternehmung zu befinden. Seine Kompetenz ergibt sich dann allein aus der zusätzlichen Geschäftsführerstellung.

---

können die Gesellschafter jedoch selbst in der Satzung – etwa für betragsmäßig festgelegte besonders hohe Kreditaufnahmen – vereinbaren oder insoweit eine Weisung erteilen, wenn sie dies wollen. Das Gegenargument, dass dies ja nur mit der Mehrheit möglich ist, vergisst, dass auch das Zustimmungserfordernis an die Gesellschaftermehrheit gebunden ist.

[306] Bei der Frage der Begründung einer Finanzierungsfolgenverantwortung der Gesellschafter steht eine eine Kompetenz voraussetzende und aus ihr ableitbare Verantwortlichkeit im Vordergrund; insoweit ist auch zu fragen (dazu noch sogleich Punkt b.), ob durch „Anmaßung" von Kompetenzen – etwa mittels Weisungsrecht – nicht eine Verantwortung der Gesellschafter im Interesse von Drittgläubigern entstehen kann. Die Überlegungen einer ungeschriebenen Kompetenz der Hauptversammlung für wesentliche kapitalstrukturverändernde Fremdkapitalaufnahmen hingegen betrachten das Problem von der anderen Seite aus, nämlich unter Anlegerschutzgesichtspunkten.

(2) Gesellschafter als faktischer Geschäftsführer

Der Begriff des faktischen Geschäftsführers ist nicht eindeutig geklärt.[307] Im Wesentlichen herrscht jedoch Einigkeit, dass als faktischer Geschäftsführer derjenige zu bezeichnen ist, der ohne rechtswirksam eine solche Organstellung inne zu haben, Geschäftsführungsaufgaben *im Außenverhältnis*[308] übernimmt oder in großem Maße beeinflusst.[309] Das Grundproblem einer näheren Konkretisierung liegt darin, dass das GmbHG die Regelung der Aufgabenzuweisung an den Geschäftsführer im Einzelnen der Satzungsfreiheit unterstellt.[310] Deswegen ist schwierig zu bestimmen, welches Ausmaß und welche Intensität die Usurpation des geschäftsführerischen Aufgabenbereichs durch den Dritten erreichen muss. Die Abgrenzung, wann funktional die Stellung des Nichtorgans derjenigen eines Geschäftsführers entspricht, bleibt großteils der Einzelfallbetrachtung überlassen.[311] Eine „wirtschaftliche Betrachtungsweise" hilft dabei nur bedingt weiter, da diese zugleich suggeriert, dass auch rechtlich eine Gleichbehandlung des faktischen mit dem wirksam bestellten Organ angezeigt ist. Dies indes ist gerade die Kardinalsfrage.[312] Insbesondere der Bereich der Haftung des faktischen Geschäftsführers nach § 43 I, II GmbHG ist umstritten.[313] Dabei ist aber richtigerweise davon auszugehen, dass die Faktizität allein noch keine Organstellung verleihen kann und deswegen eine schematische Gleichstellung von Organ und faktischem Organ nicht von vornherein angezeigt ist.[314] Auch hier bietet die undifferenzierte Forderung nach einem Gleichlauf von Einfluss und Haftung kein tragfähiges Argument. Demzufolge muss hinsichtlich der Folgen der „Kompetenzanmaßung" danach unterschieden

---

[307] Hierzu *Stein*, 33 ff.; *Dinkhoff*, 15 ff.; *Geißler*, GmbHR 2003, 1106 (1108).

[308] Zum Erfordernis eines nach außen hervortretenden Handelns BGH GmbHR 2002, 549 (552) „L. Kosmetik"; BGH ZIP 2005, 1414 (1415); zust. *Hartmann*, 101 ff.; *Meyke*, Rn. 330; L/H/*Lutter*/*Hommelhoff*, GmbHG, Vor § 35 Rn. 11; a.A. *Fleischer*, AG 2004, 517 (525) m.w.N. Bei der Kategorie des „fehlerhaft bestellten" Geschäftsführers wird diese Voraussetzung ohnehin stets vorliegen.

[309] *Dinkhoff*, 15; Michalski/*Heyder*, GmbHG, § 6 Rn. 93; HK-GmbHR/*Fichtelmann*, § 43 Rn. 11; BGH GmbHR 1988, 299 (300); BGH GmbHR 2002, 549 (552) „L. Kosmetik". Grundlegend lassen sich der „versehentlich" faktische Geschäftsführer, der aufgrund eines fehlerhaften Bestellungsaktes tätig wird, und der „absichtlich" faktische Geschäftsführer, der bewusst ohne Bestellungsakt tätig wird, unterscheiden, *Dinkhoff*, 15; *Geißler*, GmbHR 2003, 1106 (1107 ff.). Beim „absichtlich" faktischen Geschäftsführer kommt insbesondere die Einflussnahme durch übermäßige Weisungen (bei einer Beherrschung der Gesellschafterversammlung) an die daneben vorhandene wirksam bestellte Geschäftsleitung in Frage.

[310] Michalski/*Haas*, GmbHG, § 43 Rn. 26.

[311] Zu den Kriterien etwa *Haas*, DStR 1998, 1359 (1359 ff.).

[312] R/A/*Altmeppen*, GmbHG, § 43 Rn. 69; Michalski/*Heyder*, GmbHG, § 6 Rn. 93.

[313] Dazu *Geißler*, GmbHR 2003, 1106-1114, der danach unterscheiden will, ob der faktischen Geschäftsführung ein fehlerhafter oder gar kein Bestellungsakt zu Grunde liegt. Die Frage der Haftung stellt freilich nur einen Ausschnitt der vielschichtigen Gesamtproblematik dar. Daneben geht es v.a. auch um die Frage der Wirksamkeit von Rechtshandlungen des faktischen Organs für die GmbH; eingehend hierzu *Dinkhoff*, 21 ff.

[314] *Dinkhoff*, 117 ff. m.w.N.; Michalski/*Haas*, GmbHG, § 43 Rn. 30; anders wohl die h.M., B/H/*Zöllner*/*Noack*, GmbHG, § 43 Rn. 3 (jedoch einschränkend hinsichtlich des Begriffs des faktischen Geschäftsführers); Scholz/*Schneider*, GmbHG, § 43 Rn. 18; *Schummer*, Eigenkapitalersatzrecht, 272.

werden, ob es um den Schutz der Gesellschaft selbst oder aber denjenigen der Gesellschaftsgläubiger geht. Ist die Gesellschaft selbst grundsätzlich nicht schutzwürdig, weil sie den faktischen Geschäftsführer duldet,[315] besteht demgegenüber weitgehend Einigkeit, dass auch der faktische Geschäftsführer für die Einhaltung zwingender gläubigerschützender Vorschriften verantwortlich zeichnet. Hierzu zählt insbesondere die Insolvenzantragspflicht.[316] Denn die Gläubiger stünden im Regen, könnte man einen schuldlos handelnden, ahnungslosen Geschäftsführer als Marionette vorschieben.

An dieser Stelle ist zu konstatieren, dass die Verantwortlichkeit des faktischen Geschäftsführers denklogisch jedenfalls nicht über diejenige des bestellten Geschäftsführers hinausgeht. Auch wenn der in der Krise mit Fremdkapital finanzierende Gesellschafter, der zugleich faktischer Geschäftsführer ist, rein tatsächlich eine Finanzierungszuständigkeit besitzt, die Anknüpfungspunkt einer Finanzierungsverantwortung sein könnte, so resultiert doch wie beim wirksam bestellten Geschäftsführer eine mögliche besondere Verantwortung nicht aus der Gesellschafterstellung, sondern eben nur aus seiner zusätzlichen Stellung als (faktischer) Geschäftsführer.

(3) Weisungsrecht der Gesellschafterversammlung

Eine Abweichung von der Grundidee der Finanzierungszuständigkeitsverteilung kann sich weiterhin durch das Weisungsrecht der Gesellschafterversammlung (§ 37 GmbHG) ergeben. Es ermöglicht den Gesellschaftern, bis in Einzelheiten auf die Geschäftsführung Einfluss zu nehmen und so auch die Frage der Finanzplanung zu beeinflussen. Eine übermäßige Einflussnahme kann dann aber, sofern sie von einem nach außen hervortretenden Handeln begleitet ist, auch zur faktischen Geschäftsführung werden.[317]

Das Weisungsrecht ist kennzeichnend für die hierarchisch gegliederte Organisationsstruktur der GmbH. Die Geschäftsführungsbefugnis der Geschäftsführer wird dadurch in starkem Maße der Dispositionsfreiheit der Gesellschafter unterworfen.[318] Ob es deswegen überhaupt einen eigenständigen, unabhängigen Wirkungskreis des Managements gibt oder aber die Geschäftsführung vollständig entmachtet werden kann, ist nicht abschließend geklärt.[319] Wenngleich die Abgrenzung eines Kernbereichs autonomer Entscheidungsbefugnisse der Geschäftsführung erhebliche Schwierigkeiten be-

---

[315] Richtig Michalski/*Haas*, GmbHG, § 43 Rn. 30.

[316] Statt vieler R/S-L/*Schmidt-Leithoff*, GmbHG, § 64 Rn. 17 m.w.N.; BGHZ 75, 96 (106); BGH GmbHR 1988, 299 (300); BGH GmbHR 2002, 549 (552) „L. Kosmetik".

[317] Zur Abgrenzung *Hartmann*, 118 ff.

[318] Dasselbe gilt bereits für die satzungsmäßige Festlegung der Aufgaben- und Kompetenzverteilung, Hachenburg/*Mertens*, GmbHG, §§ 37 Rn. 14.

[319] Zur Diskussion *Tomat*, 10 ff.; R/S-L/*Koppensteiner*, GmbHG, § 37 Rn. 22; MünchHdB-GesR III/*Wolff*, § 37 Rn. 30; B/H/*Zöllner*/*Noack*, GmbHG, § 37 Rn. 17 ff.; Hachenburg/*Mertens*, GmbHG, § 37 Rn. 15 ff. Besonders str. sind sog. Zölibatsklauseln. Dabei handelt es sich um die Bestimmung, dass sich ein Geschäftsführer jeder aktiven Geschäftsführungstätigkeit zu enthalten hat. Diese Klausel wird meist für zulässig erachtet, wenn sie nur für einen von mehreren Geschäftführern gelten soll, R/S-L/*Koppensteiner*, GmbHG, § 37 Rn. 22; HK-GmbHR/*Fichtelmann*, § 37 Rn. 10; Scholz/*Schneider*, GmbHG, § 37 Rn. 37; a.A. B/H/*Zöllner*/*Noack*, GmbHG, § 37 Rn. 17.

reiten mag, macht die gesetzliche Regelung gerade durch die Haftungskonsequenzen (§§ 43 III, 64 II GmbHG) deutlich, dass ein Mindestmaß an unbeeinflussbarer Kompetenz bei den Geschäftsführern verbleiben muss. Dazu gehören zum einen die Vertretungsbefugnis mitsamt dem dabei gegebenen Entscheidungsspielraum und zum anderen die gesetzlich zwingende Amtsverantwortung.[320] Insbesondere die Eigenverantwortlichkeit des Geschäftsführers für die Bewahrung des Stammkapitals einerseits und die Zuständigkeit für die Stellung des Insolvenzantrages andererseits verdeutlichen, dass Geschäftsführer den ihnen im öffentlichen Interesse zugewiesenen Pflichten nicht durch eine Weisung der Gesellschafterversammlung entgehen können. Anders gewendet endet die Möglichkeit der Zuständigkeitskonzentration bei der Gesellschafterversammlung dort, wo Drittinteressen die Einhaltung gesetzlicher Vorschriften durch das Geschäftsführungsorgan der Gesellschaft erfordern. In diesen Fällen ist die ordentliche Wahrnehmung von Geschäftsführungsaufgaben, die zunächst im Gesellschaftsinteresse steht, auch nach außen gerichtet, weshalb an diese Amtspflichten auch eine (Außen)Haftung der Geschäftsführer geknüpft wird.[321] Gesellschafterliche Weisungen an die Geschäftsführer, die die Einhaltung dieser Pflichten verhindern sollen, sind somit als rechtswidrige Weisungen unverbindlich.[322] Die Einhaltung derjenigen Schutzerfordernisse, die sicherstellen, dass die Gesellschaft die Essentialen einhält, die für das Funktionieren des Wirtschaftsverkehrs unerlässlich sind und auf die der Rechtsverkehr vertrauen können muss, obwaltet das Gesetz also den Geschäftsführern.

Das Weisungsrecht ermöglicht danach eine umfassende, jedoch gleichzeitig durch Drittinteressen begrenzte Einflussnahme auf die Finanzplanung der Gesellschaft. Weisungsbefugt ist zudem nie der einzelne Gesellschafter, sondern stets die Gesellschafterversammlung, selbst wenn ein Gesellschafter über die Mehrheit der Stimmen verfügt und damit einen entsprechenden Gesellschafterbeschluss herbeiführen könnte.[323] Ob und welche Verantwortung bei der Wahrnehmung der durch Weisungen (oder schon durch Satzungsregelung) der Geschäftsführung entzogenen Kompetenzen bei der Gesellschafterversammlung entsteht, ist damit freilich noch nicht gesagt. Es liegt indes mit dem Bild einer bloßen Zuständigkeitsverlagerung schon an dieser Stelle der Schluss nahe, dass wenn Verantwortlichkeiten der Gesellschafter bestehen, diese jedenfalls strukturell auch keine anderen sein können als diejenigen der Geschäftsführer selbst.

---

[320] *Hartmann*, 120; Hachenburg/*Mertens*, GmbHG, § 37 Rn. 15.

[321] Deswegen wird der Insolvenzantragspflicht drittschützender Charakter i.S.d. § 823 II BGB zugesprochen, BGHZ 29, 100 (102); BGHZ 100, 19 (23); BGHZ 126, 181 (190); L/H/*Lutter*/*Kleindiek*, GmbHG, § 64 Rn. 36; R/S-L/*Schmidt-Leithoff*, GmbHG, § 64 Rn. 38. S. hierzu krit. unten Kap.4 B.II. mit der Entwicklung eines Innenhaftungskonzeptes – das freilich auch im Gläubigerinteresse steht.

[322] R/A/*Altmeppen*, GmbHG, § 37 Rn. 6; GK-GmbHG/*Ulmer*, Einl. Rn. A 31; *Hartmann*, 120; eingehend auch die Monographie von *Tomat*.

[323] Scholz/*Schneider*, GmbHG, § 37 Rn. 31. Etwas anderes gilt nur bei einer Einmanngesellschaft. Hier würde das Erfordernis eines Gesellschafterbeschlusses gekünstelt wirken, BGH NJW 1993, 193 (194).

b. Finanzierungskompetenz, Finanzierungsverantwortung und Haftung

Die Geschäftsleitung hat zu entscheiden, ob in einer finanziell schwierigen Situation der Gesellschaft Gegenmaßnahmen zu ergreifen sind und welche Maßnahmen dies sein sollen.[324] Hierbei hat sie auch darüber zu befinden, ob und von wem weitere Darlehen aufzunehmen sind. Ist materielle Insolvenz eingetreten und nicht abzuwenden, hat sie für die Rechtzeitigkeit der Insolvenzantragsstellung zu sorgen. Die Flexibilität der Organisationsstruktur der GmbH ermöglicht es andererseits den Gesellschaftern, die Finanzierungszuständigkeiten an sich zu ziehen. Eine solche Zuständigkeitsverlagerung ist Voraussetzung dafür, dass überhaupt eine Verantwortung der Gesellschafter in Betracht gezogen werden kann, da ohne eine Kompetenz auch nicht von einer ordnungsgemäßen Wahrnehmung der Finanzierungszuständigkeit gesprochen werden kann. Zunächst soll jedoch dargestellt werden, welche Anforderungen an die Aufgabenwahrnehmung durch die Geschäftsführung gestellt werden. Danach ist zu untersuchen, welche Konsequenzen daraus für den Fall einer verlagerten Kompetenz für die Frage der Verantwortlichkeit der Gesellschafter zu ziehen sind.

aa. Haftung der Geschäftsleitung

Zentral für die Beschreibung der Verantwortlichkeit der Geschäftsführer ist § 43 I GmbHG, der als Maßstab für die Sorgfaltspflichten den ordentlichen Geschäftsmann heranzieht. Bei ihrer gesamten Amtsführung hat sich die Geschäftsleitung demnach vom Unternehmensinteresse leiten zu lassen und das Unternehmen nach anerkannten Grundsätzen der Betriebswirtschaft zu führen.[325] Der Befugnis zur Geschäftsführung ist damit schon von Gesetzes wegen eine Verantwortung beigelegt. Diese Verantwortung besteht (wie § 43 II GmbHG deutlich macht) primär gegenüber der Gesellschaft selbst. Soweit sich schuldhaft sorgfaltswidrige Finanzierungsmaßnahmen negativ auf das Gesellschaftsvermögen auswirken, hat der Geschäftsführer für den entstandenen Schaden einzustehen. Gläubigerschutz wird dabei nur reflexartig durch die Bindung des Geschäftsführungsorgans an das Verhalten eines ordentlichen Geschäftsmanns erreicht. Die Verantwortlichkeit ist aber eine reine Binnenverantwortlichkeit. Konsequent führt daher die Befolgung einer Weisung der Gesellschafterversammlung zur Entlastung der Geschäftsführer – und zwar auch dann, wenn die Weisung unternehmerisch gesehen objektiv unsinnig ist.[326] Es ist nicht Pflicht der Geschäftsführer, die

---

[324] *Schummer*, Eigenkapitalersatzrecht, 284.

[325] *Raiser/Veil*, Kapitalgesellschaften, § 32 Rn. 75, 85.

[326] HK-GmbHR/*Fichtelmann*, § 43 Rn. 18; *Tomat*, 35 m.w.N. Eine Ausnahme soll aber dann gelten, wenn die Weisung die Gesellschaft an den Rand der Insolvenz bringt (sog. „existenzvernichtende Weisungen", R/A/*Altmeppen*, GmbHG, § 37 Rn. 7), Michalski/*Lenz*, GmbHG, § 37 Rn. 20 m.w.N. Im Einzelnen ist dies aber str. Umfassend wiederum *Tomat*, 87 ff., 125 ff. Dabei geht es freilich weniger um den Schutz der GmbH selbst als um eine Begrenzung des Weisungsrechts im Interesse der Allgemeinheit und der Gläubiger; diese Fälle werden sich jedoch meist – wie auch die neu kreierte Haftung wegen existenzvernichtenden Eingriffs (dazu oben Kap.2 A.I.2.a.cc.(2)) – in der Nähe von § 826 BGB bewegen.

GmbH vor den Gesellschaftern zu schützen, da das Gesellschaftsinteresse in der GmbH grundsätzlich zur Disposition der Gesellschafter steht.[327]

Eine Verantwortlichkeit im Drittinteresse, also eine Außenverantwortung[328], besteht nur dann, wenn es um die Einhaltung zwingender gesetzlicher Verhaltenspflichten geht. Dazu gehört neben der Kapitalsicherung (§ 43 III GmbHG)[329] wie eben angesprochen gerade auch die Pflicht zur Insolvenzanmeldung (§ 64 I GmbHG). Erst in diesem Fall kommt zur zunächst nur im Verhältnis zur Gesellschaft bestehenden Verantwortlichkeit der Aspekt des Allgemein- und Gläubigerinteresses hinzu. Erst wenn die getroffenen Finanzierungsmaßnahmen die Insolvenzreife nicht verhindern oder beseitigen können, erlangt der zunächst auf eine Binnenverantwortlichkeit angelegte Pflichtenkatalog des Geschäftsführers auch Bedeutung nach außen. Ihre zwingend ausgestaltete Amtspflicht hat die Geschäftsleitung auch gegen den Willen der Gesellschafterversammlung zu erfüllen. Trotz grundsätzlichen Fehlens einer eigenverantwortlichen Leitungsmacht der Geschäftsführer hat in diesem Bereich also auch die Gesellschafterversammlung nicht nur kein durchsetzbares Weisungsrecht mehr – sie kann faktisch schon keine Zuständigkeiten für sich beanspruchen. Allgemein- und Gläubigerinteressen setzen mit der Begrenzung des Weisungsrechts somit auch eine Grenze für die Dispositivität der Organstruktur. Der Geschäftsführer wird dann (und erst dann) aus seinen weitgehenden Abhängigkeiten gelöst und in den Dienst der Allgemeinheit gestellt.[330] Gleichzeitig kann für die Verantwortlichkeit der Geschäftsführung festgestellt werden, dass das ordnungsgemäße Finanzierungsverhalten oder die Finanzplanung an sich (zu Recht) nicht als eine im Drittinteresse bestehende zwingende Amtspflicht der Geschäftsleitung, sondern als rein interner Vorgang eingeordnet wird. Anders ist es nur, wenn das Vorliegen eines Insolvenztatbestandes oder – im Extremfall – eine sittenwidrige Schädigung mit der Folge der Außenhaftung der Geschäftsführer nach § 826 BGB im Raum stehen.

bb. Haftung der Gesellschafter

Entsprechend dem eben Gesagten soll hier auch für die Frage der Verantwortung der Gesellschafter für eine ordnungsgemäße Fremdkapitalfinanzierung danach unterschieden werden, ob eine solche Verantwortung im Unternehmensinteresse und/oder im Drittinteresse begründbar ist.

(1) Binnenverantwortung

Soweit ein Gesellschafter gleichzeitig Geschäftsführer ist, treffen ihn dieselben Pflichten wie jeden anderen Geschäftsführer. An den Sorgfaltsmaßstab des § 43 I GmbHG ist somit auch ein Gesellschafter-Geschäftsführer gebunden, wobei auch hier rechtmä-

---

[327] R/A/*Altmeppen*, GmbHG, § 37 Rn. 5. Wohl aber müssen die Geschäftsführer die Gesellschafter auf ihre Bedenken hinweisen, *Tomat*, 35 ff.; L/H/*Lutter*/*Hommelhoff*, GmbHG, § 37 Rn. 23.
[328] Außenverantwortung im hier verwendeten Sinne ist nicht zwingend gleichzusetzen mit der Möglichkeit der direkten Inanspruchnahme des Geschäftsführers durch Dritte (Außenhaftung).
[329] Krit. zur gläubigerschützenden Funktion der Kapitalschutzvorschriften jedoch oben Kap.2 A.I.2.a.
[330] *Goette*, FS Kreft, 53 (56).

ßige Weisungen der Gesellschafterversammlung entpflichten.[331] Darüber hinausgehende, besondere Geschäftsführerpflichten allerdings resultieren aus der Doppelstellung nicht.

Da es gerade zu den Pflichten des Geschäftsführers gehört, Weisungen der Gesellschafterversammlung zu befolgen, kann wertungsfolgerichtig das Beachten der Weisungen andererseits nicht mit einer Schadenersatzdrohung verknüpft werden.[332] Konsequenz der Weisungsunterworfenheit der Geschäftsführung ist demnach, dass ein Schaden der Gesellschaft nicht ausgeglichen wird. Diese Haftungslücke mit dem Schluss zu lösen, die Gesellschafter würden dadurch, dass sie Geschäftsführungskompetenzen wahrnehmen, auch eine Verantwortung für die Ordnungsgemäßheit der Geschäftsführung, etwa analog § 43 I GmbHG, zu tragen haben, wäre vorschnell. Sie verkennt, dass gemäß der Organisationsverfassung der GmbH die Gesellschafterversammlung für die gesellschaftliche Willensbildung maßgeblich ist und ihr damit die Disponibilität des Gesellschaftsinteresses unterliegt.[333] Aus der Wahrnehmung der Geschäftsführungskompetenz – auch im Bereich der Finanzierung der Gesellschaft – mit Hilfe des Weisungsrechts aus § 37 GmbHG an sich [334] resultiert deshalb grundsätzlich keine Verantwortung im Gesellschaftsinteresse. Insbesondere hat die Gesellschafterversammlung also wegen der Parallelität des Gesellschafts- und Gesellschafterinteresses nicht die Sorgfalt eines ordentlichen Geschäftsmannes anzuwenden.[335] Das GmbHG kennt keine direkte Haftungsnorm für Einflussnahmen auf die Geschäftsführung.[336] Die Leitungsmacht korrespondiert folglich prinzipiell nicht mit einer (Bin-

[331] In der Konstellation des Alleingesellschafter-Geschäftsführers verschwimmen freilich die Differenzierungen, da zwangsläufig immer die Situation der Weisung oder des Einverständnisses zwischen den beiden Gesellschaftsorganen vorliegt. Der Wille des Alleingesellschafters entspricht hier gerade dem Willen der Gesellschaft, R/A/*Altmeppen*, GmbHG, § 43 Rn. 99. Es bleibt aber auch in diesem Fall als unverrückbare, von der Dispositionsbefugnis nicht umfasste Grenze die Insolvenzantragspflicht.

[332] R/S-L/*Koppensteiner*, GmbHG, § 37 Rn. 28.

[333] Vgl. *Tomat*, 35; R/A/*Altmeppen*, GmbHG, § 37 Rn. 5.

[334] Dasselbe gilt für Geschäftsführungskompetenzzuschreibungen in der Satzung der GmbH.

[335] R/A/*Altmeppen*, GmbHG, § 13 Rn. 87 m.w.N.; (im Zusammenhang mit der Haftung bei faktischer Geschäftsführung) *Stein*, 179 ff.; anders für beherrschende Gesellschafter aber die „Lehre von der Sorgfaltshaftung des beherrschenden Gesellschafters", *Flume*, AT I/2, § 3 III.3.; *K. Schmidt*, Gesellschaftsrecht, § 37 III.7., § 40 III.3.c.; demgegenüber einschränkend das von R/A/*Altmeppen*, GmbHG, § 43 Rn. 89 ff. entwickelte Konzept einer „Haftung der Gesellschafter für sorgfaltswidrigen Einfluss" auf die Geschäftsleitung. Bei diesen Fällen geht es im Kern um eine Begrenzung des Weisungsrechtes der Gesellschafterversammlung. Weisungen, die zu einem *gröblich* sorgfaltswidrigen Umgang mit dem Gesellschaftsvermögen führen, sollen nicht verbindlich sein und zu einer (Verhaltens)Haftung (wegen fremdbezogener Machtausübung) der anweisenden Gesellschafter führen, die dann kumulativ neben der (gesamtschuldnerischen) Haftung der Geschäftsführer selbst – die ja eine unverbindliche Weisung nicht zu befolgen haben – bestehen soll (Rn. 106). Diese Ansätze sind aber deshalb problematisch, weil sie die Außenverantwortung, die nach der gesetzlichen Konzeption nur bei bestimmten Amtspflichten besteht, ganz allgemein auf die Binnenverantwortlichkeit des Geschäftsführers projizieren und damit den Sorgfaltsmaßstab des § 43 I GmbHG generell zu einer unmittelbaren Gläubigerschutznorm aufwerten.

[336] *Blömer*, 98.

nen)Verantwortlichkeit.[337] Eine Innenhaftung kann sich zwar für die Fälle der Treuepflichtverletzung ergeben[338] – aus der allgemeinen Treuebindung lässt sich aber nicht die generelle Pflicht jedes einzelnen Gesellschafters zu ordnungsgemäßer (Krisen)Finanzierung ableiten.

Infolgedessen ergibt sich auch bei Fremdkapitalfinanzierung durch die Gesellschafterversammlung keine Pflicht, für die objektive Ordnungsgemäßheit der Finanzierungsmaßnahmen zu sorgen. Anders sieht es nur für den Gesellschafter aus, der gleichzeitig Geschäftsführer ist – er ist grundsätzlich[339] an § 43 I GmbHG gebunden.

(2) Außenverantwortung

Es bleibt die Frage, ob im Hinblick auf Drittinteressen die Kompetenzwahrnehmung durch die Gesellschafter bei der Fremdkapitalaufnahme eine besondere Verantwortung nach sich zieht, die Anknüpfungspunkt einer wie auch immer gearteten Sanktion sein könnte.

Soweit die Kompetenzverlagerung auf der – und sei es auch nur faktischen – Geschäftsführerstellung eines Gesellschafters beruht, zeichnet er schon als solcher für die Einhaltung der zwingenden Amtspflichten verantwortlich. Aus Gläubigersicht ist es egal, welche Person als Geschäftsführungsorgan fungiert, soweit die unmittelbar gläubigerschützenden Schutzbestimmungen eingehalten werden.[340] Es ließe sich jedoch auch daran denken, eine besondere Außenverantwortung der Gesellschafter in den Fällen zu konzipieren, in denen mit Weisungen auf die Finanzplanung der Gesellschaft Einfluss genommen wird. Hierin könnte der Ansatzpunkt einer spezifischen Verantwortung für eine ordnungsgemäße Finanzierung (wenn auch „nur" für die Folgen der Finanzierung) liegen. Dagegen spricht jedoch, dass das Gesetz selbst bereits Allgemein- und Drittinteressen konzeptionell bei der Organstruktur der GmbH berücksichtigt hat. Denn dort, wo das Gesetz eine Gefährdung von Allgemein- und Drittinteressen sieht, ermöglicht es wie gesehen schon nicht die Zuständigkeitsverlagerung auf die Gesellschafterversammlung. Der Geschäftsführer muss in weisungsfreier eigener Verantwortung für die Befolgung zwingender Amtspflichten sorgen. Wer also ohne faktischer Geschäftsführer zu sein im Hintergrund den Geschäftsführer vom Insolvenzantrag abhält, ist selbst nicht insolvenzantragspflichtig und haftet nicht wegen

[337] Unzutreffend ist es daher, die Finanzierungsverantwortung als natürliches Gegenstück zur Finanzierungsfreiheit zu sehen (so aber *Castor*, 35). Entsprechendes gilt i.Ü. auch für die Aktiengesellschaft: Soweit die Hauptversammlung für Geschäftsführungsmaßnahmen zuständig ist – etwa nach § 119 II AktG oder in sog. „Holzmüller"-Fällen – sieht das Gesetz konsequenterweise keine Regelung vor, die einen besonderen Sorgfaltsmaßstab und eine Haftungsdrohung enthält.

[338] Zur verbandsrechtlichen Treuepflicht der Gesellschafter gegenüber der GmbH bspw. *Raiser/Veil*, Kapitalgesellschaften, § 28 Rn. 36 ff.

[339] Anders wiederum im Fall der Einmanngesellschaft, da hier der Alleingesellschafter-Geschäftsführer *in persona* auch das oberste Beschlussorgan (Gesellschafterversammlung) verkörpert. Der Ausnahmefall taugt aber nicht als Grundlage für das Konzept einer Finanzierungsverantwortung bei der mehrgliedrigen GmbH.

[340] Eine besondere Frage ist es, ob aus der *Doppelrolle* an sich eine besondere (Finanzierungsfolgen)Verantwortung resultiert. Dazu unten A.VII.

Insolvenzverschleppung.[341] Weil das Gesetz bereits eine Grenze für die Zuständigkeitsverlagerung gezogen hat, leuchtet nicht ein, über die gesetzliche Wertung hinaus der Wahrnehmung von Geschäftsführungsaufgaben gläubigerschützenden Drittbezug zuzuschreiben – und dies auch nur für die Fälle, in denen die Aufgaben durch die Gesellschafter(versammlung) wahrgenommen werden. Weil zudem die Umqualifizierung der Gesellschafterleistungen in der Krise eine reine Erfolgshaftung bedeutet, da sie die Frage des Verschuldens der Gesellschafter unberücksichtigt lässt, passt sie nicht in die Systematik des Kapitalgesellschaftsrechts, das nur eine verschuldensabhängige Organhaftung kennt.[342]

Daneben ist die Anlehnung an drittbezogene Finanzierungs(folge)pflichten für ein institutionelles Gläubigerschutzprogramm dogmatisch kaum tragbar, sondern eignete sich vielmehr als Grundlage einer Verhaltenshaftung. Das Eigenkapitalersatzrecht entspricht einer solchen Konzeption indes gerade nicht, da es zum einen nicht auf ein individuell vorwerfbares Finanzierungsfehlverhalten des Gesellschafters abstellt und zum anderen aus der postulierten Finanzierungsverantwortung nicht den – logischen – Schluss einer *Haftung* im eigentlichen Sinne sondern nur den eines Quasi-Anspruchsverlustes zieht.[343] Der Begründungsansatz trägt somit auch die spezifischen Rechtsfolgen des Eigenkapitalersatzrechts nicht. Er vermag nicht zu erklären, warum die Art der Haftung für dieselben Fehlentscheidungen eine andere sein soll, wenn sie nicht von der Geschäftsleitung sondern von den Gesellschaftern (mittels Weisung) vorgenommen wird.[344]

Eine zusätzliche Verantwortung gerade der Gesellschafter in den Fällen, in denen sie geschäftsführend (über Weisungen) tätig werden, lässt sich daher nicht aus einem Vergleich mit der Stellung des Geschäftsführers heraus begründen. Dies macht deutlich, dass die Finanzierungsfolgenverantwortung nicht die Begründung einer Verantwortlichkeit für die Wahrnehmung originär der Geschäftsleitung zustehender Kompetenzen im Sinn hat, sondern hiervon unabhängig den Gesellschaftern eine besondere Verantwortung anlasten will. Damit bleibt die Begründung einer besonderen Verantwortung der Gesellschafter bei Wahrnehmung von Finanzierungskompetenzen (die den Geschäftsführer bei Wahrnehmung derselben Kompetenzen nicht trifft) jedoch weiter unklar. Der Hinweis darauf, dass die Gesellschafter wirtschaftliche Eigentümer

---

[341] Zutr. *Hartmann*, 128. Der „Schattendirektor" kann in diesen Fällen aber u.U. wegen Verletzung der Treuepflicht gegenüber der GmbH oder auch gegenüber dem bei Vorliegen eines Verschuldens wegen Insolvenzverschleppungshaftung verantwortlichen Geschäftsführer haftbar sein.

[342] *Blömer*, 90; *Schummer*, Eigenkapitalersatzrecht, 285.

[343] Vgl. *Cahn*, AG 2005, 217 (218). Vor diesem Hintergrund leuchtet dann auch die Zweifelhaftigkeit der Mitverantwortung des an der Finanzierung gar nicht beteiligten Gesellschafters für die Rückgewähr eigenkapitalersetzender Leistungen nach § 31 III GmbHG (für die Rechtsprechungsregeln ganz h.M., BGH WM 1990, 502 (504); *Raiser/Veil*, Kapitalgesellschaften, § 38 Rn. 58; Scholz/*K. Schmidt*, GmbHG, §§ 32a, 32b Rn. 83; Michalski/*Heidinger*, GmbHG, §§ 32a, 32b Rn. 272) ein, da für diesen gerade kein Fehlverhalten feststellbar ist. Krit. hierzu *Huber/Habersack*, BB 2006, 1 (3) und *Fastrich*, FS Zöllner, 143 (157 ff.), der argumentiert, dass die Haftung des Mitgesellschafters die Finanzierungsfolgenverantwortung eben doch zur Finanzierungsverantwortung werden lasse und damit den Gläubigerschutz überspanne; dem zustimmend *Heinert*, 144 ff.

[344] *Schummer*, Eigenkapitalersatzrecht, 285.

der Gesellschaft sind, führt wenig weiter. Die an die bloße Eigenschaft als Gesellschafter anknüpfende Finanzierungsfolgenverantwortung bleibt entweder Leerformel oder muss eben doch als eine nur die Gesellschafter treffende Pflicht zur angemessenen Eigenkapitalausstattung betrachtet werden.[345] Dass die Annahme einer solchen Pflicht indes nicht zielführend ist, wurde bereits mehrfach angesprochen.[346] Ebenso wenig eignet sich der allgemeine Gedanke eines zwingenden Gleichlaufs von Herrschaft und Haftung, hieran eine an das Bestehen einer „unternehmerischen Beteiligung“[347] gebundene, konkrete Verantwortung anzuknüpfen.[348] Ein Hinweis auf die an eine bestimmte Beteiligungshöhe gebundenen Einflussrechte der Gesellschafter (wie beispielsweise das Recht zur Einberufung der Mitgliederversammlung, § 50 I GmbHG) als Ansatzpunkt für eine unternehmerische Verantwortung weckt ebenso Zweifel. Denn diese mitgliedschaftlichen Einflussrechte dienen primär dem Minderheitenschutz. Als bloße „Verhinderungskompetenzen“ sind sie hingegen kaum ein geeigneter Maßstab für eine „unternehmerische“ Beteiligung und können nicht Geltungsgrund einer Finanzierungsverantwortung sein.[349]

4. Zwischenergebnis

Der Ansatz einer Finanzierungsfolgenverantwortung der Gesellschafter fügt sich nicht nahtlos in die innergesellschaftliche Kompetenzverteilung der GmbH ein. Die Aufnahme von Fremdkapital, aber auch die Bestimmung der Kapitalstruktur, fällt in den Zuständigkeitsbereich der Geschäftsleitung. Wenn auch die Gesellschafterversammlung umfassend Kompetenzen – also auch die Fremdkapitalaufnahme – an sich ziehen kann, so bedeutet das nicht, dass damit parallel auch eine Haftung der Gesellschafter verbunden wäre. Entscheidend ist, dass das Gesetz in den Fällen, in denen Geschäftsführerpflichten einen gläubigerschützenden Drittbezug aufweisen, schon der Zuständigkeitsverlagerung auf die Gesellschafterversammlung selbst eine Grenze gezogen hat. Paradebeispiel hierfür ist die Insolvenzantragspflicht. Diese Grenzziehung würde umgangen, würde man an die Wahrnehmung von Finanzierungsaufgaben durch Gesellschafter Haftungsfolgen anknüpfen. Zudem widerspricht das Eigenkapitalersatzrecht der Systematik des GmbHG, nach der die Geschäftsleitung Zentralfigur des Krisenmanagements ist und für sie keine Erfolgshaftung bei fehlgeschlagener Sanierung oder unternehmerischen Fehlentwicklungen besteht.

---

[345] Denn für die Fremdkapitalfinanzierung genügt der gesetzgeberischen Idee nach als Gläubigerschutzpfeiler die Einhaltung der zwingenden Amtspflichten der Geschäftsleitung.

[346] Siehe oben Kap.2 A.I.2.a.cc.(1) *et passim*.

[347] Darauf deuten die Begründungen für die Nichtberücksichtigung nur geringfügig beteiligter Gesellschafter bei GmbH (10 %-Grenze, § 32a III 2 GmbHG, s. dazu die Begründung des RegE zum KapAEG, BT-Drs. 13/7141, 12) und AG (25 %-Grenze, dazu BGHZ 81, 381 (390) „BuM“; BGH NZG 2005, 712 (713)) hin.

[348] Vgl. *Rümker*, ZGR 1988, 494 (502); eingehend *Schummer*, Eigenkapitalersatzrecht, 277 ff.

[349] Eingehend *Schummer*, Eigenkapitalersatzrecht, 281 ff. Zum Argument der Doppelrolle des Gesellschafters auch noch unten A.VII.

Die Finanzierungsfolgenverantwortung, die sich anhört, als ob sie dem Gesellschafter einen bestimmten Verhaltenskatalog bei Finanzierungsmaßnahmen auferlegt, bedeutet faktisch ein Verbot, im Sonderfall einer Krise der Gesellschaft Fremdkapital zuzuführen. Fest stehen damit nur die negativen Eckpunkte der postulierten Finanzierungsverantwortung des Gesellschafters. Mit einer wirklichen „Verantwortung" im Rahmen der Finanzierung – und sei es auch nur für die Folgen der Finanzierung – hat die Finanzierungsfolgenverantwortung damit aber kaum etwas zu tun. Sie ist keine Aufgaben-, Kompetenz-, oder Pflichtenzuweisung, sondern eher eine Leerformel, die dem gewünschten Ergebnis einer Benachteiligung von Kreditleistungen, die ein Gesellschafter außerhalb seiner mitgliedschaftlichen Stellung gibt, nur scheinbar eine griffige Begründung gibt. Das Ergebnis wiederum orientiert sich an dem Wunsch nach einer angemessenen Eigenkapitalausstattung der GmbH. Von der historisch von Beginn an das Eigenkapitalersatzrecht begleitenden Verankerung im Umfeld der materiellen Unterkapitalisierung und einem Missbrauchsvorwurf hat sich auch dieser Begründungsversuch also nur äußerlich gelöst.[350]

VI. Funktionales Eigenkapital

1. Grundgedanke

Oft wird darauf hingewiesen, in der Krise ausgereichte Gesellschafterleistungen seien als Eigenkapital zu behandeln, eben weil sie in Wirklichkeit als Haftkapital fungierten.[351] Bereits in einem Judikat des Reichsgerichts taucht dieser Gedanke eines „funktionalen" oder „materiellen" Eigenkapitals[352] der Sache nach auf.[353] Die Finanzierungsfreiheit der Gesellschafter endet quasi an der Macht der Tatsachen. Über die den Tatsachen widersprechende Formenwahl - also den schuldrechtlichen Überlassungsvertrag – müsse sich das Recht hinwegsetzen.[354] Die zwingende Gleichstellung der durch den Gesellschafter bereitgestellten Fremdkapitalmittel mit Eigenkapital folgt danach logisch konsequent schon daraus, dass sie objektiv Aufgaben erfüllen, die typisch für das Eigenkapital sind.[355]

---

[350] Treffend *Mertens*, AcP 1978, 228 (231 ff.), der im Eigenkapitalersatzrecht ein Kind des § 826 BGB sieht, das „man durch Reduktion der subjektiven Merkmale aus dieser Vorschrift gewonnen hat".
[351] *Vollmer/Maurer*, DB 1993, 2315 (2320); *Ulmer*, FS Duden, 661 (674); R/A/*Altmeppen*, GmbHG, § 32a Rn. 16.
[352] MünchHdBGesR III/*Rümker*, § 52 Rn. 2; R/S-L/*Pentz*, GmbHG, § 32a Rn. 17; *K. Schmidt*, Gesellschaftsrecht, § 18 III.4.b.
[353] RG JW 1939, 355 (356). Danach sind die Darlehen „als das zu behandeln, was sie in Wirklichkeit sind, nämlich Gesellschaftereinlagen".
[354] *K. Schmidt*, Gesellschaftsrecht, § 18 III 4.b.
[355] *Michel*, 152.

2. Kritik

a. Fehlender Eigenkapitalcharakter der Fremdfinanzierungsleistung

Die Schlüssigkeit dieses dogmatischen Ansatzes hängt zunächst davon ab, ob in der Situation der Kreditunwürdigkeit der GmbH die Gesellschafterleistungen tatsächlich ihrer objektiven Finanzierungsfunktion nach in der Gesellschaft fehlendes Eigenkapital ersetzen.[356] Ist dies der Fall, wäre die Behandlung des Darlehens- oder Nutzungsvertrages als Gesellschaftereinlage nur noch eine Anpassung des Rechts an die ökonomische Realität.[357]

Die Funktionsanalyse (oben Kap.2 A.II.1.a.) hat gezeigt, dass die typischen und entscheidenden Merkmale des klassischen Eigenkapitals die Voraushaftungs- und Ingangsetzungs- sowie Inganghaltungsfunktion sind. Diese Funktionen erfüllt ein Darlehen als klassisches Fremdkapital jedoch nicht, denn es löst gleichzeitig eine Rückzahlungsverbindlichkeit aus.[358] Anders ist es nur, wenn durch die vertragliche Ausgestaltung dem Finanzierungstitel ein höherer Risikograd beigelegt wird. Die Funktionsbestimmung liegt in der Hand der Vertragsparteien.[359] Ohne besondere Vertragsgestaltung erfüllt das Fremdkapital nur eine Funktion, die auch dem Eigenkapital eigen ist: nämlich die Finanzierungsfunktion.[360] Der mit dem Hinweis auf die objektive Eigenkapitalfunktion der Krisendarlehen implizierte Hinweis auf die Wirklichkeiten des Lebens geht an der Sache vorbei – vielmehr entspricht es der Natur der Sache, dass der

---

[356] So etwa BGH NJW 1988, 1841 (1843).

[357] *Reiner*, FS Boujong, 415 (422). Andererseits ist aber auch der Schluss von der ökonomischen Vergleichbarkeit von Finanzierungsmaßnahmen auf ihre rechtliche Gleichbehandlung keineswegs zwingend, *Kamm*, 120 ff.; *Grunewald*, GmbHR 1997, 7 (9); *Reiner*, FS Boujong, 415 (422 ff.). Das Postulat der wirtschaftlichen Betrachtungsweise hat seinen legitimen Platz aufgrund spezifisch fiskalpolitischer Wertungen im Steuerrecht und kann nicht ohne weiteres verallgemeinert werden, *U.-J. Friedrich*, 44; *Kamm*, 121. Es ist deswegen nicht zufällig, dass die Gleichbehandlung von Gesellschafterdarlehen mit Gesellschaftereinlagen zuerst im Steuerrecht diskutiert wurde (s. dazu § 3 KVStG a.F. von 1934 und *Schummer*, Eigenkapitalersatzrecht, 245 ff.). Besonders interessant ist deshalb, dass dort das Rechtsinstitut inzwischen wieder verschwunden ist; hierzu etwa *Claussen*, GmbHR 1994, 9 (12 ff.); *T. Bezzenberger*, FS Bezzenberger, 23 (26) m.w.N. Zum Problem der Verfassungswidrigkeit des (in ÖSTERREICH gleichlautenden) § 3 KVStG a.F., der den Zeitpunkt für die Umqualifizierung der Gesellschafterdarlehen als Situation beschrieb, in der „nach der Sachlage die Erhöhung des Stammkapitals geboten war" eingehend *Schummer*, Eigenkapitalersatzrecht, 244 ff. In ÖSTERREICH wurde die Vorschrift wegen Unbestimmtheit vom Verfassungsgerichtshof aufgehoben; anders für das deutsche Recht BVerfGE 13, 153.

[358] *Wassermeyer*, ZGR 1992, 639 (651); *Haas*, NZI 2001, 1 (5); *Beintmann*, 74 ff. Außerhalb eines Insolvenzverfahrens stehen auch nicht die eigenkapitalersatzrechtlichen Novellenregeln der Rückzahlung des Darlehens entgegen.

[359] *Claussen*, ZHR 1983, 195 (204); *ders.*, GmbHR 1994, 9 (13).

[360] *Schummer*, Eigenkapitalersatzrecht, 219; *Claussen*, ZHR 1983, 195 (205) weist aber mit Recht darauf hin, dass klassisches Eigenkapital sogar nur dann einen Liquiditätszufluss bedeutet, wenn es nicht durch Sacheinlagen geleistet wird.

klassische Fremdkapitalgeber eine Finanzierungsart gerade deshalb wählt, weil er kein ausgesprochenes Haft- oder Risikokapital beisteuern will.[361]

Fremdkapitalmittel können auch im Fall der Krise zwar eine Liquiditätslücke beseitigen (und damit auch eine Zahlungsunfähigkeit abwenden), nicht indes eine Eigenkapitallücke schließen - also auch nicht eine Überschuldung abwenden.[362] Dabei darf man sich im Übrigen nicht von dem Ausgangspunkt des Eigenkapitalersatzrechts verwirren lassen, dass in der Krise die GmbH von Dritten keinen Kredit bekommen hätte und deshalb eine Alternative Fremd-/Eigenkapitalfinanzierung faktisch nicht bestünde. Denn für die Kreditunwürdigkeit kommt es insoweit allein darauf an, ob die GmbH noch zu marktüblichen Bedingungen Kredit hätte erlangen können. Krise im eigenkapitalersatzrechtlichen Sinn bedeutet nicht, dass die Gesellschaft tatsächlich – insbesondere gegen Risikoaufschlag – am Markt keinen Kredit mehr hätte aufnehmen können.

Die Behauptung einer Funktionsgleichheit der Kapitalzufuhr klebt an dem Gedanken, dass in der Krise (nur) eine Eigenkapitalfinanzierung die GmbH zu retten vermag[363] und verkennt die gedankliche Trennung von Sein und Sollen.[364] Funktionales Eigenkapital ist die Gesellschafterleistung also nur deshalb, weil es dessen Funktionen vor dem Hintergrund einer augenscheinlich „gebotenen" Eigenkapitalzufuhr und den nicht näher spezifizierten Grundsätzen ordnungsgemäßer Unternehmensfinanzierung übernehmen *soll*, nicht indes, weil es sie in Wirklichkeit bereits objektiv erfüllt.[365] Irreführend ist schon die Begriffswahl: nicht funktionales sondern „erzwungenes" Eigenkapital ist die treffende Bezeichnung.[366] Die Rechtfertigung der Sollensnorm bleibt dann aber weiter offen.[367] Der Begriff eines funktionalen Eigenkapitals verdeckt als bloße Behauptung oder Fiktion nur das Fehlen einer dogmatischen Begründung.[368] Wer die Sollensnorm aus Finanzierungsregeln ableiten will, und sich hierzu auf die Grundsätze ordnungsgemäßer Unternehmensfinanzierung beruft,[369] dreht sich im Kreis. Rechtlich verbindliche Finanzierungsregeln können nicht allein mit dem Wunsch nach risikoreicherem Finanzierungsgebaren der Gesellschafter begründet werden, zumal bereits betriebswirtschaftlich feststehende allgemeingültige Grundsätze ordnungsgemäßer Unternehmensfinanzierung nicht auszumachen sind.[370] Die Umqualifizierung in

---

[361] *Reiner*, FS Boujong, 415 (422 ff.); *Schummer*, Eigenkapitalersatzrecht, 221.

[362] Vgl. i.E. zur Gläubigergefährdung bei Fremdkapitalaufnahme auch noch unten A.IX.2.

[363] Dazu, dass ein Sanierungskonzept aber kein derart einspuriger Prozess ist, bereits oben A.V.2.b.

[364] *Reiner*, FS Boujong, 415 (423); *Haas*, NZI 2001, 1 (5); *Fastrich*, FS Zöllner, 143 (147); *Schummer*, Eigenkapitalersatzrecht, 219; ähnl. *Wiedemann*, FS Beusch, 893 (906).

[365] Dies erkennt auch *K. Schmidt*, Gesellschaftsrecht, § 18 III.4.b.

[366] S. bereits die Ausführungen oben Kap.2 A.II.2.b.cc.

[367] Deshalb bemüht *K. Schmidt*, Gesellschaftsrecht, § 18 III.4.b. gleichzeitig auch den Gedanken der Finanzierungsfolgenverantwortung und der Grundsätze ordnungsgemäßer Unternehmensfinanzierung.

[368] *Grunewald*, GmbHR 1997, 7 (9); *Reiner*, FS Boujong, 415 (423).

[369] So etwa *K. Schmidt*, Gesellschaftsrecht, § 18 III.4.b.

[370] Hierzu bereits oben A.V.2. und Kap.2 A.II.1.b.

Haftkapital steht deswegen auf der Schwelle zur Forderung einer Gesellschafterpflicht zu angemessenem Risikoeinsatz.[371]

Besonders deutlich wird dies in den Fällen stehengelassener Finanzierungsleistungen: Zu irgendwelchen Zeitpunkten außerhalb einer Krisensituation gegebene Fremdmittel passen sich in der Krise scheinbar ganz automatisch der veränderten Finanzlage der GmbH an und ersetzen das angeblich fehlende Eigenkapital. Dieser Funktionswandel[372] vollzieht sich quasi wie ein einfacher mechanischer Vorgang.[373] Dogmatisch ist indes nicht verständlich, wie allein die Änderung der faktischen Umstände (also der Kriseneintritt) das Darlehensschuldverhältnis derart grundlegend umgestalten können soll.[374]

b. Funktionsäquivalenz und Gesellschafterstellung

Die rein funktionale Betrachtung der Finanzierungsmittel müsste konsequent zu Ende gedacht die Funktionsäquivalenz einer Fremdkapitalleistung mit Eigenkapital im Falle einer Krise der GmbH auch dann feststellen, wenn diese nicht von einem Gesellschafter sondern von einem beliebigen Dritten herrührt. Denn das Argument einer Funktionsbetrachtung impliziert zwingend auch eine Wertneutralität.[375] Diese Wertneutralität spiegelt das Eigenkapitalersatzrecht nur vor, wenn es ausschließlich Leistungen von Gesellschafterseite oder Gesellschaftern gleichzustellenden Personen erfasst. So wird denn zur Begründung der Eingrenzung des Personenkreises wiederum auf die Finanzierungsverantwortung zurückgegriffen, die außenstehende Dritte nicht treffen könne.[376] Die Behauptung, es gehe um objektiv funktionales Eigenkapital, widerlegt sich damit selbst. Die Funktionsbetrachtung wäre im Grunde nur dann schlüssig, wenn es um eine Umgehung der Kapitalerhaltungsgrundsätze durch Zufuhr von Fremd- anstatt des gebotenen Eigenkapitals in der Krise ginge. Dieser Gedanke führt aber schon deshalb nicht weiter, weil eine Pflicht zu angemessener Kapitalausstattung nicht besteht.

3. Zwischenergebnis

Die Idee der Funktionsgleichheit von Fremdkapital in der Krise und Eigenkapital ist schon deshalb unschlüssig, weil in Wirklichkeit kein Funktionsvergleich durchgeführt, sondern die Eigenkapitalfunktion der Gesellschafterleistungen schlicht behauptet wird. Hintergrund bleibt die Sollensnorm, dass in der Krise mit Eigenkapital zu finanzieren sei. Diese Sollensnorm bedarf aber eben erst einer näheren Begründung.

---

[371] Treffend *Wiedemann*, FS Beusch, 893 (910).

[372] BGHZ 127, 336 (347) „Früchte-GmbH"; *Castor*, 36.

[373] *Westermann*, ZIP 1982, 379 (390).

[374] *Claussen*, FS Forster, 139 (152 ff.) spricht von einem „Wunder".

[375] *Reiner*, FS Boujong, 415 (423); *Swoboda*, FS Wittmann, 343 (359).

[376] *K. Schmidt*, Gesellschaftsrecht, § 18 III.4.b.

VII. Doppelrolle des Gesellschafters

1. Leitgedanke

An verschiedenen Stellen ist bereits angeklungen, dass ein wesentliches Motiv für die Zurückstufung kapitalersetzender Gesellschafterleistungen die Stellung des Gesellschafters an sich bildet, der gleichzeitig Kreditgeber und an der schuldenden GmbH Beteiligter ist.[377] Damit verbunden ist der Vorwurf, der Gesellschafter habe eine Doppelrolle inne, aufgrund derer es ihm möglich ist, auf Ausgestaltung und vor allem Rückzahlung des Darlehens Einfluss auszuüben.[378] Damit genieße er gegenüber Fremdgläubigern einen ungerechtfertigten Vorzug.[379]

Diese Sichtweise nimmt die Zweckverfolgung des kreditfinanzierenden Gesellschafters ins Blickfeld. Dieser wolle in der Krise seinen unternehmerischen Erfolg sichern, zugleich jedoch sein wirtschaftliches Risiko möglichst gering halten. Er verhalte sich aufgrund seiner Beteiligung anders als ein gewöhnlicher Schuldner der GmbH. Seine durch die Gesellschaftsbeteiligung vermittelte Chance der Vermögensmehrung sei Anlass dafür, dass er trotz Kreditunwürdigkeit der GmbH weiterhin als Financier auftrete.[380] Deswegen sei grundsätzlich zu vermuten, dass er eine Fremdkapitalfinanzierung *causa societatis* vornimmt.[381] Dann dürfe er sich später auch nicht auf die bloße Gläubigerrolle zurückziehen. Leitbild ist damit die typisierte Motivation des Gesellschafters als Spekulant auf Kosten der Fremdgläubiger.[382]

2. Kritik

a. Gesellschafter als Gläubiger

Zwar ist es richtig, dass der kreditierende Gesellschafter neben der Renditeerzielung auch von dem durch die Kreditleistung geförderten unternehmerischen Gewinn profitiert. Die Vorstellung, dass jeder Gesellschafter aufgrund seiner Gesellschaftsbeteiligung generell risikoreiche Zwecke verfolgt, ist jedoch zu pauschal.[383] Das für unzuläs-

---

[377] So etwa BGHZ 105, 168 (176) „HSW"; *Immenga*, 422; dazu *Westermann*, ZIP 1982, 379 (387); *Koppensteiner*, AG 1998, 308 (314).

[378] BGHZ 75, 334 (339); BGHZ 90, 381 (388) „BuM"; BGH NZG 2005, 346 (346). Krit. bspw. *Engert*, ZGR 2004, 813 (818).

[379] *Immenga*, 422.

[380] *Maier-Reimer*, FS Rowedder, 245 (270).

[381] *Maier-Reimer*, FS Rowedder, 245 (270) m.w.N.; zustimmend *Schenk*, 82 ff. mit der Einschränkung, dass die Vermutung widerlegbar sein müsse.

[382] An dieser Stelle schimmern die Ansätze eines widersprüchlichen Verhaltens (dazu oben A.II.) und der unzulässigen Risikoabwälzung (A.IV.) durch.

[383] *Haas*, NZI 2001, 1 (5). Die fehlende Verallgemeinerungsfähigkeit des Gedankens der Doppelrolle zeigt sich i.Ü. auch daran, dass *Immengas* Thesen für die personalistische Kapitalgesellschaft entwickelt wurden.

sig befundene Anstreben eines „Doppelvorteils" und ein Mangel an Objektivität[384] sind zudem nicht auf den Gesellschafter beschränkt. Auch Banken, die in einer wirtschaftlich schwierigen Situation einer GmbH ihr Kreditengagement ausbauen, werden von dem Ziel geleitet sein, hiermit zugleich die früher gewährten Mittel zu retten, wie auch Lieferanten, die ihre Forderungen in solchen Zeiten stunden, hoffen, damit auf lange Sicht einen wieder gesundeten Kunden behalten zu können.[385] Und selbst dem Gesellschafter kann es unter Umständen auch eher darum gehen, sein umfangreiches Kreditengagement zu retten als eine vergleichsweise niedrige Beteiligung.[386] Die Gesellschaftereigenschaft taugt als Indikator für das Maß der Risikobereitschaft des Kreditgebers auch schon deshalb kaum, weil ein Gesellschafter, der in der Krise ein Darlehen ausreicht, gegenüber den Fremdgläubigern, deren Forderungen zu diesem Zeitpunkt bereits teilweise entwertet sind, eher ein größeres Risiko eingeht.[387] Schließlich ebnet die Anknüpfung an die gesellschaftsrechtliche Verbundenheit die Rechtssubjektivität der juristischen Person zusehends ein.[388] Denn dem Gesellschafter wird im Ergebnis vorgeworfen, dass er sich überhaupt in eine Gläubigerstellung zu „seiner" GmbH begeben hat.[389] Die Doppelstellung des Gesellschafters an sich ist aber als schlichte Folge der Selbständigkeit der GmbH nichts Anstößiges.[390] Die Abschichtung derjenigen Rechtsverhältnisse mit der GmbH, die auf einer *causa societatis* beruhen, gestaltet sich zudem schwierig, da eine Rechtsbeziehung des Gesellschafters mit der GmbH fast immer auch mit seiner Gesellschafterposition zu tun haben wird.[391] Der Gesellschaftsbezug der Gesellschafterleistung oder das gesellschafterliche Eigeninteresse[392] hat also wenig Aussagekraft.[393] Die behaupteten typischen Beweggründe des Gesellschafters sind sich zudem gleich, ob das Schuldverhältnis in der Krise begründet wird oder nicht. Demnach müssten unabhängig davon alle „in der Funktion als Gesellschafter" gegebenen Kredite eigenkapitalersetzend sein.[394]

---

[384] Gemeint ist eine Überbewertung der Rettungschancen aufgrund der besonderen wirtschaftlichen Verquickung mit der GmbH, *v. Gerkan*, FS Lutter, 1317 (1320).

[385] *Koppensteiner*, AG 1998, 308 (314).

[386] *Cahn*, AG 2005, 217 (219).

[387] *Haas*, NZI 2001, 1 (5); *ders.*, Geschäftsführerhaftung, 61; a.A. *Schenk*, 82 m.w.N. Dazu näher unten A.IX.2.a.

[388] Ebenso *Blömer*, 52.

[389] So auch die Deutung von *Ketzer*, 34. Anders *Huber/Habersack*, BB 2006, 1 (3), die *de lege ferenda* einen generellen Nachrang *aller* Gesellschafterforderungen in der Insolvenz damit begründen, dass der Gesellschafter nicht mit außenstehenden Gläubigern um das Gesellschaftsvermögen konkurieren solle, weil er sein unternehmerisches Risiko auf eben jenes Vermögen beschränkt. Der Nachrang fungiert damit der Ausgleich für das Privileg der Haftungsbeschränkung.

[390] *Schummer*, Eigenkapitalersatzrecht, 231; ebenso *Wiedemann*, FS Beusch, 893 (906).

[391] *Cahn*, AG 2005, 217 (219); *Bieder*, 62; *Koppensteiner*, AG 1998, 308 (314); *Berger*, 64.

[392] So die Formulierung von *Maier-Reimer*, FS Rowedder, 245 (270).

[393] *Michel*, 142; deutlich *Koppensteiner*, AG 1998, 308 (314): „kein Erklärungswert".

[394] *Ketzer*, 35; *Berger*, 64; *Blömer*, 52. Insoweit konsequent *Huber/Habersack*, BB 2006, 1 (2), die das – dann rein insolvenzrechtlich konzipierte – Eigenkapitalersatzrecht unterschiedslos auf alle Gesellschafterforderungen ausdehnen wollen.

b. Informationsvorsprung und Einfluss des Gesellschafters

Den genannten Bedenken folgend wird eine Doppelrolle zumeist auch nur dann als entscheidend angesehen, wenn aus dieser Beteiligung ein hinreichender unternehmerischer Einfluss herrührt.[395] Als eigentlich tragender Grund kristallisiert sich damit der Informationsvorsprung des Gesellschafters gegenüber Nichtgesellschaftern heraus.[396]

Dem Gesellschafter stehen in der Tat Informationsrechte zu, die ihn von anderen Gläubigern der GmbH unterscheiden. So kann er jederzeit Auskunft über die Angelegenheiten der Gesellschaft erlangen (§ 51a GmbHG). Dieses weit auszulegende Informationsrecht steht ihm unabhängig von der Höhe der Beteiligung[397] zu und umfasst alle vergangenen und geplanten Vorgänge der Unternehmensführung einschließlich Ergebnisermittlung, Ergebnisverwendung und dem dazugehörigen Zahlenmaterial.[398] Es bildet die unverzichtbare Grundlage dafür, dass die Gesellschafter die ihnen zustehenden übrigen Rechte sachgerecht ausüben können.[399] Schon deswegen ist aber die Frage des Einflusses von der Frage des Einblicks in die wirtschaftliche Situation der Gesellschaft zu trennen.[400] Die Informationsmöglichkeit alleine lässt noch nicht auf eine gesteigerte Einflussmöglichkeit schließen. Denn die Einflussnahmemöglichkeiten sind in der Regel mediatisiert. Der Gesellschafter kann also nicht alleine, sondern nur in der Gesellschafterversammlung entscheiden. Dort gilt grundsätzlich das Mehrheitserfordernis (nach Kapitalanteilen), soweit nicht die Satzung etwas anderes regelt (§§ 47 I, 45 II GmbHG). Unterhalb dieser Mehrheitsschwelle stärken Minderheitenrechte die Stellung der Gesellschafter.[401] Dabei handelt es sich im Wesentlichen um Initiativrechte wie die Einberufung der Gesellschafterversammlung und die Aufnahme von Tagesordnungspunkten (§ 50 GmbHG). Die Minderheitenrechte sind an eine Kapitalbeteiligung von mindestens 10 % geknüpft; anders als das Informationsrecht des § 51a GmbHG geht es hier also nicht um ein Individualrecht.[402] Ein maßgeblicher Einfluss auf das Finanzgebaren der Gesellschaft geht auch damit freilich noch nicht einher. Informationsmöglichkeit kann daher nicht mit Einwirkungsmöglichkeit gleichgesetzt werden.[403]

---

[395] So etwa *Maier-Reimer*, FS Rowedder, 245 (272).

[396] *Ulmer*, FS Duden, 661 (673); *v. Gerkan*, FS Lutter, 1317 (1320); *Kreis*, 58 ff.; *Damnitz/Degenhardt*, WM 2005, 583 (584); BGHZ 90, 381 (388) „BuM". Auch bei Einführung des Kleinbeteiligtenprivilegs berief sich der Gesetzgeber ausdrücklich auf Insiderstellung und Einflussnahmemöglichkeiten der Gesellschafter, Begründung des RegE zum KapAEG, BT-Drs. 13/7141, 12.

[397] Das Kleinbeteiligtenprivileg (§ 32a III 2 GmbHG) passt daher nicht zu einer Begründung des Eigenkapitalersatzrechts mit einem besonderen Kenntnisvorsprung der Gesellschafter, zutr. *Cahn*, AG 2005, 217 (220).

[398] R/S-L/*Koppensteiner*, GmbHG, § 51a Rn. 6; zur Begrenzung des Informationsanspruchs nach Insolvenzeröffnung BGH ZIP 2005, 1087 (1089 ff.).

[399] R/A/*Roth*, GmbHG, § 51a Rn. 3.

[400] Vgl. *Kreis*, 58.

[401] Dazu gehören v.a. die §§ 50, 61, 66 II GmbHG.

[402] R/A/*Roth*, GmbHG, § 51 Rn. 3.

[403] Missverständlich insoweit *Blömer*, 52; wie hier *Cahn*, AG 2005, 217 (220).

aa. Informationsmöglichkeit als Kern der Doppelrolle

Wer für das Eigenkapitalersatzrecht das Wesen der „Doppelrolle" des Gesellschafters in den Informationsmöglichkeiten des Gesellschafters erblickt, sieht sich dem Einwand ausgesetzt, dass auch Dritte über weitgehende Informationsrechte verfügen können. Gerade professionelle Kreditgeber werden im Zweifel durch gezielte Kreditüberwachung über noch bessere Informationen verfügen als beispielsweise der Inhaber eines Zwerganteils.[404] Die Hausbank kann allein schon wegen der Betreuung mit der Kontoführung einen Informationsvorsprung nicht nur gegenüber den sonstigen Gläubigern sondern auch gegenüber den Gesellschaftern haben.[405] Der Unterschied ist weniger ein tatsächlicher als ein konstruktiver: handelt es sich bei den Gesellschafterrechten um institutionalisierte Informationsansprüche, bleibt die Begründung von Informationsansprüchen außenstehender Dritter der vertraglichen Vereinbarung überlassen. Dennoch kann die Institutionalisierung der Informationsrechte allein eine Benachteiligung der Gesellschafter gegenüber solchen Kreditgebern, die sich gleichwertige Informationsrechte vertraglich sichern, nicht rechtfertigen. Denn der materielle Gehalt des Vorwurfs der Doppelrolle ist die *tatsächliche* Vorzugsstellung gegenüber normaltypischen (uninformierten) Gläubigern. Das Eigenkapitalersatzrecht müsste sich folglich auch auf mit Informationsmöglichkeiten ausgestattete Nichtgesellschafter erstrecken. Dass es das nicht tut, zeigt, dass der Gedanke der so verstandenen Doppelrolle nicht konsequent zu Ende gedacht ist.[406] Die Beschränkungen durch das Kleinbeteiligtenprivileg schließlich führen die Anknüpfung an den Informationsvorsprung ins Abseits, da die Informationsrechte unabhängig von einer Beteiligungshöhe jedem Gesellschafter als Individualrecht zustehen.[407]

bb. Einflussmöglichkeit als Kern der Doppelrolle

Es muss also weniger die Informationsmöglichkeit an sich, sondern ein besonderer Einfluss des Gesellschafters auf die GmbH das Kennzeichen der „Doppelrolle" sein. Die Informationsrechte dienen so verstanden nur als Grundlage und Effektuierung der Einflussausübung.

Problematisch ist dabei freilich schon die Quantifizierung des relevanten Machtvorsprungs, der eine Sonderbehandlung von Gesellschafterleistungen rechtfertigen soll. Die unterschiedliche Schwellenwertbildung bei GmbH und AG macht deutlich, dass die hierzu herangezogenen Werte austauschbar sind. Die Anknüpfung an eine bestimmte Beteiligungshöhe erweist sich schon deswegen als unsicheres Kriterium.[408]

---

[404] *Haas*, Geschäftsführerhaftung, 62; *Blömer*, 53.
[405] *Maier-Reimer*, FS Rowedder, 245 (269).
[406] *Koppensteiner*, AG 1998, 308 (314); *Haas*, Geschäftsführerhaftung, 62 ff. Krit. auch *Maier-Reimer*, FS Rowedder, 245 (268 ff.). Auch hier besteht i.Ü. der Einwand, dass der Informationsvorsprung unabhängig von der Krisensituation existiert. Eigenkapitalersatzqualität müsste demnach jede Gesellschafterleistung haben und nicht nur eine in der Krise gewährte oder stehengelassene, *Blömer*, 53.
[407] Vgl. R/S-L/*Pentz*, GmbHG, § 32a Rn. 88.
[408] *Cahn*, AG 2005, 217 (219); *Haas*, Geschäftsführerhaftung, 62 ff.

Die Minderheitenrechte schließlich eignen sich nicht als Ausdruck gesellschafterlicher Einwirkungsmöglichkeiten. Denn Minderheitenrechte (insbesondere § 50 GmbHG) gewähren keine Entscheidungsbefugnisse, sondern sind lediglich Initiativrechte. Es widerspricht der Intention der Minderheitenrechte, die Gesellschafter zu schützen, wenn man aus ihnen besondere (Finanzierungs)Verantwortungen ableitet oder sie zur Beschreibung eines besonderen Einflusses heranzieht, an den negative Folgen geknüpft werden.

Darüber hinaus lässt sich die Sanktionierung eines Verhaltens aufgrund der Einflussmöglichkeiten nur dann rechtfertigen, wenn der Gesellschafter von seinem Machtvorsprung auch Gebrauch macht.[409] An das bloße Gewähren des Darlehens nachteilige Folgen zu knüpfen – insbesondere Umqualifizierung und Nachrang – überzeugt von vornherein nicht. Allenfalls könnte der frühzeitige Abzug, also die Ausnutzung der Doppelrolle sanktioniert werden.[410] Dabei handelt es sich aber um eine typische Regelungsmaterie des (Insolvenz)Anfechtungsrechts.[411] Schlussendlich kann auch hier erinnert werden, dass Dritten auf vertraglicher Grundlage ebenso weit reichende Einwirkungsrechte zugestanden werden können (und bei institutionellen Anlegern und Banken gerade bei Sanierungskrediten in der Regel auch zugestanden werden[412]), die jedoch nicht zu einer Miteinbindung dieser Gesellschaftsgläubiger in das System des Eigenkapitalersatzrechts führen. Das erscheint besonders deshalb widersprüchlich, weil es bei der Frage der Bestimmung der den Gesellschaftern gleichzustellenden Personen i.S.d. § 32a III 1 GmbHG als ausreichend akzeptiert wird, dass die für die Vergleichbarkeit notwendigen „gesellschafterähnlichen" Mitspracherechte dieser Gläubiger schuldrechtlich begründet sind.[413]

3. Zwischenergebnis

Mit dem Hinweis auf die Doppelrolle des Gesellschafters ist wohl das Leitmotiv für das Misstrauen gegenüber Gesellschafterdarlehen angesprochen. Die Doppelstellung allein reicht jedoch nicht als Begründung für das Eigenkapitalersatzrecht. Entscheidend ist vielmehr, ob und inwieweit der Gesellschafter über besondere Informationsrechte verfügt und einen besonderen Einfluss auf die Geschicke der GmbH hat. Das läst sich aber nicht generell sagen: insbesondere geben hierfür die gesetzlichen Min-

---

409 *Haas*, Geschäftsführerhaftung, 63. Von seinem Machtvorsprung wird ein Gesellschafter aber nicht immer in der Weise Gebrauch machen, dass er um der Rettung seiner Beteiligung willen den Verlust weiterer Mittel riskiert. Mit anderen Worten stehen Beteiligungshöhe und daraus folgender Einfluss nicht zwingend mit dem vom Eigenkapitalersatzrecht missbilligten Motiv eines Versuchs der Rettung der Einlage auf Kosten der anderen Gläubiger im Zusammenhang, *Cahn*, AG 2005, 217 (220).

410 *Cahn*, AG 2005, 217 (220 f.). Zu den Gefahren der Kreditausreichung in der Krise näher u. A.IX.2.

411 Dazu auch unten A.IX.2.c.

412 Aus der Erkenntnis heraus, dass die Unternehmenskrise meistens auch auf Fehlentscheidungen der Geschäftsführung und des Gesellschafterkreises beruht, muss es auch Ziel einer Sanierung sein, eine Revision des Managements zu ermöglichen, *Wittig*, FS Uhlenbruck, 685 (687). Dies erfordert es, dass der Sanierer sich weit reichenden Einfluss sichert.

413 Vgl. für die Einordnung des Pfandgläubigers oder Nießbrauchers als „gesellschafterähnlich" Michalski/*Heidinger*, GmbHG, §§ 32a, 32b Rn. 199.

derheitenschutzvorschriften wenig her. Der Rekurs auf die Doppelrolle kann schließlich nur begründen, dass eine Ausnutzung der Insiderstellung und Einflussnahme sanktioniert wird. Mit anderen Worten kann mit dieser Begründung lediglich die vorzeitige Rückzahlung des Darlehens gerechtfertigt werden, nicht jedoch der Gedanke einer Umqualifizierung und der insolvenzrechtliche Nachrang sowie die tatbestandliche Anknüpfung des Eigenkapitalersatzcharakters an die zeitlich frühere Kapitalzuführung schlechthin. Die Doppelrolle bildet folglich keinen schlüssigen dogmatischen Erklärungsansatz für das Eigenkapitalersatzrecht insgesamt.

VIII. Außerkraftsetzung der Außenkontrolle des Kreditmarktes

1. Argumentationsansatz

Ein relativ junger Begründungsversuch für die Hintansetzung der Gesellschafterleistungen wendet den Blick weg von der Rechtsbeziehung zwischen GmbH und Gesellschafter und betrachtet die Doppelstellung von außen. Betont wird nicht der Aspekt des unmittelbaren Schutzes der Einzelnen (Gläubiger, Gesellschafter usw.) sondern die Aufrechterhaltung der Funktionsfähigkeit der Gesellschaft als Organismus oder System.[414] Demzufolge wird das Eigenkapitalersatzrecht als ein Problem der Außerkraftsetzung der Außenkontrolle des Kreditmarktes eingeordnet.[415] Grundüberlegung ist zunächst, dass ein Funktionsmechanismus zwischen Insolvenzantragspflicht und Eigenkapitalausstattung besteht, wonach das Eigenkapitalpolster dazu dient, dass nicht bereits die erste Aktivität der Gesellschaft zur Überschuldung und damit in die Insolvenz führt.[416] Daraus lässt sich schließen, dass die Insolvenz als Außengrenze der erlaubten wirtschaftlichen Tätigkeit fungiert und Ausdruck der Erwartung des Rechtsverkehrs ist, dass ein Unternehmen rechtzeitig aus dem Markt genommen wird. Folglich wird eine Gesellschaft, die nicht mehr ausreichend Fremdkapital am Markt erhält (weil ihr auf dem Kreditmarkt keine ausreichenden Chancen mehr eingeräumt werden), durch diese Außenkontrolle des Kreditmarktes dazu gezwungen, auch alsbald Insolvenzantrag zu stellen. Die Außenkontrolle wirkt auf diese Weise dem Fortschleppen nicht mehr wirtschaftlich profitabler Unternehmen entgegen.[417] Diese Außenkontrolle werde nun aber gestört, wenn der Gesellschafter das Ergebnis der Risikoprüfung des Marktes missachtet und trotz Kreditunwürdigkeit sich zweckoptimistisch in eine Gläubigerrolle zur Gesellschaft begibt.[418] Dem Eigenkapitalersatzrecht wird sohin die

---

[414] S. allgemein zu diesem Ansatz *Fastrich*, Funktionales Rechtsdenken.

[415] *Fastrich*, FS Zöllner, 143 (148 ff.); *ders.*, Funktionales Rechtsdenken, 28 ff; zust. *v. Gerkan*, FS Lutter, 1317 (1321 ff.).

[416] *Fastrich*, Funktionales Rechtsdenken, 28. Zu der Pufferfunktion des Eigenkapitals bereits oben Kap.2 A.I.2.a.aa.(2)

[417] *Fastrich*, FS Zöllner, 143 (149); *ders.*, Funktionales Rechtsdenken, 30 ff.

[418] *Fastrich*, FS Zöllner, 143 (149 ff.); *ders.*, Funktionales Rechtsdenken, 31.

Aufgabe zugedacht, den Funktionszusammenhang zwischen Kapitalausstattung und Insolvenzantragspflicht wiederherzustellen.[419]

2. Kritik und Zwischenergebnis

Gegen die Hervorhebung des eben beschriebenen Funktionszusammenhangs ist zunächst nichts zu sagen. Zu kritisieren ist jedoch, dass er mit der Kreditmarktentscheidung, wann wirtschaftlich gesehen das Unternehmen als nicht mehr investitionswürdig gilt, verknüpft wird. Hinter der Argumentation der „Außenkontrolle" des Kapitalmarkts steckt letztlich der Gedanke, dass der Kapitalmarkt darüber entscheiden soll, wann ein Unternehmen aus dem Markt genommen werden muss. Nun kann zwar rein *tatsächlich* eine negative Marktentscheidung das Unternehmen in die Knie zwingen; über die Frage der rechtlichen Erlaubtheit der Unternehmensfortführung über diesen Zeitpunkt hinaus ist damit aber noch nichts gesagt. Die Insolvenztatbestände als Ausdruck der gesetzgeberischen Entscheidung, wann ein Unternehmen spätestens vom Markt verschwinden soll, rekurrieren gerade nicht auf eine Marktentscheidung. Ist der Funktionszusammenhang *rechtlich* betrachtet aber nicht von einer Marktentscheidung abhängig, verliert damit auch die Ansicht einer Funktionsstörung durch die Gesellschafterleistungen in der Krise ihren Boden. Denn eine Funktionsstörung läge nur dann vor, wenn der Gesellschafterkredit die Fortführung der Gesellschaft über den Zeitpunkt der materiellen Insolvenz hinaus ermöglichte. Entscheidend ist also, welchen Einfluss die Fremdkapitalzuführung in der Krise auf das Vorliegen oder den Eintritt der Insolvenz hat (dazu sogleich unten A.IX.2.). Soweit ein Insolvenzgrund beseitigt wird (was in der Regel nur im Hinblick auf die Zahlungsunfähigkeit gelingen wird) tritt gerade keine Funktionsstörung ein, da die Insolvenz nicht unzulässig verzögert, sondern abgewendet wird. Bleibt die Kapitalzufuhr ohne Einfluss auf die Insolvenzreife, ist – und das ist gerade Merkmal des Funktionszusammenhangs – schlicht das Insolvenzverfahren einzuleiten. Dieser Regelungsmechanismus wird dann aber auch nicht durch die Fremdkapitalzufuhr sondern nur durch die Nichterfüllung der Insolvenzantragspflicht gestört. Mit der Störung des Funktionszusammenhanges zwischen Eigenkapitalausstattung und Insolvenzantragspflicht lässt sich also allenfalls die Haftung des Geschäftsführers wegen Insolvenzverzögerung erklären.[420]

IX. Resultat und Lösungsansatz

1. Begründungsdefizit

Die Ausführungen haben gezeigt, dass die dogmatische Begründung einer Sonderbehandlung von Gesellschafterleistungen in der Krise insgesamt starken Zweifeln begegnet. Die Rechtfertigungsansätze rekurrieren unausgesprochen auf die Forderung

[419] *Fastrich*, FS Zöllner, 143 (150 ff.); *ders.*, Funktionales Rechtsdenken, 31 ff.
[420] Krit. zum Ansatz *Fastrichs* auch *T. Bezzenberger*, FS Bezzenberger, 23 (36).

nach einer angemessenen Eigenkapitalausstattung der GmbH durch die Gesellschafter, die aber dogmatisch nicht überzeugt. Die Trennung in materielle und nominelle Unterkapitalisierung verschleiert diesen Zusammenhang nur. In Wirklichkeit ist die Motivation des Eigenkapitalersatzrechts nicht wesentlich von seiner Wurzel des Rechtsformmissbrauchs abgekommen.[421] Zu diesen Wurzeln passt freilich die heutige rechtstechnische Ausgestaltung des Eigenkapitalersatzrechtes als rein objektives Rechtsinstitut nicht mehr. So bleibt es ein zwitterhaftes Gebilde, das einerseits deutlich Bezug nimmt auf ein Finanzierungsfehlverhalten des Gesellschafters, andererseits aber diese Grundidee durch die rein objektive Ausgestaltung des Tatbestands leugnet.

Eine überzeugende, tragfähige Begründung für das Eigenkapitalersatzrecht lässt sich schwer finden. Die einzelnen Ansätze sind alle davon geleitet, dass der Gesellschafter aufgrund seiner Gesellschafterstellung ein bestimmtes Finanzierungsrisiko tragen müsse und deshalb in der Krisensituation der GmbH nicht als Gläubiger auftreten dürfe. Die Doppelrolle des Gesellschafters wird auch heute noch als gekünstelt empfunden und gerade deswegen seiner Gläubigerstellung von vornherein ein Misstrauen entgegen gebracht. Allein in der Nähebeziehung den Grund für die Hintanstellung der Vertragsfreiheit zu sehen, hieße aber letztlich die Kategorie der juristischen Person nicht zu Ende denken zu wollen und sich gegen die gesetzlich vorgesehene flexible Ausgestaltung der GmbH zu wenden.[422] Die besondere Insiderstellung erlaubt allenfalls, an die Ausnutzung der Informations- und Einflussmöglichkeiten – etwa den vorzeitigen Abzug der Kreditleistung – Haftungsfolgen zu knüpfen. Die Darlehensgewährung selbst aber ist vor diesem Hintergrund nicht zu beanstanden und kann nicht den Tatbestand für das Verbot der Rückzahlung des Finanzierungsbeitrags bilden.

Auch im Hinblick auf die inzwischen weit verbreitete Ansicht, die Finanzierungsverantwortung des unternehmerisch beteiligten Gesellschafters sei die Basis für besondere eigenkapitalersatzrechtliche Regeln, überzeugt nicht. Sie bleibt bloße Leerformel, weil sie nicht begründen kann, weshalb den kreditfinanzierenden Gesellschafter eine besondere Verantwortung im Interesse der Gesellschaftsgläubiger treffen soll, die sich grundlegend von der Verantwortung der Geschäftsführer unterscheidet, welche aber prinzipiell die Zuständigkeit für die Fremdkapitalaufnahme und die Gestaltung der Kapitalstruktur wahrnehmen. Die Idee einer Finanzierungsverantwortung fungiert nur als Bindeglied, um die dahinter stehende Anknüpfung an die Nähebeziehung zwischen Gesellschaft und Gesellschafter auf eine andere, gesellschaftsrechtlich eingebettete und objektivierte Ebene zu heben, verschleiert aber die eigentlichen Beweggründe. Im Ergebnis wird das allgemeine Misstrauen gegenüber der Gläubigerstellung der Gesellschafter nur gesellschaftsrechtlich verpackt.

---

[421] Treffend *Mertens*, AcP 1978, 228 (231 ff.), der im Eigenkapitalersatzrecht ein „Kind des § 826 BGB" sieht.

[422] In diese Richtung auch *Ullrich*, GmbHR 1983, 133 (143 Fn. 103). Von daher ist es i.Ü. weniger verwunderlich, dass die Diskussion um das Eigenkapitalersatzrecht ihren Anfang zu Zeiten der besonders kritischen Haltung gegenüber der Haftungsbeschränkung und der GmbH an sich nahm, vgl. o. Kap.2 B.I.2.a.

Für die weitere Untersuchung ist zu beachten, dass es erklärtes Ziel des Eigenkapitalersatzrechts ist, den Gläubigerschutz zu verstärken. Maßgeblich ist die Behauptung, dass eigenkapitalersetzende Gesellschafterleistungen eine Verschiebung des Risikos zu Lasten der Gesellschaftsgläubiger bedeuten. Die damit angesprochene Frage der Gläubigergefährdung ist zentral für die Legitimation des Eigenkapitalersatzrechts überhaupt. Nur selten wird indes näher beleuchtet, welche Gefahren tatsächlich von einer Finanzierung mit Fremdkapital durch die Gesellschafter ausgehen.[423] Nachfolgend soll deshalb der Versuch unternommen werden, die Auswirkungen der Fremdkapitalfinanzierung auf die Finanzlage der GmbH eingehender zu überprüfen. Denn ob und inwieweit sich hieraus tatsächlich eine gesteigerte Gefährdung der Gesellschaftsgläubiger ergibt, ist entscheidend für die sich daran erst anschließende Prüfung eventueller Gläubigerschutzlücken im Normenbestand, deren Füllung das Eigenkapitalersatzrecht sich angeblich zur Aufgabe gemacht hat.

2. Ausgangspunkt einer Problemlösung: Tatsächliche Gläubigergefährdung durch Gesellschafterleistungen in der Krise

Die möglichen Gefahren für die Gläubiger lassen sich im Wesentlichen in drei Bereiche aufteilen:[424] Zum einen die mit der Darlehensgewährung verbundene Gefahr eines erfolglosen Sanierungsversuches auf dem Rücken der Gläubiger mit der Folge, dass die Gesellschafter mit den Gläubigern um die Insolvenzmasse konkurrieren. Zum anderen die Verschleppung der Unternehmenskrise mit der Gefahr, dass das Gesellschaftsvermögen sich weiter reduziert und schließlich der Abzug der Finanzierungsmittel unmittelbar vor dem endgültigen Zusammenbruch der Gesellschaft.

a. Auswirkung auf die Finanzlage der GmbH: Gläubigergefährdung durch Risikogeschäft?

Zu dem Vorwurf risikoreichen Verhaltens des fremdfinanzierenden Gesellschafters ist zunächst zu sagen, dass eine wirtschaftliche Krise der GmbH in aller Regel auch mit einem Mangel an Liquidität verbunden ist, der meist dem Management erst den Abschwung verdeutlicht.[425] Dieser Liquiditätsmangel kann freilich sowohl durch Eigenkapital als auch durch Fremdkapital ausgeglichen werden.[426] Insoweit fungiert also auch das Gesellschafterdarlehen als Krisenabwendungsmittel. Die Annahme einer Risikovergrößerung für die Gesellschaftsgläubiger gerät bereits dadurch in Zweifel, dass durch die Mittelzuführung selbst eine Gläubigergefährdung nicht entsteht. Vielmehr

---

[423] Dies beklagen auch *H.-J. Weber/Lepper*, DStR 1991, 980 (985); *Claussen*, GmbHR 1996, 316 (320).

[424] *Schummer*, Eigenkapitalersatzrecht, 369.

[425] *A. Götz/Hegerl*, DB 1997, 2365 (2366); *Wittig*, FS Uhlenbruck, 686 (687).

[426] *Heinert*, 42; *A. Götz/Hegerl*, DB 1997, 2365 (2366).

erhöht sich dadurch die fiktive Insolvenzquote.[427] Die Lage der Gläubiger verbessert sich, solange die frischen Mittel nicht bis zur Höhe der ursprünglichen fiktiven Insolvenzquote aufgezehrt worden sind.[428] Angenommen, eine (ausnahmsweise noch fortführungswürdige und nicht insolvenzrechtlich überschuldete[429]) GmbH hat zum Zeitpunkt der Ausreichung des Krisendarlehens Schulden in Höhe von 100, wobei die fiktive Liquidations- bzw. Insolvenzquote 25 % beträgt.[430] Gewährt nun ein Gesellschafter ein Darlehen von 60, steigt neben den Schulden auch die Verteilungsmasse um 60 und erhöht die fiktive Befriedigungsquote auf 53 %. Die Befriedigungsquote bleibt so lange höher als 25 %, bis die Vermögensmasse 40 beträgt, also das Darlehen zu drei Vierteln verwirtschaftet ist.[431] Bis dahin gewinnt die Gesellschaft zusätzlich Zeit, weitere Sanierungsmaßnahmen zu ergreifen.[432] Ein Eigenkapitalbeitrag könnte demgegenüber zwar vollständig verbraucht werden, ohne dass die Gläubiger einen Nachteil erleiden müssten. Der Vorteil ist indes nicht so dramatisch, wie das Eigenkapitalersatzrecht Glauben macht, da wie gezeigt auch das Fremdkapital zu einem großen Teil ohne Gläubigergefahr durch im Rahmen der Fortführung entstehende weitere Verbindlichkeiten oder Verluste belastet werden kann.[433]

Das eigentliche Problem für die Gläubiger kann deswegen nicht die Kreditgewährung als solche sein, sondern allenfalls die mit der Finanzierung verbundene *Fortführung* des Unternehmens.[434] Dieser Zusammenhang wird auch in den Formeln der Rechtsprechung deutlich, wonach erst die Finanzhilfe des Gesellschafters die Fortführung der wirtschaftlich nicht mehr lebensfähigen Gesellschaft möglich mache.[435] Dar-

---

[427] Die fiktive Insolvenzquote erhöht sich deshalb, weil der Rückzahlungsanspruch des Gesellschafters (ohne Berücksichtigung des Eigenkapitalersatzrechts) eine Insolvenzforderung darstellt, die nur quotal befriedigt wird.

[428] Vgl. *Vollmer/Smerdka*, DB 2000, 757 (758); *Nowotny*, FS Koppensteiner, 131 (135); *Schummer*, Eigenkapitalersatzrecht, 410. Dies wird bei der Behauptung einer Risikoerhöhung durch die Gesellschafterleistung oft verkannt, so z.B. von *Berger*, 102. Zur Auswirkung auf die Insolvenztatbestände näher unten Punkt b.

[429] Bei der – notwendigen (eingehend unten Kap.4 B.I.2.) – strengeren Handhabung von Fortführungsprognose und Insolvenzgründen sollte es freilich einen solchen Fall und eine derart niedrige Quote nur selten geben.

[430] Die hier angestellten Beispielrechnungen basieren maßgeblich auf *T. Bezzenberger*, FS Bezzenberger, 23 (38 ff.).

[431] Dies macht deutlich, dass das gesteigerte Risiko v.a. beim kreditierenden Gesellschafter liegt. Denn während die Drittgläubiger, deren Forderungen bereits z.T. entwertet sind, zunächst eine Verbesserung der Befriedigungsaussichten erfahren, geht jede weitere Reduzierung der Verteilungsmasse im hier verwendeten Beispielsfall zu Lasten des Gesellschafters, der ja bei einer fiktiven Befriedigungsquote von 53 % „einsteigt".

[432] *T. Bezzenberger*, FS Bezzenberger, 23 (39).

[433] Der Unterschied hängt jeweils von der finanziellen Ausgangslage der GmbH bei Darlehensvergabe und der Höhe des Darlehens ab. Je geringer die Ausgangsquote und je höher der Darlehensbetrag, desto geringer ist die Vorteilhaftigkeit der Eigenkapitalfinanzierung.

[434] Richtig *Sonnenberger*, NJW 1969, 2033 (2036); *Schummer*, Eigenkapitalersatzrecht, 410; *ders.*, GesRZ 2000, 246 (248); *Westermann*, ZIP 1982, 379 (386).

[435] BGHZ 127, 17 (23) „Lagergrundstück IV"; BGHZ 109, 55 (57) „Lagergrundstück I". So auch Hachenburg/*Ulmer*, GmbHG, §§ 32a, b Rn. 8. Die (zweifelhafte) Prämisse ist dabei, dass die GmbH in der Krise nur mit Zuführung von Eigenkapital weiterhin lebensfähig ist.

aus erhellt zweierlei. Zum einen die Vorstellung, es gebe Gesellschaften, die fortzuführen sich nicht mehr lohne und die deshalb auch nicht mehr fortgeführt werden dürfen sowie zum anderen die Vorstellung, eine Fortführung unter Zuführung von Fremdkapital führe zwangsläufig zu einem weiteren Verlust an Gesellschaftsvermögen und im Ergebnis zu einer immer geringeren Insolvenzquote.

aa. Fortführungsunwürdigkeit

Richtig ist, dass es Fälle gibt, in denen schon vor materieller Insolvenz die Fortführung der GmbH wirtschaftlich nicht mehr vernünftig ist. Bei fehlenden Besserungsaussichten kann es oft sinnvoller sein, die Gesellschaft zu liquidieren. Dass dies *realiter* selten geschieht, liegt zu einem beachtlichen Teil daran, dass die Krise verkannt wird. Oft legen die Gesellschafter (gerade einer personenbezogenen GmbH) einen Zweckoptimismus an den Tag, der mit einer objektiv vernünftigen Einschätzung der Sanierungschancen nicht korrespondiert.[436] Durch die weitere Fortführung bei schwindenden Sanierungsaussichten besteht dann richtigerweise auch die Gefahr, dass die Gesellschaft weiter in die Krise stürzt und sich ihr Vermögen weiter verringert.

Ob aber der jeweilige Gesellschafter überhaupt einen Anreiz zu rikantem Finanzierungsverhalten in der Krise hat, hängt einmal maßgeblich von der Kapitalstruktur der Gesellschaft und dem Verhältnis seiner Anteile an Fremd- und Eigenkapital ab.[437] Dazuhin ist der Anreiz abhängig von der konkreten Ausgestaltung der Finanzierung, also etwa der Frage, ob gesichertes, vorrangiges Gesellschafterfremdkapital zugeführt wird, ob ein Darlehen stehengelassen oder aber erst in der Krise neugewährt wird.[438]

Zum anderen ist es schon im Ansatz fragwürdig, wenn die Kreditfinanzierung als schlechthin risikosteigerndes Element behandelt wird. Denn die Frage der rechtlichen Erlaubtheit der Fortführung ist eine von der ökonomischen Vernünftigkeit der Fortführung zu trennende. Liegt die Gläubigergefahr in der Fortführung der sanierungsbedürftigen GmbH, müsste zum wirksamen Gläubigerschutz in der Krise die Fortführung selbst verhindert werden. Diese bleibt jedoch nach den Regeln des Eigenkapitalersatzrechts sanktionslos. Wer also die noch vorhandenen Mittel weiter verwirtschaftet, ohne an eine weitere Finanzierung oder sonstige Sanierungsmaßnahmen zu denken, entgeht dem Eigenkapitalersatzrecht.[439] Denn die gängige Doktrin geht schließlich davon aus, dass ohne weitere Finanzierung die Gesellschaft sowieso liquidiert werden müsste, mithin alsbald Insolvenzreife erreicht. Die Reminiszenz an die insolvenzrechtlichen Terminierungspflichten zeigt aber gleichzeitig, dass das Eigenkapitalersatzrecht die Bedeutung der Insolvenz verkennt. Denn sie lehnt sich einerseits an die insolvenz-

[436] *Hommelhoff*, ZfB 1984, 698 (700); *Schummer*, GesRZ 2000, 246 (250).

[437] Bei einem genau gleichen Anteil am Eigen- und Fremdkapital der Gesellschaft wäre der Gesellschafter sogar frei von jedem Risikoanreiz, *Engert*, ZGR 2004, 813 (836).

[438] Eingehend *Engert*, ZGR 2004, 813 (830 ff.). Besonders hoch ist danach die Risikoneigung, wenn die Gesellschafteransprüche voll besichert sind. Vgl. auch *Cahn*, AG 2005, 217 (225), der deswegen für ein grundsätzliches Verbot der Besicherung von Gesellschafterdarlehen plädiert.

[439] Es wird also derjenige, der immerhin noch Kreditmittel zuführt, gegenüber demjenigen, der gar nichts tut, benachteiligt; krit. daher *Grunewald*, GmbHR 1997, 7 (8).

rechtlichen Terminierungspflichten an und erachtet sie offensichtlich prinzipiell als für den Gläubigerschutz ausreichend. Anders soll es aber sein, wenn der Gesellschafter mit einer weiteren Finanzierung die Fortführung der GmbH „ermöglicht". Jedoch bleiben auch in diesem Fall die Insolvenzantragspflichten dieselben. Je nach Auswirkung der Finanzierungsmaßnahme auf die Frage des Vorliegens materieller Insolvenz[440] wird die Insolvenz zwar möglicherweise verzögert – die Fortführung ist bis dahin aber erlaubt. Insoweit mag also im Einzelfall eine „alsbald zu liquidierende"[441] GmbH ohne objektiv vernünftige Sanierung wirtschaftlich nicht mehr tragbar sein; rechtlich darf sie aber bis zur Insolvenzreife weiter betrieben werden – und zwar ohne dass dadurch den Gläubigern ein unzumutbares Risiko aufgebürdet würde. Für den Gläubigerschutz existiert mit den Insolvenzantragspflichten eine gesetzlich vorgesehene Verteilung der Risiken.[442] Liegt Insolvenzreife vor, ist die GmbH entweder in ein Insolvenzverfahren zu führen oder die Insolvenz abzuwenden.[443] Das Insolvenzrecht legt also fest, zu welchem Zeitpunkt das Ungleichgewicht zwischen Haftung und Verfügungsrechten unerträglich wird, weil das unternehmerische Risiko zunehmend die Gläubiger der GmbH trifft.[444] Die Suggestion des Eigenkapitalersatzrechts von einer zweiten – dem Insolvenzrecht vorgelagerten – Terminierungspflicht[445] ist dann aber ohne Berechtigung. Im Grunde geht es folglich nicht um eine Alternative zwischen Eigen- und Fremdkapital, sondern um die Abwägung, ob die Gesellschaft fortgeführt werden darf oder Insolvenz anzumelden hat,[446] wobei diese Abwägung das Insolvenzrecht vornimmt und die Verantwortung für den Insolvenzantrag bei den Geschäftsführern liegt. Der Gedanke der Risikoabwälzung durch Gesellschafterfremdfinanzierung bleibt also ein „nicht unmittelbar positiv-rechtlich zu aktualisierendes rechtspolitisches Postulat".[447]

---

[440] Dazu sogleich unten Punkt b.

[441] BGHZ 76, 326 (330); BGHZ 119, 201 (206) „Dornier"; BGH NJW 1997, 3171 (3172); BGH NZG 2001, 517 (518); BGH NJW 1999, 3120 (3121); LG Hildesheim GmbHR 2003, 1485 (1485).

[442] Richtig daher *Eichele*, 63; *Geßler*, ZIP 1981, 228 (231), *Schummer*, Eigenkapitalersatzrecht, 254 ff. und insoweit auch *Schouler*, 139.

[443] *Schummer*, GesRZ 2000, 246 (249).

[444] *Drukarczyk/Schüler*, in: KS-InsO, 95 (96); *Uhlenbruck*, in: K. Schmidt/Uhlenbruck, GmbH in Krise, Rn. 810.

[445] Dass das Eigenkapitalersatzrecht in Wirklichkeit von einer solchen Terminierungspflicht ausgeht, zeigt die Formulierung, dass es dem Gesellschafter freistehe, ob er in der Krise der Gesellschaft diese weiterführt oder nicht; wenn er sie aber weiterführt, dann müsse er dies mit Eigenkapital tun (statt aller *Henze*, HdB GmbH, Rn. 497). Dies bedeutet anders gewendet, dass es dem Gesellschafter verboten ist, die GmbH in der Krise mit Fremdkapital fortzuführen. Soll die Krise mit dem Merkmal der Kreditunwürdigkeit zeitlich vor der Insolvenz eintreten (oben Kap.2 C.I.3.b.), bedeutet das Eigenkapitalersatzrecht im Ergebnis eine Fortführungssperre und eine Pflicht zur Beendigung der Unternehmung, ohne dass sie insolvenzreif wäre. Dies gesteht auch *Altmeppen*, ZHR 2000, 349 (369) zu, wenn er von der „Sinnverwandtschaft" von Insolvenzantragspflichten und Eigenkapitalersatzrecht spricht. Näher hierzu noch unten C.III.

[446] *Westermann*, ZIP 1982, 379 (386).

[447] Treffend *Sonnenberger*, NJW 1969, 2033 (2036).

bb. Fremdgläubigerrisiko und Sanierungschance

Das Eigenkapitalersatzrecht neigt darüber hinaus dazu, die mit einer Unternehmensfortführung verbundenen Risiken für die Gläubiger überzubewerten und die gleichzeitig vorhandenen Chancen einer Sanierung auszublenden.[448] Das zeigt schon die Tatsache, dass nicht hinreichend herausgestellt wird, dass die Liquiditätszufuhr an sich die Gläubiger nicht benachteiligt (dazu eben Punkt a.). Nur durch die Unternehmensfortführung über die Krise hinaus (und nicht durch Liquidation) kann schließlich eine nachhaltige Gesundung der GmbH erreicht und dem Gläubiger die Möglichkeit vollständiger Befriedigung eröffnet werden. Deswegen ist hier die Verteilung von Chancen und Risiken einer Unternehmenssanierung näher zu untersuchen.

Die Gefahr, dass Forderungen bei einer Unternehmensfortführung weiter entwertet werden, wird vorrangig dadurch bestimmt, ob und inwieweit für die GmbH eine Chance besteht, die Krise zu überstehen. Gelingt die Sanierung, werden die Forderungen voll befriedigt. Gelingt sie nicht, wird früher oder später die Gesellschaft insolvenzreif sein und muss beendet werden – mit der Gefahr, dass dann die Verteilungsmasse noch geringer geworden ist. Der *Erwartungswert* der Forderungen der Gläubiger bemisst sich nun danach, mit welchen Wahrscheinlichkeiten welches Szenario eintritt. Geht man in obigem (vor Punkt aa.) Beispiel davon aus, dass spätestens bei einem Sinken der fiktiven Verteilungsmasse auf 10 die Gesellschaft endgültig gescheitert ist und Insolvenz anmelden wird,[449] so verbleiben in diesem ungünstigsten Fall (Quote 10:160=6,25 %) für den Gesellschafter 3,75 und für die Fremdgläubiger 6,25. Beträgt nun die Rettungswahrscheinlichkeit 50 %, so ergibt sich für die Gläubiger ein Erwartungswert von $(100 \cdot 50\% + 6{,}25 \cdot 50\%)$ 53,125. Liegt die Rettungswahrscheinlichkeit auch nur bei 20 %, so ergibt sich mit 25 immerhin noch ein Erwartungswert, der genau dem Ausgangswert (ohne Fortführung) entspricht.[450]

Natürlich ist dieses Ergebnis stark vereinfacht[451] und lässt sich je nach Hypothese – sowohl im Ausgangsfall als auch hinsichtlich der unterstellten Rettungswahrschein-

---

[448] *Kallmeyer*, GmbHR 2004, 377 (378); *Drukarczyk*, FS Schneider, 171 (193); *H.-J. Weber/Lepper*, DStR 1991, 980 (985). Das gilt v.a. im Hinblick auf die Bindung stehengelassener Kredite, *Engert*, ZGR 2004, 813 (833); allg. zu den Chancen einer Finanzierung mit Gesellschafterfremdkapital *Renger*, 71 ff.

[449] Auch an dieser Stelle muss aber betont werden, dass durch eine rechtzeitige Insolvenzauslösung derart niedrige Insolvenzquoten verhindert werden können. Eine Quote unter 10 % deutet *prima facie* darauf hin, dass die Gesellschaft bereits seit längerem i.S.d. § 19 InsO überschuldet und damit insolvenzantragspflichtig war. Zur Insolvenzauslösung bei Überschuldung näher u. Kap.4 B.I.

[450] Für Neugläubiger kann sich i.Ü. nach der eigenkapitalersatzrechtlichen Dogmatik keine relevante Risikoabwälzung ergeben. Denn falls das Gesellschafterdarlehen nicht zur Krisenabwendung führt – was gleichzeitig vorausgesetzt wird, da nur Eigenkapital die „nicht mehr lebensfähige" Gesellschaft retten kann – bleibt die GmbH kreditunwürdig. Wer aber als Außenstehender einer kreditunwürdigen Gesellschaft einen Kredit gibt, sich also nicht marktkonform („vernünftig") verhält, ist kaum schutzwürdig. I.Ü. stellt jeder Neukreditgeber die Prämisse in Frage, dass ein „vernünftiger" Dritter eben gerade keinen Kredit an die GmbH mehr ausreichen würde.

[451] Differenzierter – aber i.E. ähnl. – *A. Götz/Hegerl*, DB 1997, 2365 (2368 ff.) am Bsp. einer Sanierung durch Banken.

lichkeiten – und eventueller Eigenvorsorge der Gläubiger (gesichert oder ungesichert[452]) verändern. Das Krisenbewältigungsszenario ist aber auch nicht so simpel, wie das Eigenkapitalersatzrecht vorgibt. Denn eine Eigenkapitalfinanzierung in der Krise garantiert nicht eine Besserung der Absatzstruktur, der Auftragslage, der allgemeinen Konjunkturlage oder eine Korrektur des Missmanagements. Die Finanzierung ist nur ein Element eines Sanierungskonzeptes und die Zufuhr von Eigenkapital auch nur ein Teil der „richtigen" Finanzierung.[453] Das Unternehmen wird zum einen faktisch nicht ohne weiteres Fremdkapital auskommen. Zum anderen bieten sich neben einer Kapitalerhöhung als notwendiger Risikobeitrag auch verschiedene Formen mezzaninen Haftkapitals an,[454] die das Eigenkapitalersatzrecht mit der starren Alternative Eigen- oder Fremdkapital geflissentlich übergeht. Die Rettungschancen richten sich nicht nur nach der Kapitalstruktur sondern auch nach allen sonstigen Sanierungsmaßnahmen sowie nach den gar nicht von den Gesellschaftern beeinflussbaren äußeren Umständen, wie etwa den Konjunkturdaten.[455] Entscheidend ist, dass das Management die Restrukturierung mitträgt sowie erkennbare Fehler in der Geschäftspolitik ausräumt.[456] Einem Gesellschafter, der durch die Kreditierung ein noch höheres Risiko unternimmt als die bereits vorhandenen Drittgläubiger, deren Forderungen bereits teilweise entwertet sind, kann schlechterdings ohne weiteres unterstellt werden, er sei risikoscheu und realistätsblind.[457] Er aktualisiert vielmehr auch durch die Krisenfinanzierung seine Identifikation mit dem unternehmerischen Risiko.[458]

Indem es die Frage der Rettungswahrscheinlichkeit ausblendet, versperrt sich das Eigenkapitalersatzrecht der Erkenntnis, dass die Gesellschafterfremdfinanzierung nicht per se gläubigerschädigend ist – und zwar auch nicht in der Krise. Es bürdet den Gesellschaftern das gesamte allgemeine Geschäftsrisiko des Scheiterns selbst dann auf, wenn die Fortführung mangels Insolvenzreife rechtlich erlaubt war. Die Drittgläubiger werden dadurch zu Trittbrettfahrern eines möglichen Sanierungserfolges.[459] Die Ge-

[452] Dazu die Berechnungen von *Drukarczyk*, Finanzierung, 411 ff.

[453] *Westermann*, ZIP 1982, 379 (390).

[454] S. zur Rolle der Wandelgenussrechte bei der Sanierung etwa *Wittig*, FS Uhlenbruck, 686 (704 ff.); *M. Stadler*, NZI 2003, 579-588. Allgemein zur Finanzierung mit mezzaninem Haftkapital *Vollmer*, FS Bareis, 397-415; *Hofert/Arends*, GmbHR 2005, 1381-1386 und die Dissertation von *Smerdka*.

[455] Grundlage der insolvenzrechtlichen Fortführungsprognose ist deshalb auch und gerade die Prüfung des Unternehmenskonzeptes, ohne das ein Finanzplan nicht aufgestellt werden kann, *Bork*, ZIP 2000, 1709 (1711).

[456] Der Einfluss auf die Geschäftspolitik ist deshalb ein zentraler Punkt im Krisenmanagement von außen, s. *Wittig*, FS Uhlenbruck, 685 (691 ff.). In die Doppelrolle Darlehensgeber/Eigner und damit die Fänge des Eigenkapitalersatzrechts werden Banken deswegen hineingedrängt. Hieran entzündet sich auch die Kritik des Eigenkapitalersatzrechts als sanierungsfeindlich, s. bspw. *A. Götz/Hegerl*, DB 1997, 2365 (2366 ff.).

[457] *T. Bezzenberger*, FS Bezzenberger, 23 (40 ff.); ähnl. *Wassermeyer*, ZGR 1992, 639 (651).

[458] Deutlich bereits *Tewaag*, in: Schubert, AkDR, 248 mit dem Hinweis, der Gesellschafter riskiere neben dem Verlust der Einlage auch noch den Verlust des Darlehens und werfe „seinem schlechten Gelde gutes nach".

[459] *Drukarczyk*, FS Schneider, 171 (199); *Schummer*, Eigenkapitalersatzrecht, 410; ähnl. *Westermann*, ZIP 1982, 379 (390). Näher läge es, den Rettungsversuch zu honorieren, *H.-J. Weber/Lepper*, DStR 1991, 980 (985).

sellschafter werden demgegenüber durch das Eigenkapitalersatzrecht doppelt benachteiligt.[460] Dabei können auch sie eine Rettung ihrer eingesetzten Kapitalbeiträge nur dann erreichen, wenn das Unternehmen selbst dauerhaft erhalten bleibt.[461] Auch die Tatsache, dass Gesellschafter ihre Eigenkapitalrendite durch eine Fremdkapitalfinanzierung steigern können (Leverage-Effekt[462]), bringt den Gesellschaftern keine unbilligen Vorteile, da dieser Effekt sich bei schlechter Geschäftslage auch umkehren kann. Und schließlich sind die Auswirkungen einer Fremdkapitalfinanzierung unabhängig von der Person des Kreditgebers. Die eigenkapitalersatzrechtliche Prämisse, dass kein (vernünftiger) Dritter der Gesellschaft mehr einen Kredit zur Verfügung stellen würde, zeigt gleichzeitig, dass oft erst die Sanierung durch Gesellschafter den Gläubigern die Chance auf vollständige Befriedigung gibt.[463] Im Übrigen wird nicht selten ein Gesellschafter aufgrund der Verbundenheit mit der GmbH eher einen Kredit mit unter dem marktüblichen liegenden Zinssatz zur Verfügung stellen.[464]

Das Insolvenzrecht hingegen nimmt in Gestalt der Fortführungsprognose die Möglichkeit einer Gesundung des Unternehmens in die Abwägung mit auf. Denn hier wird prognostisch darauf abgestellt, ob das Unternehmen in absehbarer Zeit wieder kostendeckend wirtschaften kann. Völlig aussichtslose Rettungsversuche ohne hinreichendes Sanierungskonzept werden dadurch rechtzeitig unterbunden.[465] Die Insolvenzordnung orientiert sich also an Effizienzgedanken und nicht wie das Eigenkapitalersatzrecht an zweifelhaften Moralvorstellungen.[466] Voraussetzung sind dabei freilich eine funktionierende Insolvenzauslösung und eine konsequente Handhabung der Insolvenzverschleppungshaftung (dazu näher in Kap.4).

Soweit es um eine Gläubigergefährdung dadurch geht, dass hinter der Unternehmensfortführung nicht eine ernstliche Sanierungsabsicht steht, sondern ein sittenwidriges Motiv Anstoß für die Darlehensausreichung ist (etwa das bloße Hinauszögern der Insolvenz, um sich zum Nachteil der anderen Gläubiger eine Sicherheit zu besorgen oder sich zwischenzeitlich volle Befriedigung zu verschaffen oder eine bereits erfolgte Befriedigung anfechtungsfest zu machen), sind diese Sachverhalte mit der anerkannten Haftung wegen Gläubigergefährdung durch sittenwidrige Insolvenzverzögerung

---

460 *Linde*, 67; *Koppensteiner*, AG 1998, 308 (314).

461 *Schummer*, Eigenkapitalersatzrecht, 411.

462 Dazu oben Kap.2 A.II.3.a.cc.

463 Ebenso *Wüst*, JZ 1985, 817 (820); *Westermann*, ZIP 1982, 379 (390). Richtig der Gedanke von *A. Götz/Hegerl*, DB 1997, 2365 (2367); *T. Bezzenberger*, FS Bezzenberger, 23 (39), dass der Interessengleichlauf von Gesellschaftern und Gläubigern bei Gesellschafterfremdkapitalfinanzierung größer ist als bei Eigenkapitalfinanzierung, da in ersterem Fall der Gesellschafter an einer einseitigen Begünstigung der Anteilseigner weniger Interesse haben wird, da er ja selbst zu den Fremdkapitalgebern gehört und sich dadurch selbst schädigen würde.

464 *Tittel*, 34; ähnl. bereits die Erwägung bei *Klausing*, in: Schubert, AkDR, 245.

465 Das zeigt sich daran, dass im Rahmen der insolvenzrechtlichen Fortführungsprognose auch und gerade die Prüfung des Unternehmenskonzeptes eine Rolle spielt, *Bork*, ZIP 2000, 1709 (1711). Nur durch die Einbeziehung einer Kontrolle des Sanierungskonzeptes wird nämlich die für die Gläubiger entscheidende Frage der Rettungswahrscheinlichkeit hinreichend beantwortet. Näher dazu sogleich unten Punkt b.

466 *A. Götz/Hegerl*, DB 1997, 2365 (2370).

(§ 826 BGB) zu erfassen.[467] Sanktioniert wird dabei jedoch nicht das Hinausschieben der Insolvenz an sich – denn es steht auch dem Gesellschafter frei, sich um eine Insolvenzabwendung zu bemühen – sondern der hinter der objektiv sinnlosen Finanzierung steckende bloße Eigennutz in Kenntnis fehlender Sanierbarkeit („bösliche Sanierung"). Diese Haftung besteht aber ganz unabhängig davon, wer die Fortführung der GmbH ermöglicht und wurde nachgerade am Beispiel außenstehender Dritter – nämlich Banken – entwickelt.[468]

Da die Gläubigergefährdung wie gezeigt in einer Fortführung des Unternehmens in der Krise trotz objektiv marginaler Rettungschancen zu sehen ist, muss auch das gewählte Sanktionsinstrumentarium die Rettungswahrscheinlichkeit berücksichtigen. Das Eigenkapitalersatzrecht ist dazu indes nicht bereit, weil es einseitig auf die Risiken schaut.[469] Das Insolvenzrecht hingegen ist von vornherein darauf ausgerichtet, auch die Sanierungschancen mit in Betracht zu ziehen. Ob eine Sanierung gelingen wird, kann zwar nicht mit Sicherheit im Voraus gesagt werden. Wenn eine Sanierung fehlschlägt, ist das aber auch noch kein Beleg für eine unseriöse Risikoabwälzung auf Drittgläubiger.[470]

b. Auswirkung auf das Vorliegen von Insolvenztatbeständen im Besonderen: Insolvenzverschleppung durch Darlehensfinanzierung?

Kommt eine gerechte Risikoverteilung darin zum Ausdruck, wie lange ein Unternehmen rechtlich fortgeführt werden darf,[471] und ist dieser Punkt originäre Regelungsmaterie des Insolvenzrechts, rückt gleichzeitig in den Mittelpunkt, welche Auswirkungen die Gesellschafterfremdfinanzierung auf den Eintritt oder das Bestehen einer Insolvenzreife tatsächlich hat.

aa. Zahlungsunfähigkeit

Der allgemeine Insolvenzgrund der Zahlungsunfähigkeit (§ 17 I InsO) verpflichtet zur Einleitung eines Insolvenzverfahrens, wenn die GmbH nicht mehr in der Lage ist, ihre fälligen Verbindlichkeiten zu erfüllen. Zahlungsunfähigkeit beschreibt einen Mangel an Zahlungsmitteln (Geldilliquidität).[472] Dieser Mangel kann durch jedweden Zufluss frischen Kapitals beseitigt werden, gleichviel ob es sich um Fremd- oder Eigenkapital handelt. Insbesondere kann also der Schuldner durch Kredite in die Lage versetzt wer-

---

467 Ähnl. *Drukarczyk*, FS Schneider, 171 (194); *H.-J. Weber/Lepper*, DStR 1991, 980 (985); *Westermann*, ZIP 1982, 379 (391). Allg. dazu Palandt/*Sprau*, BGB, § 826 Rn. 44; eingehend *Schummer*, Eigenkapitalersatzrecht, 407 ff.

468 Grundlegend RGZ 136, 247; zum Ganzen schon oben A.I.

469 Anders – aber in der Tendenz ähnl. – *Vollmer/Smerdka*, DB 2000, 757 (758), die die Fortführungsprognose mit in das Eigenkapitalersatzrecht einbauen und so zu einem „zweistufigen" Eigenkapitalersatztatbestand gelangen wollen.

470 *Drukarczyk*, FS Schneider, 171 (196).

471 So auch *Uhlenbruck*, in: K. Schmidt/Uhlenbruck, GmbH in Krise, Rn. 809.

472 *Uhlenbruck*, in: K. Schmidt/Uhlenbruck, GmbH in Krise, Rn. 829.

den, seinen Verbindlichkeiten (wieder) nachzukommen und damit die Insolvenzreife abzuwenden.[473] Von wem die Kredite stammen, ist insolvenzrechtlich ohne Belang. Folglich kann auch durch Gesellschafterdarlehen eine Zahlungsunfähigkeit gebannt werden.[474]

bb. Überschuldung

Die Überschuldung (§ 19 InsO) fungiert als besonderer Insolvenzauslöser für juristische Personen und Personengesellschaften ohne voll haftende natürliche Person. Sie wird durch Gegenüberstellung von Vermögenswerten und Verbindlichkeiten ermittelt (Überschuldungsbilanz).[475] Zweck der zusätzlichen, vermögensbezogenen Terminierungspflicht ist es, zum Schutz des Rechtsverkehrs die Einleitung eines Insolvenzverfahrens bei haftungsbeschränkten Rechtsformen zeitlich vorzuverlegen,[476] um so einen Ausgleich für die Haftungsseparation von dem Vermögen der wirtschaftlichen Eigentümer der Gesellschaft zu schaffen.[477] Das Gesetz geht davon aus, dass die Überschuldung regelmäßig einer Zahlungsunfähigkeit vorausgeht und dass der Vermögensbezug der Terminierungsregel einen Mindestbestand an Haftungsvermögen für die Gesellschaftsgläubiger sichert. So bestechend einfach die Grundidee ist, so schwierig ist ihre praktische Umsetzung. Die unendliche Geschichte des Überschuldungsbegriffs dreht sich schwerpunktmäßig um das Problem der Vermögensbewertung, also darum wie der „wirkliche Wert" eines Unternehmens ermittelt werden soll, der bei einer möglichen Insolvenzeröffnung den Gläubigern als Masse zur Verfügung stünde.[478] Die Bewertung hängt entscheidend auch davon ab, ob von einer Liquidation oder einer Fortführung des Unternehmens ausgegangen wird. Die Insolvenzordnung hat sich dafür entschieden, grundsätzlich Liquidationswerte zugrunde zu legen. Nur bei positiver Fortführungsprognose sind Fortführungswerte anzusetzen (§ 19 II 2 InsO). In keinem Fall genügt eine positive Fortführungsprognose heute mehr, um für sich schon eine Überschuldung auszuschließen.[479] Sie entscheidet nur noch über den Wertansatz. Und um den Zweck des Überschuldungstatbestandes nicht zu minimalisieren, sind an eine positive Fortführungsprognose enge Voraussetzungen zu knüpfen.[480]

---

[473] *Obermüller*, Insolvenzrecht, Rn. 1.135, 1.155; HK-InsO/*Kirchhof*, § 17 Rn. 15; *Koppensteiner*, AG 1998, 308 (313).

[474] Vorauszusetzen ist freilich ein Liquiditätszufluss, also Geldmittel. Durch sonstige Gesellschafterleistungen (z.B. Sachüberlassungen) kann deswegen die Zahlungsunfähigkeit nicht abgewendet werden.

[475] *Obermüller*, Insolvenzrecht, Rn. 1.143.

[476] *K. Schmidt*, in: K. Schmidt/Uhlenbruck, GmbH in Krise, Rn. 849.

[477] A.C. Förster, 56 ff.

[478] A.C. Förster, 57.

[479] *Obermüller*, Insolvenzrecht, Rn. 1.144; HK-InsO/*Kirchhof*, § 19 Rn. 6. A.A. wohl *K. Schmidt*, in: K. Schmidt/Uhlenbruck, GmbH in Krise, Rn. 856, der nicht von einer Änderung in der Sache ausgeht. Anders noch unter Geltung der KO der sog. „zweistufiger Überschuldungsbegriff", von der Rspr. übernommen in BGHZ 119, 201 (213 ff.) „Dornier"; dazu Scholz/*K. Schmidt*, GmbHG, Vor § 64 Rn. 16 ff. m.w.N.

[480] Näher dazu unten Kap.4 B.I.2.

Unabhängig von den Schwierigkeiten des Überschuldungsbegriffs (näher Kap.4 B.I.) ist zu konstatieren, dass die Kreditaufnahme auf die Überschuldungsfrage grundsätzlich ohne Einfluss bleibt, da dem Aktivposten auf der Passivseite eine entsprechende Verbindlichkeit gegenübersteht.[481] Allenfalls mittelbar kann die Kreditaufnahme zu einer Beseitigung der Überschuldung führen, wenn die Überschuldung auf Liquidationswerten beruht und gerade durch die Kreditgewährung die Fortbestehensprognose positiv wird.[482] Zusätzliche Voraussetzung ist dann freilich, dass unter Fortführungswerten keine Überschuldung vorliegt. Weil Basis der Fortbestehensprognose die Finanzkraft der Gesellschaft ist, die sich aus einer dokumentierten Ertrags- und Finanzplanung ergibt,[483] gehört zur Prognose allerdings auch die Prüfung des Unternehmenskonzeptes, ohne die eine Finanzplanung nicht möglich ist. Es muss von einer realistischen Krisenbeurteilung ausgehen und eine eingehende Ursachen- und Schwachstellenanalyse beinhalten.[484] Die Gegenüberstellung mittelfristig geplanter Einnahmen und Ausgaben ist nur ein Teilelement der Prognoseerstellung neben der Beurteilung des unternehmerischen Sanierungskonzeptes. Bloße Hoffnungen, Ideenplanungen oder Wünsche begründen für sich genommen keine positive Fortbestehensprognose.[485] Die Besserung der Fortführungsprognose allein aufgrund eines einfachen Gesellschafterdarlehens wird rechtstatsächlich daher die Ausnahme bleiben, da es nicht die eigentlichen Verlustursachen beseitigt.[486] Anders ist es aber dann, wenn das Darlehen Teil eines Sanierungsplans ist und je nach dem, welche Ausgestaltung das Darlehen erfahren hat. Denn je länger die Laufzeiten des Kredites, je geringer der

---

[481] *Sonnenberger*, NJW 1966, 2033 (2036); *Goette*, GmbH, § 4 Rn. 5; *Obermüller*, Insolvenzrecht, Rn. 1.156.

[482] *Koppensteiner*, AG 1998, 308 (313). Die Beweislast für das Vorliegen einer positiven Fortbestehensprognose trägt in Konsequenz des gesetzlich festgeschriebenen Regel-Ausnahme-Verhältnisses der Geschäftsführer, *Schaub*, DStR 1993, 1483 (1485).

[483] *Schaub*, DStR 1993, 1483 (1485); *Drukarczyk/Schüler*, in: KS-InsO, 95 (128); *Stobbe*, Rn. 124; *Bork*, ZIP 2000, 1709 (1710); R/S-L/*Schmidt-Leithoff*, GmbHG, § 63 Rn. 69; BGH GmbHR 2006, 374 (376).

[484] *Bork*, ZIP 2000, 1709 (1711).

[485] OLG Karlsruhe, NZG 2000, 791 (792).

[486] *Fastrich*, FS Zöllner, 143 (152); *Stobbe*, Rn. 125. Ein Widerspruch zur oben festgestellten, durchaus gegebenen Chance der Sanierung der GmbH auch mit Hilfe einer bloßen Fremdkapitalfinanzierung besteht darin nicht. Denn dort wurde bereits betont, dass die Fortführung so lange als „ungefährlich" zu gelten hat, wie die Insolvenzordnung eine Terminierung nicht vorschreibt. Geht nun aber das gesetzgeberische Konzept von einem Regel-Ausnahme-Verhältnis bei der Überschuldungsprüfung aus (dazu noch u. Kap.4 B.I.), ist eine Fortführungsprognose immer nur dann zu prüfen, wenn eine Überschuldung nach Liquidationswerten bereits vorliegt. Dann ist aber im Regelfall auch ein Insolvenzverfahren einzuleiten. Deshalb bedarf es einer besonderen Begründung, eine Insolvenzreife zu verneinen und muss – gerade weil in den Insolvenzauslösetatbeständen der gerechte Interessenausgleich zwischen Schuldner und Gläubiger verwirklicht ist – die Fortbestehensprognose eng ausgelegt werden und kann nicht schon jede (wie gezeigt auch durch Darlehenshingabe gegebene) Chance einer Besserung der wirtschaftlichen Lage der GmbH ausreichen. Der für die Gläubiger entscheidende Erwartungswert hängt wesentlich davon ab, mit welcher Wahrscheinlichkeit eine Sanierung gelingen kann. Eine positive Fortbestehensprognose setzt deshalb eine *gesteigerte* Rettungswahrscheinlichkeit voraus, die das Unternehmens- und Sanierungskonzept mit berücksichtigen muss. Gerade dadurch wird deutlich, dass die Insolvenzgründe dann eingreifen, wenn das „Ungleichgewicht zwischen Haftung und Verfügungsrechten unerträglich wird", *Drukarczyk/Schüler*, in: KS-InsO, 95 (96).

Zinssatz und je strenger die Kündigungsmodalitäten gehalten sind, desto langfristiger kann die GmbH mit dem Finanzierungsbeitrag planen und desto solider stellt sich die Finanzlage der Gesellschaft dar.[487] An dieser Stelle zeigt sich wiederum, dass die vertragliche Ausgestaltung der Kreditabrede, die über den Risikograd der Finanzierungsmaßnahme entscheidet, (anders als es das Eigenkapitalersatzrecht annimmt) für die Gläubigergefährdung nicht ohne Relevanz ist. Gleichzeitig wird deutlich, dass schon die Weichenstellung in der Flugtaxi-Entscheidung[488] irreführend ist. Richtig ist zwar, dass der Gesellschafter, falls er wirklich eine (laut BGH „möglicherweise" gegebene Überschuldung) abwenden hat wollen, dies im Regelfall nur durch Zugabe von weiterem Risikokapital hätte erreichen können. Diesen Weg hat er aber nicht gewählt, weswegen er die Insolvenz (Überschuldung vorausgesetzt) dann durch die (zu passivierende[489]) Darlehenshingabe auch nicht abwenden konnte.[490] Folglich bestand die Insolvenzantragspflicht eben weiter, und es wäre eine Insolvenzverschleppung zu prüfen gewesen. Die Überschuldungsprüfung hätte also nicht dahingestellt bleiben dürfen. Mit der fiktiven Unterstellung der Eigenkapitalzufuhr hat der BGH dem Gesellschafter-Geschäftsführer eine möglicherweise bestehende – unter Umständen weiter reichende – Insolvenzverschleppungshaftung abgenommen und ihm eine goldene Brücke gebaut.[491]

cc. Insolvenzverschleppung?

Der Gedanke von der Fortführung nicht mehr lebensfähiger Gesellschaften und der Wahlfreiheit zwischen Fortführung (mit Eigenkapital) oder Liquidation rückt das Eigenkapitalersatzrecht in die Nähe der Insolvenzverschleppung.[492] Insolvenzverschleppung aber ist nur die Unternehmensfortführung trotz Insolvenzreife. Entscheidend ist nicht die an der Kreditunwürdigkeit gemessene „wirtschaftliche Lebensfähigkeit", sondern das Vorliegen von Zahlungsunfähigkeit oder Überschuldung. Nur im Rahmen der Überschuldungsprüfung (und damit eben im Insolvenzrecht) hat die Wahrscheinlichkeit der Unternehmensfortführung im Rahmen der sog. Fortführungsprognose ih-

---

[487] Vgl. *Vollmer/Smerdka*, DB 2000, 757 (758).

[488] BGHZ 31, 258 „Flugtaxi". Dazu bereits oben Kap.2 B.II.1.

[489] Die Passivierungspflicht eigenkapitalersetzender Gesellschafterleistungen ist inzwischen h.M., BGH NJW 2001, 1280 (1281); OLG Schleswig GmbHR 2005, 1124 (1125); Michalski/*Heidinger*, GmbHG, §§ 32a, 32b Rn. 383 m.w.N.

[490] Die Unterstellung des Insolvenzabwendungszwecks ist also unlogisch, da der Gesellschafter kaum gedacht haben wird, er könne durch Fremdkapitalfinanzierung eine Überschuldung abwenden. Wenn doch, war das gewählte Mittel schlicht untauglich. Dies rechtfertigt es aber nicht, die Wahl des richtigen Mittels zwangsweise unterzuschieben.

[491] In die gleiche Richtung *Reiner*, FS Boujong, 415 (423).

[492] *Hommelhoff*, in: v. Gerkan/Hommelhoff, HdB Kapitalersatzrecht, Rn. 2.22. Oft findet sich zur Rechtfertigung des Eigenkapitalersatzrechts daher die Formulierung, der fremdkapitalfinanzierende Gesellschafter ermögliche die Fortführung der Gesellschaft, verschleppe die Insolvenz oder trage zur Insolvenzverschleppung bei. Bereits die Ausgangsentscheidung BGHZ 31, 258 (272 ff.) „Flugtaxi" geht von einem – freilich fingierten (s. oben A.II.) – Insolvenzabwendungszweck als Anknüpfungstatbestand aus, s. *Michel*, 151 ff.

ren Platz.[493] Der Vorwurf einer Insolvenzverschleppung durch Gesellschafterleistungen in der Krise ist deshalb nicht zutreffend.[494] Die Beseitigung einer Überschuldung allein durch eine Darlehensausreichung wird zwar nur selten der Fall sein. Wenn sie aber gelingt, dann darf die GmbH auch rechtlich fortgeführt werden. Dass das Insolvenzrecht an insolvenzabwendende Darlehen keine besonderen Rechtsfolgen knüpft, ist nicht verwunderlich. Denn sobald eine Insolvenz abgewendet wird, sind die Wertungen der Insolvenzordnung nicht mehr anwendbar.[495] Wie die Abwendung erfolgt, ist zu Recht ohne Belang. Mangels Überschuldung und Zahlungsunfähigkeit ergibt sich nach der den Insolvenztatbeständen immanenten Interessenabwägung schlichtweg kein Grund für eine Sanktionierung.[496] Die gelungene Abwendung der Insolvenz mit Gesellschafterdarlehen ist deshalb auch nichts Anrüchiges, zumal sie den Gläubigern eine Chance zur vollen Befriedigung ihrer Forderungen bietet.[497] Bleibt eine bereits eingetretene Insolvenzreife trotz Darlehenshingabe bestehen, ist die Sanktionierung des insolvenzrechtlichen Fortführungsverbotes dem Institut der Insolvenzverschleppungshaftung (dazu noch unten Kap.4 B.II.) vorzubehalten.[498]

Nur bei einem von vornherein nicht ernst gemeinten Sanierungsversuch, der aus zu missbilligenden Gründen heraus die objektiv unvermeidbare Insolvenz nur verzögern will, kann trotz Insolvenzabwendung solches – sittenwidriges – Verhalten nicht folgenlos bleiben. Die Sanktionierung eines derart sinnlosen Sanierungsversuches[499] obliegt dann freilich wie eben erwähnt (oben Punkt bb.) unter dem Stichwort der Insolvenzverzögerung[500] der Regelung des § 826 BGB – und zwar ohne Rücksicht auf die Person des Kreditgebers.[501]

c. Frühzeitiger Abzug als eigentliche Gläubigergefahr

Großes Unbehagen gegenüber der Kreditfinanzierung durch die Anteilseigner resultiert insbesondere aus der Annahme, dass diese Gläubigergruppe aufgrund besserer Informationsmöglichkeiten rechtzeitig vor Eintritt der Insolvenz ihre Ansprüche reali-

[493] Dazu noch unten Kap.4 B.I.2.

[494] Anders bisweilen die Rspr. mit dem Vorwurf, der Gesellschafter verhindere durch das Gesellschafterdarlehen die Liquidation der Gesellschaft oder er verschleppe die Krise, was dann zu einer Verringerung des Gesellschaftsvermögens führe, BGHZ 109, 55 (58) „Lagergrundstück I"; BGH NZG 2005, 346 (346).

[495] *Koppensteiner*, AG 1998, 308 (313).

[496] Unzutreffend daher *Michel*, 152 mit dem pauschal gehaltenen Vorwurf, durch die Ausreichung eines Gesellschafterdarlehens werde der Fortbestand der Gesellschaft trotz Insolvenzreife ermöglicht.

[497] Anders wohl *A.C. Förster*, 361.

[498] Zutr. insoweit *Fastrich*, Funktionales Rechtsdenken, 28. Deswegen fehlt es an einer Regelungslücke für das Eigenkapitalersatzrecht, *Schummer*, Eigenkapitalersatzrecht, 397.

[499] *Schummer*, Eigenkapitalersatzrecht, 407.

[500] Der Begriff macht die Unterscheidung vom Sachverhalt der Nichtbeachtung der Insolvenzantragspflicht deutlich.

[501] Vgl. dazu das Rechtsinstitut des *octroi abusif de crédit* im FRANZÖSISCHEN Recht. Diese Rechtsfigur bietet ein deliktsähnliches, verschuldensabhängiges Sanktionsinstrument für Kredite von Gesellschaftern wie auch Dritten (sic!) in einem Stadium, in dem die Gesellschaft insolvenzreif und nicht mehr sanierungsfähig ist, *Heinert*, 78; *Reiner*, FS Boujong, 415 (443) m.w.N.

sieren könne (dazu auch oben A.VII.).[502] Hier steht also nicht die Gewährung des Darlehens im Vordergrund, sondern dessen Rückzahlung.[503] Schon der Entwurf des RJM weist in der Begründung zu §§ 36, 37 GmbHGE 1939 darauf hin, dass kapitalkräftige Gesellschafter-Darlehensgeber meist einen erhöhten Einfluss auf die Geschäftsführung haben werden und diesen nutzbar machen könnten, um rechtzeitig vor der Insolvenz das Darlehen wieder zurückzuziehen.[504] Für die uninformierten Drittgläubiger bleibt nur die – durch die Rückzahlung zusätzlich verringerte – Insolvenzquote. Der Begründungsansatz verdeutlicht als einziger offen, dass die typische Gefährdungslage für die Gläubiger bei einer schuldrechtlichen Verbindung zwischen GmbH und Gesellschafter darin gesehen wird, dass der Gesellschafter aufgrund seiner Anteilseignerschaft korporationsrechtliche Einsichts- und Kontrollmöglichkeiten hat, die ihm einen Informationsvorsprung vor den sonstigen Gläubigern verschaffen. Die *Ausnutzung* dieses Informationsvorsprungs ist damit das eigentlich Anstößige.

Diese Situation ist indes keine gesellschaftsrechtsspezifische Gefährdungslage. Dass ein Gläubiger im Vorfeld des wirtschaftlichen Niedergangs des Schuldners noch versucht, sich selbst oder ihm nahestehende Personen zu begünstigen, taucht unabhängig von der Person des Schuldners auf. Dabei ist es nicht so, dass dem Gesetzgeber die Problematik verborgen geblieben wäre.[505] Die Anfälligkeit des Schuldnervermögens im Vorfeld einer Insolvenz oder einer Zwangsvollstreckung ist originärer Regelungsgegenstand der Insolvenzanfechtungsvorschriften (§§ 129 ff. InsO) und des Anfechtungsgesetzes.[506] Gerade für den Fall der Insolvenz stellen diese Normen den Grundsatz der Gläubigergleichbehandlung sicher.[507] Gläubigerschutz ist damit das erklärte Ziel der Anfechtungsnormen.[508] Jeder Versuch, sich im Vorfeld einer Insolvenz eine Begünstigung auf Kosten der Befriedigungsquote zu verschaffen, torpediert das Ziel des Insolvenzverfahrens.[509] Die Anfechtungstatbestände[510] wollen daher Manipulationen der Haftungsabwicklung durch Besserstellung Einzelner ausgleichen, indem sie bei Rechtshandlungen, die bereits vor Insolvenzantragsstellung vorgenommen wurden, unter bestimmten Voraussetzungen eine Rückgewährpflicht anfechtbar erworbener Rechtspositionen (§ 143 InsO) vorsehen.[511] Gleichzeitig soll die Anfechtung den Verfahrenszweck insgesamt durch eine Aufbesserung der Insolvenzmasse fördern.[512] Aus-

---

502 BGHZ 67, 171 (175); BGH NZG 2005, 346 (346); *Goette*, GmbH, § 4 Rn. 7; *Koch*, 91; *Renger*, 58.
503 Richtig *Cahn*, AG 2005, 217 (222). Die zu trennenden Gefährdungslagen durch *Gewährung* von Fremdkapital und *Abzug* der Finanzierungshilfe werden von der h.L. indes meist vermischt; so bspw. von *Koch*, 91.
504 Abgedruckt bei *Schubert*, Entwurf, 163.
505 Eingehend *Schummer*, Eigenkapitalersatzrecht, 370 ff.
506 *Nerlich/Niehus*, AnfG, § 1 Rn. 4.
507 Allg.A., *Schummer*, Eigenkapitalersatzrecht, 371. I.E. noch unten Kap.4 C.I.
508 *Knodel*, 7.
509 *Biehl*, Insider, Rn. 138.
510 Die Ausführungen beschränken sich hier im Wesentlichen auf die Insolvenzanfechtung.
511 MünchKommInsO/*Kirchhof*, vor §§ 129 bis 147 Rn. 2.
512 *Paulus*, in: B. Kübler/Prütting, InsO, § 129 Rn. 3; *Killinger*, 32.

gangspunkt ist die Ausnutzung eines Informationsvorsprungs zum eigenen Vorteil, der (erst) sanktioniert wird, wenn er sich zum Nachteil Dritter auswirkt.[513]

Aus der Erkenntnis heraus, dass der Versuch, Vermögensgüter vor dem Zugriff der Gläubiger zu retten, bevorzugt unter Einschaltung naher Angehöriger vorgenommen wird,[514] erleichtert das Gesetz an verschiedenen Stellen[515] durch eine Beweislastumkehr die Anfechtung gegenüber solchen Personen und bietet in § 138 InsO eigens eine Definition der Insider („nahestehende Personen"). Wertungsmäßig entscheidend für die Eingruppierung als Insider sind die Informationsmöglichkeiten über die wirtschaftlichen Verhältnisse des Schuldners sowie eine besonders enge Verbundenheit mit dem Schuldner (institutionalisiertes Misstrauen).[516] Als gesellschaftsrechtliche Insider (§ 138 II InsO) gelten demnach neben den Vertretungs- und Aufsichtsorganen auch die Anteilseigner, wobei das Gesetz sich auf solche Anteilseigner beschränkt, die eine mehr als 25 %ige Beteiligung halten. Geltungsgrund dieser beteiligungsmäßigen Grenzziehung sollen die mit der Sperrminorität (§ 53 II GmbHG bzw. § 179 II AktG) verbundenen besonderen Informationsmöglichkeiten sein.[517] Ob diese Abgrenzung für sich überzeugt, kann an dieser Stelle noch dahinstehen.[518] Auffällig ist jedoch der Kontrast dieser gesetzgeberischen Wertung mit der Begründung der Einführung des Kleinbeteiligtenprivilegs in § 32a III 2 GmbHG. Denn auch dort berufen sich die Gesetzesmaterialien *expressis verbis* auf die Insiderstellung des Gesellschafters als Grund für die Subordination gesellschafterlicher Fremdkapitalleistungen, setzen jedoch gleichzeitig schon bei 10 % die Schwelle der fehlenden Informationsmöglichkeiten fest.[519] Der Widerspruch zeigt nicht nur die mangelnde Abstimmung des Eigenkapitalersatzrechts mit dem Insolvenzrecht, sondern macht daneben deutlich, dass dem Gesetzgeber die Gefahren für die Gläubiger bei besonderen Näheverhältnissen durchaus bewusst sind. Dabei ist das Anfechtungsrecht in sich stimmiger. Denn es setzt (auch tatbestandlich) bei der tatsächlich erfolgten Vermögensverschiebung und damit bei einer konkreten Gläubigerbenachteiligung an und kanalisiert das institutionelle Misstrauen gegenüber gesellschaftsrechtlich nahestehenden Personen.

Ob es daneben eines besonderen Anfechtungstatbestands für Gesellschafterleistungen in der Krise bedarf, wie sie der Gesetzgeber durch die Novellenregeln eingeführt hat, wird an späterer Stelle (unten Kap.4 C.II.) erörtert. Soweit es nur um die Gläubigergefährdung durch ein frühzeitiges Abziehen der Fremdfinanzierungsleistung[520] geht, überzeugt es jedenfalls nicht, deren Umqualifizierung oder einen insolvenzrechtlichen Nachrang des Rückforderungsanspruchs des Gesellschafters zu verlangen.

---

[513] Killinger, 19.
[514] *Paulus*, in: B. Kübler/Prütting, InsO, § 138 Rn. 1.
[515] Zu nennen sind §§ 130 III, 131 II 2, 132 III, 133 II InsO.
[516] MünchKommInsO/*Stodolkowitz* § 138 Rn. 2 m.w.N.
[517] *Biehl*, Insider, Rn. 137 und schon die Begründung zum Diskussionsentwurf (EInsO), B 130 ff. (zu § 144).
[518] Näher unten Kap.4 C.III.1.a.
[519] Begründung des RegE zum KapAEG, BT-Drs. 13/7141, 11 ff.
[520] Die Darlehensrückzahlung kann der Gesellschafter aber i.d.R. auch nur durch Mitwirkung des Geschäftsführers erreichen, *Schummer*, Eigenkapitalersatzrecht, 369.

Richtig ist vielmehr, lediglich an das tatsächliche *Ausnutzen der Insiderstellung* Sanktionen zu knüpfen.[521] Nun sanktionieren zwar auch die eigenkapitalersatzrechtlichen Rechtsprechungsregeln die Rückzahlung des Finanzierungsbeitrages (§ 31 I GmbHG). Sie knüpfen den Abzug jedoch mit dem Erfordernis des Eigenkapitalcharakters tatbestandlich an den Umqualifizierungsgedanken und damit an den Zeitpunkt der Darlehensgewährung an und verfehlen so die genaue Erfassung der wirklichen Gefährdungslage.

Weil das Problem des Ausnutzens einer Insiderstellung bereits vom Anfechtungsrechts erfasst wird, fehlt es für zusätzliche Sanktionen durch ein Eigenkapitalersatzrecht auch an einer Regelungslücke.[522] Selbst wenn man die Insolvenzanfechtungsgründe als unzureichend auffasst und insoweit eine Regelungslücke ausmachen wollte, müsste eine Rechtsfortbildung systemimmanent dort und nicht im Kapitalerhaltungsrecht ansetzen. Immerhin im Ansatz konsistenter sind also die gesetzgeberischen Aktivitäten, die – wenn auch neben einer Nachranglösung – stets auf eine Anfechtungslösung (§ 135 InsO, § 6 AnfG) gesetzt haben.[523]

3. Resultat

Im Wesentlichen sind (nur) zwei Gefahren für die Gesellschaftsgläubiger im Zusammenhang mit der Gesellschafterfremdfinanzierung erkennbar.[524] Zum einen die *Fortführung* der wirtschaftlich angeschlagenen Gesellschaft, durch die möglicherweise der Vermögensstand der GmbH weiter verringert wird. Dabei ist aber zu erkennen, dass die rechtliche Erlaubtheit der Unternehmensfortführung durch das Insolvenzrecht und nicht durch eine Marktentscheidung (Kreditunwürdigkeit) begrenzt wird. Effektiver Gläubigerschutz muss sich deswegen an der Effektuierung des insolvenzrechtlichen Systems orientieren und darf nicht wie das Eigenkapitalersatzrecht die Insolvenzverschleppungshaftung für den Preis der Kapitalbindung freiwillig zur Verfügung gestellter Fremdkapitalmittel legitimieren und damit das gesetzgeberische Konzept schwächen anstatt es zu realisieren.

Andererseits soll das Eigenkapitalersatzrecht verhindern, dass der Gesellschafter aufgrund seiner institutionellen Informationsmöglichkeiten durch rechtzeitigen *Wiederabzug* des Finanzierungsbeitrages sich einen ungerechtfertigten Vorteil gegenüber den sonstigen (nichtinformierten) Gesellschaftsgläubigern verschafft. Diese Gefahrenlage kann freilich nur Grundlage für eine Sanktion sein, die auch tatbestandlich nicht an die Ausreichung der Gesellschafterleistung sondern an die tatsächliche Vorteilsverschaffung, also den Zeitpunkt des Abzugs, geknüpft ist. Umqualifizierung des Fremdkapitals und genereller Nachrang lassen sich damit nicht rechtfertigen. Schließlich ist die Verhinderung der Bevorteilung einzelner Gläubiger typische Aufgabe der Anfech-

[521] *Cahn*, AG 2005, 217 (222). A.A. *Huber/Habersack*, BB 2006, 1 (2).
[522] *Schummer*, Eigenkapitalersatzrecht, 396; a.A. *Cahn*, AG 2005, 217 (222). Zum Ganzen u. Kap.4 C.
[523] In diese Richtung *Westermann*, Gläubigerschutz, 36.
[524] Dies scheint bisweilen auch die Rspr. zu sehen, BGH NZG 2005, 346 (346) – ohne daraus aber Schlüsse auf die Fragwürdigkeit des Eigenkapitalersatzrechts zu ziehen.

tungsvorschriften in InsO und AnfG. Allenfalls kann es also darum gehen, ob es für Gesellschafterfremdfinanzierung einer besonderen Anfechtungsnorm bedarf.

B. Widersprüche innerhalb der Systematik des Eigenkapitalersatzrechts

Neben der mangelnden dogmatischen Begründung werden die Zweifel am Eigenkapitalersatzrecht auch durch mehrere systematische Unstimmigkeiten genährt. Nachfolgend werden besonders auffällige Systembrüche aufgezeigt.

I. Objektives Rechtsinstitut versus subjektive Verantwortlichkeit

Das Gesetz betont mit der Bezugnahme auf den ordentlichen Geschäftsmann, dass der eigenkapitalersetzende Charakter einer Gesellschafterleistung objektiv zu bestimmen ist.[525] Besondere Kenntnisse spielen ebenso wenig eine Rolle wie die Vorwerfbarkeit der Fremdkapitalzufuhr.[526] Für die Rechtsprechungsregeln wird dazu teilweise Bezug genommen auf die Tatsache, dass die Kapitalerhaltungsvorschriften eben auch keine subjektiven Voraussetzungen kennen.[527]

Der objektive Charakter des Eigenkapitalersatzrechts ist Ergebnis eines Entwicklungsprozesses. An dessen Anfang stand der verschuldensabhängige Missbrauchsvorwurf. Erst mit der Verortung im Kapitalerhaltungsrecht sind langsam die subjektiven Tatbestandmerkmale (insbesondere Insolvenzabwendungszweck) verblasst.[528] Trotz dieser Verobjektivierung zeigen aber nahezu alle Versuche einer Rechtfertigung des Eigenkapitalersatzrechts immer noch deutliche Reminiszenzen an einen *Fahrlässigkeitsvorwurf*. Im Besonderen gilt dies für die angebliche Finanzierungsfolgenverantwortung des Gesellschafters. Denn der Schluss von der Nichterfüllung der Verantwortung auf eine Haftungsfolge nimmt offenkundig Bezug auf ein Fehlverhalten des Gesellschafters (oben A.V.3.b.). Lediglich der Gedanke vom funktionalen Eigenkapital enthebt sich eines Fehlverhaltensvorwurfs; doch muss dieser Begründungsversuch sich zur Eingrenzung des Personenkreises des Hilfsarguments der Finanzierungsfolgenverantwortung bedienen und also doch wieder an ein subjektiv determiniertes Kriterium anknüpfen (oben A.VI.2.). Der Hinweis auf die objektive Ausgestaltung der §§ 30, 31 GmbHG schließlich ist irreführend, weil er Tatbestand und Rechtsfolge verwechselt. Denn es ist erst Rechtsfolge der Gleichstellung mit Eigenkapital, dass die Kapitalerhaltungsregeln analog angewendet werden. Die umstrittenen subjektiven Erfordernisse

---

525 R/S-L/*Pentz*, GmbHG, § 32a Rn. 32.

526 Hachenburg/*Ulmer*, GmbHG, §§ 32a, b Rn. 56; R/A/*Altmeppen*, GmbHG, § 32a Rn. 42 ff.; BGHZ 75, 334 (337 ff.); OLG Hamburg, ZIP 1984, 584 (586). Für eine allgemeine Berücksichtigung der Erkennbarkeit der krisenbegründenden Umstände aber L/H/*Lutter*/*Hommelhoff*, GmbHG, §§ 32a/b Rn. 5; R/S-L/*Pentz*, GmbHG, § 32a Rn. 67, jew. m.w.N.

527 Nachw. bei *Johlke*/*Schröder*, in: v. Gerkan/Hommelhoff, HdB Kapitalersatzrecht, Rn. 5.91.

528 Zur Entwicklung Kap.2 B.II.. Der Insolvenzabwendungszweck wurde freilich nur fingiert, s. o. A.II.2.

sind aber schon auf Tatbestandsebene zu diskutieren, also bei der Frage, welche Anforderungen an eine Gleichstellung mit Eigenkapital zu stellen sind.

Ernst genommen wird der Widerspruch zwischen subjektiv gefärbten Erklärungsmustern und praktizierter Objektivität des Eigenkapitalersatzrechts nur für die Fallgruppe des Stehenlassens des Finanzierungsbeitrages. Hier wird die Kenntnismöglichkeit des Gesellschafters von den wirtschaftlichen Umständen, welche die Umqualifizierung in Eigenkapital begründen, vorausgesetzt.[529] Damit wird im Kern ein Fahrlässigkeitsvorwurf als Tatbestandsmerkmal akzeptiert.[530] Dies wird mit der Verantwortung des Gesellschafters für die Folgen einer in der Krise getroffenen Entscheidung begründet. Die Verantwortung knüpfe an die Finanzierungsentscheidung des Gesellschafters an, welche ihrerseits nur denkbar sei, wenn der Gesellschafter zumindest die Möglichkeit hatte, den Eintritt der Krise zu erkennen.[531] Diese Begründung ist aber ebenso gut übertragbar auf den Normalfall der Kapitalzufuhr in der Krise.[532] Daneben bedeutet die Zeitpunktabhängigkeit des subjektiven Tatbestandserfordernisses erhebliche Abgrenzungsschwierigkeiten, die mit den Unsicherheiten bei der Bestimmung der Krisensituation (dazu sogleich B.II.1.) zusammenhängen. Je nachdem, ob eine Krise bei der Kreditgewährung bereits bestand oder nicht, findet das Fahrlässigkeitselement also Berücksichtigung. Da der Kriseneintritt nur anhand von Indizien ermittelt wird, bestimmt zu einem guten Teil der Zufall über das subjektive Tatbestanderfordernis.

Die Kenntnisnahmemöglichkeit allgemein als Tatbestandsmerkmal vorzusehen,[533] würde zwar den Begründungsansätzen eher gerecht. Dann würde sich aber das Eigenkapitalersatzrecht als eine Verhaltenshaftung des Gesellschafters für unterlassene und fehlgeschlagene Sanierungsbemühungen darstellen.[534] Dies stellte nicht nur die Verortung im Kapitalerhaltungsrecht in Frage, sondern offenbarte zugleich, dass der tragende Grund für die Kapitalersatzregeln bis heute ungeklärt ist.[535]

---

[529] BGHZ 75, 334 (339); BGH GmbHR 1992, 367 (367 ff.); BGHZ 127, 336 (346) „Früchte-GmbH"; BGH NJW 1995, 457 (458); BGH GmbHR 2004, 898 (901); zum Ganzen *Böcker*, 316 ff. und o. Kap.2 C.I.5.

[530] *Reiner*, FS Boujong, 415 (429); (krit.) R/A/*Altmeppen*, GmbHG, § 32a Rn. 42.

[531] BGHZ 127, 336 (346) „Früchte-GmbH"; krit. R/A/*Altmeppen*, GmbHG, § 32a Rn. 42: "*petitio principii*".

[532] *Reiner*, FS Boujong, 415 (429); vgl. *Johlke/Schröder*, in: v. Gerkan/Hommelhoff, HdB Kapitalersatzrecht, Rn. 5.93; R/S-L/*Pentz*, GmbHG, § 32a Rn. 67; *Raiser/Veil*, Kapitalgesellschaften, § 38 Rn. 17; B/H/*Hueck/Fastrich*, GmbHG, § 32a Rn. 59; R/A/*Altmeppen*, GmbHG, § 32a Rn. 45; L/H/*Lutter/Hommelhoff*, GmbHG, §§ 32a/b Rn. 5, jew. m.w.N.

[533] *Bieder*, 134 ff.; R/S-L/*Pentz*, GmbHG, § 32a Rn. 67; B/H/*Hueck/Fastrich*, GmbHG, § 32a Rn. 59; *Raiser/Veil*, Kapitalgesellschaften, § 38 Rn. 17; a.A. R/A/*Altmeppen*, GmbHG, § 32a Rn. 42 ff.; *Johlke/Schröder*, in: v. Gerkan/Hommelhoff, HdB Kapitalersatzrecht, Rn. 5.93 f.; (differenzierend) Michalski/*Heidinger*, GmbHG, §§ 32a, 32b Rn. 111.

[534] R/A/*Altmeppen*, GmbHG, § 32a Rn. 46; a.A. *Bieder*, 139: „systemimmanentes Korrektiv".

[535] Vgl. R/A/*Altmeppen*, GmbHG, § 32a Rn. 45.

II. Konturloser Tatbestand

Tatbestandliche Unklarheiten begleiten das Eigenkapitalersatzrecht darüber hinaus bei der näheren Bestimmung der zeitlich entscheidenden Krisensituation, des erfassten Personenkreises und der Dauer der eigenkapitalgleichen Bindung der Gesellschafterleistung.[536]

1. Unklarheiten bei der zeitlichen Eingrenzung: Krisenbegriff

Die Sanktionierung der Gesellschafterfremdfinanzierung ist situationsbezogen. Entscheidendes Kriterium für die Abgrenzung von zulässigen und sanktionierten Krediten an die Gesellschaft ist die Krise der GmbH. An die Krise geknüpft ist somit auch die besondere Finanzierungsfolgenverantwortung der Gesellschafter. Eine klare Begriffsbestimmung ist deswegen unverzichtbar.

Die gesetzgeberische Definition der Krise als Zeitpunkt, in dem „die Gesellschafter ihr [der GmbH] als ordentliche Kaufleute Eigenkapital zugeführt hätten" (§ 32a I GmbHG), trägt zur Konkretisierung inhaltlich wenig bei.[537] Das „Finanzierungsverhalten eines ordentlichen Kaufmanns" ist ebenso unbestimmt wie der Krisenbegriff selbst. Der Vergleichsmaßstab hinkt schon deshalb, weil ein Gesellschafter kein Kaufmann ist oder sein muss.[538] Aber auch wer hierin (nur) den Hinweis erkennen will, dass es für die Festlegung der Krise auf einen normativen Maßstab ankommt, der auf Finanzierungsbesonderheiten der jeweiligen Branche oder besondere Umstände bei der kreditierenden Person keine Rücksicht nimmt,[539] muss sich vorhalten lassen, dass dieser normative Maßstab mit der Bezugnahme auf standardisierte Kaufmannssitte nicht ausfüllbar ist. Wie bereits erwähnt,[540] ist es bei einer unter betriebswirtschaftlichen Gesichtspunkten „vernünftigen" Krisenbewältigung nicht allein mit einer Eigenkapitalzuführung getan. Allein das Beteiligungsrisiko zu erhöhen, ohne sonstige Maßnahmen zu ergreifen, ist eine betriebswirtschaftlich eher widersinnige Handlung.[541] Es überzeugt also nicht, sich einerseits mit dem ordentlichen Kaufmann an einen objektiven, optimalen Vergleichsmaßstab anzulehnen, andererseits aber diesen Vergleich gar nicht ernst zu nehmen und nicht zu fragen, wie ein ideales Finanzierungsverhalten in der Krise überhaupt aussieht.

---

[536] Seltsam angesichts der gesetzlichen Neuregelung des Eigenkapitalersatzrechts in ÖSTERREICH *K. Schmidt*, GmbHR 2005, 797 (802) mit der Forderung, der Gesetzgeber dürfe nicht versuchen, den Tatbestand zu definieren und rechtssicher einzugrenzen, da dies die notwendige, „tastende, ständiger Kritik unterworfene" Rechtsfortbildung behindere.

[537] R/S-L/*Pentz*, GmbHG, § 32a Rn. 32; *Reiner*, FS Boujong, 415 (434).

[538] Hueck/Windbichler, § 36 Rn. 32.

[539] Michalski/*Heidinger*, GmbHG, §§ 32a, 32b Rn. 43; R/S-L/*Pentz*, GmbHG, § 32a Rn. 32.

[540] Oben A.V.2.b.bb.

[541] *Reiner*, FS Boujong, 415 (434).

Der Gedanke, dass ein Gesellschafter die Gesellschaft durch die Fremdkapitalzufuhr „künstlich" am Leben hält oder ihren „Todeskampf" künstlich verlängert,[542] verdeckt, dass über die rechtliche Erlaubtheit der Unternehmensfortführung in der Krise die Insolvenztatbestände entscheiden.[543] Um nicht inhaltsleer zu wirken, muss sich aber die Krise von der Insolvenzreife unterscheiden. Das Eigenkapitalersatzrecht bedient sich deshalb des Hilfskriteriums der Kreditunwürdigkeit, das die Krise der Gesellschaft zeitlich vor die Insolvenzreife setzen soll. Eine Krise der GmbH liegt danach schon dann vor, wenn ein objektiver, vernünftig handelnder Nichtgesellschafter der GmbH den konkreten Kredit zu marktüblichen Bedingungen nicht gegeben hätte.[544] Nun ist aber nicht nur die fehlende Rechtssicherheit eines Begriffs zu beklagen, der im Grunde nur retrospektiv anhand einer Vielzahl unüberschaubarer (und ihrerseits ausfüllungsbedürftiger) Indizien im jeweiligen Einzelfall ausgefüllt wird, da eine konkrete Kreditentscheidung eines Dritten im Beurteilungszeitpunkt in aller Regel nicht vorliegt.[545] Die Krise wird auch noch unterschiedlich danach beurteilt, um welche Art von Kredit es im Einzelfall geht. Denn für die Fallgruppe der Gebrauchsüberlassung soll es auf eine spezielle Kreditunwürdigkeit (sog. Überlassungsunwürdigkeit) ankommen, deren Bestimmung wieder anhand besonderer – anderer – Kennzeichen erfolgt[546]. Überlassungsunwürdig ist die GmbH dann, wenn ihr ein vernünftig handelnder Dritter gleichwertige Nutzungsrechte oder das zur Anschaffung der Gegenstände erforderliche Fremdkapital nicht verschafft hätte.[547] Hinzu kommt, dass die Überlassungsunwürdigkeit weiter danach unterteilt wird, ob es um die Zurverfügungstellung spezieller Wirtschaftsgüter oder Standardwirtschaftsgüter geht.[548] Eine Gesellschaft kann sich also in einer Lage befinden, in der zwar die Gewährung eines Darlehens bereits sanktionsbelastet, die Überlassung eines Gegenstandes zur Nutzung jedoch noch folgenlos ist.[549] Warum der entscheidende Zeitpunkt der Krise, in dem die GmbH ohne weitere Finanzierungsmaßnahmen angeblich nicht mehr lebensfähig ist, von der Art des Finanzierungsbeitrages abhängen soll, bleibt ungeklärt – zumal die Prüfung des Kriseneintritts

---

[542] BGH WM 1972, 74 (75) „Deckenputz"; BGHZ 76, 326 (328 ff.); BGHZ 109, 55 (62 ff.) „Lagergrundstück I"; *Hommelhoff*, in: v. Gerkan/Hommelhoff, HdB Kapitalersatzrecht, Rn. 2.20; *Goette*, GmbH, § 4 Rn. 89; Scholz/*K. Schmidt*, GmbHG, §§ 32a, 32b Rn. 38.

[543] Zumal der „Todeskampf" der Gesellschaft verlängert wird, gleichviel ob es sich um Zuführung von Fremd- oder von Eigenkapital handelt, *Haas*, NZI 1999, 209 (211). Vgl. schon o. A.IX.2.

[544] Statt vieler L/H/*Lutter*/*Hommelhoff*, GmbHG, §§ 32a/b Rn. 19; Scholz/*K. Schmidt*, GmbHG, §§ 32a, 32b Rn. 41.

[545] *Haas*, NZI 1999, 209 (212): „Fülle von Unwägbarkeiten"; *Grunewald*, GmbHR 1997, 7 (9); *Schummer*, Eigenkapitalersatzrecht, 255. Bestimmungsfaktoren sind die wirtschaftliche Situation der GmbH und die Ausgestaltung des Kreditvertrages. Zu den Indizien im Einzelnen schon oben Kap.2 C.I.3.b. Für eine Vereinfachung des Kapitalersatzrechts durch Aufgeben der Anknüpfung an den Krisenbegriff *de lege ferenda* und eine generelle Nachrangigkeit *aller* Gesellschafterdarlehen in der Insolvenz *Huber*/*Habersack*, BB 2006, 1 (3).

[546] Michalski/*Heidinger*, GmbHG, §§ 32a, 32b Rn. 187; *Goette*, GmbH, § 4 Rn. 39, 51, 84.

[547] BGHZ 109, 55 (64) „Lagergrundstück I"; BGHZ 121, 31 (39) „Lagergrundstück II"; MünchHdB-GesR III/*Rümker*, § 52 Rn. 80; *Raiser*/*Veil*, Kapitalgesellschaften, § 38 Rn. 42; krit. Scholz/*K. Schmidt*, GmbHG, §§ 32a, 32b Rn. 128.

[548] *Goette*, GmbH, § 4 Rn. 85; Michalski/*Heidinger*, GmbHG, §§ 32a, 32b Rn. 188.

[549] *Böcker*, 173; *Reiner*, FS Boujong, 415 (433).

als Tatbestandsmerkmal logisch vor der Prüfung der Art der zugeführten Mittel stehen müsste.

Neben diesen Widersprüchen bleiben Zweifel, inwieweit die so verstandene Kreditunwürdigkeit überhaupt geeignet ist, den Zeitpunkt für die Einschränkung der Finanzierungsfreiheit zu bestimmen.[550] Denn der objektivierte Fremdvergleich stellt nur auf diejenigen Dritten ab, die zu marktüblichen Konditionen Fremdkapital bereitgestellt hätten. Unberücksichtigt bleibt hierbei, dass der Markt (und damit der vernünftig handelnde Dritte) ein aufgrund der angeschlagenen wirtschaftlichen Lage des Kreditnehmers erhöhtes Kreditrisiko regelmäßig mit einer höheren Risikoprämie ausgleicht. Lässt man diese Tatsache außer Acht, so müsste man konsequent als „nicht marktüblich" bereits die mit Risikoprämien erfolgende Kreditvergabe an Unternehmen mit A- oder BBB-Rating verstehen.[551] Definiert man die Marktüblichkeit demgegenüber in Abhängigkeit von Zinsniveau und Risikoklasse, gibt es – wenn auch nur gegen hohe Risikoprämien – nahezu immer eine „marktübliche" Kreditvergabe. Nur dann, wenn ein außenstehender Kreditgeber auch gegen Risikoprämie keine Kreditvergabe mehr wagen würde, könnte dann von „Krise" gesprochen werden.[552] Diese Betrachtung zeigt, dass das Eigenkapitalersatzrecht sich in Wirklichkeit gar nicht mit der Frage auseinandersetzt, wie der Kreditmarkt über die Kreditvergabe entscheidet.[553] Die Kreditunwürdigkeit als wichtigstes Indiz für die Festlegung der Gesellschaftskrise und somit des Eigenkapitalersatzcharakters einer Gesellschafterhilfe ist demnach kein griffiger, justiziabler und widerspruchsfreier Begriff.

2. Personeller Anwendungsbereich

Unstimmigkeiten zeigt das Eigenkapitalersatzrecht auch insoweit, als es um die Einbeziehung von Dritten als Adressaten des Eigenkapitalersatzrechtes geht. Es lässt mit § 32a III 1 GmbHG zwar auch über schlichte Umgehungsfälle hinaus die Ausweitung auf Dritte zu, soweit deren Leistungen an die Gesellschaft als wirtschaftlich gleichwertig mit Gesellschafterleistungen zu betrachten sind.[554] Es besteht indes Unklarheit darüber, welche Kreditgeber den Kapitalersatzregeln unterworfen sind und welche nicht.[555]

Wer auf die objektive Finanzierungsfunktion des Kredites abstellt, gerät in Erklärungsnöte, warum nur durch Gesellschafter oder gesellschafterähnlich beteiligte Personen zur Verfügung gestellte Mittel eigenkapitalersetzend sind. Soll nämlich die Gefahr in der weiteren Fortführung einer „lebensunfähigen" Gesellschaft liegen (dazu oben A.IX.2.), müsste diese Gefahr in gleichem Maße auch dann bestehen, wenn ein

---

[550] Für funktionslos hält u.a. *Böcker*, 302 m.w.N. den Krisenbegriff; ähnl. *Drukarczyk*, FS Schneider, 171 (180) für die Kreditunwürdigkeit.

[551] *Beine*, 136.

[552] *Beine*, 136.

[553] Vgl. *Schummer*, Eigenkapitalersatzrecht, 253 ff.

[554] Vgl. KG GmbHR 2004, 1334 (1336 ff.).

[555] *Altmeppen*, FS Kropff, 641 (654).

Dritter sich zur Kreditgewährung entschließt. Jede Fremdmittelausreichung in der Krise wäre dann wirtschaftlich gleichwertig. Der Betonung der wirtschaftlichen Funktion der Finanzierungsmaßnahme müsste logisch eine Wertungsneutralität folgen. Auf die gesellschafterähnliche Stellung dürfte es also nicht ankommen.[556]

Da jedoch Dritte eben nicht generell Adressaten der Eigenkapitalersatzregeln sind, muss es eine aus der Gesellschafterstellung resultierende, besondere Eigenschaft sein, die die unabhängig von der Person des Kreditgebers törichte[557] Handlung einer Fremdkapitalfinanzierung in der Krise, sanktionsbedürftig macht. Wer sich dazu auf einen besonderen Einfluss des Gesellschafters auf die GmbH beruft (oben A.VII.), der ihm den frühzeitigen Abzug der Finanzierungsleistung ermögliche, muss sich entgegenhalten lassen, dass es nach einhelliger Ansicht andererseits für die Miteinbeziehung in das Kapitalersatzrecht nicht ausreicht, wenn der Dritte über ebenso starke Einflussmöglichkeiten (schuldrechtlich oder faktisch vermittelt) verfügt. Hinzukommen muss immer eine beteiligungsähnliche Stellung, aus der ein besonderes wirtschaftliches Interesse an der Entwicklung der Gesellschaft resultiert.[558] Insbesondere bei Pfandgläubigern und stillen Gesellschaftern greift das Eigenkapitalersatzrecht nur dann Platz, wenn die Rechtsstellung dergestalt atypisch ausgestaltet wurde, dass ihnen zusätzliche Befugnisse zustehen, aufgrund derer sie die Geschicke der GmbH ähnlich (mit)bestimmen können wie ein Gesellschafter.[559] (Erst) dadurch erreiche der Dritte eine gesellschafterähnliche Stellung. Im Gegensatz dazu ist aber für die Einordnung als Kleingesellschafter nach § 32a III 1 GmbHG *allein* die Beteiligungshöhe maßgebend und gerade nicht der sich in der Stimmrechtsverteilung ausdrückende Mitspracheanteil.[560] Woran die dem – im Gegensatz zum Kleinbeteiligten – mitunternehme-

---

[556] *Heinert*, 134.

[557] *Altmeppen*, FS Kropff, 641 (655).

[558] OLG Düsseldorf, GmbHR 2004, 305 (306): „besondere wirtschaftliche Nähe"; Hachenburg/*Ulmer*, GmbHG, §§ 32a, b Rn. 84; *Johlke/Schröder*, in: v. Gerkan/Hommelhoff, HdB Kapitalersatzrecht, Rn. 5.7; Michalski/*Heidinger*, GmbHG, §§ 32a, 32b Rn. 192; *Altmeppen*, FS Kropff, 641 (655). Nur bei klassischen Umgehungsgeschäft mit dem Gesellschafter nahestehenden Personen kommt es auf eine gesellschafterähnliche Stellung des Dritten nicht an, sondern darauf, ob bei wertender Betrachtung eine mittelbare Gesellschafterstellung vorliegt. Dann geht es also um Anteilszurechnung, *Tillmann*, DB 2006, 199 (200).

[559] BGHZ 106, 7 (10); BGHZ 119, 191 (195 ff.) „Dornier"; BGH GmbHR 2006, 311 (313); *Tillmann*, DB 2006, 199 (200); L/H/*Lutter/Hommelhoff*, GmbHG, §§ 32a/b Rn. 54; Michalski/*Heidinger*, GmbHG, §§ 32a, 32b Rn. 199; *Johlke/Schröder*, in: v. Gerkan/Hommelhoff, HdB Kapitalersatzrecht, Rn. 5.18 ff.; *Schenk*, 125.

[560] Str., a.A. *Pentz*, GmbHR 2004, 529 (533); B/H/*Hueck/Fastrich*, GmbHG, § 32a Rn. 18; L/H/*Lutter/Hommelhoff*, GmbHG, §§ 32a/b Rn. 67; Scholz/*K. Schmidt*, GmbHG, §§ 32a, 32b Rn. 185; *Schenk*, 125 ff.; *Barth*, 112 ff., jew. m.w.N., die eine teleologische Reduktion des Kleinbeteiligtenprivilegs fordern, wenn der Gesellschafter trotz geringer Beteiligung maßgebenden Einfluss (insbesondere bei Zusammenschluss zu einem Stimmenpool) und „unternehmerisches Interesse" besitzt. Dafür spricht zwar, dass ansonsten ein schwer auflösbarer Widerspruch bestünde. Zudem wird bei der Frage der Anwendbarkeit des Eigenkapitalersatzrechtes in der AG bei Unterschreiten der in der Regel maßgeblichen Beteiligungshöhe von 25 % Finanzierungsfolgenverantwortung etwa dann bejaht, wenn der Aktionär „maßgebend in die Entscheidungsfindung eingebunden" ist, *Bayer*, in: v. Gerkan/Hommelhoff, HdB Kapitalersatzrecht, Rn. 11.17; BGH NZG 2005, 712 (713): „Sperrminorität oder einen ihr gleichkommenden, gesellschaftsrechtlich fundierten Einfluss". Bei der GmbH lässt

risch tätigen Gesellschafter entsprechende gesellschaftergleiche Stellung eines Dritten also anknüpfen soll, bleibt unklar. Die Einflussmöglichkeit des Kreditgebers auf die GmbH ist zwar ein wesentliches Element für die Bestimmung des Adressatenkreises des Eigenkapitalersatzrechts, wird aber nicht konsequent beachtet. Ansonsten müsste schließlich auch ein Geschäftsführer als Kreditgeber dem Eigenkapitalersatzrecht unterworfen sein.[561]

3. Dauer der eigenkapitalersatzrechtlichen Bindung

a. Entsperrung

Die Dauer der eigenkapitalersetzenden Bindung hängt grundsätzlich von der Dauer der Krise der GmbH ab. Mit dem (nachhaltigen) Entfallen der Krise wird demnach die Kreditleistung entsperrt und kann eine Rückzahlung ohne Nachteile erfolgen.[562] Dies gilt auch für die Rechtsprechungsregeln; es kommt nicht darauf an, dass eine eventuell daneben noch bestehende Unterbilanz beseitigt ist.[563] Teilweise wird zwar vertreten, dass bei den Rechtsprechungsregeln nur auf die Beseitigung der Unterbilanz, nicht aber auf die Beseitigung der Kreditunwürdigkeit abzustellen sei.[564] Dass die Rechtsfolgen des Eigenkapitalersatzrechts aufrechterhalten bleiben sollen, obwohl mit der Krise eine Tatbestandsvoraussetzung weggefallen ist, ist indes methodisch nicht haltbar. Der (eher seltene) Wegfall der Unterbilanz ohne gleichzeitige Beseitigung der Krisensituation hat deswegen für die Rechtsprechungsregeln nur die Bedeutung eines *zusätzlichen*

---

der eindeutige Gesetzeswortlaut eine solche Interpretation und derart flexible Handhabung des Schwellenwertes jedoch kaum zu (anders aber i.R.d. Insolvenzanfechtungsrechts, vgl. u. Kap.4 C.III.1.b. – ebenso i.Ü. das ENGLISCHE Gesellschaftsrecht, wo für die Frage der Insidereigenschaft i.R.d. Insolvenzanfechtung nicht auf den Kapitalanteil sondern auf die Stimmrechte abgestellt wird, *Beissenhirtz*, 89).

[561] Zutreffend *Barth*, 87.

[562] *Schoß*/*Hoffstadt*, ZInsO 2005, 571 (573); OLG München GmbHR 2006, 424 (424); vertiefend *Castor*, 120 ff. Str. ist aber für die Novellenregeln, ob eine eigenkapitalersetzende Leistung entsperrt werden kann, wenn es innerhalb eines Jahres nach Kreditrückzahlung zur Insolvenzeröffnung kommt. In diesem Fall nimmt die Rspr. (unter zweifelhaftem Hinweis auf die Regierungsbegründung) die unwiderlegbare (!) Vermutung an, dass der Eigenkapitalersatzcharakter im Zeitpunkt der Rückzahlung noch bestand, BGHZ 90, 370 (381) „Nutzfahrzeug"; zustimmend nach Inkrafttreten der InsO OLG Hamm DZWiR 2004, 388 und nunmehr auch (im Wesentlichen mit allgemeinen Praktikabilitätsargumenten) BGH DStR 2006, 478 (478 f.). A.A. zumeist die Lit., *Schoß*/*Hoffstadt*, ZInsO 2005, 571-575; Scholz/*K. Schmidt*, GmbHG, §§ 32a, 32b Rn. 54; Michalski/*Heidinger*, GmbHG, §§ 32a, 32b Rn. 89; R/A/*Altmeppen*, GmbHG, § 32a Rn. 51.

[563] Inzwischen (zumindest in der Lit.) wohl h.M., *Teller*/*Steffan*, Rn. 200; R/S-L/*Pentz*, GmbHG, § 32a Rn. 65; Scholz/*K. Schmidt*, GmbHG, §§ 32a, 32b Rn. 54; Michalski/*Heidinger*, GmbHG, §§ 32a, 32b Rn. 92; BGHZ 90, 370 (381) „Nutzfahrzeug"; BGH NJW-RR 1997, 606 (607); uneindeutig aber BGHZ 81, 365 (367); BGHZ 140, 147 (150); BGH ZIP 2005, 82 (84); BGH DB 2005, 2462; *Goette*, GmbH, § 4 Rn. 127; a.A. Hachenburg/*Ulmer*, GmbHG, § 32a, b Rn. 167, 165.

[564] *Häuselmann*/*Rümker*/*Westermann*, Finanzierung, 75; *Drukarczyk*, FS Schneider, 171 (185, 191); wohl ebenso FK-InsO/*Dauernheim*, § 135 Rn. 61; uneindeutig auch BGHZ 81, 365 (367); BGH ZIP 2005, 82 (84); BGH DB 2005, 2462.

Grundes für die Enthaftung der Kreditleistung, weil die §§ 30, 31 GmbHG das Gesellschaftsvermögen nur bis zum Betrag der Stammkapitalziffer gegen Ausschüttungen binden.[565]

Eine Anlehnung der Dauer der eigenkapitalersatzrechtlichen Verhaftung an die vertraglich vereinbarte Laufzeit der Kreditüberlassung wird für den klassischen Fall des Darlehens nicht diskutiert. Einmal eigenkapitalersatzrechtlich gebundene Darlehen bleiben demnach unabhängig von ihrer Laufzeit bis zum Ende der Krise auch zwangsweise umqualifiziertes Eigenkapital. Anders soll dies aber für die Fälle der Gebrauchsüberlassung sein.[566] Nach überwiegender Auffassung[567] ist hier (nur) das Nutzungsrecht Gegenstand der eigenkapitalersetzenden Bindung. Für das Problem der Dauer der „Zwangsüberlassung" wird der vertraglich vereinbarten Nutzungsdauer maßgebende Bedeutung beigemessen, weil das Nutzungsrecht nur in der konkret ausgestalteten Form gebunden werden könne.[568] Folglich wird es mit dem Ende der (gegebenenfalls hypothetisch zu ermittelnden) Vertragslaufzeit entsperrt, sofern nicht die Krise schon vorher endet.[569] Warum die Maßgeblichkeit der Parteivereinbarung aber im einen Fall (Darlehen) nicht, im anderen Fall (Gebrauchsüberlassung) doch Beachtung finden soll, bleibt offen. Die Tatsache, dass anders als beim Darlehen der zum Gebrauch überlassene Gegenstand nicht in das Eigentum der GmbH übergeht, kann diesen Unterschied nicht begründen. Denn der Wille nach Aufrechterhaltung der dinglichen Zuordnung ist nur insoweit ein beachtliches Argument, als es um die (streitige) Frage geht, was *Gegenstand* der eigenkapitalersatzrechtlichen Bindung sein soll, verfängt aber nicht bei dem Problem, wie die Bindung ausgestaltet ist.[570] Die Beachtung des Parteiwillens bei Überlassungsverträgen kann nicht davon abhängen, ob der konkrete Gegenstand selbst oder nur eine (vertretbare) Sache von gleicher Art und Güte zurückzuerstatten ist. Ansonsten bleibt es bei dem seltsamen Widerspruch: Wer als Gesellschafter ein Krisendarlehen vergibt, damit die GmbH eine dringend benötigte Maschine leasen kann, muss eine bis zum Ende der Krise dauernde Bindung des Darlehens akzeptieren. Kauft

[565] Michalski/*Heidinger*, GmbHG, §§ 32a, 32b Rn. 91.

[566] Krit. hierzu Scholz/*K. Schmidt*, GmbHG, §§ 32a, 32b Rn. 127 m.w.N.

[567] BGHZ 127, 1 (9) „Lagergrundstück III"; BGHZ 127, 17 (25) „Lagergrundstück IV"; R/S-L/*Pentz*, GmbHG, § 32a Rn. 165; L/H/*Lutter*/*Hommelhoff*, GmbHG, §§ 32a/b Rn. 147.

[568] Hachenburg/*Ulmer*, GmbHG, §§ 32a, b Rn. 114; L/H/*Lutter*/*Hommelhoff*, GmbHG, §§ 32a/b Rn. 149.

[569] BGHZ 127, 1 (10) „Lagergrundstück III"; B/H/*Hueck*/*Fastrich*, GmbHG, § 32a Rn. 74; *Raiser*/*Veil*, Kapitalgesellschaften, § 38 Rn. 45; Hachenburg/*Ulmer*, GmbHG, §§ 32a, b Rn. 114; L/H/*Lutter*/*Hommelhoff*, GmbHG, §§ 32a/b Rn. 149. Die vereinbarte Laufzeit soll zwar nur insoweit relevant sein, wie sie „ernstlich gewollt" und nicht missbräuchlich ist, sowie auf sachlichen Gründen beruht – es ist aber grundsätzlich zur Bestimmung der Nutzungsdauer dem hypothetischen Parteiwillen Geltung zu verschaffen und nicht etwa generell die Nutzung bis zum Ende der Krise anzunehmen, B/H/*Hueck*/*Fastrich*, GmbHG, § 32a Rn. 74; Hachenburg/*Ulmer*, GmbHG, §§ 32a, b Rn. 116.

[570] Der Unterschied in der Eigentumszuordnung kann allenfalls die Fallgruppe der Gebrauchsüberlassung an sich in Frage stellen; so etwa *Wassermeyer*, ZGR 1992, 639 (648) mit dem Argument, mangels Eigentumsübergang bei bloßer Gebrauchsüberlassung könne auch kein Eigenkapital entstehen. Daher fehle es an der wirtschaftlichen Vergleichbarkeit (§ 32a III 1 GmbHG) mit der Darlehensüberlassung.

oder mietet er hingegen selbst die Maschine und vermietet sie an die GmbH weiter, findet die konsensuierte Überlassungsdauer Beachtung.

b. Anteilsübertragung

Die eigenkapitalersetzende Funktion der Gesellschafterleistungen endet nicht allein deshalb, weil der Gesellschafter seine Stellung als Gesellschafter oder diesem gleichzusetzende Person verloren hat.[571] Wer also seinen Anteil überträgt, bleibt weiterhin vom Eigenkapitalersatzrecht betroffen, wenn die Kreditleistung während des Bestehens der Gesellschaftereigenschaft kapitalersatzrechtlich gebunden wurde. Mit anderen Worten bleibt damit auch demjenigen eine Finanzierungsfolgenverantwortung auferlegt, der seine Rechtsbeziehung zur GmbH vollständig beendet hat. Der Gedanke, dass sich der Gesellschafter nicht seiner einmal entstandenen Verantwortung entziehen können soll, ist im Ansatz nachvollziehbar, überzeugt allerdings nicht ganz. Denn die Gefahr, dass der Gesellschafter frühzeitig die Krise erkennen und demnach das Darlehen noch vor den uninformierten Gläubigern abziehen kann, besteht nicht noch Jahr und Tag nach seinem Ausscheiden aus der GmbH, da er dann keinerlei besonderen institutionellen Informations- und Einflussrechte mehr besitzt. Auch das Insolvenzrecht entscheidet hier anders, wenn es ehemalige Gesellschafter nicht als Insider i.S.d. § 138 II InsO behandelt.[572]

c. Abtretung

Kaum diskutiert, aber nicht weniger interessant ist die Frage, ob ein eigenkapitalersetzendes Darlehen gebunden bleibt, wenn der Darlehensrückzahlungsanspruch an einen Nichtgesellschafter abgetreten wird. Die wenigen Stellungnahmen zu diesem Problem gehen dahin, dass die Abtretung auf die „eigenkapitalersetzende Rechtsnatur" des Darlehens keinen Einfluss habe.[573] Rechtstechnisch wird zur Begründung § 404 BGB herangezogen.

Das Ergebnis erscheint auf den ersten Blick (Stichwort Umgehungsschutz) konsequent, entspringt aber eher der dem Eigenkapitalersatzrecht eigentümlichen Eigendynamik, als dass es dogmatisch und wertungsmäßig überzeugen könnte. Der Schuldnerschutzvorschrift § 404 BGB liegt der Gedanke zu Grunde, dass der Gläubigerwechsel

---

[571] BGHZ 127, 1 (6 ff.) „Lagergrundstück III"; BGH NJW 1996, 1341 (1342); BGH NZI 2001, 136 (137); BGH ZIP 2005, 82 (83 ff.); *Castor*, 123; Hachenburg/*Ulmer*, GmbHG, §§ 32a, b Rn. 40; R/S-L/*Pentz*, GmbHG, § 32a Rn. 135; Michalski/*Heidinger*, GmbHG, §§ 32a, 32b Rn. 130 m.w.N.

[572] Immerhin wird aber (konsequent) das *nach* dem Ausscheiden des Gesellschafters einmal entsperrte Darlehen bei neuerlichem Eintritt einer Krise nicht wieder gebunden, R/S-L/*Pentz*, GmbHG, § 32a Rn. 136.

[573] Hachenburg/*Ulmer*, GmbHG, §§ 32a, b Rn. 41; R/S-L/*Pentz*, GmbHG, § 32a Rn. 151; BGH NJW 1988, 1841 (1843). Bei eigenkapitalersetzender Nutzungsüberlassung soll jedoch nach BGH GmbHR 2006, 487 (489) der Eigenkapitalersatzeinwand nicht gegenüber einem Grundstückserwerber fortbestehen, der kraft Gesetzes (§ 566 BGB) in das Mietverhältnis eintritt, da dann § 404 BGB mangels Rechtsnachfolge keine Anwendung findet. In Betracht kommt dann aber ein Ersatzanspruch gegen den Gesellschafter, der die unentgeltliche Nutzungsüberlassung nicht mehr erfüllen kann.

die Identität der zedierten Forderung nicht verändern soll.[574] Deswegen bleiben dem Schuldner alle Einwendungen erhalten, mit denen er sich gegen die Inanspruchnahme aus der Forderung verteidigen kann. Der Begriff der Einwendungen i.S.d. § 404 BGB ist weit zu verstehen und umfasst alle Einreden i.e.S. wie auch alle rechtsvernichtenden und rechtshindernden Einwendungen.[575] Indes sind von vornherein solche Einwendungen nicht erfasst, welche an die Person des Abtretenden gebunden sind.[576] Schon die Tatsache, dass nur Darlehen von Gesellschaftern und diesen gleichzustellenden Personen erfasst werden, macht jedoch deutlich, dass die Gesellschaftereigenschaft des Darlehensgläubigers als *persönliches* Merkmal das entscheidende Kennzeichen des Eigenkapitalersatzcharakters ist, und nicht eine dem Darlehen anhaftende objektive Funktion.[577] Bei einem Gläubigerwechsel bleiben relative Rechtspositionen unberührt, da niemand mehr und besseres Recht übertragen kann als er selbst hat;[578] ausschließlich in der Beziehung auf die Person des bisherigen Gläubigers begründete Umstände haften indes gerade nicht der Forderung an, weswegen sie bei einer Forderungsübertragung prinzipiell auch nicht bestehen bleiben. Dies gilt insbesondere für die Fälle des Einwands unzulässiger Rechtsausübung (§ 242 BGB), unter welche die eigenkapitalersetzenden Gesellschafterleistungen ursprünglich auch gefasst wurden. Zur Geltendmachung eines treuwidrigen Verhaltens auch gegenüber dem Rechtsnachfolger bedarf es deswegen einer Zurechnungsnorm.[579] Nicht ohne Grund war also bei Einführung der Novellenregeln im RegE zu § 32a III GmbHGE[580] noch eine *besondere* Regelung enthalten, die ausdrücklich regelte, dass der eigenkapitalersetzende Charakter bei einer Abtretung erhalten bleiben und auch dem Zessionar entgegengehalten werden können solle. Gegenüber dieser Regelung, die den Einwand gegenüber dem Zessionar entsprechend der Grundnorm des § 32a I GmbHG nur dann zuließ, wenn der Erwerb der Forderung im Zeitraum von einem Jahr vor Insolvenzeröffnung lag, geht die generelle Anknüpfung an § 404 BGB, die auch die Rechtsprechungsregeln erfasst, zum einen zeitlich weit hinaus; zum anderen bedeutet sie sachlich eine Ausweitung, da sie der Konzeption nach nicht nur echte Umgehungsfälle (z.B. die Abtretung an nahestehende Personen) erfassen will, sondern rein objektiv jedweden Abtretungssachverhalt einschließt.[581]

---

[574] Erman/*Westermann*, BGB, § 404 Rn. 1.

[575] MünchKommBGB/*Roth*, § 404 Rn. 5; *Rohe*, in: Bamberger/Roth, BGB, § 404 Rn. 5.

[576] Vgl. MünchKommBGB/*Roth*, § 404 Rn. 5; *K. Schmidt*, ZIP 1981, 689 (694).

[577] Zur fehlenden Tragfähigkeit des Ansatzes vom funktionalen Eigenkapital schon oben A.VI.

[578] MünchKommBGB/*Roth*, § 404 Rn. 1.

[579] *K. Schmidt*, ZIP 1981, 689 (694).

[580] BT-Drs. 8/1347, 9. Der Absatz wurde durch den Rechtsausschuss mit der Begründung gestrichen, anstelle der Einzelbeispiele sei eine Generalklausel (heutiger § 32a III 1 GmbHG) überschaubarer.

[581] Die Ansicht des Rechtsausschusses, die im RegE aufgelisteten Einzelfälle seien durch eine Generalklausel hinreichend erfassbar, macht deutlich, dass hier eben nicht an § 404 BGB gedacht wurde, sondern, „nur“ an Umgehungsfälle und dass diese eben mit Einbeziehung derjenigen Zessionare, die den Gesellschaftern gleichzustellende Dritte sind, ausreichend geregelt sind; ähnl. *K. Schmidt*, ZIP 1981, 689 (695).

III. Unstimmigkeiten zwischen Rechsprechungs- und Novellenregeln

Die inneren Ungereimtheiten des Eigenkapitalersatzrechts werden durch das nicht abgestimmte Nebeneinander von am Kapitalerhaltungsrecht orientierten Rechtsprechungsregeln und insolvenzrechtlich konzipierten Novellenregeln noch verstärkt. Dem Grundgedanken nach passen die unterschiedlichen Ansätze nicht zusammen.[582]

1. Grundkonzeption: „Umqualifizierung" versus Insolvenz(anfechtungs)-recht

a. Rechtsprechungsregeln

Die Rechtsprechungsregeln gründen seit jeher auf der Vorstellung einer *Umqualifizierung*[583] von Fremdkapital in Eigenkapital. Die Umqualifizierung ist denklogische Voraussetzung für die gewollte Rechtsfolge der Anwendung des Kapitalerhaltungsrechts und damit gleichzeitig Ausdruck des gewünschten Verhaltens des Gesellschafters zur Leistung eines erhöhten, angemessenen Eigenkapitalbeitrags. Der Gesellschafter wird nicht an seinem Verhalten festgehalten, sondern an einem als richtig[584] postulierten. Unausweichliche Konsequenz der Umwidmung ist, dass sich die Rechtsnatur des Vertragsverhältnisses zwischen Gesellschafter und GmbH für die Zeit der eigenkapitalersatzrechtlichen Bindung ändert. Wenn der Kreditbeitrag als Eigenkapitalbeitrag behandelt wird, heißt dies, dass der Rückzahlungsanspruch, der gerade das Wesen des Überlassungsvertrages ausmacht, negiert wird. Deswegen bedeutet die Umqualifizierung nicht nur eine Einwendung der Gesellschaft gegen die Inanspruchnahme durch den Gesellschafter, sondern die zeitweise vollständige Überlagerung der Rechtswirkungen des Schuldvertrages und eine Aberkennung des Rückzahlungsanspruches des Gesellschafters. Denn eine Gesellschaftereinlage, als welche die Kreditleistung der eigenkapitalersatzrechtlichen Doktrin nach zu behandeln ist, begründet keine Forderung.[585] Folgerichtig wurde vor Inkrafttreten der InsO in einhelliger Anlehnung an die für Gesellschaftereinlagen geltenden Grundsätze der Kreditgeber auch nicht als Insolvenzgläubiger behandelt; er konnte weder die Forderung zur Tabelle anmelden, noch

---

[582] *Renger*, 18; *Huber/Habersack*, BB 2006, 1 (3). A.A. L/H/*Lutter/Hommelhoff*, GmbHG, §§ 32a/b Rn. 1: „in sich abgestimmtes zweistufiges Schutzsystem".

[583] *Noack*, FS Claussen, 307 (310).

[584] Dies macht insbesondere die Bezugnahme auf den ordentlichen Kaufmann (§ 32a I GmbHG) deutlich.

[585] *T. Bezzenberger*, FS Bezzenberger, 23 (45). So gesehen müsste eigentlich eine Abtretbarkeit der Rückzahlungsforderung in der Krise ausgeschlossen sein – eine Konsequenz, die das Eigenkapitalersatzrecht jedoch nicht gezogen hat; s. zur Anwendung des § 404 BGB im Falle der Abtretung oben B.II.3.c.

Verfahrensrechte geltend machen.[586] Mit eben dem Argument der Umwidmung wurde auch vertreten, eigenkapitalersetzende Gesellschafterleistungen seien bei der Überschuldungsfeststellung nicht zu passivieren.[587]

b. Novellenregeln

Die Novellenregeln weisen nicht nur andere Rechtsfolgen auf. Sie haben auch mit einer Quasi-Stammeinlagenbindung der Kreditleistung wenig zu tun. Während der Gesetzgeber zunächst in § 32a I GmbHG[588] noch die Rechtsnatur des Kapitalersatzes offen ließ, behandelt die Vorschrift nunmehr „eigenkapitalersetzende" Gesellschafterdarlehen *expressis verbis* als das, was sie sind: nämlich Forderungen. Auch wenn der Rückzahlungsanspruch nur nachrangige Insolvenzforderung ist, werden doch die Gesellschafter als Insolvenzgläubiger anerkannt und sind auch insolvenzantragsberechtigt.[589] Die Forderungen bleiben Fremdkapital und sind vor der Vollbeendigung der Gesellschaft zu befriedigen.[590]

In Literatur und Rechtsprechung findet die Ableitung konkreter Schlüsse aus der Neufassung des § 32a I GmbHG jedoch nur wenig Befürworter. So wird argumentiert, die Wandlung der Gesellschafterforderungen von Nicht-Insolvenzforderungen zu nachrangigen Insolvenzforderungen sei nur die Folge daraus, dass die neue Insolvenzordnung (wie § 199 S. 2 InsO zeige) eben die Vollabwicklung des Rechtsträgers bezwecke und nicht mehr – wie nach alter Rechtslage – die Vollbeendigung einem sich anschließenden selbständigen Liquidationsverfahren überlassen wolle. In der Sache habe sich deshalb nichts geändert.[591] Dem ist jedoch zu entgegnen, dass die Forderungen nun eben mehr als bloße Rechnungsposten bei der Ermittlung des jeweiligen Anteils der Gesellschafter am Liquidationserlös sind.[592] Im Übrigen hat das gesetzgeberische Konzept mit seiner insolvenzrechtlichen Sichtweise schon von Beginn an nicht recht zum Gedanken der Umwidmung der Gesellschafterleistung gepasst. Obwohl das Gesetz einerseits die Terminologie „Kapitalersatz" verwendet (§ 135 InsO), haben die gesetzlichen Regelungen andererseits als regelungsbedürftigen Fall die gläubigergefährdende Befriedigung einer Gesellschafterforderung vor Augen – und insoweit nicht den Zeitpunkt der Darlehensgewährung.

---

[586] *Mentzel/Kuhn/Uhlenbruck*, KO, Vorbem vor § 207 Rn. 28a.; *Kilger/K. Schmidt*, KO, § 32a Anm. 4.a; *Hommelhoff*, FS Döllerer, 245 (258).

[587] So bspw. *Hommelhoff*, FS Döllerer, 245 (257 ff.); *Noack*, FS Claussen, 307 (314). Zum Ganzen m.w.N. *Kleindiek*, in: v. Gerkan/Hommelhoff, HdB Kapitalersatzrecht, Rn. 7.28 ff.; *Haas*, NZI 1999, 209-214; *Bieder*, 125 ff.; *Beintmann*, 53 ff.; *Haarmann*, FS Röhricht, 137 (140 ff.). Inzw. ist höchstrichterlich geklärt, dass auch eigenkapitalersetzende Gesellschafterleistungen zu passivieren sind, BGH NJW 2001, 1280 (1281). Anders wohl noch (inzident) BGHZ 31, 258 (279) „Flugtaxi".

[588] „... so kann er den Anspruch auf Rückgewähr des Darlehens im Konkurs über das Vermögen der Gesellschaft oder im Vergleichsverfahren zur Abwendung des Konkurses nicht geltend machen."

[589] *Wazlawik*, NZI 2004, 608 (609).

[590] *Fastrich*, FS Zöllner, 143 (158 ff.); *T. Bezzenberger*, FS Bezzenberger, 23 (45); *Heinert*, 101.

[591] *K. Schmidt*, GmbHR 1999, 9 (11 ff.); *Noack*, FS Claussen, 307 (311 ff.).

[592] *Noack*, FS Claussen, 307 (312).

Obschon der Gesetzgeber die Terminologie der Rechtsprechung übernommen hat,[593] steht das Gesetzesrecht doch in einer anderen Tradition, die mit den Vorschlägen der AkDR ihren Anfang nahm. Die Idee einer Umqualifizierung der Gesellschafterhilfen in Einlagen spielt dabei grundsätzlich keine entscheidende Rolle.[594] Wenn die Gläubigergefährdungssituation der frühzeitige Abzug der Finanzierungsleistung aufgrund besserer Informiertheit ist, dann kann schließlich die Darlehensgewährung nicht der entscheidende tatbestandliche Anknüpfungspunkt für die Sanktionierung einer Darlehensrückzahlung sein.[595] Weil es sich wie gezeigt um das allgemeine Problem handelt, dass bei Herannahen der Insolvenzreife einzelne dem Gemeinschuldner nahestehende Gläubiger willkürlich zu Lasten der anderen Gläubiger bevorzugt werden, geht es im Grunde nur um die Frage, ob es hier (trotz § 138 II InsO) eines besonderen Anfechtungstatbestandes in Gestalt des § 135 InsO bedarf (dazu Kap.4 C.II.).

Die Rechtsprechungsregeln passen folglich nicht mit dem Grundgedanken der Novellenregeln zusammen.[596] Zwar tragen letztere als Erblast des Kapitalerhaltungsgedankens in sich, dass Gesellschafterforderungen als nachrangig behandelt werden und dass sich die Anfechtungstatbestände an den Eigenkapitalersatzcharakter und damit die Darlehensgewährung anlehnen.[597] Der Gesetzgeber hat mit der Einführung der Privilegien in § 32a III GmbHG aber erneut gezeigt, dass er die Eigenkapitalersatzproblematik nicht als Frage der Stammeinlagenbindung betrachtet.[598] Es wäre überzeugender gewesen, die Widersprüche schon von vornherein dadurch zu umgehen, die Rechtsprechungsregeln nicht parallel zu den §§ 32a, b GmbHG anzuwenden.[599] Wer dem entgegenhält, die gesetzlichen Regelungen seien mangels Bindung der Gesellschafterhilfen im Vorfeld der Insolvenz unzureichend[600] verkennt, dass die Novellenregeln eben mit einer Umqualifizierung und Eigenkapitalbindung nichts zu tun haben (wollen). Sämtliche Anfechtungsvorschriften sind konzeptionell an eine Insolvenzeröffnung oder an ein Tätigwerden eines einzelnen Gläubigers (bei Anfechtung nach dem AnfG) geknüpft. Die Kritik, dass das Gesetz für den Zeitraum vor Insolvenzeröffnung „keinerlei Rechtspflichten zur Beachtung einer Verstrickung von Krediten als Eigenkapitalersatz“[601] vorsehe, setzt also – unzutreffend – voraus, dass die Gesetzeslösung

---

[593] Plausibel die Erklärung von *T. Bezzenberger*, FS Bezzenberger, 23 (33 Fn. 53), der Gesetzgeber habe mit Bezugnahme auf die Terminologie und das Erklärungsmuster der Rechtsprechungsregeln (nur) sicherstellen wollen, dass auch die Rechtsprechung bei „ihrem“ System die Privilegien des § 32a III 2, 3 GmbHG beachtet.

[594] Zur Historie des Eigenkapitalersatzrechts oben Kap.2 B.

[595] Ähnl. *T. Bezzenberger*, FS Bezzenberger, 23 (45 ff.).

[596] A.A. L/H/*Lutter*/*Hommelhoff*, GmbHG, §§ 32a/b Rn. 1, die diese Verschiedenheit der Regelungsansätze übergehen; (immerhin) i.E. wie hier *Altmeppen*, NJW 2005, 1911 (1914).

[597] Zur Kritik des § 135 InsO vor diesem Hintergrund unten Kap.4 C.II.1.a.

[598] *Fastrich*, FS Zöllner, 143 (158); ähnl. *Huber*/*Habersack*, BB 2006, 1 (3).

[599] Ebenso *Haas*, NZI 2001, 1 (9); *Fastrich*, FS Zöllner, 143 (157); *Mülbert*, DK 2004, 151 (159); *Huber*/*Habersack*, BB 2006, 1 (3); a.A. freilich die h.M., *v. Gerkan*, FS Lutter, 1317 (1325 ff.) m.w.N. Ein Grund für die Beibehaltung der Rechtsprechungsregeln mag auch in der Zuständigkeitsverteilung der BGH-Senate liegen, wonach der II. Senat die Zuständigkeit für das Eigenkapitalersatzrecht ansonsten gänzlich an den IX. Senat verloren hätte.

[600] Deutlich *v. Gerkan*, FS Lutter, 1317 (1325 ff.).

[601] *v. Gerkan*, FS Lutter, 1317 (1325).

auf dem Gedanken der Umwidmung von Fremd- in Eigenkapital basiere. Der gesetzgeberische Konzeptionswechsel fand vielleicht gerade deswegen wenig Anklang, weil er die althergebrachte Idee der Umqualifizierung aufgab.

2. Systembrüche durch Einführung der Privilegien in § 32a III GmbHG

Die Einführung des Kleinbeteiligten- und Sanierungsprivilegs verstärkt die Unstimmigkeit des Nebeneinanders von Novellenregeln und rechtsfortgebildetem Kapitalerhaltungsrecht zusätzlich.[602] Dadurch verkompliziert sich das Eigenkapitalersatzrecht insgesamt zu einem nur schwer handhabbaren Rechtsinstitut.[603]

Die Einschränkung des Eigenkapitalersatzrechts bei Gesellschaftern, die mit 10 % oder weniger an der GmbH beteiligt sind (§ 32a III 2 GmbHG), ist mit den heute favorisierten Ansätzen der Finanzierungsfolgenverantwortung und der Vorstellung von einem materiellen Eigenkapital schwer in Einklang zu bringen. Die für die Rechtsprechungsregeln analog herangezogenen Kapitalerhaltungsregeln greifen für sich nämlich unabhängig von der Beteiligungshöhe ein. Dementsprechend hat die Rechtsprechung vor der Neuregelung eine Ausnahme für Kleinbeteiligte immer abgelehnt. Vom Ansatz her besser harmonisiert das Kleinbeteiligtenprivileg mit den Anfechtungserleichterungen gegenüber Insidern nach § 138 InsO. Denn dahinter steht die Erkenntnis, dass ein besonderer Informationsvorsprung die Vornahme gläubigerbenachteiligender Handlungen erleichtert. Unabgestimmt bleibt dann freilich der divergierende Schwellenwert in § 32a III 2 GmbHG (10 %) einerseits und § 138 II Nr. 1 InsO (25 %) andererseits.[604]

Das Sanierungsprivileg schließlich stellt das Eigenkapitalersatzrecht insgesamt in Frage, da es den geradezu klassischen[605] Tatbestand der sanierungsbedingten Kredite aus dem Regelungsbereich herausnimmt.[606] Immerhin zeigt sich zwar der (zutreffende)

[602] Von „Breschen" im Normgefüge des Kapitalersatzrechts spricht *v. Gerkan*, FS Lutter, 1317 (1319); anders R/S-L/*Pentz*, GmbHG, § 32a Rn. 85, 109, wonach die Privilegien als politisch motivierte Ausnahmeregelungen auf die dogmatischen Grundlagen keinerlei Auswirkung haben und *F. Weber*, 190 ff. der die neuerliche Reform als „systemgerechte Rechtsrückbildung" betrachtet.

[603] B/H/*Hueck*/*Fastrich*, GmbHG, § 32a Rn. 89.

[604] Dazu noch Kap.4 C.III.1. Schwierig ist i.Ü. auch § 32a III 1 GmbHG, der wirtschaftlich Gesellschaftern gleichstehende Personen den Eigenkapitalersatzregeln unterstellt. Fast unstr. ist zwar, dass das Kleinbeteiligtenprivileg auch für diese „mittelbar" Beteiligten gilt, *Bieder*, 31; L/H/*Lutter*/*Hommelhoff*, GmbHG, §§ 32a/b Rn. 71 m.w.N. Unklar ist jedoch, wie hier die 10 %-Schwelle zu bemessen ist – und zwar insbesondere dann, wenn (wie beim atypischen stillen Gesellschafter) eine Bezugnahme auf einen Geschäftsanteil eines Gesellschafters (wie beim atypischen Pfandgläubiger) fehlt; eingehend dazu *Barth*, 125 ff.; *Bieder*, 32 ff.

[605] *Barth*, 165; *Grunewald*, GmbHR 1997, 7 (8 Fn. 5). Schließlich war anfangs der (allerdings fingierte) Insolvenzabwendungszweck noch Tatbestandsmerkmal, s. dazu oben A.II.1.

[606] Dass das Sanierungsprivileg mit der Lehre des Eigenkapitalersatzrechts nicht vereinbar ist, erkennt auch *K. Schmidt*, GmbHR 2005, 797 (804). Allerdings wolle seines Erachtens die Ausnahmevorschrift auch gar nicht in das System passen, sondern nur verhindern, dass Sanierungsstrategien durch das Eigenkapitalersatzrecht vereitelt werden. Damit dreht sich die Argumentation allerdings im Kreis.

Ansatz, bei der Frage der „Richtigkeit" der Fremdkapitalfinanzierung in der Krise auf das Gesamtkonzept der Krisenbewältigungsmaßnahmen abzustellen. Gleichzeitig wird jedoch der Widerspruch zur Doktrin des Eigenkapitalersatzrechts offenbar, wonach der ordentliche Geschäftsmann in der Krise doch gerade (nur!) Eigenkapital zuführen würde. Es macht auch wenig Sinn, nur diejenigen Sanierer zu bevorzugen, die erst in der Krisensituation der Gesellschaft eine Beteiligung erwerben.[607] Denn die Vernünftigkeit des Sanierungskonzepts hängt nicht von dem Zeitpunkt der Begründung der Gesellschaftereigenschaft ab.

IV. Resultat

In diesem Teil wurde klar, dass das Eigenkapitalersatzrecht kein in sich geschlossenes Rechtsinstitut ist, sondern mehrere Unstimmigkeiten aufweist. Hierzu gehört zum einen, dass der Tatbestand einer eigenkapitalersetzenden Gesellschafterleistung grundsätzlich kein subjektives Element kennt, obgleich die Rechtsfigur selbst historisch wie auch mit dem Gedanken der Finanzierungsverantwortung sich auf ein Finanzierungsfehlverhalten eines Gesellschafters stützt. Widersprüchlich ist sodann, warum ein voluntatives Element ausschließlich für die Fallgruppe des Stehenlassens einer Finanzierungshilfe gelten soll, zumal die Abgrenzung zwischen Stehenlassen und Gewähren angesichts eines wenig griffigen Krisenbegriffs unklar bleibt.

Überhaupt ist die tatbestandliche Erfassung mit Unklarheiten gespickt. Das gilt besonders für das Merkmal der Krise, das nur retrospektiv anhand einer Vielzahl verschiedener Hilfskriterien zu ermitteln ist. Weiterhin nicht abschließend geklärt ist die Abgrenzung des betroffenen Personenkreises. Wer hier den Einfluss auf die Geschicke der GmbH als entscheidendes Kriterium auffasst, kann kaum erklären, warum es andererseits für die Frage der Freistellung Kleinbeteiligter nicht auf die an der Stimmrechtsverteilung festzumachenden Mitspracherechte, sondern die formale Anteilshöhe ankommen soll und warum überhaupt andere Dritte mit einem ähnlichen, institutionalisierten Informationsvorsprung außen vor bleiben. Weitere Widersprüche sind bei der Dauer der eigenkapitalersatzrechtlichen Bindung zu erkennen. Der Parteivereinbarung wird nur im Sonderfall der Gebrauchsüberlassung eine Relevanz beigemessen. Warum aber der Gegenstand der Überlassung einen Einfluss auf die eigenkapitalersatzrechtliche Bindung haben soll, bleibt offen. Ebenso nicht abschließend geklärt sind die Rechtsfolgen der Abtretung eines eigenkapitalersatzrechtlich verhafteten Darlehensrückzahlungsanspruches.

Bemerkenswert sind schließlich die Systembrüche zwischen Rechtsprechungsregeln und Gesetzesrecht. Die gesetzgeberische Lösung steht historisch gesehen in einer anderen Tradition als die Rechtsprechungsregeln. Der nach dem Rechtsprechungsmodell zentrale Gedanke einer Umqualifizierung in Eigenkapital passt nicht zur ausdrücklichen Anerkennung der Forderung des Gesellschafters in § 39 I Nr. 5 InsO. Noch unschlüssiger wurde das Eigenkapitalersatzrecht durch die Einführung des Kleinbeteilig-

[607] R/A/*Altmeppen*, GmbHG, § 32a Rn. 65; ähnl. *Engert*, ZGR 2004, 813 (839).

ten- und Sanierungsprivilegs. Diese Regelungen harmonisieren schon nicht mit der Grundidee des Eigenkapitalersatzrechts. Sie stellen seine Existenzberechtigung neben den dogmatischen Zweifeln zusätzlich in Frage.

C. Mangelnde Systemkonformität

Angesichts der Zweifel an der dogmatischen Begründbarkeit und Stimmigkeit des Eigenkapitalersatzrechtes bleibt die Frage, ob sich das Rechtsinstitut wenigstens nahtlos in das Gesamtgefüge des Gläubigerschutzsystems der GmbH einfügen lässt. Dazu müsste es einen schlüssigen Beitrag zum Gläubigerschutz leisten können (I.) und auch in der Finanzwissenschaft, an die es sich mit dem Rückgriff auf das „ordentliche" Finanzierungsverhalten deutlich anlehnt, Anklang finden (II.). Darüber hinaus müsste es, um zu überzeugen, insbesondere auch mit dem Insolvenzrecht in Einklang stehen (III.). Nicht unerwähnt bleiben darf schließlich die Frage, ob das Eigenkapitalersatzrecht sich auf „internationalem Parkett" bei dem durch den EuGH angefachten Wettbewerb der Gesellschaftsformen bewähren kann (IV.).

I. Normzweck Gläubigerschutz

Als Normzweck des Eigenkapitalersatzrechts (Novellen- wie Rechtsprechungsregeln) gilt im Kern der Gläubigerschutz.[608] Der Hinweis auf diese übergeordnete *ratio* allein kann freilich nicht Eckpunkt für die Ableitung konkreter Rechtsfolgen sein.[609] Gläubigerschutz – zumal institutioneller – ist nur dann und insoweit ein tragfähiges Argument, wie eine Gefährdung von Gläubigerinteressen tatsächlich zu besorgen ist.

1. Gläubigergefahren

Bereits an anderer Stelle (oben A.IX.) wurde herausgearbeitet, dass im Zusammenhang mit der Kreditfinanzierung zwei Gefahren für die Gläubiger durch die Gesellschafter bestehen.[610] Zum einen sollen die Gläubiger davor geschützt werden, dass die GmbH über den Zeitpunkt hinaus, in dem sie nicht mehr „lebensfähig" ist, fortgeführt wird. Die Fortführung kann damit einhergehen, dass die GmbH weitere Verbindlichkeiten anhäuft und sich ihre Vermögenssituation weiter verschlechtert, also den Gesellschaftsgläubigern immer weniger Haftungsmasse zur Verfügung steht (*Fortführungsgefahren*). Zum anderen betont das Eigenkapitalersatzrecht die Möglichkeit der Gesellschafter, ihren Finanzierungsbetrag jederzeit[611] rechtzeitig – also vor dem endgültigen Aus der Gesellschaft – aufgrund ihrer besonderen Informationsmöglichkeiten

[608] BGHZ 127, 336 (347) „Früchte-GmbH"; Michalski/*Heidinger*, GmbHG, §§ 32a, 32b Rn. 7.
[609] *Schummer*, GesRZ 2000, 246 (249).
[610] Vgl. exemplarisch *v. Gerkan*, FS Lutter, 1317 (1320); differenzierend – aber im Kern übereinstimmend – *A. Götz,* 54 ff, der zwischen Fortführungsrisiko, Doppelrolle (mit frühzeitigem Abzug als Unterpunkt) und Gläubigertäuschung unterscheidet, unter der letztgenannten Gefahr mit der „Verschleppung der Krise" jedoch einen sich mit der Fortführungsgefahr überlappenden Gesichtspunkt erörtert.
[611] Schon diese Stereotypie ist mehr als fragwürdig, da sich die Frage der Fälligkeit der Rückzahlungsverpflichtung grds. nach der vertraglichen Ausgestaltung (der Laufzeit) richtet, § 488 III BGB. Selbst für den Fall der Vermögensverschlechterung kann der Darlehensgeber „nur in der Regel" den Vertrag fristlos kündigen (§ 490 I BGB), wobei das Kündigungsrecht auch ganz ausgeschlossen werden kann.

wieder abziehen zu können und sich damit gegenüber den anderen Gesellschaftsgläubigern einen Vorteil verschaffen (Gefahr eines *Befriedigungsvorsprungs*).

Die Gefahrensituationen unterscheiden sich einmal zeitlich. Während die Fortführungsgefahren sich mit jedem Fortschleppen der GmbH über die Krise hinaus aktualisieren, wird ein Befriedigungsvorsprung für den finanzierenden Gesellschafter denklogisch erst nach der Kreditzuführung und typischerweise kurz vor der Insolvenz der Gesellschaft relevant. Zum anderen unterscheiden sich die Gefahrensituationen nach der Art der Beeinträchtigung der Gläubigerinteressen. Wo es bei den Fortführungsgefahren um eine weitere Verringerung des Gesellschaftsvermögens durch Verluste im Rahmen der wirtschaftlichen Tätigkeit geht, die alle Gesellschaftsgläubiger (also auch den kreditierenden Gesellschafter) gleichermaßen trifft, geht es beim Befriedigungsvorsprung um die Bevorzugung einzelner Gläubiger auf Kosten der anderen. Auffällig ist aber, dass beide Gläubigergefahren nicht aus der Kreditzuführung selbst, sondern erst aus den danach liegenden Ereignissen Unternehmensfortführung respektive Kreditrückzahlung resultieren. Schon dies gibt einen Hinweis darauf, dass Maßnahmen zur Eindämmung der Gläubigergefahr sinnigerweise auch (nur) an diesen Ereignissen – und nicht an der Kreditgewährung selbst – anknüpfen sollten.[612]

2. Normzweck(in)kompatibilität des eigenkapitalersatzrechtlichen Sanktionsmechanismus

Das Eigenkapitalersatzrecht kann einen Beitrag zum Gläubigerschutz nur dann erbringen, wenn die Sanktionen geeignet sind, den eben genannten Gläubigergefahren zu begegnen. Deshalb ist zu fragen, inwieweit die Ausgestaltung des Eigenkapitalersatzrechts tatsächlich zur vorgeblichen *ratio* passt.

a. Gläubigerschutz bei Unternehmensfortführung

Das Eigenkapitalersatzrecht soll die GmbH-Gesellschafter zwingen, sich in der Krise entweder wie ein objektiv vernünftig handelnder Nichtgesellschafter zu verhalten, nicht mehr weiter fremdzufinanzieren und damit die Gesellschaft in die Liquidation zu drängen oder aber sich für eine Fortführung unter Eigenkapitalzuführung zu entscheiden.[613] Die kriselnde Gesellschaft dürfe nicht „künstlich“ am Leben gehalten werden.[614] Kreditunwürdige GmbH sollen nicht mehr am Markt tätig sein, weil ansonsten eine weitere gläubigergefährdende Schmälerung der verfügbaren Haftungsmasse zu besorgen sei.[615] Grundproblem dieser Aussage ist allerdings wie bereits erwähnt[616], dass vor

---

[612] Richtig daher *U.-J. Friedrich*, 81, 138 ff.; a.A. die h.M., statt vieler *K. Schmidt*, ZIP 1981, 689 (692).

[613] B/H/*Hueck/Fastrich*, GmbHG, § 32a Rn. 3; *Raiser/Veil*, Kapitalgesellschaften, § 38 Rn. 17.

[614] S. nur BGHZ 109, 55 (57) „Lagergrundstück I“.

[615] *v. Gerkan*, FS Lutter, 1317 (1324). Krit. zu Recht der Hinweis bei *Fastrich*, FS Zöllner, 143 (151), damit gleiche das Ziel der Absicht des Insolvenzrechts, fallierende Gesellschaften aus dem Verkehr zu ziehen.

Insolvenzreife eine Pflicht zur Beendigung der Gesellschaft nicht besteht. Schon deswegen kann nicht das Versäumnis derjenigen Handlung, die zum Verschwinden der Gesellschaft vom Markt führt – also die Liquidation – Anknüpfungspunkt für eine Sanktion sein. Wer den sanktionierten Unwert in der Fortführung über die Krise hinaus sieht,[617] entzieht sich dieser Logik nur zum Schein; denn die Sanktionierung der Unternehmensfortführung setzt denklogisch voraus, dass das richtige Alternativverhalten die Nichtfortführung ist – also die Liquidation, für deren Vornahme aber eben keine Pflicht existiert.

Unabhängig von diesen methodischen Fragwürdigkeiten, auf die später[618] noch zurückzukommen sein wird, bestehen schon Zweifel, ob das Eigenkapitalersatzrecht tatsächlich ein geeignetes Mittel ist, um die Gefahr der Vermögensminderung bei der GmbH durch die Unternehmensfortführung *in statu cridae* einzudämmen. Die Fortführung der Gesellschaft selbst unterbindet es nämlich gerade nicht.[619]

aa. Rechtsprechungsregeln

Zur Hypothese, die Gesellschafter seien in der Krise gezwungen, sich zwischen Liquidation und Fortführung mit Eigenkapital zu entscheiden, scheint die Methodik einer Umwidmung des Kreditbeitrages zu passen. Denn der Gesellschafter wird an seiner Fortführungsentscheidung festgehalten und muss als Sanktion nur gewärtigen, dass ihm die „richtige" Finanzierungsentscheidung (Eigenkapitalzuführung) zwangsweise auferlegt wird.

Die hier zu diskutierenden Gläubigergefahren entstehen aber nicht aus der Kreditzuführung, sondern aus der weiteren wirtschaftlichen Tätigkeit der GmbH. Folgt das Unwerturteil aus der Fortführung selbst, dann muss sich auch die Beeinträchtigung von Gläubigerinteressen danach beurteilt werden, ob die Fortführung sich tatsächlich nachteilig auswirkt. Anders gewendet: Die Gläubigerbeeinträchtigung hängt davon ab, wie sich die wirtschaftliche Situation der GmbH weiter entwickelt. Nur wenn diese Entwicklung tatsächlich zu einem Schwinden des Gesellschaftsvermögens führt, ist ein Eingreifen angezeigt. Entscheidend ist also der Kausalzusammenhang zwischen sanktioniertem Verhalten (Fortführung) und einem Schaden für die Gesellschaftsgläubiger.[620] Das Verständnis des Kapitalersatzrechts als *Verhaltenshaftung* ist dann zwingend, da es methodisch um die Folgen einer Pflichtverletzung geht.[621] Dementsprechend müsste berücksichtigt werden, ob und inwieweit den Gesellschaftsgläubigern ein Schaden – und zwar mittelbar durch eine Verringerung des Gesellschaftsvermö-

---

616 Oben A.IX.2.a.aa.

617 *Böcker*, 331 m.w.N.

618 Unten C.III.

619 *Klaus*, ZBB 1994, 247 (256).

620 *Reiner*, FS Boujong, 415 (440).

621 Krit. *Böcker*, 332. A.A. die h.M., die trotz der einhelligen Behauptung, es ginge darum, den Gesellschafter zu einer Entscheidung zu zwingen, nicht die Konsequenz zieht, das Sanktionssystem an dieser Fehlentscheidung auszurichten, s. etwa *K. Schmidt*, ZIP 1981, 689 (691); *Bieder*, 133.

gens – entsteht.[622] Dies ist aber erst dann der Fall, wenn auch die Darlehensvaluta über die zum Zeitpunkt der Krise bestehende fiktive Insolvenzquote hinaus verwirtschaftet wurde.[623]

Auch bei Verringerung der Haftungsmasse ist das Argument einer Sanktionierung der Unternehmensfortführung mit Fremdkapital nur schlüssig, wenn die Gläubigergefährdung kausal auf die Unternehmensfortführung zurückgeht. Mit der Prämisse einer Handlungsalternative (Fortführung unter Eigenkapitalzuführung oder Liquidation) klingt folgerichtig die Figur des rechtmäßigen Alternativverhaltens an.[624] Den Gesellschafter dürften also keine nachteiligen Folgen treffen, wenn er sich rechtmäßig verhalten hätte und dennoch eine entsprechende Vermögensminderung bei der GmbH eingetreten wäre. Denn im Hinblick auf den Normzweck Gläubigerschutz lässt sich kaum erklären, warum ein Verhalten sanktioniert werden soll, wenn der Zurechnungszusammenhang zur Schadensentstehung fehlt.[625] Die Frage, welches Verhalten tatsächlich rechtmäßig ist, ist dabei nicht einfach zu beantworten. Obschon die eigenkapitalersatzrechtliche Doktrin die Handlungsalternativen Liquidation oder Fortführung unter Eigenkapitalzufuhr (wobei die Höhe der Eigenkapitalzufuhr beliebig gering sein kann und dennoch ein angeblich „ordnungsgemäßes“ Finanzierungsverhalten vorliegt[626]) betont, ist auch die Fortführung ohne jegliche weitere Finanzierung vom Eigenkapitalersatzrecht nicht sanktioniert. Der Gesellschafter kann auch (folgenlos) schlicht nichts tun.[627] Dass damit für die Gläubiger eine bessere Lage entsteht, ist jedoch unwahrscheinlich. Ebenso bleibt unberücksichtigt, ob bei der gewünschten Zuführung von Eigenkapital in der betreffenden Höhe nicht genauso der „Todeskampf“ der GmbH nur künstlich verlängert worden wäre, weil eine nachhaltige Sanierung auch damit nicht erfolgreich gewesen wäre.[628] Dass das Eigenkapitalersatzrecht darüber hinwegsieht, ist wohl Folge der Prämisse, dass die GmbH in der Krise als „nicht mehr lebensfähig“ gilt und der Vergleich mit der Unternehmensfortführung ohne zusätzlichen Kapitalzufluss deswegen rein hypothetisch erscheint. Die Unternehmensfortführung wird quasi als ohne Kapitalzuführung unmöglich betrachtet. Das ist sie aber faktisch und rechtlich eben nicht. Dem Kriseneintritt liegt allenfalls ein Urteil über die ökonomische Fortführungswürdigkeit zugrunde. Entscheidend für die Lebensfähigkeit der Gesellschaft ist hingegen die rechtliche Beurteilung, ob die GmbH insolvent ist oder nicht.

Im Fall des Stehenlassens ist es übrigens noch schwieriger, den Nichtabzug einer Kreditleistung als Schaden stiftendes Ereignis zu begreifen.[629] Hier erfolgt die Kreditausreichung zu einer Zeit, als an den kreditierenden Gesellschafter noch gar keine

[622] A.A. die h.M., s. etwa *Bieder*, 133.
[623] *Reiner*, FS Boujong, 415 (440 ff.). Dazu schon oben A.IX.2.a.
[624] *Böcker*, 334.
[625] Allg. zur grundsätzlichen Beachtlichkeit rechtmäßigen Alternativverhaltens BGH NJW 2000, 661 (663); *Grüneberg*, in: Bamberger/Roth, BGB, Vor § 249 Rn. 72 ff.; Palandt/*Heinrichs*, BGB, Vorb v § 249 Rn. 105 ff.
[626] Zu diesem Widerspruch bereits oben A.V.2.b.bb.
[627] Krit. dazu auch *Grunewald*, GmbHR 1997, 7 (9).
[628] *Schummer*, Eigenkapitalersatzrecht, 445.
[629] *Böcker*, 334; *Reiner*, FS Boujong, 415 (441); *A. Götz*, 173 ff.

Handlungsalternativen gestellt werden, sondern die Unternehmensfortführung (gerade auch aus Gläubigersicht) unproblematisch ist. Nicht das Belassen, sondern (nur) das Abziehen würde also Gläubigerinteressen beeinträchtigen. Durch die eigenkapitalersatzrechtliche Bindung auch bestehender Forderungen wird im Gegenteil erreicht, dass dem Gesellschafter jeder gesunde Anreiz für einen sinnvollen Sanierungsversuch genommen wird.[630]

Das Eigenkapitalersatzrecht lässt diese Erwägungen unberücksichtigt.[631] Die Umwidmung in Eigenkapital vollzieht sich unabhängig davon, ob (mittelbar) ein Schaden bei den Gesellschaftsgläubigern entsteht.[632] Die den Rechtsprechungsregeln zu Grunde liegenden Kapitalerhaltungsvorschriften haben mit einer schadenersatzrechtlichen Betrachtung schon im Ansatz nichts zu tun. Sie eignen sich konzeptionell auch nicht dazu, eine Gläubigergefährdung durch weitere Verwirtschaftung des Vermögens bei Unternehmensfortführung über den Zeitpunkt der Krise hinaus zu sanktionieren. Und schließlich ist aus Gläubigersicht unklar, warum trotz seines Fehlverhaltens der Gesellschafter als Rechtsfolge nicht die Lücke im Gesellschaftsvermögen ersetzen muss, wenn denn der Normzweck schon der Gläubigerschutz sein soll. Die eigenkapitalgleiche Bindung (§ 31 GmbHG analog) kann sogar für die Normzweckverfolgung hinderlich sein, wenn der Gesellschafter wegen der Umwidmung sich um die Rückzahlung des „verlorenen“ Kredites nicht mehr kümmert. Dann wird genau das verhindert, was eigentlich gewollt ist, nämlich das Ende der weiteren Fortführung. Könnte der Rückzahlungsanspruch uneingeschränkt geltend gemacht werden, müsste nicht selten die kriselnde GmbH mangels liquider Mittel die Tilgung verweigern und wegen Zahlungsunfähigkeit Insolvenz anmelden.[633] Das Eigenkapitalersatzrecht behindert so gesehen also den insolvenzrechtlichen Gläubigerschutzmechanismus. Jedenfalls leistet die analoge Heranziehung der Kapitalerhaltungsregeln keinen schlüssigen Beitrag zur Begegnung der durch eine Unternehmensfortführung möglichen Gläubigergefahren.

bb. Novellenregeln

Dasselbe gilt im Grunde auch für die Novellenregeln. Hier kommt zur Eindämmung der Fortführungsgefahren sowieso nur die Sanktion des insolvenzrechtlichen Nachrangs in Betracht, da die Anfechtungsvorschriften offensichtlich auf die (zweite) Gefahr eines Befriedigungsvorzuges abgestellt sind. Aber auch der zwingende Nachrang der Rückzahlungsansprüche ist nicht verhaltensbezogen und besteht ohne weitere Prüfung einer tatsächlichen Beeinträchtigung der Gläubigerinteressen durch die Unternehmensfortführung. Vor dem Hintergrund der *ratio* Gläubigerschutz, die eine schadenersatzrechtlichen Sicht nahe legt, ist die Rechtsfolge eines Nachranges unangemessen und lässt sich nur als eine nicht näher begründete Strafsanktion oder eine Art pauschalierter Schadenersatz auffassen.[634]

---

[630] *Engert*, ZGR 2004, 813 (833).
[631] Gegenüberstellend mit der Insolvenzverschleppungshaftung *Böcker*, 330 ff.
[632] *Schummer*, Eigenkapitalersatzrecht, 444.
[633] Richtig *T. Bezzenberger*, FS Bezzenberger, 23 (50).
[634] *Böcker*, 335; *Schummer*, Eigenkapitalersatzrecht, 444; *Heinert*, 136.

b. Gläubigerschutz gegen bevorzugte Befriedigung der Gesellschafter

Eine Gläubigerbenachteiligung ist auch und gerade durch die Rückzahlung der Kredithilfe an den Gesellschafter zu besorgen. In ihrer typisierten Insiderstellung unterscheiden sich Gesellschafter von außenstehenden Gläubigern. Die Gesellschafter sollen sich nicht dadurch einen Vorteil verschaffen, dass sie auf eine frühzeitige Rückzahlung des Darlehens drängen und so im Vorfeld einer Insolvenz den anderen Gesellschaftsgläubigern zuvorkommen. Die logische Antwort auf solche unerwünschten, die Gläubigergesamtheit benachteiligenden Vermögensverschiebungen ist, dass die Begünstigung rückgängig gemacht wird (Vorteilsabschöpfung). Demzufolge sieht das (Insolvenz)Anfechtungsrecht vor, dass der Begünstigte das Erlangte zur Insolvenzmasse zurückgewähren muss (§ 143 I 1 InsO; § 11 I 1 AnfG).[635] Die Erkenntnis, dass eine bevorzugte Behandlung bestimmter Gläubiger verstärkt dann zu erwarten ist, wenn diese dem Schuldner besonders nahestehen, hat zur Erleichterung der Anfechtung gegenüber Insidern i.S.d. §§ 138 InsO, 3 II AnfG geführt.

aa. Rechtsprechungsregeln

Die Rechtsfolgen der Rechtsprechungsregeln scheinen zu dieser Gefährdungssituation zunächst zu passen. Denn nach § 31 I GmbHG analog muss eine Rückzahlung der umqualifizierten Darlehensvaluta wieder ausgeglichen werden. Dies kann im Ergebnis tatsächlich verhindern, dass sich Gesellschafter gegenüber anderen Gläubigern einen Befriedigungsvorteil verschaffen. Andererseits indes versteht das im Kapitalerhaltungsrecht verankerte Regelungskonzept als tragenden Grund der Rückgewährpflicht nicht das konkrete Ausnutzen eines Informationsvorsprunges im Vorfeld der Insolvenz. Denn die erzwungene Kapitalbindung vollzieht sich bereits bei der Darlehenszufuhr und sanktioniert so die Finanzierung an sich, ohne dass hier bereits feststünde, dass der Gesellschafter die Kreditleistung aufgrund seiner Nähebeziehung und besseren Informationsmöglichkeiten früher als andere Gläubiger zurückerhalten wird. Im Zentrum der Rechtsprechungsregeln steht deshalb auch nicht wirklich die Sorge um die Ausnutzung einer Insiderstellung kurz vor Insolvenzreife der Gesellschaft. Es kommt nämlich nicht nur für die Frage der Rückzahlungspflicht (§ 31 I GmbHG) tatbestandlich auf einen zeitlich davor liegenden Vorgang (Darlehensgewährung in der Krise) an. Die Idee der Umqualifizierung schießt noch weiter über das Ziel hinaus, wenn unabhängig von der Frage des zu verhindernden Befriedigungsvorsprungs dauerhaft ab Kreditzuführung für den gesamten Zeitraum der – dazu noch schwer einzugrenzenden – Krisenperiode die Gesellschafterforderung *de facto* aberkannt wird. Konsequent verstanden gestehen die Rechtsprechungsregeln dem Gesellschafter nicht einmal eine Insolvenzquote zu. Hier hat zwar inzwischen § 32a I 1 GmbHG eine Änderung gebracht; dennoch soll auch danach der Gesellschafter hinter allen anderen Gläubigern stehen. Das passt nun eben nicht zu der Intention, nur eine gleichmäßige Befriedigung der Gläubiger sichern zu wollen, sondern ist eher eine einseitige Benachteiligung einer bestimmten Gläubigergruppe. Ebensowenig zweckentsprechend ist

[635] Zu Überschneidungen zwischen Insolvenzrecht und Eigenkapitalersatzrecht noch näher unten C.III.

denn auch die Erfassung stehengelassener Kredithilfen. Hierdurch zwingt das Eigenkapitalersatzrecht nämlich gerade dazu, die Kenntnis von der finanziellen Lage auszunutzen und den Kreditbeitrag zurückzufordern. Soweit im Einzelfall zugleich eine Anfechtung der Rückzahlung nach allgemeinen Anfechtungstatbeständen möglich ist, hat dann der Gesellschafter nur die Wahl zwischen Skylla und Charybdis.

Schließlich lässt das Rechtsprechungskonzept unberücksichtigt, dass es bei der Frage einer Bevorzugung einzelner Gläubiger im Vorfeld der Insolvenz um ein allgemeines Problem geht, das lediglich durch die besondere Konstellation einer Verflechtung von Gläubiger und Schuldner verschärft wird. Deswegen liegt es aber näher, einen einheitlichen Lösungsansatz zu verfolgen und auf die Sondersituation innerhalb dieses Systems zu reagieren. Das Insolvenzanfechtungsrecht hat dies mit zahlreichen Vermutungsregeln zu Lasten nahestehender Personen getan. Die Rechtsprechungsregeln hingegen knüpfen nicht an die tatsächliche Auswirkung einer möglichen Insiderstellung an, sondern statuieren ein Sonderrecht für Gesellschafter, das nur einen Ausschnitt des allgemeinen Problems einer Verringerung der Insolvenzmasse zu Lasten der Gläubigergesamtheit regeln kann.[636]

bb. Novellenregeln

Im Ausgangspunkt normzweckkonform zeigen sich demgegenüber die Novellenregeln, soweit sie das Eigenkapitalersatzrecht als anfechtungsrechtliches Problem begreifen. Sie wollen eine Bevorzugung einzelner Gläubiger verhindern, respektive sanktionieren.[637] Die Adäquanz der Regelung leidet nur darunter, dass auch hier tatbestandlich ein Rückbezug auf den Zeitpunkt der Darlehensgewährung *in statu cridae*

---

[636] Wenn hier von einer möglichen Insiderstellung der Gesellschafter gesprochen wird, setzt sich dies nicht in Widerspruch zu der oben (A.VII.2.b.) geäußerten Auffassung, dass das Eigenkapitalersatzrecht dogmatisch auch damit nicht überzeugen könne, dass es die besondere Informations- und Einflussmöglichkeit des Gesellschafters als Ansatzpunkt wählt, weil dann auch Nichtgesellschafter mit einer ähnlichen institutionalisierten Insiderstellung (z.B. Geschäftsführer) erfasst werden müssten. Denn während es beim Eigenkapitalersatzrecht um ein reines Sonderrecht nur für Gesellschafter geht, ist die Haftungsverschärfung für nahestehende Personen (§ 138 InsO) Teil des Gesamtkonzepts Insolvenzanfechtung. Dabei werden Gesellschafter wie alle anderen Gläubiger von den Regelungen erfasst und schaffen damit im Ausgangspunkt bei der Frage der Sanktionierung eines frühzeitigen Abzugs eben die „Gleichheit", die bei den obigen Ausführungen als fehlend kritisiert wurde. Die auch für Gesellschafter – soweit ihre Beteiligung 25 % übersteigt – als sog. „nahestehenden Personen" geltenden Vorschriften entspringen der Erkenntnis, dass hier typischerweise von einem besonderen Informationsvorsprung auszugehen ist, der die Gläubigergleichbehandlung beeinträchtigende Vermögensverschiebungen wahrscheinlicher macht (krit. zur Ausgestaltung des § 138 II Nr. 1 InsO aber unten Kap.4 C.III.1.). Es wird daraus jedoch gerade nicht die Konsequenz gezogen, einen besonderen Anfechtungstatbestand zu kreieren und prinzipiell alle Rechtshandlungen mit solchen Personen zu sanktionieren – vielmehr werden bloß Erschwerungen (widerlegbare (!) Vermutungen, s. etwa §§ 130 III, 131 II 2 InsO) vorgesehen, die sich nahtlos in das für alle Gläubiger geltende Sanktionsinstrumentarium einfügen.

[637] Dies bestätigt auch ein Blick auf die Entwicklungsgeschichte der Novellenregeln (dazu oben Kap.2 B.). Bei den Beratungen der AkDR spielte zuvörderst die Befürchtung eine Rolle, dass sich ein darleihender Gesellschafter aufgrund seiner besonderen Stellung als Mitglied der GmbH vor den anderen Gläubigern befriedigen könnte.

erfolgt und damit der Blick darauf verstellt wird, dass für die Gläubiger insoweit nicht die Finanzierung an sich sondern die „Entfinanzierung“ entscheidend ist.[638] Dies ist aber weniger eine Frage der Normzweckkompatibilität als der Ausgestaltung der Regelung (dazu und zur Frage der Notwendigkeit einer Sonderregelung neben § 138 InsO krit. unten Kap.4 C.II.)

Der Nachrang für die Gesellschafterforderungen in der Insolvenz, der *de facto* wie die Rechtsprechungsregeln vom Umqualifizierungsgedanken beherrscht wird, geht hingegen wie diese über das Ziel hinaus, nur einen ungerechtfertigten Befriedigungsvorsprung der Gesellschafter zu verhindern. Denn der Nachrang benachteiligt die Gesellschafter ohne Rücksicht auf die eigentlich zu regelnde Gläubigergefahr (Darlehensabzug).[639]

3. Zwischenergebnis

Obschon *ratio* des Eigenkapitalersatzrechts der Gläubigerschutz sein soll, ist es auf die beiden bei der Gesellschafterfremdfinanzierung festzustellenden Gefahrensituationen unzureichend abgestimmt. Lediglich die speziellen Anfechtungstatbestände der Novellenregeln sind immerhin im Ansatz geeignet, hier einen zielorientierten Beitrag zu leisten. Ansonsten erreicht das Eigenkapitalersatzrecht nur eine pauschale Aufbesserung der Insolvenzquote, wobei deren Höhe aber allein in der Finanzierungsentscheidung des Gesellschafters liegt. Das Grundproblem liegt darin, dass die beiden zu bewältigenden Gläubigergefahren strukturell unterschiedlich sind. Einmal geht es um Nachteile, die aus der Fortführung der Gesellschaft entstehen können, das andere Mal um den Wiederabzug der Finanzierungshilfe und das Problem der Ausnutzung einer Insiderstellung. Ein einziges Rechtsinstitut kann diese unterschiedlichen Gefahren nicht ohne Brüche regeln – und zwar schon gar nicht dann, wenn bei der Fremdkapitalzuführung angesetzt wird, durch die typischerweise noch keine Gläubigergefahr entsteht. Es liegt deswegen nahe, die verschiedenen Gläubigergefährdungssituationen getrennt zu bewältigen und den Blick auf die Insolvenzverschleppungshaftung einerseits und die Insolvenzanfechtung andererseits zu verlagern.

II. Finanzierungswissenschaft und Eigenkapitalersatzrecht

Das Eigenkapitalersatzrecht weist starke ökonomische Bezüge auf.[640] Denn Fragen der Beschaffung des für die Durchführung der betriebsnotwendigen Investitionen erforderlichen Kapitals thematisiert auch die Finanzierungswissenschaft. Deswegen und auf-

[638] *Claussen*, GmbHR 1994, 9 (15); *T. Bezzenberger*, FS Bezzenberger, 23 (44).
[639] *Cahn*, AG 2005, 217 (223); a.A. *Huber/Habersack*, BB 2006, 1 (3) mit dem Argument, Gesellschafter müssen innerhalb eines kritischen Zeitraumes respektieren, dass das Gesellschaftervermögen vorrangig zur Befriedigung der außenstehenden Gläubiger reserviert sei. Damit freilich wird die Gläubigerstellung der Gesellschafter im Vorfeld der Insolvenz mit der Behauptung einer allgemeinen Pflicht zur Risikotragung *de facto* negiert.
[640] *Claussen*, ZHR 2003, 494 (497).

grund der Bezugnahme auf das kaufmannsübliche, objektiv richtige Finanzierungsverhalten in § 32a I 1 GmbHG ist zu erwarten, dass das Eigenkapitalersatzrecht auch in der Finanzierungswissenschaft bekannt ist und von ökonomischer Seite gestützt wird. Ein kurzer Blick über die eigenen fachlichen Grenzen hinaus ergibt jedoch ein anderes Bild.

1. Mangelnde Rezeption des Eigenkapitalersatzrechts in der Finanzierungswissenschaft

Die Fülle an Literatur zum Eigenkapitalersatzrecht in der Rechtswissenschaft steht in auffälligem Gegensatz zum geringen Anklang, den es in der Ökonomie gefunden hat. Im Grunde gilt noch heute die Feststellung *Claussens*, dass das eigenkapitalersetzende Darlehen in der betriebswirtschaftlichen Finanzierungslehre keinen Stellenwert hat.[641] Die gängigen Lehrbücher zur Finanzierung greifen das Eigenkapitalersatzrecht wenn überhaupt nur am Rande auf.[642] Kenntnisse dieses Rechtsgebietes sind jedoch rein tatsächlich unerlässlich für das Finanzierungsgebaren eines Unternehmers; wer sich nicht auskennt, läuft in eine Haftungsfalle.

Zu begrüßen ist zwar, dass die ökonomische Analyse des Eigenkapitalersatzrechts inzwischen vorangebracht wurde.[643] Die bei einer ökonomischen Analyse angestrengte Untersuchung, ob Rechtsnormen allokationseffizient sind, also wohlfahrtssteigernde oder wohlfahrtsmindernde Wirkung erzielen,[644] ist für die Folgen rechtlicher Entscheidungen von großer Bedeutung. Sie ist aber letztlich darauf beschränkt, bestehende Rechtsregeln auf ihre Sinnhaftigkeit zu untersuchen und danach zu beurteilen.[645] Die geltende Rechtsordnung ist dabei allerdings als Rahmen vorgegeben. Das heißt, die Finanzierungswissenschaft kommt nicht darum herum, die gesetzlichen Rahmenbedingungen in ihre Finanzierungstheorien mit einzubauen und in Lehrbüchern zur Finanzierung, die schließlich auch Handlungsempfehlungen für Entscheidungen im Finanzbereich geben sollten, zumindest zu erwähnen. Mit einer nur unzureichenden Vermittlung in der betriebswirtschaftlichen Ausbildung kann das Eigenkapitalersatz-

---

[641] *Claussen*, FS Forster, 139 (148). So auch *Heinert*, 52; *Klaus*, ZBB 1994, 247 (247); *Engert*, ZGR 2004, 813 (814).

[642] Lediglich bei *Drukarczyk*, Finanzierung, 410 ff. wird das Kapitalersatzrecht etwas ausführlicher (wenngleich kritisch) dargestellt. Bei *Perridon/Steiner*, 431; *Wöhe/Bilstein*, 211; *Süchting*, 40 ff. taucht jew. nur kursorisch ein Hinweis auf § 32a GmbHG auf; bei *R. H. Schmidt/Terberger*; *Franke/Hax* und *Neus* sucht man vergeblich nach einer Erwähnung dieses Rechtsinstituts. Noch nicht einmal in den Kapiteln über Finanzierung in der „Unternehmenskrise" bei *Gerke/Bank*, 476 ff. oder in der Darstellung der „Grenzen der Kreditfinanzierung" bei *Neus*, 329 f. kommt ein Hinweis auf das Eigenkapitalersatzrecht vor.

[643] So v.a. durch die Dissertationen von *Beine*; *Scheer*; *Renger*; *A. Götz*. Insgesamt steht das wirtschaftswissenschaftliche Schrifttum dabei dem Eigenkapitalersatzrecht aber skeptisch bis ablehnend gegenüber, *Engert*, ZGR 2004, 813 (814).

[644] *Schäfer/Ott*, 6 f.; *A. Götz*, 118; *Claussen*, ZHR 2003, 494 (497 ff.); *J. Götz*, 26 ff.

[645] Eine insgesamt (und insbes. für die Fälle des Stehenlassens) ökonomisch ineffiziente Wirkung attestiert *A. Götz*, 207 ff. (Zusammenfassung) dem Eigenkapitalersatzrecht; ähnl. *Scheer*, 397 ff.

recht einen Einfluss auf die unternehmerische Praxis nicht zeitigen. Dass das Eigenkapitalersatzrecht in Werken zur Unternehmensfinanzierung unbeachtet bleibt, zeigt indes, dass die Idee eigenkapitalersetzender Gesellschafterleistungen immer noch als juristisches Konstrukt weitgehend berührungslos neben der Finanzierungswissenschaft steht.[646]

2. Fehlende Kapitalstrukturregeln in der Finanzierungswissenschaft

Der eigenkapitalersatzrechtliche Ansatz, es gebe einen Zeitpunkt, in dem der ordentliche Kaufmann (wenn überhaupt) nur noch mit Eigenkapital weiter finanzieren würde, impliziert die Vorstellung, dass spätestens dann nicht nur der Gläubigerschutz sondern auch das unternehmerische Interesse eine Erhöhung des Fremdkapitalanteils verbietet, weil sie bloß zu einem „Tod auf Raten" führt. Eine zu fremdkapitallastige Finanzierungsstruktur soll dann also auch aus ökonomischen Gesichtspunkten unangebracht sein.[647] Das Eigenkapitalersatzrecht entspräche so gesehen betriebswirtschaftlichen Grundsätzen der Unternehmensfinanzierung in der Krise.[648]

Nun ist die Kennzeichnung der richtigen Kapitalstruktur kein *prima facie* juristisches Spielfeld. Mit Theorie und Technik der Kapitalbeschaffung und Kapitalanlage befasst sich v.a. die Finanzierungswissenschaft, wobei für die hier interessierende Kapitalbeschaffung Kapitalstruktur, Kapitalbedarf und Kapitalkosten die bestimmenden Teilprobleme sind.[649] Die Entscheidung über den Verschuldungsgrad, also den Quotienten aus Fremdkapital und Eigenkapital, wird grundlegend von dem bereits erwähnten (Kap.2 A.II.3.a.cc.) Leverage-Effekt bestimmt. Danach wirkt die Verschuldung als Hebel auf die Eigenkapitalrentabilität, die mit zunehmendem Verschuldensgrad steigt, sofern die Gesamtkapitalrentabilität größer ist als der Fremdkapitalzins.[650] Die Gesellschafter können deswegen versucht sein, ihre Eigenkapitalrendite durch verstärkte Fremdkapitalfinanzierung zu steigern. Aus gewinnorientierter Sicht fordert der Leverage-Effekt gewissermaßen zu expansiver Verschuldung auf.[651] Jedoch muss dabei auch das Leverage-Risiko bedacht werden. Aus Sicht der Gesellschaftsgläubiger erhöht sich mit zunehmendem Fremdkapitalanteil das Kapitalstrukturrisiko, weswegen potentielle Kreditgeber einen Risikozuschlag auf den Kreditzins verlangen werden.[652] Wenn dann aber der Fremdkapitalzins größer ist als die Gesamtkapitalrentabilität, dann geht die Eigenkapitalrentabilität umso stärker zurück, je höher der prozentuale Anteil des Fremdkapitals am Gesamtkapital ist.[653] Der Effekt dreht sich zum Nachteil der Gesellschafter um. Für die Bestimmung eines optimalen Verschuldensgrades lässt

[646] *Claussen*, FS Forster, 139 (148).
[647] So etwa BGHZ 76, 326 (330) und *K. Schmidt*, ZIP 1981, 689 (691).
[648] *Claussen*, AG 1985, 173 (183).
[649] Perridon/Steiner, 8.
[650] *Neus*, 322.
[651] *Claussen*, AG 1985, 173 (184). Zur Einschränkung durch das sog. Leverage-Risiko sogleich im Text.
[652] *Schouler*, 49 ff.
[653] Neus, 322; Schouler, 50; Vervessos, 34.

sich deswegen aus dem Leverage-Effekt keine konkrete, allgemeingültige Finanzierungsregel ableiten.[654] Ebenso wenig lässt sich generell sagen, ab welchem Zeitpunkt jede weitere Fremdfinanzierung ökonomisch unvernünftig wäre. Schließlich ist in der Finanzierungswissenschaft schon umstritten, ob überhaupt ein optimaler Verschuldensgrad anzuerkennen ist oder ob nicht die Kapitalstruktur irrelevant für den Marktpreis eines Unternehmens und letztlich Eigenkapital völlig durch Fremdkapital substituierbar ist.[655]

Finanzierungsregeln aus der Finanzierungswissenschaft sind demzufolge nur grobe Faustregeln, deren Sinnhaftigkeit oft nicht im Einzelnen begründbar ist.[656] Allgemeinverbindliche Normen für eine optimale Kapitalstruktur sind finanzierungswissenschaftlich kaum definierbar.[657] Schon gar nicht findet deswegen die undifferenzierte, eingleisige Hypothese des Eigenkapitalersatzrechts, in der Krise ausschließlich Eigenkapitalfinanzierung zu akzeptieren und mezzanine Finanzierungsformen auszublenden, in der Finanzierungswissenschaft Rückhalt. Denn für die Betriebswirtschaftslehre ist die Kapitalstruktur eines Unternehmens ein einzelwirtschaftliches Dispositionsproblem, das nach Gewinnmaximierungsgesichtspunkten zu entscheiden und auch von der Konjunkturlage abhängig ist.[658] Kann sich somit die eigenkapitalersatzrechtliche Vorstellung von der „richtigen" Krisenfinanzierung nicht auf anerkannte und handhabbare Regeln der Betriebswirtschaft oder kaufmännischen Praxis stützen, bleibt sie rechtspolitische und vom Gedanken angemessener Eigenkapitalausstattung geprägte[659] Sollensnorm, die nur scheinbar interdisziplinär abgesichert ist.[660]

---

[654] *Neus*, 322.

[655] Zurückgehend auf Erkenntnisse von *Modigliani/Miller*, weitere Erläuterungen bei *Schneider*, DB 1986, 2293 (2297 ff.); *A. Götz,* 121 ff.; *R.H. Schmidt/Terberger*, Finanzierungstheorie, 252 ff.; *Perridon/Steiner*, 510 ff.; *Albach*, in: Breuer, HdB Finanzierung, 533 (541 ff.).

[656] *R.H. Schmidt/Terberger*, Finanzierungstheorie, 29; *Claussen*, AG 1985, 173 (183). Vgl. schon o. Kap.2 A.II.1.b.

[657] *Claussen*, AG 1985, 173 (184).

[658] *Claussen*, AG 1985, 173 (183 ff.); Rechenbeispiele bei *Albach*, in: Breuer, HdB Finanzierung, 533 (541 ff.).

[659] Zur Kritik an der These von der Eigenkapitalschwäche deutscher Unternehmen *Schneider*, BB 1986, 2293-2298.

[660] *Claussen*, FS Forster, 139 (150 ff.) betont, dass der Ökonom Eigen- und Fremdkapital als Finanzierungsmittel mit verschiedener Haftungsfunktion kennt und ihm deshalb nur schwer vermittelt werden kann, wie aus Fremdkapital plötzlich Eigenkapital wird. Er sehe sich deshalb vor ein Wunder gestellt (152 ff.). Dazu ist auf die Erwägungen (Kap.2 A.II.2.) hinzuweisen, dass Fremdkapital tatsächlich Voraushaftungs- und Ingangsetzungsfunktionen fehlen. Solche Funktionen können ihm zwar verstärkt durch entsprechende vertragliche Ausgestaltung zukommen, nicht indes durch eine fiktive Umqualifizierung. Zudem verwässert das Eigenkapitalersatzrecht die Trennung von Eigen- und Fremdkapital, indem es eine Kategorie von Eigenkapital schafft, dem kein Stimmrecht korrespondiert.

III. Konkurrenzproblem: Funktionale Überschneidungen mit dem Insolvenzrecht

Dem Eigenkapitalersatzrecht wie auch dem Zwang zur Insolvenzanmeldung liegt die Vorstellung von einer fallierenden Gesellschaft zugrunde. Beide Normkomplexe nehmen diese Situation zum Anlass, aus Gründen des Gläubigerschutzes regulierend einzugreifen. Die daraus resultierende zeitliche und sachliche Nähe von Insolvenz- und Eigenkapitalersatzrecht wirft zwangsläufig die Frage nach der Abgrenzung der Rechtsgebiete auf und nötigt zu der Untersuchung, inwieweit das Nebeneinander der Regelungen aufeinander abgestimmt ist oder ob nicht der Normbestand für diesen situationsbezogenen Gläubigerschutz ein abschließendes Konzept in Gestalt des Insolvenzrechts bereit hält.

1. Überschneidungsbereiche

a. Zeitliche Überschneidung

Die Eingriffszeitpunkte von Eigenkapitalersatzrecht und Insolvenzrecht sind unterschiedlich definiert. Während es für das Insolvenzrecht auf den Moment der Überschuldung und der (fakultativ auch lediglich drohenden) Zahlungsunfähigkeit ankommt, greift das Eigenkapitalersatzrecht ab der „Krise" der Gesellschaft.

Das Insolvenzrecht möchte bei am Markt versagenden Unternehmen dann regulierend eingreifen, wenn zunehmend die Gefahr besteht, dass das schuldnerische Vermögen weiter schwindet. Es geht um die rechtliche Ordnung des Marktaustritts (insbesondere eine gleichrangige Haftungsverwirklichung) oder den finanziellen Umbau (Sanierung) von Wirtschaftseinheiten.[661] Trotz der bei Feststellung der Überschuldung teilweise bestehenden Schwierigkeiten (sogleich im Text und noch Kap.4 B.I.) lassen sich der Grundidee nach die in §§ 17 II, 18 II, 19 II InsO definierten Zeitpunkte für die Insolvenzreife hinreichend genau beschrieben, um hieran eine (strafbewehrte, § 84 I Nr. 2 GmbHG) Pflicht zur Antragstellung (§ 64 I GmbHG) zu knüpfen.

Dem Eigenkapitalersatzrecht liegt mit der „Krise" ein auf den ersten Blick konzeptionell anderer Eingriffszeitpunkt zu Grunde. Die Krise soll einen der Insolvenzreife zeitlich vorgelagerten Zeitraum beschreiben und Gläubigerschutz (auch) im Vorfeld einer Insolvenz gewährleisten.[662] Die Begriffsbestimmung gestaltet sich hier jedoch schwieriger als die Beschreibung der insolvenzrechtlichen Terminierungsregeln. Nach fast einhelliger Ansicht ist generell auf das Kriterium der Kreditunwürdigkeit zurück-

---

[661] Begründung zum Diskussionsentwurf (EInsO), A 10.

[662] *Vollmer/Smerdka*, DB 2000, 757 (757); *Böcker*, 304, 331; *Schaub*, DStR 1993, 1483 (1489); Hachenburg/*Ulmer*, GmbHG, §§ 32a, b Rn. 44; *Schaub*, DStR 1993, 1483 (1489); *Haas/Dittrich*, in: v. Gerkan/Hommelhoff, HdB Kapitalersatzrecht, Rn. 8.20; BGHZ 76, 326 (329 ff.); BGH NJW 1999, 3120 (3121); BGH GmbHR 2004, 898 (900 ff.).

zugreifen.[663] Kreditunwürdig ist die Gesellschaft (schon) dann, wenn sie Fremdkapital zu marktüblichen Konditionen bei einem wirtschaftlich vernünftig handelnden außenstehenden Dritten nicht mehr erhalten kann und deshalb ohne die Kreditleistung alsbald liquidiert werden müsste.[664] Da eine konkrete Kreditentscheidung eines Dritten regelmäßig fehlt, bleibt die Simulation des marktüblichen Verhaltens eines standardisierten Dritten fast immer dem Heranziehen von Indizien überlassen.[665] Die Kreditunwürdigkeit wird regelmäßig erst im Nachhinein aufgrund einer Gesamtwürdigung sämtlicher Umstände im Einzelfall erschlossen.[666]

Bereits die Tatsache, dass Kreditunwürdigkeit immer dann oder spätestens dann vorliegen soll, wenn die GmbH insolvenzreif ist,[667] deutet darauf hin, dass die Zeitpunkte trotz der begrifflichen Verschiedenheit einen großen Überschneidungsbereich aufweisen. Gerade die Konturlosigkeit des Krisenbegriffes (oben B.II.1.) nötigt nicht selten zu einem Rückgriff auf die Insolvenzauslösetatbestände. Damit ist auch zu erklären, dass Ansprüche aus Eigenkapitalersatz zumeist erst in der Insolvenz der GmbH durch den Insolvenzverwalter geltend gemacht werden[668] und damit der „Vorfeldschutz" zu einem Mittel der Aufbesserung der Insolvenzquote mutiert.[669] Darüber hinaus hat sich der Krisenzeitpunkt in der Urteilspraxis nie aus der insolvenzrechtlichen Umklammerung befreit. Der Vorfeldschutz bleibt dann ein theoretischer. Ein Judikat, bei dem zwar die Krise bejaht, jedoch gleichzeitig das Fehlen einer Insolvenzreife zum Zeitpunkt der Ausreichung oder des Stehenlassens der Gesellschafterleistung *positiv* festgestanden hätte, lässt sich denn auch nicht finden.[670] Die historische Entwicklung schließlich zeigt, dass schon am Beginn der Rechtsfortbildung solche Fälle standen, bei denen die Gesellschafterleistung im Stadium der Insolvenzreife ausgereicht wurde. Immerhin wurde anfänglich gar tatbestandlich ein Insolvenzabwendungszweck vorausgesetzt und damit das Eigenkapitalersatzrecht direkt an die Insolvenzauslösetatbestände angebunden. Erst später[671] wurde dann versucht, mit dem Kriterium der Kreditunwürdigkeit den entscheidenden Zeitpunkt vorzuverlagern. Hieran zeigt sich der Wille der Rechtsprechung, sich von den starren Zeitpunkten der §§ 17 I, 19 I InsO zu lösen und ein flexibleres (aber weniger bestimmbareres) Sanktionsmittel zur Aufbesse-

663 Dazu schon o. Kap.2 C.I.3.b. und (krit.) B.II.1.

664 BGH NJW 1999, 3120 (3121); BGHZ 119, 201 (206) „Dornier"; KG GmbHR 2004, 1334 (1335); OLG Karlsruhe, NZG 2000, 791 (792); MünchHdBGesR III/*Rümker*, § 52 Rn. 9; *v. Gerkan*, in: v. Gerkan/Hommelhoff, HdB Kapitalersatzrecht, Rn. 3.42.

665 *Haas*, NZI 1999, 209 (212 ff.). Zu den verschiedenen Indizien bereits oben Kap.2 C.I.3.b.

666 Michalski/*Heidinger*, GmbHG, §§ 32a, 32b Rn. 45 ff.; R/A/*Altmeppen*, GmbHG, § 32a Rn. 20; *Haas*, NZI 1999, 209 (213).

667 BGHZ 109, 55 (59) „Lagergrundstück I"; OLG Düsseldorf, GmbHR 2004, 305 (307); Hachenburg/*Ulmer*, GmbHG, §§ 32a, b Rn. 47; *Haas/Dittrich*, in: v. Gerkan/Hommelhoff, HdB Kapitalersatzrecht, Rn. 8.20.

668 *Böcker*, 331 ff. m.w.N.; *Blöse*, Anm. zu LG Hildesheim GmbHR 2003, 1485 (1486).

669 Ähnl. *Claussen*, GmbHR 1996, 316 (320).

670 So auch *Reiner*, FS Boujong, 415 (437); ähnl. *Haas*, NZI 2001, 1 (6 ff.); *Haas/Dittrich*, in: v. Gerkan/Hommelhoff, HdB Kapitalersatzrecht, Rn. 8.32.

671 BGHZ 76, 326 (329 ff.); bereits angedeutet in BGHZ 75, 334 (336); BGH WM 1972, 74 (75) „Deckenputz".

rung der Insolvenzquote zu entwickeln.[672] Das Ziel eines Gläubigerschutzes im Vorfeld der Insolvenz gehört entgegen der landläufigen Meinung jedoch nicht seit jeher zu den Grundfesten des Eigenkapitalersatzrechtes.

Im Zuge der Einführung der Insolvenzordnung sind Insolvenzreife und Krise noch näher zueinander gerückt. Denn erklärtes Ziel der Insolvenzordnung ist es, eine im Vergleich zur Konkursordnung einfachere und frühere Insolvenzauslösung zu erreichen.[673] Dies macht die Neuausrichtung des insolvenzrechtlichen Überschuldungsbegriffes besonders deutlich, wonach eine positive Fortführungsprognose allein nicht mehr genügt, um die Insolvenzreife auszuschließen sondern nur noch über den Bewertungsansatz (Fortführungs- oder Liquidationswerte) entscheidet. Diese zeitliche Vorverlagerung der Insolvenzreife bedeutet gleichzeitig, dass auf der Zeitachse der kriselnden GmbH sich der Insolvenzauslösezeitpunkt auf das eigenkapitalersatzrechtliche Krisenmoment zubewegt.[674] Das theoretische Zeitfenster zwischen Krise und Insolvenzreife wird also kleiner und die Berechtigung des Eigenkapitalersatzrechts als Garant eines vorgelagerten Gläubigerschutzes fragwürdiger.

Kreditunwürdigkeit und Überschuldung (§ 19 InsO) ist darüber hinaus eine prognostische Beurteilung der künftigen Wirtschaftslage der GmbH gemein. Bei der Überschuldung entscheidet die Fortführungsprognose über den Bewertungsansatz bei der Gegenüberstellung von Vermögen und Verbindlichkeiten.[675] Bei Ermittlung der Kreditunwürdigkeit wird der zum Vergleichsmaßstab erhobene vernünftig handelnde Dritte seiner Entscheidung vernünftigerweise auch eine Einschätzung der künftigen Unternehmensentwicklung zu Grunde legen.[676] Hier wie da geht es dann darum, anhand verschiedener Unternehmensdaten[677] die Fähigkeit der Gesellschaft zu beurteilen, künftig (wieder) dauerhaft ihren Zahlungsverpflichtungen fristgerecht und vollständig nachzukommen.[678] In der Praxis werden sich deshalb die Prognoseelemente von Überschuldung und Kreditunwürdigkeit kaum unterscheiden.[679] Liegt Kreditunwürdigkeit vor, wird demnach die Fortführung der Gesellschaft auch nur selten „überwiegend wahrscheinlich" i.S.d. § 19 II InsO sein. Hinzu kommt schließlich, dass umgekehrt schon

---

[672] *Reiner*, FS Boujong, 415 (438).

[673] Begründung zum Diskussionsentwurf (EInsO), A 25 ff.; *Drews*, 199; *Vollmer/Smerdka*, DB 2000, 757 (758).

[674] Ebenso *Bormann*, Anm. zu GmbHR 2004, 898 (903); *Haas/Dittrich*, in: v. Gerkan/Hommelhoff, HdB Kapitalersatzrecht, Rn. 8.31.

[675] Unter der KO war die Fortführungsprognose noch eigenständiges Element der Überschuldungsprüfung (modifizierter zweistufiger Überschuldungsbegriff), BGHZ 119, 201 (213 ff.) „Dornier". Zur Gesetzesänderung Scholz/*K. Schmidt*, GmbHG, § 64 Rn. 16 f.; R/S-L/*Schmidt-Leithoff*, GmbHG, § 63 Rn. 72 ff.

[676] *Schaub*, DStR 1993, 1483 (1489); *Haas*, NZI 2001, 1 (6).

[677] Z.B. Eigenkapitalquote, Umsatzrendite, cash-flow, etc.; dazu i.E. *Schaub*, DStR 1993, 1483 (1488 ff.).

[678] Für die Kreditwürdigkeit R/S-L/*Pentz*, GmbHG, § 32a Rn. 41; für die Fortbestehensprognose im Rahmen der Überschuldungsfeststellung OLG Köln BB 2000, 2121 (2122).

[679] *Haas/Dittrich*, in: v. Gerkan/Hommelhoff, HdB Kapitalersatzrecht, Rn. 8.30 m.w.N. aus der Rspr.; *Beintmann*, 109; *Schaub*, DStR 1993, 1483 (1489); vgl. OLG Karlsruhe NZG 2000, 791 (792); OLG Stuttgart GmbHR 1994, 620 (622); z.T. krit. *Böcker*, 308 ff.

eine handelsbilanzielle Überschuldung für die Kreditwürdigkeit als ein wesentlicher Indikator gilt[680] und richtigerweise auch gleichzeitig die Vermutung insolvenzrechtlicher Überschuldung nach sich zieht (dazu unten Kap.4 B.I.).

Die Gemengelage der Zeitpunkte wird damit komplettiert, dass die Kreditunwürdigkeit ihrerseits wiederum bei der Insolvenzverschleppungshaftung des Geschäftsführers auftaucht. Dort wird den Neugläubigern nach h.M. wegen ihres Vertrauens auf Zahlungsfähigkeit und eben Kreditwürdigkeit der GmbH ein individueller Schadensersatzanspruch zugesprochen.[681] Die insolvenzrechtliche Wertung, dem Geschäftsführer eine Überlegungsfrist von (maximal) drei Wochen zuzubilligen (§ 64 I 1 GmbHG), gilt umgekehrt als Anhaltspunkt für die dem Gesellschafter beim Stehenlassen des Kredits zugebilligte Überlegungsfrist, ob er den Finanzierungsbeitrag abziehen will oder nicht.[682] Insgesamt ist eine befriedigende Abgrenzung von Insolvenzreife und Kreditunwürdigkeit also kaum zu leisten.[683]

b. Sachliche Überschneidung

Die Überschneidungen zwischen Insolvenzrecht und Eigenkapitalersatzrecht betreffen auch die hinter den Rechtsgebieten stehenden Grundüberlegungen. Ziel des Insolvenzrecht ist es, einen geordneten Marktaustritt sicherzustellen und das Vermögen des Schuldners gleichmäßig zu verteilen oder im Gläubigerinteresse das Unternehmen zu erhalten (§ 1 InsO).[684] Eine unbesehene weitere Unternehmensfortführung soll bei Insolvenzreife verhindert werden.

Ganz ähnlich klingen dazu die Überlegungen zum Eigenkapitalersatzrecht. Hier ist von der „nicht mehr lebensfähigen" Gesellschaft die Rede, die ohne weitere Mittelzufuhr „alsbald liquidiert" werden müsse und nicht „künstlich am Leben erhalten" werden dürfe.[685] Damit ist freilich derselbe ordnungspolitische Gedanke angesprochen, dass eine kriselnde Gesellschaft aus Gründen des Gläubigerschutzes zu einem bestimmten Zeitpunkt vom Markt zu nehmen ist.[686] Das bestätigt die Erwägung, der Gesellschafter dürfe mit einer Darlehensgewährung die Krise nicht weiter verschlep-

---

[680] BGH GmbHR 2004, 898 (901).

[681] BGHZ 126, 181 (194, 196) unter Aufgabe von BGHZ 29, 100 (106).

[682] BGH NJW 1995, 658 (659); BGH DStR 1996, 555 (556); *Goette*, GmbH, § 4 Rn. 70; *Böcker*, 304 ff.

[683] *Haas/Dittrich*, in: v. Gerkan/Hommelhoff, HdB Kapitalersatzrecht, Rn. 8.30; ähnl. *Böcker*, 306 mit der Feststellung, dass der Begriff der Kreditunwürdigkeit die Insolvenzauslösetatbestände verwässere.

[684] Zu den Zielen des Insolvenzverfahrens bspw. Braun/*Kießner*, InsO, § 1 Rn. 3 ff.

[685] BGHZ 76, 326 (330); BGHZ 75, 334 (337); BGH WM 1972, 74 (75) „Deckenputz"; BGHZ 90, 381 (388) „BuM"; BGHZ 95, 188 (194); BGHZ 119, 201 (206) „Dornier"; BGH ZIP 1994 1934 (1938) „Früchte-GmbH"; BGH NJW 1997, 3171 (3172); BGH NZG 2001, 517 (518); BGH NJW 1999, 3120 (3121); OLG Hamm NZG 2001, 517 (518); LG Hildesheim GmbHR 2003, 1485 (1485).

[686] *Altmeppen*, NJW 2005, 1911 (1913 ff.); *Fastrich*, FS Zöllner, 143 (151); *Reiner*, FS Boujong, 415 (436 ff.). Deutlich R/S-L/*Pentz*, GmbHG, § 32a Rn. 17: „[...] die nicht überlebensfähige Gesellschaft vom Markt genommen werden, [...]."

pen.[687] So unterscheiden sich denn auch die dem Gesellschafter angebotenen Handlungsalternativen (Sanierung mit Eigenkapital oder Liquidation) im Ansatz nicht sehr von denen in der Gesellschaftsinsolvenz.[688] Letztlich geht das Eigenkapitalersatzrecht wie das Insolvenzrecht auch davon aus, dass die Entscheidungs- und Verfügungsgewalt der Gesellschafter ab einem bestimmten Zeitpunkt begrenzt werden muss. Jedoch meint es, dies bereits vor der Insolvenzreife verlangen zu können.

2. Harmonisierungsdefizite im Überschneidungsbereich

Die festgestellten Überschneidungen von Insolvenzrecht und Eigenkapitalersatzrecht werfen das Problem der Abstimmung der beiden Rechtsbereiche auf. Hier zeigt sich, dass an entscheidenden Stellen die Normkomplexe nicht miteinander harmonisieren.

a. Bestimmung der Terminierungspflicht

Wegen der Intention, auf eine rechtzeitige Beendigung krisengeschüttelter Gesellschaften hinzuwirken, begreift das Eigenkapitalersatzrecht die Fortführung der GmbH als sanktionswürdigen Unwert. Damit konfligiert es jedoch mit insolvenzrechtlichen Wertungen. Denn die Frage, wann eine Gesellschaft dazu gezwungen ist, ihre Existenz zu beendigen, regelt das Insolvenzrecht in den §§ 17, 19 InsO. Bis zur Insolvenzreife bleibt die GmbH als Unternehmensträgerin existenzberechtigt.[689] Daneben hat die Anknüpfung von Haftungsfolgen an die Fortführung einer „nicht mehr lebensfähigen" Gesellschaft keinen Platz. Die fehlende Wirtschaftlichkeit kann als ökonomischer Befund Anhaltspunkt für die Geschäftsführung sein, den weiteren Betrieb des Unternehmens zu überdenken, nicht jedoch als Maßstab für die rechtliche Beurteilung dienen.[690] Nur bei Feststellung der Überschuldung i.S.d. § 19 II InsO kommt der „wirtschaftlichen Lebensfähigkeit" im Rahmen der Fortführungsprognose eine – allerdings begrenzte[691] – Bedeutung zu. Der Schutz des Geschäftsverkehrs vor insolventen Gesellschaften ist originäres Anliegen des Insolvenzrechts, das gerade deshalb den Insolvenzgrund der Überschuldung eingeführt hat.[692]

Der Einwand, das Eigenkapitalersatzrecht zwinge nicht zur Beendigung, sondern untersage nur das Finanzieren mit Fremdkapital in der Krise, verfängt nicht. Denn andererseits wird die Entscheidungslage des Gesellschafters einhellig damit beschrieben, er solle dazu gezwungen werden, die Gesellschaft entweder zu liquidieren oder – dann

[687] R/S-L/*Pentz*, GmbHG, § 32a Rn. 17.
[688] *Haas*, NZI 2001, 1 (7).
[689] Ebenso *Schummer*, Eigenkapitalersatzrecht, 254. Dazu schon o. A.IX.2.b.
[690] *Reiner*, FS Boujong, 415 (436 ff.).
[691] Dazu noch unten Kap.4 B.I.2.
[692] *Borges*, ZIP 2004, 733 (739). Anders *Altmeppen*, NJW 2005, 1911 (1913), der daneben auch dem Eigenkapitalersatzrecht den Zweck zuschreibt, eine ungehinderte Fortführung der GmbH zu verhindern. Das ist aber nicht schlüssig, wenn man die Kreditunwürdigkeit konzeptionell zeitlich vor die Insolvenzreife verlagert – denn dann würde immer schon bei Kreditunwürdigkeit die weitere Fortführung quasi untersagt sein und würden die Insolvenzgründe ihrer Funktion beraubt.

aber mit Eigenkapital – fortzuführen.[693] Eine solche Entscheidungsalternative wäre aber nur dann schlüssig, wenn im Zeitpunkt der Kreditunwürdigkeit eine Rechtspflicht bestünde, sie zu liquidieren.[694] Eine solche Pflicht gibt es aber nicht.[695] Das Eigenkapitalersatzrecht krankt demzufolge an der Prämisse, eine kreditunwürdige Gesellschaft sei nicht mehr lebensfähig und dürfe deshalb auch nicht mehr werbend tätig sein.[696] Die zusätzliche Terminierungspflicht widerspricht der insolvenzrechtlichen Systematik und weicht die eindeutige insolvenzrechtliche Wertung auf, wann im Interesse der Gläubiger ein Eingriff in die Privatautonomie durch amtliche Haftungsgesamtabwicklung gerechtfertigt ist.[697] Der Wunsch nach vorzeitiger Beendigung einer Gesellschaft bereits bei Kreditunwürdigkeit mag vielleicht nachvollziehbar sein, findet indes rechtlich keine Stütze. Deutlich wird dies nicht zuletzt daran, dass es das Gesetz im Vorfeld von Zahlungsunfähigkeit und Überschuldung – bei nur drohender Zahlungsunfähigkeit (§ 18 InsO) – bei der bloßen Möglichkeit der Verfahrenseinleitung belässt, nicht jedoch zu einer Insolvenzanmeldung zwingt.[698]

b. Sanierungszweck versus „Liquidationspflicht"

Harmonisierungsdefizite sind daneben auch in den Zielvorstellungen auszumachen. Ziel des Insolvenzverfahrens ist es, soweit möglich und den Gläubigern dienlich, eine Erhaltung des Unternehmens zu befördern (§ 1 S. 1 HS 2 InsO). Dieses Ziel steht gleichberechtigt neben der Haftungsverwirklichung durch Verwertung des Schuldnervermögens.[699] Das Eigenkapitalersatzrecht hingegen berücksichtigt Sanierungsabsichten und Sanierungskonzepte nur unzureichend.[700] Es geht von einer Einspurigkeit erfolgreicher Sanierung aus, indem es nur die Eigenkapitalfinanzierung als richtige Sanierungsmaßnahme akzeptiert. Das bedeutet gleichzeitig, dass es sich anders als das Insolvenzrecht (wie an § 264 InsO deutlich wird[701]) dem Argument verwehrt, dass eine vernünftige Sanierung, die immer auch mit weiterer Kreditaufnahme verbunden ist, ebenfalls die Befriedigungsaussichten der Gläubiger verbessern kann. Die Einführung des Sanierungsprivilegs in § 32a III 3 GmbHG ändert an diesem Befund wenig. Denn es privilegiert nur die Sanierung durch Neugesellschafter samt bisheriger Kleinbetei-

---

693 Statt aller *Raiser/Veil*, Kapitalgesellschaften, § 38 Rn. 17; Hachenburg/*Ulmer*, GmbHG, §§ 32a, b Rn. 8.

694 Das Argument, der Gesellschafter könne doch sanktionslos unter Zuführung von Eigenkapital die GmbH weiterführen, verfängt nicht. Auch eine insolvenzreife (überschuldete) Gesellschaft darf fortgeführt werden, wenn hinreichend Eigenkapital zur Beseitigung der Überschuldung beigebracht wird.

695 *Schummer*, Eigenkapitalersatzrecht, 254; *Böcker*, 341.

696 So aber *v. Gerkan*, FS Lutter, 1317 (1324); R/S-L/*Pentz*, GmbHG, § 32a Rn. 17.

697 Ähnl. *Reiner*, FS Boujong, 415 (438) mit dem Vorwurf, die Rspr. habe sich möglicherweise mit dem Eigenkapitalersatzrecht nur ein flexibles Kriterium schaffen wollen, um die Beweisschwierigkeiten bei der Überschuldungsfeststellung zu umgehen.

698 Ebenso *Böcker*, 341.

699 Braun/*Kießner*, InsO, § 1 Rn. 4; *Obermüller/Hess*, InsO, Rn. 17.

700 Dazu schon oben A.V.2.b.; A.IX.2.a.

701 Zweck des § 264 InsO ist es nämlich, die Kreditaufnahme im Rahmen eines Insolvenzplans sanierungserleichternd zu ermöglichen, Braun/*Braun*, InsO, § 264 Rn. 1.

ligter, die ihren Anteil in der Krise aufstocken, bewertet aber nicht – was angezeigt wäre – die objektiven Sanierungschancen.[702]

c. Überlegungsfristen

Die Sanierungsfreundlichkeit des Insolvenzrechts wird auch daran deutlich, dass dem Geschäftsführer eine letzte Überlegungsfrist zusteht (§ 64 I 1 GmbHG), in der er die Erfolgsaussichten eines Konzeptes zur Abwehr der Insolvenzreife nochmals[703] beurteilen kann. Der Geschäftsführer muss schließlich im Interesse der Gesellschafter und Gesellschaftsgläubiger alle sachgerechten Maßnahmen zur Beseitigung der Insolvenzgründe prüfen.[704] Gelingt die Insolvenzabwehr, ist gleichzeitig der Geschäftsführer von Insolvenzantragspflicht und Haftungsverantwortlichkeit befreit.[705]

Das Eigenkapitalersatzrecht kennt eine derartige Überlegungsfrist nach Eintritt der Kreditunwürdigkeit nicht. Lediglich für den Fall des Stehenlassens wird in Anlehnung an § 64 I 1 GmbHG dem Gesellschafter eine Überlegungsfrist zugebilligt, in der er sich zwischen dem Abziehen der Finanzierungsleistung und deren Stehenlassen entscheiden soll. Die Rigorosität im Vergleich zur Regelung der Überlegungsfrist bei der Insolvenzanmeldung macht zweierlei deutlich. Zum einen, dass es dem Eigenkapitalersatzrecht nicht gelingt, einen überzeugenden Ausgleich zu finden zwischen der Notwendigkeit, die Gesellschaft im Gläubigerinteresse in einem bestimmten Stadium zur Beendigung zu zwingen und der nicht von vornherein zu unterschätzenden Aussicht, durch eine Sanierung die Gesellschaft und also die Befriedigungsaussichten für die Gläubiger zu erhalten. Zum anderen zeigt sich, dass der Krisenbegriff zu unbestimmt ist, um hieran einen Zeitraum anzuknüpfen, innerhalb dessen Sanierungsbemühungen Platz eingeräumt wird. Gleichzeitig aber wird die Sanktion eben dadurch umso schärfer, dass der Eintritt der Krise regelmäßig erst retrospektiv anhand eines ganzen Bündels unterschiedlicher Kriterien festgestellt werden kann.[706] Soweit für die Fallgruppe des Stehenlassens doch eine Überlegungszeit zugelassen wird, dient dies dem Zweck, die (nur) in diesem Sonderfall als zu hart empfundene Sanktion abzumildern. Die Frist bezieht sich aber gerade nicht darauf, eine letzte Prüfung der Sanierungsaussichten oder zumindest der Abwendung der Kreditunwürdigkeit zu ermöglichen. Der Gedanke der Abwägung der Sanierungschancen spielt hier also anders als bei § 64 I 1 GmbHG keine Rolle.

---

[702] Zutr. R/A/*Altmeppen*, GmbHG, § 32a Rn. 65 ff.

[703] Auch außerhalb der Insolvenz ist der Geschäftsführer zur ständigen Beobachtung der wirtschaftlichen Lage der GmbH verpflichtet. Eingehender zur Überlegungsfrist des § 64 I GmbHG noch unten Kap.4 B.I.3.b.

[704] BGHZ 75, 96 (108, 110 ff.); R/S-L/*Schmidt-Leithoff*, GmbHG, § 64 Rn. 14. Die Entscheidung zwischen Konkurs- und Vergleichsverfahren stellt sich seit Einführung der InsO freilich nicht mehr – ob dies zu einer „erheblich strengeren“ Handhabung bei der Frage der Ausschöpfung der Maximalfrist führt, ist jedoch zweifelhaft; so aber *Böcker*, 342 m.w.N.

[705] Vgl. zu den Möglichkeiten der Überschuldungsabwendung noch unten Kap.4 B.I.2.c.

[706] *Haas*, NZI 1999, 209 (212): „Fülle von Unwägbarkeiten“; *Grunewald*, GmbHR 1997, 7 (9); *Schummer*, Eigenkapitalersatzrecht, 255.

d. Innergesellschaftliche Kompetenzverteilung

Grundlegende konzeptionelle Unterschiede ergeben sich auch im Hinblick auf den in die Pflicht genommenen Personenkreis. Neben der bereits behandelten Verteilung der Finanzierungskompetenzen zwischen Gesellschaftern und Geschäftsführern (oben A.V.3.a.) interessiert hier insbesondere die Frage, welches Organ über das Ende der Gesellschaft zu entscheiden hat. Zu differenzieren ist nach Liquidation und Insolvenz der GmbH.

Die Liquidation der GmbH, also die ordnungsgemäße Abwicklung außerhalb eines Insolvenzverfahrens, setzt die Auflösung der Gesellschaft (§ 60 GmbHG) voraus. Die Auflösung fällt grundsätzlich in den Zuständigkeitsbereich und das Belieben der Gesellschafter,[707] wie die Auflösungsgründe Zeitablauf und Gesellschafterbeschluss (§ 60 I Nr. 1, 2 GmbHG) sowie die Möglichkeit zur Vereinbarung weiterer Auflösungsgründe im Gesellschaftsvertrag (§ 60 II GmbHG) zeigen. Diese Kompetenzzuweisung ergibt sich konsequent daraus, dass die Auflösung der GmbH die Grundordnung der Gesellschaft betrifft.[708] Strukturänderungen sind nämlich schon nach der allgemeinen Organkompetenzverteilung unentziehbarer Kern der Zuständigkeit der Gesellschafterversammlung.[709] Flankiert wird die Regelung durch das Minderheitenrecht, eine Auflösung der Gesellschaft zu betreiben (§§ 60 I Nr. 3, 61 GmbHG).

Den anderen gesetzlichen Auflösungsgründen (insbesondere der Eröffnung des Insolvenzverfahrens und dem rechtskräftigen, eine Insolvenzeröffnung mangels Masse ablehnenden Beschluss) ist gemein, dass die Auflösung nicht im Belieben der Gesellschafter liegt.[710] Ihre Dispositionsbefugnis wird im Drittinteresse eingeschränkt und die GmbH zwangsweise in die Auflösung geführt.[711] Sobald der Auflösungsgrund nicht mehr rein innergesellschaftliche Angelegenheit sondern eine Angelegenheit im Allgemeininteresse ist, die auf den Schutz der Öffentlichkeit vor insolventen bzw. vermögenslosen (§ 60 I Nr. 3, 4, 7 GmbHG) oder gemeinwohlgefährdenden (§§ 60 I Nr. 3, 62 GmbHG) Gesellschaften abzielt, kommt als Garant dafür, dass tatsächlich die Abwicklung der Gesellschaft betrieben wird, die Gesellschafterversammlung nicht mehr in Betracht. Denn Normadressat für die Erfüllung öffentlich-rechtlicher Pflichten ist die Geschäftsführung. Gerade daraus erklärt sich auch, dass das Weisungsrecht der Gesellschafterversammlung insoweit beschränkt ist, als öffentlich-rechtliche Pflichten verletzt würden.[712] Die Gesellschafterversammlung ist also zwar oberstes Organ der GmbH; aber eben nur – wie bereits der Wortlaut des § 45 I GmbHG deutlich macht –

[707] Eine Bestandsgewährleistungspflicht trifft die Gesellschafter grds. nicht, *Keßler*, GmbHR 2005, 257 (261).
[708] R/A/*Altmeppen*, GmbHG, § 60 Rn. 16.
[709] Vgl. Michalski/*Römermann*, GmbHG, § 45 Rn. 43.
[710] Diese Zweiteilung der Auflösungsgründe wird auch schon deutlich in der Begründung zum GmbH-Gesetzentwurf, abgedruckt in Verhandlungen des Reichstages, VIII/1 (1890/92), 3756 ff. (Aktenstück Nr. 660).
[711] Zu ähnlichen Überlegungen bei der sog. Existenzvernichtungshaftung *Keßler*, GmbHR 2005, 257 (261 ff.).
[712] Scholz/*K. Schmidt*, GmbHG, § 37 Rn. 51. Dazu schon oben A.V.3.a.bb.(3).

für die „Angelegenheiten der Gesellschaft".[713] Wenn also der im öffentlichen Interesse normierte Auflösungsgrund nicht automatisch an den Eintritt eines bestimmten Ereignisses (etwa Überschuldung oder Zahlungsunfähigkeit) geknüpft ist, sondern zunächst ein besonderes Verfahren (Insolvenzeröffnungsverfahren, gerichtliches Auflösungsverfahren nach § 62 GmbHG) voraussetzt, dann sind konsequenterweise für die Einleitung dieses Verfahrens auch nicht die Gesellschafter, sondern die Geschäftsführer verantwortlich – wenn nicht gar (wie bei § 62 GmbHG) die Verfahrenseinleitung der Verwaltungsbehörde übertragen wird. (Nur) im Liquidationsverfahren selbst gilt dann wiederum die „übliche" Zuständigkeitsverteilung mit der Gesellschafterversammlung als zentralem Entscheidungsorgan (§ 69 GmbHG).

Für das Insolvenzrecht bedingen diese Grundsätze einen Zusammenhang zwischen der die Verfahrenseinleitung sichernden Insolvenzantragspflicht und der Auflösung der Gesellschaft. Erst durch den Beschluss auf Eröffnung des Insolvenzverfahrens ist die GmbH aufgelöst (§ 60 I Nr. 4 GmbHG). Auch wenn das sich anschließende insolvenzrechtliche Abwicklungsverfahren ein besonderes ist, zeichnet doch für die rechtzeitige Stellung des Insolvenzantrages der Geschäftsführer verantwortlich (§ 64 I GmbHG). Die Wahrung der Allgemeininteressen und damit auch der Schutz der Gesellschaftsgläubiger obliegen insoweit dem Management. Dies überzeugt schon deswegen, weil naturgemäß die Geschäftsleitung die Voraussetzungen der Antragspflicht (also die Insolvenzreife) besser überblicken kann als die Gesellschafterversammlung. Der Geschäftsführung ist die Verfolgung des Gesellschaftszwecks als Maßstab vorgegeben, weswegen sie ständig die wirtschaftliche Lage der GmbH beobachten muss. Deswegen ist sie stets auskunftspflichtig gegenüber den Gesellschaftern und trifft sie die Pflicht, die Gesellschafter zu informieren, wenn das Gesellschaftsvermögen unter den Betrag der Hälfte der Stammkapitalziffer gesunken ist (§ 49 III GmbHG). Das Gesetz geht andererseits jedoch nicht davon aus, dass die Gesellschafter ständig über die finanzielle Situation der GmbH informiert sind, sein müssen oder sie gar mitgestalten.[714] Und dies, obwohl ihnen Kontrollbefugnisse als Gesellschafterversammlung (§ 46 Nr. 6 GmbHG) sowie als Minderheit (§ 51a GmbHG) zustehen und sie im Fall des § 49 III GmbHG zwingend zu unterrichten sind. Die Gesellschafter treffen also keine Kontrollpflichten. Sie haben nur die Möglichkeit zur Kontrolle. Folglich besteht nicht nur keine Liquidations- und Insolvenzantragspflicht für die Gesellschafter (die sowieso nur für das Organ Gesellschafterversammlung denkbar wäre) sondern auch kein Anlass für eine Haftung der Gesellschafter bei Nichteinleitung eines Abwicklungsverfahrens.

Durch das Eigenkapitalersatzrecht – und hier insbesondere die Rechtsprechungsregeln – gerät diese Zuständigkeitsverteilung ins Ungleichgewicht.[715] Zum einen spiegelt die dem einzelnen finanzierungsbereiten Gesellschafter aufgezwungene Entschei-

[713] Deutlich noch § 48 I des ersten Entwurfs zum BGB (zum Verein): „In den inneren Angelegenheiten der Körperschaft ist der Wille der Mitglieder maßgebend."; hierzu Hachenburg/*Ulmer*, GmbHG, § 45 Rn. 5.
[714] Richtig *Böcker*, 340.
[715] So auch *Böcker*, 341.

dungsalternative (Fortführung mit Eigenkapital oder Liquidation) eine Kompetenz vor, die der einzelne Gesellschafter gar nicht hat: über fakultative Auflösungsgründe entscheidet nämlich die Gesellschafterversammlung als Gesellschaftsorgan.[716] Das Minderheitenrecht aus § 61 GmbHG macht zusätzlich deutlich, dass es nicht um die Befugnis eines einzelnen Gesellschafters geht. Zum anderen ist zu erinnern, dass das Eigenkapitalersatzrecht die künstliche Verlängerung des „Todeskampfes"[717] der GmbH oder die „Krisenverschleppung"[718] zum Anlass einer Sanktion nimmt. Die Anknüpfung einer Sanktion an die Fortführung der Krisengesellschaft setzt jedoch denknotwendig eine Pflicht oder Obliegenheit zur Beendigung voraus.[719] *Ohne* eine solche bleibt das eigenkapitalersatzrechtliche Konstrukt unschlüssig und unvollständig. *Mit* der Annahme einer Pflicht oder Obliegenheit jedoch produziert es einen Widerspruch zur Systematik bei der Beendigung einer GmbH mitsamt der Kompetenzverteilung zwischen den Gesellschaftsorganen. Dann bedeutet es im Ergebnis eine Art Krisenverschleppungshaftung der Gesellschafter, die durch die tatbestandliche Nähe der Eingriffszeitpunkte Insolvenzreife und Krise (oben C.III.1.) letztlich einer unsystematischen, weil verschuldensunabhängigen Insolvenzverschleppungshaftung mit besonderen Rechtsfolgen (Umqualifizierung statt Schadenersatz) gleichkommt.[720]

e. Insolvenzanfechtung und Insiderbegriff

Harmonisierungsdefizite lassen sich wie bereits erwähnt auch im Insolvenzanfechtungsrecht ausmachen. Der insiderrechtliche Sondertatbestand § 135 InsO[721] fügt sich in das Gesamtkonzept des Insolvenzanfechtungsrechts nicht nahtlos ein. Insolvenzrechtlich als Insider gelten Personen, die aus persönlichen, gesellschaftsrechtlichen oder ähnlichen Gründen dem Gemeinschuldner besonders nahestehen und aufgrund dessen typischerweise über bessere Informationsmöglichkeiten hinsichtlich der wirtschaftlichen Verhältnisse des Gemeinschuldners verfügen.[722] Neben den Vertretungs- und Aufsichtsorganen sind Insider von Kapitalgesellschaften (nur) solche Gesellschafter, die zu mehr als einem Viertel an dem Kapital des Gemeinschuldners beteiligt sind (§ 138 II Nr. 1 InsO).

Diese Grenzziehung steht in einem auffallenden Widerspruch zum Kleinbeteiligtenprivileg des Eigenkapitalersatzrechts (§ 32a III 2 GmbHG), wo bereits eine Beteiligung von mehr als 10 % ausreicht, um einen Gesellschafter in das eigenkapitalersatzrechtliche Haftungssystem einzubinden.[723] Bemerkenswert ist diese Divergenz gerade deshalb, weil der Gesetzgeber bei der Einführung des Kleinbeteiligtenprivilegs den

[716] Ebenso *Reiner*, FS Boujong, 415 (436).
[717] *Goette*, GmbH, § 4 Rn. 89; L/H/*Lutter*/*Hommelhoff*, GmbHG, §§ 32a/b Rn. 3.
[718] Michalski/*Heidinger*, GmbHG, §§ 32a, 32b Rn. 10; R/S-L/*Pentz*, GmbHG, § 32a Rn. 6.
[719] *Böcker*, 341. Dazu bereits oben C.III.2.b.
[720] Ähnl. *Böcker*, 340 ff.
[721] Entsprechendes gilt für § 6 AnfG im Hinblick auf § 3 II AnfG, § 138 InsO.
[722] *Hirte*, ZInsO 1999, 429 (429); MünchKommInsO/*Stodolkowitz*, § 138 Rn. 2.
[723] Dieser Widerspruch wird meist nur von insolvenzrechtlicher Seite her diskutiert, s. etwa *Paulus*, in: B. Kübler/Prütting, InsO, § 129 Rn. 19; MünchKommInsO/*Stodolkowitz*, § 138 Rn. 21; *Hirte*, ZInsO 1999, 429 (430).

Schwellenwert mit eben derselben Begründung rechtfertigte, dass ein Gesellschafter typischerweise erst dann die Gesellschaftsinterna überblicke und als Insider betrachtet werden könne.[724] Indem nun der spezielle Anfechtungstatbestand des § 135 InsO als Tatbestandmerkmal eine eigenkapitalersetzende Gesellschafterleistung voraussetzt, nimmt er hierdurch auch auf die Regelung des § 32a III 2 GmbHG Bezug. Damit aber liegt diesem speziellen Anfechtungstatbestand ein von § 138 InsO abweichender Insiderbegriff zugrunde. Systematisch führt deswegen § 135 InsO zu einem Bruch in der Gesamtkonzeption des Insolvenzanfechtungsrechts. Verstärkt wird dieser Bruch zusätzlich dadurch, dass das Eigenkapitalersatzrecht sich im Gegensatz zum insolvenzrechtlichen Insiderbegriff nur auf Gesellschafter und nicht auf sonstige gesellschaftsrechtliche Insider, wie etwa Geschäftsführer erstreckt. (Zum Ganzen noch unten Kap.4 C.II.).

3. Fehlende Notwendigkeit eines ergänzenden Gläubigerschutzes durch das Eigenkapitalersatzrecht

a. Gesetzgeberisches Gläubigerschutzkonzept

Wie bereits einleitend dargestellt (Kap.2 A.I.) resultiert das Grundbedürfnis nach einem verstärkten Schutz der Gläubiger von Kapitalgesellschaften aus dem Trennungsprinzip. Es soll ein Ausgleich dafür geschaffen werden, dass die Gesellschafter mangels Haftungsdrohung geneigt sein können, weniger risikoavers zu handeln und ein (gleichzeitig aber aufgrund der typischerweise höheren Innovationsbereitschaft gewünschtes) riskanteres, potentiell gläubigergefährdenderes Verhalten zu zeigen (*moral hazard*).[725] Einen Schutz trifft das Gesetz mit den Kapitalsicherungsvorschriften wie gezeigt nur zum Teil. Nur solche Regelungen, die zielgenau vor einer völligen Auszehrung der zur Verfügung stehenden Haftungsmasse schützen, können tatsächlich als Ausgleich für die Haftungsseparation gelten.[726] Deshalb ist dem besonderen Insolvenzgrund Überschuldung von Gesetzes wegen die Rolle zugedacht, rechtzeitig einzugreifen, wenn die verfügbare, beschränkte Haftungsmasse nicht mehr ausreicht, um die Verbindlichkeiten der Gesellschaft zu decken.[727] Dann ist entweder die Gesellschaft zu sanieren oder unter Berücksichtigung der Gläubigergleichbehandlung in einem besonderen Verfahren abzuwickeln. Nach diesem einfachen und logischen Konzept erleiden

[724] S. die Begründung zum Diskussionsentwurf (EInsO), B 131 (zu § 144) einerseits und RegE zum KapAEG, BT-Drs. 13/7141, 11 ff. andererseits.

[725] Zu diesen Zusammenhängen bereits oben Kap.2 A.I.1.

[726] Vgl. *Tittel*, 86; Uhlenbruck/*Uhlenbruck*, InsO, § 16 Rn. 4; MünchKommInsO/*Drukarczyk*/*Schüler*, § 19 Rn. 1; *Borges*, ZIP 2004, 733 (739).

[727] *Schummer*, GesRZ 2000, 246 (249). Den Zusammenhang zwischen Überschuldungstatbestand und Trennungsprinzip macht bereits die Gesetzesbegründung zum GmbHG deutlich. Dort heißt es ausdrücklich, dass gerade wegen der Tatsache, dass „für die Verbindlichkeiten der Gesellschaft nur das Gesellschaftsvermögen haftet“, die Eröffnung der Insolvenz „auch im Falle der Überschuldung“ stattzufinden hat, Begründung zum GmbH-Gesetzentwurf, abgedruckt in Verhandlungen des Reichstages, VIII/1 (1890/92), 3757 (Aktenstück Nr. 660).

im Idealfall einer rechtzeitigen Einleitung des Insolvenzverfahrens die Gläubiger nur einen verhältnismäßig geringen Ausfall, da dem Schuldner die Verfügungsbefugnis rechtzeitig entzogen und die ungestörte Fortführung verhindert wird.[728] Wegen der Abhängigkeit des Gläubigerschutzsystems von der tatsächlichen Verfahrenseinleitung muss es konsequenterweise auch eine Pflicht zur Insolvenzantragstellung geben.[729] Komplettiert wird das Konzept schließlich mit einer Haftung für die Verletzung dieser Antragspflicht (näher Kap.4 B.II.). Der innergesellschaftlichen Zuständigkeitsverteilung der GmbH entsprechend ist pflichtenbelasteter Garant dieses Systems die Geschäftsführung. Gegen Vermögensverschiebungen im Vorfeld der Insolvenz schließlich soll das Insolvenzanfechtungsrecht absichern.

b. Schwachstellen des Gläubigerschutzkonzepts und Ursachen

Die Insolvenzstatistik der GmbH ist seit Jahrzehnten katastrophal.[730] Der Schluss liegt deshalb nahe, dass das beschriebene System Lücken aufweist und das Ziel eines verstärkten Schutzes der Gesellschaftsgläubiger nicht erreicht. Diese Gläubigerschutzlücken zu füllen, könnte die verdienstvolle Aufgabe des Eigenkapitaleratzrechtes sein, die über die vorerwähnten dogmatischen Bedenken und Widersprüche hinwegsehen ließe.

aa. Fehlen einer planwidrigen Gläubigerschutzlücke

Das Eigenkapitalersatzrecht ist zunächst richterlicher Rechtsfortbildungsakt und setzt als solcher zwingend eine Gesetzeslücke voraus.[731] Auch die Novellenregeln basieren auf der Vorstellung, dass der Schutz der Gesellschaftsgläubiger bei der GmbH unzureichend ist.[732] Dazu ist zunächst zu klären, um welche konkrete Fallgestaltung es geht, die nicht bereits vom Gesetz geregelt wird.[733] Unrichtig wäre es insoweit freilich, schlicht von der fehlenden Regelung „eigenkapitalersetzender" Darlehen auszugehen und allein deshalb auf eine Gesetzeslücke zu schließen. Denn dies nähme die Antwort auf die erst zu prüfende Frage, ob es sonderbehandlungsbedürftige Darlehen überhaupt geben muss, vorweg.[734] Vielmehr ist allgemein zu untersuchen, ob der Gesetzgeber den Sachverhalt der Darlehensgewährung (oder sonstigen Leistungszuführung) eines Gesellschafters an die GmbH planwidrig[735] ungeregelt gelassen hat.

---

[728] *Stobbe*, Rn. 115; *Altmeppen*, ZIP 1997, 1173 (1178).

[729] Zur historischen Entwicklung der Insolvenzantragspflicht *Borges*, ZIP 2004, 733 (737 ff.).

[730] *Altmeppen*, ZIP 1997, 1173 (1173). Neuere Zahlen bei StatBAmt, Fachserie 2, Reihe 4.1. – Unternehmen und Arbeitsstätten (Insolvenzverfahren), Dezember und Jahr 2004 sowie *Meyer*, GmbHR 2004, 1417 (1419 ff.).

[731] *Schummer*, Eigenkapitalersatzrecht, 341. Näher zur Dogmatik der Rechtsfortbildung *Larenz/Canaris*, Methodenlehre, 187 ff.

[732] S. dazu die Begründung RegE 1977, BT-Drs. 8/1347, 39.

[733] *Larenz/Canaris*, Methodenlehre, 191.

[734] *Schummer*, Eigenkapitalersatzrecht, 353.

[735] *Larenz/Canaris*, Methodenlehre, 194.

Gegen die Planwidrigkeit einer Lücke spricht allerdings, dass dem Gesetzgeber nicht verborgen blieb, dass GmbH-Gesellschafter ihrer Gesellschaft schuldvertraglich gegenüber stehen können. Dies schließt auch den Abschluss eines Darlehens- oder sonstigen Finanzierungsvertrages mit ein. So war es denn auch erklärtes Ziel bei der Einführung der GmbH, eine flexible Finanzierung zu ermöglichen. So sollte mit der Nachschussregelung den Gesellschaftern möglichst „freie Hand" gegeben werden. Die aus Sicht eines Eigenkapitalersatzrechtlers fehlende Diskussion der Fremdkapitalfinanzierung lässt nur darauf schließen, dass der historische Gesetzgeber sich vorrangig mit der Frage der Eigenkapitalfinanzierung befasst hat, wozu auch die Nachschussfinanzierung zählt.[736] Dass deswegen eine Regelung zur Fremdkapitalfinanzierung tatsächlich fehlt, lässt sich hieraus nicht zwingend ableiten.[737] Näher liegt der Gedanke, dass der Gesetzgeber hierin nichts für das GmbHG Regelungsbedürftiges erkennen konnte. Denn zum einen fehlt der Bezug zu einer gesellschaftsrechtlichen Sonderregelung, weil das organschaftliche Verhältnis des Gesellschafters zur GmbH nicht berührt ist. Der historische Gesetzgeber sah insoweit nur die gesellschaftsrechtlich zu verankernde Finanzierung mit Einlagen als im GmbHG regelungswürdig an. Schon die Bestimmung und Ausgestaltung der sonstigen Leistungen (§ 3 II GmbHG) sollte vollständig in der Vertragsfreiheit bleiben.[738] Obschon der Gesetzgeber wohl nicht damit gerechnet hat, dass die GmbH in der Praxis zunehmend fremdfinanziert wird, muss zum anderen pointiert werden, dass die Fremdkapitalfinanzierung im Lichte der gewollten maximalen Finanzierungsfreiheit auch nichts Planwidriges darstellt. Schließlich legt die Untätigkeit des historischen Gesetzgebers nahe, dass er gerade wegen des vorhandenen Gläubigerschutzsystems insoweit keinen weiteren Regelungsbedarf festgestellt hat; und zwar deshalb, weil es nach seinem Konzept für die mit Gesellschafterdarlehen verbundenen Gefahrensituationen gar keine Lücke gab.[739]

Diese Gefahren sind wie bereits erläutert (oben A.IX.2.) die weitere Fortführung der GmbH und das ungerechtfertigte Ausnutzen eines Informationsvorsprunges zum frühzeitigen Abzug des Finanzierungsbeitrages im Vorfeld einer Insolvenz. Die Frage, wann eine GmbH nicht mehr fortgeführt werden darf, entscheiden die Insolvenzgründe. Die Darlehenszufuhr kann nun zwar einen Einfluss auf das Vorliegen der Insolvenzreife haben. Die tatsächliche Abwendung der Insolvenzreife zieht dann aber logischerweise die Folge der weiteren Erlaubtheit der Fortführung nach sich. Die Wertentscheidung des Insolvenzrechts, wann im Interesse der Gläubigergesamtheit der ungehinderten Unternehmensfortführung ein Ende gesetzt werden muss, ist dann nicht mehr einschlägig.[740] Andernfalls bleibt es bei Insolvenzreife, Insolvenzantragspflicht

---

[736] Deutlich macht dies die der Behandlung der Nachschüsse folgende Überschrift „Sonstige Leistungen *außer den Kapitaleinlagen*" in der Begründung zum GmbH-Gesetzentwurf, abgedruckt in Verhandlungen des Reichstages, VIII/1 (1890/92), 3731 (Aktenstück Nr. 660), Hervorhebung durch den *Verf.*

[737] Eingehend für das ÖSTERREICHISCHE Recht *Schummer*, Eigenkapitalersatzrecht, 354 ff.

[738] Dazu die Begründung zum GmbH-Gesetzentwurf, abgedruckt in Verhandlungen des Reichstages, VIII/1 (1890/92), 3731 (Aktenstück Nr. 660).

[739] Ebenso *Schummer*, GesRZ 2000, 246 (249).

[740] Richtig insoweit L/H/*Lutter*/*Kleindiek*, GmbHG, § 64 Rn. 29, dass nämlich die Art und Weise der Insolvenzabwendung gleichgültig ist.

und eventueller Haftung für die verschleppte Antragstellung. Die Sorge, dass die Gesellschafter aufgrund eines Informationsvorsprungs frühzeitig den Abzug der Finanzierungshilfe bewerkstelligen, ist wie eben gesehen ein allgemeine Problem des Anfechtungsrechts. Daher bestand aus Sicht des Gesetzgebers kein Anlass, Sonderegelungen für die Gesellschafterfremdfinanzierung im GmbHG vorzusehen. Für ihn war sein Konzept lückenlos.

bb. Schwachstellenanalyse

Die häufigen masseinsuffizienten Verfahren und geringen Insolvenzquoten lassen freilich daran zweifeln, ob das schlüssige und einfache Gläubigerschutzkonzept tatsächlich geeignet ist, seine Ziele zu erreichen. Sie lassen den Ruf nach einem ergänzenden Schutz durch das Eigenkapitalersatzrecht laut werden.[741] Bevor jedoch mit den Gesellschafterleistungen eine einzige, konzeptionell bereits vom insolvenzrechtlichen Gläubigerschutzsystem angesprochene, Fallgestaltung einer zusätzlichen Sonderregelung unterworfen wird, müssen zunächst die wesentlichen Schwachstellen des Gläubigerschutzsystems benannt werden.

(1) Verspätete Insolvenzantragstellung

Dreh- und Angelpunkt für das Funktionieren des Insolvenzrechts ist die rechtzeitige Einleitung des Insolvenzverfahrens. Kommt es zu spät zum Gang zum Insolvenzgericht, hat bis dahin die Gesellschaft bei Fortbestehen der Krisenursachen oft weiter an Vermögen eingebüßt, so dass am Ende für die Gesellschaftsgläubiger wenig verteilungsfähige Masse übrig bleibt oder das Verfahren gar nicht erst eröffnet wird.[742] Nur mit der rechtzeitigen Verfahrenseröffnung ist auch praktisch gewährleistet, dass Ansprüche der GmbH im Gesamtinteresse der Gläubiger effektiv geltend gemacht und durchgesetzt werden.

Die rechtzeitige Antragstellung setzt voraus, dass die Insolvenzreife durch handhabbare Insolvenzauslösetatbestände gekennzeichnet ist. Nur wenn der Insolvenzantragspflichtige das Vorliegen der Insolvenz erkennen kann, kann er seiner Verpflichtung nachkommen und kann im Falle der Nichtanmeldung eine (verschuldensabhängige) Haftung ihren Zweck erfüllen. Gerade der insolvenzrechtliche Überschuldungsbegriff ist aber von einem schwer durchschaubaren Wirrwarr an betriebswirtschaftlichen Bewertungsszenarien und juristischen Theorien begleitet, die Klarheit und Prak-

---

[741] *Schummer*, GesRZ 2000, 246 (249). Vielfach wird dem Insolvenzgrund Überschuldung Versagen attestiert, Uhlenbruck/*Uhlenbruck*, InsO, § 19 Rn. 1 m.w.N. Dennoch gibt es andererseits die Forderung, den Überschuldungstatbestand *de lege ferenda* auch auf natürliche Personen und Gesellschaften mit unbeschränkt haftenden Gesellschaftern auszuweiten, *K. Schmidt*, JZ 1985, 301 (302 ff.); *ders.*, Gesellschaftsrecht, § 11 VI 3 a.

[742] *A.C. Förster*, 80. Bei den Verfahrenseröffnungen hat die Insolvenzordnung Fortschritte gebracht. Die Eröffnungsquote liegt immerhin bei gut 75 % (soweit man die mittels Stundungen eröffneten Verfahren mit einbezieht, andernfalls 50 %), s. zu den aktuellen Zahlen StatBAmt, Fachserie 2, Reihe 4.1. – Unternehmen und Arbeitsstätten (Insolvenzverfahren), Dezember und Jahr 2004, S. 9, 26. Das Problem bleibt dann freilich dennoch die oft zu beklagende Masseinsuffizienz.

tikabilität der Fortführungsschranke Überschuldung untergraben (eingehend unten Kap.4 B.I.).[743] Die Schwierigkeiten sind zum Teil aufgrund der Implementierung der Messprobleme begriffsimmanent.[744] Das Gesetz lässt weitgehend offen, was es unter Schulden und Vermögen versteht. Dies führt zur Frage, welche Positionen in einer Überschuldungsbilanz überhaupt berücksichtigt werden müssen und wie sie zu bewerten sind.[745] Zu einem anderen Teil sind die Wertansatzprobleme aber auch hausgemacht.[746] Wer (wie früher h.M.) allein die positive Fortbestandwahrscheinlichkeit ausreichen lässt, um eine Überschuldung im insolvenzrechtlichen Sinne zu verneinen, verwässert den klaren Ansatz des Gesetzes, den Gesellschaftsgläubigern einen ausreichenden Vermögensstand zu sichern und fordert geradezu eine Verzögerung der Insolvenzantragstellung heraus.[747] Man kann nicht einerseits die Wirksamkeit des Überschuldungstatbestands wegen angeblich überzogenen Gläubigerschutzes[748] beschneiden wollen, andererseits aber niedrige Insolvenz- und Verfahrenseröffnungsquoten beklagen und hieraus ein Bedürfnis für einen ergänzenden Gläubigerschutz durch das Eigenkapitalersatzrecht ableiten. Die Unklarheiten des Überschuldungsbegriffs sind durch Einführung der InsO teilweise geglättet worden. Insbesondere dem extensiven Bewertungsspielraum und der Manipulationsanfälligkeit[749] der Fortführungsprognose nach dem zweistufigen Überschuldungsbegriff sind durch die Reduzierung der Prognose auf ein Element der Bewertung (§ 19 II 2 InsO) nunmehr Schranken gesetzt. Zusammen mit dem fakultativen Eröffnungsgrund der drohenden Zahlungsunfähigkeit kann so eine frühere Insolvenzeröffnung erreicht werden.

(2) Probleme des Anfechtungsrechts

Das Anfechtungsrecht hat zum Ziel, Gegenstände eines Schuldners, die dieser aus seinem Vermögen weggegeben hat, dem Vollstreckungszugriff des Gläubigers oder im Insolvenzfall der Gläubigergesamtheit wieder zu erschließen und sachlich ungerechtfertigte Vermögensverschiebungen rückgängig zu machen.[750] Es bildet in der Insolvenz einen wesentlichen Baustein zur Masseanreicherung und Sicherung der Gläubigergleichbehandlung. Der Gesetzgeber hat bei der Insolvenzrechtsreform hierauf einen Schwerpunkt gelegt.[751] Denn jede Masseanreicherung ist eine Gewähr dafür, dass tatsächlich ein Insolvenzverfahren durchgeführt wird.[752]

Seinen ihm angedachten Zweck hat das Anfechtungsrecht unter Geltung der Konkursordnung kaum erfüllt. Grundproblem war die schlechte Beweissituation für den

[743] *Schummer*, GesRZ 2000, 246 (250).
[744] MünchKommInsO/*Drukarczyk*/*Schüler*, § 19 Rn. 2.
[745] A.C. Förster, 57.
[746] *Fastrich*, FS Zöllner, 143 (152).
[747] *Altmeppen*, ZIP 1997, 1173 (1175).
[748] Hachenburg/*Ulmer*, GmbHG, § 63 Rn. 35.
[749] *Schwieters*, 183. Vgl. *Drews*, 201 ff. mit dem (kaum praktikablen) Vorschlag, dass das Gericht Fortführungsprognose und Überschuldung stets mit gutachterlicher Hilfe überprüfen solle.
[750] *Gerhardt*/*Kreft*, Rn. 1; Uhlenbruck/*Hirte*, InsO, § 129 Rn. 1.
[751] MünchKommInsO/*Kirchhof*, vor §§ 129 bis 147 Rn. 8; *Stobbe*, Rn. 180.
[752] S. die Begründung zum Diskussionsentwurf (EInsO), A 41, B 113 ff. (vor § 134).

Verwalter, der den Nachweis der subjektiven Tatbestandsvoraussetzungen der einzelnen Anfechtungstatbestände nur selten führen konnte.[753] Das hohe Prozessrisiko wurde weiter durch die Schwierigkeiten bei der Beschaffung der Beweismittel verschärft und legte faktisch die Durchsetzbarkeit von Anfechtungsansprüchen lahm.[754] Gerade für den Bereich der Rückgewähr von Gesellschafterdarlehen im Vorfeld der Insolvenz hat aber die InsO weit reichende Verschärfungen gebracht.[755] Die Vermutungsregelungen bei der Anfechtung gegenüber nahestehenden Personen erleichtern dem Insolvenzverwalter den Nachweis der Kenntnis des Anfechtungsgegners von der Zahlungsunfähigkeit bei kongruenter Deckung (§ 130 III InsO). Bei inkongruenter Deckung schließlich sind subjektive Merkmale ohnehin nur noch relevant, falls der Gemeinschuldner zum Zeitpunkt der Vornahme der anzufechtenden Rechtshandlung noch nicht zahlungsunfähig war (§ 131 I Nr. 3 InsO). Dann kommt es auf die Kenntnis von der Benachteiligung der Insolvenzgläubiger an, die gleichfalls für nahestehende Personen vermutet wird (§ 131 II 2 InsO). Damit dürfte der Verschiebung des Vermögens der GmbH an ihre Insider ein wirksamer Riegel vorgeschoben sein,[756] auch wenn sicherlich wünschenswert gewesen wäre, bereits die grob fahrlässig Unkenntnis von der Zahlungsunfähigkeit genügen zu lassen. Das im Rahmen einer Anfechtung immer bestehende Problem der Informationsbeschaffung und damit der „Entdeckung“ anfechtungsrelevanter Sachverhalte ist ein strukturelles Problem, das die InsO nicht gelöst hat.[757] Dieses Informationsproblem besteht indes in gleicher Weise auch bei der Durchsetzung eigenkapitalersatzrechtlicher Ansprüche, die hier also keinen Vorteil aufweisen.

Es bleibt als Kritikpunkt die auf den ersten Blick unsystematisch erscheinende fehlende Anknüpfung der Anfechtungszeiträume auch an den Eintritt der Überschuldung. Wenn nach der Grundkonzeption der Insolvenzanfechtung verhindert werden soll, dass nach Eintritt der materiellen Insolvenz Vermögensverschiebungen zugunsten einzelner Gläubiger stattfinden, dann wäre es konsequent, eben auch nach Eintritt der Überschuldung die Anfechtung greifen zu lassen.[758] Die Anbindung des Anfechtungszeitraumes (nur) an den Insolvenzeröffnungsantrag und die Kenntnis von der Zahlungsunfähigkeit, nicht aber der Überschuldung, führen dazu, dass ein Teil der Masseverschiebungen nach Eintritt der Insolvenzreife nicht anfechtbar ist und damit Masseminderungen in diesem Zeitraum Bestand haben. Abgemildert werden kann dieser Zustand (der mit dem Argument der Rechtssicherheit gerechtfertigt wird) indes mit einer schärferen Kontrolle der Insolvenzreife, die zu einem zeitigen Insolvenzantrag und damit zu einer automatischen Eingrenzung des nicht erfassten Zeitrahmens (Überschuldung bis Antragstellung) führen. Die rasche Insolvenzeröffnung ist deswegen auch für das Insolvenzanfechtungsrecht von großer Bedeutung. Schließlich ist daran zu denken, dass eine Insolvenzverschleppungshaftung auch den Ersatz solcher Verzögerungsschäden umfassen muss, die darauf beruhen, dass aufgrund der verspäteten Antragstellung

[753] Uhlenbruck/*Hirte*, InsO, § 129 Rn. 2; *A.C. Förster*, 82.
[754] Zahlenmaterial bei MünchKommInsO/*Kirchhof*, vor §§ 129 bis 147 Rn. 5.
[755] Dazu etwa *Stobbe*, Rn. 180.
[756] *Stobbe*, Rn. 181. Näher noch unten Kap.4 C.III.
[757] Krit. daher *A.C. Förster*, 92 ff.
[758] *A.C. Förster*, 93 m.w.N.

Masseanreicherungen durch Insolvenzanfechtung unmöglich gemacht werden, weil die anzufechtenden Rechtshandlungen aus dem Anfechtungszeitraum gefallen sind.[759]

c. Lösungsmöglichkeiten - Eigenkapitalersatzrecht als Lückenfüller?

Die vorerwähnten Defizite sind erkennbar nicht spezifisch an die Situation der Gesellschafterfinanzierung geknüpft. Schwachstellen wie etwa die zu späte Insolvenzauslösung werden zwar auch dann augenfällig, wenn es um die Fortführung der GmbH mit Hilfe von Gesellschafterdarlehen über den Zeitpunkt der Insolvenzreife hinaus geht, jedoch nicht nur in dieser Situation. Eigenkapitalersatzrechtliche Fallgestaltungen sind so gesehen nur ein Beispiel, an dem sich die Schwachpunkte des Insolvenzrechts zeigen lassen. Die Problemlösung muss dann aber als sachnäheren Ansatz zuerst das insolvenzrechtliche Gläubigerschutzkonzept optimieren suchen, bevor einzelne Sachverhalte einer ergänzenden Sonderregelung unterworfen werden. Dabei ist es überraschend, dass die Rechtsprechung nie grundsätzlich auf das Verhältnis von Eigenkapitalersatzrecht und Insolvenzantragspflicht bzw. Insolvenzverschleppungshaftung eingegangen ist.[760] Schon die Leitentscheidung[761] hätte dazu Anlass gegeben. Dort hatte der BGH eine Überschuldung der GmbH „möglicherweise" für gegeben erachtet; das Berufungsgericht hatte sie noch bejaht.[762] Anstatt nun auf den gegebenenfalls schuldhaft versäumten Insolvenzantrag abzustellen und eine Haftung des Gesellschafter-Geschäftsführers[763] wegen Insolvenzverschleppungshaftung (auf die der klagende Insolvenzverwalter explizit hingewiesen hatte) zu prüfen, versteifte sich der BGH darauf, dem Gesellschafter fiktiv einen Insolvenzabwendungszweck zu unterstellen; ein Ziel, das eben nur mit der weiteren Zuführung von Eigenkapital hätte erreicht werden können.[764] Damit hebelte der BGH höchstselbst das gesetzgeberische Gläubigerschutzsystem aus. Denn wenn mit Ausreichung des Darlehens eine mögliche Insolvenzreife nicht abzuwenden war, dann wäre schlicht der angebliche Versuch der Insolvenzabwendung ein untauglicher und der Geschäftsführer wegen Insolvenzverschleppung zu verurteilen gewesen.[765] Der BGH hat das logische Konzept auf den Kopf gestellt, indem er zur Frage einer Verantwortlichkeit des Geschäftsführers aus § 64 II GmbHG feststellt, eine Überschuldung habe erst viel später eingesetzt, da die Gesellschafterdarlehen mit der neu kreierten Rechtsfigur Eigenkapitalersatz als haftendes Kapital zu behandeln seien.[766] Die Rechtsprechung hat damit die Insolvenzverschleppungshaftung

[759] Zur Ausgestaltung der Insolvenzverschleppungshaftung näher unten Kap.4 B.II.
[760] *Fastrich*, FS Zöllner, 143 (151).
[761] BGHZ 31, 258 „Flugtaxi"; zu dieser Entscheidung bereits o. Kap.2 B.II.1.
[762] BGHZ 31, 258 (272) „Flugtaxi".
[763] Der Beklagte war wohl als faktischer Geschäftsführer anzusehen.
[764] Krit. zum Insolvenzabwendungszwecks und einem *venire contra factum proprium* oben A.II.2.
[765] Richtig *Fastrich*, FS Zöllner, 143 (152).
[766] BGHZ 31, 258 (279) „Flugtaxi". Offensichtlich geht der BGH damit nicht von einer Passivierungspflicht der Darlehen aus, sondern will sie auch in der Überschuldungsbilanz als „Eigenkapitalersatz" behandelt wissen. Heute entscheidet dazu der BGH freilich mit der h.L. anders und nimmt eine Passivierungspflicht an, BGH NJW 2001, 1280 (1281 ff.), ohne dabei auf den offensichtlichen Widerspruch zur Ausgangsentscheidung hingewiesen zu haben.

des Geschäftsführers für den Preis einer *praeter legem* entwickelten verschuldensunabhängigen, unsystematischen und der Höhe nach auf den freiwilligen Finanzierungsbeitrag begrenzten, eigenkapitalgleichen Bindung geopfert, anstatt sich – gegebenenfalls rechtsfortbildend – an der Beseitigung der Schwachstellen des gesetzgeberischen Konzepts (insbesondere Beweisschwierigkeiten) überhaupt erst zu versuchen. Bis heute findet sich in Urteilen zum Eigenkapitalersatz der Hinweis auf eine mögliche Überschuldung der GmbH bei Kreditausreichung.[767] Vor diesem Hintergrund wirkt die Übernahme des zweistufigen Überschuldungsbegriff durch die Rechtsprechung[768] vor Inkrafttreten der Insolvenzordnung, der mit dem „Prinzip Hoffnung" den Überschuldungstatbestand verwässerte, noch unangebrachter.

Das Eigenkapitalersatzrecht eignet sich nicht als Lückenfüller für die beschriebenen Systemmängel. Zum einen greift es nur einen einzelnen Sachverhalt unter vielen heraus. Zum anderen führt es auch nicht nur mittelbar zu einer frühzeitigeren Insolvenzauslösung, die eine Verbesserung des Gläubigerschutzsystems beförderte, sondern nur zu einer Auffettung[769] der verteilungsfähigen Insolvenzmasse, die zunächst zur Deckung der Verwalterkosten dient.[770] Ein effektiver Gläubigerschutz wurde nicht erreicht.[771] Das Eigenkapitalersatzrecht hat nicht verhindert, dass die Vermögensverluste bei Insolvenzen konstant gestiegen sind.[772] Ebenso wenig wird Gläubigerschutz bereits im Vorfeld einer Insolvenz erreicht, da eigenkapitalersatzrechtliche Rückzahlungsansprüche gegen Gesellschafter fast immer vom Insolvenzverwalter geltend gemacht werden, also auch das Eigenkapitalersatzrecht ein überwiegend reaktives Gläubigerschutzinstrumentarium bleibt.[773] Angesichts des unklaren Kriteriums der Kreditunwürdigkeit bleibt schließlich auch die Möglichkeit des Geschäftsführers, bereits die Rückzahlung eines eigenkapitalersatzrechtlichen Darlehens gestützt auf § 30 GmbHG zu verweigern, ein stumpfes Schwert.[774]

Die Verschärfungen des Insolvenzrechts im Zuge der Einführung der InsO stellen zusätzlich die Vorstellung von einem Gläubigerschutzdefizit in Frage. Jede Verbesserung des insolvenzrechtlichen Gläubigerschutzsystems bedingt ein Zurückdrängen des Eigenkapitalersatzrechts. Denn das Insolvenzrecht kann für sich einen Wertungsvorrang beanspruchen, da das Eigenkapitalersatzrecht von vornherein als lückenfüllende Rechtsfortbildung angelegt ist. Diese Feststellung gilt auch für die Novellenregeln, da diese Normen mit dem angeblich unzureichenden Gläubigerschutz bei Gesellschafter-

---

[767] Vgl. nur BGHZ 127, 336 (341 ff.) „Früchte-GmbH". Berechtigt daher die Kritik von *Reiner*, FS Boujong, 415 (438), dem BGH sei es v.a. um die Vermeidung der Beweisschwierigkeiten bei der Überschuldungsfeststellung gegangen.
[768] BGHZ 119, 201 (213 ff.) „Dornier".
[769] *Schummer*, GesRZ 2000, 246 (252).
[770] *Claussen*, GmbHR 1996, 316 (320).
[771] Im Gegenteil kann mangels Ausnutzens einer Sanierungschance das Eigenkapitalersatzrecht kontraproduktiv sein, *A. Götz/Hegerl*, DB 1997, 2365 (2368).
[772] *Claussen*, GmbHR 1996, 316 (320).
[773] A.A. L/H/*Lutter/Hommelhoff*, GmbHG, §§ 32a/b Rn. 13.
[774] *Huber/Habersack*, BB 2006, 1 (3) mit Hinweis auf die wegen der gleichzeitig drohenden Haftung aus § 43 III GmbHG problematische Zwangslage des Geschäftsführers.

darlehen begründet wurden und jedenfalls ihre fortwährende Ausweitung einer Legitimation bedarf. Es nimmt daher insgesamt nicht Wunder, dass das Problem der Gesellschafterdarlehen in anderen Rechtsordnungen zumeist einer insolvenzrechtlichen Lösung zugeführt wird.[775]

4. Zwischenergebnis

Das im Rahmen dieser Arbeit betonte insolvenzrechtliche Gläubigerschutzsystem weist Schwachstellen auf. Insbesondere gilt dies für die rechtzeitige Einleitung des Insolvenzverfahrens, die Grundvoraussetzung für das Funktionieren einer Haftungsgesamtabwicklung mit besonderem Stellenwert der Gläubigergleichbehandlung und einer wirksamen Insolvenzanfechtung oder der Einleitung eines seriösen Sanierungsversuches ist. Die Mängel liegen vor allem in einem nicht einfach handhabbaren Überschuldungsbegriff und den Beweisschwierigkeiten bei der Insolvenzanfechtung. Mit Einführung der Insolvenzordnung haben sich hier aber schon Verbesserungen ergeben. Weitere Optimierungsvorschläge bleiben in Kap.4 zu erörtern. An dieser Stelle bleibt festzuhalten, dass die Mängel des Gläubigerschutzsystems sich nicht nur auf Gesellschafterleistungen in der Krise beziehen lassen. Eine isolierbare, planwidrige Lücke im Gesetz lässt sich insoweit nicht feststellen. Das wenig systemkonforme Eigenkapitalersatzrecht bietet als Einzelproblemlösungsansatz deshalb keinen schlüssigen Ansatz, um den Gläubigerschutz insgesamt zu komplettieren. Im Ergebnis bedeutet es nur eine geringfügige Aufstockung der Insolvenzquote, hingegen keinen konsequenten Beitrag, um eine Gläubigerschutzlücke zu schließen. Gläubigerschutzdefiziten sollte vielmehr durch systemimmanente Korrekturen innerhalb des Insolvenzrechts begegnet werden.

IV. Deregulierungsdruck aufgrund des Europäischen Gesellschaftsrechts

Spätestens seit der „Überseering"-Entscheidung des EuGH[776] steht fest, dass eine im Unionsgebiet gegründete Gesellschaft als solche in allen EU-Staaten anzuerkennen ist, auch wenn sie im Gründungsstaat eine Geschäftstätigkeit nicht entfaltet. Die Frage, wie mit zugezogenen ausländischen Gesellschaften umzugehen ist, hat zwar deutliche Bezüge zum Internationalen Gesellschaftsrecht. Im Kern ist es aber ein europarechtliches Problem, wie weit in materieller Hinsicht die Anerkennung reicht, ob und inwiefern also Bestimmungen des nationalen Rechts – wie eben auch das Eigenkapitalersatzrecht – auf zugezogene Gesellschaften anwendbar sind, ohne deren Niederlassungsfreiheit zu verletzen. Weitestgehend wird die Auslandsgesellschaft freilich von ihrem Heimatrecht regiert.

---

[775] S. dazu *Heinert*, 65 ff.; *T. Bezzenberger*, FS Bezzenberger, 23 (51 ff.); *v. Caemmerer*, FS Sanders, 17 (24 ff.).

[776] EuGH NZG 2002, 1164 „Überseering".

Die durch Gründung einer sog. Briefkastengesellschaft gegebene faktische Rechtswahlfreiheit gibt zusätzlich Anlass, das Gläubigerschutzsystem der GmbH zu überdenken.[777] Ein zaghafter, halbherziger Schritt ist die geplante Reduzierung des Mindeststammkapitals auf 10.000 € durch das MoMiG. Im Zentrum steht hier aber die Frage, ob nach „Inspire Art"[778] ein überfrachtetes Kapitalsicherungssystem tatsächlich noch als überzeugender Anknüpfungspunkt des Gläubigerschutzes herhalten kann. Denn auch bei der Europäischen Kommission scheint sich langsam die Ansicht durchzusetzen, dass Gläubigerschutz mehr auf Information und Eigenverantwortung des Gläubigers basieren sollte. Der sich hierdurch zusehends verstärkende Deregulierungsdruck von außen lastet insbesondere auch auf dem verästelten, komplizierten Eigenkapitalersatzrecht. Die Entwicklungen im Europäischen Gesellschaftsrecht geben also Reformbestrebungen im GmbH-Recht zusätzlich Nahrung und sollen deshalb hier näher erläutert werden.

1. Faktisch freie Wahl der Gesellschaftsformen innerhalb der Europäischen Union

Zur Erläuterung soll hier zunächst die Rechtsentwicklung bei der Anerkennung ausländischer Gesellschaften kurz skizziert werden. Der EuGH lässt Gesellschaften, die in einem Staat der Europäischen Union wirksam gegründet wurden, weitestgehende Freiheiten beim Gebrauchmachen von der Niederlassungsfreiheit (unten a.). Weil auch bei Verlegung des tatsächlichen Verwaltungssitzes die Gesellschaft weiterhin durch ihr Heimatrecht bestimmt wird, gerät die Niederlassungsfreiheit zwar in Konflikt mit der Bestimmung des Gesellschaftsstatuts (unten b.). Die viel diskutierte Frage, inwieweit Normen des Zuzugstaates – etwa das Eigenkapitalersatzrecht – auf ausländische Gesellschaften anwendbar sind, ist jedoch aus europarechtlicher Sicht zu beantworten (unten c.).

a. Ausgangspunkt: Entwicklung der EuGH-Rechtsprechung zur Niederlassungsfreiheit[779]

Der EuGH hatte sich bereits im wenig beachteten Fall „Segers"[780] mit der Niederlassungsfreiheit befasst. Ein NIEDERLÄNDISCHER Einzelkaufmann gründete in ENGLAND eine *private limited company* (Ltd.) und übertrug auf diese Gesellschaft sein einzelkaufmännisches Unternehmen, welches forthin als Zweigniederlassung der Ltd. geführt wurde. Krankenversicherungsleistungen nach NIEDERLÄNDISCHEM Recht wurden ihm mit dem Hinweis verwehrt, die Einbeziehung von Gesellschafter-

---

[777] Bspw. *Meilicke*, GmbHR 2003, 793 (807 ff.); aus insolvenzrechtl. Perspektive *M. Fischer*, ZIP 2004, 1477-1486.

[778] EuGH DB 2003, 2219 „Inspire Art".

[779] Darstellung i.E. bei *Halbhuber*, 27 ff. („Daily Mail"), 57 ff. („Centros"), 76 ff. („Segers"); *Behrens*, IPRax 2003, 193 (201 ff.); *Horn*, NJW 2004, 893 (895 ff.); *Bayer*, BB 2003, 2357 (2359 ff.).

[780] EuGH Slg. 1986, 2375 „Segers".

Geschäftsführern in die gesetzliche Krankenversicherung gelte nur für Gesellschaften mit Sitz in den NIEDERLANDEN. Der EuGH sah in der Nichtgewährung von Krankenversicherungsleistungen bei „ausländischen" Gesellschaften eine Beschränkung der Niederlassungsfreiheit und stellte schon hier klar, dass die fehlende Ausübung einer Geschäftstätigkeit am Satzungssitz (ENGLAND) hierfür keine Bedeutung hat.[781]

Im Fall „Daily Mail"[782], der einen faktischen Wegzugsfall betraf,[783] wich der EuGH hiervon nicht ab. Zwar sah er in der Behinderung des (steuerlich motivierten) tatsächlichen Wegzugs einer inländischen Gesellschaft durch das Zustimmungserfordernis des BRITISCHEN Schatzamtes keinen Verstoß gegen Art. 43 EGV. Entscheidend hierfür war aber, dass eine Gesellschaft „im allgemeinen durch die Gründung von Agenturen, Zweigniederlassungen und Tochtergesellschaften"[784] und nicht durch einen vollständigen Umzug von der Niederlassungsfreiheit Gebrauch macht. Der Gerichtshof stärkte also (richtig verstanden) den Leitgedanken aus „Segers", indem er insbesondere die Zweigniederlassung als Normalfall des Gebrauchmachens von der Niederlassungsfreiheit einordnete.[785]

Gegenstand der Sache „Centros"[786] war eine in ENGLAND gegründete Ltd., der die Eintragung einer Zweigniederlassung, von der aus allein die Geschäftstätigkeit entfaltet werden sollte, in DÄNEMARK verweigert wurde. Der Gerichtshof ließ sich beim Begriff der Zweigniederlassung i.S.d. Art. 48 EGV, der kein Erfordernis der Ausübung von Geschäftstätigkeit am Gründungssitz kennt, erneut nicht von einer faktischen Betrachtungsweise leiten.[787] Er betonte, dass eine Umgehung strengeren nationalen Gesellschaftsrechts (insbesondere eines Mindestkapitalerfordernisses) mittels einer sekundären Zweigniederlassung hieran nichts ändert und auch nicht missbräuchlich, sondern nachgerade klassischer Fall des Gebrauchmachens von der Niederlassungsfreiheit ist.[788] Schließlich – und dies lässt insbesondere für das Eigenkapitalersatzrecht aufhorchen – verneint er eine Rechtfertigung aus Gläubigerschutzgründen, weil die Maßnahmen des DÄNISCHEN Rechts hierzu schon nicht geeignet waren.[789] Zum ande-

---

[781] EuGH Slg. 1986, 2375 (2388, Rz. 16) „Segers"; GA *Darmon*, Schlussanträge, EuGH Slg. 1986, 2375 (2380 ff.) „Segers".

[782] EuGH NJW 1989, 2186 „Daily Mail".

[783] *Hansen*, NTS 2003, 431 (440); *Horn*, NJW 2004, 893 (895); *Bayer*, BB 2003, 2357 (2359).

[784] EuGH NJW 1989, 2186 (2187) „Daily Mail". S. nun aber (relativierend) EuGH NJW 2004, 2439 „de Lasteyrie du Saillant".

[785] Ob die unterschiedliche Behandlung von Zuzugs- und Wegzugsbeschränkungen tatsächlich zielführend ist, kann an dieser Stelle dahingestellt bleiben; weiterführend *Eidenmüller/Rehm*, ZGR 2004, 159 (165 ff.); *Triebel/v. Hase*, BB 2003, 2409-2417 und aktuell die Entscheidung EuGH NJW 2004, 2439 „de Lasteyrie du Saillant", in der der Gerichtshof nun die Wegzugs*besteuerung* als Beschränkung des Art. 43 EGV ansieht.

[786] EuGH Slg. 1999, I-1459 „Centros".

[787] EuGH Slg. 1999, I-1459 (1490 ff., Rz. 17 ff.) „Centros"; GA *La Pergola*, Schlussanträge, EuGH Slg. 1999, I-1459 (1474, Rz. 18) „Centros".

[788] EuGH Slg. 1999, I-1459 (1493, Rz. 27) „Centros".

[789] Die Vorschriften würden die Gläubiger nämlich nicht schützen, wenn die Ltd. zusätzlich noch eine Tätigkeit im Gründungsstaat entfalten würde; denn dann wäre mangels „Scheinauslandsgesellschaft" eine Eintragung der Niederlassung erfolgt.

ren bezweifelt der EuGH die Notwendigkeit zusätzlichen Gläubigerschutzes neben den Publizitätsvorschriften (Vierte und Elfte Gesellschaftsrichtlinie).[790]

Im Fall „Überseering“[791] wurde einer NIEDERLÄNDISCHEN Besloten Vennootschap (BV) nach Verlegung des effektiven Verwaltungssitzes nach Deutschland vor deutschen Gerichten die Rechts- und Parteifähigkeit mit Hinweis auf die sog. Sitztheorie[792] abgesprochen. Die Gesellschaft unterliege nach der Sitzverlegung deutschem Gesellschaftsrecht, sei danach aber nicht wirksam gegründet worden. Der EuGH stellte hingegen konsequent fest, dass die Inanspruchnahme der Niederlassungsfreiheit zwingend die Anerkennung einer Gesellschaft *als solcher* durch den Aufnahmestaat voraussetzt.[793] Der Verlust der Rechtsfähigkeit und das Erfordernis einer Neugründung kommen aber einer Negierung der Niederlassungsfreiheit gleich. Und eine Rechtfertigung mit Hinweis auf Gläubigerschutzbelange scheiterte jedenfalls an der Verhältnismäßigkeit.[794]

Den vorläufigen Endpunkt bildet das Urteil „Inspire Art“.[795] Das NIEDERLÄNDISCHE Recht hatte „formal ausländische Gesellschaften“ unter anderem verpflichtet, auch als solche zu firmieren und das für vergleichbare inländische Gesellschaften erforderliche Mindestkapital nachzuweisen. Bei Nichterfüllung dieser Zusatzverpflichtungen traf Gesellschaft und Geschäftsführer eine gesamtschuldnerische Haftung. Der EuGH betont erneut, dass die Ausnutzung laxeren ausländischen Gesellschaftsrechts für sich kein Missbrauch der Niederlassungsfreiheit ist.[796] Die Verpflichtung für eine ausländische Gesellschaft, ein Mindestkapital aufzubringen, sowie die daran geknüpfte Haftung, greifen deswegen in die Artt. 43, 48 EGV ein.[797] Zentral sind die Ausführungen zur Rechtfertigung des Eingriffs. Wiederholt zweifeln EuGH und Generalanwalt im Hinblick auf Gläubigerschutzargumente die Geeignetheit des Kapitalschutzsystems mit einer Mindeststammkapitalziffer an.[798] Daneben fokussiert der Gerichtshof mit Hinweis auf die Vierte und Elfte Gesellschaftsrichtlinie, dass die Gesellschaftsgläubiger hinreichend darüber informiert sind, dass es sich um eine Gesellschaft ausländischen Rechts handelt und sie insofern keines weiteren Schutzes bedürfen.

„Inspire Art“ setzt endgültig die Anerkennungspflicht für ausländische Gesellschaften durch und klärt, dass auch sog. Briefkastengesellschaften ihr „gesellschaftsrechtliches Gewand“[799] behalten, es also mit der nackten Anerkennung der Rechtsfähigkeit nicht getan ist. Offen bleibt zwar, ob und welche Beschränkungen ein Aufnahmestaat im Allgemeininteresse noch durchsetzen kann. Die Pflicht zur Anerkennung verbietet

[790] EuGH Slg. 1999, I-1459 (1494 ff., Rz. 32 ff.) „Centros“.
[791] EuGH NZG 2002, 1164 „Überseering“.
[792] Dazu sogleich unten C.IV.1.b.aa.
[793] EuGH NZG 2002, 1164 (1168, Rz. 59) „Überseering“.
[794] EuGH NZG 2002, 1164 (1170, Rz. 93) „Überseering“.
[795] EuGH DB 2003, 2219 „Inspire Art“.
[796] EuGH DB 2003, 2219 (2221, Rz. 96) „Inspire Art“.
[797] EuGH DB 2003, 2219 (2221, Rz. 101, 104) „Inspire Art“.
[798] EuGH DB 2003, 2219 (2222, Rz. 135) „Inspire Art“; GA *Alber*, Schlussanträge, DB 2003, 377 (382, Rz. 141 ff.) „Inspire Art“.
[799] *Eidenmüller/Rehm*, ZGR 2004, 159 (161).

es aber gleichzeitig, die Gesellschaft in das für inländische Gesellschaften geltende Korsett zu pressen und ihr etwa bestimmte Mindestkapitalerfordernisse aufzuzwängen, die nach ihrem Gründungsrecht nicht bestehen. Mit einer sekundären Niederlassung kann sonach im Prinzip das Heimatrecht der Gesellschaft exportiert werden und können Gründer frei zwischen den im Gemeinschaftsgebiet verfügbaren Gesellschaftsformen wählen.

b. Hintergrund: Nationales Kollisionsrecht und europäische Niederlassungsfreiheit

Die Artt. 43, 48 EGV zwingen aus nationaler Sicht dazu, das auf den Niederlassungsvorgang anwendbare Recht zu bestimmen, weil sie sich auf einen internationalen Sachververhalt beziehen. Die Frage der richtigen Anknüpfung des Gesellschaftsstatuts bildet deshalb den Hintergrund der Debatte um die Niederlassungsfreiheit von Gesellschaften. Lange Zeit wurde dieser kollisionsrechtliche Hintergrund zum entscheidenden Punkt erhoben. Richtigerweise hat aber die Diskussion ihren ganz eigenen, europarechtlichen Kern. Die nachfolgenden Ausführungen beinhalten eine kurze Klarstellung.

aa. Internationales Gesellschaftsrecht: Sitztheorie versus Gründungstheorie

Das internationale Gesellschaftsrecht wird von zwei Grundkonzeptionen beherrscht.[800] Nach der in Deutschland (bisher) vorherrschenden[801] so genannten Sitztheorie ist Gesellschaftsstatut das Recht des Ortes, an dem sich der effektive Verwaltungssitz der Gesellschaft befindet. Mit der Sitztheorie soll das Recht des Staates durchgesetzt werden, dessen Rechtsverkehr *prima facie* durch das Tätigwerden der Gesellschaft am stärksten betroffen ist.[802] Dieser Versuch, inländische Interessen kollisionsrechtlich zu schützen, impliziert zugleich eine Beschränkung der Wahlfreiheit der Gesellschaftsgründer. Die Sitztheorie ist somit eine Schutztheorie, die die Umgehung inländischer Wertentscheidungen und inländischer Normgefüge (wie insbesondere des Eigenkapitalersatzrechts und gesamten Kapitalschutzsystems) verhindern soll.[803] Bei Verlegung des effektiven Verwaltungssitzes vom Ausland in einen Sitztheoriestaat kommt es daher zum Statutenwechsel. Die Auslandsgesellschaft als solche existiert im Sitztheorie-

---

[800] Umfassende Darstellungen zum Internationalen Gesellschaftsrecht bei GK-GmbHG/*Behrens*, Einl. B; Michalski/*Leible*, GmbHG, Syst. Darst. 2; Soergel/*Lüderitz*, BGB (Einführungsgesetz), Anh. Art. 10 sowie MünchKommBGB/*Kindler*, IntGesR.

[801] Die gängige These, dass die Sitztheorie in Deutschland schon seit jeher gelte, widerlegen aber eindrucksvoll *Meilicke*, GmbHR 2003, 793 (794 ff.) und (im Verhältnis zum Europarecht) *Halbhuber*, 106 ff.

[802] *Schwarz*, Rn. 162; Michalski/*Leible*, GmbHG, Syst. Darst. 2 Rn. 4.

[803] *Haas*, NZI 2001, 1 (9); Michalski/*Leible*, GmbHG, Syst. Darst. 2 Rn. 6; GK-GmbHG/*Behrens*, Einl. Rn. B 16.

staat nicht, wird also nicht anerkannt und besitzt keine Rechtsfähigkeit. Sie handelt im Aufnahmestaat unter falschem Recht.[804]

Die Gründungstheorie[805] hingegen, der insbesondere der anglo-amerikanische Rechtskreis folgt, ist weit weniger mobilitätsfeindlich. Denn danach ist das Gesellschaftsstatut grundsätzlich dem Recht des Gründungsstaates zu entnehmen.[806] Für die einmal wirksam konstituierte Gesellschaft verbleibt es auch bei Verlegung des effektiven Verwaltungssitzes (vorbehaltlich einer Einschränkung durch den *ordre public*) bei der Anwendung des Gründungsrechts.[807]

bb. Niederlassungsfreiheit

Die Niederlassungsfreiheit (Art. 43 EGV) ist Kernelement zur Verwirklichung eines funktionierenden Binnenmarktes.[808] Die Erstreckung auch auf Gesellschaften (Art. 48 EGV) macht die Niederlassungsfreiheit gleichzeitig zum Credo für das Europäische Gesellschaftsrecht.[809] Zweck der Niederlassungsfreiheit ist es, die freie Standortwahl zur Erwerbstätigkeit im Gemeinschaftsgebiet zu ermöglichen.[810] Von ihrem Niederlassungsrecht machen Gesellschaften typischerweise mit Agenturen, Zweigniederlassungen oder Tochtergesellschaften Gebrauch (Art. 48 II EGV). Dabei fällt unter den Begriff der Zweigniederlassung auch eine Niederlassung, von der aus die Gesellschaft ihre Hauptaktivitäten entfaltet.[811] Das Argument, der „tatsächliche Sitz" stelle nicht Zweigniederlassung, sondern vielmehr die Muttergesellschaft dar, verfängt nicht. Der Sitz einer Gesellschaft dient zwar ebenso wie die Staatsangehörigkeit bei natürlichen Personen dazu, ihre (für die Anwendbarkeit des Art. 48 II EGV notwendige) Zugehörigkeit zur Rechtsordnung eines Mitgliedstaates zu bestimmen.[812] Für seine Bestimmung genügt es aber, wenn eines der drei alternativen[813] Anknüpfungsmomente des Art. 48 II EGV vorliegt. Demnach kann sich die Zugehörigkeit zur Rechtsordnung eines Mitgliedstaates aus dem Sitz der Hauptverwaltung, der Hauptniederlassung oder eben auch dem statutarischen Sitz ergeben. Sobald also die Gleichstellungsvoraussetzungen nach Art. 48 II EGV (Gemeinschaftszugehörigkeit und Gründung nach dem Recht ei-

---

[804] Hier stark verkürzt, z.T. str.; weiterführend MünchKommBGB/*Kindler*, IntGesR Rn. 464 ff.; Soergel/*Lüderitz*, BGB (Einführungsgesetz), Anh. Art. 10 Rn. 17. Dies war letztlich der Hintergrund der „Überseering"-Entscheidung; der niederländischen BV wurden mit Hinweis auf die Sitztheorie Rechts- und Parteifähigkeit nach der Sitzverlegung abgesprochen, s. dazu den Vorlagebeschluss in Sachen „Überseering" BGH NZG 2000, 926 (926 ff.).

[805] Eingehend GK-GmbHG/*Behrens*, Einl. Rn. B 37 ff.; MünchKommBGB/*Kindler*, IntGesR Rn. 339 ff.

[806] *Tersteegen*, 40; Michalski/*Leible*, GmbHG, Syst. Darst. 2 Rn. 7.

[807] *Schwarz*, Rn. 161.

[808] EuGH Slg. 1993, I-1663 (1696, Rz. 29) „Kraus"; EuGH Slg. 1992, I-4265 (4292, Rz. 15) „Singh".

[809] *Schwarz*, Rn. 107.

[810] *Scheuer*, in: Lenz/Borchardt, EU-/EG-Vertrag, Art. 48 EGV Rn. 1.

[811] S. nur EuGH Slg. 1986, 2375 (2388, Rz. 16) „Segers"; EuGH Slg. 1999, I-1459 (1490, Rz. 17) „Centros"; EuGH DB 2003, 2219 (2220 ff., Rz. 95 ff.) „Inspire Art".

[812] EuGH Slg. 1986, 2375 (2387, Rz. 13; 2388, Rz. 16) „Segers"; EuGH Slg. 1999, I-1459 (1491, Rz. 20) „Centros"; EuGH DB 2003, 2219 (2221, Rz. 97) „Inspire Art".

[813] Allg.A., statt aller *Schnichels*, 55; *Schwarz*, Rn. 152.

nes Mitgliedsstaates und) erfüllt sind, kann eine Gesellschaft sich auf die Niederlassungsfreiheit berufen. Die Ausübung einer Geschäftstätigkeit im Gründungsstaat allerdings ist hierfür keine gemeinschaftsrechtlich vorgesehene Bedingung.[814]

Inhaltlich enthält Art. 43 EGV über das spezielle Diskriminierungsverbot hinaus ein allgemeines Beschränkungsverbot.[815] Die Norm steht daher grundsätzlich auch jeder unterschiedslos anwendbaren nationalen Regelung entgegen, die die Ausübung der Niederlassungsfreiheit zu behindern oder weniger attraktiv zu machen geeignet ist.[816] Diese Ausdehnung bedingt zum einen wie bei den anderen Grundfreiheiten die Ausbildung einer Schrankenregelung. Es gilt also auch hier die allgemeine Rechtfertigungssystematik, wonach Beschränkungen durch zwingende Interessen des Allgemeinwohls rechtfertigbar sind, wenn sie in nicht diskriminierender Weise angewendet werden, zur Zielerreichung geeignet und nicht unverhältnismäßig sind.[817] Darüber hinaus gibt es für die Niederlassungsfreiheit aber auch Eingrenzungen bei der Reichweite des Beschränkungsverbotes, wie sie der Gerichtshof für die Warenverkehrsfreiheit mit der sog. „Keck"-Rechtsprechung[818] eingeläutet hat. Dogmatisch handelt es sich hierbei nicht um eine Schrankenregelung, sondern darum, bestimmte unterschiedslos wirkende Maßnahmen schon tatbestandlich auszuschließen.[819] Denn Sinn und Zweck der Freiheiten ist es (nur), spezifisch zwischenstaatliche Hindernisse für den Austausch von Wirtschaftsgütern abzubauen, nicht aber einen allgemeinen Schutz vor allen staatlichen Einschränkungen wirtschaftlicher Tätigkeit sicherzustellen oder eine Generalüberprüfung nationaler Rechtsvorschriften vorzunehmen.[820] (Näher unten C.IV.1.c.aa.)

cc. Kollisionsrechtliche Indifferenz der Niederlassungsfreiheit

Die EuGH-Rechtsprechung wurde hierzulande meist unter dem Gesichtspunkt der Vereinbarkeit der Sitztheorie mit der Niederlassungsfreiheit diskutiert. Dabei wird jedoch der europarechtliche Zusammenhang verkannt. Das Europarecht hat nicht zur Aufgabe, dogmatische Rechtsfiguren der Mitgliedstaaten zu überprüfen, weshalb die Sitztheorie auch nie auf dem gemeinschaftsrechtlichen Prüfstand war.[821] Weil nicht die

---

[814] EuGH Slg. 1993, I-4017 (4043, Rz. 13) „Commerzbank"; GA *La Pergola*, Schlussanträge, EuGH Slg. 1999, I-1459 (1469, Rz. 13) „Centros"; GA *Alber*, Schlussanträge, DB 2003, 377 (377, Rz. 80) „Inspire Art".

[815] Inzw. wohl allg.A., *Geiger*, EUV/EGV, Art. 43 EGV Rn. 15; *Bröhmer*, in: Calliess/Ruffert, EUV/EGV, Art. 43 EGV Rn. 29; *Scheuer*, in: Lenz/Borchardt, EU-/EG-Vertrag, Art. 43 EGV Rn. 7; *Randelzhofer/Forsthoff*, in: Grabitz/Hilf, Recht der EU, Art. 43 EGV Rn. 83; eingehend *Unzicker*, 36 ff.; z.T. krit. *Schwarz*, Rn. 140; a.A. *Nachbaur*, 143 ff.

[816] *Schwarz*, Rn. 136.

[817] *Epiney*, in: Calliess/Ruffert, EUV/EGV, Art. 28 EGV Rn. 57; *Geiger*, EUV/EGV, Art. 43 EGV Rn. 15; GA *Alber*, Schlussanträge, DB 2003, 377 (381, Rz. 125 ff.) „Inspire Art".; EuGH DB 2003, 2219 (2221 ff., Rz. 133) „Inspire Art"; *Scheuer*, in: Lenz/Borchardt, EU-/EG-Vertrag, Art. 43 EGV Rn. 11; *Bayer*, BB 2003, 2357 (2358).

[818] EuGH Slg. 1993, I-6097 (6131, Rz. 16) „Keck und Mithouard".

[819] *Epiney*, in: Calliess/Ruffert, EUV/EGV, Art. 28 EGV Rn. 39 ff.; *Bitter*, WM 2004, 2190 (2193).

[820] *Eidenmüller/Rehm*, ZGR 2004, 159 (167).

[821] *Randelzhofer/Forsthoff*, in: Grabitz/Hilf, Recht der EU, Art. 48 EGV Rn. 30; *Bitter*, WM 2004, 2190 (2192); *Schanze/Jüttner*, AG 2003, 661 (665); *Kindler*, NZG 2003, 1086 (1089).

Sitztheorie als solche zur Nichtbeachtung der Identität als ausländische Gesellschaft führt, sondern erst das zur Anwendung berufene Sachrecht möglicherweise in die Niederlassungsfreiheit der Auslandsgesellschaft eingreift, sind es die sachrechtlichen Beschränkungen, die auf ihre Grundfreiheitskonformität zu überprüfen sind.[822] Das Kollisionsrecht gibt lediglich vor, welches Recht zur Anwendung gelangt. Umgekehrt ist daher die Niederlassungsfreiheit kollisionsrechtlich indifferent.[823] Auch wenn nach „Inspire Art" der Sitztheorie ein Großteil ihrer präventiven Schutzwirkung genommen ist, weil die Niederlassungsfreiheit über die bloße Anerkennung hinaus einer Gesellschaft ihr vom Gründungsstaat verliehenes „Gewand" garantiert[824] und eine Hinwendung zur anerkennungsfreundlicheren Gründungstheorie[825] anzuraten ist, weil sich mit ihr die Anforderungen der Artt. 43, 48 EGV weit einfacher und dogmatisch überzeugender verwirklichen lassen, gibt doch das Europarecht keine Kollisionsnorm vor.[826] „Inspire Art" zeigt deutlich, dass auch ein Gründungstheoriestaat nicht vor dem Verdikt eines Gemeinschaftsrechtsverstoßes gefeit ist, sondern auch dort sachrechtliche Beschränkungen zuziehender Gesellschaften mit den Grundfreiheiten konfligieren können.

Die Bedeutung des Internationalen Privatrechts im hier interessierenden Kontext beschränkt sich daher darauf, dass es Wegbereiter eines möglichen Verstoßes gegen die Artt. 43, 48 EGV sein kann. Zum Konflikt zwischen Niederlassungsfreiheit und Kollisionsrecht kommt es erst, wenn nach dem Kollisionsrecht das Recht des Aufnahmestaates berufen ist und der Auslandsgesellschaft „fremde" Bestimmungen aufgezwungen werden. Die Einordnung eines Rechtsinstituts nicht unter das Gesellschafts- sondern das Delikts- oder Insolvenzstatut enthebt indes nicht von der Prüfung eines Verstoßes gegen die Niederlassungsfreiheit.[827]

---

[822] *Eidenmüller/Rehm*, ZGR 2004, 159 (165 f.).

[823] Insoweit zutr. *Ulmer*, NJW 2004, 1201 (1205); str., anders z.B. *Randelzhofer/Forsthoff*, in: Grabitz/Hilf, Recht der EU, Art. 48 EGV Rn. 18: „versteckte Kollisionsnorm".

[824] So *Ebke*, JZ 2003, 927 (928) bereits nach dem Urteil „Überseering"; *Sandrock*, BB 2003, 2588 (2589).

[825] Der Wechsel zur Gründungstheorie – zumindest für Gesellschaften aus dem Gemeinschaftsgebiet – ist nun wohl h.M., s. bspw. *Hirsch/Britain*, NZG 2003, 1100 (1103); *Spindler/Berner*, RIW 2004, 7 (8); *Schulz*, NJW 2003, 2705 (2706 ff.); *Ebke*, JZ 2003, 927 (929); *Sandrock*, BB 2004, 897 (901); *Bayer*, BB 2003, 2357 (2363); für DÄNEMARK *Hansen*, NTS 2003, 431 (442); a.A. *Altmeppen*, NJW 2004, 97 (99); *Altmeppen*, FS Röhricht, 3 (14 ff.); unklar noch BGH DStR 2003, 947 (948); s. jetzt aber BGH GmbHR 2005, 630 (631).

[826] Wie hier *Martin-Ehlers*, in: Sandrock/Wetzler: Deutsches Gesellschaftsrecht im Wettbewerb, 1 (13); *Schulz*, NJW 2003, 2705 (2706); *Wymeersch*, FS Buxbaum, 629 (645 ff.); *Eidenmüller/Rehm*, ZGR 2004, 159 (166). Denkbar ist theoretisch auch eine modifizierte Sitztheorie.

[827] *M. Fischer*, ZIP 2004, 1477 (1479); *Bitter*, WM 2004, 2190 (2191). Das Kollisionsrechts anderer Mitgliedstaaten lässt sich auch kaum reibungsfrei mit dem „deutschrechtlichen" Begriffspaar erfassen, da deren Kollisionsrechte auch vermittelnde Lehren vertreten oder – wie im Fall DÄNEMARKS – überhaupt keine klare Abgrenzung zwischen materiellen und Kollisionsnormen kennen. Hierzu *Halbhuber*, 70 ff. m.w.N.

c. Problempunkt: Gläubigerschutz bei zugezogenen Auslandsgesellschaften

Die Zulässigkeit von Briefkastengesellschaften hat hierzulande die Angst vor „Billig-GmbH“[828] heraufbeschwört. Häufig diskutiert wird deswegen, ob und inwieweit Gesellschaftsgläubiger von den Regelungen des Zuzugstaates geschützt werden können. Schon diese Ausgangsfrage zeigt die unterschwellige Tendenz, möglichst viel vom inländischen Schutzniveau retten zu wollen. Unausgesprochen scheint die Ansicht zu herrschen, dass der Gläubigerschutz durch das deutsche Gesellschaftsrecht der wirksamste ist. Diese Annahme ist zwar mehr als zweifelhaft.[829] Dennoch soll hier exemplarisch für Insolvenzrecht und Eigenkapitalersatzrecht erörtert werden, inwieweit Schutzvorschriften auf sekundäre Niederlassungen von Auslandsgesellschaften angewendet werden können. Entscheidend wird dabei sein, wie die Reichweite der Niederlassungsfreiheit zu bestimmen ist.

aa. Lösungsansatz: Reichweite der Niederlassungsfreiheit

Die vorstehenden Ausführungen haben deutlich gemacht, dass die Reichweite des Gesellschaftsstatuts und die Frage, ob daneben für besonders wichtig empfundene Vorschriften Sonderanknüpfungen[830] möglich sind, nicht der wesentliche Punkt ist. Es macht keinen Unterschied, ob eine die Niederlassungsfreiheit beschränkende Maßnahme sich aufgrund der Heranziehung des Gesellschafts-, Delikts- oder Insolvenzstatuts ergibt.[831] Es führt folglich nicht weiter, bislang als gesellschaftsrechtlich qualifizierte Probleme einfach einem anderen Rechtsbereich zuzuordnen.[832] Ergänzender Gläubigerschutz für Auslandsgesellschaften kann (wenn überhaupt) nicht auf der Ebene des Internationalen Privatrechts erreicht werden. Das Kollisionsrecht ist zwar einerseits notwendiger Schritt, um inländische Schutzvorschriften bei im Inland domizilierenden Auslandsgesellschaften erst zur Anwendung zu berufen und schafft andererseits gerade damit die typische Konfliktlage mit der Niederlassungsfreiheit, wenn und soweit sich aus dem dann anwendbaren Sachrecht Beschränkungen dieser Freiheit ergeben.[833] (Nur) wenn das Kollisionsrecht inländisches Recht zur Anwendung beruft, ist aber immer noch zu prüfen, ob die betreffenden Maßnahmen tatbestandlich die Niederlassungsfreiheit beschränken und gegebenenfalls ob die Beschränkung gerechtfertigt werden kann.

---

[828] *Altmeppen*, NJW 2004, 97 (97).

[829] Denn ausländisches Recht ist gegenüber dem Gläubigerschutz natürlich nicht „blind“, sondern kennt schlicht andere Schutzmechanismen. Krit. gegenüber der These, dass deutsche Gläubigerschutzregelungen vorzugswürdig seien, denn auch *Sandrock*, BB 2004, 897 (899); ähnl. *Ulmer*, JZ 1999, 662 (664); *Kiethe*, RIW 2005, 649 (653).

[830] So aber *Zimmer*, NJW 2003, 3585 (3588 ff.); *Weller*, IPRax 2003, 207 (209 ff.); wie hier *Horn*, NJW 2004, 893 (897); *Kleinert/Probst*, DB 2003, 2217 (2218); *Schumann*, DB 2004, 743 (745).

[831] *M. Fischer*, ZIP 2004, 1477 (1479); *Bitter*, WM 2004, 2190 (2191). Zur kollisionsrechtlichen Qualifikation der Insolvenzverschleppungshaftung näher unten C.IV.1.c.bb.

[832] *Hirte/Mock*, ZIP 2005, 474 (475); *Bitter*, WM 2004, 2190 (2191): „kollisionsrechtlicher Irrweg“; *Spindler/Berner*, RIW 2004, 7 (9).

[833] Vgl. *Spindler/Berner*, RIW 2004, 7 (9); *Eidenmüller/Rehm*, ZGR 2004, 159 (165).

Blickt man nicht auf das nationale Kollisionsrecht, sondern das Gemeinschaftsrecht, so ist inzwischen zwar klar, dass der Zuzugstaat eine Auslandsgesellschaft *als solche ausländischen Rechts* anzuerkennen hat. Mit ihrer sekundären Niederlassung exportiert sie quasi ihr sie definierendes Recht. Andererseits versteht sich von selbst, dass die Auslandsgesellschaft nicht die gesamte Rechtsordnung des Gründungsstaates mit allen Umweltbeziehungen exportieren kann. Ansonsten würde theoretisch die Anwendung aller inländischen gewerberechtlichen, wettbewerbsrechtlichen oder deliktischen Regelungen einen Verstoß gegen Gemeinschaftsrecht darstellen, da jede strengere Rechtsvorschrift mittelbar einen grenzüberschreitend niederlassungswilligen Unternehmer vom Ausnutzen der Niederlassungsfreiheit abhalten kann.[834] Ein uferloses Beschränkungsverbot würde so zu einem enormen mitgliedstaatlichen Kompetenzverlust führen. Im Sinne einer zunehmenden Konvergenz der Grundfreiheiten, die sich gerade an der Ausweitung auf Beschränkungsverbote einerseits und dem inzwischen weitgehenden Gleichlauf der Rechtfertigungssystematik andererseits zeigt, ist deshalb eine allgemeine tatbestandliche Einschränkung der Beschränkungsverbote zu befürworten.[835] Schwierig ist freilich die Grenzziehung. Der durch die „Keck"-Formel geprägte Begriff der Verkaufsmodalitäten ist schon für den Bereich der Warenverkehrsfreiheit wenig griffig und ermöglicht kaum eine Übertragbarkeit auf andere Grundfreiheiten. Weiterführender ist der Ansatz, dass eine Maßnahme dann nicht unter das Beschränkungsverbot fällt, wenn sie Teil eines integrierten nationalen Ordnungssystems ist.[836] Wegen der Binnenmarktbezogenheit der Grundfreiheiten scheiden alle nicht spezifisch marktzugangsregelnden Maßnahmen als Beschränkung der Niederlassungsfreiheit aus. Für die Niederlassungsfreiheit bedeutet dies, dass sich integrierte Bestandteile der Standortbedingungen nicht am Beschränkungsverbot messen lassen müssen, da solche Standortbedingungen den Bezugspunkt der Standortwahl bilden und die Niederlassungsfreiheit nicht die Absicht hat, diese Bedingungen nachträglich zu ändern.[837] Die Anerkennungspflicht für zuziehende ausländische Gesellschaften verpflichtet somit nicht nur den Niederlassungsstaat, den gesellschaftsrechtlichen „Europapass" der Auslandsgesellschaft zu berücksichtigen hat, sondern zwingt – reziprok – diese Gesellschaft auch dazu, gewisse *Verkehrsregeln* des Niederlassungsstaates anzuerkennen, sofern diese rechtlich und faktisch neutral wirken.[838] Schließlich bildet der Vergleich solcher *Aufenthaltsmodalitäten*[839] in den einzelnen Mitgliedstaaten die Grundlage der unternehmerischen Entscheidung, wo eine Zweigniederlassung begründet werden soll. Deshalb stellen solche Bedingungen kein Marktzugangshindernis dar. Nur falls eine inländische Regelung eine spezifisch marktzugangsregelnde Maßnahme darstellt,

---

[834] *Unzicker*, 63; *Eidenmüller/Rehm*, ZGR 2004, 159 (167).

[835] Zustimmend etwa *Epiney*, in: Calliess/Ruffert, EUV/EGV, Art. 28 EGV Rn. 56 ff.; *Bitter*, WM 2004, 2190 (2193); *Eidenmüller/Rehm*, ZGR 2004, 159 (167 ff.); *Schanze/Jüttner*, AG 2003, 661 (667); *Unzicker*, 64 ff.; a.A. *Scheuer*, in: Lenz/Borchardt, EU-/EG-Vertrag, Art. 43 EGV Rn. 10.

[836] Zu diesem (str.) Ansatz *Randelzhofer/Forsthoff*, in: Grabitz/Hilf, Recht der EU, vor Artt. 39-55 EGV Rn. 118 ff. Eine eingehendere Darstellung der verschiedenen Auffassungen ist hier nicht zu leisten.

[837] *Randelzhofer/Forsthoff*, in: Grabitz/Hilf, Recht der EU, vor Art. 43 EGV Rn. 99.

[838] Richtig *Schanze/Jüttner*, AG 2003, 661 (667); *Ulmer*, NJW 2004, 1201 (1205).

[839] Unzicker, 75.

bleibt dann also immer noch zu prüfen, ob diese tatbestandliche Beschränkung der Niederlassungsfreiheit gerechtfertigt ist. Die Konsequenzen hieraus sollen nachfolgend für das Insolvenz- und Eigenkapitalersatzrecht dargestellt werden.

bb. Exemplarisch: Insolvenzrechtlicher Gläubigerschutz

Vor Prüfung eines etwaigen Verstoßes gegen die Artt. 43, 48 EGV steht wie gezeigt immer die Frage, ob das Kollisionsrecht überhaupt die Heranziehung der jeweiligen inländischen Gläubigerschutzvorschriften auf Auslandsgesellschaften anordnet. Für das Insolvenzrecht enthält Art. 4 EuInsVO eine europarechtliche Kollisionsnorm, wonach grundsätzlich das Insolvenzrecht des Eröffnungsstaates zur Anwendung berufen ist. Dabei sind nach Art. 3 I EuInsVO für die Verfahrenseröffnung die Gerichte des Mitgliedstaates zuständig, in dessen Gebiet der Schuldner den Mittelpunkt seiner Interessen hat.

Zu den gläubigerschützenden Tatbeständen des Insolvenzrechts zählt zum einen das Insolvenzanfechtungsrecht, das in Art. 4 II 2 lit. m EuInsVO ausdrücklich Erwähnung findet.[840] Nach der *lex fori concursus* anzuknüpfen ist aber auch die Insolvenzverschleppungshaftung.[841] Diese Einordnung ist zwar umstritten.[842] Entscheidend ist aber doch die Einordnung der Insolvenzantrags*pflicht* aus § 64 I GmbHG. Wegen des unmittelbaren Zusammenhangs zwischen Pflichtverletzung und Haftung kann sinnvollerweise für die Qualifikation der Haftung nichts anderes gelten als für die Qualifikation der Antragspflicht.[843] Die Tatsache, dass die Antragspflicht im GmbHG ihren Niederschlag gefunden hat, ist dabei nur von untergeordneter Bedeutung.[844] Und richtigerweise ist schon sachrechtlich die Insolvenzantragspflicht als Element des Insol-

---

840 Für das Anfechtungsrecht ist die Ausnahme in Art. 13 EuInsVO zu beachten, wonach eine Rechtshandlung nicht nach dem Recht des Verfahrensstaates angreifbar ist, wenn sie nicht auch nach dem Vertragsstatut anfechtbar ist.

841 *Eidenmüller*, NJW 2005, 1618 (1620); *H.-F. Müller*, NZG 2003, 414 (417); *Eisner*, ZInsO 2005, 20 (22); *Paulus*, ZIP 2002, 729 (734); *Borges*, ZIP 2004, 733 (739 ff.); *Trunk*, 103 ff.; *Weller*, DStR 2003, 1800 (1804); GK-GmbHG/*Behrens*, Einl. Rn. B 105 f.; MünchKommBGB/*Kindler*, IntGesR Rn. 646, IntInsR Rn. 209; unentschieden *Zimmer*, NJW 2003, 3585 (3590); a.A. *Mock/Schildt*, ZInsO 2003, 396 (400); *Mock/Westhoff*, DZWiR 2004, 23 (27); *Ulmer*, NJW 2004, 1201 (1207); *ders.*, KTS 2004, 291 (301); *Altmeppen*, NJW 2005, 1911 (1913).

842 Für eine gesellschaftsrechtliche Anknüpfung *Gross/Schork*, NZI 2006, 10 (14); *Spindler/Berner*, RIW 2004, 7 (12); *Schumann*, DB 2004, 743 (746); *ders.*, KTS 2004, 291 (301); *Kiethe*, RIW 2005, 649 (655); für eine Anknüpfung nach dem Deliktsstatut *Schanze/Jüttner*, AG 2003, 661 (670); *Riedemann*, GmbHR 2004, 345 (349), die allerdings die Insolvenzantrags*pflicht* dem Insolvenzstatut unterwerfen will.

843 *H.-F. Müller*, NZG 2003, 414 (417); *Kuntz*, NZI 2005, 424 (428); anders *Riedemann*, GmbHR 2004, 345 (348 einerseits und 349 andererseits).

844 *Kuntz*, NZI 2005, 424 (426). Historisch ist die Einbettung der Insolvenzantragspflicht in das GmbHG bzw. das AktG wohl auch nur Resultat pragmatischer Erwägungen. So hat bei Beratung der Vorläuferregelung (Art. 240 III ADHGB) ein vereinheitlichtes Insolvenzrecht für die einzelnen deutschen Staaten als alternativer Standort der Insolvenzantragspflicht noch gar nicht existiert, eingehend *Borges*, ZIP 2004, 733 (737 ff.).

venzrechts zu begreifen.[845] Denn die Antragspflicht will die rechtzeitige Verfahrenseinleitung sicherstellen und ist somit wesentliches Instrument, um die mit dem Insolvenzverfahren überhaupt verfolgten Ziele zu erreichen. Daneben ist sie untrennbar an die Insolvenzauslösetatbestände gebunden, die unstreitig Regelungsgegenstand des Insolvenzrechts sind.[846] Zusätzlich zwingt die Verbindung von Antragsrecht und Antragspflicht zu einer einheitlichen Einordnung.[847]

Nun ist zwar die Reichweite des Insolvenzstatuts nach Art. 4 EuInsVO im Gemeinschaftsgebiet autonom auszulegen.[848] Immerhin lassen sich aber die eben gemachten Ausführungen als ein Indiz für eine auch gemeinschaftsrechtliche Qualifikation der Insolvenzverschleppungshaftung nach der *lex fori concursus* werten.[849] Im Übrigen ist Ausgangspunkt für die Auslegung der Verordnung das Ziel des Rechtsaktes. Hierzu zählt nach Erwägungsgrund Nr. 8 der EuInsVO die Steigerung der Effizienz und Wirksamkeit grenzüberschreitender Insolvenzverfahren. Deswegen ist es zwingend, solche Entscheidungen mit in das Insolvenzverfahren einzubeziehen, die einen unmittelbaren Bezug zum Insolvenzverfahren haben (vgl. Erwägungsgrund Nr. 6), um eine Zersplitterung der Abwicklung des Gemeinschuldners zu vermeiden. Mithin ist auch für den europarechtlichen Begriff „Insolvenzrecht" in Art. 4 I EuInsVO zu konstatieren, dass die Nähe zum Insolvenzverfahren, der insolvenztypische Charakter und die Notwendigkeit für die Erreichung der mit der Verordnung beabsichtigten Ziele mit entscheidend für die Einordnung einer Rechtsregel unter das Insolvenzstatut sind.[850] Dabei ist eine extensive Interpretation geboten, weil nur dadurch der mit der Grundkollisionsnorm der Verordnung bezweckte Entscheidungsgleichklang unter möglichst umfassender Ausschaltung der allgemeinen einzelstaatlichen Kollisionsrechte, erreicht werden kann.[851] Eine solche Nähe ist für die Insolvenzverschleppungshaftung zu bejahen. Noch deutlicher wird dies dann, wenn – wie unten Kap.4 B.II. erörtert – die Haftung wegen Insolvenzverschleppung für das deutsche Recht als eine auf § 64 II

---

[845] *Trunk*, 104; wohl ebenso *Röhricht*, ZIP 2005, 505 (507 ff.); a.A. *Vallender/Fuchs*, ZIP 2004, 829 (830).

[846] *Kuntz*, NZI 2005, 424 (426); *Borges*, ZIP 2004, 733 (739). Das galt freilich auch unter Geltung von § 63 GmbHG a.F.

[847] *Riedemann*, GmbHR 2004, 345 (348).

[848] *Smid*, IntInsR, Vor Art. 1 EurInsVO Rn. 12; MünchKommBGB/*Kindler*, IntInsR Rn. 202; *Spindler/Berner*, RIW 2004, 7 (12); *Borges*, ZIP 2004, 733 (739).

[849] Bei der Auslegung von Gemeinschaftsrecht ist nämlich auch von Relevanz, welche Bedeutung einem Tatbestandmerkmal „durchschnittlich" im Recht der Mitgliedstaaten beigemessen wird, *Smid*, IntInsR, Vor Art. 1 EurInsVO Rn. 12.

[850] *Duursma-Kepplinger*, in: Duursma-Kepplinger/Duursma/Chalupsky, EuInsVO, Art. 4 Rn. 7. Ähnl. *Virgós/Schmit*, 65 (Rz. 90) zur gleichlautenden Vorschrift Art. 4 I EuInsVÜ. Der Erläuterungsbericht der beiden Autoren zum EuInsVÜ, das nie in Kraft trat, ist wegen der weitgehenden Wortgleichheit mit der EuInsVO zu deren Interpretation ein maßgeblicher Anhaltspunkt, MünchKommInsO/*S. Reinhart*, vor Art. 1 EuInsVO Rn. 1.

[851] *Duursma-Kepplinger*, in: Duursma-Kepplinger/Duursma/Chalupsky, EuInsVO, Art. 4 Rn. 7; ähnl. MünchKommBGB/*Kindler*, IntInsR Rn. 204 f.; krit. *Hirte/Mock*, ZIP 2005, 474 (476); OLG Frankfurt ZIP 2006, 769 (771); ganz anders *Altmeppen*, NJW 2005, 1911 (1913), der mit dem rein formalen Argument, dass die Artt. 3, 4 EuInsVO die Verfahrenseröffnung voraussetzen, schon die Insolvenzantragspflicht nicht „Insolvenzrecht" im Sinne dieser Vorschriften sein könne.

GmbHG gestützte Innenhaftung konzipiert wird. Hinzu kommt, dass funktionsäquivalente Haftungstatbestände in anderen Rechtsordnungen,[852] etwa die *wrongful-trading*-Haftung nach ENGLISCHEM Recht (sec. 214 Insolvency Act 1986) oder die *action en comblement du passif* im FRANZÖSISCHEN Recht (Art. L. 624-3 C.Com; früher Art. 180 loi n° 85-98), ebenfalls insolvenzrechtlich eingeordnet werden.[853] Auch der EuGH hat im Zusammenhang mit der Zuständigkeit nach EuGVÜ das genannte FRANZÖSISCHE Haftungsinstitut zum Insolvenzrecht gezählt.[854] Dabei hat er entscheidend darauf abgestellt, dass die Haftung zu einer Vermehrung der zur Verfügung stehenden Vermögensmasse führt, den Gläubigern in gleicher Weise zugute kommt und von einer Haftungsvermutung zu Lasten des Geschäftsleiters ausgeht.[855] Ganz ähnliches gilt aber auch für die richtig verstandene Insolvenzverschleppungshaftung nach deutschem Recht. Schließlich würde das Ziel der Effektivität der EuInsVO-Verfahren weniger nachhaltig erreicht, wenn dem Verfahrensstaat nicht auch gestattet würde, neben den spezifischen Gründen, die zur Einleitung eines Insolvenzverfahrens führen, auch die notwendigen Anreize für eine rechtzeitige Einleitung dieses Verfahrens zu regeln.[856]

Sind Insolvenzverschleppungshaftung und Insolvenzanfechtungsrecht nach Art. 4 EuInsVO anzuknüpfen, ist bei einer Gesellschaft, die ihren Tätigkeitsschwerpunkt nicht im Gründungs- sondern im Zuzugstaat hat, insoweit also das Recht des Zuzugstaates anwendbar. In einem zweiten Schritt muss dann geprüft werden, ob die Anwendung inländischen Insolvenzrechts auf die Auslandsgesellschaft deren Niederlassungsfreiheit verletzt. Gerade für die Insolvenzverschleppungshaftung wird dies teilweise bejaht.[857] Dafür lässt sich tatsächlich anführen, dass die Insolvenzantragspflicht eine zusätzliche sanktionsbewehrte Pflicht des Geschäftsleiters auf die Auslandsgesellschaft ausdehnt, die nach deren Gründungsrecht möglicherweise gar nicht bekannt ist. Insoweit könnte man argumentieren, dass mit der Pflichtenerstreckung die Organisationsverfassung der Auslandsgesellschaft tangiert wird. Gerade deshalb hat es der Gerichtshof schließlich auch untersagt, die Pflicht zur Mindestkapitalaufbringung auf Auslandsgesellschaften zu erstrecken.[858] Der Aufnahmestaat muss die Gesellschaft im Grunde als durch das Heimatrecht definierten Gesamtkomplex hinnehmen.

Andererseits sind wie gezeigt bei der Frage einer Beeinträchtigung der Niederlassungsfreiheit schon tatbestandsmäßig solche Maßnahmen regelmäßig auszuscheiden, die *Verkehrsregeln* des Aufnahmestaates darstellen und deshalb die am Markt agieren-

---

[852] Instruktiv *Habersack/Verse*, ZHR 2004, 174-215 und die Dissertationen von *Strauß* und *Pernice*.

[853] Dazu *Borges*, ZIP 2004, 733 (739); *Röhricht*, ZIP 2005, 505 (507 ff.); *Lawlor*, NZI 2005, 432 (434, 436)

[854] EuGH Slg. 1979, 733 (743 ff., Rz. 4 ff.) „Gourdain/Nadler“; trotz dieser Entscheidung für eine gesellschaftsrechtliche Qualifikation des FRANZÖSISCHEN Haftungsinstituts aber *Zimmer*, Internationales Gesellschaftsrecht, 293 ff.; *Ebenroth/Kieser*, KTS 1988, 19-48; *Mock/Schildt*, ZInsO 2003, 396 (400 Fn. 91). A.A. die wohl h.M., MünchKommBGB/*Kindler*, IntGesR Rn. 653; Soergel/*Lüderitz*, BGB (Einführungsgesetz), Anh. Art. 10.

[855] EuGH Slg. 1979, 733 (744, Rz. 5) „Gourdain/Nadler“.

[856] *Borges*, ZIP 2004, 733 (739).

[857] *Spindler/Berner*, RIW 2004, 7 (12).

[858] EuGH DB 2003, 2219 (2221 ff., Rz. 104 ff.) „Inspire Art“.

den Subjekte an sich weiterhin national bestimmt sein lassen. Die zuziehende Gesellschaft fügt sich freiwillig in diese Standortbedingungen ein und ist grundsätzlich[859] auch verpflichtet, sie zu respektieren.

Kernfrage ist, wie solche Verkehrsregeln von i.S.d. Art. 43 EGV tatbestandsmäßigen Maßnahmen abzugrenzen sind. Ein Kriterium ist die Frage, ob die betreffende Regelung das korporative Funktionsgefüge der Auslandsgesellschaft zerstört, sie gleichsam entwurzelt und damit schon den „Marktzutritt" verhindert.[860] Beispiel für eine nicht beschränkende Maßnahme ist danach etwa das private Nachbarrecht, das einen störenden Betrieb eines Unternehmens untersagen kann. Beschränkend sind hingegen Verpflichtungen zur Aufbringung eines Stammkapitals auch für Auslandsgesellschaften oder das Aufzwingen eines anderen Vertretungsregimes[861], weil hierdurch in Organisationsverfassung und Wesen der Gesellschaft hineinregiert und ihre Existenz „als solche" mit den Ausformungen, die ihr der Gründungsstaat beigelegt hat, negiert wird. Dasselbe muss man für alle eng mit der Gesellschaftsgründung zusammenhängenden Fragen, spätere Grundlagenentscheidungen und die Leitungsstruktur der Gesellschaft insgesamt annehmen.[862] Insolvenzantragspflicht und Insolvenzverschleppungshaftung stehen zwar im Grenzbereich zwischen Verkehrsrecht und einer Beeinflussung der Organisationsverfassung der Gesellschaft, da die Verpflichtung zur rechtzeitigen Verfahrenseinleitung dem Geschäftsleiter als Organ der Gesellschaft aufgebürdet wird. Dennoch bedeutet dies keinen Eingriff in die Niederlassungsfreiheit. Denn wenn man akzeptiert, dass es nicht beschränkende Maßnahmen im o.g. Sinne gibt, dann müssen solche Maßnahmen (Pflichten) auch an die Gesellschaft adressiert werden können – und als Adressat einer Insolvenzantragspflicht kommt eben (nur) das geschäftsleitende Organ in Betracht. Schließlich lässt sich auch mit dem Sinn und Zweck des Insolvenzverfahrens argumentieren, das seinen Schwerpunkt im Verkehrsschutz hat, weswegen auch Insolvenzantragspflicht und Insolvenzverschleppungshaftung sich nicht auf die

---

[859] Nur dann, wenn Verkehrsregeln zu einer *wesentlichen* Behinderung des Marktzugangs führen, könnte hierin wiederum eine rechtsfertigungsbedürftige Beschränkung der Niederlassungsfreiheit vorliegen.

[860] Ähnl. abgrenzend *Hansen*, NTS 2003, 431 (442): „indre organisation". Gegen eine strikte Zweiteilung *Bitter*, WM 2004, 2190 (2193), der zwischen den eindeutigen Verstößen bei Marktzutrittsverhinderung und dem (nicht tatbestandlichen) allgemeinen Verkehrsrecht einen Zwischenbereich ausmacht. Innerhalb dieses Zwischenbereichs sollen Maßnahmen, die die Tätigkeit der Gesellschaft tangieren, je nachdem, ob sie dem allgemeinen Verkehrsrecht näher stehen oder nicht, schwerer oder leichter rechtfertigbar sein. In diesen Zwischenbereich ordnet *Bitter* auch die Insolvenzantragspflicht ein, die dabei aber dem allgemeinen Verkehrsrecht sehr nahe stehen soll (2199).

[861] Das hat letztlich der II. Zivilsenat des BGH mit dem Versuch, die Sitztheorie über eine zwangsweise „Umwandlung" der Auslandsgesellschaft in eine (rechtsfähige) Gesellschaft bürgerlichen Rechts zu retten, getan.

[862] Vgl. (allerdings für die Frage der Zulässigkeit von Sonderanknüpfungen) GK-GmbHG/*Behrens*, Einl. Rn. B 49.

Gesellschaftsverfassung beziehen, sondern im öffentlichen Interesse bestehen und allgemein die Teilnahme der Gesellschaft am Rechtsverkehr regeln.[863]

Obschon die kollisionsrechtliche Beurteilung wie mehrfach betont nicht dafür maßgebend ist, ob inländische Regeln auf zugezogene Auslandsgesellschaften ohne Verstoß gegen die Artt. 43, 48 EGV angewendet werden können, ist an dieser Stelle doch von Belang, dass das europäische Recht selbst demjenigen Mitgliedstaat die Regelungskompetenz bezüglich der Insolvenzauslösetatbestände zuweist, dessen Rechtsordnung vom Tätigsein des Rechtssubjekts auch am stärksten betroffen ist.[864] Wenn aber Art. 4 II 2 lit. a EuInsVO es den Mitgliedstaaten überlässt, festzulegen, für welche Rechtssubjekte überhaupt ein Insolvenzverfahren in Betracht kommt und auch, ab welchem Zeitpunkt ein Insolvenzverfahren zu eröffnen ist (Art. 4 II 1 EuInsVO), dann ist es nur konsequent, dass die Mitgliedstaaten auch darüber befinden dürfen, wie sie dieses nationale Regelungssystem ausgestalten und absichern. Indem also das europäische Recht ausdrücklich gestattet, dass eine ENGLISCHE Ltd. mit effektivem Verwaltungssitz in Deutschland auch bei Überschuldung einem Insolvenzverfahren mit all seinen massiven Beschränkungen nicht entkommt und damit zeigt, dass es die spezifische Risikobewertung bestimmter Schuldnertypen durch das nationale Recht akzeptiert, ist es nur folgerichtig, auch das insolvenzrechtliche Sanktionssystems als einen integralen Bestandteil des Rechts des Zuzugstaates anzuerkennen, der nicht in das spezifische korporative Funktionsgefüge der Gesellschaft eingreift. Soweit Art. 4 I EuInsVO Gläubigerschutzinstrumente des Zuzugstaates mit umfasst, verstößt also deren Anwendung i.d.R. nicht gegen die Niederlassungsfreiheit, weil sie grundsätzlich kein spezifisches Marktzugangshindernis darstellen.[865]

Geht man dennoch von einem tatbestandsmäßigen Eingriff aus, stellt sich die Frage seiner Rechtfertigung. Die betreffenden Maßnahmen müssten einem zwingenden Allgemeininteresse dienen und zur Erreichung dieses Ziels geeignet und erforderlich sein.[866] Normzweck ist hier der Gläubigerschutz, der als zwingendes Gemeinwohlinteresse auch in der Rechtsprechung des EuGH Anerkennung findet.[867] Im Gegensatz zu den Kapitalsicherungsvorschriften, deren Geeignetheit und Verhältnismäßigkeit der EuGH in Zweifel zieht, sind Eignung und Erforderlichkeit des insolvenzrechtlichen Gläubigerschutzinstrumentariums grundsätzlich gegeben. Ist die Gesellschaft bereits

[863] Vgl. *Borges*, ZIP 2004, 733 (740); *Eidenmüller/Rehm*, ZGR 2004, 159 (168); *Eidenmüller*, NJW 2005, 1618 (1621); *Kuntz*, NZI 2005, 424 (429); *Merkt*, ZGR 2004, 305 (323); a.A: *Ulmer*, NJW 2004, 1201 (1207 ff.).

[864] Zum Zusammenhang von nationaler Regelungskompetenz und Beschränkung der Niederlassungsfreiheit *Halbhuber*, 98 ff.

[865] Zutr. insoweit *Ulmer*, KTS 2004, 291 (296); *Eidenmüller*, NJW 2005, 1618 (1621); (zu pauschal) *Wienberg/Sommer*, NZI 2005, 353 (356).

[866] *Zimmer*, NJW 2003, 3585 (3586); *Halbhuber*, 167.

[867] S. nur EuGH DB 2003, 2219 (2222, Rz. 135) „Inspire Art"; GA *Alber*, Schlussanträge, DB 2003, 377 (381, Rz. 127) m.w.N. aus der Rechtsprechung. Krit. zur Rechtfertigung der Anwendung der Insolvenzantragspflicht auf im Inland domizilierende Auslandsgesellschaften indes *Hirte/Mock*, ZIP 2005, 474 (475 ff.).

insolvent, besteht eine große (und zwar konkrete[868]) Gefahr für die Befriedigung der Gläubiger. Daneben fügt sich das insolvenzrechtliche Gläubigerschutzinstrumentarium weitaus besser in das sogleich (C.IV.2.) zu erläuternde europarechtliche Gläubigerschutzkonzept ein.[869]

cc. Exemplarisch: Heranziehung des Eigenkapitalersatzrechts

Auch für die Frage, ob auf Auslandsgesellschaften mit sekundärer Niederlassung in Deutschland das Eigenkapitalersatzrecht Anwendung finden kann, muss man zuerst prüfen, ob kollisionsrechtlich insoweit deutsches Sachrecht berufen ist und (wenn ja) in einem zweiten Schritt untersuchen, ob seiner Anwendung das Europarecht entgegen steht.[870]

(1) Rechtsprechungsregeln

Die Rechtsprechungsregeln zum Eigenkapitalersatz werden nach h.M. gesellschaftsrechtlich qualifiziert.[871] Das überzeugt schon deshalb, weil sie sich direkt an das Kapitalerhaltungsrecht als einem Kernstück der Finanzverfassung anlehnen. Folgt man nunmehr der Gründungstheorie, stellt sich mangels Berufung deutschen Sachrechts die Frage einer Kollision mit der Niederlassungsfreiheit schon gar nicht.

Wer weiterhin an der Sitztheorie festhalten oder eine Sonderanknüpfung (etwa nach dem Insolvenzstatut[872]) befürworten will, gelangt zwar zur Anwendung des Eigenkapitalersatzrechtes, muss dann aber beachten, dass dies nicht zu einem gemeinschaftswidrigen Resultat führen darf. Wegen des engen Zusammenhangs mit den Regelungen über die Kapitalisierung der Gesellschaft kommt man jedoch kaum umhin, die Rechtsprechungsregeln als Beschränkung der Niederlassungsfreiheit einzuord-

---

[868] Dies betont auch *Bitter*, WM 2004, 2190 (2199). Gegen die Rechtfertigung des Eingriffs bei Anwendung der Insolvenzverschleppungshaftung auf Auslandsgesellschaften aber bspw. *Gross/Schork*, NZI 2006, 10 (14).

[869] Die Aussage des EuGH DB 2003, 2219 (2222, Rz. 142) „Inspire Art" zur Gemeinschaftsrechtswidrigkeit einer Geschäftsführerhaftung (Art. 4 IV WFBV) spricht nicht gegen dieses Ergebnis. Denn diese Haftung bezog sich (nur) auf die Nichterfüllung der (gemeinschaftsrechtswidrigen) Anforderungen des WFBV zur Mindestkapitalaufbringung. Schlüsse auf eine europarechtliche Unzulässigkeit der Insolvenzverschleppungshaftung sind hieraus also nicht zu ziehen, vgl. *Borges*, ZIP 2004, 733 (740); a.A. *Spindler/Berner*, RIW 2004, 7 (12).

[870] Ein anderes europarechtliches, hier nicht näher zu vertiefendes, Konfliktfeld für das Eigenkapitalersatzrecht zeigt sich beim Widerstreit von eigenkapitalersatzrechtlicher Bindung eines Darlehens und gemeinschaftsrechtlicher Rückforderungspflicht beihilferechtswidriger Darlehen, *Geuting/Michels*, ZIP 2004, 12-18; Thür. OLG DB 2006, 95 (98 f.).

[871] MünchKommBGB/*Kindler*, IntGesR (3. Aufl.) Rn. 531; *Schumann*, DB 2004, 743 (748); für eine insgesamt insolvenzrechtliche Qualifikation des Eigenkapitalersatzrechts allerdings *Wienberg/Sommer*, NZI 2005, 353 (356 ff.); vgl. dagegen zutr. *K. Schmidt*, GmbHR 2005, 797 (805).

[872] So wohl *Haas*, NZI 2001, 1 (10). Dies widerspräche aber dem Prinzip der Einheitlichkeit des Gesellschaftsstatuts (dazu GK-GmbHG/*Behrens*, Einl. Rn. B 58), d.h. dass das Gesellschaftsstatut grds. alle Fragen für die Innen- und Außenbeziehungen der Gesellschaft regelt.

nen.[873] Die Unterwerfung einer nach dem Recht eines anderen Mitgliedstaates gegründeten Gesellschaft unter die deutschen Kapitalerhaltungsvorschriften und das Kapitalersatzrecht bedeutete, der Gesellschaft über die Hintertür Wertvorstellungen des deutschen Gesellschaftsrechts aufzuzwängen, die sich in die korporationsrechtliche Verfassung etwa einer Ltd. nicht nahtlos einfügen lassen. Das Eigenkapitalersatzrecht will vom Ansatz her gerade nicht – wie etwa das Insolvenzrecht – eine verhaltensorientierte Beschränkung von außen bewirken, stellt also gerade nicht allgemeines Verkehrsrecht dar, sondern eine nur für bestimmte Gesellschaften geltende Vorgabe für die ordnungsgemäße Kapitalausstattung. Gerade aufgrund des Zusammenhangs mit der Finanzierung der Gesellschaft scheidet auch eine Rechtfertigung der Beschränkung der Niederlassungsfreiheit aus. Zwar hat der EuGH in „Inspire Art" den Gläubigerschutz als Allgemeinwohlinteresse anerkannt. Er hat jedoch auch dem Kapitalschutzsystem insgesamt, jedenfalls aber einer Finanzierungsregel zur Ausstattung mit einem bestimmten Mindeststammkapital unter dem Gesichtspunkt der Erforderlichkeit eine Absage erteilt und darüber hinaus die Verhältnismäßigkeit bestritten, da sich Gläubiger grundsätzlich selbst schützen können.[874] Die eigenkapitalersatzrechtliche Finanzierungsregel, der ordentliche Kaufmann führe in der Krise Eigen- und nicht Fremdkapital zu, bietet nun aber genau dieselben Angriffsflächen, weshalb ihre Anwendung auf aus einem anderen Mitgliedstaat zugezogene Auslandsgesellschaft keinen Bestand haben kann. Allenfalls dann läge keine unzulässige Beschränkung vor, wenn das ausländische Recht ein funktionsäquivalentes, strengeres Rechtsinstitut kennt. Weil es im ÖSTERREICHISCHEN Recht ein weitgehend parallel strukturiertes Eigenkapitalersatzrecht gibt, könnte also beim Zuzug einer ÖSTERREICHISCHEN GmbH das deutsche Eigenkapitalersatzrecht zur Anwendung kommen, soweit es geringere Eingriffe in die Finanzierungsfreiheit bedeutet.[875] Diese Vorgehensweise widerspricht aber nicht nur der Einheitlichkeit des Gesellschaftsstatuts; sie verfehlte auch die Intention einer Sonderanknüpfung, die ausländische Gesellschaft einem gläubigerschutzintensiveren Regime zu unterstellen.

(2) Novellenregeln

Bei den Novellenregeln ist das Qualifizierungsproblem anders gelagert, da sie ein insolvenzrechtliches Sanktionsinstrumentarium vorsehen. Vertretbar erscheint es deswegen, diese Regelungen nach dem Insolvenzstatut anzuknüpfen – auch deshalb, weil Art. 4 II lit. m EuInsVO die Insolvenzanfechtung ausdrücklich mit einbezieht.[876] Insol-

---

[873] *M. Fischer*, ZIP 2004, 1477 (1479 ff.); *Schumann*, DB 2004, 743 (748); *Meilicke*, GmbHR 2003, 793 (805); *Zimmer*, NJW 2003, 3585 (3589); *Eidenmüller/Rehm*, ZGR 159 (181); *Borges*, ZIP 2004, 733 (743); a.A. *Geißler*, INF 2005, 151 (156); *Altmeppen*, NJW 2004, 97 (103); *Altmeppen*, NJW 2005, 1911 (1913); gegen die Thesen *Altmeppens* überzeugend *Sandrock*, BB 2004, 897 (901).

[874] Zum Informationsmodell des EuGH noch näher unten C.IV.2.b.

[875] Dies wird aber augenscheinlich selbst für ÖSTERREICH nicht gelten, da das am 01.01.2004 in Kraft getretene EKEG bspw. keine § 32a III 1 GmbHG entsprechende Öffnungsklausel kennt und die Kleinbeteiligtenschwelle einheitlich bei 25 % ansiedelt. Zur reformierten ÖSTERREICHISCHEN Rechtslage *Blöse*, GmbHR 2004, 412-415; *Althuber/Brandstätter/Haberer*, NZI 2004, 610-615.

[876] Str.; für eine insolvenzrechtliche Qualifikation: *Smid*, IntInsR, Art. 4 EurInsVO Rn. 6; *Haas*, NZI 2001, 1 (10); *Eisner*, ZInsO 2005, 20 (22); *H.-F. Müller*, NZG 2003, 414 (417); Münch-

venzstatut ist nach Art. 4 I EuInsVO aber das Recht des Mitgliedstaates, in dem das Verfahren eröffnet wird. Für den Fall einer Auslandsgesellschaft mit nachweislichem effektiven Verwaltungssitz in Deutschland ist für die Verfahrenseröffnung die internationale Zuständigkeit der deutschen Gerichte gegeben (Art. 3 I 2 EuInsVO) und damit deutsches Insolvenzrecht anwendbar. Gesellschaftsstatut und *lex fori concursus* fallen folglich auseinander.[877] Dass die Anfechtung insolvenzrechtlich zu qualifizieren ist, ist freilich nur die eine Seite der Medaille. Denn auch die Novellenregeln knüpfen an den Tatbestand eines eigenkapitalersetzenden Darlehens an. Ob ein eigenkapitalersetzendes Darlehen tatsächlich vorliegt, ist jedoch eine gesellschaftsrechtliche Frage, die als Vorfrage richtigerweise nach dem Gesellschaftsstatut zu lösen ist.[878] Somit können dann auch die Novellenregeln nicht zur Anwendung gebracht werden.

(3) Konsequenzen

Die Ausführungen zum Eigenkapitalersatzrecht gelten entsprechend auch für andere *gesellschaftsbezogene* Gläubigerschutzvorschriften. Soweit deren Anwendbarkeit überhaupt kollisionsrechtlich erreicht wird – etwa durch (für sich schon zweifelhafte[879]) Sonderanknüpfungen – wird es sich dabei regelmäßig nicht um i.S.d. Art. 43 EGV tatbestandsloses Verkehrsrecht, sondern um eine Beschränkung der Niederlassungsfreiheit handeln. So ist denn das gesamte Kapitalschutzsystem mit seinem abstrakt-präventiven Charakter definitorisches Element einer deutschen Kapitalgesellschaft[880] und nicht etwa Ausdruck einer allgemeinen, unterschiedslos geltenden Bedingung für das Tätigwerden von Gesellschaften, die eine zuziehende Gesellschaft als Teil des integrativen nationalen Ordnungssystems verstehen müsste, in das sie sich mit ihrer Niederlassung begibt. An das Kapitalerhaltungsrecht angelehnte Regelungen werden es im Übrigen schwer haben, die vier Rechtfertigungsvoraussetzungen einer zulässigen Schranke zu erfüllen. Neben den Zweifeln des EuGH an der Wirksamkeit des Nennkapitalsystems überhaupt (dazu sogleich C.IV.2.) ist schließlich auch aus europarechtlicher Sicht bei der Frage der Erforderlichkeit zu prüfen, ob nicht das Gründungsrecht der Gesellschaft einen äquivalenten Schutz bietet und deswegen ein Eingriff in die Niederlassungsfreiheit, der bei Anwendung inländischen Gesellschaftsrechts immer quasi eine Substitution der Gesellschaftsform bedeutet, zu unterbleiben

KommBGB/*Kindler*, IntGesR Rn. 708 ff.; für eine gesellschaftsrechtliche Qualifikation *Zimmer*, Internationales Gesellschaftsrecht, 292.

[877] *Riedemann*, GmbHR 2004, 345 (346).

[878] GK-GmbHG/*Behrens*, Einl. Rn. B 86; *Trunk*, 192 ff.; *H.-F. Müller*, NZG 2003, 414 (417); *Riedemann*, GmbHR 2004, 345 (349); *Schumann*, DB 2004, 743 (748); *Geyrhalter/Gänßler*, NZG 2003, 409 (411); *Kiethe*, RIW 2005, 649 (653); a.A. *Wienberg/Sommer*, NZI 2005, 353 (356 ff.); *Altmeppen*, NJW 2004, 97 (103); *Ulmer*, NJW 2004, 1201 (1207); *ders.*, KTS 2004, 291 (299 ff.); MünchKommBGB/*Kindler*, IntGesR Rn. 711; *M. Fischer*, ZIP 2004, 1477 (1480) m.w.N.

[879] Vgl. *Sandrock*, in: Sandrock/Wetzler, Deutsches Gesellschaftsrecht im Wettbewerb, 33 (37 ff.); *Eidenmüller*, NJW 2005, 1618 (1620); *Kiethe*, RIW 2005, 649 (654 f.).

[880] *Röhricht*, ZIP 2005, 505 (511) bezeichnet das Kapitalerhaltungsrecht als „genuin gesellschaftsrechtlich".

hat.[881] Ähnliches gilt schließlich auch für deliktsrechtliche Vorschriften. Zwar sind genuin deliktsrechtliche Gläubigerschutzvorschriften (insbesondere § 826 BGB und Missbrauchsfälle) prinzipiell als Verkehrsregeln des Zuzugstaates zu qualifizieren; dies gilt aber nur dann, wenn sie keinen gesellschaftsformspezifischen Gehalt haben, also vom Gesellschaftsrecht losgelöst ableitbar sind.[882]

2. Deregulierungsdruck für das deutsche GmbH-Recht

Vielfach wird in Frage gestellt, ob das deutsche Kapitalschutzsystem für den durch die eben erläuterte EuGH-Rechtsprechung angestoßenen Wettbewerb der Rechtsordnungen gerüstet ist. Besonders kritisch zu beäugen sind dabei die komplizierten Auswüchse des Kapitalaufbringungs- und Kapitalerhaltungsrechts, die im europäischen Vergleich meist unbekannt sind. Unter Deregulierungsdruck steht deswegen ganz besonders auch das hier zu behandelnde Eigenkapitalersatzrecht. Die Reformdiskussion[883] hat im Wesentlichen zwei Ursachen. Zum einen die Befürchtung, dass die Stärkung der Niederlassungsfreiheit zu einer zunehmenden Flucht deutscher Unternehmer in die Gründung ausländischer Rechtsformen – insbesondere der ENGLISCHEN Ltd. – mit Hauptniederlassung in Deutschland führen könnte. Darauf müsse man mit einer Vereinfachung reagieren, um die GmbH wieder attraktiv zu machen. Zum anderen finden die Zweifel sowohl des EuGH als auch der Europäischen Kommission an der gläubigerschützenden Funktion und Wirksamkeit des Kapitalschutzsystems zunehmend Beachtung.

a. Schreckgespenst „Billig-GmbH"

Der nach „Inspire Art" vorausgesagte Boom auf ausländische Gesellschaftsformen, allen voran die Ltd., hat sich ein Stück weit bewahrheitet.[884] Gut ein halbes Jahr nach diesem Urteil sollen bereits mehr als 25 % der „GmbH"-Gründungen in Deutschland Konstruktionen einer in ENGLAND gegründeten Kapitalgesellschaft mit einer Haupt-

---

[881] Zutr. *Brand*, JR 2004, 89 (93); GK-GmbHG/*Behrens*, Einl. Rn. B 87; zweifelhaft *Geißler*, INF 2005, 151 (153 ff.) und insbesondere *Altmeppen*, NJW 2005, 1911 (1913); *ders.*, FS Röhricht, 3 (17), die i.E. die Durchsetzung eines höheren inländischen Gläubigerschutzniveaus immer für legitim und europarechtlich zulässig halten.

[882] Richtig *Goette*, DStR 2005, 197 (201); *Eidenmüller*, NJW 2005, 1618 (1620). Dies spricht auch dagegen, die Existenzvernichtungshaftung auf Auslandsgesellschaften anzuwenden, GK-GmbHG/*Behrens*, Einl. Rn. B 93 f.; *Kuntz*, NZI 2005, 424 (431 f.); a.A. statt vieler *Geißler*, INF 2005, 151 (154).

[883] Einen umfassenden Entwurf zu einer Vereinfachung des GmbHG bietet *Kallmeyer*, GmbHR 2004, 377-383. Krit. zur Deregulierungsdebatte u.a. *Priester*, DB 2005, 1315-1320; *Kleindiek*, DStR 2005, 1366 (1368 f.); *Wilhelmi*, GmbHR 2006, 13 (23 f.).

[884] Vgl. dazu DIE ZEIT v. 12.02.2004 (Ausgabe Nr. 8), 22 mitgeteilte Äußerung der Justiziarin der deutsch-britischen Handelskammer, *A. Baumgarte*. Einen Überblick zur ENGLISCHEN Ltd. Bieten *Ebert/Levedag*, GmbHR 2003, 1337-1346; *Michalsky*, DStR 1991, 1660-1664; *Westhoff*, ZInsO 2004, 289-295.

verwaltung im Bundesgebiet sein.[885] Die faktische Rechtswahlfreiheit nutzen also zahlreiche Unternehmer aus, um den als hinderlich empfundenen Vorschriften des deutschen Kapitalgesellschaftsrechts zu entgehen.

Die gemeinhin proklamierten Vorteile der Ltd. gegenüber einer GmbH beziehen sich nicht zuletzt auf die Tatsache, dass die Gründer kein Mindeststammkapital aufbringen müssen und dennoch die gewünschte Haftungsbeschränkung erlangen. Überhaupt gibt es kein Kapitalaufbringungsrecht als Gläubigerschutzrecht. Alle unübersichtlichen Fallstricke der Kapitalaufbringung, also die Erfüllung des Merkmals der „freien Verfügung" aus § 7 III GmbHG mitsamt der in ihren Verästelungen wenig verständlichen Besonderheiten der verdeckten Sacheinlage fallen somit weg.[886] Die Auslandsgründung hat dadurch den Vorzug, dass sie in weitaus kürzerer Zeit und weniger bürokratisch vonstatten geht als eine Gründung im Inland.[887] Ferner hat eine Auslandsgründung den Vorteil, dass die Einengungen durch das komplexe, einem nicht juristisch vorgebildeten Unternehmer kaum mehr vermittelbaren Eigenkapitalersatzrecht umgangen werden können.

Im Einzelfall will die Gründung einer ausländischen Gesellschaft dennoch gut überlegt sein.[888] Es sollte selbstverständlich sein, dass eine Unternehmung nur selten mit einem Haftkapital von einem Euro oder Pfund auskommt. Und im Übrigen lässt das ENGLISCHE Gesellschaftsrecht nur die Ausschüttung erwirtschafteter Gewinne nach Verrechnung mit eventuellen Verlustvorträgen zu.[889] Zum anderen gibt es auch nach der betreffenden ausländischen Rechtsordnung Haftungsrisiken für die Geschäftsführer und Gesellschafter, die diesen ohne fachkundige Berater unbekannt bleiben. Auch wenn die Vermittler diverse Paketlösungen (etwa Stellung eines *company secretary* für die Ltd.) anbieten und an die Einhaltung wichtiger Fristen (Einladung zur Gesellschafterversammlung oder Einreichung der Steuererklärung, etc.) erinnern, ist doch zu konstatieren, dass sich die Gesellschafter komplett unter das Regime eines ausländischen Rechts begeben, das sie gemeinhin weniger gut kennen und über das hierzulande auch weniger kompetente (oder preisgünstige) Informationen zur Verfügung stehen werden.[890] Bislang wenig beachtet[891] wurde auch, dass bei Streitigkeiten

---

[885] So jedenfalls eine von „Go Ahead" (Anbieter von Limited-Gründungen) in Auftrag gegebene Studie; vgl. Handelsblatt, Artikel vom 07.09.2004, http://www.handelsblatt.com/pshb/fn/relhbi/sfn/buildhbi/cn/GoArt!200012,203993,787604/SH/0/depot/0/index.html (Zugriff 12.02.2006).

[886] *Kallmeyer*, DB 2004, 636 (637).

[887] Regelmäßig werben die Anbieter von Limited-Gründungen mit einer Gründungsdauer von maximal zehn Tagen, stellen gegen Preisaufschlag aber auch den Service einer 24- oder 48-Stunden-Gründung zur Verfügung (s. bspw. „Go Ahead", http://go-limited.de; „L4you", http://L4you.de; „Comanea GmbH", http://limited24.de). Dieser Vorzug gälte im Übrigen auch noch nach einer eventuellen Herabsetzung des Mindeststammkapitals.

[888] Ausführlich zu Vor- und Nachteilen bspw. einer Ltd. *Wachter*, GmbHR 2004, 88-105; *Kallmeyer*, DB 2004, 636-639; *Happ/Holler*, DStR 2004, 730-736.

[889] Dazu *Ebert/Levedag*, GmbHR 2003, 1337 (1343 ff.).

[890] *Wachter*, GmbHR 2004, 88 (93); *Happ/Holler*, DStR 2004, 730 (736).

[891] Erwähnung findet das Problem bei *Wachter*, GmbHR 2004, 88 (93); *Kallmeyer*, DB 2004, 636 (638); eingehend nunmehr *Schilling*, IPRax 2005, 208-218.

zwischen den Gesellschaftern, etwa über die Gültigkeit von Beschlüssen der Gesellschafterversammlung, regelmäßig die ausschließliche internationale Zuständigkeit der Gerichte des Gründungsstaates gegeben sein wird, Art. 22 Nr. 2 EuGVO. Das bedeutet den Nachteil, dass für die Klärung des Streits eine kostenintensive Reise vor die Gerichte des Gründungsstaates notwendig ist, wo in der Regel die Verfahrenssprache nicht deutsch ist. Nur wenn das angerufene Gericht der Sitztheorie folgt, könnte es zu einer Zuständigkeit der Gerichte des Sitzes der Hauptverwaltung kommen, da Art. 22 Nr. 2 S. 2 EuGVO die Bestimmung des „Gesellschaftssitzes" dem Internationalen Privatrecht des Verfahrensstaates überlässt.[892] Eine Gerichtsstandvereinbarung ist hingegen nicht zulässig (Art. 24 EuGVO). Die hier nur kurz referierten Nachteile[893] einer Auslandsgründung zeigen, dass die zulässige Umgehung des „Heimatrechts" keineswegs risikolos ist. Vor- und Nachteile der jeweiligen Rechtsordnungen und der Folgekosten müssen im Einzelfall abgewogen werden. Für Kleinunternehmer wird die Auslandsgesellschaft in der Regel seltener der Königsweg sein als für mittelständische oder große Unternehmen. Letzteren wird es nicht zuletzt auch eher möglich sein, eine qualifizierte Beratung zu finden und zu bezahlen.[894]

Die anhaltende Debatte um eine extensive Ausdehnung deutscher Gläubigerschutzvorschriften auf zuziehende Auslandsgesellschaften jedenfalls ist weitgehend unbegründet. Es ist nämlich schon fraglich, ob das Nennkapitalsystem tatsächlich unersetzbar ist oder nicht vielmehr ein größeres Vertrauen auch in die Rechtsordnung ausländischer Staaten an den Tag gelegt werden sollte. Schließlich bleibt grundsätzlich das Insolvenzrecht des Aufnahmestaates mitsamt Insolvenzverschleppungshaftung anwendbar und kennen daneben die Gesellschaftsrechte der meisten EU-Staaten auch eine (wenn eben auch nicht an eine Nennkapitalziffer gebundene) Ausschüttungssperre. Von dem Gedanken, jede Auslandsgründung sei *prima facie* ein zu missbilligendes Umgehungsgeschäft, muss man sich lösen.[895] Es gibt durchaus seriöse Motive für die Gründung etwa einer Ltd. Inwieweit die ausländischen Rechtsformen hierzulande auf Akzeptanz im Rechtsverkehr stoßen werden, bleibt letztlich abzuwarten.[896] Fakt ist aber, dass von der Rechtswahlfreiheit zunehmend Gebrauch gemacht wird.

Die Attraktivität ausländischer Rechtsformen wird meist an dem Punkt eines einfacheren Gesellschaftsrechts festgemacht. Ob dies für das Beispiel der ENGLISCHEN Ltd.

---

[892] Selbst dann, wenn vor den Gerichten des Staates der Niederlassung die Klage ausgefochten werden kann, taucht ein nicht zu unterschätzendes Problem auf. Denn dann muss das Gericht ausländisches Recht anwenden; verfügt es dazu nicht über den nötigen Kenntnisstand, werden kostenintensive Gutachten nötig.

[893] Zu Kostenvorteilen der Auslandsgründung (im Falle der Ltd.) *Wachter*, GmbHR 2004, 88 (94); *Happ/Holler*, DStR 2004, 730 (734 ff.). Bei einem Kostenvergleich sind i.Ü. immer auch die Kosten für die Eintragungen am Ort der Zweigniederlassung zu berücksichtigen.

[894] Für Einmanngesellschaften ohne Fremdgeschäftsführung kann sich ggf. wieder etwas anderes ergeben, da hier etwa die Gefahr gesellschaftsinterner Auseinandersetzungen, die nach Art. 22 Nr. 2 EuGVO ggf. im Ausland auszutragen wären, nicht besteht.

[895] So hat sich inzwischen etwa auch die bekannte Drogeriemarktkette „Müller", die sicherlich nicht aus der „Schmuddelecke" der Ein-Euro-Gesellschaften kommt, für die Rechtsform Ltd.&Co. KG entschieden.

[896] *Roth*, ZGR 2005, 348 (367 ff., 385).

tatsächlich zutrifft, kann hier dahingestellt sein.[897] Bemerkenswert ist aber, dass selbst das oft als einfacher gepriesene ENGLISCHE Gesellschaftsrecht einer Reform unterzogen werden soll, die die Attraktivität des Standorts GROßBRITANNIEN weiter steigern soll, weil dort das Gesellschaftsrecht als überreguliert empfunden wird.[898] Grundlinien des Reformvorhabens sind die weitere Vereinfachung des Gründungsvorganges[899] und die Deregulierung des Kapitalerhaltungsrechts[900]. Im Gegenzug soll eine strenge Inpflichtnahme der Geschäftsführung hinsichtlich der Einhaltung der (gesteigerten) Publizitätsvorschriften und der insolvenzrechtlichen Bestimmungen für den nötigen Gläubigerschutz sorgen.[901] Auch SPANIEN und FRANKREICH haben sich bereits im Wettbewerb der Rechtsordnungen[902] positioniert. So steht in SPANIEN seit 02.06.2003 neben der bisherigen *sociedad de responsabilidad limitada* (S.R.L.) eine neue Gesellschaftsform zur Verfügung (*sociedad limitada nueva empresa*/SLNE), deren Vorzug insbesondere der gestraffte Gründungsvorgang ist.[903] Durch die verstärkte Nutzung der neuen Informationstechnologien sowie eine Verbesserung der Kommunikation zwischen Notaren, Registern und Behörden soll eine Gründung innerhalb von 24 Stunden ermöglicht werden.[904] Daneben wird der Erwerb eigener Anteile erleichtert. Der FRANZÖSISCHE Gesetzgeber hat mit dem *Loi pour l'initiative économique* für die S.A.R.L. das gesetzliche Mindestkapital (bisher 7.500 €, Art. L. 223-2 C.Com) ab 01.01.2004 abgeschafft und den Weg zur „Ein-Euro-GmbH" frei gemacht.[905] Maßgebend war nach der Gesetzesbegründung, dass eine starre Grenze für das Stammkapital realistischerweise keinen effektiven Gläubigerschutz bietet und deswegen eine unnötige Erschwerung der Gründung bedeutet.[906] Zusätzlicher Reformschwerpunkt ist die Beschleunigung des Gründungsverfahrens. Eine Gründung soll innerhalb eines Tages erreichbar

---

[897] Dazu *Wachter*, GmbHR 2004, 88 (93);

[898] Zu diesem Reformvorhaben *Lembeck*, NZG 2003, 956-965.

[899] So etwa durch Abschaffung der Zweiteilung des Gesellschaftsvertrags in das *memorandum of association* und die *articles of association* und Ersetzung durch eine einheitliche *constitution* bei der Ltd.

[900] So soll etwa die Kapitalherabsetzung erleichtert werden, indem die Genehmigung durch das Gericht abgeschafft und durch ein vom *director* abzugebendes *solvency statement* ersetzt wird, *Lembeck*, NZG 2003, 956 (961 ff.).

[901] *Lembeck*, NZG 2003, 956 (962 ff., 965).

[902] Vertiefend die Habilitationsschrift von *Kieninger* und aus ökonomischer Sicht die Dissertation von *Heine*.

[903] Zur SPANISCHEN „Blitz-GmbH" *Fröhlingsdorf*, RIW 2003, 584-588; *Embid Irujo*, RIW 2004, 760-767.

[904] Dazu wird ein „einheitliches elektronisches Dokument" geschaffen, in dem alle Daten zusammengefasst werden, die sich auf die neue Gesellschaft beziehen und den verschiedenen Behörden vorzulegen sind. Mit ihm ist gleichzeitig die Erfüllung der steuer- und sozialversicherungsrechtlichen Pflichten möglich, *Fröhlingsdorf*, RIW 2003, 584 (586).

[905] Hierzu *Wachter*, GmbHR 2003, R 377-R 378; *Becker*, GmbHR 2003, 706-708. Unklar bleibt dabei, inwieweit die Regeln zur Kapitalaufbringung weiterhin Geltung beanspruchen – dann eben zur Aufbringung des jeweiligen frei gewählten Stammkapitals. Die Regelungen wurden jedenfalls nicht aufgehoben.

[906] S. Gesetzentwurf (*Projet de Loi pour l'initiative économique*), *Exposé des Motifs*, Gliederungspunkt I (abrufbar unter http://assemblee-nationale.fr/12/projets/pl0507.asp, Zugriff 12.02.2006).

sein.[907] Auch hier nutzt man dazu die modernen Informationstechnologien, fasst alle Anmeldeerfordernisse in einem Formular zusammen und bündelt die Zuständigkeit für die Einreichung der Dokumente beim *Centre de Formalités des Entreprises*.

Die deutsche Entwicklung steht in auffälligem Gegensatz zu solchen Vereinfachungstendenzen.[908] Die Rechtsprechung des BGH zur analogen Anwendbarkeit der Gründungsvorschriften auf die (Re)Aktivierung von Vorrats- und Mantelgesellschaften[909] hat dem Bedürfnis nach der Möglichkeit eines raschen Zurverfügungstellens einer GmbH einen Dämpfer verpasst. Auch das Kapitalerhaltungsrecht wird durch den BGH unbeirrt weiter ausgebaut.[910] Dadurch gewinnt die GmbH kaum an Attraktivität für Unternehmensgründer. Es ist eine leidige Diskussion, ob man bei zunehmender Deregulierung des GmbH-Rechts ein *race to the bottom* befürchten muss und ob nicht deshalb die GmbH als Bollwerk der Seriosität zu erhalten ist. Denn eine Deregulierung muss nicht zwingend mit einem Abbau des hierzulande sakrosanten Gläubigerschutzes verbunden sein. Vielmehr geht es darum, einerseits dem Bedürfnis nach einer schnellen Gründung nachzukommen und andererseits unnötig komplizierte Rechtsbereiche zu entrümpeln, deren Wirksamkeit noch nicht einmal bewiesen ist. Zu letzteren zählt nach den hier angestellten Untersuchungen auch das Eigenkapitalersatzrecht. Schließlich machte nicht zuletzt seine geringe Regelungsdichte das GmbHG einst zum Vorbild für zahlreiche ausländische Gesellschaftsformen.[911] Die halbherzige Reform, das Mindestkapital herabzusetzen, bedeutet jedoch gerade keine Vereinfachung des überfrachteten Kapitalsicherungsrechts.

b. Divergierendes Gläubigerschutzkonzept im europäischen Gesellschaftsrecht

Einen ebenso starken Deregulierungsdruck bedeuten die Unterschiede zwischen deutschem und europäischem Gläubigerschutzkonzept. Bislang steht auch das europäische Gesellschaftsrecht in der kontinentaleuropäischen Rechtstradition. Meilenstein der Rechtsangleichung ist dabei die zweite gesellschaftsrechtliche Richtlinie[912] (sog. Kapitalrichtlinie), die für die Aktiengesellschaft ein festes Mindeststammkapital vorschreibt (Art. 6) und Normen über die Aufbringung, Erhaltung und Erhöhung oder Erniedrigung des Stammkapitals enthält.[913] Damit sollte ein Mindestmaß an Gleichwertigkeit der Gesellschaftsrechte erreicht werden, um den Schutz von Aktionären und

---

[907] *Becker*, GmbHR 2003, 706 (706 ff.). Zu ersten Ergebnissen der Reform *Meyer/Ludwig*, GmbHR 2005, 459 (464 ff.).

[908] Einen Schritt in die richtige Richtung bedeutet aber der nun vorliegende Referentenentwurf zum MoMiG, der einen Schwerpunkt darauf legt, die Gründung der GmbH zu erleichtern.

[909] BGH DB 2003, 330; BGH DB 2003, 2055.

[910] So etwa mit der Einordnung der Kreditgewährung *an* einen Gesellschafter als verbotene Auszahlung i.S.d. § 30 I GmbHG auch bei vollwertigem Rückzahlungsanspruch, BGH BB 2004, 293 (293 ff.).

[911] *Meilicke*, Anm. zu EuGH GmbHR 2003, 1260 (1273) „Inspire Art".

[912] Richtlinie 77/91/EWG vom 13.12.1976, ABl. EG Nr. L 26 (31.01.1977), 1 ff.

[913] Zum Inhalt i.E. *Schwarz*, Rn. 572 ff.; GK-GmbHG/*Behrens*, Einl. Rn. B 185 ff.

Gesellschaftsgläubigern sicherzustellen.[914] Trotz ihrer enormen praktischen Bedeutung wurde für das Recht der GmbH eine derartige Harmonisierung nicht erreicht.[915] Immerhin aber wurde von Kommission und Teilen der Literatur noch bis vor kurzem die Erstreckung der zweiten (und dritten) gesellschaftsrechtlichen Richtlinie auf die GmbH und ihr vergleichbare Rechtsformen erwogen.[916]

Inzwischen ist nicht nur in der EuGH-Rechtsprechung deutliche Skepsis bezüglich der Wirksamkeit des Kapitalschutzsystems für einen angemessenen Gläubigerschutz zu erkennen.[917] Auch die Kommission selbst ist von den bisherigen Grundüberzeugungen abgerückt. Das macht der *Aktionsplan* der EG-Kommission vom 21.05.2003[918] hinreichend deutlich. Demnach will die Kommission einen hohen Qualitätsstandard bei den Gläubigerschutzvorschriften beibehalten, gleichzeitig aber den Normenbestand modernisieren. Hierzu sollen schon kurzfristig die Kapitalerhaltungsregeln vereinfacht werden.[919] Grundlage sind die Vorschläge der *Winter*-Gruppe[920], wonach die Frage eines Mindestkapitalerfordernisses zweitrangig ist, bei der Einlageleistung hingegen Erleichterungen angezeigt sind. So soll für Sacheinlagen in dem Fall, dass bereits hinreichende Bewertungsgrundlagen vorliegen (bspw. ein Marktpreis), das besondere Bewertungserfordernis gestrichen werden. Ferner wird angeregt, die Erbringung von Dienstleistungen als Sacheinlage zuzulassen.[921] Noch mehr aufhorchen lässt das Vorhaben, mittelfristig eine Studie über Alternativen zum Kapitalerhaltungssystem in Auftrag zu geben und langfristig über die Implementierung eines Alternativkonzeptes zu befinden.[922] Aufschlussreich sind auch hier die Ergebnisse des *Winter*-Berichts. Gläu-

---

914 Richtlinie 77/91/EWG vom 13.12.1976, Erwägungsgründe Nr. 2, 5. Zu den verbleibenden starken Unterschieden bei der Umsetzung – etwa im Hinblick auf die Kapitalaufbringung – *Halbhuber*, 130 ff.

915 Zur Kritik an diesem Zustand *Habersack*, Europäisches Gesellschaftsrecht, Rn. 50.

916 EG-Kommission, Vollendung des Binnenmarktes, Weißbuch der Kommission an den Europäischen Rat, KOM (85) 310 endg., Rz. 140; *Fleischer*, DStR 2000, 1015 (1020) m.w.N.

917 EuGH DB 2003, 2219 (2222, Rz. 135) „Inspire Art"; EuGH Slg. 1999, I-1459 (1495, Rz. 34) „Centros"; deutlich GA *Alber*, Schlussanträge, DB 2003, 377 (382, Rz. 141 ff.) „Inspire Art"; GA *La Pergola*, Schlussanträge, Slg. 1999, I-1459 (1480 ff., Rz. 21) „Centros". In Sachen „Inspire Art" war *La Pergola* übrigens als Richter beteiligt.

918 EG-Kommission, Modernisierung des Gesellschaftsrechts und Verbesserung der Corporate Governance in der Europäischen Union – Aktionsplan (21.05.2003), KOM (2003), 284 endg., abgedruckt in Sonderbeilage zu NZG Heft 13/2003. S. dazu auch das inzwischen vorliegende Ergebnis der öffentlichen Konsultation zu diesem Aktionsplan, das weitgehende Zustimmung der betroffenen Kreise der Wirtschaft zeigt: „Zusammenfassung der Antworten auf die Mitteilung der Kommission an den Rat und das Europäische Parlament" – Arbeitsdokument der Generaldirektion Binnenmarkt vom 15. November 2003, http://europa.eu.int/comm/internal_market/company/docs/modern/governance-consult-responses_de.pdf (Zugriff 12.02.2006). Zum Aktionsplan i.E. *van Hulle/Maul*, ZGR 2004, 484-505.

919 Aktionsplan, Sonderbeilage zu NZG Heft 13/2003, 10.

920 Bericht der Hochrangigen Gruppe von Experten auf dem Gebiet des Gesellschaftsrechts über moderne gesellschaftsrechtliche Rahmenbedingungen in Europa vom 04. November 2002 (unter Vorsitz von *Jaap Winter*), http://europa.eu.int/comm/internal_market/company/docs/modern/report_de.pdf (Zugriff 12.02.2006).

921 Erleichtert werden soll auch der Rückkauf eigener Aktien; Bericht der *Winter*-Gruppe (o. Fn. 920), 88 ff.

922 Aktionsplan, Sonderbeilage zu NZG Heft 13/2003, 10. Kurzfristig heißt im Zeitraum 2003-2005, mittelfristig im Zeitraum 2006-2008, langfristig meint ab 2009.

bigerschutz soll danach mit einer vereinheitlichten Insolvenzverschleppungshaftung der Geschäftsleiter (nach dem Vorbild der *wrongful trading*-Haftung und der *action en comblement du passif*) sowie der Verpflichtung zu einer Ausschüttungen vorgeschalteten Solvenzprüfung (sog. *insolvency test* oder *adjusted net worth test*[923]), erreicht werden.[924] Vorteil der Insolvenzverschleppungshaftung sei, dass damit das Vertrauen und der Schutz der Gläubiger gestärkt, gleichzeitig aber die Entscheidungsgewalt der Geschäftsleitung nicht übermäßig stark beeinträchtigt werde, da die Geschäftsleiter es schließlich selbst in der Hand hätten, rechtzeitig ein Insolvenzverfahren einzuleiten.

In den Fokus rückt daneben das Modell eines informationsbezogenen Gläubigerschutzes.[925] Der EuGH bevorzugt die Vorstellung eines mündigen Gläubigers, der sich selbst vor einem möglichen Forderungsausfall schützen sollte und hierzu in die Lage versetzt wird durch die Normen über die Transparenz und Publizitätspflichten von Gesellschaften. Bei „Scheinauslandsgesellschaften" ist für den EuGH deswegen entscheidend, dass die Gesellschaft als solche ausländischen Rechts auftritt und die Geschäftspartner hierdurch hinreichend gewarnt werden.[926] Hinzu tritt, dass gemeinschaftsrechtlich mit der elften gesellschaftsrechtlichen Richtlinie (sog. Zweigniederlassungsrichtlinie) die Offenlegungspflichten für Zweigniederlassungen geregelt sind – und zwar abschließend und nicht etwa als Mindestschutznorm.[927] Auch wenn offen bleibt, wie rigide der EuGH seine Aussagen zum informationellen Gläubigerschutz verstanden haben will, insbesondere wie das Problem der unfreiwilligen Gläubiger gelöst werden soll,[928] lässt sich doch eine Entfernung vom Gedanken des Gläubigerschutzes durch Kapitalbindung erkennen und gewissermaßen eine Rückkehr zum Ansatz der ersten gesellschaftsrechtlichen Harmonisierungsmaßnahme.[929] Zwar dürfte die Berechtigung eines Kapitalbindungsmodells im Sinne einer Ausschüttungssperre, wie sie die meisten europäischen Gesellschaftsrechte (und insbesondere auch das ENGLISCHE Recht) kennen, an sich nicht zweifelhaft sein. Sie reduziert die Anreize allzu risikofreudigen Verhaltens gerade in der Krise einer Gesellschaft. Die Ausschüttungssperre eignet sich aber nicht als der entscheidende Grundpfeiler des Gläubigerschutzes bei der GmbH, weil sie der Gefahr eines Forderungsausfalls der Gläubiger nicht direkt entgegenwirkt. Und im Übrigen muss sie schon nicht zwingend an ein Nennkapitalsystem angebunden werden, sondern könnte auch so ausgestaltet sein, dass nur die Aus-

---

[923] *Sandrock*, BB 2004, 897 (899).

[924] Im Einzelnen Bericht der *Winter*-Gruppe (o. Fn. 920), 73 ff., 94 ff.

[925] Hierzu *Merkt*, RIW 2004, 1 (5 ff.); *ders.*, ZGR 2004, 305 (309 ff.); *Grundmann*, DStR 2004, 232-236; *ders.*, ZIP 2004, 2401 (2406 ff.); *Blaurock*, FS Raiser, 3 (17, 21); *Fastrich*, DStR 2006, 656 (662 f.); krit. *Roth*, ZGR 2005, 348 (373).

[926] EuGH DB 2003, 2219 (2222, Rz. 135) „Inspire Art"; so bereits EuGH Slg. 1999, I-1459 (1495, Rz. 36) „Centros". Krit. *Leible/Hoffmann*, EuZW 2003, 677 (680 ff.).

[927] EuGH DB 2003, 2219 (2220, Rz. 69) „Inspire Art".

[928] Indem der EuGH nationale gläubigerschützende Regelungen als Rechtfertigungsgrund für eine Beschränkung der Niederlassungsfreiheit zulässt, zeigt er, dass er das Informationsmodell wohl nicht als alleinige Lösung betrachtet. So auch *Spindler/Berner*, RIW 2004, 7 (14); *Halbhuber*, 148.

[929] Sog. Publizitätsrichtlinie, Richtlinie 68/151/EWG vom 09.03.1968, ABl. EG Nr. L 65 (14.03.1968), 8 ff.

schüttung festgestellter Gewinne zugelassen oder aber die Ausschüttung an einen Solvenztest geknüpft ist.[930]

Das Informationsmodell hingegen gewinnt zunehmend an Plausibilität durch alle Maßnahmen, die den Informationszugang erleichtern. In diesem Zusammenhang ist auf die Reform der Publizitätsrichtlinie hinzuweisen.[931] Danach müssen ab 01.01.2007[932] alle Handelsregister in allen Mitgliedstaaten elektronisch geführt werden und Handelsregistereintragungen elektronisch abrufbar sein. Den grenzüberschreitenden Zugang zur Information vereinfacht der neue Art. 3a der Richtlinie, wonach die freiwillige Eintragung in anderen Sprachen in das jeweilige nationale Handelsregister gestattet werden muss und sich gutgläubige Dritte auf die Übersetzung berufen können sollen. Ein besonderes, schutzbedürftiges Interesse muss der Einsichtbegehrende im Übrigen nicht vorweisen; Jahresabschluss und Lagebericht sind damit jedem beliebigen Dritten frei zugänglich.[933] Mit der Umsetzung dieser Richtlinie (und der Transparenzrichtlinie[934]) durch das Gesetz über elektronische Handels- und Unternehmensregister (EHUG[935]), wird es zu einer grundlegenden Modernisierung des Zugangs zu publikationspflichtigen Unternehmensdaten kommen. Die Umstellung auf elektronische Registerführung und zentrale Abrufbarkeit über einheitliche Internetseiten (www.handelsregister.de und www.unternehmensregister.de) ermöglicht dann einen preiswerten, einfachen und raschen Zugriff auf Register- und Unternehmensdaten.

Auch der *Winter*-Bericht sieht in der Pflicht, Informationen offen zu legen, ein wirkungsvolles ordnungspolitisches Instrument, das Transparenz und Verantwortlichkeit für die Unternehmensgeschäftsführung erhöht. Es sei zu prüfen, ob bei der weiteren Harmonisierung die Normierung und Konkretisierung von Offenlegungserfordernissen besser geeignet sei als materiellrechtliche Vorschriften.[936] Die Einhaltung solcher Informationspflichten ist dann wiederum Sache der Geschäftsleitung; Verstöße sind entsprechend zu sanktionieren. Will die *Winter*-Gruppe die Ausgestaltung der Sanktionen den Mitgliedstaaten überlassen, regt sie andererseits an, rechtsvereinheitlichend ein EU-weites Berufsverbot bei Fehlverhalten der Geschäftsleitung zu regeln.[937] Die Kommission hat all dies positiv aufgenommen.[938] Inzwischen hat sie einen Entwurf zur

---

[930] Für situative Ausschüttungssperren *Mülbert*, DK 2004, 151 (160 ff.); *Wilhelmi*, GmbHR 2006, 13 (22). Eine zunehmende Bilanzierung auch nicht kapitalmarktorientierter Unternehmen (für die insoweit ein Wahlrecht besteht) nach IFRS wird das Kapitalerhaltungsrecht deutscher Prägung i.Ü. zusätzlich unter Druck setzen, *Merkt*, ZGR 2004, 305 (307).

[931] Richtlinie 2003/58/EG vom 15.07.2003, ABl. EG Nr. L 221 (04.09.2003), 13 ff. Dazu *Wachter*, GmbHR 2004, 88 (102 ff.); *Grundmann*, DStR 2004, 232 (235).

[932] Bezeichnend ist, dass der ursprünglich vorgesehene Termin 01.01.2005 auf Drängen von deutscher Seite verschoben wurde, *Wachter*, GmbHR 2004, 88 (102 Fn. 113).

[933] Vgl. dazu EuGH ZIP 2004, 2134 (2135 ff.) m.w.N.

[934] Richtlinie 2004/109/EG vom 15.12.2004, ABl. EG Nr. L 390 (31.12.2004), 38 ff.

[935] Der Gesetzentwurf des EHUG ist abrufbar unter http://www.bmj.de/media/archive/1083.pdf (Zugriff 12.02.2006).

[936] Bericht der *Winter*-Gruppe (o. Fn. 920), 34, 43.

[937] Bericht der *Winter*-Gruppe (o. Fn. 920), 75.

[938] S. Aktionsplan, Sonderbeilage zu NZG Heft 13/2003, 9, 12 ff.

Reform der Rechnungslegungsrichtlinien vorgelegt,[939] in dem unter anderem die kollektive Verantwortung und Haftung der Leitungs- und Aufsichtsorgane für die Richtigkeit von Jahresabschluss und Lagebericht gegenüber der Gesellschaft festgelegt sowie die Transparenz von Transaktionen mit nahestehenden Personen auch für nichtbörsennotierte Kapitalgesellschaften erhöht werden soll.

3. Zwischenergebnis

Für das europäische Gesellschaftsrecht lässt sich konstatieren, dass Gläubigerschutz verstärkt durch Publizität und individuelle Verantwortlichkeit anstelle eines institutionellen Gläubigerschutzsystems erreicht werden soll. Damit deutet sich eine ähnliche Entwicklung hin zu einer *informational perspective* an, wie sie bereits im AMERIKANISCHEN Gesellschaftsrecht stattfand.[940] Gleichzeitig wurde der Harmonisierungsdruck durch die jüngste Rechtsprechung des EuGH zur Niederlassungsfreiheit weiter erhöht.[941] In einer Vereinheitlichungsdebatte aber wird ein ausziseliertes Kapitalschutzsystem wohl nur wenige Fürsprecher finden.[942] Durchsetzbar sind nur klare und verständliche Regelungen, die sich auch in das europäische Gläubigerschutzsystem einpassen. Die Entwicklungen im europäischen Gesellschaftsrecht wirken jedoch auch auf das nationale Recht zurück und haben von außen bereits eine Reformdiskussion angestoßen. Bei der Frage, wie das deutsche Gesellschaftsrecht hierauf reagieren soll, ist sicherlich Augenmaß angebracht.[943] Eine *splendid isolation* kann es sich indes kaum leisten.[944] Und bei einer möglichen Deregulierung gehören zuvörderst hypertrophe und undurchsichtige Rechtsregeln wie das Eigenkapitalersatzrecht auf den Prüfstand.[945]

---

[939] Vorschlag für eine Richtlinie des Europäischen Parlaments und des Rates zur Abänderung der Richtlinien 78/660/EWG und 83/349/EWG hinsichtlich der Jahresabschlüsse bestimmter Arten von Unternehmen und konsolidierter Abschlüsse, KOM(2004), 725 endg., verfügbar unter http://europa.eu.int/eur-lex/de/com/pdf/2004/com2004_0725de01.pdf (Zugriff 12.02.2006).

[940] Dazu *F. Kübler*, ZHR 1995, 550 (553 ff.); dort (560 ff.) auch zu den Auswirkungen auf das Bilanzrecht.

[941] Vgl. *Wymeersch*, FS Buxbaum, 629 (653). Die Harmonisierungsdebatte scheint der EuGH durch seine Rspr. auch ausdrücklich anstoßen zu wollen, s. die Bemerkungen in EuGH Slg. 1999, I-1459 (1484, Rz. 28) „Centros".

[942] *Eidemmüller/Rehm*, ZGR 2004, 159 (186); *Merkt*, RIW 2004, 1 (6); (zum Eigenkapitalersatzrecht) *Triebel/Otte*, ZIP 2006, 311 (314). Bemerkenswert ist hierzu, dass der BGH unbeirrt an dem ständigen Ausbau des Kapitalerhaltungsgedankens festhält, wie neuerdings die Rspr. zur Kreditgewährung *an* einen Gesellschafter als verbotene Auszahlung i.S.d. § 30 I GmbHG auch bei vollwertigem Rückzahlungsanspruch zeigt, BGH BB 2004, 293 (293 ff.) und dazu *Cahn*, DK 2004, 235-245.

[943] *Leible/Hoffmann*, EuZW 2003, 677 (682); *Schanze/Jüttner*, AG 2003, 661 (671); *Bayer*, BB 2003, 2357 (2366); *Meilicke*, GmbHR 2003, 793 (807 ff.); (im Hinblick auf die Kapitalaufbringung) *Wilhelm*, ZHR 2003, 520 (542 ff.); umfassender Reformvorschlag bei *Kallmeyer*, GmbHR 2004, 377-383. Für eine weitgehende Anpassung der GmbH an die ENGLISCHE Limited jedoch *Triebel/Otte*, ZIP 2006, 311-316.

[944] Vgl. *Schön*, DK 2004, 162 (164).

[945] Deutlich *Meilicke*, GmbHR 2003, 793 (808 ff.); *Kallmeyer*, GmbHR 2004, 377 (378); *Fastrich*, DStR 2006, 656 (659); Stellungnahme des DNotV zur Reform des GmbH-Gesetzes, notar 2004, 111 (121 ff.).

Schließlich zeigt sich, dass auf die viel gescholtenen ausländischen Briefkastengesellschaften zwar nicht einengende gesellschaftsrechtliche Regelungen, wohl aber das Insolvenzrecht mitsamt seinen Gläubigerschutzmechanismen anwendbar ist. Auch der mündige Gläubiger kann so vor Ausfällen in der Insolvenz geschützt werden, die auf einem Eingriff in seine Risikoabwägung beruhen, indem der Schuldner seinen öffentlich-rechtlichen Pflichten unerwartet nicht nachkommt. Das anerkennt mit der EuInsVO auch das Gemeinschaftsrecht. Deswegen passen auch die Insolvenzantragspflicht mitsamt der Insolvenzverschleppungshaftung als Konsequenz einer Störung des Eigenschutzes der Gläubiger in das Konzept des EuGH. Diese Erkenntnisse sollten auch bei der Diskussion um das nationale Gesellschaftsrecht berücksichtigt werden.

V. Resultat

Dieser Abschnitt hat gezeigt, dass das Eigenkapitalersatzrecht ein Fremdkörper in der Rechtsordnung ist und sich nicht in das Gesamtgefüge des Gläubigerschutzsystems der GmbH einfügt. Einen schlüssigen Beitrag zum Gläubigerschutz verhindert schon die verwunderliche Anknüpfung an die Zufuhr von Fremdkapital. Konzept und Sanktionsinstrumentarium des Eigenkapitalersatzrechts sind auf die tatsächlich feststellbaren Gefahren (Fortführung eines kriselnden Unternehmens und vorzeitiger Abzug der Kreditleistung aufgrund von Insiderkenntnissen) nur unzureichend abgestimmt. Nur die anfechtungsrechtlichen Novellenregeln bieten immerhin im Ansatz einen zielorientierteren Beitrag zum Gläubigerschutz. Im Übrigen findet aber trotz seiner deutlichen thematischen Verbindungen mit der Finanzierungswissenschaft dort das Eigenkapitalersatzrecht kaum Anklang. Hauptgrund ist, dass verbindliche, objektiv „richtige" Finanzierungsregeln auch ökonomisch nicht darstellbar sind. Sie bleiben deswegen rechtspolitisch motivierte Sollensnormen.

Die mangelnde Systemkonformität des Eigenkapitalersatzrechts zeigt sich deutlich auch an den Überschneidungen mit dem Insolvenzrecht. Dem Eigenkapitalersatzrecht wird wie dem Insolvenzrecht der Zweck beigemessen, für einen rechtzeitigen Marktaustritt einer Gesellschaft zu sorgen. Dabei wird indes missachtet, dass der Zeitpunkt für die zwangsweise Liquidation einer GmbH gesetzlich mit den Insolvenzauslösetatbeständen festgelegt ist. Die Anknüpfung einer funktionsäquivalenten Entscheidungspflicht der Gesellschafter an den (jedenfalls konzeptionell) zeitlich vorgelagerten Krisenzeitpunkt widerspricht der insolvenzrechtlichen Systematik. Deutliche Abstimmungsdefizite sind auch bei der Frage der innergesellschaftlichen Zuständigkeit für die Entscheidung über die Unternehmensfortführung zu erkennen. Die Einhaltung der Vorschriften über den Marktaustritt im öffentlichen Interesse, insbesondere also die Beachtung der Insolvenzantragspflichten, obliegt nach dem gesetzgeberischen Konzept der Geschäftsleitung, nicht hingegen der Gesellschafterversammlung. Hierzu passt eine Finanzierungsverantwortung der Gesellschafter nicht. Harmonisierungsprobleme ergeben sich schließlich zwischen Novellenregeln und allgemeinem Anfechtungsrecht. Hier divergieren die maßgeblichen Schwellenwerte von Kleinbeteiligtenprivileg (§ 32a III 2 GmbHG) und legaldefiniertem Insiderbegriff (§ 138 InsO).

Auch eine Lückenfüllerfunktion des Eigenkapitalersatzrechts beim gesetzlichen Gläubigerschutzkonzept kann nicht eindeutig verifiziert werden. Die insolvenzrechtlichen Schwachstellen, insbesondere die verspätete Antragstellung, lassen sich nicht mit einer Sanktionsdrohung an die Gesellschafter für den Fall der Fremdmittelzugabe beseitigen. Vielmehr verlangen die Defizite nach einer systemkonformen Lösung innerhalb des Insolvenzrechts.

Die Ausführungen haben weiter gezeigt, dass das Eigenkapitalersatzrecht nicht recht zu den Entwicklungen des europäischen Gesellschaftsrechts passt und deshalb auch von außen unter Reformdruck gerät. Die Attraktivität der deutschen GmbH im Wettbewerb der Gesellschaftsrechte wird durch komplexe Rechtsgebilde wie das Eigenkapitalersatzrecht geschmälert. Die Befürchtung einer Flucht deutscher Unternehmer in ausländische Rechtsformen ist durchaus berechtigt; die Versuche einer Anwendung des inländischen Kapitalschutzsystems auf ausländische Gesellschaften sind es hingegen nicht. Nur insolvenzrechtliche Vorschriften, wozu auch die Insolvenzverschleppungshaftung zählt, können auf die Auslandsgesellschaft zur Anwendung gebracht werden. Starken Deregulierungsdruck von außen erfährt das GmbH-Recht auch dadurch, dass sich für das europäische Recht ein Systemwechsel andeutet, der verstärkt auf einen Gläubigerschutz durch Information und individuelle statt institutionelle Haftungssysteme setzt.

D. Ergebnis

Die Untersuchungen in diesem Kapitel haben gezeigt, dass es bis heute nicht gelungen ist, eine überzeugende, widerspruchsfreie dogmatische Grundlage für das Eigenkapitalersatzrecht zu finden. Auch der Ansatz einer besonderen Finanzierungsfolgenverantwortung ist nur eine gesellschaftsrechtliche Verkleidung der allgemeinen, im Gedanken von Rechtsmissbrauch und Treu und Glauben verankerten Eigenkapitalersatzidee. Von der dogmatischen Wurzel § 826 BGB hat sich das Rechtsinstitut deswegen kaum gelöst, aber dennoch die Verschuldenselemente reduziert.

Neben der fehlenden Begründung weist das Eigenkapitalersatzrecht mehrere systematische innere Unstimmigkeiten auf. Diese zeigen sich insbesondere an der unpräzisen tatbestandlichen Erfassung und der fehlenden Abstimmung von Rechtsprechungs- und Novellenregeln. Die Schlüssigkeit des Rechtsinstituts wird zudem dadurch in Frage gestellt, dass es sich in das Gesamtsystem des Gläubigerschutzkonzeptes bei der GmbH nicht einfügt. Zum einen ist nicht feststellbar, dass das Eigenkapitalersatzrecht ein geeignetes Mittel wäre, um die im Zusammenhang mit der Gesellschafterkreditfinanzierung auftauchenden Gläubigergefahren (weitere Fortführung des kriselnden Unternehmens einerseits, frühzeitiger Abzug der Kredithilfe aufgrund von Insiderkenntnissen andererseits) zu bekämpfen. Allenfalls die Anfechtungsnormen der Novellenregeln bilden hier ansatzweise eine Ausnahme.[946] Das Eigenkapitalersatzrecht macht insgesamt eher den Eindruck eines unsystematischen Versuchs zur Aufbesserung der Insolvenzquoten, ohne dass damit ein effektiver Gläubigerschutz verbunden wäre.

Besonders zu betonen sind die Überschneidungen zwischen Eigenkapitalersatzrecht und Insolvenzrecht. Weder lassen sich Krisenzeitpunkt und Insolvenzreife hinreichend genau abgrenzen, noch lassen sich die Normzwecke von Insolvenz und Eigenkapitalersatzrecht klar trennen. Der Ansatz des Eigenkapitalersatzrechts, schon vor der Insolvenzreife einen Gläubigerschutz zu implementieren, indem die Gesellschafter zur Entscheidung zwischen Marktaustritt und Fortführung mit Eigenkapital gezwungen werden sollen, offenbart den Widerspruch zu den insolvenzrechtlichen Wertungen. Denn über den Zeitpunkt, in dem die Privatautonomie des Schuldners zu suspendieren ist, entscheiden allein die Insolvenzgründe. Trotz der Nähe von Eigenkapitalersatzrecht und Insolvenzrecht sind diese Rechtsbereiche insgesamt unzureichend aufeinander abgestimmt. So beachtet das Eigenkapitalersatzrecht nicht in ähnlichem Maße wie § 1 InsO eventuell gegebene Sanierungsmöglichkeiten und stimmt auch nicht mit der innergesellschaftlichen Organkompetenzverteilung überein, nach der die Einhaltung zwingender öffentlich-rechtlicher Vorschriften – wie eben auch der Insolvenzantragspflicht – in den Verantwortungsbereich der Geschäftsführung fallen. Schließlich zeigen sich beim Ansatz einer Insideranfechtung durch die Heranziehung unterschiedlicher Beteiligungsgrenzen in § 32a III 2 GmbHG einerseits und § 138 InsO andererseits Wertungswidersprüche hinsichtlich des als Insider definierten Personenkreises.

[946] Dazu, dass aber auch sie letztlich nicht überzeugen können, unten Kap.4 C.II.

Nicht zuletzt hat das Eigenkapitalersatzrecht aus europarechtlicher Perspektive einen zunehmend schweren Stand. Der durch die Rechtsprechung des EuGH zur Niederlassungsfreiheit angestoßene Wettbewerb der Gesellschaftsrechte bedeutet einen zunehmenden, von außen kommenden Deregulierungsdruck für die deutsche GmbH. Hinzu kommt, dass sich im europäischen Recht ein Systemwandel hin zu einem individuellen und informationsbezogenen Gläubigerschutz und weg vom Kapitalschutzsystem andeutet. Komplizierte und zugleich wenig effektive Rechtsinstitute wie das Eigenkapitalersatzrecht haben deswegen in einer Rechtvereinheitlichungsdebatte wenig Überzeugungskraft. Das Eigenkapitalersatzrecht lässt sich nach den Aussagen in „Inspire Art" im Übrigen auch nicht auf Auslandsgesellschaften zur Anwendung bringen. Das Insolvenzrecht mit seinen Gläubigerschutzmechanismen, zu denen auch die Insolvenzverschleppungshaftung und das Insolvenzanfechtungsrecht zählen, hat hingegen auch für zugezogene Auslandsgesellschaften Bedeutung.

Insgesamt hat sich gezeigt, dass mögliche Lücken des Gläubigerschutzes bei der GmbH nicht befriedigend durch das Eigenkapitalersatzrecht gefüllt werden können. Deswegen rückt der insolvenzrechtliche Gläubigerschutz stärker in den Blickpunkt. Die Diskussion um mögliche Gläubigerschutzdefizite muss sich darauf konzentrieren, wie eine Effektivierung des insolvenzrechtlichen Gläubigerschutzes zu erreichen ist. Die Betonung des Insolvenzrechts ist nicht zuletzt auch vor dem europarechtlichen Hintergrund konsistenter. Der Frage, welche Verbesserungen im Insolvenzrecht im Hinblick auf den Gläubigerschutz angezeigt sind, ist Thema des nachfolgenden Kapitels dieser Arbeit.

Das Eigenkapitalersatzrecht aber, das einer dogmatisch schlüssigen Begründung entbehrt, in sich widersprüchlich ist, sowie – ohne selbst einen entscheidenden Beitrag zum Gläubigerschutz zu leisten – sich in das Gesamtkonzept eines Gläubigerschutzes bei der GmbH nicht einpasst und dabei mit dem Insolvenzrecht unzureichend abgestimmt ist, sollte aufgegeben werden. Denn es ist „nicht gut, sondern nur gut gemeint."[947] Allenfalls die Sinnhaftigkeit einer Sonderregelung für die Anfechtung einer Rückzahlung von Gesellschafterdarlehen lässt sich diskutieren (dazu unten Kap.4 C.).

[947] *Meilicke*, GmbHR 2003, 793 (808); ähnl. *Kallmeyer*, DB 2004, 636 (639).

Viertes Kapitel
Angemessener Gläubigerschutz durch Insolvenzrecht

Schon im vorangegangenen Kapitel wurde der Bezug des Eigenkapitalersatzrechts zum Insolvenzrecht deutlich und wurde die Bedeutung des Insolvenzrechts für den Gläubigerschutz betont. Die Idee, Insolvenzrecht als einen Mittelpunkt des Gläubigerschutzes zu begreifen, provoziert vor dem Hintergrund geringer Insolvenzquoten und vieler masseinsuffizienter Verfahren natürlich die Kritik, wenig effizient zu sein. In der Tat funktionieren die insolvenzrechtlichen Schutzmechanismen nur dann, wenn es auch zur rechtzeitigen Verfahrenseröffnung kommt. Andernfalls bleiben die Gläubiger auf sich gestellt. Je früher dabei ein Insolvenzverfahren eröffnet wird, desto höher ist im Regelfall die Insolvenzquote und umso Erfolg versprechender ist auch eine Sanierung.[1] Um die im vorigen Kapitel begründete Ablehnung des Eigenkapitalersatzrechtes noch konsistenter zu machen, muss also auch darauf eingegangen werden, an welchen Stellen das Insolvenzrecht verbessert werden kann. Dazu sollen in diesem Kapitel – ausgerichtet an den im Zusammenhang mit Gesellschafterkrediten verbundenen Gläubigergefahren – einzelne Vorschläge gemacht werden. Kernpunkt ist die Sicherstellung der rechtzeitigen Insolvenzauslösung durch einen klareren Überschuldungsbegriff und durch die Anreizwirkung einer griffigen Insolvenzverschleppungshaftung auf Grundlage des § 64 II GmbHG (unten B.). Gegen den frühzeitigen Abzug der Gesellschafterkreditleistung kann ein ausreichender, schlüssiger Schutz durch das Insolvenzanfechtungsrecht mit seinen Verschärfungen gegenüber Insidern i.S.d. § 138 II InsO erreicht werden (unten C.).

A. Gesellschafterleistungen in der Krise als insolvenzrechtliches Problem

Die Untersuchungen in Kap.3 A.IX.2. haben gezeigt, dass die im Zusammenhang mit Gesellschafterdarlehen konkret zu beobachtenden Gläubigergefahren, nämlich die Gefahr weiterer Verluste bei Unternehmensfortführung und eines frühzeitigen Abzugs des Gesellschafterkredits aufgrund eines Informationsvorsprungs im Vorfeld der Insolvenz nicht zielgenau vom Eigenkapitalersatzrecht erfasst werden, sondern originäre Regelungsmaterie des Insolvenzrechts sind.

Das Entstehen weiterer Verluste durch die unbesehene *Fortführung* eines Krisenunternehmens (auch unter Zugabe von Gesellschafterkrediten) und eine dadurch bedingte zunehmende Entwertung der Gläubigeransprüche verhindert die Insolvenzordnung zunächst durch Festlegung der zwingenden Insolvenzgründe. Bei Zahlungsunfähigkeit, insbesondere aber bei – regelmäßig zeitlich vorher eintretender – Überschuldung er-

[1] *Luttermann/Vahlenkamp*, ZIP 2003, 1629 (1634) m.w.N.

scheint die Gefährdung der Gläubiger unangemessen hoch, so dass ein Ausscheiden des Unternehmens aus dem Wettbewerb oder seine Sanierung in einem besonderen Verfahren angezeigt ist. Die insolvenzrechtlichen Terminierungsregeln sind also Ausdruck der Abwägung zwischen Unternehmensinteresse und Gläubigerinteresse. Für die Gläubiger geht es um die Frage, ab welchem Zeitpunkt sie mangels Hinreichens des Schuldnervermögens zur Befriedigung aller Forderungen eine kollektive Haftungsverwirklichung akzeptieren müssen, ohne dass dies jedoch zwingend eine Zerschlagung des Unternehmens zur Folge hätte.[2] Ausweislich der geringen Quoten und wenigen Verfahrenseröffnungen war unter Geltung der Konkursordnung die Abwägung offensichtlich aus dem Gleichgewicht geraten. Eine rechtzeitige, frühe Verfahrenseinleitung war deshalb erklärtes Ziel mit der Einführung der Insolvenzordnung.[3] Nur wenn es tatsächlich im vorgesehenen Zeitpunkt zur Verfahrenseröffnung kommt, können auch die insolvenzrechtlichen Schutzmechanismen (etwa die Insolvenzanfechtung, aber auch eine Sanierung) zur Geltung kommen. Die Insolvenzauslösezeitpunkte müssen deshalb konkret genug gefasst sein, um die gewünschte Wirkung zu zeitigen. Gerade beim Überschuldungstatbestand, der als vorgelagerter Insolvenzgrund für haftungsbeschränkte Gesellschaften eine ganz besondere Bedeutung hat, bestehen aber Probleme bei der definitorischen Eingrenzung und praktischen Handhabung. An dieser Stelle müssen deswegen Vereinfachungen diskutiert werden, um das Konzept von rechtzeitiger Verfahrenseinleitung und Antragspflicht des Geschäftsführers in der Praxis überzeugender zu machen. Dem dient eine verstärkte Anlehnung der Überschuldungsprüfung an die Bewertungsmaßstäbe der Handelsbilanz (unten B.I.).

Der als Begründung für das Eigenkapitalersatzrecht herangezogene Gedanke, die kreditierenden Gesellschafter würden die Insolvenz künstlich hinauszögern, verliert an Schlagkraft, sobald man sich bewusst macht, dass das Hinauszögern der Insolvenz sich selbstverständlich immer an den (insolvenz)rechtlich determinierten Zeitpunkten zu orientieren hat. Ein unerwünschtes Verlängern des Todeskampfes der GmbH durch die Kreditleistung über den Terminierungszeitpunkt hinweg ist (abgesehen von Fällen des § 826 BGB; dazu oben Kap.3 A.I.3.a.) nichts anderes als der Vorwurf nicht rechtzeitiger Insolvenzantragstellung. Zur Eindämmung dieser Gefahr bedarf es nicht nur eines klaren Überschuldungstatbestandes, der die Erfüllung der Antragspflicht der Geschäftsführer erst möglich macht, sondern auch verschiedener Anreize für das antragspflichtige Organ, bei Insolvenzreife seiner Pflicht nachzukommen.[4] Wichtigster (negativer) Verhaltensanreiz hierzu ist die Haftung wegen Insolvenzverschleppung. Eine solche Haftung muss freilich ein schneidiges Schwert sein, will sie tatsächlich die erwünschte Anreizwirkung entfalten. Das bisherige Konzept, der Insolvenzantragspflicht drittschützende Wirkung beizumessen und die Insolvenzverschleppungshaftung deliktsrechtlich zu begründen, weist jedoch zu viele Unwägbarkeiten auf, und zwar insbesondere wegen der Differenzierung in Alt- und Neugläubigerschaden, aber auch wegen der fehlenden Haftungskonzentration bei der GmbH. Deswegen erscheint es angebracht, über eine Neukonzeption der Insolvenzverschleppungshaftung nachzu-

---

[2] Uhlenbruck/*Uhlenbruck*, InsO, § 16 Rn. 1; *Beintmann*, 8.

[3] Begründung zum Diskussionsentwurf (EInsO), A 24 ff.; *Stobbe*, Rn. 99.

[4] Vgl. Begründung zum Diskussionsentwurf (EInsO), A 41.

denken. Dies soll (konzeptionell als Innenhaftung auf Grundlage des § 64 II GmbHG) unter B.II. versucht werden.

Neben der Gefahr der unbesehenen Fortführung einer Krisengesellschaft mit Hilfe von Gesellschafterleistungen müssen die Gläubiger davor geschützt werden, dass die Gesellschafter die Haftungsabwicklung in der Insolvenz dadurch gefährden, dass sie sich im Vorfeld der Insolvenz aufgrund ihrer besonderen, institutionalisierten Informationsmöglichkeiten eine volle Befriedigung verschaffen und damit die Verteilungsmasse für die anderen Gläubiger schmälern. Auf diese Gefährdungslage ist primär das Insolvenzanfechtungsrecht ausgelegt. Es dient eben gerade auch dazu, die *par condicio creditorum* gegen Vermögensverlagerungen im Vorfeld der Insolvenz zu schützen. Die besondere Frage, die sich im hier interessierenden Zusammenhang v.a. stellt ist, ob es für eigenkapitalersetzende Gesellschafterleistungen eines besonderen Anfechtungstatbestandes (§ 135 InsO) bedarf oder ob nicht die allgemeinen Regeln (nicht zuletzt angesichts der Verschärfungen bei Anfechtung gegenüber Insidern i.S.d. § 138 II InsO) ausreichen. Eine Antwort darauf sollen die Ausführungen unter C. geben.

Mit einer forcierten früheren Insolvenzanmeldung und einer griffigeren Insolvenzverschleppungshaftung relativiert sich dann i.Ü. auch das Problem der Masseinsuffizienz, auf dessen Einzelheiten hier nicht vertieft eingegangen werden kann. Denn regelmäßig ist die Insolvenzmasse umso größer, je eher es zum Insolvenzantrag kommt.[5] Und im Insolvenzverfahren besteht eher als nach dem Anfechtungsgesetz die Möglichkeit, Rückgewähransprüche wegen Beeinträchtigung der Gläubigergleichbehandlung zu realisieren. Denn während der Aufwand für einzelne Gläubiger in der Zwangsvollstreckung sehr groß ist, kann der Insolvenzverwalter mit weitaus weniger Gesamtaufwand Ansprüche der GmbH verwirklichen, da die Voraussetzungen für die Durchsetzung der Ansprüche nur einmal geschaffen werden müssen.[6] Auch sind seine Aufklärungsmöglichkeiten im Regelfall größer und kann er also eher als ein einzelner Gläubiger massemehrende Ansprüche der GmbH überhaupt erst entdecken.

[5] Die Diskussion um Durchgriffs- und Existenzvernichtungshaftung setzt demgegenüber tendenziell zu spät an; so auch *Meyer*, GmbHR 2004, 1417 (1428).
[6] *Stobbe*, Rn. 25.

B. Gläubigerschutz bei Fortführung fortführungsunwürdiger Unternehmen: Rechtzeitige Insolvenzantragstellung und Insolvenzverschleppungshaftung

I. Sicherstellung der Insolvenzantragstellung bei Überschuldung

Eine besondere Rolle bei der Frage der rechtzeitigen Insolvenzauslösung hat der Insolvenzgrund Überschuldung. Dieser nur bei juristischen Personen sowie bei Gesellschaften ohne Rechtspersönlichkeit, bei denen kein persönlich haftender Gesellschafter eine natürliche Person ist (§ 19 III InsO), geltende Eröffnungsgrund tritt regelmäßig zeitlich vor dem allgemeinen Insolvenzgrund Zahlungsunfähigkeit ein.[7] Er ist rechtspolitisch bedeutsamster Insolvenzgrund, da er als Ausgleich für die Haftungsbeschränkung fungiert.[8] Trotz seiner herausragenden rechtstheoretischen Stellung ist seine praktische Bedeutung für eine Vorverlagerung der Insolvenz bislang relativ gering,[9] was nicht zuletzt mit den schwierigen Bewertungsproblemen zusammenhängt. Dies zu ändern muss daher vorrangiges Ziel bei der Frage der Überschuldungsfeststellung sowie der Bestimmung der die Insolvenzverfahrenseinleitung sichernden Antragspflicht des Geschäftsführers sein.

1. Zwecksetzung des Überschuldungstatbestandes

Insolvenztatbestände dienen dazu, den Zeitpunkt festzulegen, in dem der Schuldner mit der privatautonomen Steuerung seiner Vermögens- und Haftungsverhältnisse endgültig gescheitert ist und sind Rechtfertigung dafür, dass die Verfügungsrechte des Schuldners im Insolvenzverfahren drastisch eingeschränkt werden.[10] Sie haben vor allem auch (aber nicht nur[11]) das Ziel, die Vermögensinteressen der Gesellschaftsgläubiger zu schützen. Und zwar zum einen deshalb, weil sie auf Situationen abstellen, in denen der Schuldner nicht mehr sämtliche Gläubiger vollständig befriedigen kann.

---

[7] Michalski/*Nerlich*, GmbHG, § 60 Rn. 88.

[8] Vgl. MünchHdBGesR III/*Wellensiek*/*Oberle*, § 65 Rn. 23; *K. Schmidt*, in: K. Schmidt/Uhlenbruck, GmbH in Krise, Rn. 849.

[9] In gerade einmal ca. 1,1 % ist die Überschuldung alleiniger Eröffnungsgrund; in ca. 29,2 % sind „Überschuldung und Zahlungsunfähigkeit" Eröffnungsgrund. Demgegenüber werden fast zwei Drittel aller Verfahren allein wegen Zahlungsunfähigkeit eröffnet, StatBAmt, Fachserie 2, Reihe 4.1. – Unternehmen und Arbeitsstätten (Insolvenzverfahren), Dezember und Jahr 2004, S. 9 (Zahlen für das Jahr 2004).

[10] *Häsemeyer*, Rn. 7.16.

[11] S. *Lütkemeyer*, 73 ff.

Zum anderen dient die Insolvenzverfahrensordnung dazu, das Gläubigerverhalten zu koordinieren, Verteilungskonflikte abzumildern und allen Gläubigern die gleiche Chance auf anteilsmäßige Befriedigung zu verschaffen, indem die Haftungsverwirklichung kollektiviert und die Einzelzwangsvollstreckung untersagt wird. Das Insolvenzrecht bietet hierdurch einen angemessenen Mindestschutz für alle Gläubiger, die sich aufgrund von Informationsasymmetrien oder weil sie die Transaktionskosten scheuen, nicht vollständig selbst gegen Forderungsausfälle absichern (können).[12] Nicht zu vernachlässigen ist der gleichrangige (§ 1 S. 1 InsO) Zweck, falls Erfolg versprechend die weitere Fortführung des Unternehmens zu ermöglichen, indem das Unternehmen saniert wird – und zwar in einem geordneten Verfahren unter Beteiligung der Gläubiger. Die Gläubiger erhalten also in der Insolvenz Mitspracherechte, um ihre Interessen durchzusetzen und sind nicht mehr den Maßnahmen des Gemeinschuldners, die dieser zur Rettung des Unternehmens vornehmen will oder nicht, ausgeliefert. Die Verdrängung des Schuldners aus seiner Eigentümerposition korreliert mit der Übernahme von Entscheidungsrechten durch die Gläubiger.[13] Neben die Gläubigergleichbehandlung tritt als entscheidender Vorteil des Insolvenzverfahrens bei Gesellschaften, dass aufgrund der stärkeren Informationsrechte des Insolvenzverwalters und des Insolvenzgerichts die Realisierung von Ansprüchen der Gesellschaft gegen ihre Organe und sonstige Gesellschaftsinsider erheblich erleichtert wird.[14]

Allgemeiner Insolvenzgrund ist die Zahlungsunfähigkeit (§ 17 InsO). Die Überschuldung als Eröffnungsgrund ist hingegen nur für juristische Personen und ihnen in § 19 III InsO gleichgestellte Gesellschaften vorgesehen. Eben diese Beschränkung des Personenkreises lässt erkennen, dass diesem Insolvenzauslösetatbestand eine besondere Funktion zugedacht ist. Die Notwendigkeit eines besonderen Insolvenzgrundes für juristische Personen ist eng verknüpft mit der Verselbständigung der Vermögensmasse bei solchen Unternehmensträgern.[15] Denn die Beschränkung der Haftung auf das Gesellschaftsvermögen nötigt gleichzeitig dazu, eine besonders scharfe Kontrolle für die Erhaltung der betrieblichen Vermögenssubstanz vorzusehen.[16] Der Insolvenzgrund Überschuldung bildet deshalb ein deutliches Gegengewicht zur fehlenden (unbeschränkten) persönlichen Haftung.[17] Gleichzeitig ist damit bezweckt, die Gesellschaftsgläubiger vor einer weiteren Aufzehrung des Gesellschaftsvermögens schon dann zu schützen, wenn die Gesellschaft zwar noch zahlungsfähig ist, jedoch nicht mehr über genügend Schuldendeckungspotential verfügt. Das Gesetz geht schon in diesem Stadium davon aus, dass die Gläubigerinteressen die Interessen des Schuldners überwiegen, weil neben der Verminderung des Gesellschaftsvermögens auch nicht

---

[12] Zur privatautonomen Absicherung, die daneben nicht vernachlässigt werden darf, oben Kap.3 A.IV.2.b.

[13] *Böcker*, 36.

[14] Eingehend *Stobbe*, Rn. 22 ff.

[15] So bereits Begründung zum GmbH-Gesetzentwurf, abgedruckt in Verhandlungen des Reichstages, VIII/1 (1890/92), 3756 (Aktenstück Nr. 660).

[16] *Harneit*, 7; Scholz/*Tiedemann*, GmbHG, § 84 Rn. 7; *Häsemeyer*, Rn. 7.23.

[17] Jaeger/*H.-F. Müller*, InsO, § 19 Rn. 6; *v. Onciul*, 124; Hachenburg/*Ulmer*, GmbHG, § 63 Rn. 26; *Böcker*, 37; MünchKommInsO/*Drukarczyk*/*Schüler*, § 19 Rn. 1; *Vonnemann*, Überschuldung, Rn. 32; *Pape*, in: B. Kübler/Prütting, InsO, § 19 Rn. 3.

sicher sein kann, ob die kriselnde Gesellschaft in der Lage sein wird, in Zukunft wieder ein ausgeglichenes Verhältnis von Verbindlichkeiten und Gesellschaftsvermögen herzustellen.[18] Maßgeblich hierfür ist, dass die Neigung zu risikoaversem Verhalten typischerweise dann weniger stark ausgeprägt ist, wenn eine persönliche Haftung nicht droht.[19] Denn bei natürlichen Personen wirkt in der Regel die Gefahr des Verlustes des gesamten Privatvermögens, der Kreditwürdigkeit und Reputation als Anreiz für eher risikoscheues Verhalten. Beteiligen sich Gesellschafter hingegen nur mit einem begrenzten Kapitaleinsatz, wird in stärkerem Maße ihr Eigeninteresse als Risikobremse versagen, wenn ihr Risikokapitaleinsatz auf Null geschrumpft ist.[20] Umgekehrt ist das Gefährdungspotential für die Gläubiger höher und dieserhalb eine frühere Insolvenzauslösung gerechtfertigt. Zu den Spielregeln des Marktes und zur Inanspruchnahme des Haftungsprivilegs gehört sonach spiegelbildlich ein präventiver Gläubigerschutz. Deshalb wird mit dem zusätzlichen Insolvenzgrund Überschuldung die Insolvenzreife bewusst vorverlagert und also ein zusätzlicher Mechanismus geschaffen, um eine zu weitgehende Externalisierung des Unternehmensrisikos zu verhindern (zu diesen Zusammenhängen auch schon oben Kap.2 A.I.1.).

Obschon andererseits auch aus Gläubigerschutzgründen die Verfahrenseinleitung nicht zu früh erfolgen darf, um nicht wirtschaftlich gesunde Gesellschaften unnötig in die Insolvenz zu treiben und die bei Weiterführung des Unternehmens sich möglicherweise erhöhenden Befriedigungschancen auszublenden,[21] ist jedenfalls seit Einführung der Insolvenzordnung eben diese Gefahr als gering einzustufen. Denn nun ist nicht mehr allein die Vollabwicklung des Schuldnervermögens Verfahrensziel, sondern (gleichberechtigt) daneben auch die Sanierung. Vor diesem Hintergrund erscheint der Ansatz, die Insolvenz durch den Insolvenzgrund Überschuldung bewusst vorverlagern zu wollen, zunehmend konsistenter.

Für die konzeptionelle Wirkungsweise des Überschuldungstatbestandes ist nicht nur entscheidend, dass den Gläubigern im Insolvenzfall ein angemessenes Gesellschaftsvermögen als Zugriffsmasse zur Verfügung stehen soll. Mindestens ebenso bedeutsam ist, dass durch den vermögensbezogenen Eröffnungsgrund gleichzeitig die Organe des Schuldnerunternehmens zu einer vorausschauenden Finanz- und Ertragsplanung angehalten werden.[22] Die Pflicht, bei Überschuldung einen Insolvenzantrag zu stellen impliziert, dass die Geschäftsführungsorgane das Schuldendeckungspotential der Gesellschaft stets im Auge behalten müssen.[23] Deswegen fordert § 19 InsO eine bilanzielle Schuldendeckungskontrolle[24], die zusammen mit der Anreizwirkung der Insolvenzverschleppungshaftung eine präventive Wirkung für die Sicherung des Gesellschaftsvermögens im Gläubigerinteresse entfaltet.

---

[18] *Vonnemann*, Überschuldung, Rn. 34.
[19] Beintmann, 7.
[20] *Roth*, ZGR 1986, 371 (386).
[21] *Harneit*, 8; Hachenburg/*Ulmer*, GmbHG, § 63 Rn. 32; *M. Fischer*, ZIP 2004, 1477 (1482).
[22] *K. Schmidt*, in: K. Schmidt/Uhlenbruck, GmbH in Krise, Rn. 850; Braun/*Kind*, InsO, § 19 Rn. 2; *v. Onciul*, 121; Uhlenbruck/*Uhlenbruck*, InsO, § 19 Rn. 1; Hachenburg/*Ulmer*, GmbHG, § 63 Rn. 27.
[23] Dazu noch unten B.I.3.b. und B.II.3.b.cc.
[24] Uhlenbruck/*Uhlenbruck*, InsO, § 19 Rn. 1.

Schließlich entsteht durch einen konsequent gehandhabten, vermögensbezogenen Insolvenzgrund auch ein mittelbarer Zwang zu einer besseren Eigenkapitalausstattung der Gesellschaft. Denn die Überschuldung lässt sich prinzipiell nicht durch eine Kreditaufnahme positiv beeinflussen. Lässt sich ein gebotener Verfahrensantrag aber nicht durch Fremdkapital beseitigen, entsteht ein starker Sanierungsdruck für die Anteilseigner, in der Krise mit zusätzlichem Haftkapital oder qualifizierten Rangrücktrittserklärungen die weitere (rechtliche) Existenzfähigkeit der Gesellschaft zu sichern.[25]

Insgesamt zeigen die Ausführungen, dass dem Überschuldungstatbestand eine stark gläubigerschützende Funktion zugedacht ist. Diese Zwecksetzung muss folglich seine Anwendung und Auslegung bestimmen.[26] Dass rechtstatsächlich bislang die Effizienz des Überschuldungstatbestandes relativ gering geblieben ist, sagt über seine Legitimität als besonderer Eröffnungsgrund noch wenig aus.[27] Seit jeher sind es die mit der Definition der Überschuldung zusammenhängenden Bewertungsgrundsätze, die die Praktikabilität dieses Insolvenzgrundes behindern. Der Einfachheit des gesetzgeberischen Konzeptes stehen bislang die Schwierigkeiten der Interpretation des Tatbestandes und der Implementierung der damit verbundenen Messprobleme gegenüber.[28] Solange nicht die tatsächlichen Möglichkeiten, eine Überschuldung rechtzeitig zu erkennen, verbessert werden und ihr Nachweis im Insolvenzverfahren erleichtert wird, kann der Konzeption der vorverlagerten Insolvenz bei haftungsbeschränkten Gesellschaften an sich auch noch kein Versagen attestiert werden.[29]

2. Notwendigkeit und Realisierung eines klaren Überschuldungsbegriffs

Mit entscheidend für Umsetzung der mit dem Überschuldungstatbestand verfolgten Zwecke ist eine einfach mögliche Feststellung der Überschuldung im Vorfeld der Insolvenz. Weil das Insolvenzverfahren nicht von Amts wegen, sondern nur auf Antrag eingeleitet wird, müssen die Eröffnungsgründe nicht nur wirtschaftlich sinnvoll, sondern vor allem auch rechtlich und tatsächlich fassbar sein.[30] Sämtliche Unsicherheiten bei Prüfung der Insolvenzreife stellen deswegen die gläubigerschützende Funktion des Insolvenzverfahrens insgesamt in Frage, also auch die Anreizwirkung der Insolvenzverschleppungshaftung. Letztere ist im Bereich der Überschuldung aber gerade deswegen von Bedeutung, weil für die Gesellschaftsgläubiger eine Überschuldung in aller

[25] *H.-P. Müller/Haas*, in: KS-InsO, 1799 (1801). Zur Überschuldungsabwendung durch Rangrücktritt oder Forderungsverzicht mit Besserungsabrede noch u. B.I.2.c.

[26] *H.-P. Müller/Haas*, in: KS-InsO, 1799 (1801).

[27] Für eine Abschaffung des Insolvenzgrundes Überschuldung jedoch *Fenske*, AG 1997, 554 (558); *M. Fischer*, ZIP 2004, 1477 (1483 ff.); *A.C. Förster*, 232 ff., der zugleich (*de lege ferenda*) ein völlig neues Konzept der Insolvenzauslösung vorstellt.

[28] MünchKommInsO/*Drukarczyk*/*Schüler*, § 19 Rn. 2. Damit sind es aber vorrangig die Unsicherheiten bei den betriebswirtschaftlichen Instrumenten zur Überschuldungsfeststellung, die in ihrem praktischen Nutzen zu optimieren sind, *v. Onciul*, 123.

[29] So zutreffend Smid/*Smid*, InsO, § 19 Rn. 2; anders *A.C. Förster*, 233.

[30] *H.-P. Müller/Haas*, in: KS-InsO, 1799 (1816).

Regel schlecht erkennbar ist und sie deshalb faktisch auf den Eigenantrag durch den Geschäftsführer angewiesen sind. Das Bild, das der herrschende Überschuldungsbegriff auch nach Einführung der InsO aufweist, ist indes von zahlreichen Unwägbarkeiten geprägt, die zum einen die Berücksichtigung der Fortführungsprognose und zum anderen ganz allgemein Fragen der richtigen Bewertung von Vermögen und Verbindlichkeiten der Gesellschaft betreffen.

a. Herrschender Überschuldungsbegriff

aa. Ausgangspunkt – Belastung des Überschuldungsbegriffes mit Prognoseentscheidungen

Traditionell wird Überschuldung dadurch definiert, dass die Passiven die Aktiven übersteigen.[31] Dementsprechend beschreibt auch die Insolvenzordnung die Überschuldung als Zeitpunkt, in dem das Vermögen des Schuldners die bestehenden Verbindlichkeiten nicht mehr deckt (§ 19 II 1 InsO). Weitgehend besteht dabei Einigkeit, dass der Überschuldungsstatus anhand einer bilanziellen Gegenüberstellung von Vermögen und Verbindlichkeiten ermittelt werden muss.[32]

Eine rein statische Betrachtung der Überschuldungssituation wird jedoch einhellig als nicht tauglich angesehen, um den Eingriff in die Verfügungsrechte des Schuldners zu rechtfertigen. Bei einer zeitpunktbezogenen Momentaufnahme allein könne es nicht bleiben, da ansonsten realistische Überlebenschancen zum Schaden aller Beteiligten zerstört würden.[33] Mit anderen Worten wird die Berücksichtigung der „wirtschaftlichen Lebensfähigkeit" des Schuldners gefordert und damit der Überschuldungsbegriff eingeengt. Kerngedanke ist, dass die Notwendigkeit eines staatlichen Zwangsverfahrens entfällt, wenn ein Unternehmen auf absehbare Zeit die Gläubiger vollständig befriedigen kann. Denn dann seien Gläubigerinteressen auch nicht wesentlich berührt.[34] So könne die Bewertung eines Unternehmens nicht allein aufgrund einer Gegenüberstellung von Aktiva und Passiva unter der Liquidationsprämisse erfolgen, wenn eventuell mit der Fortführung des Unternehmens ein Wert realisiert werden kann, der den Liquidationswert übersteigt.[35] Soweit also die Finanzkraft des Unternehmens[36] mittelfristig zur Fortführung ausreicht (sog. Fortführungsprognose), soll eine Insolvenz nur wegen des fehlenden Schuldendeckungspotentials nicht angezeigt sein. Im Ergebnis ist

---

[31] *Häsemeyer*, Rn. 7.23.

[32] *Pape*, in: B. Kübler/Prütting, InsO, § 19 Rn. 7; MünchHdBGesR III/*Wellensiek*/*Oberle*, § 65 Rn. 25; Überblick über die verschiedenen Ansätze zur Überschuldungsfeststellung bei *Höffner*, BB 1999, 198-206 und 252-254; *Kalnbach*, 41 ff.

[33] *Häsemeyer*, Rn. 7.23.

[34] *Temme*, 119; Smid/*Smid*, InsO, § 19 Rn. 13.

[35] Smid/*Smid*, InsO, § 19 Rn. 12.

[36] BGH NJW 1995, 1739 (1743); BGH NJW 1998, 233 (234).

damit eine Prüfung der künftigen Zahlungsfähigkeit der Gesellschaft gemeint.[37] Der Überschuldungstatbestand wird auf diese Weise von einer Prognose abhängig gemacht und gleichzeitig mit Unwägbarkeiten belastet. Denn jede Berücksichtigung (subjektiver) Wahrscheinlichkeiten beeinträchtigt die Objektivierbarkeit und macht den Insolvenzauslöser manipulationsanfälliger.[38]

Den langjährigen Streit um die Frage, auf welche Weise das prognostische Element Einfluss in die Überschuldungsprüfung finden soll, hat die Insolvenzordnung entgegen der bis dato herrschenden Meinung dahingehend geklärt, dass die Fortführungsprognose (nur) darüber entscheidet, welche Werte in der Überschuldungsbilanz anzusetzen sind. Bei positiver Fortführungsprognose sollen Fortführungswerte zugrunde gelegt werden; bei negativer Prognose (die zu vermuten ist) sind hingegen (die in aller Regel niedrigeren[39]) Liquidationswerte anzusetzen (§ 19 II 2 InsO). Eine positive Fortführungsprognose allein genügt aber – anders als nach dem sog. modifizierten zweistufigen Überschuldungsbegriff, der zwischen rechnerischer und rechtlicher Überschuldung unterschied[40] – nicht mehr zur Verneinung der Überschuldung.[41] Nicht zuletzt auch durch diese Eingrenzung der Bedeutung der Fortführungsprognose wollte der Gesetzgeber die frühe Insolvenzanmeldung befördern.

bb. Bewertungsfragen bei Feststellung der Überschuldung

Die Insolvenzordnung enthält sich (abgesehen von § 19 II 2 InsO) einer genaueren Aussage darüber, wie das Schuldendeckungspotential ermittelt werden soll. Dabei ist die Frage der Bewertung Kernproblem des Überschuldungstatbestandes.[42] Die Bewertung des Vermögens hängt wie gesehen von der Prämisse ab, ob eine Fortführung überwiegend wahrscheinlich ist oder nicht. Aber selbst dann, wenn diese Prognose getroffen ist, ergeben sich Schwierigkeiten bei der Bestimmung der für die Bewertung des Vermögens maßgeblichen Szenarien. Das Ergebnis der Bewertung hängt maßgeblich davon ab, ob etwa Einzel- oder Gesamtveräußerungswerte angenommen werden und welche Auflösungsgeschwindigkeit unterstellt wird. Immer müssen sich die Szenarien jedoch am besonderen Zweck der Überschuldungsprüfung ausrichten.[43] Je mehr Bewertungsspielräume zugelassen werden, desto weniger justitiabel wird der Überschuldungsbegriff und desto eher verfehlt er sein rechtspolitisches Ziel eines vorverlagerten Gläubigerschutzes.

---

[37] So jedenfalls die h.M., Uhlenbruck/*Uhlenbruck*, InsO, § 19 Rn. 28; Smid/*Smid*, InsO, § 19 Rn. 13; *Röhm*, INF 2003, 831 (833), jew. m.w.N. Andere stellen auf die künftige Ertragsfähigkeit des Unternehmens ab. Näher noch sogleich nachfolgend Punkt bb.(3).

[38] *J. Götz*, 181 ff.

[39] Statt aller *Lutter*, ZIP 1999, 641 (642).

[40] Zurückgehend auf *K. Schmidt*, AG 1978, 334 (336 ff.); vertiefend MünchKommInsO/*Drukarczyk*/*Schüler*, § 19 Rn. 38 ff.; *Beintmann*, 28 ff., jew. m.w.N.

[41] MünchHdBGesR III/*Wellensiek*/*Oberle*, § 65 Rn. 27; *Stobbe*, Rn. 119; Braun/*Kind*, InsO, § 19 Rn. 7; zur Historie der verschiedenen Überschuldungsmodelle *Röhm*, INF 2003, 831 (832).

[42] *Lutter*, ZIP 1999, 641 (642).

[43] v. Onciul, 145.

(1) Sonderbilanz statt Handelsbilanz

Nach den Vorstellungen des historischen Gesetzgebers sollte eine Überschuldung anhand der Bilanzierungsvorschriften für die Jahresbilanz ermittelt werden.[44] Unabhängig von der Berücksichtigung der Fortführungsprognose werden heute aber fast unisono die Bewertungsmaßstäbe der Handelsbilanz als ungeeignet bezeichnet, um die insolvenzrechtliche Überschuldung zu beschreiben.[45] Betont wird dabei der unterschiedliche Zweck von Handels- und Überschuldungsbilanz. Die Handelsbilanz sei keine zutreffende Darstellung für eine akute Gläubigergefährdung, weil ihre Funktion vor allem auch die periodengerechte Gewinnermittlung ist.[46] Die darauf abgestimmten, formalisierten Bewertungsansätze der §§ 246 ff. HGB passten deswegen nicht zum Zweck der Überschuldungsfeststellung nach der Insolvenzordnung. Denn einzige Funktion der Überschuldungsbilanz sei es festzustellen, ob der Insolvenzgrund des § 19 II InsO gegeben ist.[47] Sie sei demnach Sonder- oder Vermögensbilanz. Dabei soll sie ein möglichst genaues Bild von der Befriedigungssituation im Falle der (gedachten) Insolvenzverfahrenseröffnung zeichnen, also inwieweit die Gläubiger für diesen Fall mit einer Erfüllung ihrer Forderungen rechnen können. Mit Rücksicht auf diesen Bilanzzweck seien deshalb Neubewertungen erforderlich.[48] Gerade die Begrenzung der Bewertung auf die historischen Anschaffungs- und Herstellungskosten als Höchstsatz sowie die Vorwegnahme negativer und die Unterdrückung positiver Einflüsse durch das Realisations- und Imparitätsprinzip[49] in der Handelsbilanz seien demgegenüber inakzeptable Unschärfen beim Ziel der Ermittlung tatsächlicher, realistischer Werte.[50]

Ausgangspunkt dieser Argumentation ist, dass sich im Vorhinein exakt bestimmen lässt, welchen „wahren" Wert das Vermögen einer Gesellschaft besitzt, wobei „wahr" schon historisch unter der Hypothese einer gleichzeitigen Vollstreckung der Gesellschaftsgläubiger in das Gesellschaftsvermögen steht.[51] Aktiviert werden sollen alle Vermögensgegenstände, die in einem alsbaldigen Insolvenzverfahren auch Bestandteil der Insolvenzmasse wären.[52] Die Ungeeignetheit der Handelsbilanz als Wertansatz ergibt sich dann zwanglos schon daraus, dass dort etwa – ohne dass sie ausgewiesen wä-

---

[44] *J. Götz*, 49 ff.; *Teller/Steffan*, Rn. 97 ff.

[45] Jaeger/*H.-F. Müller*, InsO, § 19 Rn. 43; FK-InsO/*Schmerbach*, § 19 Rn. 8; *Pape*, in: B. Kübler/Prütting, InsO, § 19 Rn. 9; HK-InsO/*Kirchhof*, § 19 Rn. 17; B/H/*Schulze-Osterloh*, GmbHG, § 64 Rn. 31; MünchHdBGesR III/*Wellensiek*/*Oberle*, § 65 Rn. 34; Hachenburg/*Ulmer*, GmbHG, § 63 Rn. 29; BGH NJW 2001, 1136 (1136); OLG Frankfurt NZG 2004, 1157 (1158); BGH NZG 2005, 482 (483); a.A. KölnKommAktG/*Mertens*, § 92 Rn. 31; *Vonnemann*, BB 1991, 867 (869 ff.).

[46] *H.-P. Müller*/*Haas*, in: KS-InsO, 1799 (1800); Smid/*Smid*, InsO, § 19 Rn. 24.

[47] Scholz/*K. Schmidt*, GmbHG, Vor § 64 Rn. 20.

[48] *Böcker*, 59.

[49] Danach sind Gewinne erst zu berücksichtigen, wenn sie am Abschlussstichtag tatsächlich realisiert sind. Vorhersehbare Verluste und Risiken jedoch, die bis zum Abschlussstichtag entstanden sind, müssen sogleich berücksichtigt werden, selbst wenn sie erst in der Zeit zwischen Abschlussstichtag und Tag der Bilanzerstellung bekannt geworden sind; ausführlich *J. Götz*, 146 ff.

[50] B/H/*Schulze-Osterloh*, GmbHG, § 64 Rn. 14.

[51] Zum historischen Kontext insoweit *Lütkemeyer*, 52; *Höffer*, BB 1999, 198 (198 ff.).

[52] HK-InsO/*Kirchhof*, § 19 Rn. 18; *v. Onciul*, 145.

ren – stille Reserven enthalten sein können, die bei einer gedachten Liquidation aber als verwertbare Position den Gläubigern zur Verfügung stünden.[53] Handelsbilanzwerte geben also teils höhere, oft aber niedrigere Werte als die anvisierten „wahren" Werte an.[54] Gleichwohl wird verschiedentlich die handelsbilanzielle Situation der Gesellschaft als tauglicher Ausgangspunkt, Indiz[55] oder Gerüst[56] für die Überschuldungsbilanz betrachtet.[57] Und Übereinstimmung herrscht immerhin darin, dass die handelsbilanzielle Überschuldung als Krisensignal einzustufen ist, das den Geschäftsführer zur Aufstellung einer gesonderten Überschuldungsbilanz veranlassen sollte.[58]

(2) Ansatz von Liquidationswerten

Fällt die Fortführungsprognose[59] negativ aus, so sind in der Überschuldungsbilanz Auflösungs- oder Liquidationswerte zugrunde zu legen. Es ist also für die Bewertung des Aktivvermögens zu fragen, welche Erlöse sich aus einem fiktiven Verkauf der verschiedenen Vermögensbestandteile der Gesellschaft erzielen lassen, wobei nur solche Vermögensbestandteile mit einbezogen werden dürfen, die im Insolvenzverfahren auch als Massebestandteile verwertbar sind.[60] Damit wird eine Neubewertung des Gesellschaftsvermögens nötig.[61] Der im Ausgangspunkt einfache Ansatz lässt bei der genaueren Bestimmung der für die Überschuldungsbilanz maßgeblichen Werte jedoch Schwierigkeiten erkennen. Bis heute ist streitig, welche Vorgaben für die die Ermittlung des Liquidationswertes gelten sollen.[62] Dabei kann je nach Abwicklungsintensität und -geschwindigkeit der Liquidationswert stark differieren, und er kommt ohne prognostische Elemente nicht aus.[63]

Kernpunkt ist auch hier das Bestreben, möglichst genaue „wahre" Werte zu erzielen. Deswegen werden ganz unterschiedliche Abwicklungsszenarien berücksichtigt, die vom Gesamtverkauf des Unternehmens über eine Veräußerung von Unternehmens-

[53] Vgl. Uhlenbruck/*Uhlenbruck*, InsO, § 19 Rn. 4; BGH NJW 2001, 1280 (1280); *Obermüller*, Insolvenzrecht, Rn. 1.145.

[54] *Gischer/Hommel*, BB 2003, 945 (949); *Harneit*, 11.

[55] BGH NJW 2001, 1136 (1136); BGH WM 2004, 1240 (1242 ff.); BGH NZG 2005, 482 (483); OLG Schleswig GmbHR 2005, 1124 (1125); *Beintmann*, 18; krit. Jaeger/*H.-F. Müller*, InsO, § 19 Rn. 43.

[56] *Pape*, in: B. Kübler/Prütting, InsO, § 19 Rn. 9; MünchKommInsO/*Drukarczyk/Schüler*, § 19 Rn. 97.

[57] *H.-P. Müller/Haas*, in: KS-InsO, 1799 (1801); L/H/*Lutter/Kleindiek*, GmbHG, § 64 Rn. 11; MünchHdBGesR III/*Wellensiek/Oberle*, § 65 Rn. 34; *Obermüller*, Insolvenzrecht, Rn. 1.145; BGH NJW 2001, 1136 (1136); BGH DStR 2001, 860 (861); BGH NJW 2001, 1280 (1280) m.w.N.

[58] Smid/*Smid*, InsO, § 19 Rn. 26; *Lutter*, ZIP 1999, 641 (643 ff.). Bei Überschuldung nach Handelsbilanzwerten soll es nach OLG Brandenburg ZIP 2005, 1073 (1073) zudem Sache des Geschäftsführers sein, die Umstände darzulegen, die es rechtfertigten, das Unternehmen dennoch weiterzuführen. Von hier ist es dann nicht mehr weit, generell an die Überschuldung nach Handelsbilanzwerten die Vermutung der insolvenzrechtlichen Überschuldung zu knüpfen – dazu unten B.I.2.b.bb.

[59] Dazu nachfolgend unten Punkt (3).

[60] *Röhm*, INF 2003, 831 (836); B/H/*Schulze-Osterloh*, GmbHG, § 64 Rn. 15; Scholz/*K. Schmidt*, GmbHG, Vor § 64 Rn. 21.

[61] L/H/*Lutter/Kleindiek*, GmbHG, § 64 Rn. 18.

[62] Uhlenbruck/*Uhlenbruck*, InsO, § 19 Rn. 7; *Höffer*, BB 1999, 198 (199).

[63] FK-InsO/*Schmerbach*, § 19 Rn. 10; *Harneit*, 28.

teilen und Gesamtveräußerung der Aktiva bis hin zur Einzelveräußerung oder gar dem Schrottwert gehen.[64] Diese *Abwicklungsintensität* hängt davon ab, welche der verschiedenen Möglichkeiten im konkreten Fall wahrscheinlich ist. Mit anderen Worten muss hier eine Prognose angestellt werden, ob nur eine Einzelveräußerung möglich erscheint oder ob (und mit welchem Grad) sich gegebenenfalls ganze Vermögenseinheiten veräußern lassen. In der Regel soll jedoch von der Einzelveräußerungsprämisse auszugehen sein, soweit nicht eine andere Alternative überwiegend wahrscheinlich ist.[65]

Darüber hinaus wird der Frage Bedeutung zugemessen, mit welcher *Abwicklungsgeschwindigkeit* bei der unterstellten Unternehmensauflösung zu rechnen ist.[66] Dabei meint Abwicklungsgeschwindigkeit den Zeitraum, der für die gedachte Veräußerung voraussichtlich zur Verfügung steht; je höher der Zeitdruck ist, desto geringer werden im Regelfall die Bewertungsansätze sein.[67] Kann eine Liquidation planmäßig abgewickelt werden, kann für den Verkauf in Ruhe der günstigste Zeitpunkt abgewartet werden. Ist hingegen von einem besonderen Zeitdruck auszugehen (bei „Notverkäufen"), werden Käufer dies für einen Preisabschlag auszunutzen wissen. Oft können dann nur noch Zerschlagungs- oder Schrottwerte erzielt werden. An dieser Stelle ist die Bewertung folglich von einer weiteren Prognose abhängig. Immerhin soll aber grundsätzlich zu vermuten sein, dass eine Veräußerung ohne erhöhten Zeitdruck stattfinden wird und nur bei greifbaren Anhaltspunkten von einer gesteigerten Abwicklungsgeschwindigkeit ausgegangen werden.[68]

Zu diesen Vorfragen bezüglich Abwicklungsgeschwindigkeit und -intensität kommen weitere Schwierigkeiten bei der Bewertung bestimmter Aktiva und Passiva im Einzelnen hinzu. Das gilt insbesondere für die Frage der Aktivierung immaterieller Werte und des Geschäfts- oder Firmenwertes, der Passivierung von Rückstellungen und der Abhängigkeit der Passivierung einer Einlage eines stillen Gesellschafters unabhängig von einer Verlustteilnahme.[69] Eine tiefere Auseinandersetzung mit der Bilanzierung einzelner Aktiv- und Passivposten würde an dieser Stelle den Rahmen sprengen. Jedenfalls aber besteht Einigkeit darin, dass stille Reserven aufzulösen sind. Das ergibt sich schon aus der Prämisse, Veräußerungswerte anzusetzen und ist schließlich Intention der Abweichung von den Ansätzen der Handelsbilanz und des Strebens nach realistischer Vermögensbewertung. Insgesamt lässt sich konstatieren, dass die Hand-

---

[64] *H.-P. Müller/Haas*, in: KS-InsO, 1799 (1804); Uhlenbruck/*Uhlenbruck*, InsO, § 19 Rn. 7; *Harneit*, 27.

[65] So die h.M., *Meyke*, Rn. 251; HK-InsO/*Kirchhof*, § 19 Rn. 15; Scholz/*K. Schmidt*, GmbHG, Vor § 64 Rn. 21; *Röhm*, INF 2003, 831 (836 ff.).

[66] So bspw. MünchKommInsO/*Drukarczyk/Schüler*, § 19 Rn. 91; *H.-P. Müller/Haas*, in: KS-InsO, 1799 (1804), jew. m.w.N.

[67] *Röhm*, INF 2003, 831 (836); Uhlenbruck/*Uhlenbruck*, InsO, § 19 Rn. 6; Smid/*Smid*, InsO, § 19 Rn. 35.

[68] Smid/*Smid*, InsO, § 19 Rn. 35; Uhlenbruck/*Uhlenbruck*, InsO, § 19 Rn. 35; *Röhm*, INF 2003, 831 (836) m.w.N.

[69] Näher zu diesen Einzelproblemen bspw. Uhlenbruck/*Uhlenbruck*, InsO, § 19 Rn. 35 ff.; *H.-P. Müller/Haas*, in: KS-InsO, 1799 (1808 ff.).

habbarkeit des Überschuldungsbegriffes an zahlreichen Prognoseerfordernisse leidet und daneben mit Unsicherheiten bei der Frage, welche Vermögensgegenstände und Verbindlichkeiten (und wie) zu bilanzieren sind, belastet wird.

(3) Ansatz von Fortführungswerten

Ist die Unternehmensfortführung überwiegend wahrscheinlich, wird dies bei der Bewertung berücksichtigt (§ 19 II 2 InsO). Bei positiver Fortführungsprognose können dann die (meist höheren) sog. Fortführungswerte bei der Vermögensbilanz in Ansatz gebracht werden.

(a) Fortführungsprognose

Mit der Fortführungsprognose soll die „wirtschaftliche Überlebensfähigkeit" der Gesellschaft mit in die Bewertung einfließen – ein Begriff, der interessanterweise auch in der Diktion des Eigenkapitalersatzrechts auftaucht. Das Gesetz gibt allerdings keine näheren Anhaltspunkte, wie die Fortführungswahrscheinlichkeit zu bestimmen ist. Deshalb muss zunächst das Ziel der Prognose ermittelt werden. Da die Einführung eines dynamischen Elements bei der Überschuldungsfeststellung von vornherein intendierte, der Gefahr zu begegnen, ökonomisch betrachtet noch erhaltenswerte Unternehmen vor einer Abwicklung zu bewahren, fließen an dieser Stelle im Grunde ökonomische Rentabilitätsgedanken mit ein. Maßgeblich ist, ob ein ordentlicher Geschäftsleiter sich nach sachkundiger Prüfung für eine Fortführung entscheiden würde.[70] Neben der subjektiven Fortführungsabsicht[71] wird gemeinhin als Maßstab für die künftige Lebens- und Leistungsfähigkeit der Gesellschaft darauf abgestellt, ob die Gesellschaft mittelfristig in der Lage sein wird, die notwendige Finanzkraft zu entwickeln, um nicht zahlungsunfähig zu werden.[72] Verschiedentlich wird jedoch vertreten, dass es nicht (nur) auf diese mittelfristige Zahlungsfähigkeit ankommen könne, sondern geprüft werden müsse, ob die Gesellschaft mittelfristig das Unternehmen verlustfrei fortführen wird können, also aus den Erträgen Verbindlichkeiten und Kosten des laufenden Betriebs decken kann (Ertragsfähigkeit)[73] oder gar, ob die Gesellschaft künftig Gewinne erwirtschaften wird (Rentabilität)[74]. Dem wird von der h.M. jedoch entge-

---

[70] BGHZ 126, 181 (199).

[71] Von ihr ist bei objektiv günstigen Fortführungsaussichten i.d.R. auszugehen, HK-InsO/*Kirchhof*, § 19 Rn. 9.

[72] OLG Köln BB 2000, 2121 (2122); Jaeger/*H.-F. Müller*, InsO, § 19 Rn. 36; B/H/*Schulze-Osterloh*, GmbHG, § 64 Rn. 13; Michalski/*Nerlich*, GmbHG, § 60 Rn. 95; Uhlenbruck/*Uhlenbruck*, InsO, § 19 Rn. 29; Smid/*Smid*, InsO, § 19 Rn. 13; *Bork*, ZIP 2000, 1709 (1710); *v. Onciul*, 139; *Temme*, 123. Damit nähert sich die Prüfung freilich dem – nur fakultativen – Insolvenzgrund der drohenden Zahlungsunfähigkeit an; krit. daher (noch zur alten Rechtslage) KölnKommAktG/*Mertens*, § 92 Rn. 30. Im Gegensatz zu diesem kommt es bei der Fortführungsprognose aber nach h.M. nicht nur auf die bestehenden, sondern eben auch auf die noch nicht begründeten, mittelfristig zu erwartenden Zahlungsverpflichtungen an, Uhlenbruck/*Uhlenbruck*, InsO, § 19 Rn. 29; *Bork*, ZIP 2000, 1709 (1710). Eingehend zur Fortführungsprognose *Drews*, 173 ff.

[73] So etwa *H.-P. Müller*/*Haas*, in: KS-InsO, 1799 (1805); HK-InsO/*Kirchhof*, § 19 Rn. 12 m.w.N.; dagegen statt vieler Jaeger/*H.-F. Müller*, InsO, § 19 Rn. 35.

[74] So etwa *Bähner*, KTS 1988, 443 (447); dagegen stv. Jaeger/*H.-F. Müller*, InsO, § 19 Rn. 34 m.w.N.

gengehalten, dass es keine Notwendigkeit für eine zwangsweise Liquidation in einer Insolvenz gebe, solange eine Gesellschaft ihre Gläubiger noch befriedigen kann.[75] Und dabei genüge es auch, wenn das Unternehmen zwar nicht aus sich heraus die dazu nötigen Finanzmittel erwirtschaften, aber im Wege der Außenfinanzierung beschaffen kann.

Für die Dauer des relevanten Prognosezeitraums gibt es unterschiedliche Auffassungen. Zumeist werden zwei Jahre oder eine Zeitspanne bis mindestens zum Ablauf des nächsten Geschäftsjahres genannt.[76] Jedoch kommt es jeweils auf die Gegebenheiten des konkreten Falles, etwa auch die jeweilige Branche, an.[77] Je länger freilich der Prognosezeitraum gewählt wird, desto manipulationsanfälliger und unschärfer wird im Ergebnis die Bewertung der Fortführungschancen der Gesellschaft.

Die Prognoseerstellung muss anhand eines ordnungsgemäßen Finanz- oder Liquiditätsplanes erfolgen.[78] Dabei ist die gesamte mittelfristige Geschäftsentwicklung auf systematischer Grundlage und nach sachgerechten Kriterien ausführlich und nachvollziehbar darzustellen. Zu beurteilen ist die künftige Entwicklung der Absatz- und Gewinnchancen der Gesellschaft unter Berücksichtigung der allgemeinen Wirtschaftslage und der besonderen Marktverhältnisse. Subjektive Einschätzungen, Hoffnungen und Wunschdenken zählen nichts. Vorauszusetzen ist vielmehr eine realistische Krisenbeurteilung in einem Unternehmens- und Sanierungskonzept, in dem die Ursachen der Krise und Schwachstellen zu analysieren und die einzelnen möglichen Sanierungsmaßnahmen finanzwirtschaftlicher aber auch leistungswirtschaftlicher Art (Produktion, Umsatz) darzustellen sind.[79] Der auf Grundlage dieser Daten erstellte (und bis zur Krisenabwendung fortlaufend zu aktualisierende[80]) Finanzplan weist die finanziellen Wirkungen des Konzeptes in einer systematischen Darstellung der zu erwartenden Zahlungsströme aus. Kann nach diesem Finanzplan die Gesellschaft mittelfristig mit überwiegender Wahrscheinlichkeit ihre Verbindlichkeiten erfüllen, ist die Fortbestehensprognose positiv, andernfalls negativ. Angesichts der schwierigen wirtschaftlichen Sachverhalte und nicht zuletzt um der Haftungsgefahr wegen Insolvenzverschleppung

---

[75] *Temme*, 119; *Bork*, ZIP 2000, 1709 (1710); Uhlenbruck/*Uhlenbruck*, InsO, § 19 Rn. 29; *Röhm*, INF 2003, 831 (834).

[76] Hachenburg/*Ulmer*, GmbHG, § 63 Rn. 37; *Pape*, in: B. Kübler/Prütting, InsO, § 19 Rn. 21; *Bork*, ZIP 2000, 1709 (1710) m.w.N. Näher zu den einzelnen Meinungen Uhlenbruck/*Uhlenbruck*, InsO, § 19 Rn. 29 m.w.N.

[77] FK-InsO/*Schmerbach*, § 19 Rn. 22; *Bork*, ZIP 2000, 1709 (1710); R/S-L/*Schmidt-Leithoff*, GmbHG, § 63 Rn. 70; *Röhm*, INF 2003, 831 (835); *H.-P. Müller*/*Haas*, in: KS-InsO, 1799 (1806).

[78] OLG Schleswig GmbHR 1998, 536; OLG Naumburg GmbHR 2004, 361 (362); Jaeger/*H.-F. Müller*, InsO, § 19 Rn. 38; *Drews*, 186 ff.; Scholz/*K. Schmidt*, GmbHG, Vor § 64 Rn. 18; *Hüffer*, FS Wiedemann, 1047 (1066); *Temme*, 124; *Röhm*, INF 2003, 831 (834).

[79] MünchHdBGesR III/*Wellensiek*/*Oberle*, § 65 Rn. 31; R/S-L/*Schmidt-Leithoff*, GmbHG, § 63 Rn. 71; *Uhlenbruck*, in: K. Schmidt/Uhlenbruck, GmbH in Krise, Rn. 878; eingehend zum Ganzen *Bork*, ZIP 2000, 1709 (1711); vgl. auch BGH GmbHR 2004, 898 (900); ihm in der strengen Beurteilung folgend KG, Urt. v. 21.8.2003 – 10 U 121/02 (unveröffentlicht, zitiert nach *Meyke*, Rn. 258).

[80] *Hüffer*, FS Wiedemann, 1047 (1067).

zu entgehen, wird die Zuhilfenahme eines Sachverständigen zur Prognoseerstellung empfohlen.[81]

(b) Bewertung

Für die bei positiver Prognose in der Überschuldungsbilanz aufzuführenden Fortführungswerte ist zu berücksichtigen, dass hier nun gerade nicht ein mutmaßlicher Einzelveräußerungserlös im Vordergrund steht, sondern „nur" der Nachweis eines Schuldendeckungspotentials zu erbringen ist, also ob durch den Einsatz der Vermögensgesamtheit im Produktionsprozess die Verbindlichkeiten bereinigt werden können.[82] Überwiegend wird dazu das Aktivvermögen der Gesellschaft mit den Wiederbeschaffungswerten bewertet (Substanzwert).[83] Sieht allerdings das Unternehmens- und Sanierungskonzept eine Veräußerung des Unternehmens als Gesamtheit oder von Unternehmensteilen vor, so soll nach den Grundsätzen der Unternehmensbewertung auf den fiktiven Gesamtveräußerungserlös abgestellt werden.[84] Teilweise wird aber auch betont, dass bei Annahme positiver Fortführungschancen eben von einer Unternehmensfortführung auszugehen sei. Dann aber würden mit Hilfe der Unternehmenssubstanz Erträge erwirtschaftet, die dann zur Befriedigung der Gläubigeransprüche eingesetzt werden können. Das Unternehmen sei also so viel wert, wie sich mit ihm verdienen lasse. Diese Meinung stellt folglich generell auf den Ertragswert ab.[85]

(4) Prüfungsreihenfolge

Die überaus streitige Frage, in wie vielen Schritten die Überschuldungsfeststellung zu erfolgen hat, ist eher müßig.[86] Denn für das Resultat der Überschuldungsprüfung ist es sich gleich, ob zunächst mit der Fortführungsprognose begonnen und je nach deren Ergebnis mit Fortführungs- und Liquidationswerten bilanziert wird (zweistufige Prüfung) oder ob generell zuerst eine Überschuldung nach Liquidationswerten geprüft und – nur für den Fall einer sich danach ergebenden Überschuldung – die Fortführungsprognose erstellt und (falls positiv) noch nach Fortführungswerten geprüft wird (drei-

[81] OLG Düsseldorf GmbHR 1999, 479 (480); R/S-L/*Schmidt-Leithoff*, GmbHG, § 63 Rn. 71 a.E.; *Hüffer*, FS Wiedemann, 1047 (1067); L/H/*Lutter*/*Kleindiek*, GmbHG, § 64 Rn. 15.

[82] *H.-P. Müller*/*Haas*, in: KS-InsO, 1799 (1807); Smid/*Smid*, InsO, § 19 Rn. 37. Anders Uhlenbruck/*Uhlenbruck*, InsO, § 19 Rn. 35, der auch hier „unter Liquidationsgesichtspunkten" bewerten will.

[83] HK-InsO/*Kirchhof*, § 19 Rn. 14; Smid/*Smid*, InsO, § 19 Rn. 37; *Pape*, in: B. Kübler/Prütting, InsO, § 19 Rn. 9; krit. *Temme*, 130 ff.

[84] *Uhlenbruck*, in: K. Schmidt/Uhlenbruck, GmbH in Krise, Rn. 882; HK-InsO/*Kirchhof*, § 19 Rn. 15; B/H/*Schulze-Osterloh*, GmbHG, § 64 Rn. 31 m.w.N.

[85] *Röhm*, INF 2003, 831 (835 ff.); *Temme*, 144. Die Methode zur Ertragswertbestimmung ist aber ihrerseits wieder str., dazu i.E. *Temme*, 131 ff.

[86] So i.E. auch *Röhm*, INF 2003, 831 (833) m.w.N.; Jaeger/*H.-F. Müller*, InsO, § 19 Rn. 31.

stufige Prüfung).[87] Eine zweistufige Prüfung ist ökonomischer; dogmatisch vorzugswürdig dürfte indes die dreistufige Prüfung sein.[88]

b. Objektivierung des Überschuldungsbegriffs: verstärkte Bedeutung der Handelsbilanz

Die kursorische Darstellung des Überschuldungsbegriffes nach der herrschenden Meinung zeigt, dass es im Einzelfall äußerst schwierig sein kann, eine Überschuldung festzustellen. Die Überfrachtung des Insolvenzauslösetatbestandes mit zahlreichen Prognosen und die Berücksichtigung aller denkbaren Szenarien bei der Wertermittlung verfolgt zwar das grundsätzlich zu billigende Ziel, schon bei der Frage, ob eine Insolvenzantragspflicht besteht, das sich in der gedachten Insolvenz ergebende Schuldendeckungspotential möglichst genau zu antizipieren. Indes bleiben diese Werte immer Näherungswerte, die von den zugrunde gelegten (oft subjektiven) Einschätzungen der bestehenden und künftigen Lage der Gesellschaft sowie der Marktsituation abhängen und darüber hinwegsehen, dass denknotwendig der anvisierte, objektivierte „wahre" Wert eines Unternehmens nicht existiert.[89] Ein hoher Grad an Ausdifferenzierung bei Beschreibung der Überschuldungssituation bewirkt deswegen nicht ein Maximum an gerechter Entscheidung, sondern führt oft dazu, dass sich der Streit auf die verfahrensrechtliche Ebene verlagert, weil das Gericht sich nicht dem Schulenstreit verschiedener Sachverständiger aussetzen will.[90] Deshalb bedarf es klarerer Kriterien für die Überschuldungsfeststellung. Nur wenn dem Geschäftsführer eine praktikable Richtschnur vorgeben ist, kann für das Ausbleiben eines Insolvenzantrages auch eine – für das Gesamtgefüge so bedeutende – Insolvenzverschleppungshaftung vorgesehen werden. Kommt noch nicht einmal ein kundiger Jurist mit den Unwägbarkeiten des Überschuldungsbegriffs zu Rande, muss ansonsten oft von einem nicht schuldhaften Handeln des Geschäftsführers ausgegangen werden und kann der Überschuldungstatbestand seine Funktionen nicht erfüllen.[91]

aa. Ausgangspunkt

Ausgangspunkt für eine Bestimmung des Überschuldungsbegriffs ist zunächst, dass der Gesetzgeber von einem Vermögensvergleich ausgeht, bei dem das im Falle einer Insolvenzeröffnung als Insolvenzmasse zur Verfügung stehende Vermögen des Gemeinschuldners mit den im Falle der Verfahrenseröffnung gegenüber den Insolvenzgläubigern bestehenden Verbindlichkeiten verglichen wird.[92] Gesetzgeberischer Leitgedanke ist die Vorstellung, dass die Gesellschaft Insolvenz anmeldet, sobald ihre

---

[87] So auch *Fromm*, GmbHR 2004, 940 (944); L/H/*Lutter/Kleindiek*, GmbHG, § 64 Rn. 17; HK-InsO/*Kirchhof*, § 19 Rn. 16.

[88] *Fromm*, GmbHR 2004, 940 (944 ff.).

[89] *Höffner*, BB 1999, 198 (199); *Wolf*, DStR 1995, 859 (859).

[90] *Meyke*, Rn. 247.

[91] Vgl. *Meyke*, Rn. 247; *Vollmer/Maurer*, DB 1993, 2315 (2316); *Drews*, 201; *Kalnbach*, 67. Ausführlich zu Beobachtbarkeit und Justitiabilität der Insolvenzgründe *J. Götz*, 82 ff.

[92] Begründung zum Diskussionsentwurf (EInsO), B 16 (zu § 21 EInsO); Braun/*Kind*, InsO, § 19 Rn. 6.

Vermögenslage eine vollständige Befriedigung der Gläubiger in einem Insolvenzverfahren nicht mehr zulässt. Konzeptionell dürften deshalb die Gläubiger im nachfolgenden Insolvenzverfahren nahezu keinen Forderungsausfall zu beklagen haben. Der Ausfall müsste sich im Wesentlichen auf weitere (geringe) Verluste während der Ausschöpfung der maximal dreiwöchigen Antragsfrist (§ 64 I 1 GmbHG) beschränken.[93] Das Konzept wirft damit aber auch zwei Fragen auf: zum einen, ob nicht der Gläubigerschutz überzogen wird und zum anderen, ob damit nicht profitable Unternehmen zu früh in Insolvenz und Abwicklung zu geraten drohen. Diese Zweifel sind schließlich Ausgangspunkt für die Einschränkungen des Überschuldungsbegriffes insbesondere durch die Fortführungsprognose.

Die Zweifel entzünden sich im Prinzip schon an der Richtigkeit eines besonderen Insolvenzgrundes im Vorfeld der Zahlungsunfähigkeit an sich, sind aber großteils unbegründet. Zwar trifft es zu, dass den Gläubigern nicht das gesamte Ausfallrisiko abgenommen werden darf. Denn damit würde jeglicher Anreiz für die Gläubiger beseitigt, sich selbst gegen Forderungsausfall abzusichern und würde im Ergebnis keine angemessene Risikoverteilung (dazu Kap.3 A.IV.2.) erreicht.[94] Doch die unausweichlich mit Unsicherheiten behaftete Bewertung, ob die Gesellschaft über hinreichend Schuldendeckungspotential (in einem fiktiven Insolvenzverfahren) verfügt und die Tatsache, dass die Organe der Gesellschaft bei der Prüfung sich eher von Optimismus leiten lassen, verdeutlichen, dass sich die Idee einer vollständigen Befriedigung der Gesellschaftsgläubiger in der Praxis sowieso nicht eins zu eins realisieren lässt. Vielmehr werden (so es zur Abwicklung und nicht zur Sanierung kommt) die Gläubiger also mit Abschlägen zu rechnen haben.[95] Als Risikofaktor kommt hinzu, dass die Gläubiger den Erkenntnismöglichkeiten und dem Pflichtbewusstsein des Geschäftsführers ausgeliefert sind, da die Überschuldung von außen regelmäßig schwer zu erkennen ist. Eine Insolvenzverschleppungshaftung bietet hier zwar einen Ausgleich, versagt aber im Ergebnis bei schuldlosem Handeln oder Vermögenslosigkeit des Geschäftsführers. Die damit verbundenen Risiken tragen die Gesellschaftsgläubiger also sehr wohl. Der Überschuldungstatbestand steht daher auch nur in einem scheinbaren Widerspruch zu der bereits erwähnten Forderung nach mehr Eigensicherung durch die Gläubiger und der Tatsache (oben Kap.2 A.I.1.), dass die Haftungsbeschränkung riskante Unternehmungen nachgerade erst ermöglichen soll und damit konsequent ein höheres Gläubigerausfallrisiko verbindet. Denn das Betreiben innovativer Unternehmen kann es mit sich bringen, dass plötzlich sich die Geschäftsidee als Flop erweist, der Umsetzung der Erfindung die Erlaubnis versagt wird oder etwa bei technischen Produkten ein Fehler die komplette Produktion zum Erliegen bringt bzw. die Produkte unbrauchbar macht. Auf ähnlich drastische Weise kann sich die Situation eines Unternehmens plötzlich verschlechtern, wenn sich herausstellt, dass ein Patent zu Unrecht benutzt wird und in der Folge erhebliche Schadenersatzzahlungen zu leisten sind oder gar das Endprodukt nicht mehr vertrieben werden kann. Schließlich kann schon allein

---

[93] *Stobbe*, Rn. 115; *Altmeppen*, ZIP 1997, 1173 (1178); *Schummer*, Eigenkapitalersatzrecht, 469.

[94] Vgl. *J. Götz*, 81.

[95] A.A. *Altmeppen*, ZIP 1997, 1173 (1178), der davon ausgeht, dass nach Sinn und Zweck des Überschuldungstatbestandes die Gläubiger mit einer fast vollständigen Erfüllung rechnen dürfen.

ein Mangel eines ausgelieferten Produktes, etwa einer speziell für einen Kunden angepassten Software, oder eine sonstige Vertragsverletzung, zu derart hohen Schadenersatzzahlungen führen, dass sich schon dadurch *ad hoc* die Vermögenslage der Gesellschaft verschlechtert und zudem die schlechte Reputation weitere Absatzchancen vereitelt.[96] In diesen Fällen, in denen dann plötzlich das Gesellschaftsvermögen schwindet, wird auch mit dem Überschuldungstatbestand kein „absoluter“ Schutz erreicht. Im Übrigen wird die Tatsache einer Insolvenzanmeldung oder Insolvenzverfahrenseröffnung die Wertschätzung für das Unternehmen zusätzlich sinken lassen.[97]

Andererseits aber ist das Konzept als Leitbild und gesetzgeberische Absicht ernst zu nehmen. Der Gesetzgeber geht nun einmal von einer verstärkten Gläubigergefährdung bei haftungsbeschränkten Gesellschaften aus und hat deswegen die Insolvenz bewusst vorverlagert. Schließlich können wegen der Haftungsseparation die Gläubiger primär auch nur aus dem Gesellschaftsvermögen Befriedigung erlangen. Der Überschuldungstatbestand ist eine zu akzeptierende rechtspolitische Entscheidung und dabei nicht als Auswuchs eines überzogenen Gläubigerschutzdenkens anzusehen, wenn man erkennt, dass es noch bei einem „hinreichend hohen“ Ausfallrisiko für die Gesellschaftsgläubiger verbleibt.

Natürlich muss die Sinnhaftigkeit von Insolvenztatbeständen auch ökonomisch hinterfragt werden. Dennoch ist hier ähnlich wie schon im vorangegangenen Kapitel zum Eigenkapitalersatzrecht kritisch zu bemerken, dass das reine Abstellen auf ökonomische Zielsetzungen und Erwartungshaltungen das Konzept einer früheren Insolvenzauslösung aus Gläubigerschutzgründen bei fehlendem Schuldendeckungspotential verwässert. Denn die Bedeutung der – rechtspolitischen – Grundentscheidung, auf der die rechtlichen Fortführungsverbote der Insolvenzordnung aufbauen, wird durch die Betonung der wirtschaftlichen Lebensfähigkeit eingeschränkt. Da Zweck des Überschuldungstatbestandes der Gläubigerschutz ist – und nicht Rentabilitätsüberlegungen – können wirtschaftliche Überlebenswahrscheinlichkeiten nicht die Messlatte sein. Mit anderen Worten darf die betriebswirtschaftliche Frage der Überlebensfähigkeit einer Gesellschaft nicht zum alleinigen Kriterium werden, um den Zeitpunkt zu bestimmen, ab dem sie mit der privatautonomen Steuerung ihrer Vermögensverhältnisse im Rechtssinne gescheitert ist.[98] Schon deshalb ist es richtig, dass der Gesetzgeber die Bedeutung der Fortführungsprognose eingeschränkt hat. Schließlich ist seit Einführung der Insolvenzordnung die Insolvenz auch nicht mehr mit der Abwicklung der Gesellschaft gleichzusetzen.[99] In einem Insolvenzverfahren sind Liquidation und Fortführung gleichberechtigt möglich – mit dem entscheidenden Vorteil der Mitwirkung der Gläubiger. Den Nachteil, dass mit der gesunkenen Bedeutung der Fortführungsprognose möglicherweise rein ökonomisch betrachtet lebensfähige Unternehmen insolvenzan-

---

[96] Man denke etwa an Fälle wie das „Mautdesaster“ oder die Probleme mit der Software für die Bundesagentur für Arbeit bei Einführung von „Hartz IV“.
[97] Vgl. Scholz/*K. Schmidt*, GmbHG, § 64 Rn. 38.
[98] Ähnl. Uhlenbruck/*Uhlenbruck*, InsO, § 19 Rn. 23: „Betriebswirtschaftliche Überlegungen können nicht dazu führen, den rechtlichen Gläubigerschutz, der dem Überschuldungstatbestand zugrunde liegt, aus den Augen zu verlieren.“ Vgl. auch *Vonnemann*, BB 1991, 867 (868).
[99] *Böcker*, 55.

tragspflichtig sind, hat der Gesetzgeber ausdrücklich in Kauf genommen.[100] Schließlich kann man nicht auf der einen Seite die Kapitalarmut deutscher Unternehmungen anprangern, auf der anderen Seite aber gerade diesen Zustand weiter befördern, indem man es für unvertretbar hält, dass ein Unternehmen einem Insolvenzverfahren ausgesetzt wird, dessen Eigenkapitaldecke aufgezehrt ist.[101]

Für den Überschuldungsbegriff ist also zu konstatieren, dass die Fortführungsprognose nur noch über die Frage der Ansätze für die Vermögensbewertung entscheidet und deswegen eine positive Prognose allein auch nicht mehr eine Überschuldung überspielen kann. Damit ist zugleich die Bedeutung einer ökonomischen Betrachtung für den Insolvenzgrund Überschuldung gesunken. Eine herausgehobene Stellung, wie sie der Prognoseentscheidung vor Geltung der Insolvenzordnung beigemessen wurde, rechtfertigte sich denn auch nur, wenn die Insolvenz zwangsläufig mit der Zerschlagungsliquidation des Unternehmens gleichgestellt werden müsste und damit der Erhaltung wirtschaftlich gesunder Unternehmen im Wege stünde.[102] Nun ist es aber neben der Liquidation gleichrangiges Ziel des Insolvenzverfahrens, das gemeinschuldnerische Unternehmen zu sanieren (§ 1 S. 1 InsO). Das Verfahren bildet also (nur) den neutralen Rechtsrahmen, in dem die verschiedenen Beteiligten über die für sie vorteilhafteste Lösung befinden können.[103] Aus Gläubigersicht entscheidend ist, ob sie auf die Entscheidung über die Fortführung eines wirtschaftlich angeschlagenen Unternehmens Einfluss haben oder nicht. Diesen Einfluss haben sie aber nur im Insolvenzverfahren, das sie mitentscheiden lässt, ob sie im Rahmen eines Insolvenzplanes (§ 217 InsO) die Fortführung des Unternehmens für angebracht halten, weil sie sich Befriedigung aus den nach erfolgreicher Sanierung erwirtschafteten Erträgen erhoffen.[104] Dabei sollten die Sanierungschancen durch ein Insolvenzverfahren nicht unterschätzt werden.[105] Entgegen der gängigen Meinung, die am tradierten „Makel des Konkurses" festhält, muss nämlich betont werden, dass die insolvenzrechtliche Sanierung viele Vorteile bietet. So bewirken etwa die §§ 80 ff. InsO mit dem Vollstreckungsverbot faktisch einen Zahlungsaufschub. Mit einem Insolvenzplan können schließlich alle Gläubiger gebunden werden, ohne dass jeder einzelne Gläubiger tatsächlich zustimmen müsste, da insoweit Mehrheitsprinzip und Obstruktionsverbot (§§ 244 f. InsO) gelten. Und nicht zuletzt hilft dem Unternehmer bei der Sanierung auch das Insolvenzausfallgeld. An dieser Stelle ist ein Umdenken angezeigt, die Eröffnung des Insolvenzverfahrens nicht mehr per se als rufschädigend anzusehen.

Das Verfahrensziel Unternehmenserhaltung kann indes regelmäßig nur dann erreicht werden, wenn rechtzeitig ein Insolvenzverfahrensantrag gestellt wird.[106] Dabei ermöglicht die Betonung des Sanierungszwecks in der Insolvenzordnung ein Abgehen

---

[100] *Meyke*, Rn. 263.
[101] *Altmeppen*, ZIP 1997, 1173 (1175).
[102] *Vonnemann*, Überschuldung, Rn. 41.
[103] MünchKommInsO/*Ganter*, § 1 Rn. 45.
[104] HK-InsO/*Kirchhof*, § 1 Rn. 5.
[105] Eingehend *Paulus*, ZGR 2005, 309 (319 ff.).
[106] Zu Möglichkeiten und Vorteilen einer Sanierung *durch* Insolvenz *Rattunde*, ZIP 2003, 2103-2110; *Paulus*, ZGR 2005, 308-326.

vom Ziel, im Rahmen des Überschuldungsbegriffs unbedingt eine möglichst fehlerlose Abbildung der im Insolvenzfall zu realisierenden Vermögenswerte zu erreichen, die sowieso nur Näherungswerte sein können.[107] Weil Insolvenz nicht mit Zerschlagung gleichzusetzen ist, ist es also zulässig, den Schwerpunkt vor allem auch auf eine möglichst objektive, manipulationsunanfällige und praktikable Überschuldungsfeststellung mit nicht allzu vielen Beurteilungsspielräumen zu legen.[108]

bb. Handelsbilanz als praktikabler Anknüpfungspunkt für die insolvenzrechtliche Überschuldung

Betont man wie hier die Notwendigkeit der Objektivierung von Bilanzierung und Bewertung, richtet sich der Blick erneut auf die Handelsbilanzvorschriften. Ihr entscheidender Vorteil ist, dass sie kodifiziert, ausdifferenziert und bekannt sind. Mit ihrer Hilfe lässt sich die notwendige Bewertungssicherheit bei der Übeschulungsprüfung erreichen.

(1) Zweck der Handelsbilanz

In der Handelsbilanz stellt der Kaufmann das Verhältnis seines Vermögens und seiner Schulden dar (§ 242 I 1 HGB). Für die Funktion der Handelsbilanz lassen sich verschiedene Zwecke unterscheiden, wobei eine Zieldominanz nicht festzustellen ist.[109] Am bedeutsamsten sind Rechenschafts-, Informations-, Gewinnermittlungs- und Ausschüttungsbemessungsfunktion, dabei aber immer auch der Gläubigerschutz. Die Handelsbilanz bildet einen Kompromiss zwischen dem Prinzip gläubigerschützender Entnahmebegrenzungen und dem Ziel einer eigentümerschützenden Begrenzung der stillen Rücklagen.[110] So ist etwa für die Bewertung immer der jeweils niedrigste Wert zu wählen (Niederstwertprinzip), und höchstens sind Vermögensgegenstände mit den Anschaffungs- und Herstellungskosten anzusetzen (§ 253 I HGB). Aktivierungsverbote und die verschiedenen Ausprägungen des Vorsichtsprinzips (§ 252 I Nr. 4 HGB)[111] tun ein Übriges, um den Eindruck zu vermitteln, die Handelsbilanz sei nicht Ausdruck realistischer Werte, also des Vermögensstandes, der bei einer Insolvenz den Gläubigern als Haftungsmasse tatsächlich zur Verfügung steht. Das gilt insbesondere im Hinblick auf die stillen Reserven, die für die insolvenzrechtliche Überschuldung Berücksichtigung finden müssten.

---

[107] *Vonnemann*, Überschuldung, Rn. 59: „nicht erreichbare Idealvorstellung".

[108] *Vonnemann*, Überschuldung, Rn. 52; *J. Götz*, 83. Deutlich *Böcker*, 107: „Die Praktikabilität hat hier im Interesse eines insgesamt möglichst sachgerechten Insolvenztatbestandes Vorrang vor der Beschreibung des optimalen Eingriffszeitpunktes."

[109] *Winnefeld*, Einf Rn. 16; *J. Götz*, 96 ff.

[110] Lütkemeyer, 256.

[111] So sind etwa Gewinne und Erträge erst zu berücksichtigen, wenn sie am Abschlussstichtag tatsächlich realisiert sind, vorhersehbare Verluste und Risiken jedoch, die bis zum Abschlussstichtag entstanden sind, müssen sogleich berücksichtigt werden, selbst wenn sie erst in der Zeit zwischen Abschlussstichtag und Tag der Bilanzerstellung bekannt geworden sind, sog. Realisations- und Imparitätsprinzip.

Richtig ist daher, dass es nicht primärer Zweck der Handelsbilanz ist, die mögliche Insolvenzsituation genau vorzuzeichnen, also die hypothetische Befriedigungslage abzubilden, die sich für die Gläubiger bei einer gedachten Verwertung des Unternehmens ergäbe. Wegen der allgemeinen Vorsichts- und Objektivierungsprinzipen und der typisierenden Vernachlässigung immaterieller Vermögensbestandteile kann das tatsächliche, realistische oder realisierbare Unternehmensvermögen über oder unterhalb des handelsbilanziellen Ausweises liegen.[112] Damit sind die Bedenken angesprochen, dass es nicht Sinn und Zweck eines besonderen vermögensbezogenen Insolvenzauslösetatbestandes sein kann, zur Insolvenzanmeldung zu verpflichten, wenn zwar eine (Handels)Bilanz einen nicht durch Eigenkapital gedeckten Fehlbetrag ausweist, sich später aber (insbesondere aufgrund stiller Reserven) herausstellt, dass genügend Vermögen vorhanden ist, um die Schulden der Gesellschaft zu begleichen. Stereotypes Argument ist, dass den Gläubigern durch eine zu frühe Insolvenz (und Liquidation) nicht geholfen wäre. Mit anderen Worten muss der bilanzielle Anknüpfungspunkt also hinreichend genau die Vermögenslage abbilden können, um über die Befriedigungssituation der Gläubiger im Insolvenzfall eine Aussage zu treffen.

Gleichzeitig geht es aber immer (nur) um Näherungswerte für den (fiktiven) Insolvenzfall. Trotz der Einwände gegen die Heranziehung der Handelsbilanzwerte auch für die insolvenzrechtliche Überschuldungsprüfung ist zu betonen, dass die Zielsetzung von Überschuldungs- und Handelsbilanz immerhin im Ausgangspunkt übereinstimmt.[113] Es geht beides Mal um die Abbildung der Vermögenslage durch einen Vergleich von Aktiva und Passiva. Der Gläubigerschutz bildet ein wesentliches integratives Funktionselement in beiden Bilanzen, auch wenn er bei der Überschuldungsbilanz eine noch stärkere Rolle spielen mag. Nach § 264 II HGB (Grundsatz des *true-and-fair-view*) hat der Jahresabschluss ein den tatsächlichen Verhältnissen entsprechendes Bild der Vermögens-, Finanz- und Ertragslage der Kapitalgesellschaft zu vermitteln. Die Handelsbilanz hat sich inzwischen von einer liquidationsorientierten zu einer fortführungsorientierten Bilanz gewandelt. Der (handelsrechtliche) Grund für das Auseinanderdriften von Jahres- und Überschuldungsbilanz ist damit teilweise wieder entfallen. In diesem Zusammenhang ist zu erinnern, dass die Bildung stiller Reserven für Kapitalgesellschaften durch §§ 279 I 1, 280 HGB eingeschränkt ist und auch dies eine realistischere Bewertung fördert. Daneben ist (mit Ausnahmen und Erleichterungen für kleinere Kapitalgesellschaften) als Ergänzung zum Jahresabschluss ein Lagebericht (§§ 264 I, 289 HGB) aufzustellen, der den Geschäftsverlauf und die weitere Situation des Unternehmens darzulegen hat. Auch dabei ist es ausdrückliches Ziel, ein den tatsächlichen Verhältnissen entsprechendes Bild der wirtschaftlichen Gesamtsituation zu vermitteln. Insgesamt sieht das Gesetz in der Handelsbilanz also gerade das verwirklicht, was für den Überschuldungsbegriff für so entscheidend gehalten wird: die Abbildung (halbwegs) realistischer Werte. Der Handelsbilanz könnte nämlich sonst auch kaum eine relevante Informationsfunktion[114] zugeschrieben werden. Und diese Infor-

---

[112] *Gischer/Hommel*, BB 2003, 945 (949).
[113] Lütkemeyer, 261; J. Götz, 114.
[114] Dazu *J. Götz*, 97 ff.

mationsfunktion wird sich künftig bei vermehrter IFRS-Bilanzierung zusätzlich erhöhen.[115]

Die das „wahre" Bild teilweise verzerrenden Bewertungsregeln sind vor diesem Hintergrund hinnehmbare Unschärfen, die dem Ziel möglichst objektiver Wertansätze zu zollen sind. Das die handelsbilanzielle Bewertung prägende Vorsichtsprinzip beruht schließlich maßgeblich auf Gläubigerschutzgedanken, dem auch in der Überschuldungsprüfung ein entscheidendes Gewicht beigemessen wird.[116] Und die Einzelbewertungsprämisse gilt jedenfalls als Grundsatz auch für den Überschuldungsbegriff der herrschenden Meinung. Erkennt man erstens die enge Verzahnung zwischen handels- und überschuldungsbilanziellem Rechnungssystem[117] und zweitens, dass alle Bewertungsmethoden nur Näherungswerte sind, die von den jeweils zu Grunde gelegten (unsicheren) Prämissen abhängen,[118] spricht im Ansatz nichts dagegen, die Wertansätze der Handelsbilanz als solchen Näherungswert und Grundlage der Überschuldungsmessung heranzuziehen.[119] Klarheit geht hier also dem Idealbild einer in jedem Einzelfall völlig exakten Abbildung der fiktiven Befriedigungssituation in der Insolvenz vor. Nur so lässt sich der besondere Zweck einer früheren Insolvenzauslösung auch sinnvoll erzielen. Noch einmal sei betont, dass die Überschuldung nur in die Insolvenz und nicht zwangsweise zur Zerschlagung führt.

(2) Vorteile einer Bewertung nach Handelsbilanzgrundsätzen

Die Vorteile handelsbilanzieller Wertansätze liegen auf der Hand. Die Handelsbilanz basiert auf einem eingespielten System von Ansatz- und Bewertungsvorschriften, das bis in weite Einzelheiten hinein kodifiziert und objektiviert ist. Zwar eröffnet die Handelsbilanz dem Bilanzersteller Spielräume; doch sind diese Spielräume aufgrund der detaillierten gesetzlichen Vorgaben hinnehmbar und ist dadurch die Bilanz justitiabler sowie grundsätzlich weniger manipulationsanfällig.[120] Mangels eindeutiger Vorgaben sind hingegen für den herrschenden Überschuldungsbegriff schon die Ausgangspunkte bei der Vermögensbewertung (etwa Berücksichtigung von Einzel- oder Gesamtveräußerung, Auflösungsgeschwindigkeit, etc.) unsicher. Unter diesen Unsicherheiten bei der möglichst punktgenauen Abbildung realitätsnaher Werte leidet dann aber gerade eben das erklärte Ziel, das Schuldendeckungspotential mit „wahren" Werten bestimmen zu wollen.

---

[115] Nicht kapitalmarktorientierte Gesellschaften haben ein Wahlrecht, ob sie statt eines HGB-Abschlusses nach IFRS bilanzieren möchten. Wegen des größeren Aktivierungspotentials des weniger auf Ausschüttungsbegrenzungsfunktion sondern auf Informationsfunktion basierenden IFRS-Abschlusses ist verstärkt mit einer Umstellung der Rechnungslegung zu rechnen, *Merkt*, ZGR 2004, 305 (307 ff.).

[116] *Lütkemeyer*, 260 ff.

[117] *J. Götz*, 198.

[118] Umfassend zur Kritik an den verschiedenen Methoden der Überschuldungsmessung *Böcker*, 44 ff. mit der *conclusio*: „Es kommt darauf an, unter den ungeeigneten Methoden die sachgerechteste auszuwählen." (106).

[119] Ausführlich *Vonnemann*, Überschuldung, Rn. 60 ff.

[120] *Lütkemeyer*, 254; *Beintmann*, 16; KölnKommAktG/*Mertens*, § 76 Rn. 31; *Kalnbach*, 68.

Gleichzeitig sind die Handelsbilanzvorschriften dem Bilanzersteller vertraut – jedenfalls vertrauter als die verschiedenen, teils streitigen Maßgaben zur Aufstellung einer Überschuldungsbilanz. Da das Unternehmen sowieso nach Handelsbilanzvorschriften bilanzieren muss, ist eine prinzipielle Anlehnung auch der Überschuldungsprüfung an diese Bilanz weniger zeit-, arbeits- und kostenintensiv als wenn man die Überschuldungsfeststellung von vornherein auf einer eigenen Grundlage erstellte. Neben der besseren Handhabbarkeit innerhalb des Unternehmens, also für die Geschäftsführung, erleichterte die Bewertung nach Handelsbilanzmaßstäben auch die Nachvollziehbarkeit der Überschuldungsprüfung für außenstehende Dritte – und damit auch gerade dann, wenn es um die Frage einer Insolvenzverschleppung geht.[121] Den Einblick Dritter begünstigt darüber hinaus auch die Tatsache, dass die Handelsbilanz dokumentiert werden muss. Mit einer stärkeren Betonung der Bedeutung buchmäßiger Überschuldung für die Insolvenzantragspflicht würde das bereits erwähnte Konzept eines informationsbezogenen, eigenverantwortlichen Gläubigerschutzes (oben Kap.3 A.IV.2.b. und Kap.3 C.IV.2.b.) ergänzt. Denn dem Gläubiger steht im Regelfall nur der veröffentlichte Jahresabschluss als Information zur Verfügung. Sollen auch bei Überschuldung die Gläubiger eine reelle Chance haben, von ihrem Insolvenzantragsrecht (§ 13 I 2 InsO) Gebrauch zu machen, müssen die Handelsbilanzansätze auch für die Überschuldungsprüfung ein Kriterium sein.[122]

Dieser Schritt fügte sich auch besser in das Krisenreaktionssystem des GmbHG ein.[123] Hier sieht § 49 III GmbHG die Einberufung einer Gesellschafterversammlung bei Verlust der Hälfte des Stammkapitals vor. Dabei macht schon die Erwähnung der Jahresbilanz deutlich, dass dafür grundsätzlich die Ansatz- und Bewertungsregeln der Handelsbilanz maßgebend sein sollen.[124] Zwar ist der Zweck der Einberufungspflicht nach § 49 III GmbHG ein anderer als derjenige der Insolvenzeröffnung. Die Einberufungspflicht beabsichtigt, dass die Gesellschafter mit der Krisensituation konfrontiert werden und ihnen die Möglichkeit gegeben wird, auf das Krisenmanagement und gegebenenfalls angezeigte einzelne Sanierungsmaßnahmen Einfluss zu nehmen. Diese bloße Informationspflicht ist weitaus weniger einschneidend als der Einschnitt durch das Insolvenzverfahren. Deswegen spricht bei dieser Warnsignalfunktion auch weniger dagegen, etwa vorhandene stille Reserven noch unberücksichtigt zu lassen. Allerdings ist die Pflicht zur Einberufung der Gesellschafterversammlung auch ein Instrument, um mittelbar im Gläubigerschutzinteresse den Druck auf die zuständigen Organe zu erhöhen, für eine Besserung der Unternehmenssituation Sorge zu tragen.[125] Die Bedeutung, die das Gesetz der Pflicht beimisst, zeigt sich nicht zuletzt daran, dass sie strafbewehrt ist (§ 84 I Nr. 1 GmbHG). Für den internen Ablauf eines Krisenmanage-

[121] *Schwieters*, 185. KölnKommAktG/*Mertens*, § 92 Rn. 31 betont daneben den Vorteil größerer Bestimmtheit für die strafrechtliche Seite der Insolvenzantragspflicht.
[122] *Gischer/Hommel*, BB 2003, 945 (949).
[123] *Schwieters*, 185; KölnKommAktG/*Mertens*, § 76 Rn. 31 (für den Zusammenhang von § 92 I und II AktG); *Vonnemann*, Überschuldung, Rn. 192; vgl. *J. Götz*, 214.
[124] Hierzu (dabei auch zum Streitpunkt der Berücksichtigung stiller Reserven) MünchHdB-GesR III/*Marsch-Barner/Diekmann*, § 45 Rn. 46; Michalski/*Römermann*, GmbHG, § 49 Rn. 103 ff.
[125] *Lutter*, ZIP 1999, 641 (643).

ments und die Selbstprüfungspflicht[126] des Geschäftsführers ist deshalb entscheidend, dass jedenfalls im Ausgangspunkt dieselben Regeln gelten für die Frage, ob ein Verlust in Höhe der Hälfte des Eigenkapitals eingetreten ist und für die Frage, ob eine insolvenzrechtliche Überschuldung vorliegt. Dadurch wird der Aufwand für die Selbstkontrolle verringert und gleichzeitig ihre Stringenz erhöht. Schließlich gilt es auch für die Frage, ob eine Unterbilanz i.S.d. § 30 GmbHG vorliegt, einen aus dem Jahresabschluss abgeleiteten Vergleich zwischen Nettovermögen und Stammkapital anzustellen.[127]

Zu konzedieren ist also, dass es im üblichen Geschäftsverlauf dem Management einfacher möglich ist, die Überschuldungssituation zu überwachen, wenn dafür im Ausgangspunkt die Bewertungsmaßstäbe der Handelsbilanz gelten, als wenn die Insolvenzreife primär nur anhand einer in der Krise gesondert aufzustellenden Sonderbilanz geprüft würde. Denn mag auch eine Handelsbilanz als Jahresabschluss nur einmal jährlich aufgestellt werden, so ergibt sich diese Bilanz doch aus den einzelnen Buchungsvorgängen, die während des Jahres gemacht und mit den Betriebswirtschaftlichen Auswertungen[128] wenigstens monatlich beobachtet werden. Die Bilanz ist grundsätzlich nur die stichtagsmäßige Zusammenfassung aller Konten. Der Saldo der Konten lässt sich mit der heutigen EDV jedoch auch ohne weiteres während des Jahres in einer Summen-Salden-Bilanz durch einen Abschluss der Bestands- und Erfolgskonten abbilden. Mit Ausnahme einzelner Schlussbuchungen, die jeweils nur am Jahresende erfolgen, kann auf diese Weise ohne besonderen Aufwand die Handelsbilanzsituation zu jedem Zeitpunkt des Jahres hinreichend genau kontrolliert werden.

(3) Vermutung der insolvenzrechtlichen Überschuldung bei buchmäßiger Überschuldung

Entgegen der herrschenden Ansicht, die der buchmäßigen Überschuldung allenfalls eine Indiz- oder Warnfunktion zuspricht,[129] ist nach alledem eine verstärkte Bedeutung der Handelsbilanz zu fordern.[130] Die (zutreffende) Vorstellung, dass die buchmäßige Überschuldung ein entscheidendes internes Krisensignal für die Geschäftsführung darstellt,[131] muss um schlüssig zu sein ihre logische Fortführung in einer rechtlichen Konsequenz finden. Diese Konsequenz kann aber nicht nur in der Verpflichtung zur weite-

---

[126] Dazu *Haas*, Geschäftsführerhaftung, 128 ff; *K. Schmidt*, in: K. Schmidt/Uhlenbruck, GmbH in Krise, Rn. 682 ff. und später noch unten B.I.3.; B.II.3.b.cc.

[127] L/H/*Lutter*/*Hommelhoff*, GmbHG, § 30 Rn. 14.

[128] Mit den Betriebswirtschaftlichen Auswertungen, die mit Hilfe entsprechender Software erstellt werden, lassen sich die monatlichen Buchungsvorgänge der Finanzbuchhaltung anschaulich analysieren. Sie ermöglichen einen Überblick über den Erfolg des Unternehmens, die Kapitalstruktur und über Kennzahlen wie beispielsweise die Liquidität.

[129] St. Rspr., BGH NJW 2001, 1136 (1136); BGH WM 2004, 1240 (1242 ff.); OLG Schleswig GmbHR 2005, 1124 (1125); *Beintmann*, 18; MünchHdBGesR III/*Wellensiek*/*Oberle*, § 65 Rn. 34; Uhlenbruck/*Uhlenbruck*, InsO, § 19 Rn. 4; Hachenburg/*Ulmer*, GmbHG, § 64 Rn. 52. Immerhin für ein „wesentliches" Indiz hält OLG Celle GmbHR 2004, 568 (569) eine Überschuldung nach Buchwerten.

[130] Im Ansatz ebenso *Kalnbach*, 67 ff.

[131] *Lutter*, ZIP 1999, 641 (643 ff.).

ren sorgfältigen Beobachtung und in einer bloßen Sollensnorm zur Aufstellung eines insolvenzrechtlichen Überschuldungsstatus bestehen. Zwar ist es richtig, dass die Bilanzierungsvorschriften des HGB eher eine Unterbewertung fördern; andererseits aber darf hierbei der Bilanzersteller im Regelfall von der Unternehmensfortführung ausgehen (§ 252 I Nr. 2 HGB),[132] was für die Überschuldungsfeststellung nach § 19 II 2 InsO nur ausnahmsweise der Fall ist, nämlich dann, wenn die Wahrscheinlichkeit der Fortexistenz der Gesellschaft „überwiegend" wahrscheinlich ist. Die Handelsbilanz enthält damit ein Prognoseelement, das sich auch hier (wie von der Insolvenzordnung gefordert) nur auf den Bewertungsansatz auswirkt. Die fortgeschriebenen Wertansätze der Handelsbilanz sind deswegen ein hinreichend aussagekräftiger Kompromisswert für eine insolvenzrechtliche Überschuldung, so dass es gerechtfertigt ist, an sie die *Vermutung* der insolvenzrechtlichen Überschuldung zu knüpfen.[133]

Dieser Vorschlag betont die Informationsfunktion der Handelsbilanz für Dritte, die auch historisch mit entscheidend für die frühere Anlehnung an die Handelsbilanz war,[134] umgeht aber gleichzeitig den Vorwurf einer ungerechtfertigten Einschränkung der Privatautonomie durch möglicherweise zu frühe Insolvenzauslösung bei isoliertem Abstellen auf die Handelsbilanz,[135] da er die Möglichkeit eröffnet, die Überschuldungsvermutung zu widerlegen. Es bleibt also dem Geschäftsführer unbenommen, durch Aufstellen einer gesonderten Vermögensbilanz zu zeigen, dass eine insolvenzrechtliche Überschuldung nicht vorliegt, weil – etwa aufgrund stiller Reserven – das tatsächliche Schuldendeckungspotential durch die Handelsbilanz nicht genau abgebildet wurde. Die Vermutungsregel gestattet es hierdurch, Besonderheiten des Einzelfalles, die zu einer anderen Beurteilung der für den Insolvenzfall gedachten, fiktiven Vermögenslage führen, zu gelangen. Sie vermeidet damit gleichzeitig, die Unwägbarkeiten beim Streben nach möglichst „wahren" Werten von vornherein und generell in die Überschuldungsfeststellung hineinzutragen. Insbesondere gibt es nämlich (vgl. auch §§ 279 I 1, 280 HGB) keinen generellen Verdacht, dass jede Gesellschaft über

[132] Das war bei Einführung der KO 1877 noch anders. Damals entsprach die Jahresbilanz einer Liquidationsbilanz, *J. Götz*, 50. Dies hat aus historischer Sicht die Abkehr von der Anlehnung der Überschuldungs- an die Handelsbilanz befördert. Mit der heute geltenden fortführungsorientierten Handelsbilanz ist dieser historische Grund aber weitgehend entfallen.

[133] So auch *Gischer/Hommel*, BB 2003, 945 (949) mit dem interessanten Hinweis auf die ÖSTERREICHISCHE Rechtslage, wo im Falle der buchmäßigen Überschuldung nach § 225 I öHGB zwingend im Anhang zu erläutern ist, ob das Unternehmen auch aus insolvenzrechtlicher Sicht überschuldet ist; *R/A/Altmeppen*, GmbHG, § 64 Rn. 18, 23 ff.; LG München I BB 2000, 428 (429); OLG Schleswig GmbHR 1998, 536 = (zustimmend) OLG Schleswig EWiR § 64 GmbHG 2/98, 271 (*v. Gerkan*); in der Tendenz auch *Meyke*, Rn. 248 ff. Für eine generelle Heranziehung der (allerdings z.T., etwa hinsichtlich stiller Reserven, modifizierten) Handelsbilanz bei der Überschuldungsfeststellung *Wolf*, DStR 1995, 859 (862 ff.); *Vonnemann*, BB 1991, 867 (869 ff.). Für eine modifizierte Handelsbilanz auch *Böcker*, 105 ff., der dazu das Regel-Ausnahme-Verhältnis des § 19 II 2 InsO umkehren und von einer Vermutung für die grundsätzliche Fortführungsfähigkeit ausgehen will. Dies dürfte aber angesichts des klaren Wortlautes der Vorschrift *de lege lata* nicht möglich sein.

[134] *J. Götz*, 50.

[135] Dieses Argument ist freilich angesichts niedriger Insolvenzquoten sowieso ein relativ schwaches, *Wolf*, Überschuldung, 29 und (im Zusammenhang mit der Bilanzierung eigenkapitalersetzender Gesellschafterdarlehen) *Haas*, NZI 1999, 209 (214).

umfangreiche stille Reserven verfügt. Es genügt also, die Wertberichtigung im Einzelfall zu ermöglichen.[136]

Der herrschende Überschuldungsbegriff behält damit trotz seiner Schwächen insoweit seine Berechtigung, als es für die Widerlegung der Überschuldungsvermutung auf eine nach seinen Grundsätzen erstellte Vermögensbilanz ankommt. Weil hier die Schwäche jedoch wie gezeigt gerade in der mangelnden Justitiabilität liegt, muss dann eine Dokumentationspflicht hinzukommen, um die Nachvollziehbarkeit dieser Vermögensbilanz zu garantieren. Denn es macht wenig Sinn, dem Geschäftsführer strenge Beobachtungspflichten in der Krise aufzuerlegen und ihn zur Insolvenzantragstellung zu verpflichten, gleichzeitig aber keine Rechenschaftslegung hierüber zu verlangen.[137] Mit der Vermutungsregel gehen also die Unsicherheiten bei der Überschuldungsprüfung anhand einer Vermögensbilanz zwar zu Lasten des Geschäftsführers; er genießt aber den nicht zu gering zu schätzenden Vorteil, sich an den ihm bekannten Handelsbilanzwerten orientieren zu können, die er auch sonst auf Krisenanzeichen hin zu überwachen hat.

Ergibt sich also nach Handelsbilanzwerten eine Überschuldung der GmbH, muss der Geschäftsführer Insolvenz anmelden. Die Antragspflicht besteht nur dann nicht, wenn eine Vermögensbilanz, zu deren Aufstellung der Geschäftsführer aufgrund seiner Treuepflicht gegenüber der Gesellschaft gehalten sein wird, noch Schuldendeckungspotential erkennen lässt. Ergibt sich hingegen auch nach der Vermögensbilanz eine Überschuldung, bleibt es bei der Antragspflicht. Für die Aufstellung der Vermögensbilanz ist neben der Dokumentationspflicht zu beachten, dass die Insolvenzordnung strengere Anforderungen an das Vorliegen einer positiven Fortführungsprognose stellt. Ist der Ansatz von Going-concern-Werten in der Handelsbilanz der Regelfall, kann nach § 19 II 2 InsO nur dann mit Fortführungswerten bilanziert werden, wenn die Fortführung „überwiegend" wahrscheinlich ist.[138] Der Inhalt der Fortführungsprognose ist aber in beiden Fällen derselbe.[139] Da im Regelfall höhere Werte als diejenigen der Handelsbilanz nur dann zu erzielen sein werden, wenn der Vermögensbilanz Fortführungswerte zugrunde gelegt werden,[140] kommt es für die Widerlegung der Überschul-

---

[136] Ebenso R/A/*Altmeppen*, GmbHG, § 64 Rn. 20. Anders BGH NZG 2005, 482 (483), wonach es Sache des Insolvenzverwalters sei, die Ansätze der Handelsbilanz daraufhin zu überprüfen, ob und in welchem Umfang stille Reserven oder sonstige daraus nicht ersichtliche Veräußerungswerte vorhanden sind.

[137] *Altmeppen*, ZIP 1997, 1173 (1176) mit Hinweis auf § 666 BGB; für die Schriftform der Überschuldungsprüfung auch Uhlenbruck/*Uhlenbruck*, InsO, § 19 Rn. 79; *Gischer/Hommel*, BB 2003, 945 (949). *Wolf*, DStR 1998, 126 (127) leitet dies daraus ab, dass der Jahresabschlussadressat bei einem nicht durch Eigenkapital gedeckten Fehlbetrag Angaben erwartet und erwarten darf, warum die Unternehmung von der Fortführungsprämisse ausgeht (§ 264 II 2 HGB).

[138] Anders *Böcker*, 105 ff., der das Regel-Ausnahme-Verhältnis des § 19 II 2 InsO umkehren und (*de lege lata*) von einer Vermutung für die grundsätzliche Fortführungsfähigkeit ausgehen will. Dagegen spricht indes der klare Wortlaut der Vorschrift.

[139] S. nur *Winnefeld*, E Rn. 25 ff.

[140] Ist die Fortführung nicht „überwiegend wahrscheinlich", sind der Vermögensbilanz nämlich Liquidationswerte zugrunde zu legen. Die Tatsache, dass sich eine Überschuldung in einer Vermögensbilanz mit Liquidationswerten gelegentlich noch vor der handelsbilanziellen Überschuldung ergeben

dungsvermutung also entscheidend auf die Prognose an. Hierbei sind wie vorerwähnt strenge Maßstäbe zugrunde zu legen;[141] nicht zuletzt auch deshalb, weil die Insolvenzordnung nicht unter der Prämisse der Zerschlagung steht, sondern eine Fortführung – falls Erfolg versprechend und von den Gläubigern gebilligt – ermöglicht. Im Übrigen ist auch die Fortführungsprognose schriftlich zu dokumentieren.[142] Bei einem nicht durch Eigenkapital gedeckten Fehlbetrag nach Going-concern-Werten dürfen nämlich die Adressaten der Rechnungslegung eine Begründung dafür erwarten, warum die Unternehmensführung von der weiteren Lebensfähigkeit der Gesellschaft ausgeht.[143] Es wäre kaum stimmig, nur für das Ergebnis der Überschuldungprüfung eine Dokumentationspflicht herzuleiten. Vielmehr bedürfen auch die bei der Überschuldungsprüfung getroffenen Annahmen einer nachvollziehbaren, justiziablen, schriftlichen Darstellung.[144] Nicht zuletzt angesichts der Schwierigkeiten bei der Aufstellung der Fortführungsprognose und der Unwägbarkeiten bei der Vermögensbewertung wird der Geschäftsführer bei der Erstellung der Vermögensbilanz kaum umhin kommen, fachkundigen Rat einzuholen.[145]

c. Möglichkeiten zur Abwendung der Überschuldung durch (Gesellschafter)Kredite

Will die Gesellschaft die Überschuldungssituation – auch nur kurzfristig – abwenden, ist sie grundsätzlich auf die Zuführung frischen Eigenkapitals angewiesen. Die Aufnahme neuer Kredite vermag wie bereits ausgeführt (Kap.3 IX.2.b.bb.) in der Regel eine Überschuldung nicht zu beseitigen, da sie bilanziell neutral wirkt. Das gilt für die Kreditaufnahme bei Dritten ebenso wie für Gesellschafterkredite. Lediglich in den eher theoretischen Ausnahmefällen, in denen gerade die Kreditaufnahme gleichzeitig zu einer anderen, positiven Einschätzung der Fortführungschancen führt, kann unter Umständen die dann günstigere Bewertung eine Überschuldung ausscheiden lassen.

---

wird, und also die „tatsächlichen" Werte kein Schuldendeckungspotential mehr ausweisen, obschon nach fortgeführten Buchwerten noch ein Eigenkapital vorhanden ist und nach dem hier favorisierten Modell noch keine Insolvenzantragspflicht besteht, ist als „Unschärfe" hinzunehmen, vgl. R/A/*Altmeppen*, GmbHG, § 64 Rn. 18. Denn zum einen wird die Fortführung bei vorhandenem Eigenkapital normalerweise nicht in Zweifel stehen; zum anderen sind einzelne „Unschärfen" dem Ziel eines klaren Überschuldungsbegriffs unterzuordnen, vgl. auch *Böcker*, 55.

[141] S. etwa *Bormann*, Anm. zu BGH GmbHR 2004, 898 (903); *Wolf*, DStR 1998, 126 (128). Bloße Hoffnungen oder Erwartungen genügen also nicht.

[142] Eingehend *Wolf*, DStR 1998, 126 (127); *ders*. Überschuldung, 45. Für eine Dokumentationspflicht auch FK-InsO/*Schmerbach*, § 19 Rn. 23a; Uhlenbruck/*Uhlenbruck*, InsO, § 19 Rn. 79; *H.-P. Müller/Haas*, in: KS-InsO, 1799 (1806 ff.); als „Empfehlung" MünchHdBGesR III/*Wellensiek/Oberle*, § 65 Rn. 33; OLG München GmbHR 1998, 281 (282); Jaeger/*H.-F. Müller*, InsO, § 19 Rn. 41; ähnl. BGH GmbHR 2006, 374 (376).

[143] *Wolf*, Überschuldung, 41 ff. mit Hinweis auf § 264 II 2 HGB.

[144] Richtig *Gischer/Hommel*, BB 2003, 945 (949); Uhlenbruck/*Uhlenbruck*, InsO, § 19 Rn. 79 m.w.N.

[145] So für die Fortführungsprognose OLG Düsseldorf GmbHR 1999, 479 (480); OLG München GmbHR 1998, 241 (242); *Lutter*, ZIP 1999, 641 (644); R/S-L/*Schmidt-Leithoff*, GmbHG, § 63 Rn. 71 a.E.; *Hüffer*, FS Wiedemann, 1047 (1067); L/H/*Lutter/Kleindiek*, GmbHG, § 64 Rn. 15.

Neben der Zuführung klassischen Eigenkapitals – also Kapitalerhöhung und Nachschussfinanzierung – stellt sich die Frage, ob und inwieweit es möglich ist, durch Zuführung funktionalen Eigenkapitals (oben Kap.2 A.II.2.b.) eine drohende Überschuldung abzuwenden. Hintergrund ist, dass unter Umständen auch ein mit besonderem Risiko ausgestattetes Fremdkapital auf dieselbe Stufe zu stellen ist wie statutarisches Kapital und damit die Gläubigerinteressen nicht beeinträchtigt werden, wenn die auf diese Weise freiwillig „entwerteten" Rückforderungsansprüche nicht als Verbindlichkeiten passiviert werden. Dies ist allerdings nur dann gerechtfertigt, wenn die Verbindlichkeit auch mit an Sicherheit grenzender Wahrscheinlichkeit in der Krise der GmbH nicht erfüllt werden muss.[146] Dem Kreditbeitrag muss ähnlich wie dem Eigenkapital eine Verlustpufferfunktion zukommen. Vor allem ist damit auch der Fall des mit Rangrücktritt versehenes Darlehens angesprochen und die Frage, inwieweit eine Überschuldung durch *vertraglich* eigenkapitalgleich ausgestaltete Finanzierungsbeiträge abgewendet werden kann.

Obschon die Rechtsfigur eigenkapitalersetzendes Gesellschafterdarlehen dem Modell eines *erzwungenen* Eigenkapitals[147] anhängt, wird dort diese ganz ähnliche Ausgangssituation nicht zur Ableitung entsprechender rechtlicher Folgerungen für die Überschuldungsfeststellung genutzt. Würde man die Prämisse der (erzwungenen) Gleichstellung mit haftendem Kapital[148] als solche ernst nehmen, wäre die Nichtberücksichtigung im Überschuldungsstatus logische Konsequenz; ebenso wie dies auch für die vertragliche Gleichstellung von Fremd- mit Eigenkapital – insbesondere durch Rangrücktritte (dazu sogleich) – diskutiert wird. Diese Konsequenz jedoch zieht die überwiegende Ansicht nicht und geht von der Passivierungspflicht eigenkapitalersetzender Darlehen aus.[149] Denn ausweislich § 39 I Nr. 5 InsO verliere die Gesellschafterforderung nicht den Charakter einer Verbindlichkeit. Und der Zweck des Eigenkapitalersatzrechts, die Gläubiger zu schützen, würde in sein Gegenteil verkehrt, wenn die Gesellschafterforderung nicht passiviert und damit die Insolvenzantragstellung verzögert würde.[150] Dies ist zwar für sich richtig. Die weitere Begründung klingt indes wie ein Eingeständnis der mangelnden Überzeugungskraft des Eigenkapitalersatzrechts überhaupt. Denn Hauptgrund für die Passivierung eigenkapitalersetzender Gesellschafterleistungen soll sein, dass der Geschäftsführer eine „zweifelsfreie und rechtssichere" Grundlage für seine Entscheidung zur Antragstellung benötigt.[151] Und eben an einer eindeutigen Qualifizierung der Gesellschafterleistung mangele es wegen der nach wie

---

[146] Vgl. *Obermüller*, Insolvenzrecht, Rn. 1.1019.

[147] *Szebrowski*, MDR 2004, 365 (366); dazu bereits oben Kap.2 II.2.b.cc.

[148] So ausdrücklich *K. Schmidt*, Gesellschaftsrecht, § 18 III.4.a.

[149] Grundlegend BGH NJW 2001, 1280 (1281 ff.); OLG Schleswig GmbHR 2005, 1124 (1125); R/S-L/*Schmidt-Leithoff*, GmbHG, § 63 Rn. 68; L/H/*Kleindiek*, GmbHG, § 42 Rn. 46; *Häuselmann*, BB 1993, 1552 (1552); *Haas*, NZI 1999, 209 (214); MünchKommInsO/*Drukarczyk*/*Schüler*, § 19 Rn. 104; Uhlenbruck/*Uhlenbruck*, InsO, § 19 Rn. 69 ff. m.w.N. auch zur a.A.; zusammenfassende Darstellung bei *Haarmann*, FS Röhricht, 137 (140 ff.).

[150] *Altmeppen*, ZHR 2000, 349 (367).

[151] Jaeger/*H.-F. Müller*, InsO, § 19 Rn. 98; *Goette*, GmbH, § 4 Rn. 36.

vor bestehenden Unwägbarkeiten des Eigenkapitalersatzrechts.[152] Deswegen müsse zusätzlich die Erklärung eines (qualifizierten) Rangrücktritts vorliegen, um deutlich zu machen, dass der Gesellschafter seine Forderung nicht in Konkurrenz zu den außenstehenden Gläubigern geltend machen will und dass die Gesellschaft die Chance der Krisenüberwindung behält.[153] Das zwingend mit Haftkapital gleichgestellte Gesellschafterdarlehen muss also zusätzlich auch noch vertraglich durch einen Rangrücktritt (freiwillig) mit Haftkapital gleichgestellt werden. Dabei wiederum soll aber der freiwillige Rücktritt in den Rang des § 39 I Nr. 5 InsO, also gerade in den Rang eigenkapitalersatzrechtlicher Darlehensrückforderungen, genügen.[154] Diese kaum mehr halbwegs logischen Ansichten[155] zeigen einmal mehr, dass diese Kategorie erzwungenen Haftkapitals nicht sinnvoll erscheint, wenn schon die Vertreter des Eigenkapitalersatzrechts selbst auf die (zusätzliche) privatautonom-freiwillige Ausgestaltung einer Finanzierungsmaßnahme als funktionales Haftkapital ausweichen müssen. Es kann hier deshalb nur um „vertragliches Haftkapital" gehen.

aa. Mögliche Modifizierungen der Darlehensabrede in der Krise

Für die sanierungswilligen Darlehensgeber kommt als Beitrag zur Abwendung der Überschuldung der GmbH neben diversen anderen mezzaninen Finanzierungstiteln die Erklärung eines Rangrücktritts oder ein Forderungsverzicht mit Besserungsabrede in Betracht.

(1) Qualifizierter Rangrücktritt

Die Vereinbarung eines Rangrücktritts spielt im Rahmen der Überschuldungsfeststellung eine große Rolle. In einer Rangrücktrittsvereinbarung verspricht der Gläubiger, mit seiner Forderung hinter alle oder aber nur bestimmte andere Gläubiger zurückzutreten. Er bleibt zwar Insolvenzgläubiger, ordnet sich indes freiwillig in eine der fünf Rangklassen des § 39 I InsO oder (so auch die Zweifelsregelung des § 39 II InsO) noch dahinter in eine „sechste Rangklasse"[156] ein. Ziel einer derartigen Vereinbarung

---

[152] BGH NJW 2001, 1280 (1282); Uhlenbruck/*Uhlenbruck*, InsO, § 19 Rn. 71; R/S-L/*Schmidt-Leithoff*, GmbHG, § 63 Rn. 68; *H.-P. Müller/Haas*, in: KS-InsO, 1799 (1817).

[153] BGH NJW 2001, 1280 (1282); OLG Düsseldorf NZG 2001, 133 (134); OLG Schleswig GmbHR 2005, 1124 (1125); *Teller/Steffan*, Rn. 246.

[154] Str.; so jedenfalls Jaeger/*H.-F. Müller*, InsO, § 19 Rn. 102; Uhlenbruck/*Uhlenbruck*, InsO, § 19 Rn. 71; *Haarmann*, FS Röhricht, 137 (146 ff.); a.A. *Bork*, FS Röhricht, 47 (54 ff.). Die Differenzierung nach „deklaratorischem" u. „konstitutiven" Rangrücktritt ist schon deshalb Augenwischerei, weil es i.E. nur um *vertragliches* Haftkapital geht.

[155] Die weitere Begründung für die Passivierungspflicht, der Gesellschafter, der nicht freiwillig im Rang zurücktreten wolle, wolle eben auch keinen Beitrag zur Sanierung leisten, weswegen eine Überschuldungsabwendung nicht gerechtfertigt sei – so etwa Altmeppen, ZHR 2000, 349 (367); *Haarmann*, FS Röhricht, 137 (147) –, rückt vom Gedanken des funktionalen Eigenkapitals ab. Denn danach müsste es eben egal sein, ob nun das Fremdkapital aufgrund zwingender Anordnung oder aufgrund freiwilliger Vereinbarung gedanklich „umqualifiziert" wird (dazu bereits oben Kap.3 A.VI.2.). Erneut wird deutlich, dass das Eigenkapitalersatzrecht im Grunde ein (nicht überzeugendes) Sanktionsinstrumentarium für den „nicht ordnungsgemäß finanzierenden" Gesellschafter ist.

[156] Uhlenbruck/*Hirte*/*Uhlenbruck*, InsO, § 39 Rn. 13.

ist allgemein, zugunsten anderer Gläubiger die zusätzliche Belastung durch die Einziehung der Forderung des zurücktretenden Gläubigers zu vermeiden und dadurch die angespannte wirtschaftliche Lage der Gesellschaft zu verbessern.[157]

Die rechtsdogmatische Einordnung des Rangrücktritts begegnet allerdings Schwierigkeiten. Die Meinungen reichen von einem schlichten *pactum de non petendo* über einen bedingten oder modifizierten Erlassvertrag bis hin zu einem Vertrag *sui generis* oder einem verfügenden Schuldänderungsvertrag.[158] Die zivilrechtliche Einordnung kann freilich nicht allgemein beantwortet werden, sondern hängt von der vertraglichen Ausgestaltung der Rangrücktrittsabrede im Einzelfall, insbesondere vom Zweck der Vereinbarung, ab.[159] Generell muss man dabei unterscheiden zwischen einer einfachen Rangrücktrittsvereinbarung und einer qualifizierten (harten) Rangrücktrittsabrede.[160] Die einfache Rangrücktrittsabrede beinhaltet lediglich eine ausschließlich schuldrechtlich zu qualifizierende Zusage zugunsten einzelner oder aller anderen Gläubiger, auf die gleichrangige Geltendmachung der Forderung zu verzichten und ist damit hauptsächlich ein Instrument zur Liquiditätssicherung, das dem „Stehenlassen" der Forderung ähnlich ist.[161] Deshalb kann hier in der Regel von einem *pactum de non petendo* ausgegangen werden.

Anders ist es hingegen dann – und (allein) diese Konstellation kommt für die Frage der Abwendung der Überschuldung in Betracht –, wenn darüber hinaus der Gläubiger zusagt, bis zum Ende der Krise nicht als Gesellschaftsgläubiger auftreten zu wollen, also der Rücktritt hinter alle anderen Gesellschaftsgläubiger erklärt wird und die Forderung nur dann und in dem Maß geltend gemacht werden darf, wie sie aus einem künftigen Jahresüberschuss oder aus einem sonstigen die Verbindlichkeiten der GmbH übersteigenden Vermögen oder aus einem Liquidationsüberschuss getilgt werden kann.[162] Gerade weil solche Vereinbarungen ausdrücklich oder jedenfalls konkludent die Abwendung der Überschuldung der GmbH bezwecken, kann es sich dabei nicht lediglich um eine schuldrechtliche Abrede handeln.[163] Denn eine rein schuldrechtliche Vereinbarung begründete nur eine Einrede und tangierte damit nicht die Höhe der Passiva. Schon deshalb muss im Fall der qualifizierten Rangrücktrittsklausel der Abrede eine dingliche Wirkung zukommen. Weil die Parteien regelmäßig keinen Erlass wollen,[164] ist regelmäßig von einem verfügenden Schuldänderungsvertrag (§ 305 BGB)

---

[157] *Peters*, WM 1988, 641 (642).

[158] Übersicht m.w.N. bei *Obermüller*, Insolvenzrecht, Rn. 1.1015; *Herlinghaus*, 90 ff.

[159] *Teller/Steffan*, Rn. 257, 304 ff.

[160] Vgl. L/H/*Kleindiek*, GmbHG, § 42 Rn. 47; MünchKommInsO/*Drukarczyk/Schüler*, § 19 Rn. 106; *Haas*, DStR 2003, 423 (424); BGH NJW-RR 2002, 691 (692); *Vollmer/Maurer*, DB 1993, 2315 (2316): „kleine" und „große" Klauseln.

[161] *Peters*, WM 1988, 641 (642).

[162] *Obermüller*, Insolvenzrecht, Rn. 1.1013; MünchKommInsO/*Drukarczyk/Schüler*, § 19 Rn. 106; R/A/*Altmeppen*, GmbHG, § 42 Rn. 49; *Szebrowski*, MDR 2004, 365 (365).

[163] R/A/*Altmeppen*, GmbHG, § 42 Rn. 49; *Peters*, WM 1988, 685 (686).

[164] Str., wie hier Uhlenbruck/*Hirte*/*Uhlenbruck*, InsO, § 39 Rn. 13; *Peters*, WM 1988, 685 (688 ff.); weitere Nachw. bei *Tillmann*, 30. Gegen die Annahme eines (konkludenten) Erlassvertrages spricht auch die Regelung des § 39 II InsO. Der Gesetzgeber (vgl. die Begründung zu § 23 RegE (InsO), BT-Drs. 12/2443, 123) hat dabei zwischen Rangrücktritt und Erlass/Verzicht ausdrücklich unterschieden.

auszugehen, der den Bestand der Forderung unberührt lässt, gleichzeitig aber die Verbindlichkeit dem haftenden Kapital gleichstellen will.[165]

(2) Forderungsverzicht mit Besserungsabrede

Eindeutiger ist die Rechtslage beim Forderungsverzicht. Er ist rechtlich ein Erlassvertrag i.S.d. § 397 BGB zwischen der Gesellschaft und dem Kreditgeber. Bleibt bei der Vereinbarung auch eines qualifizierten Rangrücktritts die Forderung weiterhin bestehen, führt der Erlass zum Erlöschen der Forderung mitsamt allen etwa bestehenden Sicherheiten.[166] Hier interessiert freilich nicht der vollständige Forderungsverzicht, der einen totalen Rechtsverlust für den Gläubiger mit sich bringt. Als Sanierungsbeitrag eignet sich vielmehr auch ein sog. Forderungsverzicht mit Besserungsabrede. Dabei verzichtet der Gläubiger zwar auf seine Forderung mit der Folge, dass sie zunächst erlischt. Der Verzicht wird jedoch auflösend bedingt.[167] Die Forderung lebt dann wieder auf, wenn sie aus einem künftigen Jahresüberschuss oder aus einem die sonstigen Verbindlichkeiten der Gesellschaft übersteigenden Vermögen oder aus einem Liquidationsüberschuss getilgt werden kann.[168] Das wirtschaftliche Ergebnis ist ähnlich wie dasjenige im Falle einer qualifizierten Rangrücktrittsvereinbarung.[169] Neben dem deutlichen Unterschied in der rechtlichen Konstruktion unterscheiden sich die beiden Sanierungsmaßnahmen aber auch darin, dass beim Rangrücktritt anders als beim Erlass die für die Forderung bestellten Sicherheiten nicht erlöschen.[170]

bb. Eignung zur Abwendung einer Überschuldung

Ob die beiden beschriebenen Maßnahmen taugliche Sanierungsbeiträge sind, hängt maßgeblich eben von ihrer Eignung zur Abwendung der Überschuldungssituation ab. Deswegen soll nun – zunächst unabhängig von der Frage der handelsbilanziellen Erfassung (dazu unten Punkt cc.) – untersucht werden, ob es angezeigt ist, trotz Rangrücktritts bzw. Besserungsabrede die Verbindlichkeiten im Überschuldungsstatus zu passivieren oder nicht.

(1) Qualifizierter Rangrücktritt

Rangrücktrittserklärungen ändern nichts daran, dass der Darlehensgeber weiterhin einen Anspruch auf Rückzahlung der Darlehensvaluta hat und also eine Verbindlichkeit der Gesellschaft existiert. Deswegen ist grundsätzlich der Anspruch des Darlehensgebers auch in der Überschuldungssituation als Passivposten zu berücksichtigen.

---

165 Statt vieler *Obermüller*, Insolvenzrecht, Rn. 1.1013; R/A/*Altmeppen*, GmbHG, § 42 Rn. 49; *Haarmann*, FS Röhricht, 137 (138); ausführlich *Peters*, WM 1988, 685 (689 ff.).

166 *Haarmann*, FS Röhricht, 137 (140).

167 So die wohl h.M., *Haarmann*, FS Röhricht, 137 (140); weiterführend (mit a.A.) *Herlinghaus*, 110 ff.

168 *Obermüller*, Insolvenzrecht, Rn. 1.1012.

169 *Winnefeld*, D Rn. 1535.

170 *Haarmann*, FS Röhricht, 137 (138).

Ein einfacher Rangrücktritt in der Krise ändert daran nichts.[171] Die einfache Nachrangklausel vermeidet zwar die Befriedigungskonkurrenz des Kreditgebers zugunsten der nicht-nachrangigen Gesellschaftsgläubiger. Dennoch bleibt in der Systematik der Insolvenzordnung der Darlehensrückzahlungsanspruch weiterhin Insolvenzforderung i.S.d. § 38 InsO. Gleichzeitig ist auch der nachrangige Insolvenzgläubiger von der Insolvenzordnung geschützt und ist auch insolvenzantragsberechtigt.[172] Die Konzeption des auf Vollbeendigung abzielenden Insolvenzverfahrens würde unterlaufen, wenn Forderungen allein wegen eines Nachrangs bei der Überschuldungsfeststellung unberücksichtigt blieben.[173] Ebenso würde damit das mit Einführung der Insolvenzordnung verfolgte Ziel einer früheren Verfahrenseinleitung verfehlt. Nachrangige Verbindlichkeiten bleiben insoweit also vollwertige Schulden, die zustandsunabhängig zu bedienen sind.[174]

Ein anderes Bild ergibt sich für qualifizierte Rangrücktrittsvereinbarungen. Der Gesellschaftsgläubiger akzeptiert hier ähnlich wie ein Gesellschafter auch eine (allerdings rechtsgeschäftliche) Ausschüttungssperre und übernimmt damit ein besonderes, gegenüber den Wirkungen einer einfachen Rangrücktrittserklärung nochmals gesteigertes Risiko. Entscheidend im Hinblick auf die Zielsetzung des Überschuldungstatbestandes ist, dass durch den Nichtansatz von Schulden in der Überschuldungsbilanz Gläubigerinteressen nicht berührt werden dürfen. Deswegen kommt eine Nichtpassivierung nur dann und insoweit in Betracht, als der Finanzierungsbeitrag so ausgestaltet ist, dass ihm jedenfalls wirtschaftlich die Funktion von Haftkapital zukommt.[175] Nur dann kann eine mit dem Wegfall der Passivierungspflicht verbundene zeitliche Verzögerung der Insolvenzantragspflicht hingenommen werden. Notwendig ist es dazu, dass der Financier nicht nur gegenüber einzelnen oder allen Gläubigern auf die gleichrangige Befriedigung verzichtet, im Übrigen aber auf seiner Gläubigerstellung beharrt, sondern zusätzlich auf vertraglicher Grundlage eine weitere eigenkapitalähnliche Bindung des Finanzierungsbeitrages vereinbart. Dem wird mit der qualifizierten Rangrücktrittsklausel Rechnung getragen, indem der Darlehensgeber ähnlich wie ein Gesellschafter die Befriedigung seiner Rückzahlungsansprüche hintanstellt, soweit nicht die Befriedigung aus einem künftigen Jahresüberschuss oder aus einem die sonstigen Verbind-

---

[171] S. nur *Winnefeld*, D Rn. 1536; MünchKommInsO/*Drukarczyk*/*Schüler*, § 19 Rn. 106; *Vollmer*, FS Bareis, 397 (408).

[172] *Holzer*, in: B. Kübler/Prütting, InsO, § 39 Rn. 22b; MünchKommInsO/*Schmahl* § 14 Rn. 46; Uhlenbruck/*Uhlenbruck*, InsO, § 14 Rn. 2; *Vollmer*, FS Bareis, 397 (408); einschränkend im Hinblick auf das Rechtsschutzinteresse HK-InsO/*Kirchhof*, § 14 Rn. 24. Den Schutz nachrangiger Insolvenzgläubiger durch die InsO verneinend indes Scholz/*K. Schmidt*, GmbHG, §§ 32a, 32b Rn. 63; ähnl. R/S-L/*Schmidt-Leithoff*, GmbHG, § 63 Rn. 66, der es nicht für angezeigt hält, wegen nachrangiger Insolvenzforderungen das Insolvenzverfahren vorzuverlagern; hiergegen zutr. *Bork*, FS Röhricht, 47 (57).

[173] *Kling*, NZG 2000, 872 (873). Das wird auch daran deutlich, dass der einfache Nachrang nicht zwingend einen Nachrang gegenüber allen anderen Gesellschaftsgläubigern bedeutet, sondern auch so ausgestaltet sein kann, dass er nur den Rücktritt hinter bestimmte, einzelne andere Forderungen bedeutet.

[174] HK-InsO/*Kirchhof*, § 19 Rn. 23; MünchKommInsO/*Drukarczyk*/*Schüler*, § 19 Rn. 106; OLG Dresden DZWiR 2004, 476 (476).

[175] Vgl. *Tillmann*, 34; OLG Dresden DZWiR 2004, 476 (476).

lichkeiten der Gesellschaft übersteigenden Vermögen oder aus einem Liquidationsüberschuss möglich ist.[176]

Dieses Ergebnis und damit die Eignung auch qualifizierter Rangrücktrittserklärungen zur Überschuldungsabwendung wird teilweise mit Hinweis auf § 39 II InsO und die Begründung des Gesetzgebers in Zweifel gezogen.[177] Die Insolvenzordnung gehe zwingend davon aus, dass die nachrangigen Forderungen auch am Insolvenzverfahren teilnehmen mit der Folge, dass sie sich eben auch nicht mit Vereinbarung eines Nachranges i.S.d. § 39 II InsO aus dem Verfahren entfernen lassen. Dementsprechend habe der Gesetzgeber die Passivierungspflicht auch für nachrangige Verbindlichkeiten ausdrücklich erwähnt und die Praxis mit ihrem (berechtigten) Bedürfnis nach einer Abwendung der Überschuldungsgefahr auf den Verzicht für den Fall der Eröffnung des Insolvenzverfahrens verwiesen.[178] Diese Kritik verfängt aber letztlich nicht.[179] Zwar lassen sich in der Tat auch die nachrangigen Gesellschaftsgläubiger nicht aus dem Schutzzweck der Insolvenzordnung hinausdiskutieren.[180] Doch lässt der pauschale Verweis auf § 39 II InsO eine Auseinandersetzung mit den verschiedenen Ausgestaltungen des Rangrücktritts, insbesondere also zwischen einfacher und qualifizierter Rangrücktrittserklärung, vermissen. Auch der Gesetzgeber wollte schon ausweislich des § 39 II InsO selbst den vertraglichen Rangrücktritt nicht obsolet machen und war sich gleichzeitig bewusst, dass eine Hauptbedeutung und Intention der Rangrücktrittserklärung die Abwendung der Überschuldung ist. Dazu passt also der andererseits gemachte Verweis auf die Möglichkeit eines Forderungsverzichts nicht.[181] Passend wird die Sache erst, wenn man die anderen in § 39 I InsO erwähnten Forderungen, für die zwingend ein Rangrücktritt angeordnet ist, mit in Betracht zieht. Diese Forderungen haben allesamt – lässt man die eigenkapitalersetzenden Gesellschafterleistungen in § 39 I Nr. 5 InsO einmal beiseite – keinen irgendwie gearteten eigenkapitalähnlichen Charakter.[182] Für sie bedeutet also der Rangrücktritt vor allem (nur) eine bestimmte

[176] Anders *Winnefeld*, D Rn. 1536, der zusätzlich zu einem (dann aber wohl einfachen) Rangrücktritt einen Verzicht mit Besserungsabrede verlangt; ähnl. *Wolf*, Überschuldung, 155. Das vermengt aber unnötigerweise die rechtlich zu trennenden Vereinbarungen.

[177] So etwa *Holzer*, in: B. Kübler/Prütting, InsO, § 39 Rn. 22b m.w.N.

[178] S. die Begründung zu § 23 RegE (InsO), BT-Drs. 12/2443, 115.

[179] Vgl. statt vieler R/S-L/*Schmidt-Leithoff*, GmbHG, § 63 Rn. 64 ff.; Michalski/*Nerlich*, GmbHG, § 60 Rn. 111; *H.-P. Müller/Haas*, in: KS-InsO, 1799 (1818). Anders wohl Uhlenbruck/*Uhlenbruck*, InsO, § 39 Rn. 13; *K. Schmidt*, GmbHR 1999, 9 (13), die nur für den Fall eigenkapitalersetzender Darlehen die Überschuldungsabwendung mittels (zusätzlichen) Rangrücktritts trotz § 39 II InsO ermöglichen wollen.

[180] A.A. aber Scholz/*K. Schmidt*, GmbHG, §§ 32a, 32b Rn. 63.

[181] R/S-L/*Schmidt-Leithoff*, GmbHG, § 63 Rn. 65; *H.-P. Müller/Haas*, in: KS-InsO, 1799 (1818).

[182] Die Erwähnung eigenkapitalersetzender Gesellschafterforderungen in § 39 I Nr. 5 InsO steht der hier vorgestellten Konzeption im Ergebnis nicht entgegen. Zwar ist es richtig, dass es sich dabei der Idee nach um (erzwungenes) funktionales Eigenkapital handelt. Das hindert indes nicht, die anderen in § 39 I InsO erwähnten Forderungsarten (Nr. 1 bis 4) als für den gesetzlichen Nachrang kennzeichnend anzusehen. Denn die Konsequenz des Entfallens der Passivierungspflicht aufgrund des vorgeblich eigenkapitalähnlichen Charakters wird von den Vertretern des Eigenkapitalersatzrechts ja gerade nicht gezogen. Der scheinbare Widerspruch liegt demzufolge in der kaum auflösbaren Widersprüchlichkeit des Eigenkapitalersatzrechts selbst.

Verteilungsrangfolge für ansonsten vollwertige Forderungen. Dies gilt deswegen auch für den vertraglichen Rangrücktritt, für den § 39 II InsO quasi eine sechste Rangstufe, also gedanklich einen § 39 I Nr. 6 InsO, schafft. Die prinzipielle Gleichartigkeit des vertraglichen mit dem gesetzlich zwingenden Rangrücktritt belegt dabei nicht zuletzt die Tatsache, dass § 39 II InsO lediglich eine Zweifelsregelung ist und also vertraglich auch ein anderer, schlechterer Rang vereinbart werden kann. Die Regelung des § 39 II InsO muss demnach so ausgelegt werden, dass sie nur einfache Rangrücktritte erfasst.[183] Derjenige Darlehensgeber, der eine *qualifizierte* Rangrücktrittserklärung abgibt, reiht sich also noch hinter die in § 39 II InsO genannten Gläubiger ein und ordnet sich im Ergebnis freiwillig den Eigenkapitalgebern (§ 199 S. 2 InsO) zu.[184]

(2) Forderungsverzicht mit Besserungsabrede

Unstreitig ist demgegenüber die Eignung des Forderungsverzichts mit Besserungsabrede zur Abwendung einer Überschuldung. Solche Forderungen können nicht einmal mehr mit Nachrang im Insolvenzverfahren geltend gemacht werden, da sie – wenn auch auflösend bedingt – erlöschen, und sind dieserhalb auch nicht mehr zu passivieren.[185] Durch das Erlöschen ist sichergestellt, dass die Darlehensgeber nicht in der Insolvenz als Gläubiger auftreten.

cc. Konsequenzen für die Überschuldungsfeststellung

Trotz der Gleichbehandlung von qualifiziertem Rangrücktritt und Forderungsverzicht mit Besserungsabrede in der Vermögensbilanz ergeben sich für die Überschuldungsfeststellung Unterschiede. Nach dem hier vertretenen Konzept kommt einer handelsbilanziellen Überschuldung eine Vermutung für die insolvenzrechtliche Überschuldung zu. Und in der Handelsbilanz ist (nur) die Verbindlichkeit mit qualifiziertem Rangrücktritt zu passivieren, nicht hingegen ein Darlehen, für das ein Forderungsverzicht mit Besserungsabrede erklärt wurde.

Der Forderungserlass führt in der Handelsbilanz dazu, dass die Verbindlichkeiten in der Bilanz gewinnerhöhend aufzulösen sind. Die Besserungsabrede ist dabei so lange ohne Bedeutung, wie die Voraussetzungen für den Bedingungseintritt nicht vorliegen.[186] Die Rechtsfolge des Erlassvertrages, nämlich das Erlöschen der Forderung, ist also handelsbilanziell nachzuvollziehen. Trotz der wirtschaftlichen Vergleichbarkeit ergibt sich für Verbindlichkeiten mit Rangsrücktritterklärung etwas anderes.[187] Wegen des Vollständigkeits- und Vorsichtsgrundsatzes sind hier die Verbindlichkeiten weiterhin zu passivieren. Obschon die Forderungen eigenkapitalähnlichen Charakter ha-

[183] Ähnl. OLG Dresden DZWiR 2004, 476 (477), wonach eben „nicht jeder" Rangrücktritt zur Überschuldungsabwendung geeignet sein soll.
[184] Zutr. *Bork*, FS Röhricht, 47 (56).
[185] *Obermüller*, Insolvenzrecht, Rn. 1.1017; *Winnefeld*, M Rn. 45; *Teller/Steffan*, Rn. 523.
[186] *Häuselmann*, BB 1993, 1552 (1553); *Obermüller*, Insolvenzrecht, Rn. 1.1017; *Haarmann*, FS Röhricht, 137 (150); a.A. *Herlinghaus*, 147 ff.
[187] Str., wie hier *Häuselmann*, BB 1993, 1552 (1554 ff.); *Kaiser*, GmbHR 2001, 103 (104); *Obermüller*, Insolvenzrecht, Rn. 1.1017; *Winnefeld*, D Rn. 1537; *Vollmer/Maurer*, DB 1993, 2315 (2320).

ben, muss es somit aufgrund des rechtlichen Fortbestandes der Forderung für die Handelsbilanz bei der Ausweisung als Verbindlichkeit bleiben.[188]

Für die Überschuldungsfeststellung bedeutet dies, dass nur der Forderungsverzicht mit Besserungsabrede „automatisch" berücksichtigt wird, wenn es um die vermutungsweise Ableitung der insolvenzrechtlichen Überschuldung aus der Handelsbilanz geht. Für die Berücksichtigung eines qualifizierten Rangrücktritts, das heißt die Abwendung der Überschuldung mittels Rangrücktrittserklärung, ist es am Geschäftsführer, die Überschuldungsvermutung durch Aufstellung einer gesonderten Vermögensbilanz zu widerlegen, bei der dann auf eine Passivierung verzichtet werden kann. Diese Unterscheidung erscheint auch wertungsmäßig überzeugend. Denn während der Forderungserlass mit Besserungsabrede wegen des Erlöschens der Forderung eine klare Abgrenzung ermöglicht, ist die eigenkapitalähnliche Bindung bei der Rangrücktrittslösung stärker von der jeweils gewählten Ausgestaltung der Abrede abhängig.[189] Hier muss also der Geschäftsführer genauer darlegen, dass der betreffende Gläubiger sich tatsächlich durch einen qualifizierten Rücktritt in den Rang des § 199 S. 2 InsO[190] auf die Stufe der Eigenkapitalgeber gestellt hat.

3. Einzelheiten zur Insolvenzantragspflicht des Geschäftsführers

Die Verpflichtung zum Eigenantrag (§ 64 I GmbHG) spielt für den Gläubigerschutz eine entscheidende Rolle. Die Möglichkeiten der Gläubiger, die Insolvenzreife der Gesellschaft zu erkennen, sind selbst dann noch beschränkt, wenn man den Überschuldungsbegriff wie hier durch die Anlehnung an die rechnerische Überschuldung vereinfacht. Sowohl bei der Zahlungsunfähigkeit als eben auch bei der Überschuldung handelt es sich um Tatbestände, die sich auf der Basis gesellschaftsinterner Daten ergeben, die Dritten weniger leicht zugänglich sind als den Gesellschaftsorganen. Daher wird auch der seinen Schuldner beobachtende Gläubiger in der Regel die Insolvenzreife später erkennen als der Gläubiger selbst. Zu diesem Informationsdefizit hinzu kommt, dass ein Gläubiger, der frühzeitig über die schlechte wirtschaftliche Situation der GmbH informiert ist, oft bemüht sein wird, diesen Informationsvorsprung gegenüber anderen Gläubigern dazu zu nutzen, um rechtzeitig Befriedigung oder Sicherheiten zu erlangen, und nicht dazu, um im Interesse der Gläubigergesamtheit Insolvenzantrag zu stellen.[191] Auch wenn diese Vorteilsverschaffung durch das Insolvenzanfechtungsrecht unter Umständen egalisiert wird, wird daran doch die Notwendigkeit des Eigenantrags durch die GmbH selbst im Interesse aller Gläubiger deutlich.

Die Sicherstellung der Verfahrenseinleitung obliegt dem Geschäftsführer. Für ihn bilden die Haftungs- und Strafbewehrung der Insolvenzantragspflicht einen negativen

---

[188] *Obermüller*, Insolvenzrecht, Rn. 1.1019; *Kaiser*, GmbHR 2001, 103 (104); *Haarmann*, FS Röhricht, 137 (151); eingehend *Häuselmann*, BB 1993, 1552 (1553).

[189] Das gilt entsprechend auch für die Behandlung sog. mezzaniner Finanzierungstitel, bspw. Genussrechte.

[190] Zutr. *Bork*, FS Röhricht, 47 (54 ff.).

[191] *Haas*, NZI 2001, 1 (7).

Verhaltensanreiz, dass er seinen Informationsvorsprung bezüglich der wirtschaftlichen Lage der GmbH im Gesamtgläubigerinteresse nutzt.[192] Die Belastung mit dem Haftungsrisiko bedingt dabei gleichzeitig eine Beobachtungspflicht des Geschäftsführer im Vorfeld der Insolvenz.[193]

a. Adressaten der Antragspflicht

Normadressat des § 64 I GmbHG sind zum einen die ordnungsgemäß bestellten Geschäftsführer sowie die Liquidatoren (§ 71 IV GmbHG), und zwar jeder für sich allein.[194] Darüber hinaus erfasst § 64 I GmbHG nach überwiegender Auffassung aber auch sog. faktische Geschäftsführer. Das ist hier deshalb von besonderem Interesse, weil damit teilweise dem Argument begegnet werden kann, die Betonung des insolvenzrechtlichen Gläubigerschutzinstrumentariums lasse eine Einflussnahme der Gesellschafter auf die Geschicke der GmbH außer Betracht, die schließlich mit als Motivation für die Ausbildung der besonderen (Finanzierungsfolgen)Verantwortung der Gesellschafter dient. Nicht selten sind es nämlich – insbesondere bei Strohmanngestaltungen – Gesellschafter, die als faktische Geschäftsführer in Betracht kommen. Dazu kommt im Übrigen, dass inzwischen fast die Hälfte der GmbH Einpersonengesellschaften sind, wobei in den allermeisten Gesellschaften der Alleingesellschafter gleichzeitig als (bestellter) Geschäftsführer fungiert;[195] in diesen Fällen – die regelmäßig besonders missäugt werden – bedarf es also schon gar keiner Erörterung mehr, ob und wie auch der Gesellschafter als wirtschaftlicher Eigentümer haftbar gemacht werden kann.

Die schlagwortartige Umschreibung des Problemkreises „faktischer Geschäftsführer“ täuscht darüber hinweg, dass die rechtliche Behandlung desjenigen, der ohne eine (wirksame) Bestellung tatsächlich Geschäftsführungsaufgaben wahrnimmt, sowohl hinsichtlich der Rechtsfolgen als auch schon bei den Tatbestandvoraussetzungen nicht abschließend geklärt ist.[196] Immerhin ist aber die Rechtsfigur an sich in Rechtsprechung und weiten Teilen der Literatur anerkannt.[197] Das Bedürfnis zur Einbeziehung

---

[192] *Haas*, NZI 2001, 1 (8).

[193] *K. Schmidt*, in: K. Schmidt/Uhlenbruck, GmbH in Krise, Rn. 683; vgl. BGH NJW-RR 1995, 669 (669).

[194] L/H/*Lutter/Kleindiek*, GmbHG, § 64 Rn. 25 ff. Die Geschäftsführung muss so organisiert sein, dass jeder einzelne Geschäftsführer das Vorliegen der Insolvenzreife erkennen kann. Eine interne Aufgabenteilung entlastet deshalb nicht, *Uhlenbruck*, GmbHR 1999, 313 (322); *Lutter*, GmbHR 1997, 329 (332).

[195] Zahlen bei *Meyer/Hermes*, GmbHR 2005, 807 (810).

[196] Kritisch daher *Reiner*, FS Boujong, 415 (447 ff.) und B/H/*Zöllner/Noack*, GmbHG, § 43 Rn. 3: „Die Bezeichnung „faktischer Geschäftsführer“ entfaltet leider mythische Kraft als Quelle freier Rechtsfindung.“ Eingehend zur Kritik *Hartmann*, 66 ff.

[197] BGHZ 75, 96 (106); BGH GmbHR 1988, 299 (300); BGH GmbHR 2002, 549 (552) „L. Kosmetik“; BGH DB 2005, 1897 (1898); OLG Jena ZIP 2002, 631 (632); L/H/*Lutter/Hommelhoff*, GmbHG, Vor § 35 Rn. 11; Scholz/*Schneider*, GmbHG, § 43 Rn. 18; *Meyke*, Rn. 329; *Stein*, 136 ff.; *Fleischer*, AG 2004, 517-528 (mit instruktivem Rechtsvergleich); für die AG *Damnitz/Degenhardt*, WM 2005, 583 (589 ff.); aus strafrechtlicher Sicht R/S-L/*Schaal*, GmbHG, § 82 Rn. 11; krit. oder ganz abl. B/H/*Zöllner/Noack*, GmbHG, § 43 Rn. 3; *Hüffer*, AktG, § 93 Rn. 12.

auch nur faktischer Geschäftsführungsorgane in den Adressatenkreis der Geschäftsführerpflichten ergibt sich dem Grunde nach daraus, dass der Schutzzweck des Gesetzes gefährdet wäre, würde derjenige, der wie ein Geschäftsführer handelt, nicht auch als solcher behandelt.[198] Ein absolutes Diktum kann dieser Grundgedanke freilich nicht sein; denn der allgemeine Schluss von der Faktizität auf die Notwendigkeit rechtlicher Gleichbehandlung ist nicht zwingend. Schließlich könnte andernfalls das Gesetz auf den Bestellungsakt (§ 6 III GmbHG) verzichten. Und im Übrigen bereitet die Bewertung der Maßstäbe, wann eine Person „wie" ein Geschäftsführer auftritt, schon deshalb Probleme, weil das GmbH-Recht eine ganze Bandbreite an möglichen Aufgabenverteilungen zwischen den Gesellschaftsorganen zulässt.[199]

Für die Problemlösung muss man sich vergegenwärtigen, dass das Gemeinsame an allen Erscheinungsformen des faktischen Geschäftsführers ist,[200] dass er (wenngleich ohne Bestellung) mit Wissen und Wollen der Gesellschaft für sie tätig wird.[201] Es ist also der konkludente Wille der Gesellschaft vorhanden, eine bestimmte Person mit Aufgaben der Unternehmensleitung zu betrauen. Darin liegt nicht nur das dogmatische Fundament dieser Rechtsfigur; gleichzeitig liegt deswegen eine rechtliche Sonderverbindung vor, die den Bedenken[202] entgegenzusetzen ist, die gegen eine Ableitung rechtlicher Folgen allein aus den tatsächlichen Umständen hervorgebracht werden. Demzufolge ist aber die Pflichtenbindung des faktischen Geschäftsführers im Verhältnis zur Gesellschaft grundsätzlich Sache der (konkludenten) Parteiabrede, die gegebenenfalls der Auslegung bedarf. Für eine generelle Heranziehung etwa des § 43 I GmbHG besteht keine Notwendigkeit, auch wenn natürlich im Wege der Auslegung eine solche Bindung im konkreten Fall in Betracht gezogen werden kann.[203] Die eigentliche Bedeutung hat die Rechtsfigur des faktischen Organs also (nur) dort, wo es um die Erfüllung zwingender und im öffentlichen Interesse stehender Geschäftsführerpflichten (dazu bereits oben Kap.3 A.V.3.a.bb.(3)) geht; und damit ist wiederum hauptsächlich die Insolvenzantragspflicht angesprochen.[204]

Für die Umschreibung der Tatbestandsvoraussetzungen des faktischen Geschäftsführers ist es sonach umgekehrt richtig, wenn die Rechtsprechung tatbestandlich ein

---

198 OLG Düsseldorf GmbHR 1994, 317 (318); *Hartmann*, 98 f. am Beispiel der Insolvenzantragspflicht.

199 Dazu Michalski/*Haas*, GmbHG, § 43 Rn. 26 ff.

200 Im Wesentlichen unterscheidet man hierbei den fehlerhaft bestellten Geschäftsführer einerseits und denjenigen (faktischen) Geschäftsführer, dessen Tätigkeitsaufnahme keinerlei Bestellungsakt, also noch nicht einmal ein fehlerhafter, zugrunde liegt, *Geißler*, GmbHR 2003, 1106 (1107 ff.); (für die Aktiengesellschaft) *Fleischer*, AG 2004, 517 (517 ff.).

201 *Meyke*, Rn. 329; *Hartmann*, 110; *Weimar*, GmbHR 1997, 473 (474); *Geißler*, GmbHR 2003, 1106 (1108). Mit einer Usurpation von Geschäftsführungsbefugnissen hat die Figur der faktischen Geschäftsführung daher nichts zu tun; a.A. *Fleischer*, AG 2004, 517 (524).

202 *Hüffer*, AktG, § 93 Rn. 12 m.w.N.

203 Für eine generelle Heranziehung des § 43 GmbHG jedoch OLG Düsseldorf GmbHR 1997, 317 (318).

204 Ähnlich L/H/*Lutter*/*Hommelhoff*, GmbHG, Vor § 35 Rn. 11. Auch rechtstatsächlich wird i.Ü. die Judikatur des BGH zum faktischen Geschäftsführer von der Frage der Insolvenzantragspflicht (und daran anknüpfend der Insolvenzverschleppungshaftung) des faktischen Organs beherrscht.

nach außen hervortretendes, üblicherweise der Geschäftsführung zuzurechnendes Handeln fordert.[205] Nur wenn die jeweilige Person im Rechtsverkehr wie ein Geschäftsführer auftritt, besteht auch ein Bedürfnis, den Rechtsverkehr dadurch zu schützen, dass dem Quasi-Geschäftsführer die zwingenden Amtspflichten eines bestellten Geschäftsführers auferlegt werden.[206] Eine rein interne und im Regelfall nur schwer nachweisbare Einwirkung reicht hierzu nicht aus.[207] Dafür spricht auch, dass ansonsten eine dem Organisationsmodell der GmbHG mit seiner übergeordneten Geschäftsführungskompetenz der weisungsberechtigten (§ 37 I GmbHG) Gesellschafterversammlung widersprechende Situation entstünde, bei der die regelmäßige Einmischung mittels Weisung eine faktische Geschäftsführerstellung der Gesellschafter begründen könnte, obschon der Gesetzgeber trotz der Weisungsgebundenheit eben keine generelle geschäftsführergleiche Außenverantwortung der Gesellschafter normiert hat.[208] Der Außenbezug des Handelns eines faktischen Geschäftsführers kann etwa die Einstellung und Entlassung von Mitarbeitern sein, die Verhandlungsführung bei Kreditverträgen oder Zahlungsmodalitäten, sowie die Möglichkeit des Kontenzugriffs.[209] Im hier zu schützenden Drittinteresse und auch wegen § 37 I GmbHG ist es hingegen prinzipiell[210] nicht geboten, schon wegen einer einzelnen geschäftsführungstypischen Leitungsmaßnahme den Handelnden wie einen originären Geschäftsführer in Verantwortung zu nehmen. Es kommt demnach auch auf die Dauerhaftigkeit und Intensität der Tätigkeiten an.[211] Sie muss (ohne jedoch den ggf. daneben noch vorhandenen, ordnungsgemäß bestellten Geschäftsführer vollständig zu verdrängen), ein Maß erreichen, bei dem der faktische Geschäftsführer die Geschicke der GmbH maßgeblich (mit) in die Hand genommen hat.[212] Dies ist im Einzelfall anhand einer Abwägung aller Gesamtumstände zu ermitteln. Eine maßgebliche Wahrnehmung von Geschäftsführungsmaßnahmen im Falle eines nicht (also auch nicht fehlerhaft) bestellten faktischen Geschäftsführers liegt jedenfalls dann vor, wenn dadurch eine effektive Wahrnehmung der zwingenden öffentlich-rechtlichen Pflichten (§§ 43 III, 64 I GmbHG) durch ein Geschäftsführungsorgan untergraben wird; spätestens dann liegt nämlich eine besondere Gefährdung für den Rechtsverkehr vor. Besondere Relevanz kommt danach Strohmanngestaltungen (v.a. auch bei Umgehung der Bestellungsverbote nach § 6 II GmbHG) zu, die wiederum gehäuft bei Einpersonengesellschaften auftreten.

---

[205] BGH DB 2005, 1897 (1897); BGH GmbHR 2002, 549 (552) „L. Kosmetik"; BGH GmbHR 1988, 299 (300); zustimmend *Hartmann*, 101 ff.; *Meyke*, Rn. 330; *L/H/Lutter/Hommelhoff*, GmbHG, Vor § 35 Rn. 11; a.A. *Fleischer*, AG 2004, 517 (525) m.w.N. Bei der Kategorie des fehlerhaft bestellten Geschäftsführers wird diese Voraussetzung sowieso ohne weiteres vorliegen.

[206] Schon gedanklich setzt i.Ü. das Bild des Handelns „wie ein Geschäftsführer" auch ein vom Rechtsverkehr überhaupt wahrnehmbares Handeln voraus.

[207] *Geißler*, GmbHR 2003, 1106 (1111 ff.); *Hartmann*, 105. Anders das ENGLISCHE Recht mit der Figur des *shadow director*, dazu *Fleischer*, AG 2004, 517 (520); *Hartmann*, 149 ff.

[208] Richtig *Geißler*, GmbHR 2003, 1106 (1112). Vgl. schon o. Kap.3 A.V.3.b.bb.

[209] *Meyke*, Rn. 331.

[210] Für den fehlerhaft bestellten Geschäftsführer mag allerdings etwas anderes gelten, *Geißler*, GmbHR 2003, 1106 (1110).

[211] *Fleischer*, AG 2004, 517 (524 f); *Hartmann*, 105 f.

[212] BGH ZIP 2005, 1414 (1415); BGH GmbHR 2002, 549 (552) „L. Kosmetik"; BGH GmbHR 1988, 299 (300); *Hartmann*, 106.

Als Rechtsfolge hat auch der faktische Geschäftsführer die gesetzlich vorgesehenen zwingenden, im öffentlichen Interesse stehenden Pflichten eines Geschäftsführers wahrzunehmen. Im Hinblick auf die Insolvenzverfahrenseinleitung ist dazu weitgehend unstreitig, dass eine Haftung des faktischen Geschäftsführers wegen Insolvenzverschleppung zu bejahen ist.[213] Allerdings wird die Insolvenzantrags*pflicht* des faktischen Geschäftsführers teilweise verneint, weil die Insolvenzordnung mit § 15 I InsO eine rein formale Betrachtungsweise der Antrags*berechtigung* und damit Ausrichtung am Bestellungsakt (§ 6 III GmbHG) fordere.[214] Dem Insolvenzgericht könne nicht zugemutet werden, innerhalb kurzer Zeit festzustellen, ob die Merkmale des faktischen Geschäftsführers auf den Antragssteller zutreffen.[215] Und ein tatsächliches Machtverhältnis könne keine gesetzliche Vertretungsmacht begründen.[216] Die dennoch befürwortete Verantwortlichkeit des faktischen Geschäftsführers für eine Insolvenzverschleppung soll sich dann (trotz fehlender Antragspflicht) eben daraus ergeben, dass er nicht auf den originären Geschäftsführer eingewirkt hat, damit dieser den Insolvenzantrag stellt, oder daraus, dass er als faktischer Geschäftsführer die Gesellschaft über die Insolvenzreife hinaus fortgeführt und auf diese Weise seine Pflichten verletzt hat.[217] Wertungsmäßig und dogmatisch überzeugt dies indes nicht; die Antragsberechtigung des faktischen Geschäftsführers ist zu bejahen.[218] Denn zum einen wird es dem faktischen Geschäftsführer sehr wohl möglich sein, seine Antragsberechtigung darzulegen, wenn er seiner Antragspflicht genügen will.[219] Ihn wegen Nachweis- und Überprüfungsmöglichkeiten aus der Antragspflicht zu entlassen hieße, vor gesellschaftsrechtlichen Manipulationsmöglichkeiten zu kapitulieren.[220] Zum anderen ist aus dogmatischer Sicht daran zu erinnern, dass (wie eingangs geschildert) das faktische Organschaftsverhältnis impliziert, dass die betreffende Person mit Wissen und Wollen der Gesellschaft für diese tätig wird. Demnach kann man – gerade wenn man ein nach außen gerichtetes Handeln als Kennzeichen der faktischen Geschäftsführung fordert – regelmäßig von einer konkludenten Bevollmächtigung des faktischen Geschäftsführers ausgehen. Und diese wiederum muss sich wegen des Schutzzwecks des § 64 I GmbHG, der eine effektive Wahrnehmung der Eigenantragspflicht erfordert, dann auch auf die

---

[213] Statt vieler Michalski/*Nerlich*, GmbHG, § 64 Rn. 16; *Meyke*, Rn. 328 ff.; Hachenburg/*Ulmer*, GmbHG, § 64 Rn. 12; *Hartmann*, 111 ff.; OLG Jena ZIP 2002, 631 (632); (für § 64 II GmbHG) OLG Düsseldorf NZG 2001, 133 (134); BGH DB 2005, 1897 (1898).

[214] *Haas*, DStR 1998, 1359 (1359 ff.); L/H/*Lutter*/*Kleindiek*, GmbHG, § 64 Rn. 26; Scholz/*K. Schmidt*, GmbHG, § 64 Rn. 7; unentschieden *Fleischer*, AG 2004, 517 (528).

[215] *Haas*, DStR 1998, 1359 (1360); MünchKommInsO/*Schmahl*, § 15 Rn. 44.

[216] MünchKommInsO/*Schmahl*, § 15 Rn. 44.

[217] Scholz/*K. Schmidt*, GmbHG, § 64 Rn. 7; *Haas*, DStR 1998, 1359 (1362); ähnl. MünchKommInsO/*Schmahl*, § 19 Rn. 74.

[218] H.M., BGHZ 75, 96 (106); BGH GmbHR 1988, 299 (300); BGH GmbHR 2002, 549 (552) „L. Kosmetik"; OLG Düsseldorf GmbHR 1994, 317 (318); OLG Düsseldorf NZG 1999, 1066 (1066); FK-InsO/*Schmerbach*, § 15 Rn. 11, 13, 30; Smid/*Smid*, InsO, § 15 Rn. 4; Uhlenbruck/*Hirte*, InsO, § 11 Rn. 61; Hachenburg/*Ulmer*, GmbHG, § 64 Rn. 12; R/S-L/*Schmidt-Leithoff*, GmbHG, § 64 Rn. 17; B/H/*Schulze-Osterloh*, GmbHG, § 64 Rn. 47; MünchHdBGesR III/*Wellensiek*/*Oberle*, § 65 Rn. 54; *Geißler*, GmbHR 2003, 1106 (1113); *Meyke*, Rn. 337.

[219] Vgl. FK-InsO/*Schmerbach*, § 15 Rn. 11.

[220] *Pape*, in: B. Kübler/Prütting, InsO, § 15 Rn. 4a.

Befugnis zur Insolvenzantragstellung erstrecken. Dies genügt, um den faktischen Geschäftsführer als mit der Antragsberechtigung ausgestatteten Adressat der Insolvenzantragspflicht zu betrachten. Folglich ist er bei der Insolvenzverschleppungshaftung nicht anders gestellt als ein ordnungsgemäß bestellter Geschäftsführer. Damit ist auch ein übermäßig die Geschicke der GmbH beeinflussender Gesellschafter, der sich zugleich nach außen als Geschäftsführer geriert, für die Einhaltung der insolvenzrechtlichen Grenzen der Unternehmensfortführung in der Krise verantwortlich.

b. Antragsfrist

Das Gesetz verpflichtet den Geschäftsführer, „ohne schuldhaftes Zögern, spätestens aber drei Wochen" nach Insolvenzreife Insolvenzantrag zu stellen (§ 64 I GmbHG) und gewährt ihm damit eine gewisse Bedenkzeit. Es fragt sich, inwieweit diese Antragsfrist dem hier verfolgten Bemühen um ein effektives Konzept der Insolvenzverfahrenseinleitung zuwider läuft. Dies hängt maßgeblich davon ab, wie der Beginn der Frist definiert wird.

Sinn und Zweck der Antragsfrist war es ursprünglich, dem Geschäftsführer zu ermöglichen, zwischen den Handlungsalternativen Vergleichs- und Konkursverfahren abzuwägen.[221] Dieser Zweck ist seit Abschaffung des Vergleichsverfahrens obsolet. Seit Inkrafttreten der Insolvenzordnung kann im Insolvenzverfahren selbst darüber entschieden werden, ob das Unternehmen liquidiert oder fortgeführt werden soll. Der Frist wird nunmehr der Zweck zugedacht, dem Geschäftsführer eine Bedenkzeit einzuräumen, in der er prüfen kann, ob (noch) eine Erfolg versprechende (außergerichtliche) Sanierung in Betracht kommt.[222] In jedem Fall aber ist die Dreiwochenfrist eine Höchstfrist, d.h. der Geschäftsführer darf sie dann schon gar nicht ausschöpfen, wenn ernstliche Aussichten auf eine Sanierung nicht bestehen.[223] Weil selbst bei Erfolg versprechenden Sanierungsversuchen bei Nichtabwendung der Insolvenzreife nach Ablauf der Höchstfrist Insolvenzantrag gestellt werden muss und weil schon von vornherein der Zeitraum von drei Wochen für die Durchführung einer nachhaltigen Sanierung meist zu kurz ist, wird die Frist dem ihr zugedachten Zweck kaum gerecht.[224] Praktisch bedeutet das, dass nicht selten sogleich Insolvenzantrag zu stellen ist; die Dreiwochenfrist kann aber immerhin dazu genutzt werden, mit kurzfristigen Maßnahmen die Insolvenzreife zu beseitigen. Im Falle der Überschuldung kann also mittels Zuführung von Haftkapital bzw. der Abgabe qualifizierter Rangrücktrittsklauseln die Insolvenz noch abgewendet werden. Damit kann zwar eine schwere Krise kaum dauerhaft beseitigt werden. Die kurzfristige Maßnahme kann aber in zulässiger Weise ein

---

[221] *Schulze-Osterloh*, AG 1984, 141 (142); *Götker*, Rn. 641; Michalski/*Nerlich*, GmbHG, § 64 Rn. 29.
[222] Scholz/*K. Schmidt*, GmbHG, § 64 Rn. 16; Michalski/*Nerlich*, GmbHG, § 64 Rn. 30.
[223] Einhellige Ansicht, statt aller *Meyke*, Rn. 273; R/S-L/*Schmidt-Leithoff*, GmbHG, § 64 Rn. 12; BGHZ 75, 96 (111); OLG Frankfurt NZG 2004, 1157 (1159); OLG Naumburg GmbHR 2004, 361 (363).
[224] *Pernice*, 48; *Uhlenbruck*, GmbHR 1999, 313 (322); krit. auch *Bayer/J. Schmidt*, AG 2005, 644 (648). A.A. wohl OLG Koblenz NZG 2005, 79 (80), das den „Spielraum für Sanierungsaktionen" weit fassen und dem Geschäftsführer ein umfassendes Beurteilungsermessen geben will.

Insolvenzverfahren verhindern und ein Schritt sein, um Zeit zu gewinnen und eine grundlegende Sanierung außerhalb eines Insolvenzverfahrens zu planen.

Ansonsten ist die Bedeutung der Antragsfrist an sich eher gering. Ihr vorgeblicher Zweck lässt sich indes auch nicht dadurch weiter befördern, dass an den Beginn der Frist subjektive Voraussetzungen geknüpft werden, um damit dem Geschäftsführer einen größeren Spielraum zu geben. Die Frist erst bei positiver Kenntnis des Geschäftsführers von der Überschuldung respektive Zahlungsunfähigkeit laufen zu lassen,[225] würde die Handhabbarkeit der Insolvenzantragspflicht unnötig behindern. Es ergibt sich auch ein kaum lösbarer Widerspruch zwischen Insolvenzantragspflicht und Insolvenzverschleppung. Denn die Haftung wegen Insolvenzverschleppung soll (weitgehend unstreitig[226]) auch fahrlässig begangen werden können; dort schadet also die fahrlässige Verkennung der Insolvenzreife. Diese Unstimmigkeit ist auch nicht dadurch zu lösen, dass man von einem Dauerdelikt Insolvenzverschleppung ausgeht, das ab positiver Kenntnis des Geschäftsführers von der Insolvenzreife für (maximal) drei Wochen unterbrochen wird.[227] Die Ansicht, dem Geschäftsführer müsse es im Gläubigerinteresse immer möglich sein, die Sanierungsmöglichkeiten zu prüfen – also auch dann noch, wenn er sie erst später erkennt – übersieht, dass in diesem Fall, in dem also schon über einen gewissen Zeitraum die GmbH insolvent war, die Dreiwochenfrist erst recht nicht ausreichen wird, um nachhaltige Sanierungs- oder Insolvenzabwendungsmaßnahmen zu ergreifen. Zudem ist völlig unklar, wie die Zeit der Unterbrechung des Dauerdelikts Insolvenzverschleppung durch die Kenntniserlangung bei der Schadensberechnung wegen Insolvenzverschleppungshaftung „herausgerechnet" werden soll. Spätestens hier würde man auf unlösbare Schwierigkeiten stoßen.

Der Fristbeginn ist deswegen objektiv zu bestimmen. Die Frist beginnt mit Eintritt der Insolvenzreife, spätestens aber mit deren Erkennbarkeit.[228] Dafür spricht nicht nur der Wortlaut des § 64 I GmbHG, sondern auch die Tatsache, dass eine Chance auf

---

[225] R/A/*Altmeppen*, GmbHG, § 64 Rn. 47; B/H/*Schulze-Osterloh*, GmbHG, § 64 Rn. 50; *Schulze-Osterloh*, AG 1984, 141 (142 ff.); *ders.*, FS Lutter, 707 (718); *B. Kübler*, ZGR 1995, 481 (497); Hachenburg/*Ulmer*, GmbHG, § 64 Rn. 25, 52; *de Angelis/Bodenbenner*, MDR 2003, 1145 (1148); BGHZ 75, 96 (110); BGHSt 15, 306 (310); BGH (5. Strafsenat) NJW 2003, 3787 (3788); (ausdrücklich für § 92 II AktG) OLG Frankfurt NZG 2004, 1157 (1159); OLG Koblenz NZG 2005, 79 (81). Uhlenbruck/*Hirte*, InsO, § 11 Rn. 69 will die grob fahrlässige Unkenntnis ausreichen lassen.

[226] BGHZ 126, 181 (199); OLG Naumburg GmbHR 2004, 361 (362); a.A. (für § 92 AktG) OLG Frankfurt NZG 2004, 1157 (1160).

[227] So aber R/A/*Altmeppen*, GmbHG, § 64 Rn. 47 und ihm (teilweise) folgend *Meyke*, Rn. 322.

[228] Das Anknüpfen an die (objektiv verstandene) Erkennbarkeit ist die inzwischen im Vordringen befindliche Meinung, s. etwa L/H/*Lutter/Kleindiek*, GmbHG, § 64 Rn. 28; *Kalnbach*, 115; (zu § 64 II GmbHG) BGH GmbHR 2000, 182 (183); einschränkend auf „offensichtliche" Erkennbarkeit R/S-L/*Schmidt-Leithoff*, GmbHG, § 64 Rn. 13; *Bayer/J. Schmidt*, AG 2005, 644 (652); Scholz/*K. Schmidt*, GmbHG, § 64 Rn. 18. Knüpft man wie hier für die Überschuldungsprüfung an die Handelsbilanz an, die der Geschäftsführer sowieso ständig beobachten muss, werden der Eintritt der Überschuldung und deren Erkennbarkeit weitgehend zusammenfallen. Gegen das Argument einer durch die Objektivierung des Fristbeginns zunehmenden Verkümmerung der Bedeutung der Dreiwochenfrist ist damit gleichzeitig zu erinnern, dass mit einem einfacheren Überschuldungsbegriff dem Geschäftsführer die Erkennbarkeit der Überschuldung eben auch erleichtert wird.

nachhaltige Sanierung auch noch im Insolvenzverfahren selbst realisiert werden kann, in dem dann auch mehr Zeit als nur drei Wochen zur Verfügung steht.[229] Wieder einmal muss hier der Sanierungszweck des Insolvenzverfahrens (§ 1 S. 1 InsO) erwähnt werden. Vor einer zu scharfen zivilrechtlichen Sanktion jedenfalls schützt den Geschäftsführer das Verschuldenserfordernis im Rahmen der jeweiligen Haftungstatbestände selbst.[230]

Bedeutsamer als die Antragsfrist an sich ist schließlich ihre Rückwirkung auf die Selbstprüfungspflicht der Gesellschaftsorgane. Wenn die Dreiwochenfrist eine „Chance für letzte Sanierungsanstrengungen"[231] ist, kann der Geschäftsführer diese Chance auch nur dann sinnvoll nutzen, wenn er schon zuvor beständig der finanziellen Entwicklung der GmbH eine erhöhte Aufmerksamkeit geschenkt hat. Die Vorschrift des § 64 GmbHG mahnt also ebenso wie § 49 III GmbHG dazu, Vorkehrungen zu treffen, um auf Krisenwarnsignale rechtzeitig und angemessen reagieren zu können.[232] Nimmt der Geschäftsführer diese ihn also schon weit im Vorfeld der Krise treffenden Beobachtungspflichten[233] ernst, dann trifft ihn auch das objektive Verständnis des Fristbeginns nicht wirklich hart.

4. Zwischenergebnis

Der Insolvenzgrund Überschuldung ist rechtspolitisch bedeutsamster Insolvenzgrund und stellt einen gläubigerschützenden Ausgleich für die Haftungsbeschränkung bei Kapitalgesellschaften dar. Seinen Zweck kann er nur erreichen, wenn er weitgehend manipulationsimmun ausgestaltet ist und dem insolvenzantragspflichtigen Geschäftsführer die Feststellung der Überschuldungssituation relativ einfach möglich ist. Ansonsten droht auch die an die Versäumung des Insolvenzantrags geknüpfte Verantwortlichkeit des Geschäftsführers ein Papiertiger zu bleiben.

Die Notwendigkeit eines klaren Überschuldungsbegriffes erfordert es, von dem unbedingten Ziel einer punktgenau die „wahren" Werte widerspiegelnden Vermögensbilanz abzurücken und es als Überschuldungsvermutung genügen zu lassen, dass nach handelsrechtlicher Bilanzierung eine Überschuldung vorliegt. Dies vermeidet die schwierigen Bewertungsprobleme in der Überschuldungsbilanz, erleichtert dem Geschäftsführer die Erfüllung seiner Selbstprüfungspflicht, weil er mit der Aufstellung einer Handelsbilanz vertraut ist, und harmonisiert die Überschuldungsprüfung mit dem Krisenwarnsignal des § 49 III GmbHG. Dem Geschäftsführer bleibt es aber unbenommen, die durch die Überschuldung nach Handelsbilanzwerten ausgelöste Vermu-

---

229 Ähnl. *Bayer/J. Schmidt*, AG 2005, 644 (648).

230 So auch L/H/*Lutter/Kleindiek*, GmbHG, § 64 Rn. 28; *Götker*, Rn. 633; *Bayer/J. Schmidt*, AG 2005, 644 (649 f.).

231 *K. Schmidt*, in: K. Schmidt/Uhlenbruck, GmbH in Krise, Rn. 684.

232 *Lutter*, ZIP 1999, 641 (643); *K. Schmidt*, in: K. Schmidt/Uhlenbruck, GmbH in Krise, Rn. 683 ff.; BGH NJW-RR 1995, 669 (669); eingehend *Kalnbach*, 119 ff.

233 S. FK-InsO/*Schmerbach*, § 15 Rn. 34; *Haas*, NZG 1999, 373 (373); MünchKommInsO/*Schmahl*, § 15 Rn. 76; OLG Schleswig GmbHR 2005, 1124 (1126).

tung insolvenzrechtlicher Überschuldung durch Aufstellung einer gesonderten Vermögensbilanz zu widerlegen. Dort können insbesondere stille Rücklagen berücksichtigt werden. Gleichzeitig bleibt es so möglich, bei Bestehen erheblicher Kreditverpflichtungen, mit qualifizierten Rangrücktritten oder Forderungsverzichten mit Besserungsabrede die Überschuldung abzuwenden.

Die Verpflichtung zur Insolvenzantragstellung obliegt dem Geschäftsführer. Neben ihm ist auch derjenige in den Adressatenkreis des § 64 I GmbHG einzubeziehen, der faktisch die Geschäfte der Gesellschaft führt. Dazu ist aber erforderlich, dass er auch nach außen geschäftsführertypische Handlungen vornimmt. Die rein interne Einflussnahme begründet deshalb noch keine faktische Geschäftsführerstellung.

Dem Geschäftsführer bleibt nach Eintritt der Überschuldung ein Zeitraum von maximal drei Wochen, in dem er die Sanierungschancen der GmbH prüfen kann. Dabei kommt es für den Beginn der Frist nicht auf die tatsächliche Kenntnisnahme durch den Geschäftsführer an. Wichtig ist zudem die Erkenntnis, dass der Pflichtenkatalog den Geschäftsführer zur beständigen Kontrolle der finanziellen Lage der Gesellschaft anhält. Zwar kann der Geschäftsführer nicht für jeden Unternehmensmisserfolg haftbar gemacht werden (auch wenn vielfach das Scheitern eines Unternehmens wenigstens mittelbar auf ein Verhalten des Geschäftsführers zurückgeführt werden kann). Denn eine extensive Handlungsverantwortung im Sinne einer allgemeinen Insolvenzverursachungshaftung stünde im Widerspruch zu dem in § 13 II GmbHG verankerten Trennungsprinzip.[234] Dort allerdings, wo im Interesse des Rechtsverkehrs die Pflicht besteht, das Unternehmen zu beenden (oder mit Beteiligung der Gläubiger zu sanieren), geht es nicht mehr um die mit dem allgemeinen Geschäftsrisiko verbundenen Gläubigergefahren, sondern um unmittelbare Insolvenzrisiken. An dieser Stelle ist deshalb die Betonung unternehmerischer Freiheiten fehl am Platz. Die Verletzung der dem Geschäftsführer nach § 43 I GmbHG obliegenden Kontrollpflichten bezüglich Rentabilität und Vermögenslage führen zwar nur zu einem (verzichtbaren und nur reflexartig gläubigerschützenden) Anspruch der Gesellschaft nach § 43 II GmbHG. Andererseits ist es Grundlage gerade des durch § 64 GmbHG vermittelten Gläubigerschutzes, dass die Geschäftsführung eine unternehmensinterne Organisation schafft, die eine effiziente Steuerung und Kontrolle der Geschäftsentwicklung ermöglicht.[235] Wer erst nach Eintritt der Überschuldung an die Sanierung denkt, handelt in der Regel zu spät und kann sich nicht auf die Unkenntnis von der Überschuldungssituation berufen.

---

[234] *Haas*, Geschäftsführerhaftung, 126.
[235] BGH NJW-RR 1995, 669 (669).

II. Insolvenzverschleppungshaftung als Verlustausgleichspflicht des Geschäftsführers nach Eintritt der Insolvenzreife

Als Instrument des im öffentlichen Interesse stehenden Gläubigerschutzes muss die Verpflichtung zur rechtzeitigen Insolvenzanmeldung nicht nur strafrechtlich, sondern auch haftungsrechtlich so sanktioniert sein, dass dieser Schutz wirksam ist.[236] Dem Geschäftsführer muss ein negativer Verhaltensanreiz geboten werden, sich nicht von etwaigem Druck durch die Gesellschafter oder falschem Opportunismus leiten zu lassen. Die rechtlichen Konsequenzen eines Pflichtverstoßes sollen präventiv den Geschäftsführer zu pflichtgemäßem Handeln anhalten. Obzwar das Bedürfnis nach einer effektiven Ausgestaltung einer Haftung des Geschäftsführers bei Fortführung der GmbH über den Zeitpunkt der Insolvenzreife hinaus wohl unbestritten ist, blieb die Insolvenzverschleppungshaftung lange Zeit ein stumpfes Schwert und eher akademischer Natur.[237] Das scheint sich mit der grundlegenden Neuorientierung im Hinblick auf die Ersatzfähigkeit des gesamten Kontrahierungs- und nicht nur eines fiktiven Quotenschadens der Neugläubiger geändert zu haben.[238] Daneben findet die lange Zeit vergessene Vorschrift des § 64 II GmbHG vermehrt Beachtung als strenges Zahlungsverbot nach Insolvenzreife. Dennoch bleibt nicht nur die Wirksamkeit der Neukonzeption durch die Rechtsprechung[239] sondern vor allem auch deren dogmatische Untermauerung fragwürdig und weist zahlreiche Brüche auf (unten 2.). Hier soll gezeigt werden, dass es überzeugender ist, von der Idee eines individuellen Schadensausgleichs bei der Insolvenzverschleppungshaftung wegzukommen. Die Haftung kann dann als Verlustausgleichspflicht des Geschäftsführers konzipiert und bei der GmbH kollektiviert werden. Die rechtliche Grundlage hierfür findet sich in § 64 II GmbHG (dazu unten 3.).

1. Grundlagen

Trotz der herausragenden Bedeutung der Insolvenzantragspflicht scheint der Gesetzgeber sich um die Frage der Folgen einer Pflichtverletzung des Geschäftsführers wenig Gedanken gemacht zu haben. Das GmbHG enthält insoweit nur eine wenig passend erscheinende Rückgewährpflicht für nach Insolvenzreife noch erfolgende „Zahlungen" durch den Geschäftsführer. Das einzelne Gläubigerinteresse selbst – ob nun seine (fiktive) Insolvenzquote weiter sinkt oder er erst im Stadium der Insolvenzreife mit der

---

[236] BGHZ 126, 181 (197).
[237] *B. Kübler*, ZGR 1995, 481 (483).
[238] Grundlegend BGHZ 126, 181.
[239] Bislang sind nämlich vergleichsweise wenige Urteile bekannt geworden, in denen ein Neugläubiger erfolgreich seinen Kontrahierungsschaden durchzusetzen vermochte. Eine Revolution oder krasse Überspannung der Haftung des Geschäftsführers hat die Rechtsprechungsänderung jedenfalls nicht ausgelöst.

Gesellschaft in Kontakt kommt – scheint das Gesetz vergessen zu haben. Dennoch hat das Reichsgericht eine über § 64 II GmbHG hinausgehende Haftung des Geschäftsführers zunächst für nicht angezeigt erachtet.[240] Die Folgen eines Verstoßes gegen die Insolvenzantragspflicht seien vielmehr im GmbHG abschließend geregelt.

Davon abgehend hat später noch das Reichsgericht selbst,[241] besonders deutlich aber der Bundesgerichtshof[242] betont, dass § 64 II GmbHG nur die Folgen der Antragspflichtverletzung im Verhältnis zur GmbH regele, nicht jedoch im Verhältnis zu den Gläubigern derselben. Der notwendige und mit der Pflicht zur Insolvenzverfahrenseinleitung intendierte Schutz ihnen gegenüber sei über das allgemeine Deliktsrecht zu erreichen und hierzu die Insolvenzantragspflicht als Schutzgesetz i.S.d. § 823 II BGB einzuordnen. Dabei umfasse der Schutzzweck sowohl diejenigen Gläubiger, die bei Eintritt der Insolvenzreife bereits Gläubiger der Gesellschaft sind (Altgläubiger), als auch diejenigen, die erst nach Eintritt der Insolvenzreife in eine Gläubigerstellung zur GmbH treten (Neugläubiger). Denn weil die Pflicht zur Insolvenzanmeldung auch bei einem Unterlassen der sofortigen Anmeldung bestehen bleibt, sei die Insolvenzverschleppung ein Dauerdelikt und seien auch die Neugläubiger von einer weiteren Nichterfüllung der Antragspflicht betroffen.

Die Verlagerung des Schutzzweckes der Insolvenzantragspflicht von einem allgemeinen Schutz der Gläubigergesamtheit hin zu einem Schutz der Individualinteressen der einzelnen Gläubiger hat zum einen zur Folge, dass das im GmbHG angelegte Konzept des Gläubigerschutzes durch Anspruchszuweisung und Haftungskollektivierung bei der GmbH (erkennbar sowohl beim Kapitalschutzsystem als auch in § 64 II GmbHG) verlassen wird. Der Geschäftsführer wird einer direkten Inanspruchnahme durch die einzelnen Gläubiger ausgesetzt.[243] Zum anderen resultiert daraus (logisch konsequent), dass die Schadenspositionen der einzelnen Gläubiger grundsätzlich individuell zu betrachten sind. Die mit der Einordnung als Schutzgesetz verbundene Änderung der Blickrichtung befördert damit gleichzeitig die Auseinandersetzung um den jeweils ersetzbaren Schaden. Insoweit ist die Wende der Insolvenzverschleppungshaftung zu einer Außenhaftung Grundlage der mit der Schadensberechnung verbundenen Probleme. Das gilt für die Schwierigkeit der Berechnung eines Quotenschadens für die Neugläubiger ebenso wie für die (jetzt zugunsten einer Ersatzpflicht des gesamten Kontrahierungsschadens aufgegebene) Bestimmung eines individuellen Quotenschadens der Neugläubiger je nach dem, in welchem Zeitpunkt sie ihre Forderung erworben haben und schließlich auch für die Konkurrenzprobleme zwischen der Anspruchsverpflichtung gegenüber den Gläubigern und den – gleichfalls im Gläubigerinteresse bestehenden – Anspruchsverpflichtungen (etwa aus § 64 II GmbHG) gegenüber der GmbH. Die Tatsache, dass ein Insolvenzverschleppungsschaden der Altgläubiger bislang wohl nie erfolgreich eingeklagt wurde,[244] ist deutliches Anzeichen dafür, dass der

---

[240] RGZ 73, 30 (35) und dem folgend *Brodmann*, GmbHG, § 64 Anm. 1c.

[241] RG JW 1935, 3301 (3302); RGZ 159, 211 (233 ff.), jew. für die Parallelnorm Art. 240 II HGB a.F.

[242] BGHZ 29, 100 (102 ff.).

[243] Zur teilweisen Geltendmachung der Ansprüche durch den Insolvenzverwalter (§ 92 InsO) u. B.II.2.a.cc.

[244] *B. Kübler*, ZGR 1995, 481 (468); R/A/*Altmeppen*, GmbHG, § 64 Rn. 66; *Meyke*, Rn. 504.

konzeptionell durchdacht klingende Vorschlag einer direkten Inanspruchnahme des Geschäftsführers durch den zu schützenden Personenkreis in sich nicht stimmig ist.

2. Herrschendes Modell: deliktsrechtliche Haftung des Geschäftsführers bei Nichtanmeldung der Insolvenz und Masseschmälerungsverbot nach § 64 II GmbHG

Es ist nahezu unbestritten, dass die Insolvenzverschleppungshaftung des Geschäftsführers als deliktsrechtliche Haftung gegenüber den Gesellschaftsgläubigern zu konstruieren ist. Der Insolvenzantragspflicht wird ein drittschützender Charakter i.S.d. § 823 II BGB attestiert.[245] Das „Zahlungsverbot" nach § 64 II GmbHG spielt neben der Außenhaftung des Geschäftsführers eine eher untergeordnete, ergänzende Rolle; dennoch findet die Norm in letzter Zeit auch in der Rechtsprechung verstärkt Beachtung.

a. Deliktsrechtliche Haftung nach §§ 823 II BGB i.V.m. 64 I GmbHG

Herrscht auch weitgehend Einigkeit darüber, dass die Insolvenzantragspflicht ein Schutzgesetz zugunsten der Gläubiger ist, bestehen über diese Grundannahme hinaus dennoch unterschiedliche Ansichten bezüglich der Reichweite des Schutzzwecks des § 64 I GmbHG und bezüglich des Umfangs des ersatzfähigen Schadens. Dabei ist nach h.M. zwischen verschiedenen Gläubigergruppen (Alt- und Neugläubiger) zu unterschieden.

aa. Schutzgesetzcharakter der Insolvenzantragspflicht

(1) Schutzzweck der Insolvenzantragspflicht

Die Antwort darauf, wer inwieweit gegen eine Insolvenzverschleppung des Geschäftsführers nach § 64 I GmbHG i.V.m. § 823 II BGB geschützt ist, hängt vom Normzweck des Schutzgesetzes ab. Dabei liegt es auf der Hand, dass die Insolvenzantragspflicht im Gläubigerinteresse besteht. Denn regelmäßig erleiden durch das Unterlassen oder Verzögern des Insolvenzantrages eben die Gläubiger einen Schaden.[246] Durch die Einleitung des Insolvenzverfahrens sollen sie vor einer Verschlechterung ihrer Vermö-

---

[245] Stv. Michalski/*Nerlich*, GmbHG, § 64 Rn. 9; Uhlenbruck/*Hirte*, InsO, § 11 Rn. 85; Hachenburg/*Ulmer*, GmbHG, § 64 Rn. 47; R/S-L/*Schmidt-Leithoff*, GmbHG, § 64 Rn. 38; *Goette*, GmbH, § 8 Rn. 236; st. BGH-Rspr. seit BGHZ 29, 100 (102); BGHZ 126, 181 (190); BGH ZIP 2003, 1713 (1714); ebenso für ÖSTERREICH öOGH ZIP 1993, 1871 (1873). Zweifelnd allerdings *Bitter*, WM 2001, 666 (671); *G. Müller*, GmbHR 1996, 393 (397). A.A. soweit ersichtlich nur *Altmeppen/Wilhelm*, NJW 1999, 673 (677 ff.); *Altmeppen*, ZIP 2001, 2201 (2205 ff.); RGZ 73, 30 (35) und für ÖSTERREICH *Schummer*, FS Koppensteiner, 211 (224).

[246] BGHZ 29, 100 (103).

gensposition geschützt werden, weil nach Insolvenzreife das verbliebene Vermögen der GmbH möglicherweise weiter geschmälert wird.[247]

Für den Schutzgesetzcharakter i.S.d. § 823 II BGB ist freilich nicht nur von Relevanz, ob das Gesetz *zumindest auch* einen Schutz durch den Normverstoß Betroffener und nicht nur der Allgemeinheit erreicht. Das Gesetz muss darüber hinaus dem Individualschutz *dienen*: Das bedeutet, dass die betreffende Norm derart auf die Schädigung eines Rechtsgutes oder Individualinteresses ausgerichtet ist, dass damit die Befugnis des Einzelnen vereinbar ist, individuell einen Schadenersatzanspruch gegen den die Norm Verletzenden geltend zu machen.[248] Es muss mithin ein Schutz durch Schadenersatz gewollt sein. Rechtsprechung und Literatur haben diesen Gesichtspunkt indes nicht weiter aufgegriffen, obschon man im Hinblick auf § 64 II GmbHG hätte diskutieren können, ob nicht die Insolvenzantragspflicht zwar die Gläubiger in ihrer Gesamtheit schützt, dem gesetzgeberischen Regelungsplan nach aber nicht einzelne Ansprüche potentiell geschädigter Gesellschaftsgläubiger gerieren will.[249] Grundthese der h.M. ist, dass das Gesetz die Folgen der Antragspflichtverletzung in § 64 II GmbHG offenbar nicht abschließend regelt, weil es nur eine Haftung gegenüber der GmbH kennt, jedoch nichts zu eine Haftung der Geschäftsleitung gegenüber den Gläubigern sagt.[250]

(2) Unterscheidung nach Gläubigergruppen

Der Schutzcharakter der Insolvenzantragspflicht erstreckt sich grundsätzlich auf alle aktuellen und potentiellen Gläubiger der Gesellschaft.[251] Bei der Frage jedoch, wie im Einzelnen der Schutzbereich der Norm zu definieren ist, d.h. vor welchen Gefährdungen der Insolvenzantrag konkret die Gläubiger schützen soll, wird danach differenziert, ob ein Gläubiger seine Forderung gegen die GmbH vor Eintritt der Insolvenzreife oder erst danach erworben hat.[252]

---

247 Michalski/*Nerlich*, GmbHG, § 64 Rn. 9.

248 RGRK-BGB/*Steffen*, § 823 Rn. 540; MünchKommBGB/*Mertens*, § 823 Rn. 163; Erman/*Schiemann*, BGB, § 823 Rn. 157; BGHZ 40, 306 (307); BGHZ 84, 312 (317): Subsidiarität des Schadensersatzes bei Bußgeldbewehrung.

249 Eingehend zur Kritik unten B.II.2.c.aa.

250 BGHZ 29, 100 (102). Dass es sich dabei aber auch um ein „bewusstes" Schweigen des Gesetzgebers handeln könnte, übersieht die Rspr. ebenso wie die Tatsache, dass das vom BGH ins Feld geführte Judikat des Reichsgerichts (RGZ 73, 30) genau das Gegenteil dessen enthält, nämlich eine ausdrückliche Verneinung des Schutzgesetzcharakters. Hinter der Rechtsprechung des BGH steht damit offensichtlich eine von ihm angenommene Notwendigkeit, einen *unmittelbaren* Anspruch der Gläubiger zu statuieren.

251 *Höffner*, Insolvenzverschleppung, 44; L/H/*Lutter*/*Kleindiek*, GmbHG, § 64 Rn. 41; Scholz/*K. Schmidt*, GmbHG, § 64 Rn. 12; BGHZ 29, 100 (104); BGHZ 100, 19 (23); BGHZ 126, 181 (190).

252 Ganz h.M., statt aller *Haas*, NZG 1999, 373 (375); BGH ZIP 1993, 763 (766 ff.).

(a) Altgläubiger

Die Gefahr für die Altgläubiger wird darin gesehen, dass sich die Werthaltigkeit ihrer Forderung nach Insolvenzreife weiter verringert, wenn die GmbH fortgeführt wird und sich ihre wirtschaftliche Lage weiter verschlechtert. Insoweit ist es unbestrittener Zweck der Insolvenzantragspflicht, das im Zeitpunkt der Überschuldung oder Zahlungsunfähigkeit vorhandene Vermögen für den ungeschmälerten Zugriff der Gläubiger zu erhalten.[253] Mithin geht es für die Altgläubiger (nur) um die Beeinträchtigung ihrer Befriedigungsaussichten in der Insolvenz.[254]

(b) Neugläubiger

Den Schutzbereich für Neugläubiger hatte die Rechtsprechung zunächst strukturell gleich definiert wie denjenigen für Altgläubiger. Auch die Neugläubiger sollten durch die Insolvenzantragspflicht (nur) vor einer Beeinträchtigung ihrer Befriedigungsaussichten in der Insolvenz geschützt werden. Unterschiedlich – aber unter dieser Prämisse logisch zwingend – war freilich der zeitliche Rahmen, innerhalb dessen den Neugläubigern dieser Schutz zuteil wurde. Kommt es für die Altgläubiger einheitlich auf eine Entwertung ihrer Forderungen ab Eintritt der Insolvenzreife an, musste für die Neugläubiger, die ja erst während der fortdauernden Insolvenzantragspflicht ihre Gläubigerposition erreichen, der Zeitpunkt des Forderungserwerbs entscheidend sein. Sie waren also ab Forderungserwerb gegen weitere Minderungen ihrer Vermögensposition geschützt. Dies bedeutete gleichzeitig, dass die potentielle Schädigung eines jeden Neugläubigers sich von der Schädigung anderer Neugläubiger unterschied.

Den Zweck der Insolvenzantragspflicht sah der BGH aber nicht darin, potentielle Gläubiger davor zu bewahren, mit einer überschuldeten oder zahlungsunfähigen GmbH noch in Geschäftsbeziehungen zu treten.[255] Denn das Vertrauen eines kreditierenden Gläubigers in die fortbestehende Leistungsfähigkeit des Schuldners verdiene im Wirtschaftsleben generell keinen besonderen Schutz. Insoweit seien die Gläubiger einer GmbH nicht anders zu behandeln als die Gläubiger sonstiger Schuldner und also im Wesentlichen auf Ansprüche aus §§ 823 II BGB, 263 StGB sowie § 826 BGB angewiesen. Das Gläubigerinteresse habe der Gesetzgeber im Übrigen schon dadurch berücksichtigt, dass über das Vermögen einer GmbH bereits bei Überschuldung die Insolvenz zu eröffnen ist.[256] Dass er darüber hinaus die Gläubiger davor bewahren wollte, mit einer überschuldeten GmbH in Geschäftsbeziehungen zu treten, sei nicht ersichtlich. § 64 I GmbHG biete keine Grundlage dafür, den Rechtsverkehr generell gegen alle mit dem Fortbestehen einer insolventen GmbH einhergehenden Gefahren zu schützen.

---

[253] *Haas*, NZG 1999, 373 (375). Das macht gerade auch die Konzeption des Überschuldungstatbestandes deutlich.
[254] BGHZ 100, 19 (23).
[255] BGHZ 29, 100 (106); BGHZ 100, 19 (24); zust. Hachenburg/*Ulmer*, GmbHG, § 64 Rn. 48 m.w.N.
[256] BGHZ 29, 100 (106).

Seine gefestigte Rechtsprechung änderte der BGH aber in einem viel beachteten Urteil, das die Notwendigkeit eines effektiven Schutzes gerade der Neugläubiger betont und die Ersatzfähigkeit ihres gesamten negativen Interesses festlegt.[257] Normzweck der gesetzlichen Insolvenzantragspflicht ist danach ganz allgemein, insolvenzreife Gesellschaften vom Geschäftsverkehr fernzuhalten.[258] Denn eine Pflicht zur Insolvenzanmeldung besteht eben nur für die Organe haftungsbeschränkter Personen, deren Legitimation entfällt, wenn sie ihr gesamtes Vermögen verwirtschaftet haben.[259] Die Geschäftsführer müssen somit im Interesse der Gläubiger und des Rechtsverkehrs im Allgemeinen für die Beseitigung der Gesellschaft sorgen. Daneben bezwecken die zahlreichen Bekanntmachungen und Eintragungen im Zuge eines Insolvenzverfahrens (z.B. §§ 23, 30 ff. InsO), den Rechtsverkehr über die angeschlagene wirtschaftliche Situation in Kenntnis zu setzen. Unterbleiben aber diese Informationen, kann der Kreditgeber sein mit der Kreditgewährung verbundenes Risiko auch nicht hinreichend abschätzen. Sonach soll wegen der § 64 I GmbHG innewohnenden Informationsfunktion die Norm erkennbar auch darauf angelegt sein, die Gläubiger vor einem geschäftlichen Kontakt mit der GmbH zu schützen.[260] Der Schutzzweck des § 64 I GmbHG könne nicht nur darin gesehen werden, den Gläubigern eine bestimmte Haftungsmasse erhalten zu wollen.[261]

Triebfeder des Paradigmenwechsels waren freilich nicht nur dogmatische Überlegungen als vielmehr auch die immensen praktischen Schwierigkeiten bei der Berechnung des Schadensersatzanspruchs (dazu sogleich), die bei Neugläubigern durch die jeweils ganz individuelle Entwertung ihrer Forderungen von einem ganz individuellen Zeitpunkt an sich übermäßig verkompliziert.[262] Der BGH macht selbst deutlich, dass er ein Bedürfnis nach einem effektiven Schutz der einzelnen Gläubiger sieht und dieses Bedürfnis nur mit einer Erweiterung des Schutzzwecks für erreichbar erachtet. Dabei ist die „Notwendigkeit" einer Rechtsprechungsänderung auch darauf zurückzuführen, dass der Gerichtshof (zu Recht) eine Haftung des (Gesellschafter-)Geschäftsführers auf das negative Interesse aus *culpa in contrahendo* unter dem Gesichtspunkt des wirtschaftlichen Eigeninteresses wieder aufgeben wollte[263] und sich in Zugzwang sah, die dadurch entstehende Lücke im Gläubigerschutz wieder zu füllen.

---

[257] BGHZ 126, 181.

[258] BGHZ 126, 181 (194); BGH DB 2005, 2182 (2184); *Meyke*, Rn. 509; *Bayer/Lieder*, WM 2006, 1 (3).

[259] *Höffer*, Insolvenzverschleppung, 47.

[260] *Haas*, Geschäftsführerhaftung, 95 ff.; *ders.*, NZG 1999, 373 (376); *Böcker*, 140.

[261] BGHZ 126, 181 (198). Die Rechtsprechungsänderung hat weitgehend Zustimmung erfahren, s. bspw. *Bayer/Lieder*, WM 2006, 1 (3 f.); Michalski/*Nerlich*, GmbHG, § 64 Rn. 63; *Pape*, in: B. Kübler/Prütting, InsO, § 15 Rn. 11; L/H/*Lutter/Kleindiek*, GmbHG, § 64 Rn. 48; R/S-L/*Schmidt-Leithoff*, GmbHG, § 64 Rn. 44 m.w.N. Zur (unterschiedlich motivierten) Kritik B/H/*Schulze-Osterloh*, GmbHG, § 64 Rn. 93; Scholz/*K. Schmidt*, GmbHG, § 64 Rn. 40 *et passim*; *G. Müller*, GmbHR 1996, 393 (397 ff.); *Ulmer*, Anm. zu BGH ZIP 1993, 763 (771 ff.); *Canaris*, JZ 1993, 649 (650 ff.).

[262] Deutlich BGHZ 126, 181 (197 ff.): „Die Begrenzung der Haftung auf den Quotenschaden hat die Konkursantragsvorschriften als Haftungsnormen weitgehend außer Kraft gesetzt." S. auch *Dauner-Lieb*, ZGR 1998, 617 (620).

[263] Hierzu BGHZ 126, 181 (183 ff.) und der Vorlagebeschluss BGH ZIP 1993, 763 (764 ff.).

bb. Umfang des Ersatzanspruchs

Entsprechend dem unterschiedlichen Schutzzweck der Insolvenzantragspflicht wird auch bei der Frage des Umfangs des Schadensersatzanspruchs nach Gläubigergruppen differenziert.

(1) Quotenschaden für Altgläubiger

Die Altgläubiger werden durch den Insolvenzantrag davor geschützt, dass ihre Forderungen über den Zeitpunkt der Insolvenzreife hinaus weiter an Wert verlieren. Bei Insolvenzverschleppung durch den Geschäftsführer können sie deshalb den sog. Quotenschaden ersetzt verlangen. Das bedeutet, dass jeder Gläubiger beanspruchen kann, so gestellt zu werden, wie er stünde, wenn pflichtgemäß Insolvenzantrag gestellt worden wäre.[264] Er bekommt die Differenz zwischen der (fiktiven) Quote, die bei rechtzeitiger Antragstellung angefallen wäre und der tatsächlich erreichten Verfahrensquote ersetzt.

Was sich so einfach anhört, ist in der praktischen Umsetzung äußerst komplex. Denn der Quotenschaden wird durch das Bestehen von zur Masse gehörenden Ansprüchen der Gesellschaft, sei es gegenüber Dritten oder dem Geschäftsführer selbst, verändert.[265] Mögliche Ansprüche wegen Verletzung des Kapitalerhaltungsverbots, aus Eigenkapitalersatz oder fehlerhafter Geschäftsführung sind deshalb schon bei Ermittlung des Quotenschadens mit einzubeziehen.[266] Daneben muss berücksichtigt werden, dass sich die Anzahl der Gläubiger – und zwar Alt- wie auch Neugläubiger – nach dem Eintritt der Insolvenzreife regelmäßig weiter verändert und auch die Forderungssalden (etwa durch Tilgungsleistungen seitens der GmbH) nicht gleich bleiben werden. Neu hinzukommende Gläubiger, die ebenfalls als Insolvenzgläubiger an der noch vorhandenen Masse partizipieren, beeinflussen die reale Insolvenzquote der Altgläubiger und damit deren Befriedigungsquoten. Es geht deswegen nicht um einen Vergleich zwischen hypothetischer und tatsächlich verfügbarer Masse (Masseverkürzung), sondern um die Minderung der hypothetischen Insolvenzquote der Altgläubiger, die sich aus dem Verhältnis der hypothetisch verfügbaren Masse zum damaligen Forderungsvolumen ergibt.[267] Ist diese den Vergleichsmaßstab bildende fiktive Quote sonach im Grundsatz aus dem Verhältnis der den Altgläubigern bei Insolvenzreife zur Verfügung stehenden Masse zu ihren damaligen Forderungen zu ermitteln, so muss dann zur Ermittlung des Altgläubigergesamtschadens diese Quote mit den tatsächlichen Insolvenzforderungen (nur) der noch in der Insolvenz vorhandenen Altgläubiger multipliziert werden. Von diesem Ergebnis ist dann der auf die Altgläubiger entfallende Masseanteil abzuziehen, der sich aus dem Verhältnis ihrer Forderungen zur Summe der Insolvenzforderungen ergibt.[268]

---

[264] *Götker*, Rn. 669; OLG Schleswig GmbHR 2005, 1124 (1124).
[265] BGHZ 138, 211 (221); *Goette*, GmbH, § 8 Rn. 241.
[266] *Goette*, GmbH, § 8 Rn. 241.
[267] *Dauner-Lieb*, ZGR 1998, 617 (626).
[268] BGHZ 138, 211 (221); Michalski/*Nerlich*, GmbHG, § 64 Rn. 70.

Bei der Berechnung der hypothetischen Masse, die den Altgläubigern (als potentiellen Insolvenzgläubigern) im Zeitpunkt der Insolvenzantragspflicht zur Verfügung gestanden hätte, ist aber zusätzlich zu beachten, dass nur die „freie“ Masse einbezogen werden darf.[269] Vermögenswerte, die der Aus- oder Absonderung unterliegen, müssen aus der Aktivmasse herausgerechnet werden, weil sie sich letztlich nicht positiv auf die Insolvenzquote auswirken.[270] Und die durch Aus- oder Absonderungsrechte gesicherten Insolvenzforderungen sind insoweit von der Passivseite abzuziehen.[271] Letztlich ist zur Berechnung des Quotenschadens also ein unmittelbar im Anschluss an die Insolvenzreife verlaufendes Insolvenzverfahren gedanklich durchzuspielen.[272] Dies macht hinreichend deutlich, dass der deliktsrechtliche Anspruch der Altgläubiger nahezu wertlos ist, weil sie – trotz Beweiserleichterungen und § 287 ZPO – kaum je hinreichend darlegen können, welche Masse zum (zudem unsicheren) Zeitpunkt der Insolvenzreife vorhanden war und welche (und wie gesicherten) Verbindlichkeiten ihr gegenüber standen.[273]

(2) Kontrahierungsschaden für Neugläubiger

Solange die Rechtsprechung noch die Auffassung vertrat, auch die Neugläubiger seien dem Normzweck der Insolvenzantragspflicht entsprechend nur dagegen geschützt, dass ihre Forderungen durch eine fortdauernde Insolvenzverschleppung entwertet werden, gründete auch die Schadensberechnung bei Neugläubigern auf einem Vergleich von fiktiver und tatsächlicher Quote. Zusätzlich erschwert wurde die Berechnung aber dadurch, dass – logisch konsequent – für Neugläubiger kein einheitlicher Zeitpunkt für die Berechnung der hypothetischen Insolvenzquote bestand, sondern individuell für jeden Neugläubiger zum Zeitpunkt des jeweiligen Forderungserwerbs die hypothetische Quote ermittelt werden musste.[274] Dass hierdurch erst recht unüberwindbare Berechnungsschwierigkeiten[275] entstehen und ein bei der Durchsetzung auf sich allein gestellte Gläubiger[276] kaum jemals auf den Gedanken kommen wird, einen derartig komplexen Anspruch einzuklagen, liegt auf der Hand. Deshalb wurde (zur Vereinfachung) vorgeschlagen, auf gesonderte Berechnungen für Neugläubiger zu verzichten und alle Gläubiger so zu stellen, als wären ihre Forderungen bereits im Zeitpunkt der erstmaligen Insolvenzantragstellungspflicht begründet gewesen, also von einem ein-

[269] *Dauner-Lieb*, ZGR 1998, 617 (621).
[270] Uhlenbruck/*Uhlenbruck*, InsO, § 13 Rn. 56; B/H/*Schulze-Osterloh*, GmbHG, § 64 Rn. 95; *Dauner-Lieb*, ZGR 1998, 617 (623).
[271] B/H/*Schulze-Osterloh*, GmbHG, § 64 Rn. 95; *Meyke*, Rn. 504.
[272] *Dauner-Lieb*, ZGR 1998, 617 (621).
[273] *Meyke*, Rn. 504; *Höffer*, Insolvenzverschleppung, 45. Dazu noch unten B.II.2.c.bb.(2)
[274] BGHZ 29, 100 (107); Hachenburg/*Ulmer*, GmbHG, § 64 Rn. 54.
[275] So wörtlich BGH ZIP 1993, 763 (767).
[276] Insoweit besteht dann nämlich gerade kein Gläubigergesamtschaden i.S.d. § 92 InsO.

heitlichen Quotenschaden auszugehen.[277] Mit der Dogmatik des Schadensersatzrechts ist dies aber kaum zu vereinbaren.[278]

Sieht man den Gesetzeszweck des § 64 I GmbHG nun mit der neuen Rechtsprechung darin, dass insolvente Gesellschaften vom Geschäftsverkehr fernzuhalten sind und deswegen die Neugläubiger davor geschützt werden sollen, mit einer insolvenzreifen Gesellschaft in geschäftlichen Kontakt zu treten, sind sie bei Verletzung der Insolvenzantragspflicht durch den Geschäftsführer also so zu stellen, wie sie stünden, wenn sie mit der GmbH nicht kontrahiert hätten.[279] Denn hätte der Geschäftsführer seiner Antragspflicht entsprochen, hätten Neugläubiger der solventen GmbH mutmaßlich auch keine Kredite mehr gewährt und folglich keinen Schaden erlitten. Zu ersetzen ist also das volle negative Interesse und nicht nur ein Quotenschaden.[280] Anrechnen lassen muss sich der Neugläubiger dabei allerdings die auf ihn entfallende Insolvenzquote.[281]

Problematisch ist, inwieweit dabei ein entgangener Gewinn ersatzfähig ist.[282] Denn auch wenn das negative Interesse nicht den Erfüllungsschaden umfasst, könnte der Gläubiger doch einwenden, er hätte, wenn die GmbH ordnungsgemäß Insolvenz angemeldet hätte, mit einem zahlungsfähigen Dritten das Geschäft abgeschlossen; und bei marktgängiger Ware müsste zudem der Gläubiger noch nicht einmal konkret das Vorhandensein eines bestimmten Käufers nachweisen (§ 252 S. 2 BGB).[283] Denn im Handelsverkehr besteht die Vermutung, dass ein Kaufmann Waren zum Marktpreis kaufen und verkaufen kann und also ein Ersatzgeschäft geschlossen hätte.[284] Dasselbe hätte für Fälle zu gelten, in denen ein Gesellschaftsgläubiger einen kaufmännischen Geschäftsbetrieb führt und seine Produktionskapazitäten anderweitig gewinnbringend hätte nutzen können.[285] Inwieweit diese Konsequenz mit dem propagierten Normzweck den Insolvenzantragspflicht noch vereinbar ist, die den Neugläubiger nach der Recht-

---

[277] Hachenburg/*Ulmer*, GmbHG, § 64 Rn. 54. Dagegen ausdrücklich BGHZ 138, 211 (214); *Altmeppen/Wilhelm*, NJW 1999, 673 (675 ff.).

[278] A.A. insbesondere *K. Schmidt* mit der These der sog. „Sollquote", NZI 1998, 9 (13); Scholz/*K. Schmidt*, GmbHG, § 54 Rn. 33. Richtig ist daran zwar der Ansatz, dass § 64 GmbHG entgegen der wohl h.M. nicht jeden einzelnen Gläubiger als Individuum, sondern alle auf Befriedigung aus dem Gesellschaftsvermögen angewiesene Gläubiger schützt. Der Ansatz führt aber eben zu unauflösbaren Widersprüchen, wenn man trotzdem am Zuspruch von Einzelansprüchen über § 823 II BGB festhält und nicht bei einer Innenhaftung der Geschäftsführer gegenüber der GmbH bleibt. Dazu noch unten B.II.2.c.aa.; B.II.3.a.

[279] L/H/*Lutter*/*Kleindiek*, GmbHG, § 64 Rn. 49; Uhlenbruck/*Uhlenbruck*, InsO, § 13 Rn. 57; OLG Schleswig GmbHR 2005, 1124 (1126).

[280] BGHZ 126, 181 (201); BGHZ 138, 211 (214); R/S-L/*Schmidt-Leithoff*, GmbHG, § 64 Rn. 43; *Meyke*, Rn. 508.

[281] BGHZ 126, 181 (201); L/H/*Lutter*/*Kleindiek*, GmbHG, § 64 Rn. 49; *B. Kübler*, ZGR 1995, 481 (491). Im Einzelnen ist die Art und Weise dieser „Anrechnung" streitig, s. dazu *Meyke*, Rn. 510 ff. Am überzeugendsten dürfte der Vorschlag sein, dass der Neugläubiger seinen gesamten Schaden Zug um Zug gegen Abtretung seiner Insolvenzforderung (§ 255 BGB) geltend machen kann; a.A. *Götker*, Rn. 720.

[282] Hierzu etwa *Meyke*, Rn. 513 ff.

[283] *B. Kübler*, ZGR 1995, 481 (491).

[284] *Grüneberg*, in: Bamberger/Roth, BGB, § 252 Rn. 28 m.w.N. aus der Rspr.

[285] OLG Koblenz NJW-RR 2000, 182 (183).

sprechung „nur" in seinem Solvenzvertrauen schützen will, ist höchstgerichtlich noch nicht geklärt.[286]

cc. Anspruchsdurchsetzung

Die deliktischen Ansprüche wegen Insolvenzverschleppung stehen zunächst jedem Gläubiger einzeln zu. Weil für alle Altgläubiger insgesamt aber ein einheitlicher Schaden in Form der Verringerung ihrer Insolvenzquote besteht, werden ihre Ansprüche in der Insolvenz der GmbH gemäß § 92 InsO vom Insolvenzverwalter geltend gemacht.[287] Dadurch verlieren die Altgläubiger zwar nicht die Anspruchsinhaberschaft, gleichwohl aber die Prozessführungsbefugnis an den Insolvenzverwalter, so dass dieser die Ansprüche zur Masse ziehen kann. Damit soll verhindert werden, dass sich einzelne Gläubiger von Gesamtschadenersatzansprüchen einen Vorteil gegenüber den übrigen Insolvenzgläubigern verschaffen, obgleich es um Ansprüche geht, die sich auf eine Masseschmälerung gründen und damit alle Insolvenzgläubiger gleichermaßen betreffen.[288] Gleichzeitig bewirkt die Anspruchkonzentration beim Insolvenzverwalter eine verfahrensmäßige Besserstellung des Einzelnen, weil der Insolvenzverwalter regelmäßig einen besseren Einblick in die Insolvenzsituation hat als ein einzelner Gläubiger.[289]

Etwas anderes gilt für Neugläubigerschäden. Hier soll auch in der Insolvenz der einzelne Gläubiger seinen Anspruch selbst gegen den Geschäftsführer geltend machen. Für den Insolvenzverwalter wird keine – auch nicht eine parallele – Klagebefugnis anerkannt.[290] Dies ist immerhin konsequent, wenn man sich einer individuellen Schadensbetrachtung verschrieben hat. Einen einheitlichen Quotenschaden gibt es bei Neugläubigern nach dem eben Gesagten gerade nicht.[291] Und ein Quotenschaden ist für die Neugläubiger schließlich nicht primär relevant, da sie ihr negatives Interesse ersetzt verlangen können.[292] Dieses negative Interesse findet seine Grundlage gerade nicht in einer alle Gläubiger gleich betreffende Schmälerung der Insolvenzmasse, sondern beurteilt sich unabhängig von der Insolvenzmasse nach den individuellen und für den Insolvenzverwalter nicht ohne weiteres zu überschaubaren Gegebenheiten.[293] Der In-

---

[286] Für einen Ersatz auch des entgangenen Gewinns nach § 252 BGB *Röhricht*, ZIP 2005, 505 (508); *B. Kübler*, ZGR 1995, 481 (491); R/S-L/*Schmidt-Leithoff*, GmbHG, § 63 Rn. 46; OLG Koblenz NJW-RR 2000, 182 (183). Krit. R/A/*Altmeppen*, GmbHG, § 64 Rn. 72; *ders.*, ZIP 1997, 1173 (1180).

[287] Ganz h.M., Braun/*Kroth*, InsO, § 92 Rn. 3; R/S-L/*Schmidt-Leithoff*, GmbHG, § 64 Rn. 49; Uhlenbruck/*Hirte*, InsO, § 92 Rn. 12; *Haas*, DStR 2003, 423 (431); BGHZ 138, 211 (214).

[288] Braun/*Kroth*, InsO, § 92 Rn. 1; HK-InsO/*Eickmann*, § 92 Rn. 1.

[289] *Fritsche*/*Lieder*, DZWiR 2004, 93 (102).

[290] BGHZ 138, 211 (216); BGH DStR 2001, 1537 (1537); L/H/*Lutter*/*Kleindiek*, GmbHG, § 64 Rn. 54; *Goette*, GmbH, § 8 Rn. 245; *Kalnbach*, 145. Krit. Uhlenbruck/*Hirte*, InsO, § 92 Rn. 13; abl. *K. Schmidt*, ZHR 2004, 637 (641 ff.); zum Streitstand *Götker*, Rn. 696 ff. m.w.N.

[291] BGHZ 138, 211 (215). Anders freilich *K. Schmidt* mit der These der für alle Gläubiger gleichen „Sollquote", NZI 1998, 9 (13); Scholz/*K. Schmidt*, GmbHG, § 54 Rn. 33; ebenso *Fritsche*/*Lieder*, DZWiR 2004, 93 (102).

[292] Ob es neben dem Ersatz des negativen Interesses überhaupt einen Neugläubigerquotenschaden gibt, ist str.; befürwortend *Götker*, Rn. 704; *Haas*, DStR 2003, 423 (429 ff.) m.w.N.

[293] BGHZ 138, 211 (216); MünchKommInsO/*Schmahl*, § 15 Rn. 90; *Meyke*, Rn. 510; *Fritsche*/*Lieder*, DZWiR 2004, 93 (103); *Götker*, Rn. 701.

solvenzverwalter kann schon rein praktisch kaum näher beurteilen, inwieweit jeder einzelne Neugläubiger Aufwendungen im Vertrauen auf die Solvenz der GmbH gemacht hat.

b. Ergänzungsfunktion des § 64 II GmbHG

Die Haftung des Geschäftsführers gegenüber der GmbH wegen Zahlungen nach Insolvenzreife hat lange ein Schattendasein gefristet. Das liegt zum einen daran, dass der Tatbestand des § 64 II GmbHG zunächst streng wortlautgetreu (also eng) aufgefasst wurde und deshalb offensichtlich dem Bedürfnis nach einer umfassenden, wirksamen Sanktionierung der Insolvenzverschleppung nicht gerecht werden konnte. Daneben hat die Rechtsprechung mit der Individualisierung der Insolvenzverschleppungshaftung (§§ 823 II BGB i.V.m. 64 I GmbHG) die Innenhaftung gegenüber der GmbH ins Abseits gedrängt. In letzter Zeit findet freilich das Zahlungsverbot verstärkt Beachtung, wirft nun aber auch zunehmend Schwierigkeiten der Abgrenzung mit der deliktischen Verantwortlichkeit des Geschäftsführers sowie dem Insolvenzanfechtungsrecht auf.[294]

aa. Masseerhaltung als Normzweck

Nach § 64 II GmbHG sind die Geschäftsführer verpflichtet, Ersatz für alle Zahlungen zu leisten, die nach Eintritt der Zahlungsunfähigkeit der Gesellschaft oder deren Überschuldung[295] noch vorgenommen werden. Der Normzweck der Regelung wird nicht darin gesehen, die Gläubiger umfassend gegen Schäden infolge verzögerter Insolvenzantragstellung zu schützen.[296] Schließlich resultiert nach gängiger Meinung ja auch gerade daraus die Notwendigkeit eines zusätzlichen deliktsrechtlichen Schutzes. Als Normziel des Zahlungsverbotes gilt danach nur, Schmälerungen der Insolvenzmasse durch Vorabbefriedigung einzelner Gläubiger zu verhindern oder wieder auszugleichen.[297] Obschon es dabei um den Erhalt des Gesellschaftsvermögens[298] gehen soll, ist andererseits aber ein Vermögensschaden der GmbH nicht erforderlich.[299] Ansonsten würde die Befriedigung eines einzelnen Gläubigers nicht zur Ersatzpflicht des Geschäftsführers führen, da dieser Vorgang bilanz- und vermögensrechtlich neutral wäre. Als konkret erfasste, einzelne Zahlungen kämen dann nur Leistungen in Betracht, de-

---

[294] Zu den Abstimmungsproblemen unten Punkt cc.; zur Neukonzeption einer Insolvenzverschleppungshaftung auf Basis des § 64 II GmbHG unten B.II.3.

[295] Auf die „Feststellung" der Überschuldung kommt es dabei entgegen dem Wortlaut nicht an, B/H/*Schulze-Osterloh*, GmbHG, § 64 Rn. 80.

[296] Hachenburg/*Ulmer*, GmbHG, § 64 Rn. 40.

[297] BGH NZG 2003, 582 (583); BGHZ 146, 264 (275); BGHZ 143, 184 (186); *Geißler*, INF 2004, 392 (393); *Bitter*, WM 2001, 666 (670); Hachenburg/*Ulmer*, GmbHG, § 64 Rn. 37; Scholz/*K. Schmidt*, GmbHG, § 64 Rn. 23.

[298] BGHZ 143, 184 (186); OLG Hamburg ZIP 1995, 913 (913); OLG Oldenburg GmbHR 2004, 1340 (1341); *Geißler*, INF 2004, 392 (393).

[299] BGH BB 1974, 855 (856); (zu § 93 AktG) BGHZ 75, 96 (102); OLG Celle GmbHR 1995, 54 (55); OLG Düsseldorf NZG 1999, 1066 (1067); *Stobbe*, Rn. 940; Hachenburg/*Ulmer*, GmbHG, § 64 Rn. 37; L/H/*Lutter*/*Kleindiek*, GmbHG, § 64 Rn. 58; *Geißler*, INF 2004, 392 (393); *Schulze-Osterloh*, FS Bezzenberger, 415 (423); so bereits *Vogel*, GmbHG, § 64 Anm. 4.

nen keine oder keine wirksame Verpflichtung zugrunde liegt oder denen – wie etwa im Falle der Schenkung – keine Gegenleistung gegenüber steht. Damit wäre der Anwendungsbereich der so verstandenen Vorschrift freilich verschwindend gering. Wenn die Begleichung einzelner Verbindlichkeiten nach Insolvenzreife aber Präzedenzfall einer „Zahlung" sein soll, muss es allein um den Mittelabfluss gehen. Im Vordergrund steht also nur ein möglicher Schaden der Gesamtgläubigerschaft durch masseverkürzende Zahlungen.[300] Das Zahlungsverbot ist damit ein zusätzliches Mittel zur rationellen Wiederauffüllung von der GmbH entzogenen Vermögenswerten,[301] jedoch kein Schadenersatzanspruch im eigentlichen Sinne, sondern ein „Ersatzanspruch eigener Art".[302]

Daraus erhellt gleichzeitig, dass nach Ansicht der h.M. der Normzweck weniger die Masseschmälerung an sich ist, sondern die durch eine Masseschmälerung erfolgende Beeinträchtigung der gleichmäßigen Befriedigung der Gesellschaftsgläubiger in der Insolvenz.[303] Nur die Betonung des insolvenzrechtlichen Gesichtspunkts der *par condicio creditorum* erklärt letztlich auch, weshalb der Anspruch aus § 64 II GmbHG grundsätzlich die Eröffnung eines Insolvenzverfahrens voraussetzen und nur vom Insolvenzverwalter geltend gemacht werden soll.[304] Der Normzweck wird dadurch in eine deutliche Nähe zur *ratio legis* der Insolvenzanfechtungsvorschriften gerückt.

bb. Tatbestand

Der Tatbestand des § 64 II GmbHG wird dem Normzweck folgend über den engen Wortlaut hinaus weit verstanden. Der Begriff der „Zahlung" umfasst damit neben Geldzahlungen auch die Erbringung sonstiger Leistungen (etwa Warenlieferungen), aus dem Gesellschaftsvermögen an einen Gläubiger nach Insolvenzreife.[305] Inwieweit

---

300 OLG Düsseldorf NZG 2001, 133 (134); OLG Düsseldorf NZG 1999, 1066 (1067).

301 BGH GmbHR 1996, 211 (212 ff.).

302 BGHZ 146, 264 (278); OLG Düsseldorf NZG 1999, 1066 (1066); OLG Düsseldorf NZG 1999, 884 (885); OLG Düsseldorf NZG 2001, 133 (133); OLG Celle GmbHR 1995, 54 (55); vgl. schon RGZ 159, 211 (229): „Schadensersatzanspruch besonderer Art"; Hachenburg/*Ulmer*, GmbHG, § 64 Rn. 55; *Goette*, GmbH, § 8 Rn. 218; entspr. für § 130 III 1 HGB OLG Schleswig DB 2006, 207 (208).

303 Vgl. *Schulze-Osterloh*, FS Bezzenberger, 415 (423), der als Normzweck *nur* die Sicherung der *par condicio creditorum* sieht, dabei aber nicht hinreichend berücksichtigt, dass die Beeinträchtigung der gleichrangigen Befriedigung eben regelmäßig durch masseverkürzende Leistungen geschieht und sich die beiden genannten Zwecke nicht widersprechen, sondern ergänzen; so auch *Schummer*, FS Koppensteiner, 211 (216).

304 Vgl. Hachenburg/*Ulmer*, GmbHG, § 64 Rn. 38; *Fleck*, GmbHR 1974, 224 (230); *Röhricht*, ZIP 2005, 505 (510); BGH NJW 2001, 304 (305). Nur im Fall der Ablehnung einer Insolvenzeröffnung mangels Masse soll dieser Gesichtspunkt zurücktreten und die Möglichkeit einer Einzelzwangsvollstreckung eröffnet sein. Da § 64 II GmbHG indes nur an die Insolvenzreife, nicht jedoch an die Eröffnung des Insolvenzverfahrens anknüpft, bleibt letztlich die zeitliche Beschneidung des Anspruches unverständlich und verstärkt die Zweifel am herrschenden Verständnis der Norm.

305 Scholz/*K. Schmidt*, GmbHG, § 64 Rn. 24; Michalski/*Nerlich*, GmbHG, § 64 Rn. 42; Hachenburg/*Ulmer*, GmbHG, § 64 Rn. 40; B/H/*Schulze-Osterloh*, GmbHG, § 64 Rn. 79; OLG Hamburg ZIP 1995, 913 (914); OLG Oldenburg GmbHR 2004, 1340 (1341); OLG Düsseldorf GmbHR 1996, 616; offen gelassen noch von BGH NJW-RR 1986, 579 (581); anders noch (nur Geldleistungen) RGZ 159, 211 (234) zur entsprechenden aktienrechtlichen Vorgängernorm Art. 240 II ADHGB.

zu den ersatzpflichtigen „Zahlungen" auch die Eingehung von Verbindlichkeiten für die GmbH zählt, die keine gleichwertige Gegenleistung begründen, ist indes umstritten.[306] Die Rechtsprechung hat eine solche Ausdehnung bisher abgelehnt.[307] Zeitlich beginnt das Zahlungsverbot nach h.M. bereits mit Eintritt der Überschuldung oder Zahlungsunfähigkeit und nicht erst mit Ablauf der dreiwöchigen Bedenkfrist nach § 64 I 2 GmbHG.[308] Von dem Vorwurf der Insolvenzverschleppung wird der Haftungstatbestand auch damit deutlich entfernt.

In letzter Zeit häufiger diskutiert wurde der Einzug von Kundenschecks über ein debitorisch geführtes Gesellschaftskonto. Auch in diesem Vorgang ist nach herrschender Ansicht eine verbotene Masseschmälerung zu sehen.[309] Zwar erhält hier die GmbH von einem Dritten eine Leistung, gleichzeitig jedoch erfolgt eine Saldierung der Forderung der Bank und insoweit eine „Zahlung" an diese. Dabei könne es keinen Unterschied machen, ob der Geschäftsführer zunächst den Betrag von dem Schuldner bar erhält und ihn dann zur Befriedigung der Bank verwendet oder aber auf abgekürztem Wege die Forderung der Bank (teilweise) erfüllt wird. In beiden Fällen werde die Insolvenzmasse zu Gunsten eines einzelnen Gläubigers verkürzt.[310] Auch eine vorübergehende Erweiterung des Kontokorrentkredits aufgrund der Scheckeinreichung und die Möglichkeit der GmbH, wieder frei über den Scheckbetrag zu verfügen, soll hieran nichts ändern, da der Betrag auch dann im Ergebnis zur Befriedigung der Gläubigergesamtheit in der Masse fehlt.[311] Der vorangegangene Vermögenszufluss bleibt somit ohne Bedeutung.

Allenfalls dann, wenn im unmittelbaren Zusammenhang mit dem Zahlungsvorgang ein Wert in das Gesellschaftsvermögen gelangt ist und dieser dort auch erhalten geblieben ist, wird erwogen, eine Masseverkürzung und damit einen Ersatzanspruch gegen den Geschäftsführer zu verneinen.[312] Dies soll etwa für Warenumsatzgeschäfte gelten. Unabhängig davon, ob man in diesen Fällen bereits tatbestandlich nicht von einer „Zahlung" spricht oder aber diese Fälle unter die Ausnahmevorschrift des

---

[306] Bejahend bspw. *Geißler*, INF 2004, 392 (393); *Götker*, Rn. 370; Scholz/*K. Schmidt*, GmbHG, § 64 Rn. 23; Uhlenbruck/*Uhlenbruck*, InsO, § 13 Rn. 58; R/A/*Altmeppen*, GmbHG, § 64 Rn. 80; ablehnend B/H/*Schulze-Osterloh*, GmbHG, § 64 Rn. 79; *Häsemeyer*, Rn. 30.73; Hachenburg/*Ulmer*, GmbHG, § 64 Rn. 40; *Röhricht*, ZIP 2005, 505 (511), jew. m.w.N.

[307] BGHZ 138, 211 (216 ff.).

[308] Michalski/*Nerlich*, GmbHG, § 64 Rn. 45; *Geißler*, INF 2004, 392 (393); B/H/*Schulze-Osterloh*, GmbHG, § 64 Rn. 80; Hachenburg/*Ulmer*, GmbHG, § 64 Rn. 33. Allerdings sollen innerhalb der Dreiwochenfrist Zahlungen leichter als mit der Sorgfalt des ordentlichen Geschäftsmanns vereinbar (§ 64 II 2 GmbHG) gelten und insoweit vom Zahlungsverbot ausgenommen sein, wenn sie zur Aufrechterhaltung der Sanierungschancen notwendig sind, *Geißler*, INF 2004, 392 (394).

[309] L/H/*Lutter*/*Kleindiek*, GmbHG, § 64 Rn. 59; B/H/*Schulze-Osterloh*, GmbHG, § 64 Rn. 79. A.A. aber *Bitter*, WM 2001, 666 (667 ff.).

[310] BGHZ 143, 184 (186 ff.); BGH NJW 2001, 304 (304); OLG Oldenburg GmbHR 2004, 1340 (1341) – dort auch zur Frage, unter welchen Voraussetzungen die Zahlung eines Dritten auf ein debitorisches Gesellschaftskonto dem Geschäftsführer zuzurechnen ist.

[311] BGHZ 143, 184 (187); noch offen gelassen von BGH NJW 2001, 304 (305).

[312] Zuletzt BGH NZG 2003, 582 (583) m.w.N.

§ 64 II 2 GmbHG subsumiert,[313] ist insoweit aber eine restriktive Haltung festzustellen. Dies belegen zum einen die genannten Fälle, in denen ein Scheck über ein debitorisches Konto der Gesellschaft eingezogen wird oder ein Schuldner den geschuldeten Betrag auf ein solches Konto überweist. Und zum anderen soll das Zahlungsverbot denn auch schon dann greifen, wenn ein Dritter der GmbH Geld zu dem alleinigen Zweck ausreicht, die Schuld eines Gesellschaftsgläubigers zu begleichen.[314] Dass die Gesellschaft hier eben den Auszahlungsbetrag von einem Dritten mit einer besonderen Zweckbestimmung erhält (und ansonsten nicht erhalten hätte) und den Betrag nur weiterleitet, lässt der BGH nicht gelten. Die *ratio legis* erfordere es, Masseverkürzungen unbedingt zu verhindern. Hätte sich die GmbH rechtmäßig verhalten, hätte sie den (zweckgebundenen) Vermögenszufluss eben nicht weiterreichen dürfen.[315] Indem sie es doch getan hat, habe sie einen Gesellschaftsgläubiger masseverkürzend vorrangig befriedigt und damit gegen § 64 II GmbHG verstoßen. Gerade dieses Beispiel zeigt, dass die Gegenleistung wenig Beachtung findet, sondern gewissermaßen dem Gesellschaftsvermögen unabhängig von dem Zusammenhang mit der Auszahlung „zugebucht" wird, um dann die Masseverkürzung durch die Auszahlung zu bejahen. Zusammengefasst ist festzustellen, dass rechtstatsächlich nahezu isoliert auf den Vermögensabfluss geblickt wird.[316] Es ist daher weniger eine Masseverkürzung Voraussetzung des Anspruchs als vielmehr (ähnlich wie bei der Insolvenzanfechtung) die bevorzugte Befriedigung eines einzelnen Gläubigers.[317]

Als nach § 64 II 2 GmbHG mit der Sorgfalt eines ordentlichen Geschäftsmannes vereinbare, zulässige Zahlungen gelten demnach auch nur solche Zahlungen, die geleistet werden, um für die Zwecke des Insolvenzverfahrens den Geschäftsbetrieb aufrecht zu erhalten (wie etwa Lohnzahlungen oder Mietzahlungen) und dadurch größere Nachteile für die Masse – etwa durch einen sofortigen Zusammenbruch – verhindern helfen.[318] Auch dabei muss der Geschäftsführer nun allerdings die Interessen der Gesamtgläubigerschaft und nicht mehr diejenigen der GmbH im Blick haben.[319]

Hinsichtlich des Verschuldenserfordernisses gelten gegenüber der deliktischen Insolvenzverschleppungshaftung keine Besonderheiten. Auch hier genügt Fahrlässigkeit

---

[313] Für eine Tatbestandsausnahme BGH BB 1974, 855 (856); Scholz/*K. Schmidt*, GmbHG, § 64 Rn. 26; *Geißler*, INF 2004, 392 (394). Für eine Ausnahme nach § 64 II 2 GmbHG Michalski/*Nerlich*, GmbHG, § 64 Rn. 46; Hachenburg/*Ulmer*, GmbHG, § 64 Rn. 43; MünchHdBGesR III/*Marsch-Barner/Diekmann*, § 46 Rn. 50; OLG Düsseldorf NZG 1999, 884 (885); BGH NJW-RR 1986, 579 (581); BGHZ 146, 264 (275).

[314] BGH NZG 2003, 582 (583); zustimmend *Geißler*, INF 2004, 392 (394).

[315] BGH NZG 2003, 582 (583).

[316] Vgl. *Goette*, FS Kreft, 53 (61 ff.); (krit.) *Glozbach*, 37.

[317] Insoweit ist es konsequent, wenn B/H/*Schulze-Osterloh*, GmbHG, § 64 Rn. 79, 84; *ders.*, FS Bezzenberger, 415 (424) eine der Gesellschaft zugeflossene Gegenleistung von vornherein nicht berücksichtigen will.

[318] *Stobbe*, Rn. 941.

[319] L/H/*Lutter/Kleindiek*, GmbHG, § 64 Rn. 61; R/S-L/*Schmidt-Leithoff*, GmbHG, § 64 Rn. 30; BGHZ 146, 264 (274 ff.). Als Anhaltspunkt für zulässige Zahlungen soll ein Vergleich damit dienen, inwieweit auch ein Insolvenzverwalter die Zahlung vorgenommen hätte, *Goette*, FS Kreft, 53 (63); OLG Celle GmbHR 2004, 568 (570).

des Geschäftsführers, wobei die Erkennbarkeit der Insolvenzreife vermutet wird. Darlegungs- und Beweislast treffen also den Geschäftsführer.[320]

cc. Rechtsfolgen

Unzulässige Zahlungen hat der Geschäftsführer zu erstatten. Obschon der schadenersatzrechtliche Charakter der Norm verneint wird, soll der schadenersatzrechtliche Ausgangspunkt gelten, dass der Anspruch um den Betrag zu kürzen ist, der in das Gesellschaftsvermögen geflossen ist und dort noch wertmäßig erhalten ist.[321] Dies freilich ist nichts anderes als die o.g. Berücksichtigung der Gegenleistung schon beim Begriff der „Zahlung". Im Übrigen ist der Betrag ungekürzt zu erstatten. Der Geschäftsführer kann also nicht eine Anspruchsminderung um den Betrag verlangen, den der vorabbefriedigte Gläubiger als Insolvenzquote erhalten hätte. Dies widerspräche dem Sinn und Zweck der Vorschrift, das Gesellschaftsvermögen wieder aufzufüllen, damit es der gleichmäßigen und ranggerechten Befriedigung aller Gläubiger dienen kann.[322] Hinzu kommt, dass die dem Begünstigten zustehende Quote regelmäßig erst am Ende des Insolvenzverfahrens feststeht, weshalb einer Anspruchsminderung auch erhebliche praktische Probleme entgegenstünden. Damit es aber andererseits nicht zu einer Bereicherung der Masse (durch Wegfall der Belastung mit der Forderung des vorabbefriedigten Insolvenzgläubigers) kommt, ist dem Geschäftsführer vorzubehalten, nach Erstattung an die Masse seine Rechte gegen den Insolvenzverwalter geltend zu machen. Dabei ist ihm in analoger Anwendung des § 255 BGB die Rolle des Begünstigten zuzugestehen, dessen Forderung also abzutreten.[323]

Ungeklärt ist bislang jedoch die Frage, inwieweit der Geschäftsführer dem Anspruch entgegenhalten kann, der Insolvenzverwalter könne den Erstattungsbetrag auch durch Insolvenzanfechtung vom Begünstigten erhalten. Versteht man den Zweck der Vorschrift im Grunde (vorrangig) dahin, Bevorzugungen einzelner Gläubiger im Interesse der Gesamtgläubigerschaft auszugleichen, unterscheidet sich das Normziel kaum von demjenigen der Insolvenzanfechtungsvorschriften. Mit o.g. Argumentation wird man wohl auch hier analog § 255 BGB annehmen, dass dem Geschäftsführer nur bleibt, die Abtretung des in § 143 InsO begründeten Rückgewähranspruchs der Masse gegen den Begünstigten zu verlangen – soweit ein solcher im jeweiligen Einzelfall

---

[320] BGHZ 143, 184 (185); OLG Schleswig ZIP 2003, 856 (858); *Geißler*, INF 2004, 392 (393); R/S-L/*Schmidt-Leithoff*, GmbHG, § 64 Rn. 32 ff.; *Goette*, GmbH, § 8 Rn. 221. A.A. auch hier B/H/*Schulze-Osterloh*, GmbHG, § 64 Rn. 83, der hinsichtlich der Insolvenzantragsvoraussetzungen die positive Kenntnis des Geschäftsführers fordert.

[321] Michalski/*Nerlich*, GmbHG, § 64 Rn. 50; *Geißler*, INF 2004, 392 (395); L/H/*Lutter*/*Kleindiek*, GmbHG, § 64 Rn. 64; a.A. B/H/*Schulze-Osterloh*, GmbHG, § 64 Rn. 79, 84; *ders.*, FS Bezzenberger, 415 (424).

[322] BGHZ 146, 264 (278 ff.); BGH DB 2005, 1897 (1898).

[323] BGHZ 146, 264 (279); *Goette*, FS Kreft, 53 (62); *Haas*, Geschäftsführerhaftung, 105; R/A/*Altmeppen*, GmbHG, § 64 Rn. 83; R/S-L/*Schmidt-Leithoff*, GmbHG, § 64 Rn. 35; *G. Müller*, GmbHR 1996, 393 (395). Eines ausdrücklichen Antrags des Geschäftsführers auf Vorbehalt seiner Rechte bedarf es nicht, BGH DB 2005, 1897 (1898).

besteht.[324] § 64 II GmbHG enthält im Ergebnis also ein zur Insolvenzanfechtung hinzutretendes, kumulatives Instrument zur (Wieder)Auffüllung der Insolvenzmasse mit dem Vorteil, dass der Insolvenzverwalter hier nicht gegen unterschiedliche Anfechtungsgegner vorgehen muss, sondern die Anspruchsdurchsetzung auf eine Person fokussieren und damit vereinfachen kann.[325]

c. Kritik

Die Kritik am Konzept der herrschenden Meinung zur Haftung wegen Insolvenzverschleppung muss sich zunächst mit der Frage auseinandersetzen, ob nach der *ratio legis* der Insolvenzantragspflicht tatsächlich Direktansprüche gegen den Geschäftsführer begründbar sind. Nach der hier vertretenen Auffassung muss schon mit Normzwecküberlegungen der Schutzgesetzcharakter der Insolvenzantragspflicht verneint werden (unten aa.). Darüber hinaus führt die am Individualschutz orientierte deliktische Haftung mit der Unterscheidung in Neu- und Altgläubiger nicht zu einem befriedigenden und praktikablen Schutzniveau. So bleibt etwa der Schutz der Altgläubiger weiterhin auf der Strecke (unten bb.). Und nicht zuletzt lässt sich die Haftung des Geschäftsführers nach § 64 II GmbHG nicht reibungslos in das gängige Konzept einpassen, sondern bleibt ein eigenartiger Fremdkörper (unten cc.).

aa. Normzweckbetrachtung: Insolvenzantragspflicht als Schutz gegen individuelle Rechtsverluste der Gesellschaftsgläubiger?

Nimmt man hin, dass die Insolvenzantragspflicht nicht nur die Gesellschaftsgläubiger im Allgemeinen, sondern das Individualinteresse jedes einzelnen Gläubigers schützen will und das zu eng gefasste Zahlungsverbot aus § 64 II GmbHG insoweit keinen hinreichenden Schutz bietet, stellt sich das Haftungssystem auf Basis einer deliktsrechtlichen Haftung des Geschäftsführers als konsequent und schlüssig dar. Dann erscheint auch die Unterscheidung in verschiedene Gläubigergruppen als logische Folge allgemeiner deliktsrechtlicher Maßstäbe, die eine unterschiedliche Betroffenheit verschiedener Gläubiger auch in einem unterschiedlichen Schadensausgleich umsetzen. Die Prämisse der Notwendigkeit eines Individualausgleichs und das Dogma des Schutzgesetzcharakters der Insolvenzantragspflicht vermögen bei genauerer Betrachtung indes nicht zu überzeugen. Beides lässt sich nämlich mit dem Schutzzweck des § 64 GmbHG nicht vereinbaren.

---

[324] OLG Oldenburg GmbHR 2004, 1014 (1015); MünchHdBGesR III/*Marsch-Barner/Diekmann*, § 46 Rn. 70; *Böcker*, 349 ff.; *Geißler*, INF 2004, 392 (395); *Goette*, FS Kreft, 53 (63); a.A. Michalski/*Nerlich*, GmbHG, § 64 Rn. 50; R/S-L/*Schmidt-Leithoff*, GmbHG, § 64 Rn. 35, jew. m.w.N.

[325] Zur Problematik der unterschiedlichen Verjährung der Ansprüche *Böcker*, 350 ff.

(1) Historische Entwicklung

Die Insolvenzantragspflicht des Geschäftsführers wurde im GmbHG in Anlehnung an die Vorschriften der Artt. 240 II, 241 AktG a.F. geregelt.[326] Eine Sanktion für nicht rechtzeitige Insolvenzanmeldung sieht das Gesetz auf den ersten Blick nicht vor, sondern knüpft lediglich das Zahlungsverbot des § 64 II GmbHG an den Eintritt der Insolvenzreife und weist diesbezügliche Ansprüche der GmbH selbst zu. Über einen möglichen Schutzgesetzcharakter verliert auch die Begründung des Gesetzentwurfes kein Wort. Dazu ist aber zu sehen, dass zur Zeit der Entstehung des GmbHG das BGB noch gar nicht in Kraft war und also eine Aussage zu § 823 II BGB schon von daher nicht zu erwarten ist. Auch unabhängig davon ist zu fragen, ob der Gesetzgeber im Zusammenhang mit der Insolvenz der GmbH den Gläubigern überhaupt direkt Ansprüche gegen den Geschäftsführer zuweisen wollte. Dem Normbestand des GmbHG könnte man entnehmen, dass das Gesetz selbst, weil es nichts zu denkbaren Direktansprüchen sagt, solchen Ansprüchen nicht im Wege steht. Mit anderen Worten wäre für die Frage der Folgen einer Insolvenzantragspflichtverletzung das GmbHG als nicht abschließend anzusehen, weil es sich nur mit der Verantwortlichkeit aus dem Organschaftsverhältnis befasst.[327] Die Verantwortlichkeit bei Schädigung Dritter bliebe damit den allgemeinen Grundsätzen überlassen.

Die Tatsache, dass das GmbHG sich nicht zu einer direkten Inanspruchnahme des Geschäftsführers durch die Gesellschaftsgläubiger äußert, bedeutet jedoch nicht logisch zwingend den Schluss, dass deshalb eine Regelungslücke vorläge. Die Materialien zum GmbHG deuten vielmehr darauf hin, dass auf eine Außenhaftung der Geschäftsführer bewusst verzichtet wurde. So heißt es in der Begründung zu § 64 GmbHG: „[…] ist eine direkte Haftpflicht gegenüber den Gesellschaftsgläubigern hier ebenso wenig wie in den Fällen des § 44 Absatz 3 vorgesehen. Es genügt, dass der Ersatz zum gemeinsamen Nutzen aller Gläubiger an die Gesellschaft oder deren Konkursmasse geleistet wird. […]“[328]. Der Gesetzgeber hat offenbar gesehen, dass durch nicht rechtzeitige Insolvenzantragstellung Gläubigerinteressen verletzt werden können, wie denn auch die Vorverlagerung der Insolvenz bei der GmbH durch den Überschuldungstatbestand dem Gläubigerschutz dienen soll. Dennoch wollte er offenkundig Ansprüche nur gegenüber der Gesellschaft statuieren und dadurch einen *mittelbaren Gläubigerschutz* erreichen. Der Schutz der Gesamtgläubigerschaft wurde der Alternative eines individuellen Schadensausgleichs vorgezogen. Das wird auch an der in Bezug genommenen Norm § 44 GmbHG deutlich. Dieser heutige § 43 GmbHG regelt die Organhaftung des Geschäftsführers gegenüber der Gesellschaft und konkretisiert den für ihn geltenden Pflichten- und Sorgfaltsmaßstab. Dabei ist jedoch anerkannt, dass § 43 GmbHG kein Schutzgesetz für die Gesellschaftsgläubiger ist – und zwar auch dann nicht, wenn es um die Verletzung der Kapitalerhaltungsregeln geht (§ 43 III GmbHG), die nach gängiger Lesart (und eben auch nach Ansicht der Gesetzesverfas-

[326] Begründung zum „Gesetzentwurf betr. die Gesellschaft mit beschränkter Haftung“, Verhandlungen des Reichstages, VIII/1 (1890/92), 3756 (Aktenstück Nr. 660).
[327] So ausdrücklich BGHZ 29, 100 (102) und die h.M.
[328] Verhandlungen des Reichstages, VIII/1 (1890/92), 3756 (Aktenstück Nr. 660).

ser) zentrale Gläubigerschutzbestimmungen sind.[329] Die Gesetzesbegründung macht auch hier deutlich, dass eine direkte Inanspruchnahme durch die Gesellschaftsgläubiger entbehrlich sei, es also unbedingt bei der Haftungskonzentration bei der GmbH bleiben soll.[330] Das Reichsgericht, das (zunächst) den Schutzgesetzcharakter der Insolvenzantragspflicht verneinte, befand sich also auf dem sicheren Weg, wenn es judizierte, die gesetzlich geregelte Innenhaftung werde überflüssig, wenn man zusätzlich die Gläubiger direkt deliktisch schützen wollte.[331]

Die deliktische Verortung der Insolvenzverschleppungshaftung steht nicht nur in Widerspruch zum gesetzgeberischen Konzept eines mittelbaren Gläubigerschutzes;[332] sie schafft weitgehend auch erst die Probleme, die zur fehlenden Handhabbarkeit und damit verbunden der Bedeutungslosigkeit der Geschäftsführerhaftung wegen Insolvenzverschleppung führen. Das gilt besonders für die – wenn auch im Ausgangspunkt konsequente – Unterscheidung in Gläubigergruppen, die jeweils ihren individuell erlittenen Schaden liquidieren können sollen. Denn mit der Individualisierung des Schadensersatzanspruchs geht zwangsläufig die Bildung von Sondermassen einher, die jedoch dem Grundsatz der Gleichbehandlung der Gläubiger in der Insolvenz widerstrebt.

Das Anfechtungsrecht stützt die hier vertretene Ansicht. Es dient der Rückgängigmachung im Vorfeld der Insolvenz erfolgter Masseschmälerungen und verfolgt damit im Gunde denselben Zweck wie ihn die h.M. § 64 II GmbHG zuschreibt. Und selbstverständlich dient auch das Anfechtungsrecht dem Gläubigerschutz. Die gesetzlichen Vorschriften begnügen sich zwar mit der Rechtsfolge „Rückgewähr", die nicht mit Schadenersatz gleichzustellen ist. Dennoch könnte man theoretisch auch hier den intendierten Gläubigerschutz effektuieren suchen, indem man die Masseverkürzung individualisierte.[333] Das heißt, man könnte den Massezufluss nach erfolgreicher Anfechtung nur denjenigen Gläubigern zugute kommen lassen, die zum Zeitpunkt der Vornahme der anfechtbaren Rechtshandlung bereits Gesellschaftsgläubiger waren. Auch hier wäre also eine Unterscheidung in Alt- und Neugläubiger denkbar und mit einer unterschiedlichen Betroffenheit der Gläubiger begründbar. Schließlich ist eine Masseverkürzung für die zeitlich nach Vornahme der anfechtbaren Rechtshandlung hinzutretenden Gläubiger nicht unmittelbar benachteiligend spürbar, da zu diesem Zeitpunkt sich die Verkürzung bereits ausgewirkt hat. Dennoch wird eine solche Unterscheidung nach dem Zeitpunkt des Forderungserwerbs aber selbst für das Einzelgläubigeranfechtungsrecht nicht ernsthaft vertreten.[334] Der einzelne Gläubiger kann daher die Rück-

[329] Hachenburg/*Ulmer*, GmbHG, § 43 Rn. 116. Zur Kritik an der zentralen Bedeutung des Kapitalsicherungssystems für den Gläubigerschutz oben Kap. 2 A.I.2.a.bb.

[330] Verhandlungen des Reichstages, VIII/1 (1890/92), 3750 (Aktenstück Nr. 660). Allg. kritisch zur Tendenz einer verstärkten Außenhaftung des Geschäftsführers Hachenburg/*Ulmer*, GmbHG, § 43 Rn. 110.

[331] RGZ 73, 30 (35) mit parallelisierendem Hinweis auf § 43 GmbHG.

[332] Wie hier *Altmeppen*, ZIP 2001, 2201 (2202) und für das ÖSTERREICHISCHE Recht *Schummer*, FS Koppensteiner, 211 (217 ff.), der auch dort anhand der Gesetzgebungsgeschichte zeigen kann, dass der gesetzgeberischen Idee eine Außenhaftung der Geschäftsführer fremd war.

[333] *Schummer*, FS Koppensteiner, 211 (220).

[334] *Hess/Weis*, AnfR, Vor §§ 129 ff. InsO Rn. 13; *Nerlich/Niehus*, AnfG, § 1 Rn. 53 m.w.N.

gängigmachung von Vermögensentäußerungen verlangen und für die Vollstreckung seiner Forderung nutzbar machen, obgleich die anfechtbare Vermögensentäußerung längst vor Entstehen seiner Forderung vor sich ging. Die Begründung hierfür ist denkbar einfach. Erstens ist das Anfechtungsrecht vollstreckungsrechtliches Hilfsmittel[335] und nicht dafür bestimmt, individuelle Schadenspositionen auszugleichen. Dennoch dient es seiner Bestimmung nach dem Schutz der Gesellschaftsgläubiger und begnügt sich dabei gleichzeitig damit, die Gläubigergesamtheit zu schützen. Dabei ist – zweitens – mit der Gesetzgebungsgeschichte[336] festzustellen, dass der Gesetzgeber schon des preußischen Anfechtungsgesetzes von 1855 die Alternative eines individuellen Schadensausgleichs gesehen hatte, von ihr aber absah, weil man in eine „unauflösbare Verwirrung" geraten würde, wenn man darauf abstellte, wann die jeweilige Forderung des einzelnen Gesellschaftsgläubigers entstanden ist. Die Bildung von Sondermassen aufgrund einer Unterscheidung nach Gläubigergruppen sollte also vermieden werden.[337] Es sollte ein hinreichender und v.a. praktikabler Gläubigerschutz dadurch erreicht werden, dass generalisierend der Nachteil der Gesamtgläubigerschaft ausgeglichen wird und mittelbar jedem einzelnen Gesellschaftsgläubiger zugute kommt. Schließlich kommt auch die Schadenersatzhaftung des Insolvenzverwalters wegen Anerkennung einer unberechtigten Forderung der Gläubigergesamtheit zugute und nicht etwa nur denjenigen Gläubigern, deren Forderungen zeitlich vor der durch den Insolvenzverwalter anerkannten Forderung entstanden waren.

Diese Ausführungen machen deutlich, dass das gängige Argument, der insolvenzrechtliche Grundsatz der Gleichbehandlung verbiete nicht, Ungleiches ungleich zu behandeln, an dieser Stelle nicht trägt. Dem historischen Gesetzgeber des Anfechtungsgesetzes jedenfalls war die denkbare Unterscheidung in Alt- und Neugläubiger grundsätzlich bekannt.[338] Dennoch wollte er den Gläubigerschutz kanalisieren und mediatisieren. Die vorgebrachten Gründe hierfür lassen sich ebenso gut auf das Problem der Insolvenzverschleppungshaftung übertragen. Schließlich hat dort die Unterscheidung in verschiedene Gläubigergruppen zu eben jenen Problemen geführt, die der historische Gesetzgeber vorausgesehen hatte und vermeiden wollte.[339]

(2) Insolvenzrecht und Individualschutz

Neben der Gesetzgebungsgeschichte überzeugt es auch systematisch nicht, die Insolvenzantragspflicht als Schutzgesetz einzuordnen. Dazu muss man sich zunächst verdeutlichen, dass die Insolvenzantragspflicht im Kern eine insolvenzrechtliche Norm

---

335 *Hess/Weis*, AnfR, Vor §§ 129 ff. InsO Rn. 24.

336 Eingehend zur Gesetzgebungsgeschichte sowohl des PREUßISCHEN AnfG 1855 wie auch der öAnfO 1884 mit Zitaten aus den Gesetzesbegründungen *Schummer*, FS Koppensteiner, 211 (219 ff.). Die entsprechenden Passagen finden sich i.Ü. auch bei *Glozbach*, 68 ff., der offensichtlich die Ausführungen *Schummers* seitenweise wortgleich übernimmt, ohne in irgendeiner Weise auf ihre Herkunft hinzuweisen.

337 *Schummer*, FS Koppensteiner, 211 (220).

338 *Schummer*, FS Koppensteiner, 211 (221).

339 Vgl. zu den auch nach Änderung der Rechtsprechung bzgl. des Neugläubigerschadens verbleibenden Problemen nachfolgend Punkt bb.

ist.[340] Denn sie dient dazu, die rechtzeitige Einleitung und ordnungsgemäße Durchführung des Insolvenzverfahrens sicherzustellen.[341] Ist die Antragsverpflichtung der Geschäftsführer aber Garant dafür, dass ein Insolvenzverfahren stattfindet, kann ihr Zweck nicht isoliert von dem Zweck des Insolvenzverfahrens selbst betrachtet werden. Und für das Insolvenzverfahren sind zum einen die Gleichbehandlung der Gläubiger und zum anderen ein nur mittelbarer Gläubigerschutz prägend.[342]

Daraus lässt sich zweierlei schließen. Erstens ist hinsichtlich des persönlichen Schutzbereichs zur Stellung der *Neugläubiger* zu erkennen, dass diese erst dadurch zu Gläubigern der GmbH werden, dass sie mit ihr in geschäftlichen Kontakt treten. Ihre Einbeziehung in den Schutz der Insolvenzantragspflicht mit ihrem Kontrahierungsschaden setzt demnach in der Tat voraus, dass die Pflicht vor der Kontaktaufnahme mit einer insolventen Gesellschaft schützen wollte. Nun ist es zwar es richtig, dass bei Vorliegen eines Insolvenzgrundes die GmbH die Berechtigung verliert, außerhalb einer insolvenzrechtlichen Sanierung weiter am Markt wirtschaftlich tätig zu sein. Insoweit bedeuten die Insolvenzgründe Terminierungsregeln für die wirtschaftliche Tätigkeit der GmbH. Richtig ist auch, dass damit ein Schutz des Rechtsverkehrs verbunden ist, der nicht zuletzt durch verschiedene Bekanntmachungen und Eintragungen im Zuge eines Insolvenzverfahrens (z.B. §§ 23, 30 ff. InsO) erreicht wird, die potentielle Gläubiger vor einem rechtsgeschäftlichen Kontakt mit der GmbH warnen sollen.[343] Dennoch geht die Ansicht, dass die Pflicht zur Einhaltung dieser Terminierungsregel auch einen *individuellen* Schutz jedes einzelnen Neugläubigers vor einem geschäftlichen Kontakt mit der insolvenzreifen GmbH besorgen will, fehl. Denn richtigerweise droht die Gefahr dem Rechtsverkehr schlechthin und damit letztlich der Allgemeinheit.[344] Der personelle Schutzbereich würde also mit einer Einbeziehung der Neugläubiger nicht nur unbestimmt und uferlos; die Pflicht zur Insolvenzverfahrenseinleitung verkäme zur Pflicht gegenüber jedermann, stets einen leistungsfähigen Schuldner zu garantieren. Die Tatsache, dass der rechtzeitige Insolvenzantrag auch dem Einzelnen nützt und nützen soll, bedeutet auch nicht im Umkehrschluss, dass ein Schutzgesetzcharakter i.S.d. § 823 II BGB vorliegt. Denn der bloße Schutzreflex einer die Allgemeinheit schützenden Norm begründet gerade keinen Schutzgesetzcharakter.[345]

Die Nichteinbeziehung der Neugläubiger lässt sich auch aus dem Gesamtzusammenhang des § 64 GmbHG begründen. Denn es geht es bei der Frage der Insolvenzverschleppungshaftung weniger um den Vorwurf, verspätet Insolvenzantrag gestellt zu haben[346] – der Unwert liegt vielmehr darin, das Unternehmen nach dem Eintritt der Insolvenzreife und dem Zeitpunkt der Antragsverpflichtung weitergeführt zu haben.[347]

---

340 Vgl. zur entspr. internationalprivatrechtlichen Qualifikation der Insolvenzantragspflicht oben Kap.3 C.IV.1.c.bb.
341 B/H/*Schulze-Osterloh*, GmbHG, § 64 Rn. 93.
342 Vgl. *Schummer*, FS Koppensteiner, 211 (223).
343 So insbesondere *Haas*, NZG 1999, 373 (376).
344 *Ulmer*, Anm. zu BGH ZIP 1993, 763 (771); *Altmeppen*, ZIP 2001, 2201 (2205).
345 RGRK-BGB/*Steffen*, § 823 Rn. 542.
346 So L/H/*Lutter*/*Kleindiek*, GmbHG, § 64 Rn. 38.
347 *Höffner*, Insolvenzverschleppung, 28; Scholz/*K. Schmidt*, GmbHG, § 64 Rn. 1.

Die behauptete Schadensposition der Neugläubiger (d.h. der Kontrahierungsschaden) resultiert aber eben nicht aus durch die Weiterführung der GmbH selbst entstandenen Nachteilen, sondern aus dem einzelnen Geschäftskontakt mit der Gesellschaft. Auch wenn dieser Geschäftskontakt ohne die Fortexistenz nicht zustande gekommen wäre und somit adäquat kausale Folge der Unternehmensfortführung sein mag, geht eine reine Kausalitätsbetrachtung an der Sache vorbei.[348] Denn nicht jede nachteilige, kausale Folge einer Pflichtverletzung ist auch automatisch vom Schutzzweck der Pflicht umfasst.[349] Die Insolvenzantragspflicht sichert die rechtzeitige Verfahrenseinleitung im Interesse aller Gläubiger. Ihr ist aber nicht zu entnehmen, dass sie gleichzeitig ein individuelles Vertrauen jedes Einzelnen auf normgerechtes Verhalten der Geschäftsführer und die Solvenz im Rechtsverkehr agierender Gesellschaften begründen und individuell schützen möchte. Ebenso wenig wie das Insolvenzrecht selbst mit den bereits genannten Informationen (§§ 23, 30 ff. InsO) für den Rechtsverkehr, die dem Insolvenzverfahren Außenwirkung verleihen sollen, einen individuellen Schutz einzelner Neugläubiger verfolgt, sind die Neugläubiger individuell durch die Insolvenzantragspflicht geschützt. Und schließlich ist derjenige, welcher einer insolvenzreifen oder auch nur kreditunwürdigen Gesellschaft einen Kredit gibt, sich also nicht marktkonform verhält, wenig schutzwürdig. Ob die Rechtsprechung insoweit aber tatsächlich die Kausalitätsfragen bei der Schadensberechnung ernst nimmt, muss bezweifelt werden. Wohl eher vermutet sie (inzident) generalisierend die Unkenntnis des jeweiligen Gläubigers von der Insolvenzreife. Insgesamt mögen die allgemein-deliktsrechtlichen Argumente der herrschenden Meinung zwar in sich stimmig sein; sie lassen aber den Gesamtzusammenhang der Norm außer Acht. Der Rechtsverkehr wird nicht gegen die Existenz insolventer Rechtssubjekte geschützt, sondern dagegen, dass aus deren nicht ordnungsgemäßer haftungsrechtlicher Abwicklung Verluste entstehen.[350]

Auch für *Altgläubiger* gilt, dass die Insolvenzantragspflicht ihnen keinen Individualschutz vermitteln will und daher kein Schutzgesetz zu ihren Gunsten ist. Der Zweck der Insolvenzantragspflicht kann auch hier nicht ohne das Wesen des Insolvenzrechts bestimmt werden. Für das gesamte Insolvenzrecht sind aber wie gesehen Gläubigergleichbehandlung und mittelbarer Gläubigerschutz prägend,[351] ohne dass es auf die individuelle Betroffenheit oder den Schaden des einzelnen Gläubigers ankäme.[352] Weil die Insolvenzantragspflicht das Insolvenzverfahren sichern will, kann der Schutzzweck dieser Pflicht also auch nicht darin bestehen, einen individuellen Gläubigerschutz zu garantieren.

Aus systematischer Sicht muss darüber hinaus der Zusammenhang mit dem Überschuldungstatbestand berücksichtigt werden. Überschuldete Gesellschaften sollen aus dem Verkehr gezogen werden, um die Gläubiger vor einer weiteren Entwertung ihrer

[348] *Altmeppen*, ZIP 2001, 2201 (2205).

[349] Insoweit zutr. BGH DB 2005, 2182 (2182 f.). Das gilt insbesondere für nach Insolvenzreife entstandene deliktische Ansprüche gegen die GmbH. Diesbezüglich wird gemeinhin die Geltendmachung des negativen Interesses verneint, obschon auch hier dieselbe Kausalitätsbetrachtung greifen würde.

[350] *Häsemeyer*, Rn. 30.70.

[351] *Schummer*, FS Koppensteiner, 211 (223).

[352] Das zeigt gerade auch das Insolvenzanfechtungsrecht, vgl. dazu die eben gemachten Ausführungen.

Forderungen zu schützen. Zur Bestimmung der Überschuldung knüpft das Gesetz aber nicht an die einzelnen, teilweise entwerteten Forderungen, sondern logischerweise an den Vermögensstand der Gesellschaft an. Dieser deutliche Vermögensbezug würde aber außer Acht gelassen, wollte man für die Frage, welchen Schaden ein die Insolvenz verschleppender Geschäftsführer ersetzen muss, nun auf den fiktiven Quotenverlust des einzelnen Gläubigers abstellen. Natürlich will der Gesetzgeber mit der rechtzeitigen Insolvenzverfahrenseinleitung die Gläubiger vor weiteren Forderungsentwertungen schützen – aber eben dadurch, dass das *Vermögen der Gesellschaft* erhalten wird.[353] Zweck der Insolvenzantragspflicht ist daher nicht, die Gläubiger vor einem individuellen Quotenschaden zu schützen, sondern mittelbar diesen Quotenschaden zu verhindern, indem ein Vermögensverlust der Gesellschaft unterbunden und notfalls (durch eine Haftung des Geschäftsführers) rückgängig gemacht wird. Wird das Gesellschaftsvermögen hinreichend gegen nach Insolvenzreife eintretende Verluste geschützt, entfällt auch das Bedürfnis, den Gläubigern daneben noch einen Individualschutz zuzusprechen. Für einen Schutz des Gesellschaftsvermögens aber findet sich im GmbHG mit dem richtig verstandenen § 64 II GmbHG[354] die Grundlage. Die Systematik des Gesetzes macht deutlich, warum der historische Gesetzgeber eine direkte Inanspruchnahme ablehnen konnte. Denn mit dem Schutz des Gesellschaftsvermögens gegen verbotswidrige „Zahlungen" sollte ein hinreichender (und abschließender) mittelbarer Schutz der Gesellschaftsgläubiger erreicht werden.[355] Die herrschende Ansicht jedoch verlässt diese klare Konzeption. Mit anderen Worten erfasst der Schutzbereich der Insolvenzantragspflicht nicht individuelle Rechtsverluste einzelner Gläubiger, sondern nur die Verschlechterung der Vermögens- und Haftungsverhältnisse infolge der (schuldhaften) Antragsverzögerung und Weiterführung der GmbH über diesen Zeitpunkt hinaus.[356] Diese Verschlechterung lässt sich an einem weiteren Schwund des Gesellschaftsvermögens nach Insolvenzreife ablesen und nicht an einer Quotenverringerung.[357]

bb. Unstimmigkeiten durch die Unterscheidung nach Gläubigergruppen

Die herrschende Ansicht zur Insolvenzverschleppungshaftung hat sich einem effektiven Gläubigerschutz verschrieben. Indes führt sie zu mehreren Schwierigkeiten, die die Zielerreichung in Frage stellen.

---

[353] *Altmeppen*, ZIP 2001, 2201 (2205); *Schummer*, FS Koppensteiner, 211 (229).

[354] Dazu sogleich unten B.II.3.

[355] *Altmeppen*, ZIP 2001, 2201 (2205); vgl. auch *G. Müller*, GmbHR 1996, 393 (395 ff.).

[356] *Häsemeyer*, Rn. 30.70; ähnl. *K. Schmidt*, NZI 1998, 7 (13); *G. Müller*, GmbHR 1996, 393 (396).

[357] So im Ansatz auch Scholz/*K. Schmidt*, GmbHG, § 64 Rn. 32 und *ders.*, Gesellschaftsrecht, § 36 II, der aber andererseits dennoch von der Ersatzfähigkeit eines Quotenschadens (für Alt- und Neugläubiger, verbunden mit der Theorie der sog. Sollquote) ausgeht. Dies ist aber nicht stimmig. Denn man kann nicht einerseits behaupten, es gehe nicht um die Folgen individueller Gläubigerverletzungen – *K. Schmidt*, NZI 1998, 7 (13) – und also von vermittelndem Gläubigerschutz ausgehen und andererseits genau denjenigen individuellen Gläubigerschaden ersetzt wissen wollen, den die jeweilige Gläubigergruppe hat, also konkret die Kausalität zwischen Pflichtverletzung und Schaden zu ergründen versuchen (was dann eben zwangsläufig zur Unterscheidung Neugläubiger/Altgläubiger führt).

(1) Abgrenzungsprobleme zwischen Alt- und Neugläubigern

Die deliktsrechtliche Insolvenzverschleppungshaftung bietet Neugläubigern den entscheidenden Vorteil, Ersatz nicht nur einer Quotendifferenz, sondern des gesamten negativen Interesses verlangen zu können. Das klingt auf den ersten Blick überzeugend. Jedoch greift der Schutz nur dann, wenn der Gläubiger sich sicher sein kann, dass er auch ein Neugläubiger ist. Das hängt davon ab, ob er seine Forderung vor oder nach Insolvenzreife erworben hat. Nachzuweisen hat der potentielle Neugläubiger seine Neugläubigerstellung im Prozess gegen den Geschäftsführer aber selbst.[358] Ist der Zeitpunkt des Forderungserwerbs noch leicht nachzuweisen,[359] gilt dies für den Eintritt der Insolvenzreife nicht mehr ohne weiteres. Gerade der Zeitpunkt des Überschuldungseintritts ist für einen außenstehenden Gläubiger oft schwer nachzuweisen. Insoweit ist von Bedeutung, ob der potentielle Neugläubiger das Recht haben soll, zur Prüfung eines möglichen Anspruchs die Insolvenzakten einzusehen. Dies richtet sich nach der allgemeinen Vorschrift des § 299 ZPO.[360] Danach ist zwar dem potentiellen Insolvenzgläubiger (und dies ist ein Neugläubiger schließlich auch) auch schon vor der Forderungsanmeldung ein rechtliches Interesse an der Akteneinsicht (samt eines Insolvenzgutachtens[361]) zuzugestehen, um sich erst Klarheit darüber zu verschaffen, ob eine Teilnahme am Insolvenzverfahren für ihn sinnvoll ist.[362] Ob eine Akteneinsicht aber auch dann zulässig ist, wenn sie primär dazu dient, Ansprüche gegen Dritte – insbesondere gegen den Geschäftsführer – zu prüfen, ist umstritten.[363] Dem steht nicht nur die Tendenz eines verstärkten (wenngleich zweifelhaften) Schutzes der informationellen Selbstbestimmung des Gemeinschuldners und einer damit verbundenen restriktiveren Handhabung des § 299 ZPO entgegen.[364] Dagegen spricht auch, dass der Neugläubiger mit seinem Anspruch gegen den Geschäftsführer nach herrschender Lehre einen Individualanspruch geltend machen will, der mit der Durchführung des Insolvenzverfahrens insoweit gar nichts zu tun hat. So hat der BGH auch ausdrücklich betont, dass die Geltendmachung des Neugläubigerschadens außerhalb wie während der Insolvenz der GmbH von den Neugläubigern selbst und nicht vom Insolvenzverwalter betrieben werden muss.[365] *Insoweit* ist der Neugläubiger deshalb nicht am Insolvenzverfahren

[358] *Haas*, NZG 1999, 373 (380).

[359] Schwierig ist aber die Frage, auf welchen Zeitpunkt es bei Dauerschuldverhältnissen ankommt, ob also der Gläubiger hier teils Neu- und teils Altgläubiger ist, d.h. ob insoweit die Begründung der Forderung oder deren Fälligkeit entscheiden soll; dazu *Haas*, DStR 2003, 423 (427 ff.) m.w.N.

[360] Braun/*Kießner*, InsO, § 4 Rn. 28; *Pape*, in: B. Kübler/Prütting, InsO, § 20 Rn. 55.

[361] Braun/*Kießner*, InsO, § 4 Rn. 28; OLG Naumburg ZIP 1997, 895 (896); OLG Celle NJW 2004, 863 (864).

[362] OLG Celle ZIP 2004, 370 (371); Jaeger/*Gerhardt*, InsO, § 4 Rn. 25.

[363] Gegen ein Einsichtsrecht in diesen Fällen Braun/*Kießner*, InsO, § 4 Rn. 31; Jaeger/*Gerhardt*, InsO, § 4 Rn. 26 m.w.N.; OLG Brandenburg NZI 2000, 485 (486); OLG Celle NZI 2000, 319 (319); a.A. Uhlenbruck/*Uhlenbruck*, InsO, § 4 Rn. 32; *Pape*, in: B. Kübler/Prütting, InsO, § 20 Rn. 57; HK-InsO/*Kirchhof*, § 4 Rn. 15; *Haas*, GmbHR 2006, 505 (508 f.); offen gelassen in OLG Celle NJW 2004, 863 (863).

[364] Krit. dazu bspw. Uhlenbruck/*Uhlenbruck*, InsO, § 4 Rn. 25; *Pape*, in: B. Kübler/Prütting, InsO, § 20 Rn. 55 ff.

[365] Vgl. BGHZ 138, 211 (216).

beteiligt. Inwieweit ein Dritter mit der bloßen Hoffnung, möglicherweise anspruchsbegründende Tatsachen für einen in einem anderen Verfahren zu verfolgenden Anspruch gegen einen ebenfalls nicht Verfahrensbeteiligten (Geschäftsführer) zu finden, ein rechtliches Interesse i.S.d. § 299 II ZPO begründen kann, erscheint damit zumindest zweifelhaft.[366]

Von dem Nachweis des Zeitpunkts der Insolvenzreife hängt es aber ab, ob ein Neugläubiger selbst klagen muss oder sich als Altgläubiger auf die Realisierung von Ansprüchen durch den Insolvenzverwalter verlassen kann. Alle möglichen Zweifel an der Neugläubigerstellung gehen voll zu Lasten des jeweiligen Gläubigers, der das gesamte Prozessrisiko allein trägt. Ihm gibt man letztlich mit dem auf das negative Interesse erweiterten, individuell durchsetzbaren Anspruch eher Steine statt Brot. Zudem hängt es nicht selten vom Zufall ab, ob der Gläubiger einen Tag vor oder nach der Insolvenzreife mit der GmbH kontrahiert; von diesem Zufall wird dann auch seine Schadenersatzposition bestimmt.

Die Trennung der Anspruchsdurchsetzung des Insolvenzverschleppungsschadens bedeutet schließlich die Gefahr, dass in unterschiedlichen Verfahren die Ausgangsfrage, nämlich wann Insolvenzreife eingetreten ist, unterschiedlich beurteilt wird.[367] Ist schon dies eine nur schwer erträgliche Konsequenz, kommt als Folge der kategorischen Trennung der Gläubigergruppen hinzu, dass um den Zugriff auf das Geschäftsführervermögen ein Wettlauf zwischen Neugläubigern und dem Insolvenzverwalter einsetzen wird, obschon die Ansprüche doch auf derselben Pflichtverletzung beruhen.[368]

(2) Vernachlässigung der Altgläubiger und gesetzlichen Neugläubiger

Die Differenzierung nach Gläubigergruppen hat an der von der Rechtsprechung selbst erkannten[369] Ineffizienz des für Altgläubiger weiterhin relevanten Quotenschadensmodells nichts geändert. Die Erweiterung des ersatzfähigen Schadens für die Neugläubiger lässt die Altgläubiger also weiterhin im Regen stehen. Für sie wird die Insolvenzverschleppungshaftung auch künftig keine praktische Relevanz haben.[370]

Noch mehr gilt dies für gesetzliche Neugläubiger. Hier verneint die wohl überwiegende Ansicht eine Ersatzfähigkeit des negativen Interesses. Zwar wäre möglicherweise die schadenstiftende deliktische Handlung durch rechtzeitige Insolvenzanmeldung

---

[366] Vgl. zu einem ähnl. Fall, in dem eine Auskunft vom Insolvenzverwalter über den Zeitpunkt des Eintritts der Insolvenzreife verlangt wurde, um Ansprüche gegen den Geschäftsführer wegen Insolvenzverschleppung zu klären BGH ZIP 2005, 1325. Dort hat der BGH einen Auskunftsanspruch verneint.

[367] *Dauner-Lieb*, ZGR 1998, 617 (629).

[368] *Schummer*, FS Koppensteiner, 211 (228); *Dauner-Lieb*, ZGR 1998, 617 (629); *K. Schmidt*, NZI 1998, 9 (12).

[369] Deutlich BGHZ 126, 181 (197 ff.): „Die Berechnung des Schadens bereitet „beängstigende Schwierigkeiten der Schadensschätzung" [...] Die Begrenzung der Haftung auf den Quotenschaden hat die Konkursantragsvorschriften als Haftungsnormen weitgehend außer Kraft gesetzt."

[370] *K. Schmidt*, ZHR 2004, 637 (640 ff.).

verhindert worden.[371] Die Haftung gegenüber Neugläubigern gründet im Kern aber auf enttäuschtem Vertrauen in die Leistungsfähigkeit der GmbH – ein solches Vertrauen ist jedoch bei Deliktsgläubigern nicht vorhanden.[372] Dadurch könnte für Deliktsneugläubiger die kuriose Situation entstehen, dass sie weder ihr negatives Interesse ersetzt bekommen, noch einen Quotenschaden geltend machen können – zumindest dann, wenn man mit einer verbreiteten Meinung den Ersatz eines Quotenschadens für Neugläubiger als ausgeschlossen betrachtet.[373] Aber selbst wenn man ihnen einen Quotenschaden zubilligen will, müsste man diesen durch einen Vergleich mit der fiktiven Insolvenzquote im Zeitpunkt der Forderungsentstehung ermitteln.[374] Die dabei auftretenden Schwierigkeiten (oben B.II.2.a.bb.) machen diesen Anspruch im Ergebnis wertlos.

(3) Fehlende Praktikabilität: Verbleibende Berechnungsprobleme

Obzwar gerade praktische Schwierigkeiten bei der Schadensberechnung zur Änderung der Rechtsprechung im Hinblick auf den Neugläubigerschaden geführt hatten, weist das heutige Konzept diesbezüglich immer noch Defizite auf. Zum einen führt die Herausnahme der Neugläubiger aus dem Quotenschadensmodell dazu, dass der Insolvenzverwalter den Quotenschaden nur für die Altgläubiger einziehen darf und insoweit eine Sondermasse bilden muss.[375] Die Abwicklung in der Insolvenz wird dadurch zusätzlich erschwert. Und sieht man den Zweck der Insolvenzantragspflicht darin, alle Gläubiger vor einem Schaden durch Fortführung der GmbH zu schützen, will nicht einleuchten, warum trotz § 92 InsO Ansprüche aus Insolvenzverschleppungshaftung den Gläubigern unterschiedlich zugute kommen. Zum anderen ist schließlich für die Neugläubiger zu sehen, dass deren Schaden nicht nur im individuell (und ohne Insolvenzverwalter) durchsetzbaren negativen Interesse besteht. Denn Neugläubiger können daneben auch insoweit einen Quotenschaden erleiden, als sie berechtigt bleiben, ihr positives Interesse im Insolvenzverfahren als Insolvenzgläubiger einzufordern.[376] Hier kann die fiktive Quote im Zeitpunkt des Forderungserwerbs durch weitere Insolvenzverschleppung weiter gemindert werden. Nun ist zwar streitig, ob mit dieser Überlegung neben dem Ersatz des Kontrahierungsschadens ein weiterer Schadenersatz für die Neugläubiger in Betracht kommen soll.[377] Die Schlüssigkeit des herrschenden Konzep-

---

371 Diese Kausalitätsbetrachtung gilt – was oft verkannt wird – nur, falls der Insolvenzverwalter den Betrieb eingestellt hätte.

372 *Bayer/Lieder*, WM 2006, 1 (6); R/S-L/*Schmidt-Leithoff*, GmbHG, § 64 Rn. 45; *Haas*, DStR 2003, 423 (429); Michalski/*Nerlich*, GmbHG, § 64 Rn. 74; OLG Jena ZIP 2002, 631 (632). Den Anspruch dennoch bejahend L/H/*Lutter/Kleindiek*, GmbHG, § 64 Rn. 50; *B. Kübler*, ZGR 1995, 481 (496); *Kalnbach*, 173 ff.; *Röhricht*, ZIP 2005, 505 (509). Mit Hinweis auf den Schutzzweck der Insolvenzantragspflicht lehnt nun höchstrichterlich auch BGH DB 2005, 2182 (2184) die Haftung gegenüber deliktischen Neugläubigern ab; hierzu *Bayer/Lieder*, WM 2006, 1 (5 ff.).

373 Dazu *Fritsche/Lieder*, DZWiR 2004, 93 (101) m.w.N.

374 *Haas*, NZG 1999, 373 (377). Die Schwierigkeiten erkennen denn auch *Bayer/Lieder*, WM 2006, 1 (8).

375 *Eisner*, ZInsO 2005, 20 (22); (krit.) Scholz/*K. Schmidt*, GmbHG, § 64 Rn. 42; R/A/*Altmeppen*, GmbHG, § 64 Rn. 64.

376 *Götker*, Rn. 704.

377 Verneint wird dies wohl von der Rechtsprechung, die die gerade für Neugläubiger schwierige Quotenschadensberechnung ja vermeiden wollte.

tes befördert es aber nicht, hier für die Neugläubiger auf eine genaue Schadensberechnung zu verzichten. Schließlich ist nicht recht einzusehen, warum der Ersatz des negativen Interesses dem positiven vorgehen soll. In der Regel ist es nämlich andersherum; denn wenn das positive Interesse ersetzt ist, bleibt für einen Ersatz des negativen Interesses kein Raum mehr.[378] Seltsam mutet schließlich auch der zumindest theoretisch denkbare Fall an, dass die dem Geschäftsführer im Zuge der Befriedigung eines Neugläubigers abgetretene Insolvenzforderung (§ 255 BGB) nach Sanierung der Gesellschaft realisierbar bleibt. Dann könnte der Geschäftsführer auf Kosten der Neugläubiger Gewinn machen.

cc. Fremdkörper § 64 II GmbHG

Die Bezeichnung des Zahlungsverbotes aus § 64 II GmbHG als „Spezialfall der Insolvenzverschleppung"[379] täuscht darüber hinweg, dass eine widerspruchsfreie Einordnung in das Konzept der Insolvenzverschleppungshaftung bislang nicht gelungen ist und die Norm weiterhin Rätsel aufgibt.[380] Das Verständnis als Verbot von Masseschmälerungen und Garant für die gleichrangige Befriedigung in der Insolvenz begegnet zum einen systematischen Bedenken. Denn wenn man den Einzelausgleich[381] bei masseschmälernden Zahlungen betont, gleichzeitig aber mit Blick auf die *par condicio creditorum* weitgehend isoliert den Vermögensabfluss fokussiert, dann gerät das Zahlungsverbot in einen bedenklichen Überschneidungsbereich mit dem Anfechtungsrecht.[382] Bedenklich deshalb, weil dann wie erwähnt das Verhältnis der beiden „Anfechtungsmöglichkeiten" ungeklärt bleibt. Warum sollte eine „Anfechtung" gegenüber dem Geschäftsführer möglich sein, ohne dass die jeweiligen besonderen, wohl ausgewogenen Voraussetzungen der jeweiligen Anfechtungstatbestände vorliegen, zumal der Geschäftsführer durch den Zahlungsvorgang nicht unmittelbar bevorteilt ist. Mit dem Grundgedanken der Anfechtung, eine Übervorteilung eines einzelnen Gläubigers zu Lasten der Gläubigergesamtheit zu verhindern, ist dies kaum vereinbar. Es überzeugt daher nicht, in § 64 II GmbHG den für den Insolvenzverwalter „einfacheren" Weg einer Insolvenzanfechtung zu sehen.[383] Die in den §§ 129 ff. InsO aufgeführten Befriedigungshandlungen sind nicht deckungsgleich mit Zahlungen durch den Ge-

---

[378] Zutr. und eingehend *Götker*, Rn. 706 ff. mit dem Hinweis, dass dies erst recht gilt, wenn man bedenkt, dass das neue Recht verstärkt auf eine Sanierung in der Insolvenz setzt und damit auf eine weitere Realisierbarkeit des positiven Interesses.

[379] Uhlenbruck/*Hirte*, InsO, § 11 Rn. 72; ähnl. L/H/*Lutter*/*Kleindiek*, GmbHG, § 64 Rn. 58, das Zahlungsverbot „flankiere" die Insolvenzverschleppungshaftung.

[380] Zur anfechtungsähnlichen Deutung und Ergänzungsfunktion des § 64 II GmbHG nach der herrschenden Meinung soeben B.II.2.b.

[381] Anders – für Ersatz des Saldos der Masseschmälerung – *Bitter*, WM 2001, 666 (670 ff.); näher noch B.II.3.b.

[382] Für eine anfechtungsrechtsähnliche Deutung des § 64 II GmbHG etwa *Haas*, NZG 2004, 737 (740 ff.); *Röhricht*, ZIP 2005, 505 (510). Der Überschneidungsbereich mit dem Insolvenzanfechtungsrecht wird noch größer, wenn man für die Geltendmachung des Anspruchs grundsätzlich die Insolvenz der Gesellschaft voraussetzt, wie etwa Hachenburg/*Ulmer*, GmbHG, § 64 Rn. 38; *Fleck*, GmbHR 1974, 224 (230); BGH NJW 2001, 304 (305).

[383] So aber *Geißler*, INF 1999, 392 (395); BGH GmbHR 1996, 211 (212 ff.).

schäftsführer nach Insolvenzreife oder dessen schuldhafter Insolvenzverschleppung. Auch der Eingriffszeitpunkt differiert. Gilt § 64 II GmbHG bei schuldhaftem Versäumen der Insolvenzreife im Allgemeinen, also auch im Falle der Überschuldung, stellt das (besondere) Insolvenzanfechtungsrecht auf den Zeitraum ab Zahlungsunfähigkeit respektive Eröffnungsantrag ab. Wollte der Gesetzgeber mit § 64 II GmbHG tatsächlich ein die Anfechtungsregeln in KO und AnfG ergänzendes, spezielles „materielles Anfechtungsrecht" schaffen, hätte dies in den Gesetzesmaterialien Erwähnung gefunden.

Zum anderen wirft die Kasuistik zu § 64 II GmbHG Fragen auf. Das gilt insbesondere für die Unklarheiten bei der Berücksichtigung einer im Zusammenhang mit der Zahlung stehenden Gegenleistung. Dem Grundgedanken nach ist zwar ein in das Gesellschaftsvermögen geflossener Gegenwert anspruchsmindernd zu berücksichtigen.[384] Damit bleibt der Anspruch im Ausgangspunkt dogmatisch gewissermaßen noch in der Kategorie des Schadenersatzes. Jedoch ist andererseits festzustellen, dass tendenziell die Gegenleistung ausgeblendet wird. Denn wenn auch dem Ansatz nach Austauschgeschäfte nicht unter den Normzweck des § 64 II GmbHG fallen,[385] so gilt andererseits die Befriedigung einer Forderung als der klassische Anwendungsfall des Zahlungsverbotes.[386] Doch auch in diesem Fall ist regelmäßig eine Gegenleistung in das Gesellschaftsvermögen geflossen, so dass es gar nicht darauf ankommt, dass mit der Befriedigungshandlung auch die Forderung erlischt (was wiederum als Ausgleich gerade nicht genügen soll). So ist denn letztlich die Berücksichtigung der Gegenleistung zeitpunktabhängig. Insoweit ist auch die Rechtsprechung zu verstehen, wenn sie darauf abstellt, ob der Gegenwert zum Zeitpunkt der Auszahlung wertmäßig noch voll vorhanden ist.[387] Es scheint damit in der Praxis aber so, als ob die Berücksichtigung der Gegenleistung davon abhängt, ob die Leistungen Zug-um-Zug ausgetauscht werden oder nicht.[388] Denn nur bei einem gleichzeitigen Austausch gewinnt die Gegenleistung überhaupt Bedeutung. Geht es um die Befriedigung einer Forderung, für die der Gläubiger vor längerer Zeit eine Gegenleistung erbracht hat, wird diese in der Regel nicht mehr berücksichtigt, sondern der Vermögensabfluss isoliert betrachtet. Doch selbst wenn die Gegenleistung nicht mehr unterscheidbar vorhanden sein mag, so hat sie doch auch das Gesellschaftsvermögen ursprünglich erhöht und ist insoweit den Gläubigern zugute gekommen, als das Vermögen nun nicht noch geringer ist. Widersprüchlich ist es schließlich auch, in der Eingehung von Verbindlichkeiten wegen des Austauschcharakters keine „Zahlung" zu sehen,[389] in der Erfüllung eines solchen gegenseitigen Vertrages durch die GmbH aber schon, wenn die Gegenseite zwar erfüllt hat, diese Leistung aber zum Zeitpunkt der Zahlung nicht mehr vollwertig vorhanden ist.

In ähnlicher Weise führt auch die gängige isolierte Betrachtung des jeweiligen einzelnen Zahlungsvorgangs zu Unstimmigkeiten. Das gilt einmal für die Fälle der Ein-

---

[384] S. bereits oben B.II.2.b.bb.
[385] Hachenburg/*Ulmer*, GmbHG, § 64 Rn. 43; *Geißler*, INF 1999, 392 (394).
[386] Vgl. etwa den Fall OLG Hamburg ZIP 1995, 913.
[387] BGH BB 1974, 855 (856); BGH NJW-RR 1986, 579 (581); BGH NZG 2003, 582 (583).
[388] Vgl. *Röhricht*, ZIP 2005, 505 (510).
[389] Str., aber h.M., Michalski/*Nerlich*, GmbHG, § 64 Rn. 43 m.w.N.

ziehung eines Schecks auf ein debitorisches Konto der GmbH. In diesem Vorgang wird wie erwähnt eine nach § 64 II GmbHG verbotene Zahlung an die Bank gesehen. Führt man diesen Fall fort, und nimmt man an, dass der Geschäftsführer den Betrag abhebt und wieder (auf das immer noch debitorische Konto) einzahlt, müsste man – so man weiter auf den konkreten Zahlungsvorgang abstellt – auch hierin eine verbotene Zahlung sehen. Und wenn der Geschäftsführer mehrere Male den Betrag abhebt und wieder einzahlt, würde auch dies gegen § 64 II GmbHG verstoßen.[390] Einleuchten will diese Haftungspotenzierung freilich nicht, führte sie doch zu einer Bereicherung der Masse auf Kosten des Geschäftsführers.[391] Das gilt erst recht für die Fälle, in denen ein Dritter auf ein debitorisches Konto der GmbH einen ihr geschuldeten Betrag überweist. Hier soll die Zurechnung der Überweisung an den Geschäftsführer davon abhängen, ob die „Veranlassung" der Überweisung durch die Bezugnahme auf das Gesellschaftskonto bei der Rechnungserstellung vor oder nach Insolvenzreife[392] erfolgte. Zutreffender wäre es aber, für die Zurechnung zusätzlich darauf abzustellen, ob das betreffende Konto zum Zeitpunkt der Rechnungsstellung im Debet stand oder nicht. Denn auch nach Insolvenzreife kann der Geschäftsführer ggf. noch damit rechnen, dass bestimmte Konten weiterhin einen positiven Saldo aufweisen. Und selbst wenn die Rechnungsstellung zum Zeitpunkt eines negativen Kontensaldos erfolgt, wird es nicht selten vom Zufall abhängen, ob dieser Saldo negativ bleibt. So kann denn etwa die eine Überweisung, die das ursprünglich bestehende Debet beseitigt, noch als verbotene Zahlung zu qualifizieren sein, die einen Tag danach eingehende Zahlung aber nicht mehr.

Ebenso problematisch sind die Durchleitungsfälle, in denen die GmbH von einem Dritten Mittel erhält, um sie an einen bestimmten Schuldner weiterzureichen. Hier hat der BGH in einem Fall, entschieden, dass eine verbotene Zahlung i.S.d. § 64 II GmbHG nicht etwa deshalb ausscheidet, weil der GmbH zeitgleich mit der Zahlung ein ebenso hoher Betrag zugeflossen ist. Denn dieser Betrag habe bei normgerechtem Verhalten zur gleichmäßigen Befriedigung aller Gläubiger verwendet werden müssen.[393] Bei dieser Beurteilung lässt die Rechtsprechung jedoch die vertragliche Vereinbarung außer Acht, die die GmbH dazu verpflichtet, den erhaltenen Betrag ausschließlich zu dem Zweck der Weiterleitung zu verwenden.[394] „Normgerechtes" Verhalten kann aber schwerlich ein Vertragsbruch sein. Wüsste der Dritte, dass der Betrag vom Zahlungsverbot erfasst wird, würde er an die GmbH den Betrag also erst gar nicht auskehren. Die Zweckbestimmung scheint die Rechtsprechung denn auch nicht weiter zu interessieren. So könnte man den Fall weiterspinnen und annehmen, die GmbH bekommt einen bestimmten Betrag von einem Dritten im Wege der Schenkung, um einen Gesellschaftsgläubiger zu befriedigen. Soll dann eine verbotene Zahlung vorliegen – obgleich der Dritte auch nach § 267 BGB vorgehen könnte, ohne dass § 64 II

[390] *Bitter*, WM 2001, 666 (668).
[391] Krit. auch *K. Schmidt*, ZHR 2004, 637 (652).
[392] OLG Oldenburg GmbHR 2004, 1340 (1342).
[393] BGH NZG 2003, 582 (583).
[394] Gegen eine Unterordnung dieser Fälle unter das Zahlungsverbot daher (für die entsprechende Regelung in § 99 II GenG) *Gräser*, in: Hettrich/Pöhlmann/Gräser/Röhrich, GenG, § 99 Rn. 6.

GmbHG griffe? Normgerechtes Verhalten kann auch hier kaum die Verwendung des Betrages für alle Gesellschaftsgläubiger sein; denn dieses Verhalten löste möglicherweise Ersatzansprüche des Dritten (etwa nach § 812 I 2 Var. 2 BGB) aus.

Ungeklärt ist schließlich auch die Konkurrenz der Ansprüche der Gesellschaft aus § 64 II GmbHG und den deliktischen Schadenersatzansprüchen der Gläubiger. Weil gerade der Quotenschaden der Altgläubiger letztlich auf einer Vermögensminderung bei der GmbH beruht, die aber auch durch „Zahlungen" i.S.d. § 64 II GmbHG erfolgen kann, sind die ersatzfähigen Schadensposten teilweise deckungsgleich.[395] Dann stellt sich aber die Frage, ob und inwieweit die Neugläubiger an der Ersatzpflicht des Geschäftsführers partizipieren dürfen. Nimmt man an, dass für Neugläubiger ein Quotenschaden gar nicht relevant wird, weil sie hinreichend durch den Anspruch auf das negative Interesse geschützt sind,[396] bzw. je nach dem Zeitpunkt der Forderungsentstehung nur ein Teil des Quotenschadens der Altgläubiger auch für die Neugläubiger gilt, müsste man insoweit auch den mit dem Quotenschaden deckungsgleichen Anspruch der Gesellschaft für die Altgläubiger reservieren. Diese Konsequenz zieht aber die Rechtsprechung bislang nicht sondern betont, dass § 64 II GmbHG die Gläubigergesamtheit (also auch die Neugläubiger) schütze.[397] Das ist zwar richtig, offenbart aber zugleich deutlich die Unstimmigkeit des § 64 II GmbHG mit dem herrschenden Konzept der Insolvenzverschleppungshaftung. Hinzu kommt die Unstimmigkeit, dass das Haftungsprivileg aus § 64 II 2 GmbHG trotz der teilweisen Identität der Schadenspositionen nur auf den Anspruch wegen verbotener Zahlungen, nicht jedoch auf den deliktischen Anspruch wegen Insolvenzverschleppung Anwendung findet.[398]

dd. Zusammenfassung

Das herrschende Konzept einer Insolvenzverschleppungshaftung, das maßgeblich auf der deliktischen Verortung des Gläubigerschutzes basiert, überzeugt insgesamt nicht. Zum einen bestehen schon gegen den Ansatzpunkt individualisierenden Gläubigerschutzes Bedenken. Denn Normzweck der Insolvenzantragspflicht ist es nicht, gegen individuelle Rechtsverluste einzelner Gläubiger zu schützen. Neben der Gesetzgebungsgeschichte zeigt auch der Normzusammenhang, dass es beim Schutz vor Insolvenzverschleppung um einen mittelbaren Schutz der Gesellschaftsgläubiger geht. Auch aus systematischer Sicht ist wenig gewonnen, auf den konkreten Schaden jedes Gläubigers abstellen zu wollen. Die dabei unvermeidlich auftretenden Berechnungsschwierigkeiten verhindern, dass die Insolvenzverschleppungshaftung die ihr zugedachte wichtige Anreizwirkung für ein normgerechtes Verhalten des Geschäftsführers erfüllt. Das zeigt im Übrigen auch die Haltung der von einer möglichen Haftung Betroffenen: denn sie befürchten nach einer neueren Studie nur selten, wegen Insolvenz-

---

[395] *Götker*, Rn. 709 ff.

[396] So wohl die Rspr. Das ist aber wie bereits erwähnt str., da hinsichtlich ihres positiven Interesses ein Quotenschaden auch der Neugläubiger durchaus denkbar ist.

[397] *Götker*, Rn. 709 m.w.N.

[398] Darauf weist auch *G. Müller*, GmbHR 1996, 393 (397, 399) – insbes. im Hinblick auf die Neugläubiger – hin.

verschleppung in Anspruch genommen zu werden.[399] Die gut gemeinte und allgemein-deliktsrechtlich konsequente Unterscheidung in Neu- und Altgläubiger beseitigt die Defizite der Insolvenzverschleppungshaftung nicht, sondern beschwört neue Abgrenzungsprobleme herauf und lässt die Altgläubiger mit ihrem praktisch nicht realisierbaren Quotenschaden weiterhin im Stich. Es ist auffällig, dass der deliktsrechtliche Schwerpunkt bei der Haftung des Geschäftsführers lange Zeit das Zahlungsverbot des § 64 II GmbHG ins Abseits drängte. Das ist maßgeblich darauf zurückzuführen, dass die wortlautgetreue Auslegung eine Fortentwicklung zur zentralen Haftungsnorm bei Weiterführung eines Unternehmens über das Stadium der Insolvenzreife hinaus behindert. Das Normverständnis der herrschenden Meinung als Masseerhaltungsgebot und Sicherstellung der *par condicio creditorum*, das das Zahlungsverbot deutlich in die Nähe der Anfechtungsvorschriften bringt, fügt sich aber weder nahtlos in das Konzept der deliktischen Insolvenzverschleppungshaftung ein, noch bietet es eine in sich geschlossene, wertungsmäßig überzeugende Systematik. Die einzelnen Entscheidungen zu § 64 II GmbHG eint allenfalls, dass weitgehend isoliert auf konkrete Mittelabflüsse geschaut und deren Rückgewähr angeordnet wird. Die Vorschrift entwickelt sich damit von einer Norm mit schadenersatzrechtlichem Charakter zunehmend zu einer bloßen – unsystematischen – Liquiditätsbeschaffungsnorm im Insolvenzfall.[400] Die herrschende Ansicht muss sich aber fragen lassen, welchen Sinn ein derart verkümmerter § 64 II GmbHG machen soll.[401]

Die Unzulänglichkeiten des gängigen Konzeptes lassen sich nur beseitigen, wenn man den notwendigen insolvenzrechtlichen Gläubigerschutz nicht individualisiert, sondern mittelbar konstruiert. Die zentrale Rolle spielt dabei – wie nachfolgend zu erörtern ist – der Schutz des Gesellschaftsvermögens durch § 64 II GmbHG.

3. Alternativmodell: Verlustausgleichspflicht gegenüber der Gesellschaft bei Fortführung nach Insolvenzreife

Eine Neuausrichtung der Haftung des Geschäftsführers bei Insolvenzverschleppung muss sich daran orientieren, dass § 64 GmbHG Gläubigerschutz nur mittelbar über den Schutz des Gesellschaftsvermögens erreichen will. Diesen mittelbaren Schutz sieht das Gesetz mit § 64 II GmbHG schon vor. Bislang verhindert jedoch das Normverständnis eine stärkere Bedeutung der Vorschrift und Fortbildung zur Grundlage für die Insolvenzverschleppungshaftung. Deswegen ist zunächst der Normzweck des § 64 II GmbHG näher zu untersuchen (unten a.). Hierauf aufbauend können die näheren Voraussetzungen der Haftung erläutert und insbesondere der kryptische Begriff der „Zahlung“ aufgelöst werden (unten b.). Nach Darstellung der verfahrensrechtlichen Fragen

---

399 Vgl. *Meyer/Hermes*, GmbHR 2005, 807 (815).

400 Vgl. Scholz/*K. Schmidt*, GmbHG, § 64 Rn. 35a.

401 Vgl. *G. Müller*, GmbHR 1996, 393 (398), der in der Gesetzesauslegung der Rspr. einen Verstoß gegen die Grenzen der Rechtsfortbildung sieht, soweit sie durch § 64 GmbHG auch die Neugläubiger mit ihrem negativen Interesse schützen will.

soll abschließend kurz auf das Problem einer zusätzlichen Ersatzfähigkeit individueller Gläubigerschäden eingegangen werden (unten c./d.).

a. Normzweck des § 64 II GmbHG: Sicherung des Gesellschaftsvermögens

Die Ablehnung des Schutzgesetzcharakters der Insolvenzantragspflicht bedingt einen Perspektivenwechsel weg von einem individuellen hin zu einem mittelbaren Gläubigerschutz durch eine Anspruchszuweisung an die GmbH selbst.[402] Eine nicht rechtzeitige Anmeldung der Insolvenz kann also für sich allein keine Direktansprüche der Gläubiger gegen den Geschäftsführer begründen. Die notwendige Anreizwirkung einer Haftung bei Insolvenzverschleppung muss demzufolge von einer wirksamen Innenhaftung geleistet werden. Eine solche Innenhaftung begründet § 64 II GmbHG. Wer freilich diese Norm als reines Zahlungsverbot versteht, das bei einem Verstoß zu einer Ausgleichspflicht einzelner Zahlungen führt, kann hierin keine umfassende Gläubigerschutzregelung sehen. Schon die schwierige Aufdeckung einzelner Verstöße würde nicht selten eine Verwirklichung der Geschäftsführerhaftung verhindern.

Entscheidend für das Normverständnis ist denn auch, dass § 64 I GmbHG ein Verbot für die ungehinderte weitere werbende Tätigkeit der GmbH darstellt. Das zu sanktionierende Unrecht ist nicht der Verstoß gegen die Insolvenzantragspflicht an sich, sondern die weitere Fortführung der Gesellschaft über die Insolvenzreife hinaus.[403] An den mit der Fortführung verbundenen Schäden muss sich konsequenterweise auch die Haftung des Geschäftsführers orientieren. Zieht man mit in Betracht, dass auch der Überschuldungstatbestand vermögensorientiert ausgestaltet ist, wird deutlich, dass es um den Schutz des Gesellschaftsvermögens geht. Eine Haftungskonzentration bei der GmbH macht nur dann Sinn, wenn auch der ersatzfähige Schaden ein solcher der Gesellschaft ist.[404] Der individuell erlittene konkrete Nachteil des einzelnen Gläubigers wird also ausgeblendet zugunsten einer Besserstellung der Gläubigergesamtheit. Für alle Gläubiger wird mithin der bei Insolvenzreife vorhandene Vermögensstatus gesichert. Wer also trotz Insolvenzreife die GmbH fortführt, tut dies insoweit auf eigenes

[402] Vgl. *Altmeppen/Wilhelm*, NJW 1999, 673 (680).

[403] *Kalnbach*, 112; Scholz/*K. Schmidt*, GmbHG, § 64 Rn. 13; *Altmeppen/Wilhelm*, NJW 1999, 673 (678).

[404] Anders die These, § 64 II GmbHG sei ein Fall der Drittschadensliquidation, Uhlenbruck/*Hirte*, InsO, § 11 Rn. 72 m.w.N. Daran ist im Ansatz allenfalls noch richtig, dass die Norm dem Gläubigerschutz dient. Das gesetzgeberische Konzept eines mittelbaren Gläubigerschutzes durch eine Haftungskonzentration bei der GmbH bedeutet aber nicht lediglich eine formale Anspruchszuweisung an die GmbH. Denn damit wäre insbesondere hinsichtlich der Probleme der Schadensberechnung nichts gewonnen, weil dann wieder auf den konkreten, individuellen Schaden jedes einzelnen Gläubigers abgestellt werden müsste. Der mittelbare Gläubigerschutz verlangt daher auch für den Anspruchsinhalt eine Ausrichtung an der Schädigung der GmbH durch die weitere Fortführung der Gesellschaft nach Insolvenzreife. Zwar spricht auch R/A/*Altmeppen*, GmbHG, § 64 Rn. 100; *ders.*, ZIP 2001, 2201 (2208) von einem „Schaden der Gläubigergemeinschaft". Dies dürfte aber kein qualitativer Unterschied zur hier vertretenen Ansicht sein, da *Altmeppen* gleichzeitig (wie hier) betont, dass es um einen Ausgleich von Verlusten der Gesellschaft geht. Die Terminologie soll denn wohl auch nur verdeutlichen, dass die Ersatzpflicht im Gesamtgläubigerinteresse steht, auch wenn sie einen über die Bewahrung des Gesellschaftsvermögens *vermittelten* Schutz darstellt.

Risiko, als er der Gesellschaft die aus der Fortführung entstehenden Nachteile zu ersetzen hat.

Indem das Gesetz in § 64 II GmbHG an die Terminierungspflicht bei Insolvenzreife anknüpft und den Geschäftsführer zur Rückgewähr verbotener Zahlungen verpflichtet, bezweckt es damit offensichtlich gerade einen solchen Schutz gegen die weitere Verminderung des Gesellschaftsvermögens.[405] Tendenziell in diese Richtung geht schließlich auch die gängige Ansicht, § 64 II GmbHG wolle Masseverkürzungen verhindern. Jedoch wird darin kein System gesehen, sondern nur eine Pflicht zum Ausgleich einzelner Zahlungen, deren Qualifikation als „Zahlung" jedoch erhebliche Schwierigkeiten bereitet. Die Interpretation als eine Norm aber, die im Gläubigerinteresse einen umfassenden Schutz des Gesellschaftsvermögens verfolgt, ist nur möglich, wenn man vom System des Einzelausgleichs wegkommt. Parallelen lassen sich insoweit zur Existenzvernichtungshaftung (oben Kap.2 A.I.2.a.cc.(2)) ziehen. Auch wenn das Konzept der Existenzvernichtungshaftung insgesamt nicht überzeugt, fußt es doch auf dem für sich nachvollziehbaren Gedanken, dass die Kapitalerhaltungsvorschriften die ihnen zugedachte Gläubigerschutzfunktion nicht hinreichend erfüllen können, weil das gesetzliche Einzelausgleichssystem der §§ 30, 31 GmbHG nicht alle dem Unternehmen durch – oftmals nicht hinreichend genau isolierbare – Entnahmen dringend benötigter Liquidität oder Produktionsmittel zugefügte Schäden erfasst.[406] Dieser Gedanke gilt auch für die Ausgleichspflicht des Geschäftsführers nach § 64 II GmbHG. Das offenkundige Normziel, das Gesellschaftsvermögen zu schützen, kann mit einem Einzelausgleich nicht erreicht werden. Die hierbei entstehenden Schutzdefizite sind indes nicht durch einen unsystematischen Rückgriff auf das allgemeine Deliktsrecht zu lösen, sondern systemimmanent durch eine sinnvolle Interpretation des Gesetzes und hier konkret des Begriffes der „Zahlung".[407]

§ 64 II GmbHG bleibt damit eine schadenersatzrechtliche Norm.[408] Dass § 64 II GmbHG bereits im Vorfeld der Eröffnung des Insolvenzverfahrens unmittelbar die Gläubigergleichbehandlung sichern will,[409] also der Intention nach „paralleles, vorgezogenes Insolvenzanfechtungsrecht" ist, überzeugt hingegen nicht. Wenn die Dreiwochenfrist des § 64 I GmbHG für das Zahlungsverbot nicht gelten soll,[410] würde sich dessen Anwendungsbereich nach der Gesetzessystematik – nach der dann spätestens nach drei Wochen Insolvenzantrag zu stellen wäre – allein auf die Dreiwochenfrist beschränken. Diese Dreiwochenfrist ist aber andererseits nach h.M. gerade dazu da, die Sanierungschancen auszuloten. Sind Sanierungschancen gegeben, dann darf die Gesellschaft jedenfalls drei Wochen lang weitergeführt werden. Damit ist es nicht ver-

---

[405] Insoweit zutreffend Uhlenbruck/*Hirte*, InsO, § 11 Rn. 72.

[406] *Röhricht*, FS 50 Jahre Bundesgerichtshof, 83 (92 ff.); *ders.*, ZIP 2005, 505 (514).

[407] *Altmeppen/Wilhelm*, NJW 1999, 673 (678); ähnl. auch *Bitter*, WM 2001, 666 (670 ff.).

[408] Ebenso im Ausgangspunkt *K. Schmidt*, ZHR 2004, 637 (655 ff.); *ders.*, ZIP 2005, 2177 (2183) – freilich mit anderen Folgerungen.

[409] So insbesondere B/H/*Schulze-Osterloh*, GmbHG, § 64 Rn. 78: „Anspruch auf Wiederherstellung gleicher Bedingungen für die Gläubiger". Parallelen zum Anfechtungsrecht betont auch *Haas*, NZG 2004, 737 (740, 743).

[410] Dazu schon oben B.I.3.b.

einbar, hier schon eine strenge Ersatzpflicht eingreifen zu lassen. Daher müsste man für diesen Fall – also Zahlungen, die erfolgen, um Sanierungsmaßnahmen innerhalb der Dreiwochenfrist nicht zu gefährden und der Aufrechterhaltung des Geschäftsbetriebes dienen (und das wird eine Mehrzahl der Zahlungen in diesem Zeitraum sein) – die Ausnahme des § 64 II 2 GmbHG greifen lassen.[411] Dann unterfielen dem Zahlungsverbot nur die Fälle, in denen es keine Sanierungschancen gibt. Jedoch darf in diesen Fällen der Geschäftsführer schon gar nicht die als Maximalfrist zu verstehende Dreiwochenfrist ausnutzen. In § 64 II GmbHG dieselbe *ratio* zu sehen wie die des Anfechtungsrechts ist somit nicht wirklich schlüssig. Mit der innerhalb der Dreiwochenfrist bei Sanierungschancen ausdrücklich zulässigen Aufrechterhaltung des Geschäftsbetriebes ist es nämlich kaum vereinbar, den Geschäftsführer gleichzeitig zur Gleichbehandlung der Gläubiger zu verpflichten.[412] Es kann also nicht Zweck des § 64 II GmbHG sein, *unmittelbar* die Gläubigergleichbehandlung zu sichern.[413] Die Gläubigergleichbehandlung wird (nur) reflexartig dadurch geschützt, dass der Geschäftsführer Vermögensminderungen nach Insolvenzreife auszugleichen hat.[414] Die Annäherung an das Insolvenzanfechtungsrecht ist denn wohl eher ein unsystematischer Versuch, durch Fokussierung allein auf den isolierten Vermögensabfluss die Handhabbarkeit der Norm zu vereinfachen und in der Insolvenz für mehr Liquidität zu sorgen. Unsystematisch deshalb, weil er den schadenersatzrechtlichen Charakter und Zweck des § 64 II GmbHG vollends negiert.

Festzuhalten bleibt, dass die in § 64 II GmbHG beabsichtigte abschließende Regelung des Gläubigerschutzes einerseits auf einen exakten Ausgleich individueller Schädigungen verzichtet. Andererseits macht das gesetzgeberische Konzept nur dann Sinn, wenn die insolvenzrechtliche Haftung einen wirksamen Schutz vor weiteren Vermögensminderungen bietet. Vom auf konkrete Auszahlungsvorgänge blickenden Einzelausgleichssystem muss man sich folglich abwenden.

b. Voraussetzungen einer Haftung wegen Insolvenzverschleppung nach § 64 II GmbHG

aa. Auflösung eines kryptischen Tatbestandsmerkmals: „Zahlung" als Vermögensminderung

Aufgrund der Normzweckbetrachtungen wird klar, dass das Tatbestandsmerkmal „Zahlungen" unglücklich gewählt ist, weil es suggeriert, dass es nur um den Ersatz einzelner Auszahlungen geht. Der beabsichtigte Schutz bei Insolvenzverschleppung kann mit einem Einzelausgleich aber nicht erreicht werden; und zwar schon deswegen nicht, weil es hier (anders als bei „Zahlungen" an Gesellschafter nach §§ 30, 31

---

[411] So denn auch B/H/*Schulze-Osterloh*, GmbHG, § 64 Rn. 78; Hachenburg/*Ulmer*, GmbHG, § 64 Rn. 42; *Häsemeyer*, Rn. 30.73; OLG Düsseldorf NZG 1999, 1066 (1068).

[412] Richtig insoweit L/H/*Lutter*/*Kleindiek*, GmbHG, § 64 Rn. 61.

[413] Richtig Scholz/*K. Schmidt*, GmbHG, § 64 Rn. 35.

[414] Vgl. *Schummer*, FS Koppensteiner, 211 (215).

GmbHG) typischerweise nicht um Einzelvorgänge, sondern eine Vielzahl von Umsatzgeschäften geht. Deswegen muss § 64 II GmbHG ein Anspruch auf Ausgleich des Gesamtbetrags der nach Insolvenzreife eingetretenen Vermögensschmälerung sein.[415] Dabei müssen Leistungen in das Gesellschaftsvermögen, die im Zusammenhang mit den betreffenden „Zahlungen" nach Insolvenzreife erfolgen, anspruchsmindernd berücksichtigt werden. Dies ist Ausfluss des schadenersatzrechtlichen Charakters der Vorschrift, der sich auch anhand der Gesetzgebungsgeschichte belegen lässt. Dabei stand nämlich das Zahlungsverbot stets in einem (wenngleich unglücklichen) Zusammenhang mit der Regelung über verbotene Ausschüttungen an Gesellschafter.[416] Dort

[415] *Bitter*, WM 2001, 666 (670). Dafür spricht i.Ü. auch der ursprüngliche Wortlaut der Vorschrift, der noch von der Verpflichtung zum Ersatz „aller" Zahlungen spricht. Anders freilich die h.M., stv. *Haas*, NZG 2004, 737 (739).

[416] Eingehender zur Geschichte des Zahlungsbegriffes *Bitter*, WM 2001, 666 (668 ff.). Die Regelung des § 64 II GmbHG geht zurück auf die aktienrechtliche Regelung in Art. 240 II ADHGB, vgl. die ausdrückliche Verweisung hierauf (und auf die entsprechende Regelung im Genossenschaftsrecht) in der Begründung zum GmbH-Gesetzentwurf, abgedruckt in Verhandlungen des Reichstages, VIII/1 (1890/92), 3756 (Aktenstück Nr. 660). Bei der Einführung der aktienrechtlichen Regelung wurde der Begriff „Zahlung" jedoch nicht näher diskutiert. Die „Protokolle der Commission zur Berathung eines allgemeinen deutschen Handelsgesetz-Buches", Band I (1858), XL. Sitzung, S. 361 ff. machen aber deutlich, dass es den Gesetzesverfassern jedenfalls nicht um die Regelung einer anfechtungsähnlichen Situation ging, sondern eher um ein Schadenersatzproblem. Die den Diskussionen zugrunde gelegten Vorschriften des „Entwurf eines Handelsgesetzbuches für die preußischen Staaten nebst Motiven" von 1857 regelten in § 177 bei der „stillen Gesellschaft auf Aktien", auf den § 199 IV für die Aktiengesellschaft verwies, dass die Mitglieder des Verwaltungsrates zur Erstattung von „Zahlungen" u.a. dann verpflichtet sein sollen, wenn „die Vertheilung des Gesellschaftsvermögens" vor Ablauf eines Jahres seit Eintragung der Auflösung der Gesellschaft ins Handelsregister erfolgt ist. Zwar wurde die Verweisung in § 199 IV mit dem Argument gestrichen, dass bereits die vorgehenden Absätze zwei und drei für alle bei Zuwiderhandlungen entstehenden „Schäden" eine Ersatzpflicht vorsehen und regelte dieser Absatz nur den Fall grundkapitalschmälernder Ausschüttungen. Jedoch legt die Verwendung des Begriffes „Zahlung" in § 177 des Entwurfes nahe, dass das Entscheidende für die Ersatzpflicht nicht die einzelne Zahlung, sondern das „Ergebnis" einer Minderung des Gesellschaftsvermögens durch vorzeitige „Vertheilung" desselben sein sollte. Die konkrete Regelung des Zahlungsverbotes bei „Zahlungen" nach Insolvenzreife wurde sodann ohne nähere Begründung aus § 120 des „revidierten Entwurfes eines österreichischen Handelsrechts" übernommen; dazu (mit Zitat der Entwurfsfassung, auf die hier Bezug genommen wird) *Bitter*, WM 2001, 666 (669). Auch dort wurde anscheinend aber der Zahlungsbegriff nicht weiter diskutiert. Jedoch fällt auf, dass es in § 120 des ÖSTERREICHISCHEN Entwurfes heißt, die Geschäftsleiter seien zum Schadenersatz verpflichtet, wenn sie „nachdem ihnen die Zahlungsunfähigkeit der Gesellschaft hätte bekannt sein sollen, noch Zahlungen geleistet und die Eröffnung des Konkurses anzusuchen versäumt" haben. Daraus aber kann man erstens schließen, dass die Ersatzpflicht mit der Konkursantragspflicht zusammenhängen sollte (was für das Verständnis der beiden Absätze des § 64 GmbHG zueinander Bedeutung hat). Zweitens kann man vermuten, dass der seltsame Begriff der „Zahlung" möglicherweise damit zusammenhängt, dass die meisten Partikularkonkursgesetze Mitte des 19. Jhd. in Anlehnung an das FRANZÖSISCHE Recht als maßgebenden Grund zur Eröffnung eines Konkursverfahrens die *Zahlungs*einstellung als kundgetane Zahlungsunfähigkeit (*cessation des paiements*) vorsahen (*Lütkemeyer*, 48; *J. Götz*, 43 m.w.N.) und mit der KO 1877 die Zahlungsunfähigkeit allgemeiner Insolvenzgrund wurde (zur Geschichte der Insolvenzgründe eingehend *J. Götz*, 29 ff.). Sollte das Zahlungsverbot eine Vertiefung der Insolvenzsituation verhindern bzw. dann durch die Ersatzpflicht ausgleichen, wäre es mit Erweiterung der Insolvenzauslöser auf den vermögensbezogenen Insolvenzgrund Überschuldung von daher konsequent, das „Zahlungsverbot"

indes kann erstens ein Zahlungsvorgang noch eher isoliert werden; und zweitens steht der Ausschüttung – gleich ob in Form von Dividenden oder Kapitalrückzahlung – typischerweise keine Gegenleistung gegenüber. Der Gesetzgeber musste sich dort also keine Gedanken darüber machen, ob und inwieweit die Rückzahlungsverpflichtung zu kürzen ist.[417] Macht man sich also deutlich, dass ein solcher Ausschüttungsvorgang typischerweise eine Vermögensminderung bedeutet, kann dann eben auch insoweit, als von „Zahlungen" an Dritte nach Insolvenzreife die Rede ist, nur die insgesamt eingetretene Vermögensminderung gemeint sein. Jede Gegenleistung des Dritten in das Gesellschaftsvermögen verringert also den vom Geschäftsführer auszugleichenden (Differenz)Betrag.

Der Zusammenhang des § 64 II GmbHG mit der Insolvenzantragspflicht führt aber noch zu einer weiteren teleologischen Ausdehnung des Zahlungsbegriffes. Denn das Zahlungsverbot bildet mit der insolvenzrechtlichen Terminierungspflicht eine Einheit.[418] Wenn aber § 64 I GmbHG die werbende Fortführung der Gesellschaft verhindern will, ist es nur konsequent, in Absatz zwei die Sanktion einer Pflichtverletzung des Geschäftsführers zu sehen, wobei Pflichtverletzung nicht das Unterlassen des Insolvenzantrags an sich, sondern eben die Unternehmensfortführung ist. Dann ergibt sich zwanglos, dass mit „Zahlungen" nicht nur ein Gesamtanspruch auf die durch die Summe aller „Zahlungen" entstandene Vermögensschmälerung gemeint ist, sondern der nach Insolvenzreife insgesamt eingetretene Vermögensverlust der Gesellschaft.[419]

Schließlich stimmt diese Ansicht mit der gläubigerschützenden Intention des § 64 II GmbHG überein. Denn Schäden der Gläubigergemeinschaft, vor denen die Norm mittelbar schützen will, resultieren eben aus einem Vermögensverlust der GmbH.[420] Wer hingegen nach Insolvenzreife das Unternehmen zwar (verbotenerweise) fortführt, dabei jedoch Gewinn erwirtschaftet, gerät nicht in die Gefahr einer Haftung,

---

eben – wie hier befürwortet – als Gebot zu verstehen, das Gesellschaftsvermögen im Interesse der Gesellschaftsgläubiger zu erhalten. Aus historischer Sicht interessant ist des Weiteren die Regelung Art. 103 II des „Entwurf eines allgemeinen Handelsgesetzbuches für Deutschland" (abgedruckt bei *Baums*, 121). Der nie Gesetz gewordene Entwurf, der die Gesetzgeber des ADHGB aber mit beeinflusst hat, regelt dort, dass bei Verminderung des Grundkapitals die (Aktien)Gesellschaft von Rechtswegen aufgelöst sei und für nach diesem Zeitpunkt eingegangene Verbindlichkeiten der Gesellschaft die Vorsteher der Gesellschaft persönlich haften sollten, wenn sie von der Verminderung Kenntnis hatten. Diese Regelung, die aus dem damaligen HOLLÄNDISCHEN Handelsgesetzbuch übernommen wurde, sollte das Publikum gegen die „aus der Nichtkenntniß der Vermögenslage hervorgehenden Nachtheile" schützen. Bei aller Vorsicht und trotz der Unterschiedlichkeit der Regelung, die nicht an irgendwelche „Zahlungen" anknüpft, ist aus der Begründung doch auch dort die Grundtendenz zu erkennen, dass der Schutz der Gläubiger dann erforderlich wird, wenn eine (weitere) Minderung des Gesellschaftsvermögens zu besorgen ist.

[417] *Bitter*, WM 2001, 666 (669); anders *G. Müller*, GmbHR 1996, 393 (394).

[418] *G. Müller*, GmbHR 1996, 393 (399); als einheitlichen Tatbestand begreift – wenngleich i.E. vom hier vertretenen Haftungskonzept abweichend – auch *K. Schmidt*, in: K. Schmidt/Uhlenbruck, GmbH in Krise, Rn. 1885; *ders.*, ZHR 2004, 637 (650, 661 ff.); *ders.*, ZIP 2005, 2177 (2183) den § 64 GmbHG. Anders die h.M., stv. *Röhricht*, ZIP 2005, 505 (510 ff.).

[419] *Altmeppen/Wilhelm*, NJW 1999, 673 (678); *Altmeppen*, ZIP 2001, 2201 (2207); ebenso für das ÖSTERREICHISCHE Recht *Schummer*, FS Koppensteiner, 211 (229).

[420] *G. Müller*, GmbHR 1996, 393 (396).

weil sich dann die Vermögenssituation und damit die Befriedigungsaussicht der Gläubiger verbessert hat.[421] Umgekehrt aber haftet der Geschäftsführer unabhängig von der Vermögensminderung durch einzelne rechtsgeschäftliche Handlungen grundsätzlich auch für solche Verluste, die sich aufgrund der Verschlechterung der allgemeinen wirtschaftlichen Lage ergeben.[422] Der Geschäftsführer, der es schuldhaft unterlässt, Insolvenzantrag zu stellen, führt die Gesellschaft also auf eigenes Risiko fort.[423] Dass der Geschäftsführer damit zum Garanten des Gesellschaftsvermögens wird, ist nicht unbillig. Zwar ist es richtig, dass grundsätzlich der Geschäftsführer nicht für unternehmerischen Misserfolg haftbar gemacht werden kann; denn dadurch würde das Haftungsprivileg des § 13 II GmbHG unterlaufen.[424] Andererseits obliegt aber wie gezeigt die Überwachung der finanziellen Situation dem Management. Und dort, wo Allgemein- und Drittinteressen zwingend zu beachten sind, lastet das Gesetz die Erfüllung solcher Amtspflichten dem Geschäftsführer in weisungsfreier eigener Verantwortung auf. Deswegen ist die Verlustdeckungspflicht des Geschäftsführers auch nicht unvereinbar mit den Bedingungen unternehmerischer Tätigkeit.[425] Die Insolvenzantragspflicht setzt der unternehmerischen Tätigkeit zulässige und notwendige Grenzen. Die hier dargestellte Ansicht setzt im Grunde nur konsequent das um, was auch die herrschende Ansicht noch im Ausgangspunkt bejaht – nämlich dass § 64 II GmbHG eine Vorschrift zum Schutz vor Masse- bzw. Vermögensschmälerung ist.

bb. Entlastungsmöglichkeit nach § 64 II 2 GmbHG

Mit § 64 II 2 GmbHG bietet das Gesetz dem Geschäftsführer, der nach Insolvenzreife „Zahlungen“ tätigt, die mit der Sorgfalt eines ordentlichen Geschäftsmannes vereinbar sind, ein Haftungsprivileg. Die Auslegung dieser Vorschrift bietet freilich schon deshalb Schwierigkeiten, weil das Gesetz in § 64 I GmbHG zur ordentlichen Sorgfalt des Geschäftsführers doch gerade die Insolvenzantragstellung erhebt und damit eine weitere werbende Geschäftstätigkeit unterbinden will. Wer sich als Geschäftsführer ordnungsgemäß verhält, bedarf also der Ausnahme des § 64 II 2 GmbHG schon gar nicht. Um überhaupt einen Anwendungsbereich zu haben, muss also auch dann noch eine ordentliche Geschäftsführung möglich sein, wenn der Geschäftsführer die Insolvenzantragstellung versäumt hat. Wenig Sinn macht es allerdings, Zahlungen ohne masseschmälernden Effekt, d.h. Zahlungen, denen eine gleichwertige Gegenleistung gegenübersteht (Austauschgeschäfte), dem § 64 II 2 GmbHG unterzuordnen.[426] Denn weil solche Zahlungen schon keine Vermögensminderung bewirken, sind sie schon nicht tatbestandsmäßig i.S.d. § 64 II 1 GmbHG. Die Ausnahmevorschrift wäre dann funkti-

---

[421] Vgl. dazu das Beispiel bei *Altmeppen*, ZIP 2001, 2201 (2206 ff.).

[422] A.A. *Schulze-Osterloh*, FS Bezzenberger, 415 (421 ff.).

[423] *Altmeppen*, ZIP 2001, 2201 (2207); R/A/*Altmeppen*, GmbHG, § 64 Rn. 98; ähnl. *Götker*, Rn. 396. Im Einzelfall kann dem Geschäftsführer aber § 64 II 2 GmbHG zugute kommen; dazu sogleich unten Punkt bb.

[424] *Haas*, Geschäftsführerhaftung, 126.

[425] A.A. *Schulze-Osterloh*, FS Bezzenberger, 415 (423).

[426] So aber Michalski/*Nerlich*, GmbHG, § 64 Rn. 46; Hachenburg/*Ulmer*, GmbHG, § 64 Rn. 43; OLG Düsseldorf NZG 1999, 884 (885); BGH NJW-RR 1986, 579 (581); BGHZ 146, 264 (275).

onslos.[427] Aber auch die Ansicht, es gehe dem Gesetz darum, Verlustposten, die auch bei rechtzeitiger Insolvenzanmeldung und ordnungsgemäßer Abwicklung eingetreten wären, von der Ersatzpflicht auszunehmen,[428] überzeugt nicht ganz. Richtig ist zwar, dass es im Gläubiger- und Gesellschaftsinteresse geboten sein kann, trotz Insolvenzreife die Geschäfte der GmbH teilweise fortzuführen, um Erfolg versprechende Sanierungsversuche nicht von vornherein zu untergraben.[429] Das macht die Dreiwochenfrist des § 64 I GmbHG ebenso deutlich wie das Verfahrensziel Unternehmenserhaltung (§ 1 S. 1 InsO). So gesehen könnte man den Geschäftsführer als Quasi-Insolvenzverwalter ansehen und jedenfalls solche Geschäfte erlaubt ansehen, die auch ein pflichtgemäß handelnder Insolvenzverwalter noch vorgenommen hätte (wie bspw. Lohnzahlungen, etc.).[430] Jedoch bliebe der Anwendungsbereich der Ausnahmeregelung auch hier denkbar eng, da den Handlungen des Insolvenzverwalters gemeinhin eine (vollwertige) Gegenleistung gegenüberstehen wird oder die Haftung des Geschäftsführers insoweit bereits wegen rechtmäßigen Alternativverhaltens ausgeschlossen wäre.[431] Und um die die Gläubigergleichbehandlung beeinträchtigende Befriedigung einzelner Gläubiger geht es bei § 64 II GmbHG nach hier vertretener Auffassung gerade nicht, weswegen auch ein Vergleich mit einzelnen, trotz des Grundsatzes der *par condicio creditorum* zulässigen Vorabbefriedigungen durch den Insolvenzverwalter wenig Sinn ergibt.

Ausgangspunkt für das Verständnis des § 64 II 2 GmbHG muss sein, dass grundsätzlich der (schuldhaft handelnde) Geschäftsführer das Risiko einer Unternehmensfortführung nach Insolvenzreife trägt. Wenn § 64 II 2 GmbHG von der Verlusttragungspflicht eine Ausnahme macht, dann für solche Verlustposten, die eintreten, obschon der Geschäftsführer aufgrund der Tatsachenlage davon ausgehen durfte, dass die konkrete Maßnahme (ob nun Neugeschäft, Vertragserfüllung o.ä.) ohne Schädigung der Gesellschaft erfolgen wird.[432] Ist also für die Haftung nach § 64 II 1 GmbHG an sich ein Einzelausgleichssystem gerade nicht angezeigt, bietet die Ausnahmeregel dem Geschäftsführer die Möglichkeit, nachzuweisen, dass er für bestimmte Verlustposten nicht haftet. Die Einzelbetrachtung stört hier das System einer Gesamtverlusttragungspflicht nicht, da – weil Ausnahmevorschrift – die Darlegungs- und Beweislast der Geschäftsführer trägt.

Weil der Geschäftsführer an dieser Stelle bereits gegen § 64 I GmbHG verstoßen hat, ist eine strenge Beurteilung geboten, wenn es um die Darlegung für das Gesellschaftsvermögen vermeintlich ungefährlicher Maßnahmen geht. Der Geschäftsführer

---

[427] Allenfalls kann es bei Austauschgeschäften also darum gehen, dass sich der Geschäftsführer für einen bis zur Insolvenzantragstellung eintretenden *Wertverlust* der Gegenleistung auf § 64 II 2 GmbHG beruft und dieser Verlustposten (nach den sogleich auszuführenden Grundsätzen) von der Ersatzpflicht ausgenommen wird.

[428] OLG Celle GmbHR 2004, 568 (570); R/A/*Altmeppen*, GmbHG, § 64 Rn. 98.

[429] L/H/*Lutter*/*Kleindiek*, GmbHG, § 64 Rn. 61.

[430] In diese Richtung OLG Celle GmbHR 2004, 568 (570); *Goette*, FS Kreft, 53 (63); *K. Schmidt*, ZHR 2004, 637 (668).

[431] *G. Müller*, GmbHR 1996, 393 (395 ff.).

[432] *G. Müller*, GmbHR 1996, 393 (396).

kann also nicht § 64 II 2 GmbHG als Freibrief für riskantes Verhalten benutzen. Der Maßstab ist vielmehr am Zweck des § 64 GmbHG auszurichten, für die Gläubiger das Gesellschaftsvermögen zu erhalten.[433] Demnach muss insgesamt die Sanierungsfähigkeit gegeben sein und für die einzelne Handlung trotz der Insolvenzsituation noch die konkrete und überwiegende Wahrscheinlichkeit bestehen, dass sie keinen weiteren Verlust der GmbH erzeugt. Gewissermaßen darf der einzelne Verlustposten nicht in einem inneren Zusammenhang mit der Insolvenzverzögerung stehen. Damit bleibt § 64 II 2 GmbHG die Ausnahme und ist dennoch ein „kleines Sanierungsprivileg".

Allerdings fallen entgegen der h.M. innerhalb einer zulässigen Ausnutzung der Dreiwochenfrist des § 64 I GmbHG auftretende Verluste in der Regel nicht in den Risikobereich des Geschäftsführers. Dies ergibt sich aus einer Zusammenschau der beiden Absätze des § 64 GmbHG. Wenn es Sinn des § 64 GmbHG ist, die Gläubiger vor Schäden durch die weitere Unternehmensfortführung zu schützen, kann der Geschäftsführer grundsätzlich nicht haftbar gemacht werden, soweit die Fortführung innerhalb der Maximalfrist des § 64 I GmbHG zulässig ist. Zu beachten ist nur, dass die Dreiwochenfrist nicht der bedenkenlosen werbenden Fortsetzung der GmbH dient, sondern der Prüfung, ob Chancen auf außergerichtliche Sanierung oder Abwendung der Insolvenzreife besehen.

cc. Verschulden des Geschäftsführers

Der Anspruch aus § 64 II GmbHG setzt ein Verschulden des Geschäftsführers voraus, also zumindest Fahrlässigkeit hinsichtlich der anspruchbegründenden Tatsachen.[434] Der Geschäftsführer muss die GmbH über die Insolvenzreife hinaus fortgeführt haben, obwohl er die Insolvenzreife erkannte oder hätte erkennen können.[435] Dabei ist der Geschäftsführer gehalten, mit der Sorgfalt des ordentlichen Geschäftsmannes die wirtschaftliche Lage des Unternehmens beständig zu beobachten. Er hat für eine Organisation zu sorgen, die ihm die dafür erforderliche Übersicht über die finanzielle Situation der GmbH ermöglicht.[436] Zeigen sich Anzeichen einer Krise, wie etwa Liquiditätsengpässe, Verschlechterung der Marktlage, Preisverfall oder plötzlich ansteigender Kreditbedarf, hat er sich umgehend durch Aufstellung von Zwischenbilanzen zu vergewissern, ob bereits eine Zahlungsunfähigkeit, insbesondere aber ob bereits eine Überschuldung vorliegt.[437] Die Intensität der Beobachtungspflicht verdichtet sich dabei mit der Schwere der Krise. Notfalls muss der Geschäftsführer sich, um eine sichere Beurteilungsgrundlage zu erhalten, sachverständiger Hilfe bedienen.[438] Im Übrigen ist es

[433] BGH NJW 2001, 1280 (1282).
[434] *L/H/Lutter/Kleindiek*, GmbHG, § 64 Rn. 62; MünchHdBGesR III/*Marsch-Barner/Diekmann*, § 46 Rn. 53; R/S-L/*Schmidt-Leithoff*, GmbHG, § 64 Rn. 32; *Meyke*, Rn. 517, jew. m.w.N.
[435] St. Rspr., BGHZ 143, 184 (185). Anders B/H/*Schulze-Osterloh*, GmbHG, § 64 Rn. 83, der positive Kenntnis von der Insolvenzreife verlangt.
[436] *Kalnbach*, 121.
[437] *Meyke*, Rn. 517 ff.; *Kallmeyer*, GmbHR 1999, 16 (18); *Lutter*, GmbHR 1997, 329 (332); BGHZ 126, 181 (190 ff.); OLG Düsseldorf GmbHR 1999, 479 (480); LG München I BB 2004, 428 (429); OLG Schleswig GmbHR 2005, 1124 (1126).
[438] BGH GmbHR 2006, 374 (377); OLG Düsseldorf GmbHR 1999, 479 (480); *Götker*, Rn. 691.

selbstredend nicht mit einer einmaligen Kontrolle der wirtschaftlichen Lage in der Krise getan – die intensive Beobachtungspflicht hält vielmehr so lange vor, bis die Krise beendet ist. Und auch nach Ende einer Krise müssen etwaige neue Krisenanzeichen beachtet werden. Erfüllt der Geschäftsführer die an ihn gestellten Anforderungen nicht, kann er sich zu seiner Entlastung nicht darauf berufen, dass er die Insolvenzreife nicht erkannt habe. Anders gewendet ist das Verschulden des Geschäftsführers zu vermuten, wenn die Insolvenzreife feststeht.[439]

Das Vorliegen der Insolvenzreife hat hingegen grundsätzlich der Insolvenzverwalter darzulegen und zu beweisen. Beim Nachweis einer Überschuldung kommt ihm aber zupass, dass wie bereits dargelegt bei Vorliegen einer handelsbilanziellen Überschuldung von der Insolvenzantragspflicht auszugehen ist.[440] Es ist auch hier Sache des Geschäftsführers darzulegen, aufgrund welcher stiller Reserven oder sonstiger Annahmen eine materielle Überschuldung entfallen soll.[441] Ebenso trägt er die Beweislast dafür, dass eine positive Fortführungsprognose bestand; dies ergibt sich schon aus der Regel-Ausnahme-Formulierung des § 19 II InsO.[442] In der Konsequenz bedeutet das für die Insolvenzverschleppungshaftung bei Überschuldung, dass der Anspruchsteller (d.h. in der Insolvenz der Insolvenzverwalter) grundsätzlich (nur) darlegen muss, dass sich ein handelsbilanzieller Fehlbetrag ergeben hat, der nicht durch Eigenkapital gedeckt wurde. Weil der Geschäftsführer aufgrund seiner umfassenden Beobachtungspflichten die Insolvenzgefahr beständig zu beurteilen hat, kennt er typischerweise die wesentlichen Tatsachen, also wann genau eine Überschuldungssituation eingetreten ist. Seine größere Beweisnähe führt dazu, ihm eine sekundäre Behauptungslast[443] aufzuerlegen. Ansonsten könnte der nicht gewissenhafte Geschäftsführer, der seine Beobachtungspflichten nicht erfüllt hat, darauf hoffen, dass dem Insolvenzverwalter bei Sichtung möglicherweise undurchsichtiger Geschäftsunterlagen der Nachweis des Überschuldungszeitpunktes – trotz der hier nochmals zu betonenden Vereinfachungen des Überschuldungsbegriffs, die auch dem Geschäftsführer die Erfüllung seiner Überwachungspflichten erleichtern – nicht gelingt. An die Darlegung einer handelsbilanziellen Überschuldung durch den Insolvenzverwalter mit Hilfe der ihm vorliegenden Geschäftsunterlagen sind deshalb keine allzu strengen Anforderungen zu stellen. Es

---

[439] St. Rspr., BGHZ 126, 181 (191); BGHZ 143, 184 (185); OLG Düsseldorf GmbHR 1999, 479 (480); OLG Düsseldorf GmbHR 1993, 159 (159); R/S-L/*Schmidt-Leithoff*, GmbHG, § 64 Rn. 34; *Meyke*, Rn. 519; *Haas*, DStR 2003, 423 (433). Deutlich OLG Schleswig GmbHR 2005, 1124 (1126): „Wer eine GmbH im Wirtschaftsleben führt, muss wissen, wenn Insolvenzreife vorliegt.".

[440] Vgl. *Gischer/Hommel*, BB 2003, 945 (949) und bereits oben B.I.2.b.bb.(3).

[441] Deutlich LG München I BB 2004, 428 (429); *Haas*, DStR 2003, 423 (432).

[442] *Bork*, ZIP 2000, 1709 (1711 ff.); *Götker*, Rn. 686; *Haas*, DStR 2003, 423 (432); *Meyke*, Rn. 342; BGH GmbHR 2006, 374 (376); OLG München GmbHR 1998, 281 (282); ebenso OLG Koblenz ZIP 2003, 571 (572), das dabei allerdings einen (zu) weiten Beurteilungsspielraum lässt; zweifelnd BGHZ 126, 181 (200). Zu den Anforderungen an die (zu dokumentierende) Fortführungsprognose oben B.I.2.a.bb.(3)(a).

[443] Nach den Grundsätzen der sekundären Behauptungslast (= substantiiertes Bestreiten) kann es im Einzelfall gerechtfertigt sein, der nicht beweisbelasteten Partei im Rahmen ihrer Erklärungslast nach § 138 II ZPO zuzumuten, nähere Angaben zu solchen Tatsachen und Umständen zu machen, die aus ihrer Sphäre stammen und dem Einblick der darlegungs- und beweispflichtigen Partei entzogen sind. Hierzu bspw. Zöller/*Greger*, ZPO, vor § 284 Rn. 34 ff.

liegt vielmehr am Geschäftsführer (der i.Ü. auch wegen § 97 InsO zur Mitwirkung im eröffneten Insolvenzverfahren verpflichtet ist[444]) die Behauptungen des Insolvenzverwalters substantiiert zu bestreiten. Tut er dies nicht, gelten die Behauptungen als zugestanden (§ 138 III ZPO).[445]

Die Belastung des Geschäftsführers mit der sekundären Behauptungslast ist nicht unbillig. Schließlich wird gerade auch in der Praxis des Kapitalsicherungsrechts eine ähnliche Verteilung der Darlegungs- und Beweislast vorgenommen. Auch dort wird versucht, den Schwierigkeiten, denen der Insolvenzverwalter ausgesetzt sein kann, wenn entsprechende (Zwischen)Bilanzen nicht erstellt wurden oder keine geordneten Geschäftsaufzeichnungen vorhanden sind, mit den Grundsätzen über die sekundäre Behauptungslast zu begegnen.[446] Das gilt insbesondere für die Haftung des Geschäftsführers wegen vebotswidriger Zahlungen nach § 43 III GmbHG.[447] Aber auch bei Unterbilanzhaftungsansprüchen genügt es, dass sich aus dem dem Insolvenzverwalter zur Verfügung stehenden Material hinreichende Anhaltspunkte dafür ergeben, dass das Stammkapital einer GmbH im Gründungsstadium bereits angegriffen worden ist oder darüber hinaus Verluste entstanden sind. Dem Geschäftsführer obliegt es dann darzulegen, dass eine Unterbilanz nicht bestand.[448]

dd. Verlustausgleichspflicht als Rechtsfolge

Der Umfang des Verlustausgleichsanspruchs ergibt sich aus der Differenz der Vermögenslage zum Zeitpunkt des Beginns der Insolvenzverschleppung mit der Vermögenslage zum Zeitpunkt der Insolvenzanmeldung.[449] Die Berechnung weist keine unzumutbaren praktischen Schwierigkeiten auf. Im Gegenteil – der Vermögensvergleich wird in aller Regel weitaus leichter fallen als die komplizierte Berechnung eines Quotenschadens. Weil es allein um die Vermögenslage der GmbH geht, entfällt die komplizierte fiktive Prüfung, welches Quotenergebnis ein Insolvenzverfahren zum Zeitpunkt des Eintritts der Insolvenzreife erbracht hätte. Ein Herausrechnen nicht freier Massebestandteile entfällt deshalb ebenfalls. Verbleibende Beweisschwierigkeiten, die sich

[444] Die Mitwirkungspflicht besteht i.Ü. auch dann, wenn der Geschäftsführer dadurch Ansprüche gegen sich selbst offenbart, *Stobbe*, Durchsetzung, Rn. 37. Eingehend zu den Mitwirkungs- und Auskunftspflichten des GmbH-Geschäftsführers *Uhlenbruck*, GmbHR 2002, 941-945.

[445] Strenger OLG Brandenburg ZIP 2005, 1073 (1074). Weiter gehend *Altmeppen*, ZIP 2001, 2201 (2209), der mit Hinweis auf die Rechenschaftspflicht des Geschäftsführers nach § 666 BGB eine umfassende Beweislastumkehr annimmt. Dafür i.E. auch *Kalnbach*, 182 ff. Mit der hier vertretenen Vereinfachung des Überschuldungsbegriffes und der umfassenden Aufklärungsbefugnisse des Insolvenzverwalters, zu dessen Pflicht gerade die Sichtung von Ansprüchen der GmbH gehört, dürfte aber die Annahme einer sekundären Behauptungslast des Geschäftsführers ausreichen, um § 64 II GmbHG zu einer praktisch durchsetzbaren Anspruchsgrundlage werden zu lassen.

[446] Zur entsprechenden Anwendung des Rechtsinstituts der sekundären Behauptungslast auch zugunsten der Neugläubiger im Rahmen des herrschenden Konzepts einer deliktsrechtlichen Insolvenzverschleppungshaftung nach § 64 I GmbHG i.V.m. § 823 II BGB *Meyke*, Rn. 531 m.w.N.

[447] BGH ZIP 2006, 805 (805 f.).

[448] BGH NZG 2003, 393 (394); zust. GK-GmbHG/*Ulmer*, § 11 Rn. 117.

[449] *Altmeppen*, ZIP 2001, 2201 (2207). Im Ausgangspunkt wohl ähnlich der Haftungsumfang bei der *wrongful trading*-Haftung, s. *Habersack/Verse*, ZHR 2004, 174 (197 ff.).

etwa daraus ergeben können, dass nicht taggenau die Vermögenslagen exakt bestimmbar sind, sind kein Argument gegen diese Lösung. Vielmehr geben sie Anlass, auf § 287 ZPO hinzuweisen.[450] Diese Norm setzt nicht nur die Anforderungen an den Nachweis des Schadensumfangs herab, sondern schränkt schon die Darlegungslast der beweisbelasteten Partei ein.[451] Es genügt die schlüssige Darlegung von Ausgangs- bzw. Anknüpfungstatsachen.[452] Soweit ausreichende (unbestrittene) Anknüpfungstatsachen vorhanden sind, ist deswegen das Gericht zu einer weiteren Beweiserhebung, etwa durch Sachverständigengutachten, nicht zwingend verpflichtet. Ob und Umfang einer weiteren Beweisaufnahme stehen insoweit in seinem Ermessen.[453] Dass die Schätzung nicht mit der Wirklichkeit übereinstimmt, ist in Kauf zu nehmen; das ist schließlich der typische Fall des § 287 ZPO.[454]

Das Hinzutreten von Neugläubigern seit Beginn der Insolvenzverschleppung führt nicht zur Inkonsistenz der hier vorgeschlagenen Lösung. Zwar treten diese Neugläubiger mit den bis dahin vorhandenen Gläubigern in Konkurrenz um die Befriedigung aus dem Gesellschaftsvermögen. Es darf jedoch nicht verkannt werden, dass das Hinzutreten von Neugläubigern nicht nur eine Belastung des Gesellschaftsvermögens bedeutet, sondern typischerweise ein Austauschgeschäft vorliegen wird, das zunächst die Vermögenslage der GmbH unberührt lässt. Im Gegenteil erhöhen die Neugläubiger, wenn sie denn zu einem Zeitpunkt in die Gläubigerstellung kommen, zu dem ihre Forderung wegen schon eingetretener Insolvenzreife bereits teilweise entwertet ist, zunächst die fiktive Insolvenzquote und verbessern damit die Stellung der Altgläubiger (eingehend oben Kap.3 A.IX.2.a.). Gerade die Verquickung der Vor- und Nachteile eines Wechsels des Gläubigerbestands für die unterschiedlichen Gläubigergruppen zeigt, dass nur die Haftungskonzentration bei der Gesellschaft selbst eine konsistente Lösung bietet.

Entgegen bislang wohl unbestrittener Ansicht ist die bloße Vorabbefriedigung einzelner Gesellschaftsgläubiger für sich von der Haftung des Geschäftsführers nach § 64 II GmbHG nicht erfasst. Sie passt nicht in das hier entwickelte Konzept einer Verlustdeckungspflicht.[455] Zwar ist es richtig, dass der Anspruch aus § 64 II GmbHG im Gläubigerinteresse besteht; daraus folgt aber nicht, dass er auch jede denkbare Benachteiligung der Gesamtgläubigerschaft ausgleichen müsste. Denn der Umfang der Ersatzpflicht hängt vom Schutzzweck der Norm ab. Und wie gesehen will § 64 II GmbHG den Gläubigern das zum Zeitpunkt der Insolvenzreife vorhandene Gesellschaftsvermögen bewahren und sie so vor weiterer Auszehrung durch eine unzulässige Unternehmensfortführung schützen. Die Bevorzugung einzelner Gläubiger aber bedeutet für sich keinen Verlust, weil sie gleichzeitig die Forderung des jeweiligen Gläubigers zum Erlöschen bringt und dadurch die Belastung des Gesellschaftsvermögens mit

---

[450] Dies betont auch Scholz/*K. Schmidt*, GmbHG, § 64 Rn. 33.

[451] *Meyke*, Rn. 539; BGH NJW 1994, 663 (664); BGH NJW-RR 1987, 210 (211).

[452] BGH NJW 1988, 3016 (3017).

[453] Zöller/*Greger*, ZPO, § 287 Rn. 6. Dass sich das Gericht aber andererseits nicht willkürlich angebotener Beweise verschließen darf, die offensichtlich geeignet sind, tatsächliche Grundlagen für eine ansonsten „in der Luft hängende" Schätzung zu liefern, versteht sich von selbst.

[454] *Meyke*, Rn. 539 m.w.N.

[455] Gegen *Altmeppen*, ZIP 2001, 2201 (2208); R/A/*Altmeppen*, GmbHG, § 64 Rn. 99.

Verbindlichkeiten entsprechend reduziert, also „neutral" wirkt. Es muss also die Feststellung genügen, dass eine einheitlich zu bewertende Transaktion als solche die Masse nicht verkürzt hat.[456] Die Tilgung der Verbindlichkeit darf denn auch nicht isoliert gesehen werden. Die Gefahrensituation ist also bei der Vorabbefriedigung eine ganz andere: es geht nicht um einen Verlustposten, sondern um die Beeinträchtigung der gleichrangigen Befriedigung aller Gläubiger. Diese Interessenlage jedoch hat mit dem Schutz vor einer Vermögensminderung nichts gemein. Gegen Beeinträchtigungen der Befriedigungsaussichten der Gläubiger wegen Missachtung der *par condicio creditorum* treffen sonach nur die Insolvenzanfechtungsvorschriften die entsprechenden Vorkehrungen.

c. Anspruchsdurchsetzung

Der Anspruch aus § 64 II GmbHG steht der Gesellschaft zu. In der Insolvenz wird er als Bestanteil der Insolvenzmasse (§ 35 InsO) ausschließlich vom Insolvenzverwalter geltend gemacht (§ 80 I InsO). Ein Rückgriff auf § 92 InsO ist demnach nicht angezeigt.[457] Außerhalb des Insolvenzverfahrens können die Gläubiger auf den Anspruch zugreifen, allerdings grundsätzlich nur dadurch, dass sie einen Titel gegen die GmbH erwirken und aufgrund dieses Titels die Pfändung und Überweisung des Anspruchs gegen den Geschäftsführer veranlassen.[458] Ein Verstoß gegen die Gläubigergleichbehandlung ist hierin im Übrigen nicht zu sehen, da es eine dahingehende Verpflichtung vor Insolvenz grundsätzlich nicht gibt. Erst im Regelungsbereich der Insolvenzanfechtungstatbestände findet das Prioritätsprinzip seine Einschränkung – dann wird bei Vorliegen eines Anfechtungstatbestandes auch die mittels Pfändung und Überweisung erreichte volle Befriedigung des einzelnen Gläubigers mit der Pflicht zur Rückgewähr (§ 143 InsO) sanktioniert.[459]

d. Exkurs: Ersatzfähigkeit individueller Gläubigerschäden

Die Erörterungen zum Schutzzweck der Insolvenzantragspflicht haben gezeigt, dass sie keinen besonderen Schutz der Neugläubiger verfolgt, sondern alle Gläubiger unabhängig vom Zeitpunkt der Begründung ihrer Forderung mittelbar schützt, indem sie

---

[456] Insoweit zutreffend *Altmeppen*, ZIP 2001, 2201 (2206).

[457] Braun/*Kroth*, InsO, § 92 Rn. 3; Scholz/*K. Schmidt*, GmbHG, § 64 Rn. 42.

[458] Jedoch ist im Falle der masselosen Insolvenz ein Gläubigerverfolgungsrecht analog § 93 V AktG und damit eine Vereinfachung der Anspruchsdurchsetzung denkbar; dafür insbes. *Haas*, GmbHR 2006, 505 (506 f.); R/A/*Altmeppen*, GmbHG, § 43 Rn. 62 *et passim*; vgl. auch *Haas*, NZG 2004, 737 (744); a.A. die h.M., *Stobbe*, Rn. 945 ff.; *Karollus*, FS Steffen, 213 (217). Wird der Sitz der Gesellschaft ins Ausland verlegt, um sie „kalt zu liquidieren" oder stillzulegen (sog. Firmenbestattung im Ausland), so kann das Unterlassen der Geltendmachung von Ansprüchen, die der Gesellschaft zustehen, anfechtbar sein, soweit durch die Sitzverlegung der Zugriff der Gläubiger auf das Gesellschaftsvermögen vereitelt oder erschwert wird; so für eigenkapitalersatzrechtliche Ansprüche BGH WM 2006, 242 (244 f.).

[459] Dabei liegt– weil der Gläubiger bei Anspruchstellung ja von der Insolvenz ausgehen muss – im Rahmen der Anfechtungstatbestände zum einen seine Kenntnis von einer möglichen Zahlungsunfähigkeit der GmbH, zum anderen aber auch ein Benachteiligungsvorsatz nahe.

den Eintritt weiterer Vermögensminderungen bei der GmbH nach Insolvenzreife sanktioniert. § 64 I GmbHG hat demnach keinen vertrauensschutzrechtlichen Gehalt, der potentielle Gläubiger vor einem geschäftlichen Kontakt mit einer materiell insolventen GmbH schützt. Schließlich kann das allgemeine Vertrauen auf Einhaltung einer gesetzlichen Norm nicht generell Geltungsgrund einer Haftung sein.[460]

Wenn die Konsequenzen einer Insolvenzverschleppung durch den Geschäftsführer in § 64 II GmbHG abschließend geregelt sind, dann muss sich also die Frage, ob ein Gläubiger über den hierdurch vermittelten Schutz hinaus ein Bedürfnis nach weiterem Schutz hat und ihm insoweit ein Einzelersatzanspruch gegen den Geschäftsführer zustehen kann, nach anderen Haftungsgrundlagen beurteilen.[461] Ebenso klar sein muss dann aber auch, dass ein solcher Anspruch nicht allein auf einer Insolvenzverschleppungshaftung beruhen kann.

Soweit es um die Haftung wegen enttäuschten Vertrauens in die Bonität der GmbH geht, kommt eine Haftung aus *culpa in contrahendo* in Betracht. Grundsätzlich aber ist die Beurteilung des Kreditrisikos Sache des Gesellschaftsgläubigers (*caveat creditor*);[462] einen Grund dafür, ihm in bestimmten Situationen – etwa bei Insolvenzreife – dieses Risiko abzunehmen, besteht nicht.[463] Denn das allgemeine Vertrauen auf normgerechtes Verhalten des Geschäftsführers (also auch auf rechtzeitige Insolvenzantragstellung) begründet nicht eine individuelle Schutzbedürftigkeit jedes einzelnen potentiellen Vertragspartners.[464] Mit anderen Worten kommt eine Haftung hier nur in Betracht, soweit eine vorvertragliche Offenbarungspflicht der GmbH hinsichtlich ihrer wirtschaftlichen Situation bestand. Eine solche wird man aber nicht generell, sondern nur in besonderen Fällen (etwa bei langjährigen engen Vertragsbindungen) annehmen können.[465] Hinzu kommt, dass eine Haftung des Geschäftsführers, also des Vertretungsorgans, darüber hinausgehend voraussetzt, dass der Geschäftsführer selbst gegenüber dem Vertragspartner ein besonderes Maß an persönlichem Vertrauen in Anspruch genommen hat und eine persönliche Gewähr für die Richtigkeit und Vollständigkeit seiner Erklärungen bietet.[466] Daraus erhellt gleichzeitig, dass dieser Anspruch nicht auf Neugläubiger beschränkt ist, weil das enttäuschte Vertrauen sich nicht zwingend auf die Tatsache der Insolvenzreife beziehen muss, sondern u.U. bereits im Vorfeld ein ausnahmsweise schützenswertes Vertrauen auf eine besondere Finanzkraft der

---

[460] *Schummer*, FS Koppensteiner, 211 (228).
[461] Vgl. *Häsemeyer*, Rn. 30.71.
[462] BGHZ 29, 100 (106); s. auch schon oben Kap.2 A.I.1.
[463] Richtig *Schulze-Osterloh*, FS Lutter, 707 (717).
[464] S. schon oben B.II.2.c.aa.(2).
[465] *Altmeppen*, ZIP 2001, 2201 (2210); anders – jedoch zu weit gehend – die sog. „Repräsentantenhaftung", die von einer umfassenden Aufklärungspflicht des Geschäftsführers in der Krise der Gesellschaft ausgeht, Scholz/*K. Schmidt*, GmbHG, § 64 Rn. 69 und (ähnl.) *Uhlenbruck*, GmbHR 2005, 817 (822), der eine generelle Aufklärungspflicht bei Insolvenzreife befürwortet.
[466] *Schulze-Osterloh*, FS Lutter, 707 (717); *Fritsche/Lieder*, DZWiR 2004, 93 (96); (teilw. krit.) *Medicus*, GmbHR 1993, 533 (536 ff.); BGHZ 126, 181 (189). Im Übrigen muss sich der Gläubiger allerdings ein Mitverschulden nach § 254 BGB anrechnen lassen, wenn er erkennbare Anzeichen einer wirtschaftlichen Schieflage nicht beachtet, *Meyke*, Rn. 520 m.w.N.

GmbH oder das Nichtvorhandensein besonderer Risiken eines Geschäfts gegeben sein kann.

Schließlich hindert der Schutz gegen Insolvenzverschleppung die Gläubiger nicht an einer Geltendmachung solcher Schäden, die auf einem sie singulär treffenden sittenwidrigen oder betrügerischen Verhalten des Geschäftsführers (durch konkludente Täuschung über die – auch künftige – Zahlungsfähigkeit der GmbH[467]) beruhen. Jedoch setzen diese Ansprüche (§ 826 BGB bzw. § 823 II BGB i.V.m. § 263 StGB) ein vorsätzliches Handeln des Geschäftsführers voraus, das nicht immer einfach zu beweisen sein wird.

4. Zwischenergebnis

Die Untersuchungen in diesem Abschnitt haben gezeigt, dass die erwünschte, wirksame Sanktion gegen die Insolvenzverschleppung durch den Geschäftsführer mit dem Konzept der herrschenden Meinung, das auf der deliktsrechtlichen Verortung der Insolvenzverschleppungshaftung fußt und den individuellen Gläubigerschaden ausgleichen will, nicht erreicht werden kann. Weder überzeugt es dogmatisch, vom gesetzgeberischen Plan eines mittelbaren Gläubigerschutzes durch Schutz des Gesellschaftsvermögens abzuweichen, noch bietet der Ansatz einer Unterscheidung in Alt- und Neugläubigerschäden eine praktikable und widerspruchsfreie Lösung. Die Insolvenzantragspflicht ist also nicht als Schutzgesetz zugunsten der Gesellschaftsgläubiger zu begreifen – und zwar weder zugunsten der Alt-, noch der Neugläubiger.

Schutz gegen Nachteile durch die Fortführung über die Insolvenzreife hinaus bietet § 64 II GmbHG. Das Zahlungsverbot ist von seinem Wortsinn zu lösen und als allgemeine Verlustausgleichspflicht des Geschäftsführers für Verluste der GmbH nach Insolvenzreife zu begreifen. Die strenge Haftung wird dadurch abgemildert, dass der Geschäftsführer einzelne Verlustposten nicht ersetzen muss, wenn er trotz Insolvenzantragspflicht ausnahmsweise davon ausgehen durfte, dass ein Verlust nicht eintreten werde. Im Übrigen aber ist zu beachten, dass bei Vorliegen der Insolvenzreife ein Verschulden des Geschäftsführers – insbesondere seine Kenntnis von der Insolvenzreife – vermutet wird. Schließlich ist bei handelsbilanzieller Überschuldung grundsätzlich auch (widerlegbar) von einer materiellen Überschuldung auszugehen.

Das hier vorgestellte Konzept bietet gegenüber dem Ansatz der h.M. entscheidende Vorteile: Es fügt sich besser in das System mittelbaren Gläubigerschutzes ein und vermeidet weitgehend die vielfältigen Berechnungsschwierigkeiten individueller Schadensberechnung, v.a. beim Quotenschaden. Die Abkehr von der Unterscheidung in Alt- und Neugläubiger vermeidet Zufälligkeiten bei der Zuordnung zur einen oder anderen Gläubigergruppe und vereinfacht den Gläubigerschutz erheblich. Anders als die Quote ist schließlich die Höhe der Ersatzpflicht schon zu Beginn des Insolvenzverfahrens und nicht erst an dessen Ende feststellbar. Neben der Insolvenzverschleppungshaftung im hier dargestellten Sinn ist der Ausgleich sonstiger individueller Gläubiger-

---

[467] Weiterführend *Schulze-Osterloh*, FS Lutter, 707 (712 ff.).

schäden nur aufgrund anderer, besonderer Anspruchsgrundlagen – etwa Verschulden bei Vertragsverhandlungen – denkbar und im Übrigen keine Frage von Neu- oder Altgläubigereigenschaft. Rechtsschutzdefizite sind dadurch nicht zu erwarten; im Gegenteil dürfte die Mediatisierung des Gläubigerschutzes die Durchsetzbarkeit der Insolvenzverschleppungshaftung verbessern und dadurch den Gläubigerschutz insgesamt stärken.

Durch die Haftungskanalisierung bei der Gesellschaft selbst, die im Übrigen im internationalen Vergleich häufiger ist als eine direkte Haftung gegenüber den Gesellschaftsgläubigern,[468] entfallen die Abstimmungsprobleme und Wertungswidersprüche zwischen § 64 II GmbHG, der Insolvenzanfechtung und der deliktischen Insolvenzverschleppungshaftung. Der „missliche, kostenzehrende und Ungleichbehandlungen herausfordernde Umweg“[469] über deliktsrechtliche Individualbetrachtungen wird vermieden. Dem Einwand, der zentrale Anspruch aus § 64 II GmbHG könne in der Praxis nur vom Insolvenzverwalter durchgesetzt werden und sei gerade dann problematisch, wenn wie häufig ein Verfahren mangels Masse nicht eröffnet wird,[470] ist zweierlei zu entgegnen. Zum einen kommen auch den Gläubigern, die außerhalb der Insolvenz sich den Anspruch gegen den Geschäftsführer pfänden und überweisen lassen können, die hier vorgestellten Beweiserleichterungen entgegen.[471] Zum anderen ist zu sehen, dass inzwischen die Mehrzahl der Insolvenzverfahren zur Eröffnung gelangt.[472] Die Eröffnung allein schafft zwar noch nicht mehr Masse. Der hier bewusst einfacher ausgestaltete Anspruch, dessen Durchsetzung zusätzlich durch die Vereinfachungen bei der Überschuldungsfeststellung erleichtert wird, kann aber die Anzahl der masseinsuffizienten Verfahren ebenso mindern helfen wie eine durch den einfacheren Überschuldungsbegriff erleichterte zeitigere Insolvenzanmeldung bei Überschuldung.[473] Schließlich ermöglicht jede Eröffnung eine Überprüfung der finanziellen Lage des Unternehmens durch das Gericht, die eine Umsteuerung im Handeln der Unternehmer erreichen helfen kann. Eine gesteigerte Praktikabilität der Insolvenzverschleppungshaftung stei-

---

[468] Das gilt v.a. auch für die *wrongful trading*-Haftung im ENGLISCHEN und die *action en comblement du passif* im FRANZÖSISCHEN Recht, *Habersack/Verse*, ZHR 2004, 174 (195 ff. bzw. 204 ff.); *Pernice*, 161 ff., 215 ff. Eine Darstellung der verschiedenen insolvenzbezogenen Geschäftsleiterhaftungsmodelle in Europa findet sich bei *Strauß*. Zur Binnenhaftung als Strukturprinzip des Europäischen Gesellschaftsrechts *Fleischer*, ZGR 2004, 437 (443, für die Ltd. 449). Und weil bei der angedachten Harmonisierung der Insolvenzverschleppungshaftung (oben Kap.3 C.IV.2.b.) die eben genannten Haftungsinstitute als Vorbilder im Vordergrund stehen, fügte sich das hier vorgeschlagene Modell der Binnenhaftung eben auch besser in diesen Harmonisierungsprozess ein.

[469] Vgl. *Häsemeyer*, Rn. 30.71.

[470] So etwa *Karollus*, FS Steffen, 213 (217).

[471] Bei masseloser Insolvenz ist zudem eine Vereinfachung der Anspruchsdurchsetzung durch ein Gläubigerverfolgungsrecht analog § 93 V AktG denkbar, *Haas*, GmbHR 2006, 505 (506 f.); R/A/*Altmeppen*, GmbHG, § 43 Rn. 62 *et passim*; anders aber die h.M.

[472] Die Eröffnungsquote liegt immerhin bei gut 75 % (soweit man die mittels Stundungen eröffneten Verfahren mit einbezieht, andernfalls 50 %), s. zu den aktuellen Zahlen StatBAmt, Fachserie 2, Reihe 4.1. – Unternehmen und Arbeitsstätten (Insolvenzverfahren), Dezember und Jahr 2004, S. 9, 26.

[473] *Schummer*, FS Koppensteiner, 211 (227); vgl. *Häsemeyer*, Rn. 30.71. Allgemein zu Verbesserungen bei der Durchsetzung gläubigerschützender Ansprüche – etwa auch durch Erleichterungen bei der Gewährung von Prozesskostenhilfe – *Haas*, GmbHR 2006, 505-515.

gert schließlich den Anreiz für die Gläubiger, einen Kostenvorschuss zu leisten, der nach § 26 III InsO ersetzt verlangt werden kann; dort ist im Übrigen bei Masselosigkeit zu vermuten, dass die Antragspflichtigen bei pflichtgemäßem Handeln den Insolvenzantrag so rechtzeitig hätten stellen können, dass noch genügend Masse zur Deckung der Verfahrenskosten vorhanden gewesen wäre.[474]

III. Resultat

Die Bewältigung der Gläubigergefahren bei Fortführung der GmbH über den Zeitpunkt der Insolvenzreife hinaus ist ein insolvenzrechtliches Problem. Das gilt auch für Kreditgewährungen der Gesellschafter an die GmbH; denn wer unter Zuführung frischen Kapitals die Fortführung ermöglicht, dabei aber die Insolvenzreife nicht beseitigt, ändert nichts an der Pflicht zur Insolvenzantragstellung. Die Grenze dessen, was ein „ordentlicher Kaufmann" in der Krise einer Gesellschaft als deren Geschäftspartner tun darf und was nicht, richtet sich also auch nach dem Tatbestand der Insolvenzverschleppungshaftung.[475] Das Funktionieren insolvenzrechtlicher Gläubigerschutzmechanismen setzt dabei zweierlei voraus: erstens, dass die Insolvenzauslösetatbestände hinreichend genau bestimmbar und praktikabel sind, um hieran eine Haftung zu knüpfen. Zweitens muss die Haftung bei Versäumung des Insolvenzantrages eine scharfe Sanktion sein, da sie nur so die erwünschte negative Anreizwirkung beim Geschäftsführer entfalten kann. Schließlich leistet nur eine konzeptionell überzeugende und praktisch durchsetzbare Haftung einen ausreichenden Gläubigerschutzeffekt. Das momentane Verständnis des Überschuldungstatbestandes und der Insolvenzverschleppungshaftung genügt diesen Anforderungen nicht.[476]

Als Lösung wird hier zum einen vorgeschlagen, den zu sehr mit Prognoseentscheidungen belasteten Überschuldungsbegriff zu objektivieren. Denn nur dann, wenn es gelingt, die Insolvenzantragspflicht bei Überschuldung einfacher zu bestimmen, kann es auch tatsächlich zur damit bezweckten Vorverlagerung der Insolvenz bei Kapitalgesellschaften kommen, die gerade den Ausgleich für die Haftungsbeschränkung darstellen soll.[477] Dies wird möglich mit einer grundsätzlichen Ausrichtung des Überschuldungstatbestandes an der Vermögensbewertung nach Handelsbilanzmaßstäben. Die vertrauten Handelsbilanzwerte bilden für die Zwecke der Insolvenzantragspflicht hinreichend genau den Wert der Gesellschaft ab, um hieran wenigstens die Vermutung einer insolvenzrechtlichen Überschuldung zu knüpfen. Es bleibt dann dem Geschäftsführer immer noch die Möglichkeit, etwa aufgrund von stillen Reserven oder einer positiven Fortführungsprognose eine gesonderte, positive Vermögensbilanz nachzuweisen. Ähnliches gilt für (qualifizierte) Rangrücktritte in der Insolvenz.

---

[474] MünchKommInsO/*Schmahl*, § 15 Rn. 92.

[475] *Reiner*, FS Boujong, 415 (435); *Heinert*, 137.

[476] Im Übrigen würde die Bedeutung dieses Normenkomplexes noch größer, wenn man das Mindeststammkapital (wie mit dem nun doch nicht Gesetz gewordenen MindestkapitalG vorgeschlagen) weiter reduzierte; insoweit zutr. *Altmeppen*, NJW 2005, 1911 (1914).

[477] Zu den Vorteilen früher Insolvenzauslösung *Uhlenbruck*, GmbHR 1999, 313 (318).

Grundlegend für die Neukonzeption der Insolvenzverschleppungshaftung ist die Erkenntnis, dass es nicht Normzweck der Insolvenzantragspflicht ist, die Gesellschaftsgläubiger individuell zu schützen. Deswegen ist § 64 I GmbHG nicht Schutzgesetz i.S.d. § 823 I BGB. Bei Insolvenzverschleppung werden die Gläubiger – und zwar die Gesamtheit aller Gläubiger – vielmehr mittelbar dadurch geschützt, dass das bei Insolvenzreife vorhandene Gesellschaftsvermögen nicht weiter geschmälert werden darf. Es geht weder um einen Quotenschaden der Altgläubiger, noch geht es um einen Schutz der Neugläubiger davor, überhaupt erst mit der materiell insolventen GmbH zu kontrahieren. § 64 GmbHG will davor schützen, dass bei Fortführung der Gesellschaft trotz Insolvenzreife weitere Verluste entstehen. Folglich trifft den Geschäftsführer bei Insolvenzverschleppung eine Verlustausgleichspflicht. Dogmatisch stützt sich die Haftung des Geschäftsführers auf § 64 II GmbHG, wozu der Begriff der „Zahlung" von seiner Wortbedeutung zu lösen ist. Die isolierte Betrachtung einzelner Zahlungsvorgänge ist nicht angezeigt. Nur soweit sich der Geschäftsführer nach § 64 II GmbHG entlasten will, muss er darlegen, warum er für einen bestimmten Verlustposten das Risiko nicht tragen musste. Das für den Anspruch vorauszusetzende Verschulden des Geschäftsführers ist zu vermuten, wenn die Insolvenzreife feststeht. Der Nachweis der Insolvenzreife wiederum wird durch die grundsätzliche Maßgeblichkeit der Handelsbilanz sowie eine sekundäre Behauptungslast des Geschäftsführers erleichtert. Eine Ersatzfähigkeit individueller Gläubigerschäden, also auch des Kontrahierungsinteresses sog. Neugläubiger, kommt nur aufgrund anderer Rechtsgrundlagen in Betracht. Das hier vorgestellte Konzept einer mittelbaren und kollektiven Abwicklung des Gläubigerschadens ist nicht nur systemgerechter, sondern auch bedeutend einfacher als die derzeit praktizierte deliktsrechtliche Individualisierung der Schadensposten einzelner Gläubiger. Gleichzeitig bedeutet die Verlustausgleichspflicht eine Verschärfung der Verantwortlichkeit der Geschäftsleiter, die dazu beitragen soll, dass die notwendigen Schranken wirtschaftlicher Handlungsfreiheit eingehalten werden. In der Insolvenz geht damit eine wünschenswerte Stärkung der Stellung des Insolvenzverwalters einher, die letztlich auch die Möglichkeit einer Regeneration der GmbH befördert. Eine Sanierung ist besser zu realisieren, indem effektiv die Insolvenzmasse aufgestockt wird, als wenn Neugläubiger mit dem Insolvenzverwalter um das Vermögen des Geschäftsführers konkurrieren.

Anders als eine eigenkapitalersatzrechtliche Haftung vermeidet die Sanktionierung unzulässiger Unternehmensfortführung durch die Insolvenzverschleppungshaftung die oben (Kap.3 C.III.) beschriebenen Abstimmungsprobleme und Wertungswidersprüche mit dem Insolvenzrecht. Zudem bleibt die Haftung in den Kategorien, in die seiner Zielsetzung nach im Grunde auch das Eigenkapitalersatzrecht gehört, nämlich bei einer verschuldensabhängigen Schadenersatzhaftung und nicht bei einer verschuldensunabhängigen, unsystematischen Sanktion gegen die Gesellschafter. Dass die Insolvenzverschleppungshaftung die Geschäftsführer und nicht die Gesellschafter trifft, resultiert daraus, dass das GmbHG die Erfüllung der Insolvenzantragspflicht als öffentlich-rechtliche Vorschrift zwingend den Kompetenzen des Managements zuschreibt.[478] Dabei bleibt es auch dann, wenn ein Gesellschafter in der Krise Fremdkapital zur Verfügung stellt.[479] Den Gesellschafter trifft die Insolvenzantragspflicht und folglich bei Insolvenzverschleppung auch die Haftung aus § 64 II GmbHG aber dann, wenn er faktisch die Geschäfte der GmbH führt. Nur eine isolierte, einmalige Beeinflussung der Insolvenzantragsstellung genügt nicht, um ihn als Garanten für die Erfüllung der Insolvenzantragspflicht zu behandeln.[480] Schließlich ist der Weisungsbefugnis der Gesellschafter eine Grenze gezogen, wo es um die Erfüllung öffentlich-rechtlicher Pflichten wie der Insolvenzantragspflicht geht.[481]

Für die hier interessierende Fallkonstellation, bei der ein Gesellschafter in der Krise die Gesellschaft weiter fremdfinanziert, ist aber entscheidend, dass in der Finanzierung allein weder eine faktische Geschäftsführung noch eine Beeinflussung der Insolvenzantragstellung zu sehen ist.[482] Schließlich ändert der Finanzierungsbeitrag in der Regel nichts an einer etwa bestehenden Überschuldung der Gesellschaft. Die vom Eigenkapitalersatzrecht sanktionierte Fremdkapitalfinanzierung der maroden Gesellschaft lässt also jedenfalls für sich eine Insolvenzverschleppungshaftung des Gesellschafters nicht aktuell werden. Das ist nicht zuletzt deshalb schlüssig, weil sich die Vermögenssituation der GmbH dadurch auch nicht zum Nachteil der Gläubiger ändert. Erst wenn der Gesellschafter aufgrund etwaiger Insiderkenntnisse den Finanzierungsbeitrag wieder abzieht, entsteht durch das Verhalten des Gesellschafters ein Gläubigerschutzproblem, das dann aber nichts mehr mit Insolvenzverschleppung sondern vielmehr mit dem Anfechtungsrecht zu tun hat. Dem widmet sich der nachfolgende Abschnitt.

---

[478] *Bayer/Lieder*, WM 2006, 1 (12). Anders *K. Müller*, ZRP 1975, 101 (103), der generell auch die Gesellschafter als insolvenzantragspflichtig ansieht. Diese Ansicht ist aber schon wegen des eindeutigen Gesetzeswortlauts nicht haltbar.

[479] Grundlegend oben Kap.3 A.V.3.a.

[480] Str. Eingehend bspw. *Ehricke*, ZGR 2000, 351-383. Die h.M. behilft sich bei der Insolvenzverschleppung i.d.R. des § 830 BGB, um eine Haftung des Gesellschafters zu begründen, MünchKommInsO/*Schmahl*, § 15 Rn. 88; B/H/*Schulze-Osterloh*, GmbHG, § 64 Rn. 99; L/H/*Lutter/Kleindiek*, GmbHG, § 64 Rn. 43 m.w.N.; (zu § 93 AktG) BGHZ 75, 96 (102); BGH DB 2005, 2182 (2183). Vgl. auch (zu einem Innenhaftungskonzept) R/A/*Altmeppen*, GmbHG, § 64 Rn. 115 ff.; Scholz/*K. Schmidt*, GmbHG, § 64 Rn. 56; B/H/*Schulze-Osterloh*, GmbHG, § 64 Rn. 100. Interessant *Ehricke*, ZGR 2000, 351 (380 ff.), der die Verantwortlichkeit des Gesellschafters hier auf § 830 BGB stützt, ohne dass dies jedoch zu einer Außenhaftung führte oder bereits eine deliktische Außenhaftung des Geschäftsführers oder einen Schutzgesetzcharakter der verletzten Organpflicht voraussetzte. Richtig ist daran, dass es der Sache nach bei einzelner Einflussnahme auf die Insolvenzantragspflicht (anders als bei faktischer Geschäftsführung) nicht um eine Pflichtenerstreckung auf die Gesellschafter geht.

[481] *Ehricke*, ZGR 2000, 351 (379); dazu bereits oben Kap.3 V.3.a.bb.(3). Zu denken wäre jedoch an eine Haftung aus dem Mitgliedschaftsverhältnis zwischen Gesellschafter und GmbH oder einen Regress des Geschäftsführers gegen den anweisenden Gesellschafter. Eine Insolvenzverschleppungshaftung ist dies jedoch nicht.

[482] A.A. wohl *Reiner*, FS Boujong, 415 (451 ff.).

C. Gläubigerschutz bei vorzeitiger Rückgewähr einer Gesellschafterleistung durch Insolvenzanfechtung

Waren im vorigen Abschnitt die Gefahren für die Gläubiger aus einer Fortsetzung der Geschäftstätigkeit der GmbH über die Insolvenzreife hinaus zu besprechen, geht es nun um Nachteile, die den Gläubigern aus der Rückzahlung eines (eigenkapitalersetzenden) Darlehens in der Insolvenz entstehen können. Bereits herausgearbeitet wurde, dass es dabei nicht überzeugt, generell einen Nachrang für eigenkapitalersetzende Darlehen vorzusehen, hingegen die Idee, eine „vorzeitige" Befriedigung des Gesellschafters anfechtungsrechtlich zu erfassen, im Ansatz richtig ist. Denn (nur) insoweit wird eine reelle Gläubigergefahr ins Auge gefasst, nämlich eine mögliche Schmälerung der Insolvenzmasse zugunsten eines einzelnen Gläubigers. Mit ins Kalkül zu ziehen ist dabei, dass Gesellschafter eventuell früher als andere Gläubiger eine nahende Insolvenz erkennen und entsprechend reagieren können. Damit ist freilich noch nicht gesagt, dass ein besonderer Anfechtungstatbestand in Gestalt des § 135 InsO notwendig ist und diese Gefährdungslage nicht mit dem allgemeinen Insolvenzanfechtungsrecht bewältigt werden kann. Nach Erläuterung des Normzwecks und der Konzeption des Insolvenzanfechtungsrechts wird deswegen auf die Frage der Rechtfertigung des speziellen Anfechtungstatbestandes für eigenkapitalersetzende Gesellschafterleistungen eingegangen. Dabei wird sich zeigen, dass § 135 InsO letztlich nicht überzeugt. Daran anknüpfend wird abschließend dargestellt, wie ohne ein spezielles Eigenkapitalersatzanfechtungsrecht der „vorzeitigen" Rückzahlung von Gesellschafterleistungen anfechtungsrechtlich begegnet werden kann.

I. Normzweck und Konzeption des Insolvenzanfechtungsrechts

1. Normzweck

Ab Eröffnung eines Insolvenzverfahrens ist die Gläubigergesamtheit davor geschützt, dass das Vermögen des Gemeinschuldners weiter aufgezehrt wird. Denn ab diesem Zeitpunkt sind Verfügungen des Schuldners über einen Gegenstand der Insolvenzmasse ohne weiteres unwirksam (§ 81 InsO), Zwangsvollstreckungen in das Vermögen des Gemeinschuldners unzulässig (§ 89 InsO) und ist auch ein sonstiger Rechtserwerb an Gegenständen der Insolvenzmasse grundsätzlich ausgeschlossen (§ 91 InsO).

Das Schuldnervermögen ist jedoch schon vor der Verfahrenseröffnung durch Vermögensverschiebungen gefährdet. Gerade unmittelbar vor einem sich abzeichnenden endgültigen Zusammenbruch ist die Versuchung für den Schuldner groß, sich selbst oder Dritten einen Vorteil zu verschaffen. Auf der anderen Seite kann es besonders gut informierten Gläubigern gelingen, ihre Forderungen (etwa durch erhöhten Druck auf den Schuldner) noch voll erfüllt zu bekommen, während für die übrigen Gläubiger in der Insolvenz dann nicht mehr viel verteilbare Masse übrig bleibt. An dieser Stelle soll das Insolvenzanfechtungsrecht eingreifen, als ungerechtfertigt gewertete Vermögensverschiebungen wieder rückgängig machen und so die Insolvenzmasse anreichern helfen.[483] Mit der Wiederherstellung des Gläubigerzugriffs auf die verschobenen Vermögensgegenstände[484] wird die effektive Verwirklichung der insolvenzrechtlichen Haftungsordnung, insbesondere also die Gleichbehandlung der Gläubiger in der Insolvenz, gesichert.[485] Gleichzeitig wird durch die Anreicherung der Insolvenzmasse im Wege der Anfechtung einer Masselosigkeit entgegengewirkt und die für die Realisierung des Insolvenzverfahrens unverzichtbare Verfahrenseröffnung erleichtert.[486] Ohne verteilungsfähige Masse ist nämlich eine gleichmäßige Befriedigung der Gläubiger nicht möglich.

Allgemeine Voraussetzung jeder Insolvenzanfechtung ist eine Gläubigerbenachteiligung i.S.d. § 129 InsO, also eine Beeinträchtigung der haftungsrechtlichen Gesamtabwicklung zum Nachteil der Insolvenzgläubiger.[487] Sie liegt vor, wenn sich die Befriedigungsmöglichkeiten der Insolvenzgläubiger ohne die angefochtene Handlung bei wirtschaftlicher Betrachtungsweise günstiger gestaltet hätten.[488] Klar ist aber auch, dass nicht jede Rechtshandlung, die die Befriedigungsmöglichkeiten der Insolvenzgläubiger beeinträchtigt, zu missbilligen ist. Denn für sich genommen ist die vollständige Befriedigung und damit Bevorzugung eines einzelnen Gläubigers nichts Verwerfliches, sondern Ausdruck der Privatautonomie.[489] Den einzelnen Anfechtungsgründen kommt deshalb die Aufgabe zu, die beteiligten Interessen von Gemeinschuldner und Gläubigern in Ausgleich zu bringen.[490] Dabei übernehmen es die subjektiven Anfechtungsvoraussetzungen, den wachsamen Gläubiger in seinem Vertrauen auf die Verfü-

---

[483] *Jauernig*, Zwangsvollstreckung, § 51 I. (S. 237); HK-InsO/*Kreft*, § 129 Rn. 1; *Paulus*, in: B. Kübler/Prütting, InsO, § 129 Rn. 2.

[484] Die Rechtsnatur der Anfechtung wird auch durch die InsO nicht geklärt. Die noch h.M. folgt der sog. schuldrechtlichen Theorie, wonach mit Eröffnung des Insolvenzverfahrens ein schuldrechtlicher Anspruch auf Rückgewähr der anfechtbar erworbenen Rechtsposition entsteht, BGHZ 101, 286 (288); BGH NJW 1997, 1857 (1859). Die in der Literatur im Vordringen befindliche Meinung von der haftungsrechtlichen Unwirksamkeit geht davon aus, dass die Anfechtbarkeit an der dinglichen Rechtslage zwar nichts ändert, jedoch anfechtbar erlangte Gegenstände *haftungsrechtlich* zum Vermögen des Gemeinschuldners gehören. Folglich können die Gläubiger auch ohne Geltendmachung des Rückgewähranspruches aus § 143 InsO auf diese Gegenstände zugreifen. Bedeutung hat dies etwa für den Fall der Insolvenz des Anfechtungsgegners, wo dann der Anfechtungsanspruch nicht nur eine Insolvenzforderung darstellt, sondern zur Aussonderung berechtigt. Der Streit ist aber hier nicht zu entscheiden. Weiterführend *Biehl*, KTS 1999, 313-321 und die Kommentarliteratur zu § 129 InsO.

[485] Braun/*de Bra*, InsO, § 129 Rn. 1; *Häsemeyer*, Rn. 21.01.

[486] Begründung zum Diskussionsentwurf (EInsO), A 30, 41; MünchKommInsO/*Kirchhof*, vor §§ 129 bis 147 Rn. 2.

[487] *Holzer*, WiB 1997, 729 (733); *Häsemeyer*, Rn. 21.18; *Niehus*, 54.

[488] BGH NJW 1989, 1037 (1037); OLG Köln WM 2005, 568 (569). Grundsätzlich genügt eine mittelbare Gläubigerbenachteiligung, bei der maßgeblicher Zeitpunkt für die Beurteilung die letzte mündliche Verhandlung ist.

[489] *Schoppmeyer*, NZI 2005, 185 (186).

[490] Hierzu etwa *Paulus*, in: B. Kübler/Prütting, InsO, § 129 Rn. 4 ff.; *Beissenhirtz*, 32.

gungsfreiheit des Schuldners und die Beständigkeit der Leistungserfüllung zu schützen.[491]

Die Bedeutung der Insolvenzanfechtung wurde durch die Verschärfung der Anfechtungstatbestände mit Einführung der Insolvenzordnung erhöht. Es war mit ein Schwerpunkt der Insolvenzrechtsreform, durch Verlängerung der Anfechtungsfristen, Reduzierung der subjektiven Anfechtungsvoraussetzungen und Einführung zahlreicher Beweiserleichterungen die Realisierung von Anfechtungsansprüchen zu erhöhen und damit masselosen Insolvenzen entgegen zu wirken.[492] Im Zuge einer Anpassung an das neue Verjährungsrecht des BGB ist für den Anfechtungsanspruch nun auch die bisher zweijährige Verjährungsfrist auf die dreijährige Regelverjährungsfrist verlängert worden (§ 146 I InsO).

2. Konzeption der Insolvenzanfechtungstatbestände

Die Insolvenzanfechtungstatbestände lassen sich in zwei Kategorien einteilen, nämlich die besondere (§§ 133-135 InsO) und allgemeine (§§ 130-132 InsO) Insolvenzanfechtung, wobei letztere keine Entsprechung in der Einzelgläubigeranfechtung nach dem AnfG findet. Zwar dienen alle Anfechtungsnormen dem Ziel, eine effektive Haftungsabwicklung in der Insolvenz zu sichern. Dennoch stecken hinter der Einteilung unterschiedliche gesetzliche Wertungen.[493] Steht bei der besonderen Insolvenzanfechtung die Sicherung des Paritätsprinzips schon im Vorfeld der Insolvenz im Vordergrund, sanktioniert die allgemeine Insolvenzanfechtung ein besonders zu missbilligendes Verhalten, insbesondere die verwerfliche Gesinnung des Schuldners (Benachteiligungsvorsatz).[494]

a. Besondere Insolvenzanfechtung

Die Tatbestände der besonderen Insolvenzanfechtung sind zeitlich eingeschränkt auf den Zeitraum von drei Monaten vor Insolvenzantragstellung bis zur Verfahrenseröffnung selbst. Sie knüpfen damit nicht nur unmittelbar zeitlich an die Insolvenzsituation an, sondern sehen in der materiellen Insolvenz des Schuldners überhaupt das entscheidende Moment, um eine Anfechtung zu rechtfertigen. Ist grundsätzlich der Schuldner frei in der Verfügung über sein Vermögen, so endet diese Privatautonomie, sobald ein Insolvenztatbestand erfüllt ist. Denn ab diesem Moment ist nach der gesetzlichen Wertung der Schuldner mit der privatautonomen Steuerung seiner Haftungs- und Vermögensverhältnisse gescheitert.[495] Weil die Privatautonomie dann also keine Ungleichbehandlungen mehr rechtfertigen kann, entsteht mit der materiellen Insolvenz auch der

---

[491] *Beissenhirtz*, 34 ff.; *Niehus*, 33; *v. Campe*, 16 ff.
[492] Begründung zum Diskussionsentwurf (EInsO), A 30, B 113 ff. (vor § 134 InsO); MünchKommInsO/*Kirchhof*, vor §§ 129 bis 147 Rn. 8.
[493] Eingehend zuletzt *Schoppmeyer*, NZI 2005, 185 (186 ff.).
[494] Vgl. *Schummer*, Eigenkapitalersatzrecht, 370 ff.; *Niehus*, 29 ff.
[495] *Biehl*, Insider, Rn. 194.

Anspruch der Gläubiger auf anteilige Befriedigung.[496] Die *Gläubigergleichbehandlung*, die sich auf die Insolvenzreife des Schuldners stützt, soll deswegen grundsätzlich auch ab deren Eintritt (und nicht erst im Insolvenzverfahren selbst) verwirklicht werden. Der Grundsatz der Priorität weicht der Parität der Gläubiger, die den wechselseitigen Einfluss aller Gläubiger auf das Vermögen des Schuldners nun ausgleichen soll. Wenn die Anfechtungstatbestände dabei nur auf die Zahlungsunfähigkeit abstellen und die Überschuldung unberücksichtigt lassen, liegt dies daran, dass im Interesse des Rechtsverkehrs und der Rechtssicherheit nur an äußerlich leichter wahrnehmbare Tatsachen angeknüpft werden soll.[497] Einem ähnlichen Zweck dienen (neben der Begrenzung auf den Dreimonatszeitraum) die subjektiven Tatbestandsvoraussetzungen. Denn die materielle Insolvenz und die Insolvenzantragstellung sind nicht ohne weiteres für außenstehende Gläubiger erkennbar. Wenn sie in Unkenntnis der Krise des Schuldners auf dessen Privatautonomie vertrauen, bleiben sie in diesem Vertrauen (freilich abgestuft[498]) geschützt. Mit einem Vorwurf der Unredlichkeit oder Verwerflichkeit hat das Abstellen auf die Kenntnis des Gläubigers aber nichts zu tun.[499]

b. Allgemeine Insolvenzanfechtung

Auch bei der allgemeinen Insolvenzanfechtung geht es darum, Rechtshandlungen, die einen einzelnen Gläubiger bevorzugen und die anderen Gläubiger benachteiligen, rückgängig zu machen und hierdurch den gleichrangigen Zugriff der Gläubigergesamtheit auf die rückgeführten Vermögensgegenstände zu ermöglichen. Indes ist – anders als bei der besonderen Insolvenzanfechtung – Geltungsgrund der allgemeinen Insolvenzanfechtung nicht der Schutz der Gläubigergleichbehandlung in der Insolvenz.[500] Das zeigt nicht nur die Tatsache, dass die allgemeinen Insolvenzanfechtungstatbestände in der Einzelgläubigeranfechtung ihre Entsprechung finden (§§ 3-6 AnfG) und dort nur zugunsten einer befriedigungsbedürftigen Forderung eines einzelnen Gläubigers der Vollstreckungszugriff auf einen weggegebenen Vermögensgegenstand wieder erschlossen wird. Entscheidend ist, dass die schon vom Anfechtungszeitraum her weiter reichenden allgemeinen Insolvenzanfechtungstatbestände zwar anlässlich der Insolvenz eine Gläubigerbenachteiligung ausgleichen helfen, nicht aber ihre Rechtfertigung darauf stützen können, dass die anfechtbare Rechtshandlung im Stadium der Insolvenzreife, also zu einem Zeitpunkt, in dem der Schuldner in seiner Verfügungsfreiheit eingeschränkt wird, vorgenommen wurde. Tragender Grund kann daher nicht die Pflicht der Gläubiger zur wechselseitigen Rücksichtnahme sein, weil diese Pflicht außerhalb der materiellen Insolvenz keine Berechtigung hat. Denn bis zur Insolvenz-

---

496 *Schoppmeyer*, NZI 2005, 185 (186); *Häsemeyer*, Rn. 21.05; *v. Campe*, 8, 59.

497 *Schoppmeyer*, NZI 2005, 185 (186). Mit der Anknüpfung auch an den Insolvenzantrag (§ 131 I Nr. 2; § 132 I Nr. 2 InsO) wird aber mittelbar auch die Insolvenzreife bei Überschuldung berücksichtigt.

498 Eine Reduzierung des Vertrauensschutzes gilt insbesondere für inkongruente Deckungen (§ 131 InsO), die leichter anfechtbar sind.

499 *v. Campe*, 13 ff.; *Paulus*, in: B. Kübler/Prütting, InsO, § 129 Rn. 4; *Schoppmeyer*, NZI 2005, 185 (187).

500 Richtig *Schoppmeyer*, NZI 2005, 185 (187 ff.); *Paulus*, in: B. Kübler/Prütting, InsO, § 129 Rn. 4.

reife ist der Schuldner im Grundsatz frei darin zu entscheiden, wen er wann befriedigt.[501] Erst das Versagen des Schuldners mit der eigenverantwortlichen Steuerung seiner Vermögens- und Haftungsverhältnisse bietet die Rechtfertigung, in diese Freiheit durch eine amtliche Haftungsgesamtabwicklung einzugreifen.[502] Dass einige Gläubiger wachsamer sind als andere, bessere Informationsmöglichkeiten haben oder schlicht mit mehr Druck auf eine Erfüllung der Zahlungsverpflichtungen dringen, verletzt noch nicht die Interessen der anderen Gläubiger, die im Ausgangspunkt dieselben Zugriffschancen haben.[503] Die Bevorteilung eines bestimmten Gläubigers gehört schließlich zum Wesen des Prioritätsprinzips.

Daraus folgt, dass sich die Anfechtbarkeit von Handlungen, die während der Verfügungsfreiheit des Schuldners erfolgen, nicht allein auf die Gläubigerbenachteiligung und eine spätere Insolvenzeröffnung stützen kann, sondern in der anfechtbaren Handlung selbst ein rechtlich zu missbilligendes Verhalten liegen muss.[504] Wenn auch der Interessenkonflikt erst in der Insolvenz (oder für die Einzelgläubigeranfechtung bei erfolgloser Zwangsvollstreckung) auftritt, liegt doch das rechtlich zu missbilligende Verhalten zeitlich davor und ist insoweit für sich unabhängig von der wirtschaftlichen Lage des Schuldners. Grundgedanke der allgemeinen Insolvenzanfechtung (und dabei insbesondere der Vorsatzanfechtung) ist, dass eine Rechtshandlung des Schuldners nicht in unredlicher Weise die im Ausgangspunkt gleichen *Chancen* der Gläubiger auf Befriedigung ihrer Forderungen beeinträchtigen darf.[505] Folglich geht es um den Schutz der allgemeinen Haftungsordnung und die Förderung redlichen Geschäftsgebarens auch schon vor Eintritt der Insolvenz oder Erfolglosigkeit einer Zwangsvollstreckung in das Vermögen des Schuldners.[506] Die schlechte wirtschaftliche Lage bildet lediglich den Anlass, bestimmte Vermögensverschiebungen im Vorfeld der Krise zu überdenken, weil nun die Chancengleichheit der Gläubiger tatsächlich verletzt ist.[507]

Rechtlich missbilligt ist insbesondere ein Verhalten des Schuldners, das die Belange der übrigen Gläubiger bewusst beeinträchtigt (Vorsatzanfechtung, § 133 InsO). Obschon der Gläubiger regelmäßig auf seinen eigenen Vorteil bedacht ist und seine Bevorteilung immer einen Nachteil für die anderen Gläubiger mitbringt und auch der Schuldner frei befinden kann, wen er befriedigt, soll der Schuldner doch nicht vorsätzlich die Chancengleichheit der Gläubiger verletzen dürfen. Die Anfechtbarkeit unentgeltlicher Leistungen (§ 134 InsO) gründet zwar nicht auf einem generell unredlichen Verhalten; doch ist der unentgeltliche Erwerb grundsätzlich weniger schutzwürdig.[508] Schließlich gehört zur allgemeinen Insolvenzanfechtung auch die Anfechtung von

[501] *Schummer*, Eigenkapitalersatzrecht, 371.
[502] *Biehl*, Insider, Rn. 195.
[503] *Schoppmeyer*, NZI 2005, 185 (187).
[504] *Schoppmeyer*, NZI 2005, 185 (188); ähnl. *Biehl*, Insider, Rn. 205.
[505] *Schoppmeyer*, NZI 2005, 185 (188).
[506] *Nerlich/Niehus*, AnfG, § 1 Rn. 4.
[507] *Schoppmeyer*, NZI 2005, 185 (188).
[508] *Foerste*, Rn. 303; *v. Campe*, 10; Uhlenbruck/*Hirte*, InsO, § 134 Rn. 2. Vgl. entsprechend die geringere Bestandskraft des unentgeltlichen Erwerbs in anderen Vorschriften, z.B. §§ 528, 816 I 2, 822 BGB.

Rechtshandlungen, die für die eigenkapitalersetzende Forderung eines Gesellschafters eine Befriedigung oder Sicherung gewähren (§ 135 InsO). Der Haftungsgrund soll hier in der gezielten, vom Gesellschafter aus Eigeninteresse offen gehaltenen Benachteiligung der Gesellschaftsgläubiger liegen und daher dem tragenden Grund der Vorsatzanfechtung nahestehen.[509] Missbilligtes Verhalten ist aber nicht die Befriedigungshandlung bzw. Sicherungsgewährung, sondern die Ausreichung des eigenkapitalersetzenden Darlehens an sich.[510]

c. Insolvenzanfechtung gegenüber Insidern

Die Gefahr von Vermögensverschiebungen auf Dritte im Vorfeld der Insolvenz ist besonders groß, wenn der Dritte eine besondere (persönliche oder gesellschaftsrechtliche) Nähebeziehung zum Schuldner aufweist (Insider[511]). Die allgemeine Lebenserfahrung lehrt, dass zum einen Schuldner versucht sind, bei sich abzeichnendem Scheitern Vermögensgegenstände zum eigenen Vorteil dem Gläubigerzugriff zu entziehen, und dass der Schuldner solche Vermögensverlagerungen leichter mit Hilfe von Personen vornehmen kann, die er kennt und die gleichzeitig ihrerseits Kenntnisse über ihn und seine Vermögensverhältnisse haben.[512] Zum anderen kann aber auch ein besonders gut informierter Gläubiger ohne Zusammenwirken mit dem Schuldner seinen Informationsvorsprung nutzen, um seine Interessen noch rechtzeitig vor dem nahenden wirtschaftlichen Zusammenbruch des Schuldners zu wahren. Solches Insiderhandeln beeinträchtigt also in verstärktem Maße die Haftungsabwicklung in der Insolvenz. Dennoch ist die Insidereigenschaft an sich noch kein Grund für die Anfechtung einer Rechtshandlung mit einem Insider im Vorfeld der Insolvenz. Zwar geht das Gesetz von einem institutionalisierten Misstrauen gegenüber Insidern aus;[513] Geltungsgrund einer Anfechtung auch gegenüber Insidern bleiben aber die üblichen (allgemeinen und besonderen) Anfechtungstatbestände. Weil das Gesetz ausdrücklich auch (qualifiziert beteiligte) Gesellschafter als Insider bezeichnet, ist es gerade auch gegenüber der Problematik nicht indifferent, dass Gesellschafter aufgrund eines besonderen, institutionalisierten Informationsvorsprungs frühzeitig im Vorfeld der Insolvenz für eine Rückführung der Gesellschafterdarlehen sorgen. Die Insolvenzordnung lässt es dennoch allgemein genügen, die Insolvenzanfechtung gegenüber Insidern zu erleichtern, indem der Nachweis der subjektiven Tatbestandmerkmale durch besondere Beweislastregeln (§§ 130 III, 131 II 2, 132 III, 137 II 2 InsO) erleichtert wird.[514] In ihrer Be-

[509] So bspw. *Häsemeyer*, Rn. 30.60.

[510] Dazu noch unten C.II.1.b.

[511] Zum Insiderbegriff des § 138 InsO näher unten C.III.1.

[512] *Biehl*, Insider, Rn. 5.

[513] *Paulus*, WM 2000, 2225 (2225); *Ropohl*, 28; *Hess/Weis*, AnfR, § 138 InsO Rn. 6.

[514] Dass die Insidereigenschaft in § 133 II InsO Tatbestandsvoraussetzung ist, bedeutet nicht, dass sie tragender Grund der Anfechtung ist. Auch hier geht es um eine Vorsatzanfechtung wegen Benachteiligungsabsicht, wie § 133 II 2 InsO deutlich macht. Es liegt also auch hier kein eigenständiger Anfechtungstatbestand vor, sondern eine Beweislastregel für einen speziellen Kreis von erfahrungsgemäß besonders gläubigergefährdenden Rechtsgeschäften, *Paulus*, in: B. Kübler/Prütting, InsO, § 133 Rn. 15.

deutung und Effektivität sollten diese Anfechtungserleichterungen aber nicht unterschätzt werden.[515]

Für den hier interessierenden Bereich stuft § 138 II Nr. 1 InsO bei einer juristischen Person Mitglieder des Vertretungs- und Aufsichtsorgans, persönlich haftende Gesellschafter sowie Gesellschafter, die zu mehr als einem Viertel am Kapital beteiligt sind, als besonders verdächtig ein. Hinzu kommen nach Nr. 2 solche Personen, die aufgrund einer vergleichbaren gesellschafts- oder dienstvertraglichen Verbindung zum Insolvenzschuldner die Möglichkeit haben, sich über dessen wirtschaftliche Verhältnisse zu unterrichten. Dabei unterstellt das Gesetz dem Personenkreis des § 138 InsO nicht generell einen tatsächlichen Informationsvorsprung und eine regelmäßige Bereitschaft zu unredlichen Transaktionen. Grundlage der Insiderregelung ist also nicht eine tatsächlich bestehende besondere Kenntnis des Gläubigers von der wirtschaftlichen Lage des Schuldners oder dessen Benachteiligungsvorsatz. Ausreichend ist vielmehr, dass bestimmte Personen typischerweise und unwiderleglich vermutet über bessere Informations*möglichkeiten* verfügen als andere.[516]

Die Regelung lässt zweierlei erkennen: Zum einen ist anders als noch bei der Konkursordnung, die eine Verschärfung der Anfechtung gegenüber Insidern nur bei der Absichtsanfechtung nach § 31 KO vorsah,[517] entscheidender Gesichtspunkt der Sonderregelung für Insider in der Insolvenzordnung nun nicht mehr ein vermutetes betrügerisches oder unredliches Verhalten.[518] Vom Gedanken der Unredlichkeit als generell tragendem Grund der Anfechtung ist die Insolvenzordnung schließlich (bis auf die Vorsatzanfechtung) auch insgesamt abgekommen.[519] Nunmehr rechtfertigt es allein die besondere *Informationsmöglichkeit* über die wirtschaftliche Lage des Insolvenzschuldners, eine Beweiserleichterung in allen Fällen vorzusehen, in denen es auf die Kenntnis der wirtschaftlichen Lage des Insolvenzschuldners ankommt.[520] Und bei der Vorsatzanfechtung genügt es, dass ein Insider aufgrund der Nähebeziehung typischerweise auch die Beweggründe (Benachteiligungsvorsatz) des Schuldners eher kennen wird als ein Außenstehender. Das Abstellen auf den Verdachtsgrund einer besonderen informationellen Verbindung zeigt, dass die insolvenzrechtliche Insiderproblematik offensichtlich nicht von einem qualifizierten Einfluss des Insiders auf den Insolvenz-

---

[515] *Ehricke*, KTS 1996, 209 (210).

[516] *Zeuner*, Rn. 60; *Hess/Weis*, AnfR, § 138 InsO Rn. 6; *Paulus*, in: B. Kübler/Prütting, InsO, § 138 Rn. 1; anders für die persönlich nahestehenden Personen des § 138 I InsO *Biehl*, Insider, Rn. 15 ff., wonach dort die Unterstützungsbereitschaft und nicht ein Informationsvorsprung Grund für die Qualifizierung als Insider sei; ähnl. *Ehricke*, KTS 1996, 209 (212): „Loyalitätsverhältnis".

[517] Vgl. die Begründung zu § 31 KO: „Der Umstand jedoch, dass es ein naher Verwandter gewesen, welcher mit dem Gemeinschuldner nicht lange vor Konkurseröffnung den Vertrag einging, und die Erfahrung, dass solche Verträge in der Regel sich als betrügerisch erwiesen haben, berechtigen und zwingen die Gesetzgebung, die Anfechtung dieser Verträge zu erleichtern und den Verwandten den Einwand der Redlichkeit zu überlassen."; abgedruckt bei *Plander*, GmbHR 1972, 121 (123).

[518] *Henckel*, in: KS-InsO, 813 (843). Oftmals wird jedoch mit Hinweis auf die ältere BGH-Rechtsprechung zur Vorsatzanfechtung weiterhin an einer Art Kollusionsvermutung festgehalten, so bspw. HK-InsO/*Kreft*, § 138 Rn. 4; FK-InsO/*Dauernheim*, § 138 Rn. 1; krit. zu Recht *Ropohl*, 33 ff.

[519] *Beissenhirtz*, 33 m.w.N.

[520] *Ropohl*, 35; vgl. Begründung zum Diskussionsentwurf (EInsO), B 129 (zu § 143 EInsO).

schuldner abhängt.[521] Besonders deutlich macht dies § 138 II Nr. 2 InsO, der als entscheidendes Kriterium für die Einbeziehung sonstiger mit der Gesellschaft verbundener Personen deren Möglichkeit betont, sich über die wirtschaftlichen Verhältnisse des Schuldners *zu unterrichten*. Es genügt deswegen grundsätzlich bereits die typisierte Möglichkeit eines Informationsvorsprungs.[522] Auch bei persönlich nahestehende Personen stellt die Gesetzesbegründung nicht etwa auf einen qualifizierten Einfluss unter Ehegatten, sondern darauf ab, dass die eheliche Verbundenheit ein Indiz für eine stärkere Informiertheit über die Belange des Schuldners ist.[523] Dass dann tatsächlich eine anfechtbare Handlung vorgenommen wurde, reicht quasi als Vermutung dafür, dass die Information auch ausgenutzt wurde. Wie es zu diesem Ausnutzen kam (d.h. ob durch erhöhten Druck, Kollusion, Anweisung, Einflussausübung, etc.), ist deshalb ohne Relevanz.

Zum anderen führt die bessere Informationsmöglichkeit der Insider konsequent (nur) dazu, dass die Anforderungen an den Nachweis der Kenntnis der Zahlungsunfähigkeit und des Eröffnungsantrags (§§ 130 III InsO, 132 III, 137 II 2), der Benachteiligung (§ 131 II InsO) bzw. des Benachteiligungsvorsatzes (§ 133 II 2 InsO) reduziert werden. Die Vermutung dieser inneren Tatsachen bedeutet regelungssystematisch eine Herabstufung des Vertrauensschutzes bei Insidern. Denn die subjektiven Tatbestandsvoraussetzungen sind Angelpunkt für die Lösung des Spannungsverhältnisses zwischen Gläubigerinteresse und Schutz des Rechtsverkehrs.

II. Zur Kritik des speziellen Anfechtungstatbestands nach § 135 InsO

Die spezielle Anfechtungsnorm des § 135 InsO gibt Anlass zu Kritik. Diese bezieht sich zum einen darauf, wie der Anfechtungsgrund tatbestandlich gefasst ist. Zum anderen stellt sich die Frage der Berechtigung der Kapitalersatzanfechtung im Hinblick auf § 138 InsO, wenn man erkennt, dass es sich bei der Anfechtung von Rückzahlungen eigenkapitalersetzender Gesellschafterleistungen im Grunde um ein Insiderproblem handelt.

---

[521] Dazu (insbesondere im Hinblick auf das Erfordernis einer bestimmten Anteilshöhe (25 %) bei Gesellschaftern) auch noch unten C.III.1.a.

[522] Das gilt auch für die Einbeziehung der Aufsichtsorgane. Sie kontrollieren zwar (rückblickend) die unternehmerischen Führungsentscheidungen, haben jedoch grundsätzlich keine eigenen Geschäftsführungsbefugnisse. Auch hier sind es weniger der mögliche Einfluss der Aufsichtsorgane aufgrund ihrer Kontrolltätigkeit als vielmehr die mit der Ausübung der Kontrolltätigkeit verbundenen vielfältigen Informationsmöglichkeiten, die ihre Einbeziehung in den Insiderkreis rechtfertigen.

[523] Begründung zum Diskussionsentwurf (EInsO), B 130 (zu § 143 EInsO); *Paulus*, in: B. Kübler/Prütting, InsO, § 138 Rn. 5; *Holzer*, WiB 1997, 729 (732): „[...] der aus der besonderen familiären Nähebeziehung zu dem Schuldner folgende Informationsvorsprung."

1. Ausgestaltung des Anfechtungsgrundes

Bei der Ausgestaltung des § 135 InsO fällt zweierlei auf. Mit der einfachen Formulierung „Rückgewähr eines kapitalersetzenden Darlehens" importiert die Vorschrift als Tatbestandsvoraussetzung die gesellschaftsrechtliche Dogmatik des Eigenkapitalersatzrechtes – und damit auch ihre Problematik – in das Insolvenzanfechtungsrecht. Daneben wird deutlich, dass die anfechtbare Rechtshandlung und das vom Gesetzgeber tatsächlich missbilligte Verhalten nicht deckungsgleich sind, sondern die gläubigergefährdende Handlung im Grunde schon in der Fremdkapitalausreichung gesehen wird.

a. Anlehnung im Gesellschaftsrecht – Kapitalersatzcharakter als Ausgangspunkt

Die Regelung des § 135 InsO steht nicht nur „in engem Sachzusammenhang mit den Vorschriften der §§ 32a und 32b GmbHG, §§ 129a, 172a HGB, § 6 AnfG"[524]. Der Eigenkapitalersatzcharakter der zurückgewährten Leistung ist Grundvoraussetzung der Anfechtung nach § 135 InsO. Denn neben der (für sich neutralen) anfechtbaren Rechtshandlung, d.h. der Befriedigung oder Gewährung einer Sicherheit und den allgemeinen Anfechtungsvoraussetzungen (also v.a. einer zumindest mittelbaren Gläubigerbenachteiligung), stellt die Vorschrift keine weiteren Voraussetzungen – insbesondere solche subjektiver Art – auf. Der Eigenkapitalersatzcharakter ist die einzige besondere Tatbestandsvoraussetzung dieser Anfechtungsnorm.

Obschon das Anfechtungsrecht grundsätzlich geeignet erscheint, die im Zusammenhang mit Gesellschafterleistungen an die GmbH zusammenhängenden möglichen Gläubigergefahren zu regulieren, weil sie das Problem eines frühzeitigen Abzugs von Gesellschafterdarlehen im Vorfeld der Insolvenz aufgrund einer besserer Informiertheit der Gesellschafter anfechtungsrechtlich angeht, überzeugt die Ausgestaltung des § 135 InsO nicht. Denn der umfassende Rückbezug auf die Rechtsfigur Eigenkapitalersatz überträgt alle im vorgehenden Kapitel analysierten diesbezüglichen Begründungsdefizite in den besonderen Anfechtungstatbestand. Dass die Norm mit der Anfechtbarkeit einer Rückgewähr des Gesellschafterdarlehens in der Insolvenz eine auf die Gläubigergefahr zugeschnittene Rechtsfolge bereithält, ändert also wenig an dem Umstand, dass der Tatbestand die wirkliche Gläubigergefahr, nämlich dass ein Gesellschafter möglicherweise eher als andere in der Lage ist, seinen Kapitaleinsatz in der Krise rechtzeitig vor der Insolvenz zu retten, nicht richtig erfasst. Denn er knüpft inzident immer noch an einen davon unabhängigen und letztlich nicht überzeugenden Kapitalersatzgedanken und damit die Zuführung des Darlehens an. Jedenfalls so gesehen überzeugt § 135 InsO im Ergebnis ebenso wenig wie die Rechtsprechungsregeln, die zwar auch die Rückzahlung des Darlehens sanktionieren (§ 31 I GmbHG analog), dabei aber mit der Erfassung der tatsächlichen Problematik des Ausnutzens eines Infor-

---

[524] *Hess/Weis*, AnfR, § 135 InsO Rn. 2.

mationsvorsprungs im Vorfeld der Insolvenz wenig zu tun haben, sondern schon konzeptionell nur auf das Kapitalsicherungsrecht rekurrieren.[525]

b. Anfechtbare Handlung und missbilligte Handlung – Inkonsistenzen

Wer es als Ziel der Kapitalersatzregeln begreift, die zu geringe Kapitalausstattung der GmbH zu kompensieren, um so eine möglichst hohe Gläubigerbefriedigung in der Insolvenz zu erreichen,[526] legt § 135 InsO gedanklich weiterhin die Idee der Umqualifizierung des Fremdkapitals zu Grunde,[527] obschon das Gesetz mit § 32a I GmbHG inzwischen ausdrücklich den Fremdkapitalcharakter der Gesellschafterdarlehen anerkennt. Demnach bleibt dann aber das missbilligte Verhalten im Grunde nicht der Kapitalabzug kurz vor der Insolvenz an sich, sondern die „falsche" Finanzierung in der Krise.

Die Tatsache, dass über die Anfechtbarkeit einer Rückgewähr oder Sicherheitenbestellung im Grunde allein die Situation der Kreditgewährung (oder des Stehenlassens) in der Krise entscheidet, führt jedoch zu deutlichen Brüchen des § 135 InsO mit der Systematik des Insolvenzanfechtungsrechts. Denn wie eingangs dargestellt ist es Kennzeichen der allgemeinen Insolvenzauslösetatbestände, dass sich die angefochtene Rechtshandlung selbst als eine Verletzung des Befriedigungsanspruchs der Insolvenzgläubiger darstellt. Nun sind aber die in § 135 InsO genannten Rechtshandlungen für sich rechtlich neutral. Zwar mögen sie eine mittelbare Benachteiligung der Gläubiger bedeuten; doch ist diese lediglich allgemeine Anfechtungsvoraussetzung, nicht jedoch ein hinreichender Anfechtungsgrund. Der Vergleich mit der Vorsatzanfechtung als dem klassischem Fall der allgemeinen Anfechtungstatbestände macht zudem deutlich, dass der nähere Grund für die Missbilligung einer Beeinträchtigung der Befriedigungschancen der Gläubiger (im Falle des § 133 InsO also der Benachteiligungsvorsatz) zeitlich mit der anfechtbaren Rechtshandlung zusammenfällt. Im Falle des § 133 InsO kommt es also auf das Vorliegen des Benachteiligungsvorsatzes zum Zeitpunkt der Vornahme der Rechtshandlung an.[528] Dasselbe gilt für die Kenntnis des Gläubigers vom Benachteiligungsvorsatz des Schuldners; auch sie muss zur Zeit der Vornahme der Rechtshandlung (§ 140 InsO) vorliegen.[529] Diese zeitliche Konvergenz von Rechtshandlung und übrigen Tatbestandsvoraussetzungen ist nicht zufällig. Sie liegt

---

[525] S. bereits oben Kap.3 IX.2.c. Insoweit konsequent daher *Huber/Habersack*, BB 2006, 1 (3 f.), die *de lege ferenda* dafür eintreten, generell *alle* Gesellschafterforderungen – unabhängig von ihrem Entstehungszeitpunkt – als in der Insolvenz nachrangig und anfechtbar zu behandeln, also das gesamte Kapitalersatzrecht ins Insolvenzrecht zu verlagen und von den Kapitalsicherungsvorschriften ganz zu lösen.

[526] *Zeuner*, Rn. 200; Smid/*Zeuner*, InsO, § 135 Rn. 2; *Nerlich/Niehus*, AnfG, § 6 Rn. 2.

[527] So denn auch *K. Schmidt*, GmbHR 2005, 797 (799), der die Kapitalersatzidee aber gleichzeitig für unverzichtbar hält. Auch Smid/*Zeuner*, InsO, § 135 Rn. 2 betont ausdrücklich, dass das Kapital in der Insolvenz „temporär wie zugeführtes Eigenkapital behandelt" wird.

[528] FK-InsO/*Dauernheim*, § 133 Rn. 10; MünchKommInsO/*Kirchhof*, § 133 Rn. 17; Braun/*de Bra*, InsO, § 133 Rn. 20; BGHZ 131, 189 (196); BGH NZI 1999, 152 (153).

[529] *Jauernig*, Zwangsvollstreckung, § 52 II.1. (S. 246); MünchKommInsO/*Kirchhof*, § 133 Rn. 20; Uhlenbruck/*Hirte*, InsO, § 133 Rn. 26 m.w.N.

darin begründet, dass die anfechtbare Rechtshandlung die Gläubigerbenachteiligung herbeiführt und sich demnach auch die die Anfechtbarkeit begründende rechtliche Missbilligung auf ein Verhalten oder einen Umstand beziehen muss, der mit der Rechtshandlung unmittelbar zusammenhängt.[530]

Wenn sich ein Gesellschafter-Gläubiger bei herannahender Insolvenz auf unredliche Weise einen Vorteil verschafft, indem er eine Rückzahlung des Finanzierungsbeitrages erreicht, kann die Unredlichkeit sich also schlechterdings aus dem Verhalten bei der Zuführung oder dem Stehenlassen der Finanzierungshilfe ergeben.[531] Denn wie gezeigt ist die Fremdkapitalzuführung (und erst recht nicht das Belassen des Finanzierungsbeitrags) nicht *per se* gläubigergefährdend.[532] Die Regelung des § 135 InsO, die dennoch auf den früheren Zeitpunkt abstellt, passt deswegen auch nicht in das System der allgemeinen Anfechtungstatbestände. Indem die Norm mit der Tatbestandsvoraussetzung „Kapitalersatz" die rechtliche Missbilligung der anfechtbaren Rechtshandlung auf den Zeitpunkt der Darlehensvergabe rückbezieht, anstatt auf die „Entfinanzierung" abzustellen, ist das eine Erblast der Idee einer zwangsweisen Umwidmung in Eigenkapital.[533] Die zeitliche Diskrepanz zwischen angeblichem „Unrecht" und anfechtbarer Rechtshandlung wird noch auffälliger, wenn man berücksichtigt, dass die Rechtsprechung (unwiderleglich) vermutet, dass eine eigenkapitalersetzende Gesellschafterleistung ihren Eigenkapitalersatzcharakter behält, wenn es innerhalb eines Jahres nach Leistung des Finanzierungsbeitrags zur Insolvenzverfahrenseröffnung oder Anfechtung nach dem AnfG kommt.[534] Die Verweigerung einer Entsperrung der eigenkapitalersatzrechtlich verstrickten Gesellschafterleistung in diesem Jahreszeitraum heißt gleichzeitig, dass der wirtschaftlichen Situation der GmbH im Zeitpunkt der Rückführung der Finanzierungsleistung, also zum Zeitpunkt der Vornahme der anfechtbaren Rechtshandlung, keine Bedeutung beigemessen wird, obschon andererseits die Krise der GmbH tragender Anknüpfungspunkt der rechtlichen Missbilligung der Fremdkapitalfinanzierung sein soll.

2. Eigenkapitalersatzanfechtung als Fall der Anfechtung gegen Insider

Die obigen Ausführungen zeigen, dass die Anknüpfung des § 135 InsO an den Eigenkapitalersatzgedanken nicht zielführend ist.[535] Selbst wenn man forderte, dass das ei-

---

[530] Zum ursächlichen Zusammenhang von Gläubigerbenachteiligung und anzufechtender Rechtshandlung *Niehus*, 56 ff.

[531] Ähnlich *T. Bezzenberger*, FS Bezzenberger, 23 (44).

[532] Eingehend dazu oben (Kap.3 A.IX.2.a.). A.A. (statt vieler) *Häsemeyer*, Rn. 30.60 („Abwälzung des Finanzierungsrisikos"). Allgemein zur – nicht gegebenen – typischen Nachteiligkeit jeglicher Rechtsgeschäfte in der Krise *Schummer*, Eigenkapitalersatzrecht, 431 ff.

[533] *T. Bezzenberger*, FS Bezzenberger, 23 (44).

[534] BGHZ 90, 370 (380 ff.) „Nutzfahrzeug"; zustimmend auch nach Inkrafttreten der InsO OLG Hamm DZWiR 2004, 388; L/H/*Lutter*/*Hommelhoff*, GmbHG, § 32a/b Rn. 101; dagegen aber überzeugend Michalski/*Heidinger*, GmbHG, §§ 32a, 32b Rn. 51 ff. m.w.N.

[535] Wenn man dem Umqualifizierungsgedanken weiterhin folgen wollte, bleibt zudem ungeklärt, warum im direkten Anwendungsbereich des § 30 I GmbHG, d.h. bei der Auszahlung „echten Eigenkapitals", es keines ergänzenden Schutzes durch einen besonderen Anfechtungstatbestand bedarf, sondern

genkapitalersatzrechtlich zentrale Merkmal der Kreditunwürdigkeit im Zeitpunkt der Vornahme der anfechtbaren Rechtshandlung, also im Rückzahlungsfall, vorliegen muss,[536] ist wenig gewonnen. Denn damit wird dann nichts anderes beschrieben als eine Befriedigung eines Gläubigers in der Krise der Gesellschaft. Diesen Fall erfasst aber bereits die besondere Insolvenzanfechtung mit der Vorverlagerung der *par condicio creditorum* und der Pflicht der Gläubiger zur gegenseitigen Rücksichtnahme im Vorfeld der Insolvenz.[537]

Löst man demzufolge § 135 InsO – in konsequenter Fortführung der gesetzgeberischen Konzeption, nach der Krisendarlehen nunmehr ausdrücklich als Fremdkapital anzuerkennen sind (§ 32a I GmbHG) – vollständig vom nicht weiterführenden Umqualifizierungsgedanken und fokussiert den Blick darauf, was tatsächlich Beweggrund für die Missbilligung der Rechtshandlung im Zeitpunkt ihrer Vornahme ist, bleibt hierfür allein die besondere (Doppel)Stellung als Gesellschafter-Gläubiger. Sonach liegt das eigentliche Problem eben (nur) darin, dass in vielen Fällen Gesellschafterforderungen noch vor einer Insolvenzeröffnung durch die GmbH bezahlt oder besichert werden.[538] Die Gesellschafter sollen also aus ihrer Position, in der sie einen nahenden Zusammenbruch der Gesellschaft typischerweise rechtzeitig erkennen können, keine Vorteile zu Lasten der übrigen Insolvenzgläubiger ziehen.[539] Zum tragenden Grund der Eigenkapitalersatzanfechtung wird damit die besondere informationelle Verbindung zwischen dem Insolvenzschuldner und dem Gesellschafter.[540] Diese Deutung entspricht im Grunde auch den am Anfang stehenden und heute noch vorgebrachten Begründungen des Eigenkapitalersatzrechts. Denn danach sollte das Verhalten sanktioniert werden, dass ein Gesellschafter „ein Darlehen kurz vor dem Zusammenbruch abzieht“.[541] Dies führt schlussendlich dazu, dass § 135 InsO in Wirklichkeit als eine (spezielle) Insiderregelung angesehen werden muss.[542]

---

eine rein gesellschaftsrechtliche Rückzahlungspflicht (§ 31 I GmbHG) ausreichen soll, bei erzwungenem Eigenkapital hingegen eine strengere, auch anfechtungsrechtliche, Sanktionierung angezeigt sein soll.

[536] So *T. Bezzenberger*, FS Bezzenberger, 23 (44).

[537] Vgl. *Jauernig*, Zwangsvollstreckung, § 52 IV. (S. 248).

[538] Braun/*de Bra*, InsO, § 135 Rn. 2.

[539] *Killinger*, 75; *Cahn*, AG 2005, 217 (223). Vehement gegen eine solche Deutung aber *K. Schmidt*, GmbHR 2005, 797 (799).

[540] *Westermann*, Gläubigerschutz, 36; *Biehl*, Insider, Rn. 263; *Schummer*, Eigenkapitalersatzrecht, 369; ebenso für § 237 HGB a.F. *Killinger*, 86; a.A. *Ropohl*, 118 ff.

[541] Vgl. die Begründung zum GmbHGE 1939, *Schubert*, Entwurf, 163 – wenn auch unter Hinweis auf den Einfluss (und nicht die Informationsmöglichkeit) des Gesellschafters. Zum geschichtlichen Hintergrund des Eigenkapitalersatzrechts oben Kap.2 B. und zum Argument der Doppelrolle des Gesellschafters als Rechtfertigung des Eigenkapitalersatzrechts oben Kap.3 A.VII.

[542] *Biehl*, Insider, Rn. 36 ff. Anders *Huber/Habersack*, BB 2006, 1 (3) mit der These, die Gesellschafter müssen sich mindestens mit dem der GmbH tatsächlich zur Verfügung gestellten Betrag auch am Unternehmensrisiko beteiligen, wenn sie schon das Privileg der Haftungsbeschränkung genießen. Deswegen sei *de lege ferenda* ein genereller Nachrang *aller* Gesellschafterforderungen und deren Anfechtung in der Insolvenz angezeigt – als Preis für die Haftungsbeschränkung.

Die Befürchtung, dass ein Informationsvorsprung ausgenutzt wird, wenn die Gesellschafter mit ihren Forderungen gegen die GmbH an der Insolvenz teilnehmen, trifft aber allgemein bei allen innerhalb des kritischen Zeitraums geleisteten Rückzahlungen zu.[543] Zu Beginn der Entwicklung des Eigenkapitalersatzrechts bestand zwar keine dem § 138 InsO vergleichbare Norm, die das Insideranfechtungsproblem allgemein geregelt hätte.[544] Von daher mag es damals noch nachvollziehbar gewesen sein, zur Lösung dieses Problems eine (der Vorsatzanfechtung nahestehende) Insideranfechtung zu fordern, um das als unredlich kategorisierte Verhalten des fremdfinanzierenden Gesellschafters zu sanktionieren. Der Gesetzgeber hat jedoch inzwischen die Gefahr für die Gläubiger erkannt und in der InsO durch eine Verschärfung der Anfechtungsmöglichkeiten gegenüber Insidern darauf reagiert. Vor dem Hintergrund der besonderen Insidernorm des § 138 InsO muss dann aber die Notwendigkeit des beibehaltenen § 135 InsO bezweifelt werden.

Aber auch wenn man § 135 InsO richtig – nämlich als (spezielle) Insiderregel – versteht, vermag die Norm konzeptionell kaum zu überzeugen. Zum einen ist Kerngedanke der Anfechtung gegen Insider, dass die besondere Informationsmöglichkeit bestimmter Personengruppen eine Verschärfung der Anfechtung erlaubt. Das bedingt jedoch auch, dass nicht die informationelle Verbundenheit mit dem Insolvenzschuldner (oder ein etwaiger Einfluss) allein bereits eine Anfechtung bestimmter Rechtshandlungen unter Beteiligung von Insidern rechtfertigt.[545] Vielmehr kommt es darauf an, *welche* besonderen Informationen der Insider sich nutzbar machen kann, um eine bevorzugte Befriedigung zum Nachteil der anderen Gläubiger zu erreichen. Demzufolge überzeugt die Regelung eines Insiderproblems konzeptionell nur dann, wenn sie die Kenntnis bestimmter anfechtungsrelevanter Umstände bei nahestehenden Personen als gegeben erachtet oder vermutet. Mit anderen Worten geht es bei Insidern zuvörderst um die subjektiven Voraussetzungen der Insolvenzanfechtung. Wenn nun bei § 135 InsO subjektive Tatbestandsvoraussetzungen ganz beiseite gelassen werden,[546] entfernt sich die Norm von der gesetzgeberischen Konzeption, auch gegenüber Insidern (nur) die üblichen Anfechtungstatbestände vorzusehen, dabei jedoch die Anforderungen an den Nachweis insbesondere der subjektiven Tatbestandsmerkmale zu erleichtern. § 135 InsO stellt so gesehen eine unsystematische Insiderregelung dar, die den Entzug von Fremdmitteln durch Gesellschafter im Anfechtungszeitraum generell und pauschal als unredlich betrachtet – ohne auf die *Ausnutzung* der Insiderstellung abzustellen.[547]

---

[543] Zutreffend *Westermann*, Gläubigerschutz, 36.

[544] Immerhin sah jedoch die Absichtsanfechtung nach § 31 KO eine Verschärfung gegenüber Insidern vor.

[545] Anders für Gesellschafterdarlehen in der Krise *Cahn*, AG 2005, 217 (224), der dabei indes auf § 138 InsO nicht eingeht.

[546] *Biehl*, Insider, Rn. 263.

[547] A.A. aber *Cahn*, AG 2005, 217 (224), der allgemein eine Anfechtbarkeit bzw. „automatische Erstattungspflicht" aller Gesellschafterdarlehen im Zeitraum von einem Jahr vor Insolvenzantragstellung ohne Abstellen auf subjektive Merkmale für richtig erachtet, dabei aber auf das dann problematische Verhältnis zu § 138 InsO nicht eingeht; ähnl. nunmehr auch *Huber/Habersack*, BB 2006, 1 (3). I.Ü.

Daneben zeigen grundlegende Wertungswidersprüche zu § 138 InsO, dass der spezielle Insidertatbestand § 135 InsO sich nicht in das System der übrigen Anfechtungsnormen einfügt. Das gilt zum einen für den Zeitpunkt, in dem die Insidereigenschaft vorliegen muss. Generell kommt es dabei nämlich auf den Zeitpunkt der Vornahme der anfechtbaren Rechtshandlung (bzw. im Falle des § 133 II InsO der Vornahme des Rechtsgeschäfts) an.[548] Die Anknüpfung an die anfechtungsrelevante Handlung ist konsequent, weil dann auch ein ursächlicher Zusammenhang zwischen der die Gläubiger benachteiligenden Rechtshandlung und der Ausnutzung der besonderen Insiderkenntnisse vermutet werden kann. Der Tatbestand des § 135 InsO weicht von diesem Grundsatz ohne Not ab. Im Eigenkapitalersatzrecht spielt die Gesellschaftereigenschaft und damit die Insiderrolle nur zum Zeitpunkt der Begründung des Eigenkapitalersatzcharakters eine Rolle. Folglich bleibt die Finanzierungshilfe eigenkapitalersetzend, auch wenn der Gesellschafter ausscheidet.[549] Dass der Gesellschafter also zum Zeitpunkt der Rückzahlung oder Sicherheitenbestellung gar nicht mehr Gesellschafter ist und grundsätzlich keine besonderen institutionalisierten Informationsmöglichkeiten mehr besitzt, bleibt unberücksichtigt. Zwar könnte man durchaus daran denken, auch ehemalige Insider für eine gewisse Zeit nach Wegfall der die Insiderstellung begründenden Verbundenheit mit dem Schuldner noch als Insider zu behandeln.[550] Der Gesetzgeber der InsO hat sich aber ausdrücklich dagegen entschieden. Diese Entscheidung lässt § 135 InsO unbeachtet.

Zum anderen zieht § 135 InsO den Kreis der als Insider qualifizierten Personen anders als § 138 InsO. Während das Eigenkapitalersatzrecht für die GmbH die maßgebliche Finanzierungsverantwortung eines Gesellschafters erst bei einer Beteiligung von mehr als zehn Prozent als gegeben betrachtet, stellt § 138 II Nr. 1 InsO auf eine Beteiligung von 25 % ab. Unabhängig davon, welche Grenzziehung letztlich die richtige ist,[551] ist es doch nicht einzusehen, warum eine einzelne Norm von der als allgemein gedachten Definition des Insiderbegriffs abweichen sollte.[552] Dies gilt umso mehr, als

---

macht § 135 InsO selbst als eine Art Spezialfall der Vorsatzanfechtung (vgl. *Biehl*, Insider, Rn. 236; *Häsemeyer*, Rn. 30.60) wenig Sinn. Deren Grundgedanke ist (wie § 133 InsO zeigt) nicht, einen Verhaltenskodex für Gläubiger zu schaffen, *Schoppmeyer*, NZI 2005, 185 (189). Im Zentrum der Vorsatzanfechtung steht vielmehr der Benachteiligungsvorsatz des Schuldners. Die Norm akzeptiert damit, dass es generell Motivation des Gläubigers sein wird, sich einen Vorteil zu verschaffen. Und eine ausnahmsweise zu missbilligende Unlauterkeit der Interessenverfolgung liegt wie mehrfach erwähnt jedenfalls nicht in der Mittelzuführung in der Krise. Blickt man aber auf den Abzug des Fremdkapitals, rechtfertigt wie gesehen die Insidereigenschaft allein eine Missbilligung nicht.

[548] Vgl. §§ 130 III, 131 II 2 InsO einerseits und § 133 II InsO andererseits; hierzu etwa *Nerlich*, in: Nerlich/Römermann, InsO, § 138 Rn. 24; FK-InsO/*Dauernheim*, § 138 Rn. 1; Smid/*Zeuner*, InsO, § 138 Rn. 11; MünchKommInsO/*Kirchhof*, § 130 Rn. 66, § 131 Rn. 64, § 133 Rn. 42. Krit. zu § 140 InsO bei Rechtshandlungen, die aus mehreren Teilakten bestehen, aber *Biehl*, Insider, Rn. 224 ff.

[549] Allg.A., BGHZ 81, 252 (258 ff.); BGH NJW 1985, 2719 (2720); FK-InsO/*Dauernheim*, § 135 Rn. 27; *Hess*/*Weis*, AnfR, § 135 InsO Rn. 148; *Paulus*, in: B. Kübler/Prütting, InsO, § 135 Rn. 7; Scholz/*K. Schmidt*, GmbHG, §§ 32a, 32b Rn. 34.

[550] S. nur *Hirte*, ZInsO 1999, 429 (435); Uhlenbruck/*Hirte*, InsO, § 135 Rn. 54 ff.; *Biehl*, Insider, Rn. 276 ff.

[551] Dazu noch unten C.III.1.a.

[552] Den auffallenden Widerspruch bemängelt auch *Kirchhof*, ZInsO 2001, 825 (826).

nicht nur die Gesetzesbegründung zur InsO ausdrücklich darauf hinweist, dass bei einer geringeren Beteiligung eine besondere Informationsmöglichkeit, die die Erleichterung der Anfechtung rechtfertigen könnte, nicht gegeben sei,[553] sondern auch bei Begründung der Einführung des Kleinbeteiligtenprivilegs in § 32 III 2 GmbHG die Gesetzesmaterialien sich *expressis verbis* auf die Insiderstellung des Gesellschafters als Grund für die Subordination gesellschafterlicher Fremdkapitalleistungen berufen.[554]

Schließlich kann die Forderung nach einer längeren Anfechtungsfrist bei Gesellschafterdarlehen[555] für sich allein nicht den Sondertatbestand § 135 InsO rechtfertigen. Denn der Gedanke, dass es gerade aufgrund der Nähebeziehung gelingen kann, die anfechtbare Rechtshandlung vor dem Anfechtungszeitraum vorzunehmen bzw. die Rechtshandlung durch Hinausschieben der Insolvenz anfechtungsfest zu machen, trifft nicht nur auf die Fälle der Gesellschafterfremdfinanzierung sondern auf Insidersachverhalte generell zu. Systemkonform müsste man also die – *de lege ferenda* durchaus verständliche – Forderung nach längeren Anfechtungsfristen auf alle Sachverhalte einer Anfechtung gegenüber Insidern erweitern. *De lege lata* ist jedoch die gesetzgeberische Entscheidung zu akzeptieren, es auch gegenüber Insidern bei den üblichen Anfechtungsfristen zu belassen.

Insgesamt ist zu konstatieren, dass zwar als einzig zutreffender Beweggrund für § 135 InsO die Gefahr eines frühzeitigen Abzugs der Gesellschafterleistung unter Ausnutzung von Insiderkenntnissen in Betracht kommt. Jedoch vermag auch unter diesem Aspekt die Sondernorm nicht zu überzeugen. Deswegen ist im nachfolgenden Abschnitt darzustellen, wie der Gefahr ohne eine spezielle kapitalersatzrechtliche Anfechtungsnorm begegnet werden kann.

III. Anfechtbarkeit der Rückgewähr einer Gesellschafterleistung ohne eigenkapitalersatzrechtliche Sonderbestimmungen

Blendet man § 135 InsO aus, wird für die hier interessierende Anfechtbarkeit der Rückgewähr eines Gesellschafterdarlehens oder einer sonstigen Gesellschafterfinanzierungshilfe entscheidend, inwieweit GmbH-Gesellschafter nach § 138 InsO als Insider gelten und deshalb ihnen gegenüber eine Insolvenzanfechtung erleichtert ist. Daher wird zunächst der Begriff des gesellschaftsrechtlichen Insiders erörtert, bevor auf die relevanten Insolvenzanfechtungstatbestände im Einzelnen eingegangen wird.

[553] S. die Begründung zum Diskussionsentwurf (EInsO), B 131 (zu § 144).
[554] Begründung des RegE zum KapAEG, BT-Drs. 13/7141, 11.
[555] Vgl. *Cahn*, AG 2005, 217 (224), der im Hinblick auf Gesellschafterdarlehen für eine Jahresfrist plädiert. Zur Kritik an den Anfechtungsfristen nach dem AnfG *Huber/Habersack*, BB 2006, 1 (6).

1. GmbH-Gesellschafter als Insider nach § 138 II InsO

a. Insidereigenschaft nach § 138 II Nr. 1 InsO

Zu den Insidern einer juristischen Person gehören nach § 138 II Nr. 1 InsO zunächst die Mitglieder des Vertretungs- und Aufsichtsorgans. Für die GmbH ist also (neben den Mitgliedern eines eventuell gebildeten Aufsichtsrats) jeder Geschäftsführer eine der GmbH nahestehende Person. Soweit ein Gesellschafter gleichzeitig als Geschäftsführer fungiert, ist er schon deswegen – ohne dass es auf eine bestimmte Beteiligungshöhe ankäme – in den Adressatenkreis des § 138 II Nr. 1 InsO mit einbezogen. Besonders häufig ist diese Konstellation im Übrigen gerade bei den oft kritisch betrachteten Einpersonengesellschaften anzutreffen. Hier ist in der großen Mehrzahl der Fälle der Alleingesellschafter gleichzeitig bestellter Geschäftsführer.[556] Das gilt schließlich auch dann, wenn er nicht ordnungsgemäß bestellter, sondern nur faktischer Geschäftsführer ist. Entscheidend ist insoweit, dass die Geschäftsführungstätigkeit tatsächlich ausgeübt wird.[557]

Aus der Anteilseignerschaft selbst folgt die Qualifizierung als nahestehende Person nur, soweit die Kapitalbeteiligung mindesten 25 % ausmacht. Das Gesetz knüpft somit an die Gesellschaftereigenschaft nicht *per se* den Verdachtsgrund eines besonderen Informationsvorsprungs. Dem liegt der Gedanke zu Grunde, dass es zu weit führen würde, jeden Anteilseigner als Insider der Gesellschaft zu bezeichnen, weil damit eine – wirtschaftlich fragwürdige – generelle Erleichterung der Anfechtung aller Geschäfte der Gesellschaft mit ihren Gesellschaftern verbunden wäre.[558] Die Einschränkung auf eine bestimmte Beteiligungshöhe wird damit begründet, dass nur ein qualifiziertes Näheverhältnis einen typischen Informationsvorsprung des Gesellschafters bietet. Das Gesetz hat sich hierzu für alle Kapitalgesellschaften einheitlich an der Sperrminorität (§ 53 II 1 GmbHG, §§ 179 II 1, 182 I 1, 222 I 1 AktG) orientiert.[559] Nur eine die Sperrminorität erreichende Beteiligung eröffne eine besondere Informationsmöglichkeit, die über das jedem Gesellschafter zustehende Informationsrecht hinausgeht.[560]

Die 25 %-Grenze bietet Anlass zu Kritik.[561] Dabei ist erstens zu erinnern, dass die Informationsrechte der Gesellschafter je nach Gesellschaftsform unterschiedlich ausgestaltet sind. Ist der Aktionär nach § 131 AktG auf ein Auskunftsrecht in der Hauptversammlung verwiesen, das zusätzlich zur zeitlichen Beschränkung gegenständlich

---

[556] Zahlen (je nach Studie 76 % bzw. 87 %) bei *Meyer/Hermes*, GmbHR 2005, 807 (810).

[557] Uhlenbruck/*Hirte*, InsO, § 138 Rn. 14; Braun/*Riggert*, InsO, § 138 Rn. 9; *Hess/Weis*, AnfR, § 138 InsO Rn. 48. Zur Figur des faktischen Geschäftsführers bereits oben B.I.3.a.

[558] *Ehricke*, KTS 1996, 209 (215); *Biehl*, Insider, Rn. 138.

[559] Begründung zu § 154 RegE (InsO), BT-Drs. 12/2443, 162; *Biehl*, Insider, Rn. 137; *Hess/Weis*, AnfR, § 138 InsO Rn. 40; Braun/*Riggert*, InsO, § 138 Rn. 12.

[560] FK-InsO/*Dauernheim*, § 138 Rn. 13; *Paulus*, in: B. Kübler/Prütting, InsO, § 138 Rn. 18; Smid/*Zeuner*, InsO, § 138 Rn. 16; *Hess/Weis*, AnfR, § 138 InsO Rn. 40.

[561] Zu den hier nicht zu vertiefenden Problemen der Zusammenrechnung von Gesellschaftsanteilen in Unternehmensverbünden und innerhalb eines Verbundes naher Angehöriger bspw. *Kirchhof*, ZInsO 2001, 825 (826 ff.).

durch den Bezug zur jeweiligen Tagesordnung beschränkt ist,[562] kann ein GmbH-Gesellschafter vom Geschäftsführer verlangen, jederzeit über Angelegenheiten der GmbH unterrichtet zu werden und darf hierzu anders als ein Aktionär, der auf Jahresabschluss, Lagebericht und Zwischenberichte angewiesen ist, auch Einsicht in die Bücher und Unterlagen der Gesellschaft nehmen. Die Informationsmöglichkeiten eines GmbH-Gesellschafters sind demzufolge strukturell anders als diejenigen eines Aktionärs. Deswegen wäre richtigerweise zwischen den verschiedenen Gesellschaftsformen, zuvörderst zwischen Aktiengesellschaft und GmbH, zu differenzieren.[563] Wenn das Gesetz an die Sperrminorität anknüpft, die tatsächlich für GmbH und AG einheitlich ein Viertel des Kapitals der Gesellschaft beträgt, dann zeigt dies, dass es zur Beschreibung des qualifizierten Näheverhältnisses zur Gesellschaft weniger auf die Informations-, sondern (zumindest zusätzlich) auf die Einflussmöglichkeiten des Gesellschafters abstellt.[564]

Diese Erkenntnis aber führt gleichzeitig zum zweiten Kritikpunkt. Denn der für die Insidereigenschaft entscheidende Verdachtsgrund des besonderen Informationsvorsprungs hat mit den Einflussmöglichkeiten eines Gesellschafters in der Gesellschaft nicht unmittelbar etwas zu tun.[565] Aus einem besonderen Einfluss auf die Gesellschaft resultiert nicht zwangsläufig ein bestimmter Informationsvorsprung. Mit gesteigerter Beteiligungshöhe kann zwar der Gesellschafter möglicherweise weitergehende Informationswege nutzen – das muss aber nicht typischerweise so sein.[566] Maßgebend kann nur sein, dass eine gesellschaftsrechtliche Stellung dem jeweiligen Organ oder Organmitglied Einblicke in die wirtschaftliche Lage der Gesellschaft ermöglicht, die Außenstehende typischerweise nicht haben. So hat denn auch ein einzelner Aufsichtsrat nicht typischerweise besondere Steuerungsrechte, ist aber dennoch von § 138 II Nr. 1 InsO umfasst. Auch der Wortlaut § 138 II Nr. 2 InsO („[...]Möglichkeit haben, [...] sich zu unterrichten") lässt sich dafür anführen. Wer hingegen die Einschränkung des Insiderkreises bei Gesellschaftern davon abhängig macht, inwieweit sie einen gesteigerten Einfluss auf die Geschäfte der Gesellschaft besitzen oder unternehmerisch wirken, lehnt sich unausgesprochen an den Gedanken eines unredlichen oder kollusiven Verhaltens der Insider an, das es zu sanktionieren gilt. Von diesem Gedanken jedoch hat sich wie bereits erwähnt das Insolvenzanfechtungsrecht verabschiedet. Schließlich erweist sich § 138 II Nr. 1 InsO selbst dann, wenn man die Einflussmöglichkeiten als Kriterium eines qualifizierten Informationsvorsprungs akzeptierte, als inkonsistent. Denn die Einflussmöglichkeiten sind bei der häufig personalistisch geprägten GmbH generell größer als bei der Aktiengesellschaft.[567] So hängen etwa die Minderheiten-

---

[562] Zum Auskunftsrecht des Aktionärs bspw. *Raiser/Veil*, Kapitalgesellschaften, § 16 Rn. 39 ff.

[563] *Hirte*, ZInsO 1999, 429 (430); *Ehricke*, KTS 1996, 209 (216 ff.); abl. *Paulus*, in: B. Kübler/Prütting, InsO, § 138 Rn. 19.

[564] *Ehricke*, KTS 1996, 209 (215); vgl. auch BGHZ 131, 189 (193); *Killinger*, 100 ff.; *Biehl*, Insider, Rn. 154; MünchKommInsO/*Stodolkowitz*, § 138 Rn. 30: „Einflusspotential".

[565] Vgl. *Schummer*, Eigenkapitalersatzrecht, 465; *Ropohl*, 47 ff.; a.A. *Ehricke*, KTS 1996, 209 (215).

[566] *Ropohl*, 47.

[567] Krit. daher auch *Hirte*, ZInsO 1999, 429 (430); vgl. auch *Biehl*, Insider, Rn. 137 ff., der die 25 %-Grenze aber für die GmbH dennoch für gerechtfertigt hält, weil ansonsten wirtschaftliche Nachteile (Ausbleiben von Kapitalgebern) zu befürchten wären.

rechte des § 50 GmbHG, die immerhin eine Art Mitspracherecht garantieren, nur von einer zehnprozentigen Beteiligungshöhe ab.

Stellt man richtigerweise die Informationsmöglichkeiten eines Gesellschafters in den Vordergrund,[568] so ist für die GmbH festzustellen, dass grundsätzlich das Auskunfts- und Einsichtsrecht des § 51a GmbHG dafür spricht, wegen der Gesellschaftereigenschaft den Verdachtsgrund besonderer Informationsmöglichkeiten als gegeben zu betrachten. Vergleicht man aber andererseits § 138 II Nr. 1 InsO mit der Regelung für persönlich nahestehende Personen gemäß § 138 I InsO, fällt auf, dass das Verwandtschaftsverhältnis als Ausgangspunkt der Entwicklung des Insidertatbestandes ein qualifiziertes sein muss, nämlich ein solches in gerader Linie. Daher kann man immerhin gut vertreten, dass das gesellschaftsrechtliche Band ebenfalls ein qualifiziertes sein muss.[569] Zwar kommt es auf die tatsächliche Nutzung der Informationsmöglichkeiten durch den Insider nicht an.[570] Denn für § 138 InsO ist es ausreichend, dass in bestimmten Nähesituationen typischerweise der Insider die besondere Informations*möglichkeit* auch zu einem Informationsvorsprung nutzen wird. Weil die Insidereigenschaft nur zur Vermutung subjektiver Tatbestandsvoraussetzungen führt, bleibt jedem Insider schließlich immer noch die Möglichkeit, seine Unkenntnis zu beweisen. Wenn man den Kreis der Gesellschafter, die als Insider zu behandeln sind, eingrenzen möchte, muss man folglich daran ansetzen, dass in bestimmten Situationen möglicherweise das wirtschaftliche Interesse eines Gesellschafters für die Belange der GmbH nicht besonders groß ist, er sich nicht allzu sehr um die Angelegenheiten der Gesellschaft kümmert und deshalb *typischerweise* die Informationsmöglichkeit nicht nutzt.[571] Eine geringe Kapitalbeteiligung *kann* hierfür zwar ein Indiz sein. Die verschiedentlich genannte[572] Grenzziehung bei einer zehnprozentigen Beteiligung analog § 50 GmbHG kann vor diesem Hintergrund aber wohl nur eine (vor allem praktisch begründete) Obergrenze darstellen.

---

[568] Indem der Insiderbegriff der InsO auf typisierte Informationsmöglichkeiten bestimmter Personen als Verdachtsgrund abstellt, unterscheidet er sich i.Ü. wesentlich vom kapitalmarktrechtlichen Verbot von Insidergeschäften. Denn dort kommt es darauf an, dass eine Insiderinformation, d.h. die *konkrete* Kenntnis von einer bestimmten nicht öffentlichen Tatsache verwendet oder einem anderen mitgeteilt wird. Dabei gilt das Verbot nach der Neufassung des § 14 WpHG nunmehr gleichermaßen für jedermann; die Unterscheidung danach, aus welchem Grund jemand über die Insiderinformation verfügt (Primär- oder Sekundärinsider) hat nur noch für die Strafbarkeit eines Verstoßes gegen das Insiderhandelsverbot Bedeutung; zu den Änderungen des Insiderrechts bspw. *Cahn*, DK 2005, 5-13. Eine Übertragung der kapitalmarktrechtlichen Grundsätze ist deswegen nicht ohne weiteres möglich; a.A. aber (noch vor der Reform des Insiderrechts) *Hirte*, ZInsO 1999, 429 (431); i.E. wie hier *Ropohl*, 38.

[569] Mit den Einflussmöglichkeiten hat dies dann aber nur insoweit etwas zu tun, als bei einem gesteigerten Einfluss sich die Wahrscheinlichkeit einer Nutzung der besonderen Informationsmöglichkeiten oder Ausbedingung spezieller Informationsrechte erhöht. Die 25 %-Grenze stellt insoweit allenfalls eine Obergrenze dar.

[570] *Kirchhof*, ZInsO 2001, 825 (827); *Ehricke*, KTS 1996, 209 (212).

[571] Vgl. (allerdings mit anderem Ergebnis) *Henckel*, in: KS-InsO, 813 (845); Smid/*Zeuner*, InsO, § 138 Rn. 16; anders *Schummer*, Eigenkapitalersatzrecht, 466 ff., der alle GmbH-Gesellschafter als Insider betrachten will.

[572] *Hirte*, ZInsO 1999, 429 (430); *Ehricke*, KTS 1996, 209 (216).

b. Insidereigenschaft nach § 138 II Nr. 2 InsO

Der Gesetzgeber hat mit der starren 25 %-Grenze wenig Spielraum für eine ergänzende und erweiternde Auslegung gegeben. Die berechtigte Kritik an § 138 II Nr. 1 InsO bleibt deswegen eine solche *de lege ferenda*. Immerhin aber lassen sich einige Fälle, in denen ein Gesellschafter eine weniger als 25 %-ige Beteiligung hält, mit der Auffangnorm des § 138 II Nr. 2 InsO erfassen.[573] Nach dieser Norm gilt eine Person als nahestehend, wenn sie aufgrund ihrer einem Insider nach § 138 II Nr. 1 InsO vergleichbaren (dienstvertraglichen oder gesellschaftsrechtlichen) Verbundenheit mit dem Schuldner eine Stellung innehat, die ihr die Möglichkeit gibt, sich über die wirtschaftlichen Verhältnisse des Schuldners zu informieren.

Das Merkmal der *dienstvertraglichen* Verbindung trifft auf Personen zu, die aufgrund ihrer Tätigkeit innerhalb des Schuldner-Unternehmens[574] eine den Mitgliedern des Geschäftsführungsorgans, also für die GmbH den Geschäftsführern, vergleichbare Position einnehmen und sich über den wirtschaftlichen Stand des Unternehmens und die Geschäftsvorfälle mit wesentlicher Bedeutung informieren und hierzu die Geschäftsunterlagen einsehen können.[575] Hierher gehören etwa Prokuristen und Geschäftsleiter, aber auch sonstige leitende Angestellte in den für die Beurteilung der Finanzlage des Unternehmens wesentlichen Abteilungen.[576] Soweit ein Gesellschafter neben seiner mitgliedschaftlichen Stellung eine solche Position einnimmt, ist er auch dann als Insider zu behandeln, wenn seine Beteiligung weniger als ein Viertel des Stammkapitals der GmbH ausmacht.[577]

Schwieriger zu beurteilen ist der Fall der nach § 138 II Nr. 2 InsO vergleichbaren *gesellschaftsrechtlichen* Beziehung zum Schuldner. Hierunter fallen insbesondere die vom Schuldner abhängigen Unternehmen sowie Unternehmen, von denen der Schuldner abhängig ist.[578] Inwieweit die Norm aber darüber hinaus einen Auffangtatbestand gegenüber § 138 II Nr. 1 InsO darstellt, der auch Gesellschafter erfasst, die mit weniger als einem Viertel am Gesellschaftskapital beteiligt sind, ist streitig.[579] Der BGH

---

[573] FK-InsO/*Dauernheim*, § 138 Rn. 14; Smid/*Zeuner*, InsO, § 138 Rn. 13; *Biehl*, Insider, Rn. 154 ff.; *Niehus*, 106; krit. MünchKommInsO/*Stodolkowitz*, § 138 Rn. 27.

[574] Nicht umfasst sind nach der Entstehungsgeschichte der Norm und der ihr folgenden h.M. Fälle einer dienstvertraglichen Verbindung mit Außenstehenden, also rein geschäftliche Beziehungen, wie etwa mit Kunden, Hausbanken oder Großlieferanten, *Nerlich*, in: Nerlich/Römermann, InsO, § 138 Rn. 21; *Kirchhof*, ZInsO 2001, 825 (828); *Henckel*, in: KS-InsO, 813 (845); HK-InsO/*Kreft*, § 138 Rn. 17; krit. Uhlenbruck/*Hirte*, InsO, § 138 Rn. 47 ff.; *Biehl*, Insider, Rn. 159 ff.; Braun/*Riggert*, InsO, § 138 Rn. 15.

[575] BGHZ 129, 236 (245); FK-InsO/*Dauernheim*, § 138 Rn. 16.

[576] Uhlenbruck/*Hirte*, InsO, § 138 Rn. 47; MünchKommInsO/*Stodolkowitz*, § 138 Rn. 33; *Hess/Weis*, AnfR, § 138 InsO Rn. 46; HK-InsO/*Kreft*, § 138 Rn. 17; Smid/*Zeuner*, InsO, § 138 Rn. 19. Str. ist, ob ein/e Chefsekretär/in auch Insider in diesem Sinne ist, (bejahend) *Biehl*, Insider, Rn. 158; *Hess/Weis*, AnfR, § 138 InsO Rn. 46, (verneinend) *Paulus*, in: B. Kübler/Prütting, InsO, § 138 Rn. 21 Fn. 37.

[577] BGHZ 131, 189 (194 ff.); MünchKommInsO/*Stodolkowitz*, § 138 Rn. 33.

[578] Smid/*Zeuner*, InsO, § 138 Rn. 14; HK-InsO/*Kreft*, § 138 Rn. 15; BGHZ 131, 189 (194); näher zu diesen Konstellationen *Ropohl*, 50 ff.

[579] Zu dieser Frage eingehend *Ropohl*, 65 ff.; *Biehl*, Insider, Rn. 141 ff.

zieht sich im Wesentlichen auf die Gesetzesbegründung zurück und meint, dass Gesellschafter, die nicht dem Vertretungs- oder Aufsichtsorgan angehören und keine besondere dienstvertragliche Beziehung zur Gesellschaft aufweisen, ausschließlich dann erfasst sind, wenn ihre Beteiligung die geforderte Höhe erreicht.[580] Mit § 138 II Nr. 2 InsO sollen angeblich ausschließlich Insider in Unternehmensverbindungen erfasst werden. Diese Ansicht überzeugt indes nicht.[581] Weder lässt sich die Einschränkung dem Gesetzeswortlaut entnehmen, noch ist sie systematisch schlüssig. Denn § 138 II Nr. 2 InsO bezieht sich offensichtlich ausnahmslos auf alle „vergleichbaren" Situationen, in denen Personen, die noch nicht unter § 138 II Nr. 1 InsO fallen, dennoch typischerweise einen qualifizierten Informationsvorsprung erlangen. Schließlich muss sich die Rechtsprechung den Vorwurf gefallen lassen, dass sie Umgehungsmöglichkeiten schafft, wo der Gesetzgeber das Ziel eines verstärkten Gläubigerschutzes vor Augen hatte.[582]

Problematisch ist jedoch die Frage, wann eine einer 25 %-Beteiligung vergleichbare Verbindung zur GmbH vorliegt. Der (richtig verstandenen) Grundkonzeption der Insiderdefinition nach müsste es hier darauf ankommen, dass der geringer beteiligte Gesellschafter aus anderen gesellschaftsrechtlichen Gründen über privilegierte Informationsmöglichkeiten verfügt, die zusammen mit seinen mitgliedschaftlichen Rechten als Gesellschafter den Informationsmöglichkeiten eines zu mehr als 25 % beteiligten Gesellschafters gleichkommen.[583] Jedoch sind wie oben gezeigt die Auskunfts- und Einsichtsrechte eines GmbH-Gesellschafters schon gar nicht primär von seiner Anteilshöhe abhängig. Dieser (richtige) Ansatz führt also hier nicht weiter. Denn ansonsten müsste man konsequenterweise Gesellschafter (mit Ausnahme von Kleinstbeteiligten[584]) immer als Insider behandeln. Das widerspricht nun aber tatsächlich dem eindeutigen Wortlaut des § 138 II Nr. 1 InsO.[585] Der Gesetzgeber ist offensichtlich der (wenn auch unzutreffenden) Auffassung, dass zu den Informationsmöglichkeiten auch noch ein bestimmtes Maß an Einfluss auf die Gesellschaft erforderlich ist, um bei einem Gesellschafter von einem Insider zu sprechen. Um in diesem System zu bleiben ist demzufolge bei der Frage, wann ein gering beteiligter Gesellschafter – der eben im Ausgangspunkt immer dieselben Informationsmöglichkeiten (§ 51a GmbHG) hat – wie ein Gesellschafter i.S.d. § 138 II Nr. 1 InsO zu behandeln ist, auf ein qualifiziertes

[580] BGHZ 131, 189 (193 ff.).

[581] So wohl die (i.E. aber str.) h.M. in der Lit., Smid/*Zeuner*, InsO, § 138 Rn. 14; Braun/*Riggert*, InsO, § 138 Rn. 18 ff.; *Holzer*, WiB 1997, 729 (732); *Ehricke*, KTS 1996, 209 (223 ff.); Uhlenbruck/*Hirte*, InsO, § 138 Rn. 28; *Biehl*, Insider, Rn. 143 ff.; a.A. MünchKommInsO/*Stodolkowitz*, § 138 Rn. 36; *Nerlich*, in: Nerlich/Römermann, InsO, § 138 Rn. 21 ff.

[582] Braun/*Riggert*, InsO, § 138 Rn. 19; *Ehricke*, KTS 1996, 209 (223 ff.); *Niehus*, 106.

[583] *Hirte*, ZInsO 1999, 429 (431); Uhlenbruck/*Hirte*, InsO, § 138 Rn. 28.

[584] Das sind Gesellschafter, bei denen aufgrund ihrer geringen Beteiligung typischerweise davon auszugehen ist, dass sie ihre Informationsmöglichkeiten als Gesellschafter nicht nutzen, vgl. soeben Punkt a.

[585] Anders i.E. *Ehricke*, KTS 1996, 209 (225 ff.), der über § 138 II Nr. 2 InsO generell eine zehnprozentige Grenze bei der GmbH befürwortet.

Maß an Einfluss abzustellen.[586] Ein solches hinreichendes Einflusspotential ist jedenfalls dann erreicht, wenn die Sperrminorität durch Satzungsänderung (§ 53 GmbHG) herabgesetzt wird und der Anteil eines Gesellschafters die so bestimmte Grenze überschreitet. Denn auch dann liegt der Gesellschafter innerhalb derjenigen Einflussmöglichkeiten, an die das Gesetz anknüpft.[587] Schließlich kann sich der besondere Einfluss durch eine Veränderung der Stimmrechtsverhältnisse ergeben. Denn schließlich ergibt sich das Einflusspotential weniger aus einer bestimmten Anteilshöhe als dem damit verbundenen Stimmrecht (§ 53 II GmbHG). Werden also einem gering beteiligten Gesellschafter Stimmvorrechte eingeräumt, zu seinen Gunsten Stimmbindungsverträge eingegangen oder Mehrfachstimmrechte eingeführt, mittels derer er im Ergebnis ein Mitspracherecht besitzt, das einem Gesellschafter mit einer mehr als 25 %-igen Beteiligung gleichkommt, ist auch er als Insider zu qualifizieren. Dasselbe gilt entsprechend bei Satzungsvereinbarungen, die das Stimmrecht von der Bindung an die Höhe des Geschäftsanteils völlig lösen und etwa eine Abstimmung nach Köpfen vorsehen.

Schließlich werden durch § 138 II Nr. 3 InsO auch Personen umfasst, denen eine besondere Informationsmöglichkeit durch eine andere Person vermittelt wird.[588] Nahestehend in diesem Sinne ist etwa der Ehemann der zu mehr als einem Viertel beteiligten Gesellschafterin.[589] Die Vorschrift berücksichtigt nicht nur, dass ein Informationsvorsprung sich auch mittelbar über eine qualifiziert tätige natürliche Person ergeben kann, sondern hilft gleichzeitig, Umgehungsfälle zu verhindern, bei denen etwa ein Gesellschafter anfechtbare Geschäfte mit der Gesellschaft über nahe Verwandte abwickelt. In diesem Zusammenhang ist eine ausdehnende Anwendung des § 138 II Nr. 1 InsO bei Familienverbünden auch dann angezeigt, wenn mehrere Angehörige zusammen eine Beteiligungsquote von mindestens 25 % erreichen.[590]

Insgesamt gesehen werden sich somit trotz der (für sich nicht überzeugenden) gesetzlichen Anknüpfung der Insidereigenschaft von Gesellschaftern an die Sperrminorität in einer Vielzahl von Fällen die Gesellschafter einer GmbH als Insider qualifizieren lassen und ist dann ihnen gegenüber die Insolvenzanfechtung erleichtert.

---

[586] *Biehl*, Insider, Rn. 154; generell krit. zu Ausdehnungen auf gering beteiligte Gesellschafter aber MünchKommInsO/*Stodolkowitz*, § 138 Rn. 36.

[587] *Biehl*, Insider, Rn. 156; *Ropohl*, 73; a.A. MünchKommInsO/*Stodolkowitz*, § 138 Rn. 36.

[588] Zur Kritik an § 138 II Nr. 3 InsO bspw. *Kirchhof*, ZInsO 2001, 825 (829 ff.). Der oft benannte Mangel, dass § 138 I bei einer natürlichen Person als Schuldner bislang gesellschaftsrechtliche Verbindungen naher Angehöriger nicht erfasst, soll aber durch das Gesetz zur Änderung der Insolvenzordnung, des Kreditwesengesetzes und anderer Gesetze (RefE vom 16.09.2004 abrufbar unter http://zap-verlag.de) behoben werden.

[589] FK-InsO/*Dauernheim*, § 138 Rn. 17.

[590] MünchKommInsO/*Stodolkowitz*, § 138 Rn. 25; *Kirchhof*, ZInsO 2001, 825 (826 f.).

2. Anfechtungsmöglichkeiten bei Befriedigung oder Besicherung einer Gesellschafterforderung

Ein Gesellschafter, der eine Finanzierungshilfe kurz vor der Insolvenz wieder abzieht oder sich in diesem Zeitraum eine Sicherheit stellen lässt, muss – zumal wenn er insolvenzrechtlich als Insider zu qualifizieren ist – das Risiko gewärtigen, dass die Gewährung (oder auch nur Ermöglichung) der Befriedigung oder Besicherung eine anfechtbare Rechtshandlung darstellt und von ihm wieder in die Masse zurückgegeben werden muss. Welche Anfechtungstatbestände dabei in Betracht zu ziehen sind, soll nachfolgend erläutert werden.

a. Deckungsanfechtung

Die besonderen Insolvenzanfechtungstatbestände sind (neben dem bei Befriedigung und Besicherung nicht einschlägigen Auffangtatbestand[591] § 132 InsO) zu untergliedern in den Fall der kongruenten (§ 130 InsO) und der inkongruenten (§ 131 InsO) Deckung. Kennzeichen der Deckungsanfechtung ist, dass unter bestimmten Voraussetzungen schon für einen Zeitraum vor der tatsächlichen Verfahrenseröffnung der Grundsatz der Gläubigergleichbehandlung durchgesetzt werden soll, damit sich nicht einzelne Insolvenzgläubiger der insolvenzrechtlichen Haftungsordnung dadurch entziehen, dass sie im Vorfeld des Insolvenzverfahrens Sicherung oder Befriedigung erlangen.[592]

aa. Kongruente Deckung

(1) Befriedigung

Befriedigt die GmbH einen fälligen und einredefreien Anspruch eines Gesellschafters, etwa auf Rückzahlung der Darlehensvaluta, so wird es sich oft um eine kongruente Deckung (§ 130 InsO) handeln. Kennzeichen kongruenter Erfüllungshandlungen in Abgrenzung zu § 131 InsO ist, dass der Gläubiger auf die Deckung einen Anspruch hat, und zwar eben in der im konkreten Fall gewählten Art und zu der konkreten Zeit.[593] Die Kongruenz ist jedoch nicht Tatbestandsvoraussetzung des § 130 InsO; der Begriff Kongruenzanfechtung verdeutlicht nur, dass die Anfechtung selbst dann möglich ist, wenn auf die bestimmte Deckung ein entsprechender Anspruch bestand.[594]

---

[591] Dazu *Häsemeyer*, Rn. 21.67, 21.73.
[592] *Häsemeyer*, Rn. 21.38. Zu den Grundgedanken der Insolvenzanfechtung bereits oben C.I.
[593] HK-InsO/*Kreft*, § 130 Rn. 11.
[594] Demnach sind inkongruente Deckungen nicht nur nach § 131 InsO anfechtbar, sondern (erst recht) auch nach § 130 InsO, *Häsemeyer*, Rn. 21.46; *Foerste*, Rn. 304; *Jauernig*, Zwangsvollstreckung, § 52 I.1. (S. 249). Von praktischer Bedeutung dürfte dies i.d.R. aber nicht sein, da die Anfechtung nach § 131 InsO gegenüber § 130 InsO erleichtert ist, HK-InsO/*Kreft*, § 130 Rn. 11.

Zu unterscheiden sind zwei verschiedene Anfechtungszeiträume: § 130 I 1 Nr. 1 InsO setzt voraus, das die Rechtshandlung[595] drei Monate vor der Stellung des Insolvenzantrages vorgenommen wurde, zu dieser Zeit der Schuldner zahlungsunfähig war und der Gläubiger die Zahlungsunfähigkeit kannte. Nach § 130 I 1 Nr. 2 InsO erfasst sind auch Rechtshandlungen, die nach Stellung des Eröffnungsantrags vorgenommen werden, soweit der Gläubiger Eröffnungsantrag oder eine etwaige Zahlungsunfähigkeit kannte. Weil der Insolvenzantrag nicht zwingend einhergeht mit einer Zahlungsunfähigkeit, erfasst Nr. 2 auch die Fälle, in denen zeitlich vorher wegen Überschuldung (aber auch wegen drohender Zahlungsunfähigkeit) ein Insolvenzantrag gestellt wurde.[596]

Im Hinblick auf die Kenntnis genügt es zwar nicht allein, dass der Anfechtungsgegner die Tatsachen kennt, aus denen sich die Zahlungsunfähigkeit (oder der Eröffnungsantrag) ergibt.[597] Immerhin jedoch lässt es § 130 II InsO ausreichen, dass er die Umstände kennt, die *zwingend* auf diese Anfechtungsvoraussetzungen schließen lassen. Besitzt der Gläubiger Kenntnis von solchen Tatsachen, aus denen ein redlich und durchschnittlich geschäftserfahrener Gläubiger die Einsicht gewinnt, dass der Schuldner zahlungsunfähig ist oder einen Eröffnungsantrag gestellt hat, darf er sich davor nicht verschließen.[598] Er ist dann unabhängig davon, ob er diese Schussfolgerung selbst gezogen hat,[599] so zu behandeln, als ob er Zahlungsunfähigkeit bzw. Eröffnungsantrag selbst gekannt hat.[600] Dabei ist zudem dieser Schluss auf die tatbestandsrelevante Kenntnis unwiderleglich.[601] Nun werden zwar außenstehende Gläubiger eher selten einen Einblick und Überblick haben, inwieweit der Schuldner noch wesentliche Teile seiner Verbindlichkeiten begleichen kann oder nicht. Bei Gesellschafter-Gläubigern hingegen wird sich – unabhängig von einer Insidereigenschaft – schon häufiger die konkrete Kenntnis von Umständen nachweisen lassen, die zwingend auf eine Zahlungsunfähigkeit oder einen Eröffnungsantrag schließen lassen. Denn zum einen hat der Geschäftsführer die Gesellschafterversammlung bereits bei hälftigem Stammkapitalverlust (§ 49 III GmbHG) einzuberufen. Und zum anderen ist eine Berichtspflicht

---

[595] Die Frage, wann eine Rechtshandlung als vorgenommen gilt, richtet sich nach § 140 InsO. Grundsätzlich kommt es danach darauf an, wann die rechtlichen Wirkungen der Rechtshandlung eintreten.
[596] Dazu HK-InsO/*Kreft*, § 130 Rn. 20 m.w.N.
[597] *Henckel*, in: KS-InsO, 813 (826); MünchKommInsO/*Kirchhof*, § 130 Rn. 33.
[598] Braun/*de Bra*, InsO, § 130 Rn. 32; Uhlenbruck/*Hirte*, InsO, § 30 Rn. 51; HK-InsO/*Kreft*, § 130 Rn. 27; eingehend MünchKommInsO/*Kirchhof*, § 130 Rn. 34 ff.; BGH ZIP 2003, 1669. Vgl. zur früheren Rechtslage BGH NJW 1995, 2103 (2105); BGH NZI 2003, 542 (544), wonach es genügt, dass der Gläubiger aus dem Verhalten (insbesondere Nichtzahlung fälliger Forderungen) des Schuldners den zutreffenden Schluss zieht, dass dieser wesentliche Teile der von ihm eingeforderten Verbindlichkeiten etwa binnen Monatsfrist nicht wird tilgen können. Zum Streit, inwieweit § 130 II InsO im Ergebnis (trotz gegenteiliger Entstehungsgeschichte) als Regelung zur Gleichstellung von Kenntnis und grob fahrlässiger Unkenntnis betrachtet werden sollte oder nur einen Schutz des Gleichbehandlungsgrundsatzes gegen „Rechtsblindheit" bedeutet *Paulus*, in: B. Kübler/Prütting, InsO, § 130 Rn. 33; *Zeuner*, Rn. 119 ff.; Uhlenbruck/*Hirte*, InsO, § 30 Rn. 51; HK-InsO/*Kreft*, § 130 Rn. 25 ff.
[599] *Zeuner*, Rn. 120; Braun/*de Bra*, InsO, § 130 Rn. 32.
[600] MünchKommInsO/*Kirchhof*, § 130 Rn. 36.
[601] Str., wie hier MünchKommInsO/*Kirchhof*, § 130 Rn. 36 m.w.N.; HK-InsO/*Kreft*, § 130 Rn. 27; i.E. ebenso *Paulus*, in: B. Kübler/Prütting, InsO, § 130 Rn. 33.

des Geschäftsführers zu bejahen, die Gesellschafter als wirtschaftliche Eigentümer der GmbH über die festgestellte Insolvenzreife der Gesellschaft zu informieren.[602] Dementsprechend ist es aber auch zur Pflicht des Geschäftsführers zu rechnen, den Gesellschaftern mitzuteilen, dass ein Eröffnungsantrag von Seiten Dritter gestellt wurde. Je nach Sachlage des konkreten Einzelfalles wird dies im Rahmen der Beweiswürdigung nach § 286 ZPO zu berücksichtigen sein.

Die große Hürde, nämlich dem Anfechtungsgegner die subjektiven Tatbestandsvoraussetzungen nachzuweisen, ist gegenüber Insidern zusätzlich erleichtert. Ihnen gegenüber wird vermutet, dass sie im Fall der Nr. 1 die Zahlungsunfähigkeit und im Fall der Nr. 2 Eröffnungsantrag oder Zahlungsunfähigkeit kannten. Darüber hinaus ist es angezeigt, auch hinsichtlich der Kenntnis von Umständen, die zwingend auf Zahlungsunfähigkeit bzw. Eröffnungsantrag schließen lassen (§ 130 II InsO), eine Beweislastumkehr anzunehmen.[603] Ein der Gesellschaft i.S.d. § 138 InsO nahestehender Gesellschafter muss deswegen auch beweisen, dass er derartige Umstände nicht gekannt hat. Das wird ihm schwer fallen, wenn der Geschäftsführer seinen o.g. Pflichten nachgekommen ist.

(2) Sicherung

Anfechtbar sind neben Befriedigungshandlungen auch jegliche einem Gläubiger im relevanten Anfechtungszeitraum gewährten (oder ermöglichten) Sicherungen. Als Sicherung gilt dabei jede Rechtsposition, die die Durchsetzung des gesicherten Anspruchs erleichtert und die sich von der Leistung, die der Gläubiger kraft seines Anspruchs fordern darf, wesensmäßig unterscheidet.[604] Der Begriff ist weit zu fassen; zu den Sicherungen zu rechnen sind daher alle Personal- und Realsicherheiten, gleichviel ob sie rechtsgeschäftlich oder gesetzlich begründet und ob sie akzessorisch, abstrakt oder fiduziarisch sind.[605] Die Anfechtungsvoraussetzungen sind dieselben wie bei der Anfechtung von Befriedigungshandlungen.

Bei der hier interessierenden Fallgestaltung, dass ein Gesellschafter sich (erst) kurz vor Eintreten der Insolvenz wenn nicht schon eine Erfüllung, so doch noch eine Sicherung für seine Forderung gewähren lässt, wird es sich meist um Fälle einer inkongruenten Sicherung handeln. Denn soweit die Sicherung erst nachträglich im kritischen Zeitraum vereinbart wird, ist sie grundsätzlich nicht anfechtungsfrei begründet,

---

[602] *Götker*, Rn. 364; *Uhlenbruck*, GmbHR 2005, 817 (821); wohl auch Scholz/*K. Schmidt*, GmbHG, § 43 Rn. 114 („Schwerpunktinformation"). Da nach § 49 III GmbHG aber immer dann die Gesellschafterversammlung einzuberufen ist, wenn es das Wohl der Gesellschaft erfordert, wird bei eingetretener Überschuldung oder Zahlungsunfähigkeit sogar (nochmals) die Gesellschafterversammlung einzuberufen sein; allerspätestens dann sind nämlich eventuelle Sanierungsmaßnahmen zu ergreifen *Götker*, Rn. 360 ff. Anders *Uhlenbruck*, GmbHR 2005, 817 (821), der eine Unterrichtungspflicht für ausreichend hält.

[603] So die h.M. in der Lit., HK-InsO/*Kreft*, § 130 Rn. 34; *Paulus*, in: B. Kübler/Prütting, InsO, § 130 Rn. 34; Uhlenbruck/*Hirte*, InsO, § 130 Rn. 67; Braun/*de Bra*, InsO, § 130 Rn. 46; a.A. *Niehus*, 74.

[604] Braun/*de Bra*, InsO, § 130 Rn. 9; MünchKommInsO/*Kirchhof*, § 130 Rn. 8.

[605] HK-InsO/*Kreft*, § 131 Rn. 11; MünchKommInsO/*Kirchhof*, § 130 Rn. 8.

weil dann eben auf die Sicherungsvereinbarung kein Anspruch bestand.[606] Anders ist es nur, wenn schon vorher bei der Krediteinräumung vereinbart wurde, dass eine bestimmte Sicherung bestellt werden soll; dann resultiert aus der späteren Gewährung dieser einmal anfechtungsfrei begründeten Sicherung keine Inkongruenz.[607]

bb. Inkongruente Deckung

Hat der Gläubiger keinen Anspruch auf die konkrete Deckung gehabt, sondern eine ihm nicht zustehende, inkongruente Leistung erlangt, ist die Anfechtung der Befriedigungs- oder Sicherungshandlung zusätzlich erleichtert. Rechtshandlungen im Zeitraum von einem Monat vor dem Eröffnungsantrag oder danach sind ohne weiteres anfechtbar (§ 131 I Nr. 1 InsO). Innerhalb des zweiten oder dritten Monats vor dem Eröffnungsantrag muss entweder eine Zahlungsunfähigkeit hinzutreten (Nr. 2) oder aber dem Gläubiger die Benachteiligung der anderen Insolvenzgläubiger bekannt sein (Nr. 3). Auf subjektive Voraussetzungen wird also fast vollständig verzichtet. Für die Anwendung des § 131 I Nr. 3 InsO ist zudem in § 131 II InsO parallel zu § 130 II und III geregelt, dass erstens die Kenntnis von Umständen, die zwingend auf die Benachteiligung der Insolvenzgläubiger schließen lassen, ausreicht und zweitens die Kenntnis gegenüber Insidern vermutet wird. Insoweit gelten die obigen Ausführungen entsprechend. Darüber hinaus begründet die Inkongruenz zwar keine Vermutung, dass der Gläubiger auch die durch die Rechtshandlung bewirkte Gläubigerbenachteiligung kannte, da eine Tatbestandsvoraussetzung nicht gleichzeitig als selbständige Beweiserleichterung innerhalb dieser Norm dienen kann.[608] Immerhin aber ist bei der Beweiswürdigung im Rahmen des § 286 ZPO zu berücksichtigen, dass ein Gläubiger nach der allgemeinen Lebenserfahrung eine andere als die ihm gebührende Leistung gerade dann fordern und annehmen wird, wenn er Sorge hat, dass er die tatsächlich geschuldete Leistung wegen einer wirtschaftlichen Krise des Schuldners nicht oder nicht rechtzeitig erhalten wird.[609]

(1) Befriedigung

Eine „inkongruente" Befriedigung eines Gesellschafter-Gläubigers liegt einmal vor, wenn ihm kein durchsetzbarer Anspruch auf die entsprechende Deckung zusteht. In diesem Sinne nicht zu beanspruchen hat der Gläubiger dabei die Leistung nicht nur bei Fehlen einer Verbindlichkeit, sondern auch dann, wenn der Forderung ein dauerndes Leistungsverweigerungsrecht entgegensteht oder es sich um die Erfüllung einer bedingten Forderung vor Bedingungseintritt handelt.[610] In den Fällen, in denen der Gläu-

---

[606] Vgl. BGH NJW-RR 2001, 1337 (1338). So liegt bspw. typischerweise eine inkongruente Sicherung vor, wenn der Gläubiger den Schuldner bedrängt und dieser ihm eine Sicherheit bestellt, um ihn hinzuhalten, MünchKommInsO/*Kirchhof*, § 131 Rn. 19.

[607] BGH NJW 2000, 957 (958); Uhlenbruck/*Hirte*, InsO, § 131 Rn. 15; HK-InsO/*Kreft*, § 131 Rn. 12.

[608] Zutr. BGH NZI 2004, 201 (203); HK-InsO/*Kreft*, § 131 Rn. 24; MünchKommInsO/*Kirchhof*, § 131 Rn. 63; *Paulus*, WM 2000, 2225 (2229).

[609] BGH NZI 2004, 201 (203 ff.); MünchKommInsO/*Kirchhof*, § 131 Rn. 63.

[610] *Paulus*, in: B. Kübler/Prütting, InsO, § 131 Rn. 6. Eine besondere Rolle spielt die Inkongruenz in den Situationen, in denen der Schuldner zur Abwendung von seitens des Gläubigers angedrohten

biger die Fälligkeit erst durch Kündigung herbeiführt, kommt es darauf an, ob der Kündigungsgrund vor der kritischen Zeit begründet wurde; der Zeitpunkt der Kündigung selbst ist also nicht entscheidend.[611] Die Tatsache, dass der Gläubiger wegen Verschlechterung der wirtschaftlichen Verhältnisse wirksam aus wichtigem Grund kündigt, begründet für sich allein keine Inkongruenz.[612]

Bedeutender in dem hier interessierenden Zusammenhang dürfte indes sein, dass die Inkongruenz einer Leistung auch dann gegeben ist, wenn die dem Gläubiger konkret gewährte Befriedigung nicht in der Art oder zu der Zeit verlangt werden durfte. So kann etwa der Gesellschafter versucht sein, dass ihm statt der Rückzahlung des Darlehens ein anderer Vermögenswert an Erfüllungs statt überlassen wird.[613] Im Zusammenhang mit der Finanzierung der GmbH durch die Gesellschafter besonders relevant ist aber auch der Fall, dass die Forderung des Gesellschafters zur Unzeit befriedigt wird. Zwar kann sich nach hier vertretener Ansicht die Begründung der „Unzeit" nicht aus einer erzwungenen eigenkapitalersetzenden Bindung der Finanzierungsleistung ergeben. Jedoch ist es möglich, dass der Gesellschafter in der Krise freiwillig einen besonderen Risikobeitrag leistet, indem er entweder einen Nachrang oder einen Verzicht mit Besserungsabrede vereinbart.[614] Damit gibt der Gesellschafter zu erkennen, dass er die Erfüllung seiner Forderung hintanstellt, bis sie aus einem künftigen Jahresüberschuss oder aus einem sonstigen die Verbindlichkeiten der GmbH übersteigenden Vermögen oder aus einem Liquidationsüberschuss getilgt werden kann. Die jeweilige Abrede zwischen GmbH und Gesellschafter[615] kann zwar wie der sonstige Vertragsinhalt auch frei abgeändert werden.[616] Dabei kommt es jedoch entscheidend darauf an, dass die Vertragsänderung außerhalb des anfechtungsrelevanten Zeitraums des § 131 InsO geschieht.[617] Erfolgt Sie später, bleibt es bei einer bis dahin begründeten Inkongruenz. Dabei ist die Befriedigung einer Forderung, für die ein Forderungsverzicht mit Besserungsabrede vereinbart wurde, schon deswegen eine inkongruente Leistung, weil sie auf einen nicht existenten Anspruch erfolgt – denn durch eine solche Vereinbarung wird die Forderung (auflösend bedingt) erlassen. Der Nachrang als besondere Form eines *pactum de non petendo* ändert zwar nichts an der etwaigen Fälligkeit der Forderung, begründet jedoch eine Einrede des Schuldners.[618] Deswegen kann

---

Zwangsmaßnahmen leistet. Erfolgt die Leistung aber mehr als drei Monate vor dem Eröffnungsantrag, resultiert aus eben der Tatsache, dass es sich um eine „Druckzahlung" handelt, allein noch keine Inkongruenz. S. dazu i.E. die Entscheidungen BGH BB 2003, 1806; BGH NZI 2004, 87; BGH NZI 2004, 201 und aus der Lit. bspw. *Bork*, ZIP 2004, 1684-1693 m.w.N.

[611] *Hess/Weis*, AnfR, § 131 Rn. 25; *Paulus*, in: B. Kübler/Prütting, InsO, § 131 Rn. 16.

[612] OLG Köln NZI 2001, 262 (263). Allerdings kann in diesen Fällen die ausgesprochene Kündigung die Kenntnis nach § 130 II InsO nahe legen, MünchKommInsO/*Kirchhof*, § 131 Rn. 41.

[613] Vgl. nur *Hess/Weis*, AnfR, § 131 Rn. 17; *Paulus*, in: B. Kübler/Prütting, InsO, § 131 Rn. 14.

[614] Dazu auch oben B.I.2.c.

[615] Zur Qualifikation des Nachrangs als *pactum de non petendo* und des Forderungsverzichts mit Besserungsabrede als auflösend bedingter Erlassvertrag oben B.I.2.c.aa.

[616] Insoweit zutr. *Teller/Steffan*, Rn. 452; *Haarmann*, FS Röhricht, 137 (150).

[617] Braun/*de Bra*, InsO, § 131 Rn. 8 m.w.N.; vgl. auch *Haarmann*, FS Röhricht, 137 (150).

[618] BGH NJW-RR 1989, 1048 (1049); Palandt/*Heinrichs*, BGB, § 271 Rn. 13; Erman/*Kuckuk*, BGB, § 271 Rn. 13.

auch hier zwar der Schuldner die Leistung bewirken, der Gläubiger sie aber letztlich nicht fordern. Seine Klage würde (die Erhebung der Einrede vorausgesetzt) im Prozess als zurzeit unzulässig abgewiesen. Wird eine Forderung des Gesellschafters trotz eines bestehenden Nachrangs erfüllt, erhält er (ähnlich einem Leistungsverweigerungsrecht nach § 273 BGB[619]) die Leistung früher als er sie zu beanspruchen hätte und also eine inkongruente, anfechtbare Leistung. Erfolgt die Aufhebung des Rangrücktritts oder des Forderungsverzichts mit Besserungsabrede außerhalb der materiellen Insolvenz, ist diese Aufhebung zwar (abgesehen von § 133 InsO) nicht anfechtbar. Dann ist aber zu sehen, dass ggf. durch das Wiederaufleben der Passivierungspflicht eine Überschuldungssituation eintreten kann und der Geschäftsführer Insolvenzantrag zu stellen hat.[620]

(2) Sicherung

Eine Sicherung kann nur verlangen, wer einen besonderen, durchsetzbaren Anspruch auf Sicherstellung hat.[621] Dieser Anspruch ergibt sich jedoch nicht allein daraus, dass dem Gläubiger eine Forderung und ein daraus resultierender Befriedigungsanspruch zustehen.[622] Vielmehr muss eine (hinreichend bestimmte[623]) Sicherungsabrede vorliegen.

Besteht ein Sicherungsanspruch, schadet es nicht, wenn die Verwertungshandlung selbst im Anfechtungszeitraum liegt.[624] Zu beachten ist aber, dass sich die Inkongruenz auch daraus ergeben kann, dass zwar eine kongruenzbegründende Vereinbarung über die Verpflichtung zur Sicherstellung vorliegt, diese Vereinbarung jedoch zu einem Zeitpunkt geschlossen wurde, in dem die Voraussetzungen des § 131 InsO vorlagen. Dies gilt vor allem dann, wenn die Vereinbarung nachträglich vereinbart wird.[625] Erhält also ein Gesellschafter für seine Forderung gegen die GmbH eine Sicherung, dann ist diese Sicherung trotz einer vorliegenden Sicherungsabrede inkongruent, wenn diese Abrede nicht vor dem kritischem Zeitraum sondern erst in den letzten drei Monaten vor dem Eröffnungsantrag oder gar nach Antragstellung vereinbart wurde.[626] Ähnliches gilt dann, wenn ursprünglich kongruent gewährte Sicherungen nachträglich auf andere Forderungen des Gesellschafters erstreckt werden oder eine im Zuge eines Neukredits gewährte Sicherheit auch für die anderen (älteren) Forderungen haften soll. In diesen

---

[619] Zur Inkongruenz bei Bestehen eines Leistungsverweigerungsrechts MünchKommInsO/*Kirchhof*, § 131 Rn. 40; *Paulus*, in: B. Kübler/Prütting, InsO, § 131 Rn. 6 Fn. 24.
[620] *Teller/Steffan*, Rn. 396.
[621] *Zeuner*, Rn. 133.
[622] St. Rspr., BGH NJW 2000, 957 (958) m.w.N.; Uhlenbruck/*Hirte*, InsO, § 131 Rn. 20; *Hess/Weis*, AnfR, § 131 InsO Rn. 14.
[623] Dazu etwa Braun/*de Bra*, InsO, § 131 Rn. 19 ff.
[624] MünchKommInsO/*Kirchhof*, § 131 Rn. 27 m.w.N.
[625] Allerdings stellt eine (nachträgliche) Besicherung einer eigenen Schuld regelmäßig eine entgeltliche Leistung dar, weswegen eine Anfechtung nach § 132 InsO in diesen Fällen nicht eingreift, BGHZ 112, 136 (138 ff.); *Paulus*, in: B. Kübler/Prütting, InsO, § 134 Rn. 21.
[626] *Jauernig*, Zwangsvollstreckung, § 52 IV.2.d. (S. 250); *Paulus*, in: B. Kübler/Prütting, InsO, § 131 Rn. 8; MünchKommInsO/*Kirchhof*, § 131 Rn. 27 m.w.N.

Fällen liegt grundsätzlich ein einheitliches, insgesamt inkongruentes Deckungsgeschäft vor.[627]

b. Vorsatzanfechtung

Die Vorsatzanfechtung (§ 133 InsO) bietet aus Sicht der Gläubigergesamtheit den Vorteil, dass sich mit ihr Rechtshandlungen des Schuldners erfassen lassen, die in dem langen Zeitraum von zehn Jahren vor dem Antrag auf Eröffnung des Insolvenzverfahrens vorgenommen wurden. Zudem beschränkt sich die Anfechtung nicht (wie bei §§ 131, 132 InsO) auf Befriedigungs- und Sicherungshandlungen. Letzteres wirkt sich im hier interessierenden Zusammenhang indes kaum aus, wo es um die Rückzahlung einer Finanzierungshilfe an den Gesellschafter und damit um die Erfüllung (oder Sicherung) der Gläubigerforderung geht.[628] Aus demselben Grund ist damit übrigens auch die Verschärfung gegenüber Insidern nach § 133 II InsO, die sich nur auf unmittelbar benachteiligende entgeltliche Verträge bezieht, an dieser Stelle ohne größere Bedeutung.[629] Die objektive Weite der Vorsatzanfechtung korreliert mit strengeren Anforderungen auf subjektiver Seite. Diese sind hier besonders ernst zu nehmen, zumal auch eine Entlastungsmöglichkeit durch die Bargeschäftsausnahme (§ 142 InsO) fehlt.[630]

aa. Benachteiligungsvorsatz der GmbH

Auf Seiten des Schuldners muss eine vorsätzliche Gläubigerbenachteiligung vorliegen. Er muss zumindest billigend in Kauf genommen haben (*dolus eventualis*), dass die Rechtshandlung das Schuldnervermögen verkürzt und damit die Befriedigungsaussichten der Gläubiger verringert hat.[631] Ein Bezug zu einer bevorstehenden Insolvenz ist jedoch ebenso wenig erforderlich wie der auf eine Gläubigerbenachteiligung gerichtete Wille.[632] Geht es um die Anfechtung einer Deckungshandlung, kommt dem Umstand wesentliche Bedeutung zu, ob es sich dabei um eine kongruente oder eine inkongruente Deckung handelt. Während an den Nachweis eines Beteiligungsvorsatzes bei kon-

---

[627] Uhlenbruck/*Hirte*, InsO, § 131 Rn. 25; Braun/*de Bra*, InsO, § 131 Rn. 22.

[628] Dazu, dass die Ausreichung des Darlehens durch einen Gesellschafter für sich grundsätzlich nicht gläubigerbenachteiligend ist, weil sich die (fiktive) Befriedigungsquote der restlichen Gläubiger dadurch zunächst sogar erhöht, bereits oben Kap.3 A.IX.2.a. Deshalb steht die Darlehensvergabe auch hier nicht als eine anfechtbare Rechtshandlung im Raume.

[629] Denn eine unmittelbare Gläubigerbenachteiligung durch einen Vertragsabschluss setzte voraus, dass der gesamte rechtsgeschäftliche Vorgang die Zugriffsmöglichkeiten der Gläubiger im Zeitpunkt seiner Vornahme verschlechtert, BGHZ 128, 184 (190). Das ist wie mehrfach erwähnt (vgl. auch vorige Fn.) durch Abschluss eines normal oder gar besonders günstig verzinslichen Darlehens nicht der Fall. Das Hinzutreten eines weiteren Gläubigers für sich ist keine unmittelbare Benachteiligung der übrigen Gläubiger.

[630] *Paulus*, ZInsO 2000, 2225 (2229).

[631] FK-InsO/*Dauernheim*, § 133 Rn. 9; Braun/*de Bra*, InsO, § 133 Rn. 9; Smid/*Zeuner*, InsO, § 133 Rn. 30; (zu § 31 KO) BGH NZG 2004, 580 (581).

[632] *Paulus*, ZInsO 2000, 2225 (2230); HK-InsO/*Kreft*, § 133 Rn. 10; FK-InsO/*Dauernheim*, § 133 Rn. 9; BGHZ 131, 189 (195).

gruenter Deckung erhöhte Anforderungen zu stellen sind, weil insoweit die Vermutung nahe liegt, dass es dem Schuldner auf die Erfüllung seiner Vertragspflicht und nicht die Vereitelung der Befriedigungsmöglichkeiten anderer Gläubiger ankommt,[633] stellt eine inkongruente Deckungshandlung ein starkes Beweisanzeichen für das Vorliegen eines Benachteiligungsvorsatzes dar.[634] Denn in der Regel ist ein Schuldner nicht ohne weiteres bereit, etwas anderes oder mehr zu leisten, als er schuldet. Sofern er es dennoch tut, liegt die Vermutung nahe, dass ein gleichmäßiger Zugriff aller Gläubiger verhindert werden soll.[635] Dabei sind Art und Ausmaß der Inkongruenz gleichzeitig Maßstab für ihre den Benachteiligungsvorsatz indizierende Wirkung.[636] So kann es umgekehrt angezeigt sein, aus einer im Rahmen eines umfangreichen Sanierungsplanes erfolgenden inkongruenten Leistung keinen Schluss auf das Vorliegen eines Benachteiligungsvorsatzes zu ziehen.[637] Denn ein Schuldner, der einen ernsthaften Sanierungsversuch unternimmt und dessen Tauglichkeit annehmen darf, handelt subjektiv redlich, weil er letztlich eine Gläubigerbenachteiligung gerade verhindern will. Dabei ist aber zu fordern, dass ein schlüssiges Sanierungskonzept vorliegt, das bereits in den Anfängen in die Tat umgesetzt wurde und eine ernsthafte und begründete Erfolgsaussicht bietet.[638]

Für das Vorliegen eines Benachteiligungsvorsatzes bei der GmbH ist zu beachten, dass sie als juristische Person selbst keinen solchen Vorsatz haben kann. Entscheidend ist deswegen der Vorsatz der für die Gesellschaft handelnden Personen, der der GmbH analog der allgemeinen Grundsätze für die Wissenszurechnung des Vertretungsorgans auf die vertretene Gesellschaft zuzurechnen ist.[639]

Nach diesen Grundsätzen über die *Wissenszurechnung* ist ein Wissen des handelnden Organs grundsätzlich auch Wissen der Gesellschaft.[640] Etwas schwieriger wird es jedoch, wenn die Kenntnis nicht beim handelnden, sondern bei einem nicht am anzufechtenden Rechtsgeschäft beteiligten Geschäftsführer vorliegt.[641] Dann kann es frag-

---

[633] BGH NJW 1991, 2144 (2145); BGH NJW 2003, 3560 (3561); HK-InsO/*Kreft*, § 133 Rn. 14; MünchKommInsO/*Kirchhof*, § 133 Rn. 33; FK-InsO/*Dauernheim*, § 133 Rn. 14.

[634] Ganz h.M., *Niehus*, 93; FK-InsO/*Dauernheim*, § 133 Rn. 12; Uhlenbruck/*Hirte*, InsO, § 133 Rn. 15; *Hess/Weis*, AnfR, § 133 InsO Rn. 45; HK-InsO/*Kreft*, § 133 Rn. 17; eingehend *Bork*, ZIP 2004, 1684 (1688 ff.). Aus der st. Rspr. zur KO: BGHZ 123, 320 (326); BGH NJW 2000, 957 (958); aus der Rspr. zur InsO: BGH NZI 2004, 87 (88); BGH NZI 2004, 201 (203). Krit. zur Indizwirkung wohl nur *Henckel*, in: KS-InsO, 813 (836 ff.).

[635] *Bork*, ZIP 2004, 1684 (1688).

[636] BGH NZI 2004, 201 (204); Braun/*de Bra*, InsO, § 133 Rn. 15; *Bork*, ZIP 2004, 1684 (1689).

[637] Braun/*de Bra*, InsO, § 133 Rn. 15; FK-InsO/*Dauernheim*, § 133 Rn. 13.

[638] BGH NJW-RR 1993, 238 (241); OLG Hamburg ZInsO 2005, 891 (892); HK-InsO/*Kreft*, § 133 Rn. 18 m.w.N.

[639] HK-InsO/*Kreft*, § 133 Rn. 11; MünchKommInsO/*Kirchhof*, § 133 Rn. 12, 18; weiterführend zur Wissenszurechnung bei organschaftlicher Vertretung bspw. MünchKommBGB/*Kramer*, § 166 Rn. 20 ff. m.w.N.

[640] Scholz/*Schneider*, GmbHG, § 35 Rn. 81; BGHZ 20, 149 (153).

[641] Im Wesentlichen werden hier zwei Theorien diskutiert, nämlich die sog. auf § 166 BGB basierende Vertretertheorie und die sog. Organtheorie, nach der jedes Organ die juristische Person repräsentiert. Das Problem der Wissenszurechnung bei juristischen Personen kann an dieser Stelle jedoch nicht er-

lich sein, ob der GmbH dennoch das Wissen der unbeteiligten Organperson zuzurechnen ist. Die Judikatur neigt freilich auch hier dazu, die Kenntnis in jedem Fall der juristischen Person zuzurechnen.[642] Dahinter steht nicht zuletzt der – zutreffende – Gedanke, dass der Rechtsverkehr nicht durch eine Aufteilung des Wissens innerhalb einer größeren Organisation benachteiligt werden darf.[643] Gerade im Fall der Gesamtvertretung ist deshalb davon auszugehen, dass in den Augen des Dritten die Vertreter sämtlich die GmbH repräsentieren und deswegen für das Rechtsgeschäft auch einstehen.[644] Zudem ist der die Kenntnis habende Geschäftsführer bei einer Gesamtvertretung mit am Zustandekommen des Geschäfts beteiligt und hat darauf immerhin einen potentiellen Einfluss. Aber auch bei Einzelvertretung kann die juristische Person nicht ein unwissendes, willfähriges Organmitglied vorschicken und sich dessen Unwissenheit zunutze machen. Prinzipiell darf der Rechtsverkehr auch hier damit rechnen, dass innerhalb des Verbandes das einmal auch durch nur ein Organmitglied erlangte Wissen kommuniziert wird. Deswegen ist die Kenntnis auch des einzelnen Organmitglieds nur dann nicht zuzurechnen, wenn die relevanten Informationen „typischerweise nicht aktenmäßig festgehalten werden".[645] Die Wissenszurechnung gründet damit in einer an den Gedanken des Verkehrsschutz geknüpften Pflicht zu ordnungsgemäßer Organisation der gesellschaftsinternen Kommunikation.[646]

Macht man diese Grundsätze für die Zurechnung des *Vorsatzes* i.R.d. § 133 I InsO fruchtbar, kommt es also grundsätzlich darauf an, ob der Geschäftsführer mit Benachteiligungsvorsatz gehandelt hat. Hat die Gesellschaft mehrere Geschäftsführer, kann nach dem eben Gesagten ein Vorsatz aller Geschäftsführer nicht generell erforderlich sein. Vielmehr genügt es grundsätzlich, wenn auch nur eines der Mitglieder des Vertretungsorgans die Kenntnis respektive einen Benachteiligungsvorsatz aufweist, gleichviel ob dieses Mitglied des Vertretungsorgans selbst die Rechtshandlung vorgenommen hat oder nicht.[647] Dies gilt jedenfalls in *Gesamtvertretungsfällen*. Schwierig wird es indes im Falle der *Einzelvertretung* mit der Übertragung des o.g. Grundsatzes, dass es bei der Wissenszurechnung darauf ankommt, ob das Wissen typischerweise aktenmäßig festgehalten bzw. innerhalb des Verbandes weitergeleitet wird. Bezogen auf den Benachteiligungsvorsatz lässt sich kaum sagen, dass ein solcher festgehalten zu werden pflegt. Schließlich geht es hier auch weniger um eine arbeitsteilige Wissensaufspaltung, vor der der Rechtsverkehr zu schützen wäre oder um ein Wissen, des-

schöpfend behandelt werden; ausführlicher dazu bspw. *Grunewald*, FS Beusch, 301-320; *Altmeppen*, BB 1999, 749-755; *K. Schmidt*, Gesellschaftsrecht, § 10 V.

642 Vgl. BGHZ 20, 149 (153); BGHZ 109, 327 (331); BGHZ 132, 30 (34 ff.).

643 B/H/*Zöllner*/*Noack*, GmbHG, § 35 Rn. 149 f.; BGHZ 132, 30 (36).

644 *Grunewald*, FS Beusch, 301 (308); B/H/*Zöllner*/*Noack*, GmbHG, § 35 Rn. 147 m.w.N.

645 BGH NJW 1995, 2159 (2160); BGH NJW 2001, 359 (360); BGHZ 132, 30 (35 ff.).

646 Grundlegend BGHZ 132, 30 (37). Die Gesellschaft muss demnach wegen der begründeten Erwartungen des Rechtsverkehrs so organisiert sein, dass Informationen, deren Relevanz für andere Personen innerhalb des Verbandes bei dem konkret Wissenden erkennbar ist, tatsächlich an jene Personen weitergegeben werden.

647 MünchKommInsO/*Kirchhof*, § 133 Rn. 18 i.V.m. § 130 Rn. 49; Braun/*de Bra*, InsO, § 130 Rn. 36; BGHZ 109, 327 (331). Ebenso ist dann u.U. auch ein Benachteiligungsvorsatz inzwischen ausgeschiedener Organmitglieder zu berücksichtigen.

sen Kenntnis vernünftigerweise bei den für die GmbH handelnden Personen verfügbar sein müsste und deshalb typischerweise innerhalb der Gesellschaft weitergegeben wird. Zudem berührt der Benachteiligungsvorsatz das Zustandekommen und die Wirksamkeit der Rechtshandlung nicht unmittelbar. Zwar steht andererseits der Benachteiligungsvorsatz mit der anfechtungsrechtlichen Missbilligung der vorgenommenen Rechtshandlung in engerem Zusammenhang. Dennoch lässt sich nicht etwa unter Hinweis auf § 31 BGB sagen, dass es deswegen nur auf den Vorsatz der handelnden Person ankäme – denn bei § 133 InsO geht es nur um das Bestehen eines Benachteiligungsvorsatzes, nicht jedoch um ein explizit vorsätzliches oder gar deliktisches Handeln.[648] Eine genaue Übertragung der Grundsätze der Wissenszurechnung ist deswegen bei der Zurechnung des Benachteiligungsvorsatzes nicht möglich. Letztlich (wertend[649]) entscheidend ist, ob der Benachteiligungsvorsatz eines Organmitglieds sich auf die Rechtshandlung auswirkt, auch wenn es nicht an dieser Rechtshandlung beteiligt ist. Zu fragen ist deswegen in Einzelvertretungsfällen, ob das handelnde Organmitglied Kenntnis vom Benachteiligungsvorsatz des anderen Organmitglieds hatte. Hierfür ist dann aber die GmbH beweispflichtig, da Dritten dieser Nachweis innerer Tatsachen, die mit der inneren Organisation der Gesellschaft zusammenhängen, kaum möglich ist und zudem angesichts des Näheverhältnisses die Kenntnis vermutet werden kann. Der Benachteiligungsvorsatz auch nur eines Geschäftsführers schadet also grundsätzlich immer, soweit nicht die GmbH nachweisen kann, dass der alleinvertretungsberechtigte Geschäftsführer den Vorsatz eines anderen Organmitglieds nicht kannte oder kennen musste.[650]

Weil demgegenüber ein Benachteiligungsvorsatz des Anfechtungs*gegners* für § 133 InsO keine Tatbestandsvoraussetzung darstellt,[651] kommt es auch im Fall der Befriedigung oder Besicherung eines Gesellschafterdarlehens prinzipiell nicht auf einen Benachteiligungsvorsatz beim begünstigten Gesellschafter an. Anders ist es nur, wenn der oder die Geschäftsführer die betreffende Rechtshandlung auf *Weisung* der Gesellschafterversammlung hin vornimmt. Dann kann es nicht dabei bleiben, dass der Benachteiligungsvorsatz des Ausführungsorgans entscheidend ist, weil die Geschäftsleitung grundsätzlich den Beschlüssen der Gesellschafterversammlung Folge zu leisten hat (§§ 37, 46 I Nr. 6 GmbHG). Jedenfalls dann, wenn der Alleingesellschafter die Geschäftsführung anweist, eine Rechtshandlung vorzunehmen, kommt es deswegen für deren Anfechtbarkeit doch auf den Benachteiligungsvorsatz des Gesellschafters an.[652] Das ergibt sich daraus, dass eine GmbH mit nur einem Gesellschafter keinen anderen Willen als den des Gesellschafters haben kann.[653] Mit dieser Argumentation kann dann schließlich allgemein die Relevanz eines Benachteiligungsvorsatzes des Gesellschafters in Weisungsfällen bejaht werden, wenn dieser eine Mehrheitsbeteili-

---

648 Vgl. Uhlenbruck/*Hirte*, InsO, § 133 Rn. 2.

649 Dazu, dass schon die Frage der Wissenszurechnung keine logisch-stringente, sondern eine wertende ist, BGHZ 132, 30 (35).

650 Ähnlich schon für die Frage der Wissenszurechnung R/A/*Altmeppen*, GmbHG, § 35 Rn. 91.

651 Zur Begründung hierfür *Schoppmeyer*, NZI 2005, 185 (188 ff.).

652 BGH NZG 2004, 580 (582) mit Hinweis auf § 166 II BGB.

653 BGH NZG 2004, 580 (582).

gung an der GmbH hält; denn immer dann kann er sich bei einer Gesellschafterversammlung durchsetzen. Schwieriger wird die Beurteilung allerdings, wenn der Geschäftsführer zwar auf Weisung der Gesellschafterversammlung handelt, unter den Gesellschaftern jedoch nicht alle Gesellschafter, sondern nur ein Minderheitsgesellschafter bei dem Weisungsbeschluss mit Benachteiligungsvorsatz handelt. Dann ist fraglich, ob bereits das Wissen oder der Vorsatz nur eines Gesellschafters ausreichen soll, um eine Zurechnung auf die Gesellschaft zu ermöglichen. Dabei ist aber zu sehen, dass die Situation ganz ähnlich derjenigen ist, in der es um die Zurechnung der Kenntnis eines von mehreren Geschäftsführern bei *Gesamtvertretung* geht. Hier wie dort geht es (anders als bei Einzelvertretungsfällen) nicht darum, die Kenntnis eines gänzlich unbeteiligten Organmitglieds zuzurechnen, sondern eines Organmitglieds, das am Zustandekommen der Rechtshandlung bzw. am die Vornahme der Rechtshandlung vorgebenden Weisungsbeschluss mitwirkt und also auf die Entscheidung einen potentiellen Einfluss hat. Daher schadet in Weisungsfällen generell bereits die Kenntnis eines einzigen Gesellschafters.[654] Dasselbe gilt dann auch für das Vorliegen eines Benachteiligungsvorsatzes bei der GmbH.

bb. Kenntnis des Gesellschafters

Auf Seiten des Anfechtungsgegners, genügt die Kenntnis vom Vorsatz des Schuldners. Diese Kenntnis ist zu vermuten, wenn der Anfechtungsgegner die drohende Zahlungsunfähigkeit des Schuldners kannte (§ 133 I 2 InsO). Auch hier reicht es – wenn auch nicht wie im Falle des § 130 II InsO als Rechtsvermutung, so doch als im Rahmen von § 286 ZPO zu berücksichtigender tatsächlicher Vermutung – aus, wenn der Anfechtungsgegner Umstände kannte, die zwingend auf eine drohende Zahlungsunfähigkeit schließen lassen.[655] Insoweit kann auf die obigen Ausführungen zu § 130 InsO verwiesen werden. Das gilt auch für den Fall inkongruenter Deckungen, die nicht nur den Benachteiligungsvorsatz, sondern auch die Kenntnis des Anfechtungsgegners nahe legen.[656] Wiederum im Rahmen der Beweiswürdigung (§ 286 ZPO) ist schließlich bei Gesellschaftern als Anfechtungsgegner je nach Lage des Einzelfalls zu berücksichtigen, dass sie aufgrund ihrer mitgliedschaftlichen Stellung und der Informationspflichten des Geschäftsführers gegenüber den Gesellschaftern von derlei Umständen (auch unabhängig von einer Insidereigenschaft nach § 138 II InsO) eher Kenntnis erlangen werden als außenstehende Dritte.[657]

Gegenüber nahestehenden Personen kennt die Vorsatzanfechtung darüber hinaus eine Erleichterung der Anfechtungsvoraussetzungen nur für den Fall des unmittelbar nachteiligen entgeltlichen Vertrages (§ 133 II InsO). Befriedigt hingegen die GmbH

---

[654] I.E. ebenso (begründet mit einer erweiternden Auslegung des § 166 II BGB) R/A/*Altmeppen*, GmbHG, § 35 Rn. 92.

[655] BGH NJW 2003, 3560 (3562); BGH NZI 2004, 87 (88); *Gerhardt/Kreft*, Rn. 426; Uhlenbruck/*Hirte*, InsO, § 133 Rn. 25.

[656] Stv. *Gerhardt/Kreft*, Rn. 428; Braun/*de Bra*, InsO, § 133 Rn. 24; FK-InsO/*Dauernheim*, § 133 Rn. 17 m.w.N.

[657] Dazu schon oben C.III.1.a.

eine Forderung eines Gesellschafters oder gewährt hierfür eine Sicherung,[658] scheint die Insidereigenschaft bedeutungslos. Jedoch ist aus der Tatsache, dass das Gesetz insoweit keine Regelung bereithält, nicht zu schließen, dass die Insidereigenschaft i.S.d. § 138 InsO im konkreten Fall nicht bei der Beweiswürdigung herangezogen werden darf. Vielmehr ist rein tatsächlich das qualifizierte Näheverhältnis zum Begünstigten als Verdacht erregender Umstand neben anderen im Rahmen des § 286 ZPO zu berücksichtigen.[659] Die Annahme einer Art Sperrwirkung des § 133 II InsO für § 133 I InsO wäre widersinnig, weil dadurch im Ergebnis die Insider entgegen den allgemeinen Wertungskriterien des Insolvenzanfechtungsrechts privilegiert würden. Noch stärker als eine Gesellschaftereigenschaft für sich hat demnach ein qualifiziertes Näheverhältnis i.S.d. § 138 InsO bei der Beweiswürdigung mit einzufließen. Und soweit es nach dem oben Gesagten in Weisungsfällen schon auf den Benachteiligungsvorsatz eines Gesellschafters ankommt und ein solcher vorliegt, erübrigt sich bei Anfechtung diesem Gesellschafter gegenüber selbstredend eine Prüfung der Kenntnis.

IV. Resultat

Es ist Aufgabe des Insolvenzanfechtungsrechts, diejenigen Nachteile für die Gläubigergesamtheit auszugleichen, die dadurch entstehen, dass im Vorfeld der Insolvenz einzelne Gläubiger bevorzugt werden. Festgeschrieben auf den Zeitpunkt der Verfahrenseröffnung wird die gesetzliche Haftungsordnung durch eine vorgreifliche haftungsrechtliche Unwirksamkeit beeinträchtigender Rechtshandlungen verwirklicht. Während Geltungsgrund und Anknüpfungspunkt der besonderen Insolvenzanfechtungstatbestände das Stadium der materiellen Insolvenzreife und die damit verbundene Notwendigkeit der Gläubigergleichbehandlung ist, erfordern die allgemeinen Insolvenzanfechtungstatbestände, die auch Rechtshandlungen im Zeitraum außerhalb einer Krisensituation des Insolvenzschuldners erfassen, dass die anzufechtende Rechtshandlung selbst sich als missbilligenswert darstellt, etwa weil sie mit dem Vorsatz der Gläubigerbenachteiligung erfolgt (§ 133 InsO). In beiden Fällen wollen die Insolvenzanfechtungstatbestände aber einen angemessenen Ausgleich bilden zwischen den Interessen der Gläubigergesamtheit an der Sicherung des Schuldnervermögens und den Interessen des Gläubigers, der auf die Beständigkeit der Rechtshandlung vertraut.

Die besondere Situation, dass ein Gläubiger in einem Näheverhältnis zum Insolvenzschuldner steht, hat das Gesetz in § 138 InsO berücksichtigt. Leitmotiv ist, dass nahestehende Personen (Insider) eher als andere Gläubiger Kenntnis der anfechtungsrelevanten Umstände, insbesondere von einer sich abzeichnenden Insolvenz, haben. Die Möglichkeit eines besonderen Informationsvorsprungs bildet die Grundlage für ein institutionalisiertes Misstrauen, das gegenüber Insidern zu einer weitgehenden

[658] Auch wenn eine Sicherung nicht bei Abschluss des Darlehensvertrages, sondern erst später vereinbart wird, ergibt sich aus der Nachträglichkeit allein noch keine unmittelbare Gläubigerbenachteiligung. Auch hier muss es – wie bei anfänglicher Besicherung (dazu MünchKommInsO/*Kirchhof*, § 129 Rn. 118 m.w.N.) – darauf ankommen, ob die Sicherung dem Umfang nach angemessen ist oder nicht.

[659] Zutr. *Kirchhof*, ZInsO 2001, 825 (826).

Umkehr der Beweislast hinsichtlich der subjektiven Tatbestandsmerkmale führt. Der als Insider erfasste Personenkreis berücksichtigt insbesondere auch die institutionalisierte Informationsmöglichkeit von Organmitgliedern einer Gesellschaft. Auch wenn es – insoweit unsystematisch – für Gesellschafter zusätzlich auf einen bestimmten Einfluss ankommen soll und Gesellschafter deswegen nur dann als Insider gelten, sofern ihre Kapitalbeteiligung mindestens ein Viertel ausmacht, lassen sich doch mit der Generalklausel § 138 II Nr. 2 InsO auch darüber hinaus Gesellschafter erfassen, wenn sie aufgrund sonstiger Umstände (etwa Stimmrechtsvereinbarungen) einen gesellschaftsrechtlich begründeten ähnlich großen Einfluss haben oder aber die Sperrminorität weniger als ein Viertel beträgt und ein Gesellschafter wenigstens diese Anteilshöhe erreicht. Schließlich wird es nicht selten der Fall sein, dass ein Gesellschafter zugleich (faktischer) Geschäftsführer ist oder aufgrund einer neben dem Organschaftsverhältnis stehenden dienstvertraglichen Nähebeziehung (§ 138 II Nr. 2 InsO) als Insider zu gelten hat. Die Insidereigenschaft eines Gesellschafters dürfte damit eher die Regel als die Ausnahme sein. Das gilt bei den in der Regel besonders kritisch beäugten Einpersonengesellschaften, die inzwischen fast die Hälfte aller GmbH ausmachen, noch mehr – denn in den allermeisten Gesellschaften ist der Alleingesellschafter gleichzeitig Geschäftsführer und schon deshalb Insider. Insgesamt gesehen hat das Insolvenzrecht mithin die besondere Insiderproblematik erkannt und einer umfassenden, konsistenten Regelung zugeführt.

Der spezielle Insolvenzanfechtungstatbestand § 135 InsO ist zwar seiner Intention nach ebenfalls auf die konkrete Gläubigergefahr ausgerichtet, die sich aus dem frühzeitigen Abzug eines Gesellschafterdarlehens ergeben kann. Legt man allerdings die wenig überzeugende Anlehnung an den kapitalersatzrechtlichen Umqualifizierungsgedanken beiseite, wird deutlich, dass es dann der Sache nach auch bei § 135 InsO darum geht, die besonderen Informationsmöglichkeiten eines Gesellschafters zum Anlass zu nehmen, ihm gegenüber die Insolvenzanfechtung zu erleichtern. Die Vorschrift missbilligt also, dass der Gesellschafter in der Krise seinen Informationsvorsprung nutzt, um rechtzeitig vor den anderen Gläubigern sich eine Befriedigung zu verschaffen. Damit geht es in Wirklichkeit um die Regelung des Insiderproblems. Freilich erweist sich unter diesem Aspekt die Sonderregelung neben § 138 InsO als konzeptionslos. Denn während das Insolvenzanfechtungsrecht durchgehend an den potentiellen Informationsvorsprung eine Beweislastumkehr hinsichtlich subjektiver Tatbestandsmerkmale knüpft, also wegen der besonderen Informationsmöglichkeiten konsequent die Kenntnis von Umständen vermutet, verzichtet § 135 InsO vollständig auf subjektive Merkmale. Um abgesehen von der als Anfechtungsgrund allein nicht tauglichen Insidereigenschaft eine Rechtfertigung der Anfechtbarkeit einer Darlehensrückzahlung zu begründen, müsste deswegen die Darlehensrückzahlung quasi selbst eine zu missbilligende Handlung sein. Dafür finden sich aber keine überzeugenden Argumente. Ebenso wenig kann die Missbilligung der Rechtshandlung aus einem für sich nicht gläubigergefährdenden früheren Verhalten (Darlehenszuführung in der Krise) resultieren.

Ist somit die Erfassung eigenkapitalersetzender Gesellschafterleistungen mit einem speziellen Anfechtungstatbestand nicht angezeigt, bleibt die Rückzahlung eines Gesellschafterdarlehens mit dem gängigen Insolvenzanfechtungsrecht zu bewältigen. Die mit Einführung der Insolvenzordnung reformierten Anfechtungsvorschriften sind nicht nur generell effektiver ausgestaltet worden. Sie bieten auch zahlreiche Möglichkeiten, das besondere Näheverhältnis von Gesellschaftern mit der insolventen GmbH zu berücksichtigen. Dies gilt zuvörderst für den mit Rechtsvermutungen bei Insidern erleichterten Nachweis der subjektiven Tatbestandsvoraussetzungen. Aber auch darüber hinaus kann die Gesellschaftereigenschaft an sich im Einzelfall eine nach § 286 ZPO zu berücksichtigende Tatsache sein, wenn es um den Nachweis der Kenntnis etwa der Zahlungsunfähigkeit oder des Benachteiligungsvorsatzes geht. Und schließlich kann im Falle der Vorsatzanfechtung bei Weisungsfällen oft auf den Benachteiligungsvorsatz eines einzelnen, bevorteilten Gesellschafters zurückgegriffen werden. Auch wenn die schlichte Befriedigung des Darlehensrückzahlungsanspruchs für sich nicht selten nur eine kongruente Deckungshandlung darstellt, wird man somit bei einer Befriedigungs- oder Sicherungshandlung innerhalb des anfechtungsrechtlichen Krisenzeitraums oft zu einem Anfechtungsanspruch gelangen. Dies gilt umso mehr, wenn man eine inkongruente Deckung bejahen kann, etwa dann, wenn es sich um ein Nachrangdarlehen handelte, bei dem der Nachrang im Krisenzeitraum aufgehoben wurde. Dass der Anfechtungszeitraum bei der Deckungsanfechtung kürzer bemessen ist als bei § 135 InsO ist dabei als gesetzliche Wertung grundsätzlich hinzunehmen und wird im Übrigen zusätzlich entschärft, wenn man wie oben gezeigt die Insolvenzauslösetatbestände und die hieran anzuknüpfende Insolvenzverschleppungshaftung strenger handhabt; denn dann steigt der Anreiz für eine rechtzeitige Insolvenzanmeldung und wirkt einer bewussten Hinauszögerung des Insolvenzantrags entgegen. Soweit man – durchaus vertretbar – eine längere Anfechtungsfrist für notwendig erachtet, weil es der Geschäftsführung zum Vorteil der Gesellschafter gelingen kann, eine an sich insolvenzreife Gesellschaft noch einige Monate fortzuführen,[660] trifft dieser Gedanke dann aber nicht nur auf die Fälle der Gesellschafterfremdfinanzierung sondern auf Insidersachverhalte generell zu. Systemkonform könnte man also (allerdings nur *de lege ferenda*) darüber nachdenken, bei Anfechtung gegenüber Insidern eine Erweiterung der Anfechtungsfristen vorzusehen.

[660] So etwa *Cahn*, AG 2005, 217 (224), der im Hinblick auf Gesellschafterdarlehen für eine Jahresfrist plädiert.

D. Ergebnis

Nach den Ausführungen im vorigen Kapitel, mit denen die dogmatische Haltbarkeit des Eigenkapitalersatzrechts in Zweifel gezogen wurde, dienten die Ausführungen in diesem Kapitel dazu, die Ablehnung des Eigenkapitalersatzrechts im Hinblick auf mögliche Gläubigerschutzdefizite konsistent zu machen. Das Eigenkapitalersatzrecht will die Gläubiger zum einen davor schützen, dass mit Hilfe der Kapitalzuführung durch den Gesellschafter das Unternehmen fortgeführt wird, obschon es nicht mehr kredit- und damit fortführungswürdig erscheint. Zum anderen soll verhindert werden, dass der Gesellschafter aufgrund eines Informationsvorsprungs sein Darlehen frühzeitig vor den anderen Gläubigern wieder abzieht. Gegen diese Gläubigergefahren schützt nach der richtig verstandenen Gesetzessystematik indes schon das Insolvenzrecht, das zum einen bestimmt, wann eine Gesellschaft aus rechtlicher Sicht nicht mehr fortgeführt werden darf und zum anderen Verschärfungen bei der Insolvenzanfechtung gegenüber Insidern vorsieht.

Das insolvenzrechtliche Gläubigerschutzinstrumentarium funktioniert in der Praxis aber nur dann, wenn es überhaupt zur Verfahrenseröffnung kommt. Um der konzeptionell tragenden Bedeutung des Überschuldungstatbestandes (§ 19 InsO) gerecht zu werden, der als Ausgleich zur Haftungsseparation bei haftungsbeschränkten Gesellschaften gedacht ist und mit einem vermögensbezogenen Insolvenzgrund die Insolvenzeröffnung vorverlagern will, muss dieser Insolvenzgrund auch einfach handhabbar sein. Die bisherige Überlastung des Überschuldungsbegriffes mit verschiedenen Prognosen steigert die Manipulationsanfälligkeit des Insolvenzauslösers und führt dazu, dass er seiner zentralen Aufgabe nicht gerecht wird. Notwendig ist deswegen, den Überschuldungsbegriff zu vereinfachen. Grundlage dafür sind die Wertansätze der Handelsbilanz. Sie bieten den entscheidenden Vorteil, dass für die verschiedenen Probleme bei der Bewertung des Schuldnervermögens und der Verbindlichkeiten eine ausdifferenzierte gesetzliche Regelung vorliegt. Trotz zum Teil unterschiedlicher Zielrichtung von (insolvenzrechtlicher) Überschuldungsbilanz und Handelsbilanz ist es grundsätzlich ein Zweck auch der Handelsbilanz, eine realistische Vermögensbewertung zu ermöglichen. Deswegen ist es gerechtfertigt, an die handelsbilanzielle Überschuldung die Vermutung der insolvenzrechtlichen Überschuldung nach § 19 InsO zu knüpfen. Diese Vermutung kann der Geschäftsführer (etwa bei Vorhandensein stiller Reserven) widerlegen, wenn er eine nachprüfbare positive Überschuldungsbilanz nach bisherigem Konzept vorlegt, bei der er Fortführungswerte zugrunde legen kann, wenn die (hinreichend dokumentierte) Fortführung überwiegend wahrscheinlich ist. Die Bekanntheit der handelsrechtlichen Bilanzierungsvorschriften erleichtert die Nachprüfbarkeit der Überschuldung sowohl für Außenstehende (Gläubiger) als auch für Insolvenzverwalter sowie Insolvenzgericht und ermöglicht nicht zuletzt dem Geschäftsführer selbst eine effektive Kontrolle der Insolvenzantragspflicht. Gerade dies ist gleichzeitig Voraussetzung dafür, dass in einem zweiten Schritt an die Verschleppung der Insolvenz durch den Geschäftsführer auch eine konsequente, strenge Haftung geknüpft wird. Mit einem kaum handhabbaren Überschuldungsbegriff ist es nämlich nur schwer möglich, dem Geschäftsführer schuldhaftes Handeln zu attestieren. Dabei ist aber die rechtzeitige Verfahrenseinleitung gerade hier von Bedeutung, um die Ausgleichsfunktion des Überschuldungstatbestandes bei Beschränkthaftern zu erreichen. Ohne einen wirksamen Verhaltensanreiz für den Geschäftsführer in Gestalt der Insolvenzverschleppungshaftung aber würde das Konzept einer Vorverlagerung des Gläubigerschutzes verpuffen.

Die bereits angesprochene Insolvenzverschleppungshaftung wird nach bisherigem Verständnis auf § 823 II BGB gestützt und die Insolvenzantragspflicht aus § 64 I GmbHG dabei als Schutzgesetz begriffen. Diese Individualisierung des Gläubigerschadens vermag indes nicht zu überzeugen. Sie hat mit der (für sich konsequenten) Unterscheidung in Alt- und Neugläubiger dazu geführt, dass die Gruppe der Altgläubiger bei Insolvenzverschleppung rechtstatsächlich ohne durchsetzbaren Schadenersatzanspruch bleibt, weil die Berechnung ihres sog. Quotenschaden in der Praxis nicht zu leisten ist. Die Neugläubiger hingegen werden von der h.M. durch § 64 I GmbHG in ihrem Vertrauen auf die Leistungsfähigkeit der GmbH geschützt und bekommen ihr negatives Interesse als Schaden ersetzt. Dabei sind sie jedoch auf sich alleine gestellt, weil es sich insoweit nicht um einen Gläubigergesamtschaden i.S.d. § 92 InsO handelt. Die Anspruchsdurchsetzung wird zusätzlich erschwert, weil die Abgrenzung zwischen Alt- und Neugläubiger problematisch ist; davon hängt aber das „Glück" des Gläubigers entscheidend ab. Schließlich ist das Konzept der h.M. auch dogmatisch nicht schlüssig. Es setzt sich Widersprüchen mit dem (schon an sich schwer nachvollziehbar) Verständnis des § 64 II GmbHG als Quasi-Insolvenzanfechtungsnorm aus und überzeugt nicht, wenn es aus dem Normzweck des § 64 I GmbHG ein schützenswertes Solvenzvertrauen des Rechtsverkehrs ableiten will. Anstelle einer direkten Außenhaftung des Geschäftsführers für jeden individuellen Gläubigerschaden ist die Insolvenzverschleppungshaftung wie im Gesetz in § 64 II GmbHG angelegt als Innenhaftung zu konzipieren, die mittelbar über eine Auffüllung des Gesellschaftsvermögens allen Gläubigern zugute kommt. Mit einer historischen und normzweckgerechten Auslegung des Begriffes der „Zahlung" lässt sich § 64 II GmbHG als eine systemgerechte und praktikable Haftung des Geschäftsführers für Vermögensminderungen nach Eintritt der Insolvenzreife verstehen. Der Geschäftsführer, der schuldhaft die GmbH trotz Insolvenzreife fortführt, tut dies also grundsätzlich auf eigenes Risiko. Die Entlastungsmöglichkeit des § 64 II 2 GmbHG ermöglicht ihm immerhin, einzelne Verlustposten von der Ersatzpflicht auszunehmen, wenn er ausnahmsweise trotz erkennbarer Insolvenzreife darauf vertrauen durfte, dass die konkrete Maßnahme nicht zu einem Schaden der GmbH führt. Durchgesetzt wird die Verlustausgleichspflicht vom Insolvenzverwalter. Die mit seiner Stellung verbundenen Informationsmöglichkeiten garantieren, dass es eher zu einer Realisierung der Schadenersatzansprüche kommt, als wenn man die Durchsetzbarkeit den einzelnen Gläubigern überließe.

Die Frage schließlich, ob es hinsichtlich der Gefahr, dass ein Gesellschafter rechtzeitig vor dem Insolvenzverfahren seinen Finanzierungsbeitrag abzieht und sich einen Vorteil gegenüber den anderen Gläubigern rettet, eines besonderen Insolvenzanfechtungstatbestandes in Gestalt des § 135 InsO bedarf, ist zu verneinen. Denn richtig verstanden geht es bei dieser Gefahrensituation um einen Fall der Anfechtung gegenüber

Insidern. Vor diesem Hintergrund überzeugt § 135 InsO jedoch nicht, weil er nicht konsequent an das Insiderhandeln selbst (also die Darlehensrückzahlung) anknüpft, sondern sich auf die für sich noch nicht problematische Darlehenszuführung rückbezieht. Blendet man diesen Rückbezug aus und versteht § 135 InsO (dem Normzweck entsprechend) als reine Insideranfechtungsnorm, so weicht die Vorschrift dann aber unnötig vom sonstigen gesetzgeberischen Konzept ab, nicht in der Insidereigenschaft an sich schon den Anfechtungsgrund zu sehen und das Geschäft mit einem (bestimmten) Insider *per se* für anfechtbar zu erklären, sondern an die Insidereigenschaft (nur) eine Umkehr der Beweislast zu knüpfen. Nicht zuletzt auch die unterschiedliche Bestimmung der gesellschaftsrechtlichen Insider und des vom Eigenkapitalersatzrecht (und damit § 135 InsO) erfassten Gesellschafterkreises lassen eine spezielle Anfechtungsnorm fragwürdig erscheinen. Der Fall der Rückzahlung eines „eigenkapitalersetzenden" Gesellschafterdarlehens oder einer sonstigen Gesellschafterleistung lässt sich mit den üblichen – allgemeinen und besonderen – Anfechtungstatbeständen mitsamt den Erleichterungen beim Nachweis subjektiver Tatbestandvoraussetzungen gegenüber Insidern i.S.d. § 138 InsO (und als solche können Gesellschafter i.d.R. qualifiziert werden) befriedigend lösen. Und wenn es mit der hier vorgeschlagenen Vereinfachung des Überschuldungsbegriffes zu mehr (rechtzeitigen) Verfahrenseröffnungen kommt, ist die Lösung über das Insolvenzanfechtungsrecht, die von einer Verfahrenseröffnung schließlich abhängig ist, auch weniger kritikanfällig. Zudem verringert sich damit der Zeitraum für die Vornahme anfechtbarer Rechtshandlungen.

Fünftes Kapitel
Résumé und Ausblick

Die vorliegende Arbeit hat es sich zur Aufgabe gemacht, die dogmatischen Wurzeln und Zusammenhänge des Eigenkapitalersatzrechts zu untersuchen und kritisch zu hinterfragen. Dabei hat sich gezeigt, dass trotz seiner langen Tradition eine überzeugende Begründung für die Sonderbehandlung von Gesellschafterleistungen in der Krise der GmbH bis heute nicht gefunden ist. Die Fragwürdigkeit der verschiedenen Versuche, den Kapitalersatzgedanken zu rechtfertigen, betrifft dabei sowohl die Rechtsprechungsregeln als auch die Novellenregeln.

Das gilt zum einen für den Ansatz, der Gesellschafter verhalte sich rechtsmissbräuchlich oder enttäusche ein Vertrauen der Gläubiger, wenn er die GmbH in der Krise mit Fremdkapital finanziere. Denn dieser Gedanke setzt inzident eine Pflicht zur angemessenen Eigenkapitalausstattung voraus, die es aber nicht gibt. Doch auch mit der weit verbreiteten Annahme einer Finanzierungsfolgenverantwortung der Gesellschafter lässt sich die Subordinierung der Gesellschafterdarlehen nicht erklären. Es bleibt nämlich unklar, woraus und wem gegenüber sich die Pflicht des einzelnen Gesellschafters ergeben soll, bei einer Weiterführung der GmbH eine kaufmannsübliche, „ordentliche" Finanzierung zu garantieren. Dabei ist bereits die Prämisse unzutreffend, dass eine ordnungsgemäße Krisenfinanzierung – also das rechtmäßige Alternativverhalten des Gesellschafters – ausschließlich in einer Eigenkapitalzuführung besteht. Denn ein ernsthafter Sanierungsversuch kommt nicht allein mit einer Eigenkapitalaufnahme aus, deren Höhe das Eigenkapitalersatzrecht zudem in das Belieben des Gesellschafters stellt, indem es nur den Betrag eigenkapitalgleich bindet, den der Gesellschafter freiwillig aufzubringen bereit ist. Daneben widerspricht die These einer Finanzierungsverantwortung der Gesellschafter auch der innergesellschaftlichen Zuständigkeitsverteilung und damit der Organisationsstruktur der GmbH, weil für die Fremdkapitalaufnahme grundsätzlich die Geschäftsleitung zuständig ist. Schließlich führt auch der Gedanke funktionalen Eigenkapitals nicht weiter. Denn die Funktionsbetrachtung übersieht, dass den Gesellschafterdarlehen eine Eigenkapitalfunktion in der Krise nicht schon allein deshalb zufällt, weil sie eine angebliche Eigenkapitallücke füllen sollen, wenn die Vertragsparteien ausdrücklich eine eigenkapitalähnlich Ausgestaltung des Finanzierungsbeitrages nicht gewollt haben.

Die grundsätzlichen Zweifel am Eigenkapitalersatzrecht verstärken sich noch durch verschiedene systematische Unstimmigkeiten. So wird etwa trotz des Gedankens eines Verstoßes gegen die ordnungsgemäße Krisenfinanzierung (Finanzierungsfolgenverantwortung) durch den Gesellschafter – also der Anknüpfung an ein Fehlverhalten – die Vorwerfbarkeit dieses Fehlverhaltens grundsätzlich ausgeblendet. Die Außerachtlassung subjektiver Tatbestandserfordernisse ist aber selbst für die Rechtsprechungsregeln jedenfalls nicht mit der Tatsache begründbar, dass das Kapitalerhaltungsrecht objektiv ausgestaltet ist. Denn die analoge Anwendung des Kapitalerhaltungsrechts ist erst die Rechtsfolge der Einordnung einer Gesellschafterleistung als kapitalerhaltend.

Weitere Unstimmigkeiten finden sich bei der Eingrenzung des zeitlichen Anwendungsbereichs, also bei der Beschreibung des Krisenbegriffs und der Dauer der eigenkapitalersatzrechtlichen Bindung. Nicht zuletzt das Nebeneinander der unterschiedlich konzeptionierten Rechtsprechungs- und Novellenregeln sowie die Einführung des Sanierungs- und Kleinbeteiligtenprivilegs werfen mehr Fragen auf, als dass hierin ein stimmiges Problemlösungskonzept erkennbar wäre.

Maßgeblich für die Frage, ob die Subordination von Gesellschafterkrediten in der Krise überzeugt, ist nicht zuletzt auch, inwieweit damit ein effektiver Gläubigerschutz erreicht werden kann. Schließlich ist der Gläubigerschutz Kernpunkt aller Begründungsversuche zum Eigenkapitalersatzrechts. Im Ergebnis lassen sich im Zusammenhang mit einer Fremdkapitalfinanzierung in der Krise jedoch nur zwei Gefahrensituationen ausmachen: zum einen die Fortführung des Unternehmens über die Krise hinaus und zum anderen die Rückzahlung des Gesellschafterkredites im unmittelbaren Vorfeld der Insolvenz. Auf diese Gefahren ist das Eigenkapitalersatzrecht allerdings gerade nicht ausgerichtet.

Was die Unternehmensfortführung betrifft, wird die Entscheidung, ob eine im eigenkapitalersatzrechtlichen Duktus stereotyp als „alsbald zu liquidieren“ bezeichnete GmbH fortgeführt werden darf, von den insolvenzrechtlichen Terminierungsregeln getroffen. Die weitere Unternehmensfortführung kann nur dann einen zu sanktionierenden Unwert darstellen, wenn sie rechtlich unzulässig ist. Das ist sie aber nur bei Insolvenzreife und nicht schon in der Krise oder im Stadium einer (wie auch immer definierten) wirtschaftlichen Fortführungsunwürdigkeit. Zudem kann ein Darlehen mit seiner Liquiditätszufuhr zwar die unternehmerische Frage der Weiterführung der GmbH rein tatsächlich beeinflussen. Eine Verschleppung der Insolvenz ist damit indes nicht verbunden. Denn eine etwa vorhandene Überschuldung wird durch die Fremdkapitalzufuhr prinzipiell nicht beseitigt – und soweit eine Zahlungsunfähigkeit beseitigt wird, liegt darin schlicht eine (zulässige) Insolvenzabwendung. Nicht zuletzt ist die Darlehensausreichung an sich grundsätzlich für die übrigen Gläubiger ungefährlich und deshalb auch nicht ein unzulässiges Abwälzen des Finanzierungsrisikos auf die anderen Gläubiger. Denn sie verschafft der GmbH mehr Liquidität und verbessert zunächst sogar die fiktive Insolvenzquote der bei Darlehensausreichung schon vorhandenen Gläubiger.

Was den Abzug des Darlehens betrifft, so kann kann ein Gesellschafter tatsächlich versucht sein, seinen institutionalisierten Informationsvorsprung dazu auszunutzen, sich einen Befriedigungsvorsprung vor anderen Gläubigern zu verschaffen. Gerade diese Befürchtung hat schließlich aus historischer Sicht die Diskussion um eine Sonderbehandlung von Gesellschafterdarlehen von Anfang an begleitet. Nun wird zwar auch mit dem Rückgriff auf § 31 I GmbHG die Rückzahlung eigenkapitalersetzende Darlehen sanktioniert. Aus Gläubigersicht ist insoweit aber der Zeitpunkt der Vergabe des Darlehens, auf den die Rechtsprechungsregeln tatbestandsmäßig mit der Idee einer Umwidmung des Darlehens und dem Rekurs auf das Kapitalerhaltungsrecht abstellen, irrelevant. Letztlich geht es hier deshalb um ein (Insolvenz)Anfechtungsproblem, so dass insoweit von den Eigenkapitalersatzregeln weder der Gedanke der Umqualifizierung, noch die analoge Anwendung der §§ 30, 31 GmbHG oder der Nachrang in der Insolvenz, sondern allenfalls § 135 InsO (im Ansatz) rechtfertigbar erscheint.

Die Analyse der Gläubigergefahren, die im Zusammenhang mit der Krisenfinanzierung auftauchen können, macht zugleich deutlich, dass diese Probleme bereits im Insolvenzrecht angesprochen werden. Die Schnittmenge von Eigenkapitalersatzrecht und Insolvenzrecht ist größer als gemeinhin angenommen. Demzufolge müssten die beiden Rechtsbereiche auch aufeinander abgestimmt sein. Tatsächlich aber lassen sich eigenkapitalersatzrechtliches und insolvenzrechtliches Schutzkonzept nicht in Einklang bringen. Die Gläubigerschutzprobleme sind im Ergebnis einer ausschließlich insolvenzrechtlichen Lösung zuzuführen.

Die Gemengelage von Eigenkapitalersatz- und Insolvenzrecht zeigt sich schon mit einem Blick auf die Anfänge des Eigenkapitalersatzrechts. Ursprünglich wurde die Subordination der Gesellschafterkredite damit begründet, ein Gesellschafter handle widersprüchlich, wenn er vor Insolvenzabwendung einen Kredit zurückverlange, mit dem er die Insolvenz habe beseitigen wollen. Wenn auch der Insolvenzabwendungszweck schlicht unterstellt und damit der Parteiwille übergangen wurde, wird daran doch deutlich, dass es von Anfang an darum ging, die ungehinderte Fortführung der GmbH bei Insolvenzreife zu unterbinden bzw. zu sanktionieren. Erst mit Anknüpfung an die Krise als entscheidendem Zeitpunkt wurde das Eigenkapitalersatzrecht (zumindest konzeptionell) dann auf das Vorfeld der Insolvenz ausgedehnt. Mit der Vorverlagerung der Insolvenzauslösung durch Einführung der Insolvenzordnung und mit dem weiterhin bestehenden Rückbezug des eigenkapitalersatzrechtlichen Krisenbegriffs auch auf die Insolvenzreife rücken Krise und Insolvenzauslösung nun aber zusehends wieder zueinander. Inhaltlich zeigt sich der enge Zusammenhang des Eigenkapitalersatzrechts mit der Insolvenzsituation gerade daran, dass in der Sache auch das Eigenkapitalersatzrecht quasi eine vorgezogene Terminierungsregel darstellt, indem es den Gesellschafter in der Krise zwingen soll, sich zwischen Liquidation und Fortführung der GmbH unter Eigenkapitalzuführung zu entscheiden. Trotz dieser sachlichen Nähe, also obschon es beides Mal um das Problem der Fortführung eines als nicht mehr fortführungswürdig erachteten Unternehmens geht, sind Voraussetzungen und Folgen der Pflichtverletzung in beiden Fällen ganz unterschiedlich ausgestaltet. Dabei ist das Sanktionsinstrumentarium des Eigenkapitalersatzrechts mit seiner eigenkapitalgleichen Bindung des Finanzierungsbeitrags auf die Gläubigergefahren bei Unternehmensfortführung gar nicht abgestimmt. Es orientiert sich anders als das Insolvenzrecht nicht an deren möglichen Nachteilen, nämlich einer weiteren Entwertung der Gläubigerforderungen durch eine zunehmende Verringerung des Gesellschaftsvermögens, sondern hilft regelmäßig nur dabei, die Insolvenzmasse leicht anzureichern. Von vornherein nicht schlüssig ist des Weiteren der Gedanke einer Liquidationsobliegenheit bereits in der Krise, wenn doch über die Frage der rechtlichen Zulässigkeit einer weiteren Fortführung der Gesellschaft allein die Insolvenzgründe entscheiden. Diese Zusammenhänge verkennt das Eigenkapitalersatzrecht und verwässert damit zugleich das Konzept, eine wirkliche Insolvenzverschleppung wirksam zu unterbinden bzw. zu sanktionieren.

Nimmt man die mangelnde Begründbarkeit eigenkapitalersatzrechtlicher Regeln, die Unstimmigkeiten innerhalb des Eigenkapitalersatzrechts, seine Normzweckinkompatibilität und seine unzureichende Abstimmung insbesondere mit dem Insolvenzrecht zusammen, wird deutlich, dass das Eigenkapitalersatzrecht nicht zwingend beizubehalten ist. Der Deregulierungsdruck verstärkt sich an dieser Stelle im Übrigen auch von außen durch die EuGH-Rechtsprechung, wonach inzwischen eine faktisch freie Wahl der Gesellschaftsformen innerhalb der EU besteht. Die Möglichkeit der Ausnutzung einfacheren ausländischen Gesellschaftsrechts bleibt nicht ohne Rückwirkung auf eine Vereinfachungsdebatte für das deutsche GmbH-Recht. Auf europarechtlicher Ebene sind aber ein Überdenken des institutionalisierten Gläubigerschutzes durch ein Kapitalsicherungssystem und eine verstärkte Tendenz zu Gläubigerschutz durch Information und Eigenvorsorge der Gläubiger sowie (verschuldensabhängige) Haftung der Geschäftsleitung zu beobachten.

Es konnte in dieser Arbeit gezeigt werden, dass die vom Eigenkapitalersatzrecht aufgeworfenen, konzeptionell jedoch bereits vom Insolvenzrecht angesprochenen Probleme dort besser zu lösen sind. Dafür spricht schon, dass der Gläubigerschutz eher verstärkt wird, wenn man für systemgerechte Verbesserungen derjenigen Gläubigerschutzinstrumente sorgt, die auf die im Zusammenhang mit der Darlehensfinanzierung auftretenden Gefahren besser ausgerichtet sind – diese Gläubigerschutzinstrumente finden sich aber im Insolvenzrecht. Insoweit sorgt einmal der zusätzliche Insolvenzgrund der Überschuldung für eine Vorverlagerung der Insolvenzauslösung bei der GmbH und intendiert somit, den Gläubigern einen angemessenen Ausgleich für die mit der Haftungsbeschränkung verbundene Risikosteigerung zu verschaffen. Für die Einhaltung der (insolvenz)rechtlichen Grenzen zulässiger Unternehmensfortführung zeichnet der Geschäftsführer verantwortlich, den bei schuldhafter Insolvenzverschleppung eine Schadenersatzpflicht zu Gunsten der Gläubigergesamtheit trifft. Schließlich schützt speziell gegen eine die anderen Gläubiger benachteiligende Befriedigung eines Darlehensrückzahlungsanspruchs das Insolvenzanfechtungsrecht mit seinen Verschärfungen bei einer Anfechtung gegenüber Insidern. Diese Betonung des insolvenzrechtlichen Gläubigerschutzpotentials setzt freilich voraus, dass Überschuldungstatbestand, Insolvenzverschleppungshaftung und Insolvenzanfechtungsrecht auch effektiv ausgestaltet sind. Insbesondere die Insolvenzauslösung bei Überschuldung wie auch die Haftung des Geschäftsführers bei Verstoß gegen die Insolvenzantragspflicht stellen sich derzeit aber als zu wenig wirkungsvoll dar. Gerade an diesen Stellen sind deswegen Verbesserungen angezeigt.

Das Funktionieren einer vorverlagerten, rechtzeitigen Insolvenzauslösung bei Überschuldung erfordert einen klaren und wenig manipulationsanfälligen Überschuldungsbegriff. Bei der herkömmlichen Methode der Überschuldungsfeststellung aber, wonach die Überschuldung anhand eines gesondert zu erstellenden Überschuldungsstatus (also einer reinen Vermögensbilanz) erfolgt, wird die Überschuldungsmessung mit zahlreichen Prognosen belastet. Dies wirkt einer einfachen Insolvenzfeststellung entgegen und verhindert damit gleichzeitig, dass der zusätzliche Insolvenzgrund die ihm zugedachten Aufgaben erfüllt. Ebenso fehlt dadurch für die Verantwortlichkeit des Geschäftsführers bei Insolvenzverschleppung ein hinreichend justitiabler Anknüpfungspunkt. Hier wird deswegen vorgeschlagen, den Überschuldungsbegriff stärker an die Bewertungsmaßstäbe der Handelsbilanz anzubinden. Dies rechtfertigt sich durch die jedenfalls im Grundsatz bestehende Konvergenz der Zwecksetzung von Überschuldungs- und Handelsbilanz, nämlich ein den tatsächlichen Verhältnissen entsprechendes, realistisches Bild der Vermögenslage der Gesellschaft zu zeichnen. Die Erstellung und Nachvollziehbarkeit der Handelsbilanz wird dadurch erleichtert, dass hier (im Gegensatz zur Überschuldungsbilanz nach herkömmlichem Muster) für Ansatz und Bewertung von Vermögen und Verbindlichkeiten ein eingehendes Regelwerk zur Verfügung steht. Nicht zuletzt ist sie dem Geschäftsführer vertraut und von ihm einfacher zu überwachen. Insgesamt ist es deswegen gerechtfertigt, bei einem nicht durch Eigenkapital gedeckten Fehlbetrag von einer Überschuldung i.S.d. § 19 InsO auszugehen. Das heißt, dass an eine Überschuldung nach Handelsbilanzwerten die Vermutung insolvenzrechtlicher Überschuldung geknüpft ist. Diese Vermutung ist widerlegbar. Die Insolvenzantragspflicht besteht dann nicht, wenn nachvollziehbar dokumentiert wird, dass eine Überschuldung nach einem gesonderten, herkömmlich erstellten Überschuldungsstatus – etwa wegen vorhandener stiller Reserven – nicht besteht.

Was die Insolvenzverschleppungshaftung anbelangt, so überzeugt die deliktsrechtliche Konzeption nach dem Modell der ganz überwiegenden h.M., die § 64 I GmbHG als Schutzgesetz betrachtet und dabei zwischen Alt- und Neugläubigern unterscheidet, schon dogmatisch nicht. So lässt sich mit einem Rückblick auf die Entstehungsgeschichte und auch mit Normzwecküberlegungen zeigen, dass die Insolvenzantragspflicht zwar die Gläubiger schützen, ihnen aber keinen unmittelbaren Schutz vermitteln will. Die Vorstellung einer Norm mit individualschützendem Charakter, die gegen individuelle Nachteile aus der Unternehmensfortführung trotz Insolvenzreife schützen soll, führt nicht zuletzt auch zu unlösbaren Problemen bei der Frage der Ersatzfähigkeit des Schadens. Die nach dem Modell der h.M. konsequente Differenzierung des ersatzfähigen Schadens nach Gläubigergruppen hat die Insolvenzverschleppungshaftung nicht effektiver gemacht. Im Gegenteil hat sie dazu geführt, dass die Altgläubiger wegen der praktisch kaum leistbaren Quotenschadensberechnung weiterhin ohne eine realistische Aussicht auf Ersatz ihres Schadens bleiben. Dazu gesellen sich schwierige und nicht selten vom Zufall abhängige Abgrenzungen, ob nun ein Gläubiger als Alt- oder Neugläubiger zu qualifizieren ist. Schließlich fügt sich § 64 II GmbHG nicht reibungslos in das System einer deliktisch verankerten Insolvenzverschleppungshaftung ein. Insbesondere lässt sich ein anfechtungsrechtlicher Charakter der Norm nicht verifizieren.

Richtigerweise ist § 64 II GmbHG als schadenersatzrechtliche Norm zu begreifen, die die Grundlage für eine effektive Insolvenzverschleppungshaftung bildet. Dazu ist der kryptische Begriff der „Zahlung" normzweckorientiert auszulegen. Soll den Gläubigern durch den zusätzlichen vermögensbezogenen Insolvenzgrund der Überschuldung die im Zeitpunkt des Eintritts der Insolvenzreife bestehende Vermögensmasse den Gläubigern garantiert werden, ist es konsequent, in § 64 II GmbHG die Anordnung einer Haftung für weitere Vermögensminderungen nach Insolvenzreife bei unterbliebener Insolvenzantragstellung zu sehen. Demnach führt der Geschäftsführer, der schuldhaft die Insolvenz anzumelden versäumt, das Unternehmen auf eigenes Risiko fort; für weitere Verluste der Gesellschaft hat er also einzustehen. Nur dann, wenn ein einzelner, konkreter Verlustposten nicht in einem unmittelbaren Zusammenhang mit der Insolvenzverzögerung steht, etwa weil er auch bei rechtzeitiger Insolvenzantragstellung eingetreten wäre oder der Geschäftsführer ausnahmsweise damit rechnen durfte, dass ein konkretes Geschäft keinen Verlust erzeugen werde, kann er sich nach § 64 II 2 GmbHG entlasten. Anders als nach der deliktsrechtlichen Konzeption der Insolvenzverschleppungshaftung ist hier der Anspruch der GmbH zugewiesen und wird in der Insolvenz einheitlich vom Insolvenzverwalter geltend gemacht. Diese Haftungskonzentration bei der GmbH erscheint nicht nur dogmatisch vorzugswürdig, sondern weist auch den Vorteil auf, dass die Anspruchsdurchsetzung aufgrund der einfacheren Schadensberechnung und der einheitlichen Geltendmachung durch den Insolvenzverwalter eher gelingen wird. Das gilt noch mehr, weil erstens nach Einführung der Insolvenzordnung inzwischen Insolvenzverfahren weit häufiger eröffnet werden als noch unter Geltung der Konkursordnung und so die Entdeckung von Ansprüchen der Gesellschaft gegen die Geschäftsleitung erleichtert wird, und weil zweitens mit dem hier vorgeschlagenen einfacheren Überschuldungsbegriff eine rechtzeitige Eröffnung des Verfahrens zusätzlich unterstützt wird.

Neben den Gefahren der Fortführung einer GmbH über die Insolvenzreife hinaus besteht wie bereits angesprochen im Zusammenhang mit der Fremdkapitalfinanzierung in der Krise die Gefahr, dass ein Gesellschafter frühzeitig vor den anderen Gläubigern seinen Kredit wieder abzieht und damit die Insolvenzmasse der übrigen Gläubiger schmälert. (Nur) in dieser Situation ist im Grunde ein Misstrauen gegenüber den Gesellschaftern gerechtfertigt, da sie aufgrund ihres institutionalisierten Informationsvorsprungs als Gesellschafter von einer nahenden Insolvenz oft frühzeitig erfahren und dann ihre Forderungen entsprechend eintreiben oder sichern können. Allerdings ist auch diese Problemlage im Insolvenzrecht angesprochen. Der frühzeitige Abzug eines Gesellschafterdarlehens ist ein anfechtungsrechtliches Problem – und zwar ein solches der Anfechtung gegen Insider. Hierfür hält die Insolvenzordnung mit § 138 InsO schon eine besondere Norm bereit. Demgegenüber überzeugt ein spezieller eigenkapitalersatzrechtlicher Anfechtungstatbestand in Form des § 135 InsO nicht, weil er mit der tatbestandlichen Anknüpfung an den Eigenkapitalersatzcharakter zum einen alle dort gezeigten Begründungsdefizite auf sich zieht und zum anderen als missbilligenswerte Handlung (zumindest auch) die Zuführung des Fremdkapitals in der Krise betrachtet. Jedoch kann aus Gläubigersicht auch tatbestandlich nur der Wiederabzug des Finanzierungsbeitrags, nicht jedoch der Zeitpunkt der Kapitalzuführung entscheidend sein. Auch ist nach der Konzeption der besonderen Insolvenzanfechtungstatbestände eine zeitliche Konvergenz zwischen der missbilligten Handlung, also dem tragenden Grund der Anfechtung, und der anfechtbaren, gläubigerbenachteiligenden Rechtshandlung erforderlich; dem entspricht § 135 InsO aber nicht. Löst man – was richtig wäre – § 135 InsO vom Umqualifizierungsgedanken, bleibt nur noch eine rein insiderrechtliche Norm übrig. So verstanden harmoniert die Norm dann allerdings nicht mehr mit den übrigen Anfechtungstatbeständen. Denn wie § 138 InsO zeigt, ist die Insidereigenschaft der an einer anzufechtenden Rechtshandlung beteiligten Person für sich allein kein Anfechtungsgrund, sondern nur Anlass, Erleichterungen beim Nachweis bestimmter Tatbestandsmerkmale vorzusehen.

So lässt sich im Ergebnis denn auch ohne eine spezielle Eigenkapitalersatzanfechtung der Fall der Rückzahlung eines Gesellschafterdarlehens vom Insolvenzanfechtungsrecht erfassen. Dabei kann ein Gesellschafter im Regelfall trotz der Eingrenzung des Insiderbegriffs auf zu mindestens einem Viertel beteiligte Gesellschafter (§ 138 II Nr. 1 InsO) als Insider betrachtet werden, wenn er etwa gleichzeitig als (auch nur faktischer) Geschäftsführer fungiert oder aber die Auffangregel des § 138 II Nr. 2 InsO greift, er also dienst- oder gesellschaftsvertraglich über ebenso große Einflussmöglichkeiten (z.B. mittels Stimmrechtsverträgen) verfügt. Schließlich lässt sich auch ohne Insidereigenschaft in vielen Fällen der Nachweis der subjektiven Anfechtungstatbestandsvoraussetzungen mit einer Heranziehung von § 286 ZPO erleichtern. Ob dabei die Anfechtungsfristen – gerade auch bei einer Anfechtung gegenüber Insidern – zu kurz bemessen sind, ist eine allgemeine Frage, die nicht nur Sachverhalte mit Gesellschaftern als Anfechtungsgegner betrifft.

Insgesamt zeigt die vorliegende Arbeit, dass das gesamte Eigenkapitalersatzrecht verzichtbar ist. Es kann zugunsten eines – wenngleich zu verbessernden – Schutzes durch das Insolvenzrecht aufgegeben werden. Das Insolvenzrecht verfügt über die besseren und wirksameren Mittel, um den im Zusammenhang mit einer Fremdkapitalfinanzierung in der Krise festzustellenden Gefahren für die Gläubiger zu begegnen. Damit können gleichzeitig vermehrt die Chancen einer geordneten Sanierung in der Insolvenz genutzt werden. Schließlich kann die hier vorgeschlagene strengere Handhabung des Überschuldungstatbestandes mittelbar zu einer (freiwilligen) besseren Eigenkapitalquote führen – und damit eben jenen Zustand erreichen, den das Eigenkapitalersatzrecht durch die nicht überzeugende Idee erzwungenen Eigenkapitals zu erzielen versucht.

Der Anfang Juni 2006 veröffentlichte Referentenentwurf eines „Gesetzes zur Modernisierung des GmbH-Rechts und zur Bekämpfung von Missbräuchen (MoMiG)“[1] bringt Bewegung in die Reformdebatte um eine Vereinfachung des GmbH-Rechts. Grundlegend neu ausgerichtet werden sollen dabei auch die Regeln über den Eigenkapitalersatz.

Der Referentenentwurf sieht zum einen zahlreiche Erleichterungen bei der Gründung der GmbH vor. So wird beispielsweise vorgeschlagen, die Anforderungen an die Kapitalausstattung der GmbH zu verringern, konkret: das Mindeststammkapital auf 10.000 € herabzusetzen und den Mindestbetrag der Stammeinlagen auf 1 € zu reduzieren. Dadurch sollen komplizierte Sachgründungen weitgehend überflüssig werden (ob-

[1] Abrufbar auf den Internetseiten des Bundesjustizministeriums (www.bmj.de).

schon nach dem Entwurf die Regeln hierzu beibehalten werden sollen). Daneben sollen Genehmigungserfordernisse (§ 8 I Nr. 6 GmbHG) nicht mehr die Eintragung behindern. Es genügt dann künftig die Versicherung, dass die erforderliche Genehmigung beantragt wurde. Schließlich ist geplant, die Übertragung von Gesellschaftsanteilen zu flexibilisieren und hierzu das Verbot, mehrere Stammeinlagen zu übernehmen (bisher §§ 5 II, 17 IV GmbHG), zu streichen.

Mit einen Schwerpunkt des Referentenentwurfs stellt es dar, die bisherigen Gläubigerschutzvorschriften zu überprüfen und effektiver zu machen, gleichzeitig aber auch zu deregulieren, wo dies notwendig erscheint. So soll für den Bereich des Eigenkapitalersatzrechts das komplizierte Nebeneinander von Rechtsprechungs- und Novellenregeln ein Ende finden und das Eigenkapitalersatzrecht nur noch dem Insolvenzrecht überantwortet werden. Hierzu erfolgt ein klarstellender Hinweis in § 30 I 3 GmbHG-E. Die §§ 32a, b GmbHG werden demnach aufgehoben.

In der Insolvenzordnung bleibt es bei der Sanktionierung der Gesellschafterdarlehen durch Nachrang in der Insolvenz und Insolvenzanfechtungsmöglichkeit der Darlehensrückgewähr. Allerdings soll der Kapitalersatzgedanke aufgegeben werden und deshalb nicht mehr ab dem Zeitpunkt, in dem die Gesellschafter „als ordentliche Kaufleute Eigenkapital zugeführt hätten (Krise der Gesellschaft)“ – so der bisherige § 32a I 1 GmbHG – eine gedankliche Umqualifizieung in Eigen- oder Haftkapital stattfinden, sondern sollen generell alle Gesellschafterdarlehen und sonstigen schuldrechtlichen Forderungen von Gesellschaftern gegen die GmbH von der Subordinierung erfasst werden. An Sanierungs- und Kleinbeteiligtenpivileg soll sich nach dem Entwurf grundsätzlich nichts ändern. Im Überschuldungsstatus jedoch sollen die subordinierten Forderungen (anders als bisher) nicht mehr passiviert werden (§ 19 II InsO-E).

Parallel dazu sieht der Referentenentwurf Änderungen des AnfG vor. Dort ist zudem (für sich überzeugend) geplant, den Zeitpunkt, von dem an die Anfechtungsfrist zurückgerechnet wird, durch eine Anknüpfung an den Zeitpunkt der Erlangung des vollstreckbaren Schuldtitels vorzuverlegen. Für den Fall, dass eine Insolvenzeröffnung allein mangels Masse abgelehnt wurde, bevor der Schuldner seinen vollstreckbaren Titel erlangt hat, ist nach dem Entwurf der entsprechend günstigere Zeitpunkt der Insolvenzantragstellung (wie schon im bisherigen § 135 InsO) auch für die Einzelanfechtung nach dem AnfG maßgebend (§ 6 I 2 AnfG-E).

Schließlich soll das Problem der Firmenbestattungen im Ausland dadurch gelöst werden, dass im Falle der Führungslosigkeit der Gesellschaft auch jeder Gesellschafter für sich zur Insolvenzantragstellung verpflichtet wird (§ 64 I 3 GmbHG-E), also quasi als Notgeschäftsführer fungieren muss. Neben dieser für sich bedenkenswerten Lösung ist beabsichtigt, das Zahlungsverbot des § 64 II GmbHG um einen Satz 3 zu ergänzen, wonach auch alle Zahlungen an Gesellschafter verboten sind, durch die „die Zahlungsunfähigkeit der Gesellschaft herbeigeführt“ wird. Mit dieser Ausweitung sollen ausweislich der Entwurfsbegründung die Kapitalerhaltungs- und Anfechtungsvorschriften ergänzt sowie ein Teilbereich der Rechtsfigur der Haftung wegen existenzvernichtenden Eingriffs erfasst werden.

Das Reformvorhaben verfolgt grundsätzlich das richtige Ziel einer Deregulierung des GmbH-Rechts. Insbesondere Erleichterungen bei der Unternehmensgründung sind – gerade auch im internationalen Vergleich – notwendig. Ob die hierzu unter anderem vorgesehene Beibehaltung des Kapitalschutzsystems unter Reduzierung des Mindeststammkapitals allerdings überzeugt oder nicht vielmehr die Bedeutung dieses (ansonsten unverändert bleibenden) Systems tatsächlich noch weiter verringert oder es gar verzichtbar macht, bleibt offen.[2]

Gerade aber die angedachten Änderungen im Eigenkapitalersatzrecht gehen nicht weit genug. Zwar ist es richtig, die Rechtsprechungsregeln gänzlich zu streichen.[3] Denn sie basieren (noch mehr als die Novellenregeln) auf einem für sich nicht überzeugenden Gedankengebäude, insbesondere auch dem Ansatz einer Pflicht der Gesellschafter zur Schaffung einer ausreichenden Eigenkapitalbasis (dazu oben Kap.3 A.I.). Somit ist es zutreffend, wenn die Entwurfsbegründung die Rechtsfigur des „Eigenkapitalersatzes" insgesamt aufgeben und damit die Gesellschafterdarlehen als Fremdkapital akzeptieren, also nicht wie haftendes Eigenkapital behandelt wissen will. Wenn aber gleichzeitig unterschiedslos alle Gesellschafterdarlehen und sonstigen Gesellschafterforderungen in der Insolvenz nachrangig behandelt werden (§ 39 I Nr. 5, IV, V InsO-E) und ihre Rückgewähr im Zeitraum von einem Jahr vor Insolvenzantragstellung anfechtbar ist (§ 135 InsO-E), dann fehlt dafür eine tragende Rechtfertigung. Obschon der Kapitalersatzgedanke vordergründig aufgegeben wird, bestimmt er letztlich weiterhin die im Referentenentwuf vorgeschlagenen Sonderregeln für Gesellschafterforderungen. Denn hinter der pauschalen Benachteiligung, die nicht nur (wie es richtig wäre – dazu oben Kap.3 A.IX.2.c. und Kap.4 C.) an das Ausnutzen eines Informationsvorsprungs vor oder während der Insolvenzreife anknüpft, steht im Ergebnis nichts anderes als die Idee, dass sich Gesellschafter mindestens mit dem Risiko an dem von ihnen betriebenen Unternehmen beteiligen müssen, das sie diesem tatsächlich zur Verfügung stellen.[4] Der darin zum Ausdruck kommende Grundgedanke, dass zum Ausgleich für die Haftungsbeschränkung das Vermögen der Gesellschaft in vollem Umfang zur Befriedigung der „außenstehenden" Gesellschaftsgläubiger dienen soll, ehe die Gesellschafter befriedigt werden,[5] negiert die Gläubigerstellung der Gesellschafter. Sie bedeutet im Ergebnis, dass Gesellschafter nur Eigenkapital beisteuern sollen und keine „echten" Gläubiger sein können. Der Referentenentwurf schafft es also nicht, vom generellen Misstrauen gegenüber der Gläubigerstellung der GmbH-Gesellschafter wegzukommen. Das zeigt sich nicht zuletzt daran, dass im Überschuldungsstatus die nach § 39 I Nr. 5 InsO-E nachrangigen Gesellschafterforderungen – anders als die sonstigen nach § 39 InsO nachrangigen Forderungen – nicht berücksichtigt werden

[2] Für eine Abschaffung des Mindeststammkapitals zuletzt *Haas*, DStR 2006, 993-1000.

[3] Der rein klarstellende Hinweis in § 30 I 3 GmbHG-E indes dürfte bei einer entsprechenden eindeutigen Gesetzesbegründung und gänzlichen Verlagerung des Regelungskomplexes in das Insolvenzrecht überflüssig sein.

[4] So denn auch *Huber/Habersack*, BB 2006, 1 (1), deren Reformkonzept zum Eigenkapitalersatzrecht Grundlage des Referentenentwurfs zu sein scheint. Zum nicht überzeugenden Gedanken einer vorgegebenen, bestimmten Risikoallokation zwischen Gesellschaftern und Gesellschaftsgläubigern bereits oben Kap.3 A.IV.2..

[5] *Huber/Habersack*, BB 2006, 1 (2).

sollen (§ 19 II InsO-E), also in Wirklichkeit doch als Haftungskapital angesehen werden.[6] So bleibt der Referentenentwurf in seiner Begründung für die Subordinierung denn auch sehr kurz und vage. Im Ergebnis geht es ihm nur darum, das Eigenkapitalersatzrecht zu deregulieren und zu vereinfachen. Mag die Vereinfachung auch gelingen, die Begründungslücken für diese Sonderbehandlung der Gesellschafterforderungen bleiben.

Daneben verwundert, dass der Referentenentwurf nicht auf das Verhältnis der Anfechtung nach § 135 InsO-E zur Anfechtung gegenüber Insidern nach § 138 InsO eingeht. Neben der hier vertretenen Auffassung, dass die „Problematik Gesellschafterdarlehen" überhaupt nur eine Frage der Anfechtung gegenüber Insidern ist (dazu insbesondere Kap.4 C.), stellt sich die Frage, welchen Sinn die Miteinbeziehung der Gesellschafter in den Kreis der Insider nach § 138 II InsO noch machen soll, wenn sowieso jede im Zeitraum von einem Jahr vor Insolvenzantragstellung erfolgende Befriedigung einer Gesellschafterforderung ohne weitere Voraussetzungen der Anfechtung unterliegt. Ebensowenig werden alle Unstimmigkeiten beseitigt, die sich im Rahmen der – nach dem Reformentwurf beibehaltenen – Bereichsausnahmen (Kleinbeteiligten- und Sanierungsprivileg) ergeben.

Soweit der Reformentwurf schließlich das Zahlungsverbot des § 64 II GmbHG auf alle Zahlungen an Gesellschafter ausdehnen will, durch die die Zahlungsunfähigkeit der Gesellschaft herbeigeführt wird, kann auch dies nach hier vertretener Ansicht nicht überzeugen. Die Gesetzesbegründung verkennt wie die h.M. überhaupt, dass § 64 II GmbHG eine Schadenersatznorm und Grundlage der Insolvenzverschleppungshaftung ist (dazu oben Kap.4 B.II.3.), es also nicht um den Ausgleich einzelner – wie auch immer definierter oder eingegrenzter – „Zahlungen", sondern um den Ersatz der gesamten, nach Insolvenzreife entstehenden Vemögensminderung bei der GmbH geht. Die vorgeschlagene Ausdehnung des § 64 II GmbHG, die zudem nur Zahlungen an Gesellschafter betreffen soll, wird nur noch mehr dazu beitragen, dass die Norm die ihr eigentlich zugedachte Funktion nicht erfüllen kann. Gerade die Vorverlagerung des Zahlungsverbotes vor die Insolvenzreife stört den Sinnzusammenhang zwischen den beiden Absätzen der Vorschrift, also der Regelung der Insolvenzantragspflicht in § 64 I GmbHG und der darauf bezogenen Haftung bei Versäumen der Pflichterfüllung in § 64 II GmbHG.

Als Ergebnis dieses Ausblicks auf den Referentenentwurf lässt sich festhalten, dass die geplante Reform insgesamt zwar einen Schritt in die richtige Richtung der Deregulieung des GmbH-Rechts darstellt, die hier interessierenden Änderungen im Eigenkapitalersatzrecht und beim Zahlungsverbot des § 64 II GmbHG jedoch nicht überzeugen können.

[6] Begründet wird der Wegfall der Passivierungspflicht in der Entwurfsbegründung jedoch vor allem damit, dass durch die generelle Subordinierung der Gesellschafterforderungen die Unsicherheiten wegfielen, die den BGH in der Leitentscheidung BGH NJW 2001, 1280 (1282) noch dazu bewogen hatten, eigenkapitalersetzende Forderungen als passivierungspflichtig anzusehen.

Literaturverzeichnis

Soweit bei Monographien, Lehrbüchern u.ä. kein Kurztitel (KT) angegeben ist, sind diese ausschließlich mit dem – ggf. um ein Vornamenkürzel ergänzten – Namen des Autors/der Autorin/Autoren zitiert.

Beiträge in Festschriften, Festgaben, Libri Amicorum u.ä. werden, soweit nicht anders vermerkt, einheitlich mit „FS" zitiert.

Adams, Michael — Eigentum, Kontrolle und Beschränkte Haftung, Baden-Baden 1991

Albach, Horst — „Finanzierungsregeln" und Kapitalstruktur der Unternehmung, in: Breuer, Rolf-E. (Hrsg.): Handbuch Finanzierung, 3. Aufl., Wiesbaden 2001, S. 533-555

Althuber, Franz/ *Brandstätter*, Thomas/ *Haberer*, Thomas — Gesellschafterleistungen in der Krise – Neuregelung des österreichischen Eigenkapitalersatzrechts, NZI 2004, S. 610-615

Altmeppen, Holger — Anm. zu BGH, Urt. v. 11.7.1994 – II ZR 146/92, NJW 1994, S. 2349

– Probleme der Konkursverschleppungshaftung, ZIP 1997, S. 1173-1185

– „Dritte" als Adressaten der Kapitalerhaltungs- und Kapitalersatzregeln in der GmbH, in: Forster, Karl-Heinz u.a. (Hrsg.): Festschrift für Bruno Kropff – Aktien- und Bilanzrecht, Düsseldorf 1997, S. 641-667

– Verbandshaftung kraft Wissenszurechnung am Beispiel des Unternehmenskauf, BB 1999, S. 749-755

– Kapitalersatz und Rangrücktritt unter Geltung der InsO, ZHR 2000, S. 349-374

– Insolvenzverschleppungshaftung Stand 2001, ZIP 2001, S. 2201-2211

– Zur Entwicklung eines neuen Gläubigerschutzkonzeptes in der GmbH, ZIP 2002, S. 1553-1563

– Schutz vor „europäischen Kapitalgesellschaften", NJW 2004, S. 97-104

– Änderungen der Kapitalersatz- und Insolvenzverschleppungshaftung aus „deutsch-europäischer" Sicht, NJW 2005, S. 1911-1915

– Existenzvernichtungshaftung und Scheinauslandsgesellschaften, in: Crezelius, Georg u.a. (Hrsg.): Festschrift für Volker Röhricht zum 65. Geburtstag – Gesellschaftsrecht, Rechnungslegung, Sportrecht, Köln 2005, S. 3-24

Altmeppen, Holger/ *Wilhelm*, Jan — Quotenschaden, Individualschaden und Klagebefugnis bei der Verschleppung des Insolvenzverfahrens über das Vermögen der GmbH, NJW 1999, S. 673-681

de Angelis, Marco/ *Bodenbenner*, Hans-Joachim — Unternehmensinsolvenz – Anforderungen an Geschäftsführung und Vorstand, MDR 2003, S. 1145-1151

Arnold, Wolf-Dieter — Die GmbH und die GmbH & Co. KG im österreichischen Recht – Ein Update, GmbHR 2004, S. 43-49

Bähner, Eberhard — Die Fortbestehensprognose im Rahmen der zweistufigen Überschuldungsrechnung, KTS 1988, S. 443-453

Bamberger, Heinz Georg/ *Roth*, Herbert (Hrsg.) — Kommentar zum Bürgerlichen Gesetzbuch, Band 1: §§ 1-610, Band 2: §§ 611-1296, ErbbauVO, WEG, München 2003
(KT: *Bearbeiter*, in: Bamberger/Roth, BGB)

Banerjea, Nirmal Robert — Haftungsfragen in Fällen materieller Unterkapitalisierung und im qualifiziert faktischen Konzern, ZIP 1999, S. 1153-1162

Barth, Wolfgang H. — Der Anwendungsbereich des Eigenkapitalersatzrechts nach § 32a Abs. 3 Satz 2 und Satz 3 GmbHG, Berlin 2001

Bauer, Markus — Gläubigerschutz durch eine formelle Nennkapitalziffer – Kapitalgesellschaftsrechtliche Notwendigkeit oder überholtes Konzept? Eine rechtsvergleichende Untersuchung der Gläubigerschutzkonzepte des amerikanischen und deutschen Kapitalgesellschaftsrechts, Frankfurt a.M. u.a. 1995

Baumbach, Adolf (Begr.)/ *Hueck*, Alfred — GmbH-Gesetz: Gesetz betreffend die Gesellschaften mit beschränkter Haftung, 18. Aufl., München 2006
(KT: B/H/*Bearbeiter*, GmbHG)

Baums, Theodor — Entwurf eines allgemeinen Handelsgesetzbuches für Deutschland (1848/49), Heidelberg 1982

Bayer, Walter — Die EuGH-Entscheidung „Inspire Art“ und die deutsche GmbH im Wettbewerb der europäischen Rechtsordnungen, BB 2003, S. 2357-2366

Bayer, Walter/ *Lieder*, Jan	Ersatz des Vertrauensschadens wegen Insolvenzverschleppung und Haftung des Teilnehmers, WM 2006, S. 1-12
Bayer, Walter/ *Schmidt*, Jessica	Die Insolvenzantragspflicht der Geschäftsführung nach §§ 92 Abs. 2 AktG, 64 Abs. 1 GmbHG – Zugleich Anmerkung zu OLG Koblenz v. 5.11.2004 – 5 U 875/04, AG 2005, S. 446-563
Becker, Patricia	Baldiges neues Gründungsverfahren in Frankreich: Die französische „Blitz-S.A.R.L.", GmbHR 2003, S. 706-708
Behrens, Peter	Die Gesellschaft mit beschränkter Haftung im internationalen und europäischen Recht, 2. Aufl., Berlin/New York 1997 (KT: Behrens/*Bearbeiter*, GmbH)
–	Das Internationale Gesellschaftsrecht nach dem Überseering-Urteil des EuGH und den Schlussanträgen zu Inspire Art, IPRax 2003, S. 193-207
Beine, Frank	Eigenkapitalersetzende Gesellschafterleistungen: Finanzwirtschaftliche und bilanzrechtliche Grundsätze, Düsseldorf 1994
Beintmann, Ulrike	Eigenkapitalersetzende Gesellschafterdarlehen im Überschuldungsstatus, Düsseldorf 1998
Beissenhirtz, Volker	Die Insolvenzanfechtung in Deutschland und England: Eine rechtsvergleichende Betrachtung, Frankfurt a.M. u.a. 2003
Benecke, Martina	Existenzvernichtender Eingriff statt qualifiziert faktischer Konzern: Die neue Rechtsprechung des BGH zur Haftung von GmbH-Gesellschaftern, BB 2003, S. 1190-1195
Benne, Dietmar	Haftungsdurchgriff bei der GmbH, insbesondere im Fall der Unterkapitalisierung, Köln 1978
Berg, Hans-Georg	Rechtsdogmatische Fragen zu § 30 I GmbHG, Berlin 1995
Berger, Kurt	Grundlagen des Eigenkapitalersatzrechts, Wien 1996
Bezzenberger, Tilman	Kapitalersetzende Gesellschafterdarlehen im Recht der GmbH, in: Westermann, Harm Peter/Mock, Klaus (Hrsg.): Festschrift für Gerold Bezzenberger zum 70. Geburtstag, Berlin 2000, S. 23-58

Bieder, Marcus — Das Kapitalersatzrecht im Umbruch: Die Auswirkungen des KonTraG, KapAEG und der neuen Insolvenzordnung für das Recht der kapitalersetzenden Gesellschafterleistungen, Stuttgart 2000

Biehl, Kristof — Wesen und Wirkung der Insolvenzanfechtung nach neuem Recht, KTS 1999, S. 313-321

– Insider im Insolvenzverfahren, Herne/Berlin 2000 (KT: *Biehl*, Insider)

Bitter, Georg — Zur Haftung des Geschäftsführers aus § 64 Abs. 2 GmbHG für „Zahlungen" nach Insolvenzreife, WM 2001, S. 666-672

– Flurschäden im Gläubigerschutzrecht durch „Centros & Co."? – Eine Zwischenbilanz, WM 2004, S. 2190-2200

Blaurock, Uwe — Mindestkapital und Haftung bei der GmbH, in: Damm, Reinhard u.a. (Hrsg.): Festschrift für Thomas Raiser zum 70. Geburtstag, Berlin 2005, S. 3-22

Blömer, Dirk — Leistungen und Einflussnahmen der GmbH-Gesellschafter durch eigenkapitalersetzende Darlehen: Eine Untersuchung des § 32a Abs. 3 GmbHG, Baden-Baden 2004

Blöse, Jochen — Der Umfang der Ausfallhaftung bei Verstoß gegen das Auszahlungsverbot, GmbHR 2002, S. 1107-1111

– Anm. zu LG Hildesheim, Urt. v. 5.9.2003 – 5 O 2/02, GmbHR 2003, S. 1484

– Darlegungs- und Beweislast bei Ansprüchen aus Eigenkapitalersatz, ZIP 2003, S. 1687-1691

– Das österreichische Eigenkapitalersatzgesetz: Vorbild für den deutschen Gesetzgeber?, GmbHR 2004, S. 412-415

Böcker, Philipp — Die Überschuldung im Recht der Gesellschaft mit beschränkter Haftung – Harmonisierung von Insolvenzverschleppungshaftung und Eigenkapitalersatzrecht, Baden-Baden 2002

Böhm, Franz — Die Ordnung der Wirtschaft als geschichtliche Aufgabe und rechtsschöpferische Leistung, Stuttgart/Berlin 1937

Borges, Georg — Gläubigerschutz bei ausländischen Gesellschaften mit inländischem Sitz, ZIP 2004, S. 733-744

Bork, Reinhard — Wie erstellt man eine Fortbestehensprognose?, ZIP 2000, S. 1709-1713

– Allgemeiner Teil des Bürgerlichen Gesetzbuches, Tübingen 2001
(KT: *Bork*, Allgemeiner Teil)

– Die Renaissance des § 133 InsO, ZIP 2004, S. 1684-1693

– Genussrechte in der Überschuldungsbilanz, in: Crezelius, Georg u.a. (Hrsg.): Festschrift für Volker Röhricht zum 65. Geburtstag – Gesellschaftsrecht, Rechnungslegung, Sportrecht, Köln 2005, S. 47-61

Bormann, Michael — Anm. zu BGH, Urt. v. 23.2.2004 – II ZR 207/01, GmbHR 2004, S. 898

Boujong, Karlheinz — Zur Auslegung und Fortbildung des GmbH-Rechts in der neueren Judikatur des Bundesgerichtshofs, GmbHR 1992, S. 207-212

Brand, Oliver — Das Kollisionsrecht und die Niederlassungsfreiheit von Gesellschaften, JR 2004, S. 89-96

Braun, Eberhard — Insolvenzordnung (InsO): Kommentar, 2. Aufl., München 2004
(KT: Braun/*Bearbeiter*, InsO)

Braun, Eberhard/ *Uhlenbruck*, Wilhelm — Unternehmensinsolvenz: Grundlagen, Gestaltungsmöglichkeiten, Sanierung mit der Insolvenzordnung, Düsseldorf 1997
(KT: *Braun/Uhlenbruck*, Unternehmensinsolvenz)

Brodmann, Erich — Gesetz betreffend die Gesellschaften mit beschränkter Haftung, 2. Aufl., Berlin/Leipzig 1930
(KT: *Brodmann*, GmbHG)

Bruns, Alexander — Haftungsbeschränkung und Mindesthaftung, Tübingen 2003

Bruns, Patrick — Existenz- und Gläubigerschutz in der GmbH – Das Vulkan-Konzept, WM 2003, S. 815-823

Busche, Jan — Privatautonomie und Kontrahierungszwang, Tübingen 1999

Caemmerer, Ernst von — Unterkapitalisierung und Gesellschafterdarlehen, in: Zonderland, Pieter (Hrsg.): Quo vadis, ius societatum? Liber amicorum Pieter Sanders, Nijhoff 1972, S. 17-25

Cahn, Andreas — Die Ausfallhaftung des GmbH-Gesellschafters, ZGR 2003, S. 299-315

– Das richterrechtliche Verbot der Kreditvergabe an Gesellschafter und seine Folgen: Anmerkung zum Urteil des BGH vom 24. November 2003, II ZR 171/01, DK 2004, S. 235-245

– Das neue Insiderrecht, DK 2005, S. 5-13

– Gesellschafterfremdfinanzierung und Eigenkapitalersatz, AG 2005, S. 217-227

Calliess, Christian/ *Ruffert*, Matthias — Kommentar des Vertrages über die Europäische Union und des Vertrages zur Gründung der Europäischen Gemeinschaft (EUV/EGV), 2. Aufl., Neuwied 2002 (KT: *Bearbeiter*, in: Calliess/Ruffert, EUV/EGV)

Campe, Moritz von — Insolvenzanfechtung in Deutschland und Frankreich, Köln u.a. 1996

Canaris, Claus-Wilhelm — Die Vertrauenshaftung im deutschen Privatrecht, München 1970 (KT: *Canaris*, Vertrauenshaftung)

– Verfassungs- und europarechtliche Aspekte der Vertragsfreiheit in der Privatrechtsgesellschaft, in: Badura, Peter/ Scholz, Rupert (Hrsg.): Wege und Verfahren des Verfassungslebens – Festschrift für Peter Lerche zum 65. Geburtstag, München 1993, S. 873-891

– Die Haftung für fahrlässige Verletzungen der Konkursantragspflicht nach § 64 GmbHG: Eine Besprechung des Beschlusses des BGH vom 1.3.1993 – II ZR 292/91, JZ 1993, S. 649-652

– Die Vertrauenshaftung im Lichte der Rechtsprechung des Bundesgerichtshofes, in: Canaris, Claus-Wilhelm u.a. (Hrsg.): 50 Jahre Bundesgerichtshof – Festgabe aus der Wissenschaft, Band I: Bürgerliches Recht, München 2000, S. 129-197 (KT: *Canaris*, Festgabe 50 Jahre BGH)

– Die Übertragung des Regelungsmodells der §§ 125-130 HGB auf die Gesellschaft bürgerlichen Rechts als unzulässige Rechtsfortbildung contra legem, ZGR 2004, S. 69-125

Castor, Bernd Das Recht der eigenkapitalersetzenden Gesellschafterleistungen unter besonderer Berücksichtigung der Rechtsfolgen nachträglicher Änderungen in den Tatbestandsvoraussetzungen, Frankfurt a.M. u.a. 1997

Claussen, Carsten P. Kapitalersetzende Darlehen und Sanierungen durch Kreditinstitute, ZHR 1983, S. 195-222

– Kapitalersatzrecht und Aktiengesellschaft: Das BuM-Urteil des BGH vom 26.03.1984, AG 1985, S. 173-184

– Betriebswirtschaft und Kapitalersatzrecht, in: Moxter, Adolf (Hrsg.): Rechnungslegung: Entwicklungen bei der Bilanzierung und Prüfung von Kapitalgesellschaften – Festschrift zum 65. Geburtstag von Karl-Heinz Forster, Düsseldorf 1992, S. 139-154

– Zeitwende im Kapitalersatzrecht?, GmbHR 1994, S. 9-15

– Die GmbH braucht eine Deregulierung des Kapitalersatzrechts, GmbHR 1996, S. 316-327

– Besprechung von: Alexander Götz, Juristische und ökonomische Analyse des Eigenkapitalersatzrechts – Eine kritische interdisziplinäre Untersuchung zur Begründbarkeit der Regeln über den Eigenkapitalersatz, ZHR 2003, S. 494-499

Culemann Anm. zu RG, Urt. v. 21.8.1936 – 4 D 293/36, JW 1936, S. 3471

Dalberg, Rudolf Kreditsicherung bei der Gesellschaft mit beschränkter Haftung (aus: Volkswirtschaftliche Zeitfragen – Vorträge und Abhandlungen, hrsg. von der Volkswirtschaftlichen Gesellschaft in Berlin, Jahrgang XXXII, Heft 255/256), Berlin 1911

Damnitz, Michael/ *Degenhardt*, Joerg Faktische Geschäftsführung und kapitalersetzende (Bank-) Darlehen bei der AG, WM 2005, S. 583-591

Dauner-Lieb, Barbara Die Berechnung des Quotenschadens – Besprechung des Urteils BGH ZIP 1997, 1542, ZGR 1998, S. 617-631

– Die Freistellung geringfügig beteiligter Gesellschafter von der Kapitalersatzhaftung, DStR 1998, S. 609-617

Dellinger, Markus Kritik am Eigenkapitalersatzrecht, Drittkredit und Gesellschaftersicherheit, ÖBA 1998, S. 601-612

Diem, Andreas Besicherung von Gesellschafterverbindlichkeiten als existenzvernichtender Eingriff des Gesellschafters?, ZIP 2003, S. 1283-1289

Dietrich, Hugo Die Neuordnung der Gesellschaft mit beschränkter Haftung, JW 1938, S. 784-785

Dinkhoff, Marc Der faktische Geschäftsführer in der GmbH, Baden-Baden 2003

Döser, Wulf H. Der faktische Konzern – Ein Nachruf, AG 2003, S. 406-415

Dreher, Friedrich Die Gesellschaft mit beschränkter Haftung: Ihr wirkliches Wesen und ihre wirtschaftliche Gestalt, Stuttgart 1931

Drews, Ernesto Der Insolvenzgrund der Überschuldung bei Kapitalgesellschaften, Berlin 2003

Drukarczyk, Jochen Gesellschafterdarlehen, Rechtsprechungsgrundsätze des BGH und § 32a GmbHG – Einige Kritische Anmerkungen, in: Elschen, Reiner u.a. (Hrsg.): Unternehmenstheorie und Besteuerung – Festschrift zum 60. Geburtstag von Dieter Schneider, Wiesbaden 1995, S. 171-202

– Finanzierung, 9. Aufl., Stuttgart 2003 (KT: *Drukarczyk*, Finanzierung)

Drukarczyk, Jochen/ *Duttle*, Josef/ *Rieger*, Reinhard Mobiliarsicherheiten: Arten, Verbreitung, Wirksamkeit, Köln 1985 (KT: *Drukarczyk/Duttle/Rieger*, Mobiliarsicherheiten)

Drukarczyk, Jochen/ *Schüler*, Andreas Die Eröffnungsgründe der InsO: Zahlungsunfähigkeit, drohende Zahlungsunfähigkeit und Überschuldung, in: Arbeitskreis für Insolvenz- und Schiedsgerichtswesen e.V. (Hrsg.): Kölner Schrift zur Insolvenzordnung, 2. Aufl., Berlin 2000, S. 95-139 (KT: *Drukarczyk/Schüler*, in: KS-InsO)

Duursma-Kepplinger, Henriette-Christine/ *Duursma*, Dieter/ *Chalupsky*, Ernst — Europäische Insolvenzverordnung: Kommentar, Wien 2002
(KT: *Bearbeiter*, in: Duursma-Kepplinger/Duursma/ Chalupsky, EuInsVO)

Ebenroth, Carsten Thomas/ *Kieser*, Markus — Die Qualifikation der „action en comblement du passif" nach Art. 180 des neuen französischen Insolvenzrechts – Eine Studie unter Berücksichtigung der Rechtsprechung des BGH zum Universalitätsprinzip, KTS 1988, S. 19-48

Ebert, Sabine/ *Levedag*, Christian — Die zugezogene „private company limited by shares (Ltd.)" nach dem Recht von England und Wales als Rechtsformalternative für in- und ausländische Investoren in Deutschland, GmbHR 2003, S. 1337-1346

Ebke, Werner F. — Überseering: „Die wahre Liberalität ist Anerkennung", JZ 2003, S. 927-933

Eckhold, Thomas — Materielle Unterkapitalisierung, Köln u.a. 2002

Ehricke, Ulrich — Insolvenzrechtliche Anfechtung gegen Insider: Zur Bestimmung nahestehender Personen von GmbH und AG, KTS 1996, S. 209-229

– — Zur Begründbarkeit der Durchgriffshaftung in der GmbH, insbesondere aus methodischer Sicht, AcP 1999, S. 257-304

– — Zur Teilnehmerhaftung von Gesellschaftern bei Verletzungen von Organpflichten mit Außenwirkung durch den Geschäftsführer einer GmbH, ZGR 2000, S. 351-383

Eichele, Hans — Die Reichweite des Kapitalerhaltungsgrundsatzes aus § 30 Abs. 1 GmbHG, die Finanzierungsverantwortung des Gesellschafters und das Eigenkapitalersatzrecht in der GmbH, Berlin 1999

Eidenmüller, Horst — Unternehmenssanierung zwischen Markt und Gesetz: Mechanismen der Unternehmensreorganisation und Kooperationspflichten im Reorganisationsrecht, Köln 1999
(KT: *Eidenmüller*, Unternehmenssanierung)

– — Geschäftsleiter- und Gesellschafterhaftung bei europäischen Auslandsgesellschaften mit tatsächlichem Inlandssitz, NJW 2005, S. 1618-1621

Eidenmüller, Horst/ *Engert*, Andreas — Rechtsökonomik des Mindestkapitals im GmbH-Recht, GmbHR 2005, S. 433-438

Eidenmüller, Horst/ *Rehm*, Gebhard M. — Niederlassungsfreiheit versus Schutz des inländischen Rechtsverkehrs: Konturen des Europäischen Internationalen Gesellschaftsrechts, ZGR 2004, S. 159-188

Eisner, Helmut — Kapitalersatz- und Insolvenzverschleppungshaftung im Fall der Scheinauslandsgesellschaft, ZInsO 2005, S. 20-23

Embid Irujo, José Miguel — Eine spanische „Erfindung“ im Gesellschaftsrecht: Die „Sociedad limitada nueva empresa“ – Die neue unternehmerische GmbH, RIW 2004, S. 760-767

Engert, Andreas — Die ökonomische Begründung der Grundsätze ordnungsgemäßer Unternehmensfinanzierung, ZGR 2004, S. 813-841

Erlinghagen, Peter — Haftungsfragen bei einer unterkapitalisierten GmbH, GmbHR 1962, S. 169-176

Erman, Walter (Begr.) — Bürgerliches Gesetzbuch: Handkommentar mit EGBGB, ErbbauVO, HausratsVO, LPartG, ProdHaftG, UKlaG, VAHRG und WEG, hrsg. von Harm Peter Westermann, 11. Aufl., Münster/Köln 2004
(KT: Erman/*Bearbeiter*, BGB)

Escher-Weingart, Christina — Reform durch Deregulierung im Kapitalgesellschaftsrecht: Eine Analyse der Reformmöglichkeiten unter besonderer Berücksichtigung des Gläubiger- und Anlegerschutzes, Tübingen 2001

Eucken, Walter — Grundsätze der Wirtschaftspolitik, Bern/Tübingen 1952

Fastrich, Lorenz — Richterliche Inhaltskontrolle im Privatrecht, München 1992
(KT: *Fastrich*, Inhaltskontrolle)

– — Ketzerisches zur so genannten Finanzierungsverantwortung, in: Lieb Manfred u.a. (Hrsg.): Festschrift für Wolfgang Zöllner zum 70. Geburtstag, Band I: Handels-, Gesellschafts- und Wirtschaftsrecht, Köln u.a. 1998, S. 143-163

– — Funktionales Rechtsdenken am Beispiel des Gesellschaftsrechts: Erweiterte Fassung eines Vortrages gehalten vor der Juristischen Gesellschaft zu Berlin am 21. Juni 2000, Berlin/New York 2001
(KT: *Fastrich*, Funktionales Rechtsdenken)

– Optimierung des Gläubigerschutzes bei der GmbH – Praktikabilität und Effizienz, DStR 2006, S. 656-663

Feine, Hans Erich Die Gesellschaft mit beschränkter Haftung, erschienen in der Reihe: Ehrenberg, Victor (Hrsg.): Handbuch des gesamten Handelsrechts, 3. Bd., III. Abtlg., Leipzig 1929

Feitsch, Peter Wegweiser im Labyrinth des Eigenkapitalersatzrechts, Oldenburg 1999

Fenske, Ralf Zur Unbrauchbarkeit des Überschuldungstatbestandes, AG 1997, S. 554-559

Fischer, Curt Die Gesellschaft mit beschränkter Haftung, Berlin u.a. 1948

Fischer, Lothar/ *Lepper*, Martin Das Belassen von Gesellschafterdarlehen im Zeitpunkt der Krise – Neue Rechtsprechung zu § 32a GmbHG, ZIP 1986, S. 1-7

Fischer, Michael Die Verlagerung des Gläubigerschutzes vom Gesellschafts- in das Insolvenzrecht nach „Inspire Art", ZIP 2004, S. 1477-1486

Fischer, Nicole/ *Gasteyer*, Thomas Grenzen der Sicherheitenbestellung bei der GmbH, NZG 2003, S. 517-523

Fleck, Hans-Joachim Zur Haftung des GmbH-Geschäftsführers, GmbHR 1974, S. 224-235

– Der Grundsatz der Kapitalerhaltung – seine Ausweitung und seine Grenzen, in: Lutter, Marcus u.a. (Hrsg.): Festschrift 100 Jahre GmbH-Gesetz, Köln 1992, S. 391-419

Fleischer, Holger Finanzplankredite und Eigenkapitalersatz im Gesellschaftsrecht, Köln u.a. 1992
(KT: *Fleischer*, Finanzplankredite)

– Gläubigerschutz in der kleinen Kapitalgesellschaft: Deutsche GmbH versus englische private limited company, DStR 2000, S. 1015-1021

– Erweiterte Außenhaftung der Organmitglieder im Europäischen Gesellschafts- und Kapitalmarktrecht: Insolvenzverschleppung, fehlerhafte Kapitalmarktinformation, Tätigkeitsverbote, ZGR 2004, S. 437-479

– Zur aktienrechtlichen Verantwortlichkeit faktischer Organe, AG 2004, S. 517-528

Flume, Werner Allgemeiner Teil des Bürgerlichen Rechts, Erster Band, Zweiter Teil: Die juristische Person, Berlin u.a. 1983 (KT: *Flume*, AT I/2)

Foerste, Ulrich Insolvenzrecht, 2. Aufl., München 2004

Förster, Andreas C. System einer Insolvenzauslösung bei der GmbH: Liquiditätsorientierter Vorschlag für eine Reform der Haftungsverfassung bei der GmbH und für eine Grenze wirksamer Kreditbesicherung zur Vermeidung massearmer Insolvenzen, Berlin 2000

Förster, Karsten Insolvenzrecht für Insolvenzgläubiger?, ZInsO 2003, S. 917-929

Franke, Günter/ *Hax*, Herbert Finanzwirtschaft des Unternehmens und Kapitalmarkt, 5. Aufl., Berlin/Heidelberg 2004

Fränkel, Franz Die Gesellschaft mit beschränkter Haftung, Tübingen 1915

Frankfurter Kommentar zur Insolvenzordnung hrsg. von Klaus Wimmer, 4. Aufl., Neuwied/Kriftel 2006 (KT: FK-InsO/*Bearbeiter*)

Friedrich, Uwe-Jens Die Finanzierung der GmbH durch Gesellschafterdarlehen – Zugleich ein Beitrag zur Reform des GmbH-Rechts, Hamburg 1974 (KT: *U.-J. Friedrich*)

Friedrich, Wilhelm Anm. zu RG, Urt. v. 16.11.1937 – II 70/37, DJ 1938, S. 601

Fritsche, Stefan/ *Lieder*, Jan Persönliche Haftung und Haftungsabwicklung bei Verstoß gegen die Insolvenzantragspflicht nach § 64 Abs. 1 GmbHG und § 92 Abs. 2 AktG, DZWiR 2004, S. 93-103

Fröhlingsdorf, Josef Die neue spanische GmbH: Neues Unternehmen, RIW 2003, S. 584-588

Fromm, Andreas Die Überschuldungsprüfung im Insolvenzrecht, GmbHR 2004, S. 940-945

Gebhard, Joachim Kapitalersetzende Gesellschafterdarlehen: Stehenlassen als Gewähren i.S. des § 32a GmbHG?, DB 1984, S. 1385-1387

Gehde, Björn — Eigenkapitalersetzende Gesellschafterleistungen in Deutschland und den USA: Zugleich ein Beitrag zur marktkonformen Schutzkonzeption des Eigenkapitalersatzrechts, Berlin, 1997

Geiger, Rudolf — EUV/EGV: Vertrag über die Europäische Union und Vertrag zur Gründung der Europäischen Gemeinschaft, 4. Aufl., München 2004 (KT: *Geiger*, EUV/EGV)

Geißler, Markus — Rechtsfragen um die Eigenkapitalersatzfunktion des in der Krise belassenen Gesellschafterdarlehens, GmbHR 1994, S. 152-159

– — Die Haftung des faktischen GmbH-Geschäftsführers, GmbHR 2003, S. 1106-1114

– — Aktuelle Abgrenzungsfragen bei der Geschäftsführerhaftung, INF 2004, S. 392-397

– — Der Gläubigerschutz bei Auslandsgesellschaften im Gefolge der aktuellen EuGH-Rechtsprechung, INF 2005, S. 151-157

Gerhardt, Walter/ *Kreft*, Gerhart — Aktuelle Probleme der Insolvenzanfechtung: InsO, KO, GesO, AnfG, 9. Aufl., Köln 2005

Gerkan, Hartwin von — Das Recht des Eigenkapitalersatzes in der Diskussion, ZGR 1997, S. 173-205

– — Eigenkapitalersatz, Kapitalmarkt und Wettbewerbsordnung, in: Schneider, Uwe H. u.a. (Hrsg.): Festschrift für Marcus Lutter zum 70. Geburtstag – Deutsches und Europäisches Gesellschafts-, Konzern- und Kapitalmarktrecht, Köln 2000, S. 1317-1327

Gerkan, Hartwin von/ *Hommelhoff*, Peter (Hrsg.) — Handbuch des Kapitalersatzrechts, 2. Aufl., Köln 2002 (KT: *Bearbeiter*, in: v. Gerkan/Hommelhoff, HdB Kapitalersatzrecht)

Gerke, Wolfgang/ *Bank*, Matthias — Finanzierung: Grundlagen für Investitions- und Finanzierungsentscheidungen in Unternehmen, 2. Aufl., Stuttgart 2003

Geßler, Ernst — Die GmbH-Novelle, BB 1980, S. 1385-1391

– — Zur Problematik bei kapitalersetzenden Gesellschafterdarlehen, ZIP 1981, S. 228-235

Gessner, Volkmar/ *Rhode*, Barbara/ *Strate*, Gerhard/ *Ziegert*, Klaus A. — Die Praxis der Konkursabwicklung in der Bundesrepublik Deutschland: Eine rechtssoziologische Untersuchung, Köln 1978

Geuting, Marcus/ *Michels*, Stephan — Kapitalersatzrecht versus EU-Beihilferecht: Ein auflösbarer Widerspruch, ZIP 2004, S. 12-18

Geyrhalter, Volker/ *Gänßler*, Peggy — „Inspire Art" – Briefkastengesellschaften „on the Move", DStR 2003, S. 2167-2172

– — Perspektiven nach „Überseering" – Wie geht es weiter?, NZG 2003, S. 409-414

Gischer, Horst/ *Hommel*, Michael — Unternehmen in Krisensituationen und die Rolle des Staates als Risikomanager: Weniger ist mehr, BB 2003, S. 945-952

Glozbach, Pierre — Die Haftung des GmbH-Geschäftsführers nach § 64 Abs. 2 GmbHG für Zahlungen nach Insolvenzreife, Aachen 2004

Goette, Wulf — Die GmbH, 2. Aufl., München 2002 (KT: *Goette*, GmbH)

– — Zur systematischen Einordnung des § 64 Abs. 2 GmbHG, in: Haarmeyer, Hans u.a. (Hrsg.): Verschuldung, Haftung, Vollstreckung, Insolvenz – Festschrift für Gerhart Kreft zum 65. Geburtstag, Recklinghausen 2004, S. 53-64

– — Wo steht der BGH nach „Centros" und „Inspire Art"?, DStR 2005, S. 197-201.

Götker, Uwe — Der Geschäftsführer in der Insolvenz der GmbH – Der Einfluss der Insolvenzordnung auf die Rechts- und Pflichtenstellung eines GmbH-Geschäftsführers, Köln 1999

Götz, Alexander — Juristische und ökonomische Analyse des Eigenkapitalersatzrechts – Eine kritische interdisziplinäre Untersuchung zur Begründbarkeit der Regeln über den Eigenkapitalersatz, Baden-Baden 2001

Götz, Alexander/ *Hegerl*, Hans-Jörg — Die Sanierungsfeindlichkeit des Eigenkapitalersatzrechts und die Sanierungsobjektgesellschaft als Ausweg, DB 1997, S. 2365-2370

Götz, Jan — Überschuldung und Handelsbilanz: Zur Ableitung einer insolvenzrechtlichen Überschuldung aus den Rechnungslegungsvorschriften des Handelsgesetzbuches und des International Accounting Standards Board, Berlin 2004

Grabitz, Eberhard/ *Hilf*, Meinhard (Hrsg.) — Das Recht der Europäischen Union: Kommentar, Losebl., München, Gesamtstand: 30. Ergänzungslieferung März 2006
(KT: *Bearbeiter*, in: Grabitz/Hilf, Recht der EU)

Gross, Bernd/ *Schork*, Alexander T. — Strafbarkeit des directors einer Private Company Limited by Shares wegen verspäteter Insolvenzantragstellung, NZI 2006, S. 10-15

Großkommentar zum GmbHG — hrsg. von Peter Ulmer u.a., Tübingen 2005
(KT: GK-GmbHG/*Bearbeiter*)

Großmann-Doerth, Hans — Sinnlos gewordenes liberales Wirtschaftsrecht – Eine Aufgabe nationalsozialistischer Rechtserneuerung, HansRGZ 1934, Sp. 19-42

Grundmann, Stefan — Ausbau des Informationsmodells im Europäischen Gesellschaftsrecht, DStR 2004, S. 232-236

– — Die Struktur des Europäischen Gesellschaftsrechts von der Krise zum Boom, ZIP 2004, S. 2401-2412

Grunewald, Barbara — Wissenszurechnung bei juristischen Personen, in: Beisse, Heinrich u.a. (Hrsg.): Festschrift für Karl Beusch zum 68. Geburtstag, Berlin 1993, S. 301-320

– — Plädoyer für eine Abschaffung der Rechtsregeln für eigenkapitalersetzende Gesellschafterdarlehen, GmbHR 1997, S. 7-10

– — Gesellschaftsrecht, 6. Aufl., Tübingen 2005
(KT: *Grunewald*, Gesellschaftsrecht)

Haarmann, Wilhelm — Der Rangrücktritt, in: Crezelius, Georg u.a. (Hrsg.): Festschrift für Volker Röhricht zum 65. Geburtstag – Gesellschaftsrecht, Rechnungslegung, Sportrecht, Köln 2005, S. 137-153

Haas, Ulrich — Geschäftsführerhaftung und Gläubigerschutz: Unternehmerische Verhaltenspflichten des GmbH-Geschäftsführers zum Schutz Dritter, München 1997
(KT: *Haas*, Geschäftsführerhaftung)

– Insolvenzantragsrecht und -pflicht in der GmbH insbesondere des „faktischen Geschäftsführers“ nach neuem Recht, DStR 1998, S. 1359-1363.

– Eigenkapitalersetzende Gesellschafterdarlehen und Feststellung der Überschuldung oder Zahlungsunfähigkeit, NZI 1999, S. 209-214

– Fragen zur Insolvenzverschleppungshaftung des GmbH-Geschäftsführers, NZG 1999, S. 373-381

– Insolvenzverwalterklagen und EuGVÜ, NZG 1999, S. 1148-1153

– Der Normzweck des Eigenkapitalersatzrechts, NZI 2001, S. 1-10

– Aktuelle Rechtsprechung zur Insolvenzantragspflicht des GmbH-Geschäftsführers nach § 64 Abs. 1 GmbHG, DStR 2003, S. 423-433

– Die Gesellschafterhaftung wegen „Existenzvernichtung“, WM 2003, S. 1929-1941

– Der Erstattungsanspruch nach § 64 II GmbHG, NZG 2004, S. 737-745

– „Flankierende Maßnahmen“ für eine Reform des Gläubigerschutzes in der GmbH, GmbHR 2006, S. 505-513

– Mindestkapital und Gläubigerschutz in der GmbH, ZIP 2006, S. 993-1000

Habersack, Mathias — Der Finanzplankredit und das Recht der eigenkapitalersetzenden Gesellschafterhilfen, ZHR 1997, S. 457-490

– Europäisches Gesellschaftsrecht, 2. Aufl., München 2003
(KT: *Habersack*, Europäisches Gesellschaftsrecht)

Habersack, Mathias/ *Verse*, Dirk A. — Wrongful Trading – Grundlage einer europäischen Insolvenzverschleppungshaftung?, ZHR 2004, S. 174-215

Hachenburg, Max (Begr.) — Gesetz betreffend die Gesellschaften mit beschränkter Haftung (GmbHG): Großkommentar, Drei Bände, Berlin/New York 1992 bzw. 1997
(KT: Hachenburg/*Bearbeiter*, GmbHG)

Halbhuber, Harald	Limited Company statt GmbH? Europarechtlicher Rahmen und deutscher Widerstand: Ein Beitrag zur Auslegung von Art. 48 EG und zum Europäischen Gesellschaftsrecht, Baden-Baden 2001
Hansen, Søren Friis	Selskabers fri bevægliged, NTS 2003, S. 431-450
Happ, Wilhelm/ *Holler*, Lorenz	„Limited" statt GmbH? – Risiken und Kosten werden gern verschwiegen, DStR 2004, S. 730-736
Harneit, Paul	Überschuldung und erlaubtes Risiko, Köln 1984
Harrer, Friedrich	Die Krise des Eigenkapitalersatzrechts, GesRZ 1998, S. 183-190
Hartmann, Beatrice Maria	Die Insolvenzantragspflicht des faktischen Organs: Im Vergleich zu den insolvenzrechtlichen Pflichten des *de facto director* und des *shadow director* im englischen Recht, Frankfurt a.M. u.a. 2005
Harz, Michael/ *Hub*, Heinz-Günter/ *Schlarb*, Eberhard	Sanierungs-Management: Unternehmen aus der Krise führen, 2. Aufl., Düsseldorf 1999
Häsemeyer, Ludwig	Insolvenzrecht, 3. Aufl., Köln u.a. 2003
Hattenhauer, Hans	Die Akademie für Deutsches Recht (1933-1944), JuS 1986, S. 680-684
Häuselmann, Holger	Rangrücktritt versus Forderungsverzicht mit Besserungsabrede, BB 1993, S. 1552-1557
Häuselmann, Holger/ *Rümker*, Dietrich/ *Westermann*, Harm Peter	Die Finanzierung der GmbH durch ihre Gesellschafter: Gesellschaftsrecht – Bilanzrecht – Steuerrecht, Frankfurt a.M. 1992 (KT: *Häuselmann/Rümker/Westermann*, Finanzierung)
Heermann, Peter	Materielle Unterkapitalisierung und sog. Haftungsdurchgriff – Überlegungen zum Anwendungsbereich, zu den dogmatischen Grundlagen und zu den Tatbestandsvoraussetzungen, in: Theobald, Wolfgang (Hrsg.): Entwicklungen zur Durchgriffs- und Konzernhaftung: Tagungsbeiträge eines Symposions des Vereins für Wirtschaftsrecht und Rechtssoziologie Berlin und Gießen e.V., veranstaltet am 5. Mai 2000 in Gießen, Berlin 2002, S. 11-58 (KT: *Heermann*, in: Theobald, Durchgriffs- und Konzernhaftung)

Heidelberger Kommentar zum GmbH-Recht — hrsg. von Harald Bartl u.a., 5. Aufl., Heidelberg 2002 (KT: HK-GmbHR/*Bearbeiter*)

Heidelberger Kommentar zur Insolvenzordnung — hrsg. von Dieter Eickmann und Axel Flessner, 4. Aufl., Heidelberg 2006 (KT: HK-InsO/*Bearbeiter*)

Heine, Klaus — Regulierungswettbewerb im Gesellschaftsrecht: Zur Funktionsfähigkeit eines Wettbewerbs der Rechtsordnungen im europäischen Gesellschaftsrecht, Berlin 2003

Heinert, Ingo — Die Kritik am Eigenkapitalersatzrecht und die Veränderungen durch das KapAEG, das KonTraG und die InsO, Münster 2002

Hemmerde, Wilhelm — Insolvenzrisiko und Gläubigerschutz: Eine ökonomische Analyse gesetzlicher Normen zur Kapitalaufbringung und Kapitalerhaltung, Frankfurt a.M. 1985

Henckel, Wolfram — Insolvenzanfechtung, in: Arbeitskreis für Insolvenz- und Schiedsgerichtswesen e.V. (Hrsg.): Kölner Schrift zur Insolvenzordnung, 2. Aufl., Berlin 2000, S. 813-857 (KT: *Henckel*, in: KS-InsO)

Henze, Hartwig — Handbuch zum GmbH-Recht, 2. Aufl., Köln 1997 (KT: *Henze*, HdB GmbH)

– — Ausfallhaftung des GmbH-Gesellschafters, BB 2002, S. 1011-1012

– — Gesichtspunkte des Kapitalerhaltungsgebotes und seiner Ergänzung im Kapitalgesellschaftsrecht in der Rechtsprechung des BGH, NZG 2003, S. 649-659

Herlinghaus, Andreas — Forderungsverzichte und Besserungsvereinbarungen zur Sanierung von Kapitalgesellschaften, Köln 1994

Herrmann, Harald — Quasi-Eigenkapital im Kapitalmarkt- und Unternehmensrecht: Ein deutsch-amerikanischer Beitrag zum internationalen Wirtschaftsrecht, Berlin/New York 1996

Hess, Harald/ *Weis*, Michaela — Anfechtungsrecht: Kommentar der §§ 129-147 InsO, §§ 1-20 AnfG 1999, 2. Aufl., Heidelberg 1999 (KT: *Hess*/*Weiss*, AnfR)

Hettrich, Eduard/ *Pöhlmann*, Peter/ *Gräser*, Bernd/ *Röhrich*, Roland — Genossenschaftsgesetz: Kommentar zu dem Gesetz betreffend die Erwerbs- und Wirtschaftsgenossenschaften und zu umwandlungsrechtlichen Vorschriften für Genossenschaften, 2. Aufl., München 2001 (KT: *Bearbeiter*, in: Hettrich/Pöhlmann/Gräser/Röhrich, GenG)

Hildebrand, Uwe — Eigenkapitalersetzende Bankdarlehen, Frankfurt a.M. u.a. 1994

Hirsch, Alexander/ *Britain*, Richard — Artfully Inspired – Werden deutsche Gesellschaften englisch?, NZG 2003, S. 1100-1104

Hirte, Heribert — Abschied vom Quotenschaden: Erweiterte Haftung des GmbH-Geschäftsführers gegenüber Neugläubigern wegen Konkursverschleppung, NJW 1995, S. 1202-1203

– Nahestehende Personen (§ 138 InsO) – Klarheit oder Rückschritt, ZInsO 1999, S. 429-435

– Kapitalgesellschaftsrecht, 5. Aufl., Köln 2006 (KT: *Hirte*, Kapitalgesellschaftsrecht)

Hirte, Heribert/ *Mock*, Sebastian — Wohin mit der Insolvenzantragspflicht?, ZIP 2005, S. 474-478

Hofert, Sebastian/ *Arends*, Volker — Mezzanine-Finanzierung der GmbH, GmbHR 2005, S. 1381-1386

Höffner, Dietmar — Überschuldung: Ein Tatbestandmerkmal im Schnittpunkt von Bilanz-, Insolvenz-, und Strafrecht (Teil I), BB 1999, S. 198-206

– Zivilrechtliche Haftung und strafrechtliche Verantwortung des GmbH-Geschäftsführers bei Insolvenzverschleppung – Zugleich ein Beitrag zum ultima ratio-Prinzip, Berlin 2003 (KT: *Höffner*, Insolvenzverschleppung)

Holzer, Johannes — Die Insolvenzanfechtung, WiB 1997, S. 729-738

Hölzle, Gerrit — Existenzvernichtungshaftung, „Klimapflege“ und Insolvenzanfechtung, ZIP 2003, S. 1376-1383

– Materielle Unterkapitalisierung und Existenzvernichtungshaftung – Das Phantom als Fallgruppe der Durchgriffshaftung, ZIP 2004, S. 1729-1736

Hommelhoff, Peter — Frühwarnsysteme und Auslösemechanismen für das Insolvenzverfahren, ZfB 1984, S. 698-716

– Eigenkapitalersetzende Gesellschafterdarlehen und Konkursantragspflicht, in: Knobbe-Keuk, Brigitte u.a. (Hrsg.): Handelsrecht und Steuerrecht – Festschrift für Georg Döllerer, Düsseldorf 1988, S. 245-268

– Das Gesellschafterdarlehen als Beispiel institutioneller Rechtsfortbildung, ZGR 1988, S. 460-493

Hommelhoff, Peter/ *Kleindiek*, Detlef — Flexible Finanzierungsinstrumente im GmbH-Recht – Das eigenkapitalersetzende Gesellschafterdarlehen zwischen Nachschusskapital und Finanzplankredit, in: Lutter, Marcus u.a. (Hrsg.): Festschrift 100 Jahre GmbH-Gesetz, Köln 1992, S. 421-445

Hopt, Klaus J. — Das Unternehmen in der Krise – Probleme der Insolvenzvermeidung aus rechtsvergleichender Sicht, in: Birk, Rolf/
Kreuzer, Karl (Hrsg.): Das Unternehmen in der Krise, Probleme der Insolvenzvermeidung aus rechtsvergleichender Sicht: Verhandlungen der vereinigten Fachgruppen für Vergleichendes Handels- und Wirtschaftsrecht und für Vergleichendes Arbeits- und Sozialrecht anläßlich der Tagung der Gesellschaft für Rechtsvergleichung in Göttingen vom 18.-20.9.1985, Frankfurt a.M. 1986, S. 11-73
(KT: *Hopt*, in: Birk/Kreuzer, Unternehmen in der Krise)

Horn, Norbert — Deutsches und europäisches Gesellschaftsrecht und die EuGH-Rechtsprechung zur Niederlassungsfreiheit – Inspire Art, NJW 2004, S. 893-901

Huber, Ulrich/ *Habersack*, Mathias — GmbH-Reform: Zwölf Thesen zu einer möglichen Reform des Rechts der kapitalersetzenden Gesellschafterdarlehen, BB 2006, S. 1-7

Hueck, Götz/ *Windbichler*, Christine — Gesellschaftsrecht, 20. Aufl., München 2003

Hüffer, Uwe — Bewertungsprobleme in der Überschuldungsbilanz, in: Wank, Rolf u.a. (Hrsg.): Festschrift für Herbert Wiedemann zum 70. Geburtstag, München 2002, S. 1047-1068

– Gesellschaftsrecht, 7. Aufl., München 2006
(KT: *Hüffer*, Gesellschaftsrecht)

– Aktiengesetz, 6. Aufl., München 2004
(KT: *Hüffer*, AktG)

van Hulle, Karel/ *Maul*, Silja — Aktionsplan zur Modernisierung des Gesellschaftsrechts und Stärkung der Corporate Governance, ZGR 2004, S. 484-505

Immenga, Ulrich — Die personalistische Kapitalgesellschaft: Eine rechtsvergleichende Untersuchung nach deutschem GmbH-Recht und dem Recht der Corporations in den Vereinigten Staaten, Bad Homburg 1970

Jaeger, Ernst (Begr.) — Insolvenzordnung: Großkommentar, hrsg. von Wolfram Henckel und Walter Gerhardt, Erster Bd.: §§ 1-55, Berlin 2004 (KT: Jaeger/*Bearbeiter*, InsO)

Jauernig, Othmar — Zwangsvollstreckungs- und Insolvenzrecht, 21. Aufl., München 1999 (KT: *Jauernig*, Zwangsvollstreckung)

– (Hrsg.) — Bürgerliches Gesetzbuch, 11. Aufl., München 2004 (KT: Jauernig/*Bearbeiter*, BGB)

Jawansky, Martin — Die Geltendmachung von Ansprüchen aus existenzvernichtendem Eingriff gegen den GmbH-Gesellschafter durch den Insolvenzverwalter, DB 2003, S. 2757-2762

Joost, Detlev — Kapitalbegriff und Reichweite der Bindung des aufgebrachten Vermögens in der GmbH, GmbHR 1983, S. 285-290

– — Grundlagen und Rechtsfolgen der Kapitalerhaltungsregeln in der GmbH, ZHR 1984, S. 27-55

Kaiser, Sven — Gesellschafterdarlehen mit Rangrücktritt und deren Behandlung unter dem neuen § 5 Abs. 2a EStG, GmbHR 2001, S. 103-104

Kallmeyer, Harald — Good will und Überschuldung nach neuem Insolvenzrecht, GmbHR 1999, S. 16-18

– — Vorschlag für eine GmbH-Reform, GmbHR 2004, S. 377-383

– — Vor- und Nachteile der englischen Limited im Vergleich zur GmbH oder GmbH & Co. KG, DB 2004, S. 636-639

Kalnbach, Reik — Der Zeitpunkt des Insolvenzeintrittes und die Gefahr der Insolvenzverschleppung: Eine Betrachtung am Beispiel der GmbH unter Berücksichtigung der Auslösetatbestände der Insolvenzordnung, Jena 2004

Kamm, Christoph | Gesellschafterdarlehen an Kapitalgesellschaften, Düsseldorf 1970

Kamprad, Balduin | Die Rechtsentwicklung kapitalersetzender Gesellschafterdarlehen seit dem Inkrafttreten der GmbH-Novelle am 1.1.1981, GmbHR 1984, S. 339-343

Karollus, Martin | Die Rückkehr zum individuellen deliktischen Schadensersatz bei der Konkursverschleppung und der aktuelle Streit um die Aktivlegitimation, in: Deutsch, Erwin u.a. (Hrsg.): Festschrift für Erich Steffen zum 65. Geburtstag, Berlin 1995, S. 213-223

Keßler, Jürgen | Die Durchgriffshaftung der GmbH-Gesellschafter wegen „existenzgefährdender" Eingriffe – Zur dogmatischen Konzeption des Gläubigerschutzes in der GmbH, GmbHR 2002, S. 945-951

– | Unternehmensstilllegung, Managementversagen und Haftungsdurchgriff – Zur dogmatischen Grundstruktur des existenzvernichtenden Eingriffs, GmbHR 2005, S. 257-265

Ketzer, Axel | Eigenkapitalersetzende Aktionärsdarlehen, Köln u.a. 1989

Kieninger, Eva-Maria | Wettbewerb der Privatrechtsordnungen im Europäischen Binnenmarkt: Studien zur Privatrechtskoordinierung in der Europäischen Union auf den Gebieten des Gesellschafts- und Vertragsrechts, Tübingen 2002

Kiethe, Kurt | Die Renaissance des § 826 BGB im Gesellschaftsrecht: Neuere Tendenzen in der Rechtsprechung, NZG 2005, S. 333-338

– | Abwehrfunktion des nationalen Deliktsrechts im Internationalen Gesellschaftsrecht?, RIW 2005, S. 649-655

Kilger, Joachim/ *Schmidt*, Karsten | Konkursordnung mit Gesamtvollstreckungsordnung, 16. Aufl., München 1993 (KT: *Kilger/K. Schmidt*, KO)

Killinger, Johann | Insolvenzanfechtung gegen Insider, Berlin 1991

Kindler, Peter | „Inspire Art" – Aus Luxemburg nichts Neues zum internationalen Gesellschaftsrecht, NZG 2003, S. 1086-1090

Kirchhof, Hans-Peter — Die neue Rechtsprechung des BGH in Insolvenzsachen – insbesondere zu Anfechtungsfragen gegenüber Gesellschaftern und nahen Angehörigen i.S.d. § 138 InsO, ZInsO 2001, S. 825-830

Kirchner, Christian — Zur ökonomischen Theorie der juristischen Person – Die juristische Person im Lichte der Institutionenökonomik, in: Damm, Reinhard u.a. (Hrsg.): Festschrift für Thomas Raiser zum 70. Geburtstag, Berlin 2005, S. 181-202

Klaus, Hans — Gesellschafterdarlehen, Eigenkapitalersatzrecht und Fortführung einer nicht mehr fortführungswürdigen GmbH, ZBB 1994, S. 247-257

Klausing, Friedrich — „Beteiligungsdarlehen" bei der GmbH: Grundsätzliches über „wirtschaftliche Betrachtungsweise", „Typenlehre" und „konkretes Ordnungsdenken" nach Steuerrecht und bürgerlichem (Handels-)Recht, ZAkDR 1939, S. 79-83

Kleindiek, Detlef — Auf dem Weg zur Reform des GmbH-Rechts – Die Initiative zur Neuregelung des Mindestkapitals der GmbH (MindestkapG), DStR 2005, S. 1366-1369

Kleinert, Jens/ *Probst*, Peter — Endgültiges Aus für Sonderanknüpfungen bei (Schein-) Auslandgesellschaften, DB 2003, S. 2217-2218

Kling, Stephan — Forderungsverzicht mit Besserungsklausel oder Rangrücktritt? – Neuere Rechtsentwicklungen des GmbH-Eigenkapitalersatzrechts nach eineinhalb Jahren InsO, NZG 2000, S. 872-875

Klose-Mokroß, Lydia — Gläubigerschutz im Kapitalgesellschaftsrecht am Beispiel der Lehre von der verdeckten Sacheinlage, Frankfurt a.M. u.a. 1997

Knobbe-Keuk, Brigitte — Stille Beteiligung und Verbindlichkeiten mit Rangrücktrittsvereinbarung im Überschuldungsstatus und in der Handelsbilanz des Geschäftsinhabers, ZIP 1983, S. 127-131

Knodel, Oliver — Kapitalsicherung und Gläubigeranfechtung, Hamburg 2002

Koch, Sabine — Eigenkapitalleistungen und eigenkapitalersetzende Leistungen des Kommanditisten in der gesetzestypischen Kommanditgesellschaft, Frankfurt a.M. u.a. 1992

Koller, Ingo/ *Roth*, Wulf-Henning/ *Morck*, Winfried — Handelsgesetzbuch: Kommentar, 5. Aufl., München 2005 (KT: *Bearbeiter*, in: Koller/Roth/Morck, HGB)

Kölner Kommentar zum AktG — Band 2: §§ 76-117 AktG und Mitbestimmung im Aufsichtsrat, hrsg. von Wolfgang Zöllner, 2. Aufl., Köln u.a. 1996 (KT: KölnKommAktG/*Bearbeiter*)

Koppensteiner, Hans-Georg — Kritik des „Eigenkapitalersatzrechts", AG 1998, S. 308-317

– — „Existenzvernichtung" der GmbH durch ihren einzigen Gesellschafter, in: Harrer, Friedrich u.a. (Hrsg.): Besonderes Vertragsrecht: aktuelle Probleme – Festschrift für Heinrich Honsell zum 60. Geburtstag, Zürich/Basel/Genf 2002, S. 607-623

Kreis, Stefan — Finanzierungsverantwortung bei eigenkapitalersetzenden Gesellschafterdarlehen, Mannheim 1990

Kübler, Bruno M. — Die Konkursverschleppungshaftung des GmbH-Geschäftsführers nach der „Wende" des Bundesgerichtshofes: Bedeutung für die Praxis – Besprechung der Entscheidung BGHZ 126, 181, ZGR 1995, S. 481-504

Kübler, Bruno M./ *Prütting*, Hanns (Hrsg.) — InsO: Kommentar zur Insolvenzordnung, Losebl., Köln, Gesamtstand: 25. Ergänzungslieferung März 2006 (KT: *Bearbeiter*, in: B. Kübler/Prütting, InsO)

Kübler, Friedrich — Haftungstrennung und Gläubigerschutz im Recht der Kapitalgesellschaften, in: Kübler, Friedrich u.a. (Hrsg.): Festschrift für Theodor Heinsius zum 65. Geburtstag, Berlin 1991, S. 397-424

– — Institutioneller Gläubigerschutz oder Kapitalmarkttransparenz? – Rechtsvergleichende Überlegungen zu den „stillen Reserven", ZHR 1995, S. 550-566

– — Gesellschaftsrecht, 5. Aufl., Heidelberg 1999 (KT: *F. Kübler*, Gesellschaftsrecht)

Kuhr, Jan-Mathias — Eigenkapitalersatz bei Publikumspersonengesellschaften mit gesplitteter Einlage: Ein Vergleich mit den Kapitalersatzregeln für die GmbH und die GmbH & Co. KG, Berlin 1996

Kuntz, Thilo — Die Insolvenz der Limited mit deutschem Verwaltungssitz – EU-Kapitalgesellschaften in Deutschland nach „Inspire Art“, NZI 2005, S. 424-432

Kuthe, Thorsten — Die Änderungen im System der eigenkapitalersetzenden Gesellschafterdarlehen, Lohmar/Köln 2001

Larenz, Karl/ *Canaris*, Claus-Wilhelm — Methodenlehre der Rechtswissenschaft, 3. Aufl., Berlin/Heidelberg 1995 (KT: *Larenz/Canaris*, Methodenlehre)

Larenz, Karl/ *Wolf*, Manfred — Allgemeiner Teil des Bürgerlichen Rechts, 9. Aufl., München 2004 (KT: *Larenz/Wolf*, Allgemeiner Teil)

Lawlor, Daniel G. — Die Anwendbarkeit englischen Gesellschaftsrechts bei Insolvenz einer englischen Limited in Deutschland, NZI 2005, S. 432-436

Lehmann, Michael — Das Privileg der beschränkten Haftung und der Durchgriff im Gesellschafts- und Konzernrecht, ZGR 1986, S. 345-370

Leible, Stefan/ *Hoffmann*, Jochen — Wie inspiriert ist „Inspire Art“?, EuZW 2003, S. 677-683

Lembeck, Eva-Désirée — UK Company Law Reform – Ein Überblick, NZG 2003, S. 956-965

Lenz, Carl Otto/ *Borchardt*, Klaus-Dieter (Hrsg.) — EU- und EG-Vertrag: Kommentar zu dem Vertrag über die Europäische Union und zu dem Vertrag zur Gründung der Europäischen Gemeinschaft, jeweils in der durch den Vertrag von Nizza geänderten Fassung, 3. Aufl., Köln 2003 (KT: *Bearbeiter*, in: Lenz/Borchardt, EU- und EG-Vertrag)

Leopold, Günter/ *Frommann*, Holger/ *Kühr*, Thomas — Private Equity – Venture Capital: Eigenkapital für innovative Unternehmer, 2. Aufl., München 2003

Lieb, Manfred — Rückwirkung von (neuem) Richterrecht – Einige Überlegungen zu einem unbequemen Thema, in: Schilken, Eberhard u.a. (Hrsg.): Festschrift für Hans Friedhelm Gaul zum 70. Geburtstag, Bielefeld 1997, S. 381-397

Limbach, Jutta — Theorie und Wirklichkeit der GmbH: Die empirischen Normaltypen der GmbH und ihr Verhältnis zum Postulat von Herrschaft und Haftung, Berlin 1966

Linde, Jens — Das Kleinbeteiligtenprivileg des § 32a Abs. 3 Satz 2 GmbHG in der GmbH & Co. i.S.d. §§ 172a, 129a HGB, Frankfurt a.M. u.a. 2002

Lütkemeyer, Jörg — Die Überschuldung der GmbH – Ein Beitrag zum Recht der Unternehmensbewertung, Gelsenkirchen 1983

Lutter, Marcus — Vom formellen Mindestkapital zu materiellen Finanzierungsregeln im Recht der Kapitalgesellschaften, in: Jayme, Erik u.a. (Hrsg.): Ius Inter Nationes – Festschrift für Stefan Riesenfeld aus Anlass seines 75. Geburtstages, Heidelberg 1983. S. 165-185

– — Haftungsrisiken des Geschäftsführers einer GmbH, GmbHR 1997, S. 329-335

– — Zahlungseinstellung und Überschuldung unter der neuen Insolvenzordnung, ZIP 1999, S. 641-647

Lutter, Marcus/ *Banerjea*, Nirmal Robert — Die Haftung des Geschäftsführers für existenzvernichtende Eingriffe, ZIP 2003, S. 2177-2180

– — Die Haftung wegen Existenzvernichtung, ZGR 2003, S. 402-440

Lutter, Marcus/ *Hommelhoff*, Peter — Nachrangiges Haftkapital und Unterkapitalisierung in der GmbH, ZGR 1979, S. 31-66

– — GmbH-Gesetz: Kommentar, 16. Aufl., Köln 2004 (KT: L/H/*Bearbeiter*, GmbHG)

Lutter, Marcus/ *Scheffler*, Eberhard/ *Schneider*, Uwe H. (Hrsg.) — Handbuch der Konzernfinanzierung, Köln 1998 (KT: *Bearbeiter*, in: Lutter/Scheffler/Schneider, HdB Konzernfinanzierung)

Luttermann, Claus — Unternehmen, Kapital und Genußrechte: Eine Studie über Grundlagen der Unternehmensfinanzierung und zum internationalen Kapitalmarktrecht, Tübingen 1998

Luttermann, Claus/ *Vahlenkamp*, Jörg — Wahrscheinlichkeitsurteile im Insolvenzrecht und internationale Bewertungsstandards (Ratingagenturen), ZIP 2003, S. 1629-1637

Marotzke, Wolfgang — Gläubigerautonomie – Ein modernes Missverständnis, ZInsO 2003, S. 726-732

Martin-Ehlers, Andrés — Gemeinschaftsrechtliche Aspekte der Urteile von Centros bis Inspire Art: Der „verständige Gläubiger", in: Sandrock, Otto/Wetzler, Christoph F. (Hrsg.): Deutsches Gesellschaftsrecht im Wettbewerb der Rechtsordnungen nach Centros, Überseering und Inspire Art, Heidelberg 2004, S. 1-31 (KT: *Martin-Ehlers*, in: Sandrock/Wetzler, Deutsches Gesellschaftsrecht im Wettbewerb)

Maser, Peter — Gesellschafterdarlehen in der Krise der GmbH, ZIP 1995, S. 1319-1322

Medicus, Dieter — Die Außenhaftung des GmbH-Geschäftsführers, GmbHR 1993, S. 533-540

Meier-Reimer, Georg — Kreditsicherung und Kapitalersatz in der GmbH, in: Pfeiffer, Gerd u.a. (Hrsg.): Festschrift für Heinz Rowedder zum 75. Geburtstag, München 1994, S. 245-275

Meilicke, Wienand — Anm. zu EuGH, Urt. v. 30.9.2003 – C-167/01 (Inspire Art), GmbHR 2003, S. 1260

– — Die Niederlassungsfreiheit nach „Überseering": Rückblick und Ausblick nach Handelsrecht und Steuerrecht, GmbHR 2003, S. 793-809

Mentzel, Franz/ *Kuhn*, Georg/ *Uhlenbruck*, Wilhelm — Konkursordnung, 9. Aufl., München 1979 (KT: *Mentzel/Kuhn/Uhlenbruck*, KO)

Merkt, Hanno — Der Kapitalschutz in Europa – Ein rocher de bronze?, ZGR 2004, S. 305-323

– — Die Pluralisierung des europäischen Gesellschaftsrechts, RIW 2004, S. 1-7

Mertens, Hans-Joachim — Deliktsrecht und Sonderprivatrecht – Zur Rechtsfortbildung des deliktischen Schutzes von Vermögensinteressen, AcP 1978, S. 227-262

Meyer, Justus — Die Insolvenzanfälligkeit der GmbH als rechtspolitisches Problem, GmbHR 2004, S. 1417-1428

Meyer, Justus/ *Hermes*, Judith — Das „GmbH-Schutzschild" in der Insolvenz, GmbHR 2005, S. 807-817

Meyer, Justus/ *Ludwig*, Sören — Französische GmbH-Reform 2003/2004: Gründungserleichterungen und weitere „Vereinfachung des Rechts", GmbHR 2005, S. 459-464

Meyke, Rolf — Die Haftung des GmbH-Geschäftsführers, 4. Aufl., Köln 2004

Michalski, Lutz (Hrsg.) — Kommentar zum Gesetz betreffend die Gesellschaften mit beschränkter Haftung (GmbH-Gesetz), Zwei Bände, München 2002
(KT: Michalski/*Bearbeiter*, GmbHG)

Michalski, Lutz/ *de Vries*, Kolja — Eigenkapitalersatz, Unterkapitalisierung und Finanzplankredite, NZG 1999, S. 181-185

Michalsky, Udo — Vergleichender Überblick über das Recht der Kapitalgesellschaften in Großbritannien, DStR 1991, S. 1660-1664

Michel, Sabine — Eigenkapitalersetzende Gesellschafterleistungen bei GmbH & Co. KG und KG, Pfaffenweiler 1992

Mock, Sebastian/ *Schildt*, Charlotte — Insolvenz ausländischer Kapitalgesellschaften mit Sitz in Deutschland, ZInsO 2003, S. 396-402

Mock, Sebastian/ *Westhoff*, André — Verwendung ausländischer Kapitalgesellschaften bei Unternehmensakquisitionen, DZWiR 2004, S. 23-29

Möller, Christian — Die materiell unterkapitalisierte GmbH: Eine Untersuchung unter Berücksichtigung der Rechtsprechung zum existenzvernichtenden Eingriff und aus rechtsvergleichender Sicht, München 2005

Mülbert, Peter O. — Abschied von der „TBB"-Haftungsregel für den qualifiziert faktischen GmbH-Konzern, DStR 2001, S. 1937-1947

– — Zukunft der Kapitalaufbringung/Kapitalerhaltung, DK 2004, S. 151-162

Müller, Gerd — Geschäftsführerhaftung und Neugläubigerschaden, GmbHR 1996, S. 393-400

Müller, Hans-Friedrich — Insolvenz ausländischer Kapitalgesellschaften mit inländischem Verwaltungssitz, NZG 2003, S. 414-418

Müller, Hans-Peter/ *Haas*, Ulrich — Bilanzierungsprobleme bei der Erstellung eines Überschuldungsstatus nach § 19 Abs. 2 InsO, in: Arbeitskreis für Insolvenz- und Schiedsgerichtswesen e.V. (Hrsg.): Kölner Schrift zur Insolvenzordnung, 2. Aufl., Berlin 2000, S. 1799-1823
(KT: *H.-P. Müller/Haas*, in: KS-InsO)

Müller, Klaus — Zur Haftung des Gesellschafters im Konkurs der unterkapitalisierten GmbH, ZRP 1975, S. 101-105

Müller-Freienfels, Wolfram — Zur Lehre vom so genannten „Durchgriff" bei juristischen Personen im Privatrecht, AcP 1957, S. 522-543

Mummenhoff, Winfried — Zur Alleinhaftung juristischer Personen, in: Leser, Hans G. (Hrsg.): Arbeitsrecht und Zivilrecht in Entwicklung – Festschrift für Hyung-Bae Kim, Berlin 1995, S. 155-166

Münchener Handbuch des Gesellschaftsrechts — Band 3: Gesellschaft mit beschränkter Haftung, hrsg. von Hans-Joachim Priester und Dieter Mayer, 2. Aufl., München 2003
(KT: MünchHdBGesR III/*Bearbeiter*)

Münchener Kommentar zum Bürgerlichen Gesetzbuch — Band 2: Schuldrecht Allgemeiner Teil (§§ 241-432, FernAbsG), Band 5: Schuldrecht Besonderer Teil III (§§ 705-853, PartGG, ProdHaftG), Band 11: Internationales Wirtschaftsrecht (Art. 50-245 EGBGB), hrsg. von Kurt Rebmann, Franz Jürgen Säcker und Roland Rixecker, 4. Aufl., München 2001, 2004 bzw. 2006
(KT: MünchKommBGB/*Bearbeiter*)

Münchener Kommentar zur Insolvenzordnung — hrsg. von Hans-Peter Kirchhof, Hans-Jürgen Lwowski und Rolf Stürner, drei Bände, München 2001, 2002 bzw. 2003
(KT: MünchKommInsO/*Bearbeiter*)

Nachbaur, Andreas — Niederlassungsfreiheit: Geltungsbereich und Reichweite des Art. 52 EGV im Binnenmarkt, Baden-Baden 1999

Nassall, Wendt — Der Existenzvernichtende Eingriff in die GmbH: Einwendungen aus verfassungs- und insolvenzrechtlicher Sicht, ZIP 2003, S. 969-977

Nerlich, Jörg/ *Niehus*, Christoph — Anfechtungsgesetz (AnfG): Gesetz über die Anfechtung von Rechtshandlungen eines Schuldners außerhalb des Insolvenzverfahrens, München 2000
(KT: *Nerlich/Niehus*, AnfG)

Nerlich, Jörg/ *Römermann*, Volker (Hrsg.) — Insolvenzordnung: Kommentar, Losebl., München, Gesamtstand: 10. Ergänzungslieferung September 2005
(KT: *Bearbeiter*, in: Nerlich/Römermann, InsO)

Neuner, Jörg — Die Rechtsfindung contra legem, München 1992

Neus, Werner — Einführung in die Betriebswirtschaftslehre aus institutionenökonomischer Sicht, 4. Aufl., Tübingen 2005

Niehus, Christoph — Die Insolvenzanfechtung in der Bundesrepublik Deutschland und den Vereinigten Staaten von Amerika, Köln 1999

Noack, Ulrich — Neues Insolvenzrecht – Neues Kapitalersatzrecht ?, in: Martens, Klaus-Peter u.a. (Hrsg.): Festschrift für Carsten Peter Claussen zum 70. Geburtstag, Köln u.a. 1997, S. 307-318

Nowotny, Christian — Verlust des halben Stammkapitals: Ein „kleiner" Unterschied zwischen deutschem und österreichischem GmbH-Recht, in: Bierich, Marcus u.a. (Hrsg.): Festschrift für Johannes Semler zum 70. Geburtstag – Unternehmen und Unternehmensführung im Recht, Berlin/New York 1993, S. 231-260

– Aktuelle Fragen zur Regelung des Kapitalersatzrechts, in: Kramer, Ernst A./Schuhmacher, Wolfgang (Hrsg.): Beiträge zum Unternehmensrecht – Festschrift für Hans-Georg Koppensteiner zum 65. Geburtstag, Wien 2001, S. 131-140

Obermüller, Manfred — Änderungen des Rechts der kapitalersetzenden Darlehen durch KonTraG und KapAEG, ZInsO 1998, S. 51-54

– Insolvenzrecht in der Bankpraxis, 6. Aufl., Köln 2002 (KT: *Obermüller*, Insolvenzrecht)

Obermüller, Manfred/ *Hess*, Harald — InsO – Eine systematische Darstellung des neuen Insolvenzrechts, 4. Aufl., Heidelberg 2003 (KT: *Obermüller/Hess*, InsO)

Onciul, Georg Ritter von — Die rechtzeitige Auslösung des Insolvenzverfahrens: Unternehmenskrise, Insolvenz und die Eröffnungsgründe der InsO, Berlin/New York 2000

Palandt, Otto (Begr.) — Bürgerliches Gesetzbuch, 65. Aufl., München 2006 (KT: Palandt/*Bearbeiter*)

Paul, Uwe — Die Ausfallhaftung der Mitgesellschafter nach § 31 Abs. 3 GmbHG: Voraussetzungen und Rechtsfolgen der Vorschrift, ZInsO 2003, S. 454-457

Paulus, Christoph G. Der subjektive Tatbestand in der Insolvenzordnung, WM 2000, S. 2225-2230

– Änderungen des deutschen Insolvenzrechts durch die Europäische Insolvenzverordnung, ZIP 2002, S. 729-737

– Die Insolvenz als Sanierungschance – Ein Plädoyer, ZGR 2005, S. 309-326

Pentz, Andreas Zwischenbilanz zu Kleinbeteiligtenschwelle und Sanierungsprivileg, GmbHR 2004, S. 529-538

Penzlin, Dietmar Kritische Anmerkungen zu den Insolvenzeröffnungsgründen der drohenden Zahlungsunfähigkeit und der Überschuldung (§§ 18 und 19 InsO), NZG 2000, S. 464-470

Pernice, Christina Die Insolvenzverschleppung durch das Geschäftsführungsorgan der kleinen Kapitalgesellschaft im deutschen, französischen und englischen Recht: Eine rechtsvergleichende Untersuchung zur Entwicklung eines europäischen Lösungsansatzes, Frankfurt a.M. u.a. 2002

Perridon, Louis/ *Steiner*, Manfred Finanzwirtschaft der Unternehmung, 13. Aufl., München 2004

Peters, Klaus Der vertragliche Rangrücktritt von Forderungen – Versuch einer Bestandsaufnahme (Teil I und II), WM 1988, S. 641-644 und 685-694

Philipp, Christoph/ *Weber*, Thomas Materielle Unterkapitalisierung als Durchgriffshaftung im Lichte der jüngeren BGH-Rechtsprechung zur Existenzvernichtung, DB 2006, S. 142-145

Plander, Harro Die nahen Angehörigen der GmbH, GmbHR 1972, S. 121-128

Preuß, Nicola Grundsätze der Kapitalaufbringung und Kapitalerhaltung in der GmbH, JuS 1999, S. 342-349

Priester, Hans-Joachim Die eigene GmbH als fremder Dritter: Eigensphäre der Gesellschaft und Verhaltenspflichten ihrer Gesellschafter, ZGR 1993, S. 512-533

– „GmbH light“ – Ein Holzweg!, ZIP 2005, S. 921-922

– Die deutsche GmbH nach „Inspire Art“: Brauchen wir eine neue? Bemerkungen zur „Entrümpelungs“-Debatte, DB 2005, S. 1315-1320

Raiser, Thomas Die Haftungsbeschränkung ist kein Wesensmerkmal der juristischen Person, in: Schneider, Uwe H. u.a. (Hrsg.): Festschrift für Marcus Lutter zum 70. Geburtstag – Deutsches und Europäisches Gesellschafts-, Konzern- und Kapitalmarktrecht, Köln 2000, S. 637-650

Raiser, Thomas/ *Veil*, Rüdiger Recht der Kapitalgesellschaften: Ein Handbuch für Praxis und Wissenschaft, 4. Aufl., München 2006 (KT: *Raiser/Veil*, Kapitalgesellschaften)

Rattunde, Rolf Sanierung durch Insolvenz: Strukturen, Möglichkeiten und Erfahrungen der Sanierung mit dem Insolvenzverfahren oder während des Insolvenzverfahrens, ZIP 2003, S. 2103-2110

Rehbinder, Eckard Neues zum Durchgriff unter besonderer Berücksichtigung der höchstrichterlichen Rechtsprechung, in: Assmann, Heinz-Dieter u.a. (Hrsg.): Wirtschafts- und Medienrecht in der offenen Demokratie – Freundesgabe für Friedrich Kübler zum 65. Geburtstag, Heidelberg 1997, S. 493-514

Reiner, Günter Der deliktische Charakter der „Finanzierungsverantwortung“ des Gesellschafters: Zu den Ungereimtheiten der Lehre vom Eigenkapitalersatz, in: Ebenroth, Carsten Thomas u.a. (Hrsg.): Verantwortung und Gestaltung – Festschrift für Karlheinz Boujong, München 1996, S. 415-455

Reinhart, Friedrich Die Gesellschaft mit beschränkter Haftung, DJZ 1934, Sp. 1310-1314

Renger, Edward Gläubigerschutz durch § 32a GmbHG: Ein Beitrag zur ökonomischen Analyse des Eigenkapitalersatzrechts unter Einbeziehung US-amerikanischer Regelungskonzepte, Frankfurt a.M. u.a. 2004

RGRK-BGB Das Bürgerliche Gesetzbuch mit besonderer Berücksichtigung der Rechtsprechung des Reichsgerichts und des Bundesgerichtshofs – Kommentar, Band II, 5. Teil: §§ 812-831, hrsg. von Mitgliedern des Bundesgerichtshofs, 12. Aufl., Berlin/New York 1989 (KT: RGRK-BGB/*Bearbeiter*)

Riedemann, Susanne — Das Auseinanderfallen von Gesellschafts- und Insolvenzstatut – „Inspire Art" und die Insolvenz über das Vermögen einer englischen „limited" in Deutschland, GmbHR 2004, S. 345-349

Riegger, Bodo — Die Begrenzung der Finanzierungsfolgenverantwortung in § 32a Abs. 3 Satz 2 GmbHG, in: Hommelhoff, Peter u.a. (Hrsg.): Familiengesellschaften – Festschrift für Walter Sigle zum 70. Geburtstag, Köln 2000, S. 229-248

Rogusch, Michael — Mindesteigenkapital, Haftungsbeschränkung und Gläubigerschutz bei der GmbH, Frankfurt a.M. 1979

Röhm, Peter — Die Überschuldung als insolvenzstrafrechtliches Krisenmerkmal, INF 2003, S. 831-837

Röhricht, Volker — Die GmbH im Spannungsfeld zwischen wirtschaftlicher Dispositionsfreiheit ihrer Gesellschafter und Gläubigerschutz, in: Geiß, Karlmann u.a. (Hrsg.): Festschrift aus Anlaß des fünfzigjährigen Bestehens von Bundesgerichtshof, Bundesanwaltschaft und Rechtsanwaltschaft beim Bundesgerichtshof, Köln 2000, S. 83-122 (KT: *Röhricht*, FS 50 Jahre Bundesgerichtshof)

– — Insolvenzrechtliche Aspekte im Gesellschaftsrecht, ZIP 2005, S. 505-516

Ropohl, Florian — Gesellschaftsrechtliche Insider nach § 138 InsO: Einordnung – Definition – Anwendung, Frankfurt a.M. u.a. 2002

Roth, Günter H. — Zur „economic analysis" der beschränkten Haftung, ZGR 1986, S. 371-382

– — Gläubigerschutz durch Existenzschutz, NZG 2003, S. 1081-1085

– — Qualität und Preis am Markt für Gesellschaftsformen, ZGR 2005, S. 348-386

Roth, Günther H./ *Altmeppen*, Holger — Gesetz betreffend die Gesellschaften mit beschränkter Haftung: Kommentar, 5. Aufl., München 2005 (KT: R/A/*Bearbeiter*, GmbHG)

Rowedder, Heinz — Zur Außenhaftung des GmbH-Geschäftsführers – „Versuch einer Systematisierung“, in: Bierich, Marcus u.a. (Hrsg.): Festschrift für Johannes Semler zum 70. Geburtstag – Unternehmen und Unternehmensführung im Recht, Berlin/New York 1993, S. 311-327

Rowedder, Heinz/ *Schmidt-Leithoff*, Christian (Hrsg.) — Gesetz betreffend die Gesellschaften mit beschränkter Haftung (GmbHG): Kommentar, 4. Aufl., München 2002 (KT: R/S-L/*Bearbeiter*, GmbHG)

Rubner, Daniel — Abschied von der Existenzvernichtungshaftung, DStR 2005, S. 1694-1701

Rümker, Dietrich — Zur Bankenhaftung bei fehlgeschlagenem Sanierungsversuch, WM 1982, S. 286-289

– — Überlegungen zur gesellschafterlichen Finanzierungsverantwortung, ZGR 1988, S. 494-515

Sandrock, Otto — BB-Forum: Nach Inspire Art – Was bleibt vom deutschen Sitzrecht übrig?, BB 2003, S. 2588-2589

– — Sitzrecht contra Savigny? Zum angeblichen Chaos im internationalen Gesellschaftsrecht, BB 2004, S. 897-901

– — Was ist erreicht? Was bleibt zu tun? Eine kollisions- und materiellrechtliche Bilanz, in: Sandrock, Otto/Wetzler, Christoph F. (Hrsg.): Deutsches Gesellschaftsrecht im Wettbewerb der Rechtsordnungen nach Centros, Überseering und Inspire Art, Heidelberg 2004, S. 33-100 (KT: *Sandrock*, in: Sandrock/Wetzler, Deutsches Gesellschaftsrecht im Wettbewerb)

Schäfer, Hans-Bernd/ *Ott*, Claus — Lehrbuch der ökonomischen Analyse des Zivilrechts, 4. Aufl., Berlin/Heidelberg/New York 2005

Schanze, Erich/ *Jüttner*, Andreas — Anerkennung und Kontrolle ausländischer Gesellschaften – Rechtslage und Perspektiven nach der Überseering-Entscheidung des EuGH, AG 2003, S. 30-36

– — Die Entscheidung für Pluralität: Kollisionsrecht und Gesellschaftsrecht nach der EuGH-Entscheidung „Inspire Art“, AG 2003, S. 661-671

Schaub, Bernhard — Die GmbH in der Krise – Kriterien für die Feststellung von Zahlungsunfähigkeit, Überschuldung und Kreditunwürdigkeit, DStR 1993, S. 1483-1489

Scheer, Thorsten A. — Die Fremdfinanzierung einer GmbH durch ihre Gesellschafter: Betroffenheiten, Gestaltungsanreize und die ökonomische Wirkung des § 32a I GmbHG, Münster 2003

Schenk, Karin — Die Finanzierungsfolgenverantwortung eines Kleingesellschafters in der GmbH, Aachen 2001

Scherf, Nina — Die Nachschußpflicht im Gesellschaftsrecht, Frankfurt a.M. u.a. 2003

Schilling, Michael — Die ausschließliche internationale Zuständigkeit für gesellschaftsrechtliche Streitigkeiten vor dem Hintergrund der Niederlassungsfreiheit – Zur Anwendung des Art. 22 Nr. 2 EuGVVO auf eine englische limited mit Verwaltungssitz in Deutschland, IPRax 2005, S. 208-218

Schmidt, Karsten — Konkursgründe und präventiver Gläubigerschutz – Ein Beitrag zur Diskussion um den Konkursgrund der Überschuldung, AG 1978, S. 334-340

– Der Aufstand der Makulatur – oder: Da irrte Julius von Kirchmann, JZ 1981, S. 880-881

– Gesellschafterdarlehen als Insolvenzrechtsproblem, ZIP 1981, S. 689-699

– Insolvenzrisiko und gesellschaftsrechtliche Haftung, JZ 1985, S. 301-308

– Quasi-Eigenkapital als haftungsrechtliches und bilanzrechtliches Problem, in: Havermann, Hans (Hrsg.): Bilanz- und Konzernrecht – Festschrift zum 65. Geburtstag Reinhard Goerdeler, Düsseldorf 1987, S. 487-509

– Insolvenzordnung und Gesellschaftsrecht, ZGR 1998, S. 633-671

– Kein Abschied vom „Quotenschaden" bei der Insolvenzverschleppungshaftung!, NZI 1998, S. 9-14

– Eigenkapitalersatz und Überschuldungsfeststellung: Ein Diskussionsbeitrag gegen Fehlschlüsse aus der Insolvenzordnung, GmbHR 1999, S. 9-15

– Gesellschaftsrecht, 4. Aufl., Köln u.a. 2002
(KT: *K. Schmidt*, Gesellschaftsrecht)

– Anm. zu BGH, Urt. v. 7.7.2003 – II ZR 241/02, ZIP 2003, S. 1713

– Verbotene Zahlungen in der Krise von Handelsgesellschaften und die daraus resultierenden Ersatzpflichten – Insolvenzrechtliche Brotvermehrung durch Klagen nach § 64 Abs. 2 GmbHG (§§ 92 AktG, 130a, 177a HGB, 99 GenG)?, ZHR 2004, S. 637-672

– Die begrenzte Ausfallhaftung nach §§ 24, 31 Abs. 3 GmbHG im System des GmbH-Haftungsrechts – Neuerliches Plädoyer für ein systemstimmiges Haftungsmodell, in: Damm, Reinhard u.a. (Hrsg.): Festschrift für Thomas Raiser zum 70. Geburtstag, Berlin 2005, S. 311-339

– Übermäßige Geschäftsführerrisiken aus § 64 Abs. 2 GmbHG, § 130a Abs. 3 HGB?, ZIP 2005, S. 2177-2185

– ... ut aliquid fiat – Von der „GmbH-Reform 2005" zum Referentenentwurf eines Mindestkapitalgesetzes, DB 2005, S. 1095-1097

– Vom Eigenkapitalersatz in der Krise zur Krise des Eigenkapitalersatzrechts?, GmbHR 2005, S. 797-807

Schmidt, Karsten/ *Uhlenbruck*, Wilhelm — Die GmbH in Krise, Sanierung und Insolvenz, 3. Aufl., Köln 2003
(KT: *Bearbeiter*, in: K. Schmidt/Uhlenbruck, GmbH in Krise)

Schmidt, Reinhard H./ *Terberger*, Eva — Grundzüge der Investitions- und Finanzierungstheorie, 4. Aufl., Wiesbaden 1997
(KT: *R.H. Schmidt/Terberger*, Finanzierungstheorie)

Schneider, Dieter — Lücken bei der Begründung einer „Eigenkapitallücke", DB 1986, S. 2293-2298

Schnichels, Dominik — Reichweite der Niederlassungsfreiheit, Baden-Baden, 1995

Scholz, Franz (Begr.) — Kommentar zum GmbH-Gesetz, Zwei Bände, 9. Aufl., Köln 2000 bzw. 2002
(KT: Scholz/*Bearbeiter*, GmbHG)

Schön, Wolfgang — Die Zukunft der Kapitalaufbringung/Kapitalerhaltung, DK 2004, S. 162-170

Schönle, H. Nochmals: Zur Haftung bei einer Strohmann-GmbH, GmbHR 1960, S. 63-65

Schoppmeyer, Heinrich Besondere und allgemeine Insolvenzanfechtung am Beispiel der Anfechtung von Zwangsvollstreckungen, NZI 2005, S. 185-194

Schoß, Andreas/ *Hoffstadt*, Mirjam Entsperrung contra unwiderlegliche Vermutung – Die Behandlung kapitalersetzender Darlehen in der Insolvenz, ZInsO 2005, S. 571-575

Schouler, Oliver Grundlagen des Eigenkapitalersatzrechts: Eine Untersuchung zur dogmatischen Legitimation der eigenkapitalähnlichen Sonderbehandlung von Gesellschafterfremdkapital in der Unternehmenskrise, Frankfurt a.M. u.a. 2001

Schubert, Werner Entwurf des Reichsjustizministeriums zu einem Gesetz über Gesellschaften mit beschränkter Haftung, Heidelberg 1985 (KT: *Schubert*, Entwurf)

– (Hrsg.) Akademie für Deutsches Recht, 1933-1945, Protokolle der Ausschüsse, Band II: Ausschuß für G.m.b.H.-Recht, Berlin 1986 (KT: *Ausschussmitglied*, in: Schubert, AkDR)

– Das GmbH-Gesetz von 1892 – „Eine Zierde unserer Reichsgesetzsammlung“: Das historische Geschehen um die GmbH von 1892 bis 1902, in: Lutter, Marcus u.a. (Hrsg.): Festschrift 100 Jahre GmbH-Gesetz, Köln 1992, S. 1-47

Schulz, Martin (Schein-)Auslandsgesellschaften in Europa – Ein Schein-Problem, NJW 2003, S. 2705-2708

Schulze-Osterloh, Joachim Grenzen des Gläubigerschutzes bei fahrlässiger Konkursverschleppung, AG 1984, S. 141-147

– Zahlungen nach Eintritt der Insolvenzreife (§ 64 Abs. 2 GmbHG; §§ 92 Abs. 3, 93 Abs. 3 Nr. 6 AktG), in: Westermann, Harm Peter/Mock, Klaus (Hrsg.): Festschrift für Gerold Bezzenberger zum 70. Geburtstag, Berlin 2000, S. 415-426

– § 64 Abs. 1 GmbHG als Schutzgesetz i.S.d. § 823 Abs. 2 BGB, in: Schneider, Uwe H. u.a. (Hrsg.): Festschrift für Marcus Lutter zum 70. Geburtstag – Deutsches und Europäisches Gesellschafts-, Konzern- und Kapitalmarktrecht, Köln 2000, S. 707-720

Schumacher, Kurt Die Gleichstellung der GmbH. mit ihren Gesellschaftern, JW 1936, S. 2249-2254

Schumann, Alexander Die englische Limited mit Verwaltungssitz in Deutschland: Kapitalaufbringung, Kapitalerhaltung und Haftung bei Insolvenz, DB 2004, S. 743-749

Schummer, Gerhard Das Eigenkapitalersatzrecht: Notwendiges Rechtsinstitut oder Irrweg?, Wien, 1998
(KT: *Schummer*, Eigenkapitalersatzrecht)

– Die Gegenwart und (ungewisse) Zukunft des Eigenkapitalersatzrechts, GesRZ 2000, S. 246-252

– Haftung des GmbH-Geschäftsführers wegen Konkursverschleppung – ebenfalls ein Irrweg?, in: Kramer, Ernst A./Schuhmacher, Wolfgang (Hrsg.): Beiträge zum Unternehmensrecht – Festschrift für Hans-Georg Koppensteiner zum 65. Geburtstag, Wien 2001, S. 211-230

Schwarz, Günter Christian Europäisches Gesellschaftsrecht: Ein Handbuch für Wissenschaft und Praxis, Baden-Baden 2000

Schwieters, Norbert Gläubigerschutz durch Insolvenzrecht als Problem der Wettbewerbsordnung, Bergisch Gladbach/Köln, 1989

Seidl, Otto Richterliche Rechtsfortbildung und Verfassungsrecht, ZGR 1988, S. 296-313

Serick, Rolf Rechtsform und Realität juristischer Personen: Ein rechtsvergleichender Beitrag zur Frage des Durchgriffs auf die Personen oder Gegenstände hinter der juristischen Person, Berlin/Tübingen 1955

Sernetz, Herbert/ *Haas*, Ulrich Kapitalaufbringung und -erhaltung in der GmbH, Köln 2003

Smerdka, Ute Die Finanzierung mit mezzaninem Haftkapital, Köln 2003

Smid, Stefan Insolvenzordnung (InsO): Kommentar, 2. Aufl., Stuttgart u.a. 2001
(KT: Smid/*Bearbeiter*, InsO)

– Deutsches und Europäisches Internationales Insolvenzrecht: Kommentar, Stuttgart u.a. 2004.
(KT: *Smid*, IntInsR)

Soergel, Hans Theodor (Begr.) Bürgerliches Gesetzbuch mit Einführungsgesetz und Nebengesetzen, Band 4/1: Schuldrecht III/1 (§§ 516-651), Band 10: Einführungsgesetz, 12. Aufl., Stuttgart u.a. 1997 bzw. 1996
(KT: Soergel/*Bearbeiter*, BGB)

Sonnenberger, Hans-Jürgen Das Darlehen des GmbH-Gesellschafters als Mittel der Gesellschaftsfinanzierung, NJW 1969, S. 2033-2038

Spiegelberger, Sebastian Kapitalersetzende Nutzungsüberlassung?, DStR 1991, S. 468-474

Spindler, Gerald/ *Berner*, Olaf Der Gläubigerschutz im Gesellschaftsrecht nach Inspire Art, RIW 2004, S. 7-16

Stadler, Markus Die Sanierung von Aktiengesellschaften unter Einsatz von Wandelgenussrechten, NZI 2003, S. 579-588

Stein, Ursula Das faktische Organ, Köln u.a. 1984

Stimpel, Walter Zum Auszahlungsverbot des § 30 Abs. 1 GmbHG – Die Befreiung vom handelsbilanziellen Denken und die Unzulässigkeit von Vermögenszuwendungen an Gesellschafter gegen hinausgeschobene schuldrechtliche Ausgleichsverpflichtungen, in: Lutter, Marcus u.a. (Hrsg.): Festschrift 100 Jahre GmbH-Gesetz, Köln 1992, S. 335-361

Stobbe, Michael Die Durchsetzung gesellschaftsrechtlicher Ansprüche der GmbH in Insolvenz und masseloser Liquidation, Köln 2001

Strauß, Thomas Insolvenzbezogene Geschäftsleiterhaftung in Europa, Berlin 2001

Stupp, Matthias GmbH-Recht im Nationalsozialismus: Anschauungen des Nationalsozialismus zur Haftungsbeschränkung, Juristischen Person, Kapitalgesellschaft und Treupflicht: Untersuchungen zum Referentenentwurf 1939 zu einem neuen GmbH-Gesetz, Berlin, 2002

Süchting, Joachim Finanzmanagement: Theorie und Politik der Unternehmensfinanzierung, 6. Aufl., Wiesbaden 1995

Swoboda, Peter — Der Risikograd als Abgrenzungskriterium von Eigen- versus Fremdkapital, in: Stöppler, Sigmar (Hrsg.): Information und Produktion: Beiträge zur Unternehmenstheorie und Unternehmensplanung – Festschrift zum 60. Geburtstag von Waldemar Wittmann, Stuttgart 1985, S. 343-361

Szebrowski, Nickel — Eigenkapitalersatzrecht – Fremdfinanzierte Gesellschafterleistungen in der Kommanditgesellschaft, MDR 2004, S. 365-370

Teller, Horst/ *Steffan*, Bernhard — Rangrücktrittsvereinbarungen zur Vermeidung der Überschuldung bei der GmbH, 3. Aufl., Köln 2003

Temme, Ulrich — Die Eröffnungsgründe der Insolvenzordnung, Münster 1997

Tersteegen, Jens Axel — Kollisionsrechtliche Behandlung ausländischer Kapitalgesellschaften im Inland unter besonderer Berücksichtigung von Scheinauslandsgesellschaften, München 2002

Tillmann, Tobias — Privilegierte Kapitalhilfen durch GmbH-Gesellschafter – Zu den neuen Grenzen der Eigenkapitalersatzhaftung, Karlsruhe 2001

– — Kreditinstitute als gesellschafterähnliche Darlehensgeber: Anwendbarkeit des Sanierungsprivilegs des § 32a Abs. 3 Satz 3?, DB 2006, S. 199-204

Timm, Wolfram — Grundfälle zu den eigenkapitalersetzenden Gesellschafterleistungen, JuS 1991, S. 652-656

Tittel, Hans-Ulrich — Gesellschafterdarlehen im Konkurs der Gesellschaft mit beschränkter Haftung, München 1969

Todtenhöfer, Frank — Die Übertragbarkeit der Grundsätze über Kapitalaufbringung und Kapitalerhaltung auf Genußrechte, Lohmar/Köln 1997

Tomat, Oliver — Grenzen des Weisungsrechts der GmbH-Gesellschafter, Hamburg 2001

Triebel, Volker/ *Hase*, Karl von — Wegzug und grenzüberschreitende Umwandlungen deutscher Gesellschaften nach „Überseering" und „Inspire Art", BB 2003, S. 2409-2417

Triebel, Volker/ *Otte*, Sabine — 20 Vorschläge für eine GmbH-Reform: Welche Lektion kann der deutsche Gesetzgeber vom englischen lernen?, ZIP 2006, S. 311-316

Trunk, Alexander — Internationales Insolvenzrecht: Systematische Darstellung des deutschen Rechts mit rechtsvergleichenden Bezügen, Tübingen 1998

Uhlenbruck, Wilhelm — Privilegierung statt Diskriminierung von Sanierungskrediten de lege lata und als Problem der Insolvenzrechtsreform, GmbHR 1982, S. 141-153

– Die Bedeutung des neuen Insolvenzrechts für GmbH-Geschäftsführer (I), GmbHR 1999, S. 313-327

– Die Auskunfts- und Mitwirkungspflichten des GmbH-Geschäftsführers im Insolvenzverfahren, GmbHR 2002, S. 941-945

– Insolvenzordnung: Kommentar, 12. Aufl., München 2003
(KT: Uhlenbruck/*Bearbeiter*, InsO)

– Die Rechtsstellung des Geschäftsführers in der GmbH-Insolvenz, GmbHR 2005, S. 817-832

Ullrich, Hanns — Gesellschafterdarlehen der Banken in der Finanzkrise der GmbH, GmbHR 1983, S. 133-146

Ulmer, Peter — Gesellschafterdarlehen und Unterkapitalisierung bei GmbH und GmbH & Co. KG, in: Hans-Martin Pawlowski u.a. (Hrsg.): Festschrift für Konrad Duden zum 70. Geburtstag, München 1977, S. 661-683

– Anmerkung zu BGH, Beschl. v. 1.3.1993 – II ZR 292/91, ZIP 1993, S. 769-772

– Schutzinstrumente gegen die Gefahren aus der Geschäftstätigkeit inländischer Zweigniederlassungen von Kapitalgesellschaften mit fiktivem Auslandssitz, JZ 1999, S. 662-665

– Gesellschafterhaftung in der Gesellschaft bürgerlichen Rechts: Durchbruch der Akzessorietätstheorie?, ZIP 1999, S. 554-565

– Anm. zu BGH, Urt. v. 24.6. 2002 – II ZR 300/00, JZ 2002, S. 1047

– Gläubigerschutz bei Scheinauslandsgesellschaften – Zum Verhältnis zwischen gläubigerschützendem nationalem Gesellschafts-, Delikts- und Insolvenzrecht und der EG-Niederlassungsfreiheit, NJW 2004, S. 1201-1210

– Insolvenzrechtlicher Gläubigerschutz gegenüber Scheinauslandsgesellschaften ohne hinreichende Kapitalausstattung? – Eine Skizze, KTS 2004, S. 291-304

Unzicker, Ferdinand — Niederlassungsfreiheit der Kapitalgesellschaften in der Europäischen Union nach der Centros- und der Überseering-Entscheidung des EuGH, Frankfurt a.M. u.a. 2004

Vallender, Heinz/ *Fuchs*, Karlhans — Die Antragspflicht organschaftlicher Vertreter einer GmbH vor dem Hintergrund der Europäischen Insolvenzverordnung, ZIP 2004, S. 829-836

Vervessos, Nikolaos — Das Eigenkapitalersatzrecht: Grundlagen und aktuelle Entwicklungen, Baden-Baden, 2001

Vetter, Jochen — Rechtsfolgen existenzvernichtender Eingriffe, ZIP 2003, S. 601-612

Virgós, Miguel/ *Schmit*, Etienne — Report on the Convention of Insolvency Proceedings, http://aei.pitt.edu/archive/00000952/01/insolvency_report_schmidt_1988.pdf, Brüssel 1996 (letzter Zugriff am 12.02.2006)

Vogel, Hermann — GmbH-Gesetz: Kommentar, Berlin/Frankfurt a.M. 1950 (KT: Vogel, GmbHG)

Vollmer, Lothar — Der Genußschein – Ein Instrument für mittelständische Unternehmen zur Eigenkapitalbeschaffung an der Börse, ZGR 1983, S. 445-475

– Die Verteilung der Finanzierungskompetenzen bei der Aktiengesellschaft – Ein ungelöstes Problem der aktienrechtlichen Finanzverfassung, AG 1991, S. 94-102

– Finanzierungstitel als Gegenstand und Anknüpfungspunkt von Regulierungen, in: Knobloch, Alois Paul/Kratz, Norbert (Hrsg.): Neuere Finanzprodukte – Festschrift für Wolfgang Eisele zum 65. Geburtstag, München 2003, S. 19-30

– Mezzanine Finanzierung von Kapitalgesellschaften: Bilanz-, insolvenz- und steuerrechtliche Probleme, in: Siegel, Theodor u.a. (Hrsg.): Steuertheorie, Politikberatung und Steuerpraxis – Festschrift für Peter Bareis zum 65. Geburtstag, Stuttgart 2005, S. 397-415

Vollmer, Lothar/ *Maurer*, Torsten — Die Eignung von Sanierungsdarlehen zur Abwehr der Überschuldung, DB 1993, S. 2315-2322

Vollmer, Lothar/ *Smerdka*, Ute — Neuorientierung im Eigenkapitalersatzrecht, DB 2000, S. 757-761

Vonnemann, Wolfgang — Die Feststellung der Überschuldung, Köln u.a. 1989 (KT: *Vonnemann*, Überschuldung)

– Die Feststellung der Überschuldung, BB 1991, S. 867-872

– Haftung von GmbH-Gesellschaftern wegen materieller Unterkapitalisierung, GmbHR 1992, S. 77-83

Wachter, Thomas — Frankreich: Die „Ein-Euro-GmbH" ab 2004, GmbHR 2003, S. R 377-R 378

– Auswirkungen des EuGH-Urteils in Sachen Inspire Art Ltd. auf Beratungspraxis und Gesetzgebung – Deutsche GmbH vs. englische private limited company, GmbHR 2004, S. 88-105

Wank, Rolf — Richterliche Rechtsfortbildung und Verfassungsrecht, ZGR 1988, S. 314-380

Wahl, Axel — Die Haftung der GmbH-Gesellschafter wegen Existenzvernichtung, Frankfurt a.M. u.a. 2005

Wassermeyer, Franz — Eigenkapitalersetzende Leistungen aus der Sicht des Steuerrechts – Hintergrundinformationen zu den BFH-Urteilen vom 5.2.1992, ZGR 1992, S. 639-661

Wazlawik, Thomas — Die Passivierung von Verbindlichkeiten im Überschuldungsstatus, NZI 2004, S. 608-610

Weber, Frank — Anlässe und Methoden der Rechtsrückbildung im Gesellschaftsrecht: Eine Darstellung anhand des Bezugsrechtsausschlusses bei Kapitalerhöhungen und des Rechts der eigenkapitalersetzenden Gesellschafterleistungen, Baden-Baden 2003

Weber, Hans-Jörg/ *Lepper*, Martin — Das eigenkapitalersetzende Darlehen des GmbH-Gesellschafters, DStR 1991, S. 980-985

Weimar, Robert — Grundprobleme und offene Fragen um den faktischen GmbH-Geschäftsführer (I), GmbHR 1997, S. 473-480

Weller, Marc-Philippe — Das Internationale Gesellschaftsrecht in der neuesten BGH-Rechtsprechung, IPRax 2003, S. 324-329

– „Inspire Art": Weitgehende Freiheiten beim Einsatz ausländischer Briefkastengesellschaften, DStR 2003, S. 1800-1804

– Scheinauslandsgesellschaften nach Centros, Überseering und Inspire Art: Ein neues Anwendungsfeld für die Existenzvernichtungshaftung, IPRax 2003, S. 207-210

Wengel, Torsten — Die handelsrechtliche Eigen- und Fremdkapitalqualität von Genussrechtskapital, DStR 2001, S. 1316-1324

Westermann, Harm Peter — Gläubigerschutz bei der Neuordnung der GmbH: Fessel oder Heilmittel für eine Rechtsform?, Tübingen 1971 (KT: *Westermann*, Gläubigerschutz)

– Banken als Kreditgeber und Gesellschafter, ZIP 1982, S. 379-391

Westhoff, André O. — Die Gründung einer britischen Kapitalgesellschaft mit Verwaltungssitz im Inland und die Pflichten ihrer laufenden Geschäftstätigkeit – „How to Set up a Limited?“, ZInsO 2004, S. 289-295

Weyand, Raimund — Insolvenzdelikte: Unternehmenszusammenbruch und Strafrecht, 6. Aufl., Bielefeld 2003

Wiedemann, Herbert — Gesellschaftsrecht: Ein Lehrbuch des Unternehmens- und Verbandsrechts, Band I: Grundlagen, München 1980
(KT: *Wiedemann*, Gesellschaftsrecht I)

– Gesellschaftsrechtliche Probleme der Betriebsaufspaltung, ZIP 1986, S. 1293-1303

– Eigenkapital und Fremdkapital, in: Beisse, Heinrich u.a. (Hrsg.): Festschrift für Karl Beusch zum 68. Geburtstag, Berlin 1993, S. 893-913

– Reflexionen zur Durchgriffshaftung, ZGR 2003, S. 282-297

Wieland, Karl — Handelsrecht, Zweiter Band: Die Kapitalgesellschaften, erschienen in der Reihe: Binding, Karl/Oetker, Friedrich (Hrsg.), Systematisches Handbuch der Rechtswissenschaft, München/Leipzig 1931

Wienberg, Rüdiger/*Sommer*, Nicola — Anwendbarkeit von deutschem Eigenkapitalersatzrecht auf EU-Kapitalgesellschaften am Beispiel eines Partikularinsolvenzverfahrens im engeren Sinn nach Art. 3 II, IV EuInsVO, NZI 2005, S. 353-357

Wiesner, Georg — Materielle Unterkapitalisierung – Ein überflüssiges Institut?, in: Theobald, Wolfgang (Hrsg.): Entwicklungen zur Durchgriffs- und Konzernhaftung: Tagungsbeiträge eines Symposions des Vereins für Wirtschaftsrecht und Rechtssoziologie Berlin und Gießen e.V., veranstaltet am 5. Mai 2000 in Gießen, Berlin 2002, S. 59-72 (KT: *Wiesner*, in: Theobald, Durchgriffs- und Konzernhaftung)

Wiethölter, Rudolf — Die GmbH in einem modernen Gesellschaftsrecht und der Referentenentwurf eines GmbH-Gesetzes, in: Centrale für GmbH (Hrsg.): Probleme der GmbH-Reform – Zugleich Bericht über die Arbeitstagung „GmbH-Reform" in Bonn vom 29.9. bis 1.10.1969, Köln 1970, S. 11-41 (KT: *Wiethölter*, in: Probleme GmbH-Reform)

Wilhelm, Jan — Umgehungsverbote im Recht der Kapitalaufbringung, ZHR 2003, S. 520-545

Wilhelm, Jan/ *Altmeppen*, Holger — Quotenschaden, Individualschaden und Klagebefugnis bei der Verschleppung des Insolvenzverfahrens über das Vermögen der GmbH, NJW 1999, S. 673-681

Wilhelmi, Rüdiger — Das Mindestkapital als Mindestschutz – eine Apologie im Hinblick auf die Diskussion um eine Reform der GmbH angesichts der englischen Limited, GmbHR 2006, S. 13-24

Winnefeld, Robert — Bilanzhandbuch: Handels- und Steuerbilanz, rechtsformspezifisches Bilanzrecht, bilanzielle Sonderfragen, Sonderbilanzen, München 2000

Winter, Georg — Die Haftung der Gesellschafter im Konkurs der unterkapitalisierten GmbH: Maßstab und dogmatische Konzeption der Haftung de lege lata und de lege ferenda unter besonderer Berücksichtigung des Regierungsentwurfes für ein neues GmbH-Gesetz, Frankfurt a.M. 1973

Wittig, Arne — Übernahme der Gesellschafterstellung an Krisenunternehmen als Sanierungsbeitrag der finanzierenden Kreditinstitute, in: Prütting, Hanns/Vallender, Heinz (Hrsg.): Insolvenzrecht in Wissenschaft und Praxis – Festschrift für Wilhelm Uhlenbruck zum 70. Geburtstag, Köln 2000, S. 685-722

– Rangrücktritt – Antworten und offene Fragen nach dem Urteil des BGH vom 8.1.2001, NZI 2001, S. 169-176

Wöhe, Günter/ *Bilstein*, Jürgen Grundzüge der Unternehmensfinanzierung, 9. Aufl., München 2002

Wolf, Thomas C. Bewertung von Vermögensgegenständen im Überschuldungsstatus, DStR 1995, S. 859-863

– Das Erfordernis der Dokumentation von Überschuldungsbilanzen, DStR 1998, S. 126-128

– Überschuldung: Entstehung, Bilanzierung und Auswege, Berlin 1998
(KT: *Wolf*, Überschuldung)

Wolter, Claudia E. Gesellschafterfremdfinanzierung: Verdeckte Einlagen, verdecktes Stammkapital, Drittaufwandseinlage, Berlin 1997

Wüst, Günther Unterkapitalisierung und Überschuldung bei Beschränkthaftern, JZ 1985, S. 817-824

Wymeersch, Eddy Centros: A Landmark Decision in European Company Law, in: Baums, Theodor u.a. (Hrsg.): Corporations, Capital Markets and Business in the Law – Liber amicorum Richard M. Buxbaum, London u.a. 2000, S. 629-654

Zeuner, Mark Die Anfechtung in der Insolvenz: Ein Handbuch unter Einbezug des AnfG 1999, München 1999

Ziemons, Hildegard Freie Bahn für den Umzug von Gesellschaften nach Inspire Art?!, ZIP 2003, S. 1913-1920

Zimmer, Daniel Internationales Gesellschaftsrecht: Das Kollisionsrecht der Gesellschaften und sein Verhältnis zum internationalen Kapitalmarktrecht und zum internationalen Unternehmensrecht, Heidelberg 1996
(KT: *Zimmer*, Internationales Gesellschaftsrecht)

– Nach „Inspire Art“: Grenzenlose Gestaltungsfreiheit für deutsche Unternehmen?, NJW 2003, S. 3585-3592

Zöller, Richard (Begr.) Zivilprozessordnung: Kommentar, 25. Aufl., Köln 2005
(KT: Zöller/*Bearbeiter*, ZPO)

Frankfurter wirtschaftsrechtliche Studien

Herausgegeben von
Theodor Baums, Andreas Cahn, Friedrich Kübler, Hans-Joachim Mertens,
Eckard Rehbinder, Gunther Teubner

Band 1 Tomas Brinkmann: Unternehmensinteresse und Unternehmensrechtsstruktur. Aufgaben und Grenzen eines normativen Regulativs unternehmenspolitischer Prozesse. 1983.

Band 2 Rüdiger Hahn: Behinderungsmißbräuche marktbeherrschender Unternehmen. Eine Untersuchung der Beeinträchtigung von Wettbewerb und Marktstruktur durch horizontalen Nichtleistungswettbewerb als Gegenstand der Mißbrauchaufsicht nach § 22 Abs. 4 S. 2 Nr. 1 GWB. 1984.

Band 3 Peter Buchmann: Registerpublizität und Gläubigerschutz bei der Einmann-Gesellschaft. 1984.

Band 4 Christian Joerges/Eugen Hiller/Knut Holzscheck/Hans-W. Micklitz: Vertriebspraktiken im Automobilersatzteilsektor. Ihre Auswirkungen auf die Interessen der Verbraucher. 1985.

Band 5 Annette Boerner: Die Haftung des herrschenden Kommanditisten. 1985.

Band 6 Dirk H. Mahler: Rechtsmißbrauch und einstweiliger Rechtsschutz bei Dokumentenakkreditiven und "Akkreditiven auf erstes Anfordern": Eine rechtsvergleichende Untersuchung. 1986.

Band 7 Brigitte Kratz: Ausländische Eingriffsnorm und inländischer Privatrechtsvertrag. 1986.

Band 8 Dimitris Tsibanoulis: Die genossenschaftliche Gründungsprüfung. 1987.

Band 9 Jürgen Braun: Rechtsfragen des Transport-Unfall-Informations- und Hilfeleistungs-Systems der deutschen chemischen Industrie. 1987.

Band 10 Thomas Pfeiffer: Die Bedeutung des privatrechtlichen Immissionsschutzes. Eine Untersuchung zu §§ 1004, 906 BGB. 1987.

Band 11 Michael Bothe/Josef Brink/Christian Kirchner/Albrecht Stockmayer: Rechtsfragen der internationalen Verschuldungskrise. Voraussetzungen, Formen und Verfahren internationaler Umschuldungsmaßnahmen und Umschuldungsvereinbarungen. 1988.

Band 12 Felix Dörr: Die fehlerhafte GmbH. 1989.

Band 13 Rolf Trittmann: Anwendungsprobleme des Haager Beweisübereinkommens im Rechtshilfeverkehr zwischen der Bundesrepublik und den Vereinigten Staaten von Amerika. Exklusive Regelung zur Überbrückung der Unterschiede zwischen dem kontinental-europäischen und anglo-amerikanischen Zivilprozeßrechtssystem? 1989.

Band 14 Margaretha Sudhof: Dreieckige Rechtsverhältnisse im Wirtschaftsverwaltungsrecht - Am Beispiel von Konkurrentenklagen. 1989.

Band 15 Michael Weigel: Schriftformklauseln in Allgemeinen Geschäftsbedingungen. 1989.

Band 16 Hans-Peter Schröder: Der sichere Weg bei der Vertragsgestaltung. 1990.

Band 17 Matthias Haas: Haftungsfreizeichnungsklauseln in Allgemeinen Geschäftsbedingungen. Eine rechtsdogmatische und ökonomische Analyse. 1991.

Band 18 Andreas Hahn: Instandhaltungsverträge. Begriffe, Einordnung, Rechtsfolgenbestimmung, Auswirkung auf die Kautelarpraxis. 1991.

Band 19 Jürgen Götz: Der Entherrschungsvertrag im Aktienrecht. 1991.

Band 20 Friedrich Wächtershäuser: Das Gesellschaftsrecht des internationalen Joint Ventures. 1992.

Band 21 Christina Escher-Weingart: Nutzungsausfall als Schaden und sein Ersatz. 1993.

Band 22 Jean-Claude Zerey: Rechtliche Probleme der Finanzierung von *Leveraged Buyouts* und *Tender Offers* durch Banken in den USA und in der Bundesrepublik Deutschland. Eine rechtsvergleichende Studie über die Rolle der Banken bei Unternehmenskontrolltransaktionen in den USA und in der Bundesrepublik Deutschland. 1994.

Band 23 Markus Bauer: Gläubigerschutz durch eine formelle Nennkapitalziffer - Kapitalgesellschaftsrechtliche Notwendigkeit oder überholtes Konzept? Eine rechtsvergleichende Untersuchung der Gläubigerschutzkonzepte des amerikanischen und deutschen Kapitalgesellschaftsrechts. 1995.

Band 24 Marion Vollmann: Minderheitenschutz im aktienrechtlichen Beschlußmängelrecht. Eine Bestandsaufnahme und Vorschläge zu einer rechtspolitischen Reform. 1997.

Band 25 Lydia Klose-Mokroß: Gläubigerschutz im Kapitalgesellschaftsrecht am Beispiel der Lehre von der verdeckten Sacheinlage. 1997.

Band 26 Stephan Aubel: Der vereinfachte Bezugsrechtsausschluß. Aktionärs- und Gesellschaftsinteressen beim vereinfachten Bezugsrechtsausschluß nach Maßgabe des § 186 Absatz 3 Satz 4 AktG. 1998.

Band 27 Kurt Peter Dittrich: Die Privatplazierung im deutschen Kapitalmarktrecht. Eine Untersuchung der Vorschriften des Auslandinvestmentgesetzes, des Wertpapier-Verkaufsprospektgesetzes und des Gesetzes über Kapitalanlage-Gesellschaften unter Berücksichtigung des Rechts der Vereinigten Staaten von Amerika und des Vereinigten Königreichs. 1998.

Band 28 Viola Sailer: Aktienrechtliche Minderheitskompetenzen zwischen Mißbrauch und unternehmerischer Entscheidungsfreiheit. 1999.

Band 29 Marc Zimmerling: Kapitalerhaltung und Konzernfinanzierung. Eine Untersuchung der kapitalerhaltungsrechtlichen Problematik aufsteigender Sicherheiten im Konzern. 1998.

Band 30 Joachim Wichert: Die Finanzen der Kommanditgesellschaft auf Aktien. 1999.

Band 31 Kerstin Andrea Müller: Produktverantwortung und ihre Durchsetzung. Eine kartellrechtliche Beurteilung von Selbstverpflichtungen im Umweltrecht aus deutscher und europäischer Sicht unter besonderer Berücksichtigung der Altautoentsorgung. 1999.

Band 32 Bettina Friedrich: Konvergenzen im Gesellschaftsrecht. Recht-Fertigung durch Status- und Befundsicherung. 2000.

Band 33 Rudolf Lemke: Haftungsrechtliche Fragen des Ratingwesens – ein Regelungsproblem? 2000.

Band 34 Klaus R. Roller: Die Vergütung des Aufsichtsrats in Abhängigkeit vom Aktienkurs. 2000.

Band 35 Bettina Bokelmann: Personelle Verflechtungen über Aufsichtsräte. Aufsichtsratsmitglieder mit hauptberuflicher Vorstandsfunktion. 2000.

Band 36 Kai-Uwe Steck: Regulierung von US-amerikanischen Investmentgesellschaften (Investment Companies). Unter besonderer Berücksichtigung des National Securities Markets Improvement Act of 1996 (NSMIA) und anderer aktueller Rechtsanpassungen. 2000.

Band 57 Manuel Lorenzo Alonso: Die Neuausrichtung der Zwischenstaatlichkeitsklausel der Art. 81, 82 EG. Folgen der neuesten Entwicklungen des Gemeinschaftsrechts für die Zwischenstaatlichkeitsklausel - unter besonderer Berücksichtigung des Bankenbereichs. 2003.

Band 58 Dirk Kocher: Kapitalgesellschaft & Co. KG in Finnland. Eine Untersuchung zur Frage der Übertragbarkeit der deutschen Grundtypenvermischung auf das finnische Recht. 2003.

Band 59 Ruiting Qin: Parteiautonomie: Eine rechtsvergleichende Untersuchung. Versuch zur Entwicklung einer Gerechtigkeitsjurisprudenz im IPR. 2003.

Band 60 René Runte: Walter Julius Derenberg – Leben und Werk. 2004.

Band 61 Udo Prinz: Umstrukturierung durch *Schemes of Arrangement* mit Gesellschaftern im englischen Recht. – Ein Vorbild? 2004.

Band 62 Rainer Schmitz: Die Haftung des Vorstands gegenüber den Aktionären. Eine rechtsvergleichende Untersuchung nach deutschem und US-amerikanischem Recht. 2004.

Band 63 York Oehlschläger: Die typische und atypische stille Beteiligung an einer Aktiengesellschaft. Möglichkeiten und Grenzen der Gestaltung für die stille Gesellschaft zwischen Personengesellschaftsrecht, Aktienrecht, Konzernrecht und Umwandlungsrecht. 2004.

Band 64 Stefan Klein: Die Rechtsstellung auswärtiger Gesellschaften im deutschen und US-amerikanischen Recht. Ein Beitrag zur Neuausrichtung des deutschen internationalen Gesellschaftsrechts unter besonderer Berücksichtigung des Europäischen Gemeinschaftsrechts. 2004.

Band 65 Knut Sauer: Haftung für Falschinformation des Sekundärmarktes. 2004.

Band 66 Michael Senger: Bankenaufsicht, Unternehmensverbindungen und Bankengruppen. 2004.

Band 67 Maximilian Rittmeister: Gewährleistung beim Unternehmenskauf. Die Gewährleistungshaftung des Verkäufers bei einem Unternehmenskauf seit In-Kraft-Treten des Schuldrechtsmodernisierungsgesetzes. 2005.

Band 68 Ole Ziegler: Der Anteilserwerb am Kapitalmarkt nach der Schuldrechtsreform. 2005.

Band 69 Maia Tacheva: Rechtsbehelfe des Käufers im Warenkaufrecht. Eine rechtsvergleichende Untersuchung des Übereinkommens der Vereinten Nationen über Verträge über den internationalen Warenkauf (CISG), des englischen Sale of Goods Act, des bulgarischen Kaufrechts und des deutschen Kaufrechts vor und nach dem Schuldrechtsmodernisierungsgesetz. 2005.

Band 70 Michael Lange: Rechtsfragen der Finanzierung eines feindlichen Übernahmeangebotes. Am Beispiel der großen Publikumsgesellschaft nach US-amerikanischem und deutschem Recht. 2005.

Band 71 Niklas Dieterich: Outsourcing bei Kapitalanlagegesellschaften. 2005.

Band 72 Julia Sernetz: Derivate und Corporate Governance. Kompetenzen und Pflichten des Vorstands von Aktiengesellschaften beim Einsatz von Derivaten. 2006.

Band 73 Marcel Polte: Aktiengattungen. Eine rechtsvergleichende Untersuchung zum deutschen, US-amerikanischen und englischen Recht. 2005.

Band 74 Jens Bornscheid: Stapled Stock (Verbundaktien). 2006.

Band 75 Robert F. Thoma: Der Wettbewerb um Stimmen im US-amerikanischen und deutschen Aktienrecht. 2006.

Band 76 Markus Lauer: Gemeinsam geführte Unternehmen im Bilanz- und Gesellschaftsrecht. 2006.

Band 77 Arne Christian Lawall: Die virtuelle Holding nach deutschem Aktienrecht. 2006.

Band 78 Marcel Barth: Schadensberechnung bei fehlerhafter Kapitalmarktinformation. 2006.

Band 79 Dirk Reidenbach: Aktienanalysten und Ratingagenturen – Wer überwacht die Überwacher? 2006.

Band 80 Jochen Herr: Neue EU-Wettbewerbsregeln für Technologietransfer-Vereinbarungen. 2006.

Band 81 Simon Markus Beck: Kritik des Eigenkapitalersatzrechts. Zugleich ein Beitrag zur Stärkung des insolvenzrechtlichen Gläubigerschutzes. 2006.

Edward Renger

Gläubigerschutz durch § 32a GmbHG

Ein Beitrag zur ökonomischen Analyse des Eigenkapitalersatzrechts unter Einbeziehung US-amerikanischer Regelungskonzepte

Frankfurt am Main, Berlin, Bern, Bruxelles, New York, Oxford, Wien, 2004.
XXII, 214 S.
Europäische Hochschulschriften: Reihe 2, Rechtswissenschaft. Bd. 4071
ISBN 3-631-52946-5 · br. € 42.50*

§ 32a GmbHG regelt das Schicksal von Gesellschafterdarlehen und verwandten Finanzierungsmitteln, die an eine GmbH in der Krise vergeben wurden und in der Insolvenz wieder abgezogen werden sollen. Bis zum heutigen Tage sind die Kernfragen im Zusammenhang mit dieser Norm, nämlich warum sie notwendig ist und wie ihr Regelungsumfang beschaffen sein müßte, nicht geklärt. Zur Beantwortung dieser Fragen vereint die Studie eine finanzwirtschaftliche Untersuchung mit dem ersten umfassenden Modell der Gesellschafterfremdfinanzierung, eine ökonomische Analyse des Rechts zur Frage der rechtspolitischen Notwendigkeit ihrer Regulierung und eine rechtsvergleichende Untersuchung alternativer Regelungskonzepte in den USA. Diese werden durch eine Analyse möglicher Fortentwicklungen unter Berücksichtigung der gewonnenen Erkenntnisse ergänzt.

Aus dem Inhalt: Grundlagen der Gesellschafterfremdfinanzierung · Auswirkungen der Gesellschafterfremdfinanzierung auf die externen Gläubiger im allgemeinen · Auswirkungen der Gesellschafterfremdfinanzierung im Anwendungsbereich des § 32a GmbHG · Notwendigkeit einer Regulierung · Auswirkungen des § 32a GmbHG auf die identifizierten Gläubigergefahren · Das US-amerikanische Recht als mögliches Vorbild für Verbesserungen · Weitere Verbesserungsansätze

Kolibri 360 GmbH
Ferdinand-Jühlke-Straße 7
99095 Erfurt, Deutschland
produktsicherheit@kolibri360.de

Druck:
CPI Druckdienstleistungen GmbH
im Auftrag der
Kolibri 360 GmbH
Ferdinand-Jühlke-Str. 7
99095 Erfurt